福祿壽財喜

2010庚寅年平安開運通書

吳光炳 著

目錄

前　言

　　人的存在，首先就是要求生存、安全，接著要求有所成就實現自我。由此出發，謀求吉祥、平安、順遂、成功，避免凶禍、疫病、失敗，便成為人們的一種本能。所以早在原始時代，先民們就利用原始巫術進行一些求吉祈福的活動了。

　　當天干地支、陰陽五行、天文星象等學說產生後，人們就創造了各種各樣的術數，構成人類早期的預測學。在先秦的曆書和求吉活動中，擇吉術於焉誕生，至漢唐發展成形。上至皇帝官僚士大夫，下至平民百姓無不信守遵從，不論大小公私俗事都要翻翻黃曆擇吉而行。

　　一千多年來擇吉術百家爭鳴，造成了具體選擇日時的混亂，因訛襲謬見之施行往往舉矛刺盾。所以清乾隆修四庫全書時，命欽天監及大學士們將選擇通書及萬年書等重新編校，統一義例，辨正神煞，刪削謬妄，編成協記辨方書。協記辨方書乃敬天之紀，敬地之方，以順天地之性，而為便民之用，是一本頗具可信度的擇日學經典之著。該書編入四庫全書，屬子部術數類【見該全書第 811 冊】。同冊之星歷考原亦很有參考價值。協記辨方書在書店中可購買到，也可至各縣市圖書館總館查閱。

　　擇日學的運用極為廣泛，舉凡祭祀、祈福、求嗣、嫁娶、移徙、上官、開市、交易、修造、安葬等，幾乎是無所不能，被認為可以攸關個人一生的禍福，且力量發揮時，可以影響到整個家族的興衰，甚至被認為有造命的功能及預測未來的能力。

　　農民曆或通書，藉著陰陽五行、河圖、洛書、八卦及擇日學說等原理，經過長時間的觀察、分析及經驗累積，再加上不斷的修正增訂，構成了一套有關社會生活的運作規範，充滿了中國人的文化和智慧，也提供了全民日常行事的宜忌參考。

　　余嚮往道家之學。早歲自習，後於中華民國易經學會跟隨李亨利老師學習紫微斗數，其後加入李老師創立之道家學術研究會為會員，於道家書院學習有道家陽宅學、擇日學、八字學、道家神秘造命開運學、民俗節日造命開運學、奇門遁甲、大六壬等。

　　近幾年復潛心研究選擇之道，先前著有《2006 丙戌年平安開運通書》，曆注方面已相當充實。全書使用表格，方便查閱。即使對於災難事故如空難、工安事件或颱風等也能看出些許端倪；《2009 己丑年平安開運通書》，增列地震與氣往亡統計資料。對於預測未來及事先防範必能有所助益。

　　今特盡所學編著平安開運通書。期望有緣者在遇有人生大事要決定時，能夠依照用事選擇日課，使人生大事都能有一個好的開始，由平安出發，開創新局，步上成功大道。並祈方家，不吝指正。

吳光炳　　2009 年 7 月 13 日

平安開運通書活用秘笈

1　請先看第三頁【目錄】知道本通書之重點內容。

2　看第四頁【前言】瞭解擇日選吉之由來及目的。

3　看第一四四頁【用事】，知道每一用事所代表的意義，如此才不會誤用。

4　逐日查看第二十六至一二六頁【擇日曆書】，知道每一日宜選擇的用事和不宜的用事，如此就可以早做安排，擇宜【吉】用事，使得你人生的重大事情都能有一個好的開始，從此一帆風順事業有成。

5　看第二三五頁【民俗節日造命開運】，有興趣者可利用民俗節日來達到造命開運的目的，最好能接連幾年持續不斷的去做，一定會有好效果的。

6　對陽宅有興趣者可看一八七至一九四頁有關【八宅】之表格，擇吉日安排調整書房、臥房位置或於財位方安置吉祥物等，來增強個人或家人之運勢。

7　對奇門遁甲有興趣者可先看一九七至一九九頁【日家奇遁宜忌等資料】，擇日依吉方來做對自己有幫助之事；另二十六至一二六頁【擇日曆書內之時家奇門遁甲欄】列有每日各時辰之時家奇遁吉格方位，除可配合擇日用事使用外，亦可配合日家奇遁來使用，達到吉上加吉。

8　看二三九頁【擇吉造命開運秘笈】，對於自己事關重大的用事，可及早選擇未來吉日配合吉方，依照表格順序按部就班一一核查，達到避凶趨吉開運造命之目的。

9　年內會有重大用事，如結婚嫁娶或開店做生意，或要搬入新家（移徙），或要修造房屋者，可利用一二九至一三六等頁之【2010年重要用事擇日速查篇】所列之宜日，先行安排、規劃、選擇宜日來結婚或開店等，以得天時之助，使事業成功、人生幸福。

擇日參考案例
——論台北捷運內湖線通車營運

台北市捷運公司內湖線於 2009 年 6 月 29 日上午 9 時起試通車營運，7 月 4 日起正式營運。捷運通車營運係屬商業行為，用事擇日應擇宜開市日。首先查閱敝人所編著 2009 己丑年平安開運通書第 68 頁【以下省略書名僅使用頁數】。查 2009 己丑年擇日曆書 6 月 29 日干支欄查得該日為乙巳日，用事宜忌○欄查出該日忌開市及出行，所以選擇 29 日通車營運並不妥當。該日忌用欄註明亥年生人忌用此日，如果捷運公司的主事者或有權決定捷運通車營運的人是亥年出生者，就更不能選用這一天通車營運，因為人命和日子相沖是擇日學的最大禁忌。第 165 頁人命百歲表可知民國 12、24、36、48、60、72、84 年出生的人就是亥年生人。又該日為乙巳日，上午 9 時第 158 頁六十日時辰吉凶簡明表為辛巳時，第 156 頁六十日時辰定局表格，乙巳日之辛巳時為凶時，有日建、勾陳黑道、五不遇時等凶神，並無吉神；再查第 159 頁時神煞表格，該 3 凶神均忌出行。所以 6 月 29 日試營運並不順利。上午 9 時 10 分及 10 時 30 分左右即發生停駛事件。

又 7 月 4 日上午 9 時起正式通車營運。經查第 69 頁該日為庚戌日，用事宜忌○欄並未註明開市宜忌，因該日吉神凶神○欄所列吉神凶神其用事、宜忌均與開市無關之故。該日忌用欄註明辰年生人忌用此日，所以主事者或有權決定捷運通車營運的人是辰年出生者時也是不合適的。擇日用事原則上是要趨吉避凶的，所以開市不會選擇這一日來開市，是因為吉凶未卜之緣故。上午 9 時為辛巳時，為吉時，查第 156 頁六十日時辰定局表格，庚戌日之辛巳時為吉時，有明堂黃道吉神；再查第 159 頁時神煞表格，明堂黃道吉神，宜開市、出行。經查 7 月 4 日上午 10 時 10 分左右亦發生全線停駛事故。

台北捷運內湖線通車營運後事故不斷，7 月 5 日上午 10 時 50 分、晚 7 時 47 分及 6 日下午 1 時 30 分、5 時 19 分，9 日晚 6 時 52 分均有發生事故。7 月 10 日上午 8 時 2 分亦發生事故。同日下午 3 時 27 分左右當機停擺，捷運公司 3 時 44 分開始疏散乘客。晚間市長郝龍斌也公開道歉。7 月 11 日上午 6 時恢復通車，但中午 12 時 19 分又有事故發生。如果不能擇吉日重新通車營運，事故恐將不時發生，防不勝防。

用事擇日選擇一般是以日為主，如果註記宜的用事，基本上就可以採用。如再有吉時相輔，自然更好。但日子註記不宜或未註記的，即使時辰吉，也不要採用，切記，切記。還有就是有的用事要考慮到方向方位。例如開市，第 135 頁用事表格即註明，忌歲枝德所理之方及黃旛所理之地。由第 14 頁己丑年年表可知，歲枝德占午方、黃旛占丑方，所以這兩個方位也要避開為宜。更高明的擇日就要深入瞭解該年月日時所代表的格局，讓你的用事由這個好格局開始，開創新局，步上成功大道。

當然，捷運是大眾運輸的重大工程，牽涉範圍廣泛也很複雜，又具有專業性，是高科技時代的產物。如果能參考運用古代流傳至今已有千年以上歷史之擇日學知識，在醞釀、規劃、研究、設計、試驗、動工興建、完工、啟用等等的重點過程中，配合天時地利之選擇，趨吉避凶。讓每個階段都能有個好的開始，順利的完成任務，自然是好事一件。

擇日曆書篇

年神方位圖 下元庚寅年

● 大吉方
◎ 大利方

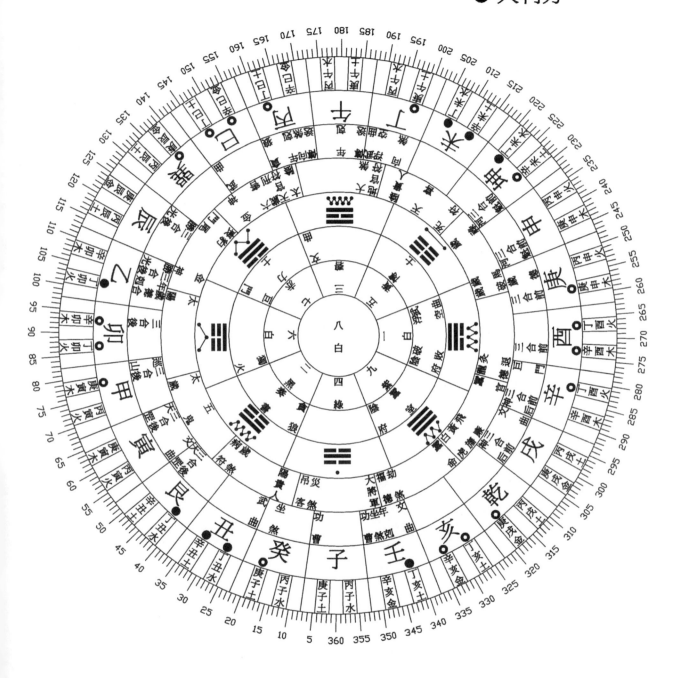

年神方位表下元庚寅年

編號	山向	庚寅年	下八
1	戌1	※1【陰府白虎黃旛飛廉蠶官蠶室三合前方文曲神后, , , 】,11	九紫
2	戌2	※1【陰府白虎黃旛飛廉蠶官蠶室三合前方文曲神后, , , 】,11	九紫
3	乾1	※0【陰府白虎黃旛飛廉蠶官蠶室 】,4	九紫
4	乾2	◎6【福德陰府劫煞蠶命蠶室 ,太陰,枝德天喜陰貴,太陽】,4	九紫
5	亥1	◎7【福德陰府劫煞蠶命蠶室 ,太陰,枝德天喜陰貴博士,太陽】,3	九紫
6	亥2	◎7【福德陰府劫煞蠶命蠶室 ,太陰,枝德天喜陰貴博士,太陽】,3	九紫
7	壬1	●8【福德年剋劫煞坐煞蠶命功曹文曲 ,太陰,枝德天喜陰貴博士,太陽德合】,9	
8	壬2	※4【年剋災煞坐煞功曹文曲弔客大將軍 , ,祿馬博士,德合】,9	
9	子1	※3【災煞功曹弔客大將軍 , ,祿馬博士, 】,8	
10	子2	※3【災煞功曹弔客大將軍 , ,祿馬博士, 】,8	
11	癸1	※3【災煞坐煞弔客大將軍 , ,祿馬歲德, 】,5	
12	癸2	◎7【陽貴歲煞坐煞病符 ,枝德天喜陰貴,龍德歲德,太陰】,5	
13	丑1	●8【陽貴奏書歲煞病符武曲貪狼 ,枝德天喜陰貴博士,龍德,太陰】,6	
14	丑2	●8【陽貴奏書歲煞病符武曲貪狼 ,枝德天喜陰貴博士,龍德,太陰】,6	
15	艮1	●8【陽貴奏書歲煞病符天罡貪狼三合後方 ,枝德天喜陰貴博士,龍德,太陰】,12	
16	艮2	※4【奏書太歲天罡貪狼三合後方五鬼 ,祿馬博士, , 】,12	
17	寅1	※4【奏書太歲天罡貪狼三合後方五鬼文曲 ,祿馬博士, , 】,11	
18	寅2	※4【奏書太歲天罡貪狼三合後方五鬼文曲 ,祿馬博士, , 】,11	
19	甲1	※3【太歲巡山三合後方五鬼獨火 ,祿馬歲德, , 】,5	六白
20	甲2	◎7【太陽巡山三合後方獨火 ,龍德歲德,福德,枝德天喜陰貴】,5	六白
21	卯1	◎7【太陽三合後方獨火 ,龍德,福德,枝德天喜陰貴博士】,3	六白
22	卯2	◎7【太陽三合後方獨火 ,龍德,福德,枝德天喜陰貴博士】,3	六白
23	乙1	●8【太陽德合年剋三合後方獨火勝光 ,龍德,福德,枝德天喜陰貴博士】,10	六白
24	乙2	※4【德合年剋三合後方獨火勝光喪門豹尾金神 , , ,祿馬博士】,10	六白
25	辰1	※3【三合後方勝光力士巨門喪門豹尾金神 , , ,祿馬博士】,9	
26	辰2	※3【三合後方勝光力士巨門喪門豹尾金神 , , ,祿馬博士】,9	
27	巽1	※3【力士巨門喪門豹尾金神 , , ,祿馬歲德】,3	
28	巽2	◎5【太陰力士巨門金神六害歲刑天官符 ,福德,陽貴,龍德歲德】,3	
29	巳1	◎5【太陰力士巨門金神六害歲刑天官符武曲 ,福德,陽貴奏書,龍德】,6	
30	巳2	◎5【太陰力士巨門金神六害歲刑天官符武曲 ,福德,陽貴奏書,龍德】,6	
31	丙1	◎5【太陰年剋向煞金神六害歲刑天官符文曲貪狼傳送,福德,陽貴奏書,龍德】,12	
32	丙2	※1【年剋向煞地官符文曲貪狼傳送大煞 , ,奏書, 】,12	
33	午1	※1【地官符金神文曲傳送大煞 , ,奏書, 】,10	
34	午2	※1【地官符金神文曲傳送大煞 , ,奏書, 】,10	
35	丁1	※0【浮空向煞地官符文曲大煞武曲 , , , 】,3	
36	丁2	◎6【枝德天喜陰貴浮空向煞死符文曲武曲 ,陽貴,太陽,福德】,3	
37	未1	●8【枝德天喜陰貴博士死符 ,陽貴奏書,太陽,福德】,3	
38	未2	●8【枝德天喜陰貴博士死符 ,陽貴奏書,太陽,福德】,3	
39	坤1	●9【枝德天喜陰貴博士死符河魁三合前方 ,陽貴奏書,太陽德合,福德】,9	
40	坤2	◎5【歲祿歲馬博士歲破河魁三合前方 ,奏書,德合, 】,9	
41	申1	※4【歲祿歲馬博士歲破河魁三合前方 ,奏書, , 】,10	
42	申2	※4【歲祿歲馬博士歲破河魁三合前方 ,奏書, , 】,10	
43	庚1	※3【歲祿歲馬歲德歲破陰府浮空三合前方武曲破敗, , , 】,4	一白
44	庚2	◎5【龍德歲德陰府浮空炙退三合前方武曲破敗,太陽,太陰,陽貴】,4	一白
45	酉1	◎5【龍德陰府浮空炙退三合前方武曲破敗,太陽,太陰,陽貴奏書】,7	一白
46	酉2	◎5【龍德陰府浮空炙退三合前方武曲破敗,太陽,太陰,陽貴奏書】,7	一白
47	辛1	◎6【龍德陰府浮空炙退三合前方武曲巨門神后,太陽德合,太陰,陽貴奏書】,12	一白
48	辛2	※2【陰府浮空三合前方武曲巨門神后白虎黃旛飛廉蠶官,德合, ,奏書】,12	一白
49	中宮	0【 , , , 】	八白
50		書曰:若要貴修太歲若要發修三煞要大興修火星要小興修金神要發富修官符救冷退修炙退。	
51		方之可修者有三種:	
52		一曰:空利方,本年無甚大凶煞占方亦無甚吉神到方,但擇吉月吉日以修之亦自平穩。	
53		二曰:1修吉神方,必要八節之三奇到。　2太歲方而帶吉不帶凶,必要八節之三奇到。	
54		3三德方,如甲年六月則歲德天德月德會於甲方。　4年天喜方。	
55		三曰:修凶煞方,除戊己歲破及太歲之帶凶者不修外。其餘皆可制而修之,制法要詳方可修。	

序	山向	庚寅年戊寅月【正月】	庚寅年己卯月【二月】
1	戌1	月厭，丙奇	月煞，陽貴人，驚蟄丙奇，小月建
2	戌2	月厭，丙奇	月煞，陽貴人，驚蟄丙奇，小月建
3	乾1	月厭，丙奇，月尅山家	月煞，陽貴人，驚蟄丙奇，小月建，月尅山家
4	乾2	劫煞，丙奇，月尅山家	陽貴人，驚蟄丙奇，小月建，月尅山家
5	亥1	劫煞，丙奇，月尅山家	陽貴人，驚蟄丙奇，小月建，月尅山家
6	亥2	劫煞，丙奇，月尅山家	陽貴人，驚蟄丙奇，小月建，月尅山家
7	壬1	天德合，月空，劫煞，陰貴人	飛天祿，飛天馬，六白，春分丙奇，大月建
8	壬2	天德合，月空，災煞，陰貴人	月刑，飛天祿，飛天馬，六白，春分丙奇，大月建
9	子1	災煞，陰貴人	月刑，飛天祿，飛天馬，六白，春分丙奇，大月建
10	子2	災煞，陰貴人	月刑，飛天祿，飛天馬，六白，春分丙奇，大月建
11	癸1	災煞，陰貴人	月刑，飛天祿，飛天馬，六白，春分丙奇，大月建
12	癸2	月煞，陰貴人	飛天祿，飛天馬，六白，春分丙奇，大月建
13	丑1	月煞，天官符	陰府太歲，地官符，飛大煞
14	丑2	月煞，天官符	陰府太歲，地官符，飛大煞
15	艮1	月煞，天官符	陰府太歲，地官符，飛大煞
16	艮2	月建，天官符	陰府太歲，地官符，飛大煞
17	寅1	月建，天官符	陰府太歲，地官符，飛大煞
18	寅2	月建，天官符	陰府太歲，地官符，飛大煞
19	甲1	月建，九紫，陰府太歲，月遊火	月德，八白，丙丁獨火
20	甲2	九紫，陰府太歲，月遊火	月德，月建，八白，丙丁獨火
21	卯1	九紫，陰府太歲，月遊火	月建，八白，丙丁獨火
22	卯2	九紫，陰府太歲，月遊火	月建，八白，丙丁獨火
23	乙1	九紫，陰府太歲，月遊火	月建，八白，丙丁獨火
24	乙2	九紫，陰府太歲，月遊火	月害，八白，丙丁獨火
25	辰1	一白，丙丁獨火	月害，九紫，陰府太歲，丙丁獨火，月遊火
26	辰2	一白，丙丁獨火	月害，九紫，陰府太歲，丙丁獨火，月遊火
27	巽1	一白，丙丁獨火	月害，九紫，陰府太歲，丙丁獨火，月遊火
28	巽2	月刑，月害，一白，丙丁獨火	九紫，陰府太歲，丙丁獨火，月遊火
29	巳1	月刑，月害，一白，丙丁獨火	九紫，陰府太歲，丙丁獨火，月遊火
30	巳2	月刑，月害，一白，丙丁獨火	九紫，陰府太歲，丙丁獨火，月遊火
31	丙1	天道，月德，月刑，月害，六白，地官符，飛大煞	陰貴人，春分乙奇
32	丙2	天道，月德，六白，地官符，飛大煞	陰貴人，春分乙奇
33	午1	天道，六白，地官符，飛大煞	陰貴人，春分乙奇
34	午2	天道，六白，地官符，飛大煞	陰貴人，春分乙奇
35	丁1	天道，天德，六白，地官符，飛大煞，月尅山家	陰貴人，春分乙奇，月尅山家
36	丁2	天道，天德，六白，地官符，飛大煞，月尅山家	陰貴人，春分乙奇，月尅山家
37	未1	飛天祿，飛天馬，八白，陰府太歲，大月建	天道，春分丁奇
38	未2	飛天祿，飛天馬，八白，陰府太歲，大月建	天道，春分丁奇
39	坤1	飛天祿，飛天馬，八白，陰府太歲，大月建	天道，天德，春分丁奇
40	坤2	月破，飛天祿，飛天馬，八白，陰府太歲，大月建	天道，天德，劫煞，春分丁奇
41	申1	月破，飛天祿，飛天馬，八白，陰府太歲，大月建	天道，劫煞，春分丁奇
42	申2	月破，飛天祿，飛天馬，八白，陰府太歲，大月建	天道，劫煞，春分丁奇
43	庚1	月破，陽貴人，丁奇	月空，劫煞，驚蟄丁奇，天官符
44	庚2	陽貴人，丁奇	月空，月破，災煞，月厭，驚蟄丁奇，天官符
45	酉1	陽貴人，丁奇，月尅山家	月破，災煞，月厭，驚蟄丁奇，天官符，月尅山家
46	酉2	陽貴人，丁奇，月尅山家	月破，災煞，月厭，驚蟄丁奇，天官符，月尅山家
47	辛1	月德合，陽貴人，丁奇	月破，災煞，月厭，驚蟄丁奇，天官符，月尅山家
48	辛2	月德合，月厭，陽貴人，丁奇	月煞，驚蟄丁奇，天官符
49	中宮	乙奇，小月建，丙丁獨火	月德合，一白，乙奇驚蟄

庚寅年十二月神煞方位表

序	山向	庚寅年庚辰月【三月】	庚寅年辛巳月【四月】
1	戌1	月破，一白，陰府太歲，天官符	九紫，地官符，飛大煞，月遊火
2	戌2	月破，一白，陰府太歲，天官符	九紫，地官符，飛大煞，月遊火
3	乾1	月破，一白，陰府太歲，天官符	九紫，地官符，飛大煞，月遊火
4	乾2	一白，陰府太歲，天官符	月破，九紫，地官符，飛大煞，月遊火
5	亥1	一白，陰府太歲，天官符	月破，九紫，地官符，飛大煞，月遊火
6	亥2	一白，陰府太歲，天官符	月破，九紫，地官符，飛大煞，月遊火
7	壬1	天道，天德，月德，丙奇	月破，乙奇，陰府太歲，丙丁獨火
8	壬2	天道，天德，月德，丙奇	乙奇，陰府太歲，丙丁獨火
9	子1	天道，丙奇	乙奇，陰府太歲，丙丁獨火
10	子2	天道，丙奇	乙奇，陰府太歲，丙丁獨火
11	癸1	天道，丙奇	乙奇，陰府太歲，丙丁獨火
12	癸2	天道，丙奇	乙奇，陰府太歲，丙丁獨火
13	丑1	陰貴人	飛天祿，飛天馬，小月建，大月建
14	丑2	陰貴人	飛天祿，飛天馬，小月建，大月建
15	艮1	陰貴人，月尅山家	飛天祿，飛天馬，小月建，大月建，月尅山家
16	艮2	陰貴人，月尅山家	劫煞，月害，飛天祿，飛天馬，小月建，大月建，月尅山
17	寅1	陰貴人	劫煞，月害，飛天祿，飛天馬，小月建，大月建
18	寅2	陰貴人	劫煞，月害，飛天祿，飛天馬，小月建，大月建
19	甲1	丙丁獨火	劫煞，月害，月空，六白，丁奇
20	甲2	月害，丙丁獨火	災煞，月空，六白，丁奇
21	卯1	月害，丙丁獨火，月尅山家	災煞，六白，丁奇，月尅山家
22	卯2	月害，丙丁獨火，月尅山家	災煞，六白，丁奇，月尅山家
23	乙1	月害，丙丁獨火	災煞，月德合，六白，丁奇
24	乙2	月建，月刑，丙丁獨火	月煞，月德合，六白，丁奇
25	辰1	月建，月刑，八白	月煞，陽貴人
26	辰2	月建，月刑，八白	月煞，陽貴人
27	巽1	月建，月刑，八白	月煞，陽貴人
28	巽2	劫煞，八白	月建，陽貴人
29	巳1	劫煞，八白，月尅山家	月建，陽貴人，月尅山家
30	巳2	劫煞，八白，月尅山家	月建，陽貴人，月尅山家
31	丙1	劫煞，月空，飛天祿，飛天馬，乙奇，大月建	月建，天德合
32	丙2	災煞，月空，飛天祿，飛天馬，乙奇，大月建	天德合
33	午1	災煞，飛天祿，飛天馬，乙奇，大月建	
34	午2	災煞，飛天祿，飛天馬，乙奇，大月建	
35	丁1	災煞，天德合，月德合，飛天祿，飛天馬，乙奇，大月建	
36	丁2	月煞，天德合，月德合，飛天祿，飛天馬，乙奇，大月建	月厭
37	未1	月煞，六白，丁奇，丙丁獨火	月厭，丙奇，陰府太歲，丙丁獨火
38	未2	月煞，六白，丁奇，丙丁獨火	月厭，丙奇，陰府太歲，丙丁獨火
39	坤1	月煞，六白，丁奇，丙丁獨火	月厭，丙奇，陰府太歲，丙丁獨火
40	坤2	月厭，六白，丁奇，丙丁獨火	月刑，丙奇，陰府太歲，丙丁獨火
41	申1	月厭，六白，丁奇，丙丁獨火	月刑，丙奇，陰府太歲，丙丁獨火
42	申2	月厭，六白，丁奇，丙丁獨火	月刑，丙奇，陰府太歲，丙丁獨火
43	庚1	月厭，陰府太歲，地官符，小月建，飛大煞	月刑，天道，月德，陰貴人，一白
44	庚2	陰府太歲，地官符，小月建，飛大煞	天道，月德，陰貴人，一白
45	酉1	陰府太歲，地官符，小月建，飛大煞	天道，陰貴人，一白
46	酉2	陰府太歲，地官符，小月建，飛大煞	天道，陰貴人，一白
47	辛1	陰府太歲，地官符，小月建，飛大煞	天道，天德，陰貴人，一白
48	辛2	月破，陰府太歲，地官符，小月建，飛大煞	天道，天德，陰貴人，一白
49	中宮	陽貴人，九紫，月遊火	八白，天官符

序	山向	庚寅年壬午月【五月】	庚寅年癸未月【六月】
1	戌1	天道，陰貴人，八白，陰府太歲	月煞，飛天祿，飛天馬，天官符，大月建
2	戌2	天道，陰貴人，八白，陰府太歲	月煞，飛天祿，飛天馬，天官符，大月建
3	乾1	天道，天德，陰貴人，八白，陰府太歲	月煞，飛天祿，飛天馬，天官符，大月建
4	乾2	天道，天德，劫煞，陰貴人，八白，陰府太歲	飛天祿，飛天馬，天官符，大月建
5	亥1	天道，劫煞，陰貴人，八白，陰府太歲	飛天祿，飛天馬，天官符，大月建
6	亥2	天道，劫煞，陰貴人，八白，陰府太歲	飛天祿，飛天馬，天官符，大月建
7	壬1	月空，劫煞，芒種乙奇，夏至丁奇，獨火，月尅山家	丁奇，小月建，月尅山家
8	壬2	月空，災煞月破，芒種乙奇，夏至丁奇，丙丁獨火月尅山	月害，丁奇，小月建，月尅山家
9	子1	災煞，月破，芒種乙奇，夏至丁奇，丙丁獨火	月害，丁奇，小月建
10	子2	災煞，月破，芒種乙奇，夏至丁奇，丙丁獨火	月害，丁奇，小月建
11	癸1	災煞，月破，芒種乙奇，夏至丁奇，丙丁獨火	月害，丁奇，小月建
12	癸2	月煞，月害，芒種乙奇，夏至丁奇，丙丁獨火	月破，月刑，丁奇，小月建
13	丑1	月煞，月害，一白	月破，月刑，九紫，丙丁獨火，月遊火
14	丑2	月煞，月害，一白	月破，月刑，九紫，丙丁獨火，月遊火
15	艮1	月煞，月害，一白	月破，月刑，九紫，丙丁獨火，月遊火
16	艮2	一白	九紫，丙丁獨火，月遊火
17	寅1	一白	九紫，丙丁獨火，月遊火
18	寅2	一白	九紫，丙丁獨火，月遊火
19	甲1	陽貴人，芒種丁奇，夏至乙奇	天道，天德，月德，乙奇，陰府太歲
20	甲2	陽貴人，芒種丁奇，夏至乙奇	天道，天德，月德，乙奇，陰府太歲
21	卯1	陽貴人，芒種丁奇，夏至乙奇	天道，乙奇，陰府太歲
22	卯2	陽貴人，芒種丁奇，夏至乙奇	天道，乙奇，陰府太歲
23	乙1	陽貴人，芒種丁奇，夏至乙奇，月尅山家	天道，乙奇，陰府太歲，月尅山家
24	乙2	陽貴人，芒種丁奇，夏至乙奇，月尅山家	天道，乙奇，陰府太歲，月尅山家
25	辰1	六白	
26	辰2	六白	
27	巽1	六白	
28	巽2	六白	月厭
29	巳1	六白	月厭
30	巳2	六白	月厭
31	丙1	月德，陰府太歲，小月建，丙丁獨火，月尅山家	月厭，一白，丙丁獨火，月尅山家
32	丙2	月德，月建月刑月厭，陰府太歲，小月建丙丁獨火月尅山	一白，丙丁獨火，月尅山家
33	午1	月建，月刑，月厭，陰府太歲，小月建，丙丁獨火月尅山	一白，丙丁獨火，月尅山家
34	午2	月建，月刑，月厭，陰府太歲，小月建，丙丁獨火月尅山	一白，丙丁獨火，月尅山家
35	丁1	月建，月刑，月厭，陰府太歲，小月建，丙丁獨火	一白，丙丁獨火
36	丁2	陰府太歲，小月建，丙丁獨火	月建，一白，丙丁獨火
37	未1	芒種丙奇，夏至丙奇	月建，陽貴人，丙奇，陰府太歲
38	未2	芒種丙奇，夏至丙奇	月建，陽貴人，丙奇，陰府太歲
39	坤1	芒種丙奇，夏至丙奇	月建，陽貴人，丙奇，陰府太歲
40	坤2	芒種丙奇，夏至丙奇	劫煞，陽貴人，丙奇，陰府太歲
41	申1	芒種丙奇，夏至丙奇	劫煞，陽貴人，丙奇，陰府太歲
42	申2	芒種丙奇，夏至丙奇	劫煞，陽貴人，丙奇，陰府太歲
43	庚1	飛天祿，飛天馬，九紫，天官符，大月建，月遊火	劫煞，月空，八白，地官符，飛大煞
44	庚2	飛天祿，飛天馬，九紫，天官符，大月建，月遊火	災煞，月空，八白，地官符，飛大煞
45	酉1	飛天祿，飛天馬，九紫，天官符，大月建，月遊火	災煞，八白，地官符，飛大煞
46	酉2	飛天祿，飛天馬，九紫，天官符，大月建，月遊火	災煞，八白，地官符，飛大煞
47	辛1	月德合，飛天祿，飛天馬，九紫，天官符，大月建，月遊	災煞，八白，地官符，飛大煞
48	辛2	月德合，飛天祿，飛天馬，九紫，天官符，大月建，月遊	月煞，八白，地官符，飛大煞
49	中宮	地官符，飛大煞	天德合，月德合，陰貴人，六白

庚寅年十二月神煞方位表

序	山向	庚寅年甲申月【七月】	庚寅年乙酉月【八月】
1	戌1	六白，地官符，飛大煞	月害，陰府太歲，丙丁獨火
2	戌2	六白，地官符，飛大煞	月害，陰府太歲，丙丁獨火
3	乾1	六白，地官符，飛大煞	月害，陰府太歲，丙丁獨火
4	乾2	月害，六白，地官符，飛大煞	陰府太歲，丙丁獨火
5	亥1	月害，六白，地官符，飛大煞	陰府太歲，丙丁獨火
6	亥2	月害，六白，地官符，飛大煞	陰府太歲，丙丁獨火
7	壬1	月害，天道，月德，陽貴人，陰貴人，一白	飛天祿，飛天馬，一白，九紫，秋分乙奇，月遊火
8	壬2	天道，月德，陽貴人，陰貴人，一白	飛天祿，飛天馬，一白，九紫，秋分乙奇，月遊火
9	子1	天道，陽貴人，陰貴人，一白	飛天祿，飛天馬，一白，九紫，秋分乙奇，月遊火
10	子2	天道，陽貴人，陰貴人，一白	飛天祿，飛天馬，一白，九紫，秋分乙奇，月遊火
11	癸1	天道，天德，陽貴人，陰貴人，一白	飛天祿，飛天馬，一白，九紫，秋分乙奇，月遊火
12	癸2	天道，天德，陽貴人，陰貴人，一白	飛天祿，飛天馬，一白，九紫，秋分乙奇，月遊火
13	丑1	八白，陰府太歲，丙丁獨火	天道，秋分丁奇
14	丑2	八白，陰府太歲，丙丁獨火	天道，秋分丁奇
15	艮1	八白，陰府太歲，丙丁獨火	天道，天德，秋分丁奇
16	艮2	月刑，月破，八白，陰府太歲，丙丁獨火	天道，天德，劫煞，秋分丁奇
17	寅1	月刑，月破，八白，陰府太歲，丙丁獨火	天道，劫煞，秋分丁奇
18	寅2	月刑，月破，八白，陰府太歲，丙丁獨火	天道，劫煞，秋分丁奇
19	甲1	月刑，月破，丁奇	月空，劫煞，白露丁奇，小月建
20	甲2	丁奇	月空，災煞，月破，月厭，白露丁奇，小月建
21	卯1	丁奇	災煞，月破，月厭，白露丁奇，小月建
22	卯2	丁奇	災煞，月破，月厭，白露丁奇，小月建
23	乙1	丁奇	災煞，月破，月厭，月德合，白露丁奇，小月建
24	乙2	月厭，丁奇	月煞，月德合，白露丁奇，小月建
25	辰1	月厭，丙奇，陰府太歲	月煞，白露丙奇，天官符，大月建
26	辰2	月厭，丙奇，陰府太歲	月煞，白露丙奇，天官符，大月建
27	巽1	月厭，丙奇，陰府太歲	月煞，白露丙奇，天官符，大月建
28	巽2	劫煞，丙奇，陰府太歲	白露丙奇，天官符，大月建
29	巳1	劫煞，丙奇，陰府太歲	白露丙奇，天官符，大月建
30	巳2	劫煞，丙奇，陰府太歲	白露丙奇，天官符，大月建
31	丙1	劫煞，月空，九紫，月遊火	陽貴人，陰貴人，八白，秋分丙奇
32	丙2	災煞，月空，九紫，月遊火	陽貴人，陰貴人，八白，秋分丙奇
33	午1	災煞，九紫，月遊火	陽貴人，陰貴人，八白，秋分丙奇
34	午2	災煞，九紫，月遊火	陽貴人，陰貴人，八白，秋分丙奇
35	丁1	災煞，月德合，九紫，月遊火	陽貴人，陰貴人，八白，秋分丙奇
36	丁2	月煞，月德合，九紫，月遊火	陽貴人，陰貴人，八白，秋分丙奇
37	未1	月煞，小月建	
38	未2	月煞，小月建	
39	坤1	月煞，小月建	
40	坤2	月建，小月建	
41	申1	月建，小月建	
42	申2	月建，小月建	
43	庚1	月建，丙丁獨火	月德，六白，陰府太歲，丙丁獨火
44	庚2	丙丁獨火	月德，月建，月刑，六白，陰府太歲，丙丁獨火
45	酉1	丙丁獨火	月建，月刑，六白，陰府太歲，丙丁獨火
46	酉2	丙丁獨火	月建，月刑，六白，陰府太歲，丙丁獨火
47	辛1	丙丁獨火	月建，月刑，六白，陰府太歲，丙丁獨火
48	辛2	丙丁獨火	月害，六白，陰府太歲，丙丁獨火
49	中宮	天德合，飛天祿，飛天馬，乙奇，天官符，大月建	天德合，白露乙奇，地官符，飛大煞

16

序	山向	庚寅年丙戌月【九月】	庚寅年丁亥月【十月】
1	戌1	月建,丙丁獨火	月煞,陰府太歲
2	戌2	月建,丙丁獨火	月煞,陰府太歲
3	乾1	月建,丙丁獨火,月尅山家	月煞,陰府太歲,月尅山家
4	乾2	劫煞,丙丁獨火,月尅山家	月建,月刑,陰府太歲,月尅山家
5	亥1	劫煞,丙丁獨火,月尅山家	月建,月刑,陰府太歲,月尅山家
6	亥2	劫煞,丙丁獨火,月尅山家	月建,月刑,陰府太歲,月尅山家
7	壬1	劫煞,月空,八白,乙奇,陰府太歲	月建,月刑
8	壬2	災煞,月空,八白,乙奇,陰府太歲	
9	子1	災煞,八白,乙奇,陰府太歲	
10	子2	災煞,八白,乙奇,陰府太歲	
11	癸1	災煞,八白,乙奇,陰府太歲	
12	癸2	月煞,八白,乙奇,陰府太歲	月厭
13	丑1	月煞,陽貴人,陰貴人,六白,丁奇	月厭,飛天祿,飛天馬,丙奇
14	丑2	月煞,陽貴人,陰貴人,六白,丁奇	月厭,飛天祿,飛天馬,丙奇
15	艮1	月煞,陽貴人,陰貴人,六白,丁奇	月厭,飛天祿,飛天馬,丙奇
16	艮2	月厭,陽貴人,陰貴人,六白,丁奇	飛天祿,飛天馬,丙奇
17	寅1	月厭,陽貴人,陰貴人,六白,丁奇	飛天祿,飛天馬,丙奇
18	寅2	月厭,陽貴人,陰貴人,六白,丁奇	飛天祿,飛天馬,丙奇
19	甲1	月厭,一白,天官符,大月建	天道,月德,九紫,地官符,飛大煞,月遊火
20	甲2	一白,天官符,大月建	天道,月德,九紫,地官符,飛大煞,月遊火
21	卯1	一白,天官符,大月建	天道,九紫,地官符,飛大煞,月遊火
22	卯2	一白,天官符,大月建	天道,九紫,地官符,飛大煞,月遊火
23	乙1	一白,天官符,大月建	天道,天德,九紫,地官符,飛大煞,月遊火
24	乙2	月破,一白,天官符,大月建	天道,天德,九紫,地官符,飛大煞,月遊火
25	辰1	月破,地官符,小月建,飛大煞	一白
26	辰2	月破,地官符,小月建,飛大煞	一白
27	巽1	月破,地官符,小月建,飛大煞	一白
28	巽2	地官符,小月建,飛大煞	月破,一白
29	巳1	地官符,小月建,飛大煞	月破,一白
30	巳2	地官符,小月建,飛大煞	月破,一白
31	丙1	天道,天德,月德,飛天祿,飛天馬,丙奇	月破,六白,乙奇,陰府太歲
32	丙2	天道,天德,月德,飛天祿,飛天馬,丙奇	六白,乙奇,陰府太歲
33	午1	天道,飛天祿,飛天馬,丙奇	六白,乙奇,陰府太歲
34	午2	天道,飛天祿,飛天馬,丙奇	六白,乙奇,陰府太歲
35	丁1	天道,飛天祿,飛天馬,丙奇,月尅山家	六白,乙奇,陰府太歲,月尅山家
36	丁2	天道,月刑,飛天祿,飛天馬,丙奇,月尅山家	六白,乙奇,陰府太歲,月尅山家
37	未1	月刑,九紫,陰府太歲,月遊火	八白,天官符,大月建
38	未2	月刑,九紫,陰府太歲,月遊火	八白,天官符,大月建
39	坤1	月刑,九紫,陰府太歲,月遊火	八白,天官符,大月建
40	坤2	九紫,陰府太歲,月遊火	劫煞,月害,八白,天官符,大月建
41	申1	九紫,陰府太歲,月遊火	劫煞,月害,八白,天官符,大月建
42	申2	九紫,陰府太歲,月遊火	劫煞,月害,八白,天官符,大月建
43	庚1		劫煞,月害,月空,月德合,陽貴人,陰貴人,丁奇
44	庚2	月害	災煞,月空,天德合,陽貴人,陰貴人,丁奇
45	酉1	月害,月尅山家	災煞,陽貴人,陰貴人,丁奇,月尅山家
46	酉2	月害,月尅山家	災煞,陽貴人,陰貴人,丁奇,月尅山家
47	辛1	月害,天德合,月德合	災煞,陽貴人,陰貴人,丁奇
48	辛2	月害,天德合,月德合	月煞,陽貴人,陰貴人,丁奇
49	中宮	丙丁獨火	月德合,小月建,丙丁獨火

序	山向	庚寅年戊子月【十一月】	庚寅年己丑月【十二月】
1	戌1	陽貴人，陰貴人，小月建，月尅山家	月刑，飛天祿，飛天馬，一白，月尅山家
2	戌2	陽貴人，陰貴人，小月建，月尅山家	月刑，飛天祿，飛天馬，一白，月尅山家
3	乾1	陽貴人，陰貴人，小月建	月刑，飛天祿，飛天馬，一白
4	乾2	陽貴人，陰貴人，小月建	月厭，飛天祿，飛天馬，一白
5	亥1	陽貴人，陰貴人，小月建	月厭，飛天祿，飛天馬，一白
6	亥2	陽貴人，陰貴人，小月建	月厭，飛天祿，飛天馬，一白
7	壬1	月德，六白，天官符，大月建	月厭，地官符，飛大煞
8	壬2	月德，月建，月厭，六白，天官符，大月建	地官符，飛大煞
9	子1	月建，月厭，六白，天官符，大月建，月尅山家	地官符，飛大煞，月尅山家
10	子2	月建，月厭，六白，天官符，大月建，月尅山家	地官符，飛大煞，月尅山家
11	癸1	月建，月厭，六白，天官符，大月建，月尅山家	地官符，飛大煞，月尅山家
12	癸2	六白，天官符，大月建，月尅山家	月建，地官符，飛大煞，月尅山家
13	丑1	丙奇大雪，丙奇冬至，月尅山家	月建，丙奇，陰府太歲，月尅山家
14	丑2	丙奇大雪，丙奇冬至，月尅山家	月建，丙奇，陰府太歲，月尅山家
15	艮1	丙奇大雪，丙奇冬至	月建，丙奇，陰府太歲
16	艮2	丙奇大雪，丙奇冬至	劫煞，丙奇，陰府太歲
17	寅1	丙奇大雪，丙奇冬至，月尅山家	劫煞，丙奇，陰府太歲，月尅山家
18	寅2	丙奇大雪，丙奇冬至，月尅山家	劫煞，丙奇，陰府太歲，月尅山家
19	甲1	八白，陰府太歲，月尅山家	劫煞，月空，丙丁獨火，月尅山家
20	甲2	月刑，八白，陰府太歲，月尅山家	災煞，月空，丙丁獨火，月尅山家
21	卯1	月刑，八白，陰府太歲	災煞，丙丁獨火
22	卯2	月刑，八白，陰府太歲	災煞，丙丁獨火
23	乙1	月刑，八白，陰府太歲	災煞，天德合，月德合，丙丁獨火
24	乙2	八白，陰府太歲	月煞，天德合，月德合，丙丁獨火
25	辰1	天道，九紫，丙丁獨火，月遊火，月尅山家	月煞，八白，陰府太歲，丙丁獨火，月尅山家
26	辰2	天道，九紫，丙丁獨火，月遊火，月尅山家	月煞，八白，陰府太歲，丙丁獨火，月尅山家
27	巽1	天道，天德，九紫，丙丁獨火，月遊火，月尅山家	月煞，八白，陰府太歲，丙丁獨火，月尅山家
28	巽2	天道，天德，劫煞，九紫，丙丁獨火，月遊火，月尅山家	八白，陰府太歲，丙丁獨火，月尅山家
29	巳1	天道，劫煞，九紫，丙丁獨火，月遊火	八白，陰府太歲，丙丁獨火
30	巳2	天道，劫煞，九紫，丙丁獨火，月遊火	八白，陰府太歲，丙丁獨火
31	丙1	月空，劫煞，大雪乙奇，冬至丁奇	丁奇，天官符，大月建
32	丙2	月空，災煞，月破，大雪乙奇，冬至丁奇	月害，丁奇，天官符，大月建
33	午1	災煞，月破，大雪乙奇，冬至丁奇乙奇大雪，丁奇冬至	月害，丁奇，天官符，大月建
34	午2	災煞，月破，大雪乙奇，冬至丁奇	月害，丁奇，天官符，大月建
35	丁1	災煞，月破，月德合，大雪乙奇，冬至丁奇	月害，丁奇，天官符，大月建
36	丁2	月煞，月害，月德合，大雪乙奇，冬至丁奇	月破，丁奇，天官符，大月建
37	未1	月煞，月害，陰府太歲，地官符，飛大煞，月尅山家	月破，六白，月尅山家
38	未2	月煞，月害，陰府太歲，地官符，飛大煞，月尅山家	月破，六白，月尅山家
39	坤1	月煞，月害，陰府太歲，地官符，飛大煞，月尅山家	月破，六白，月尅山家
40	坤2	陰府太歲，地官符，飛大煞，月尅山家	六白，月尅山家
41	申1	陰府太歲，地官符，飛大煞，月尅山家	六白，月尅山家
42	申2	陰府太歲，地官符，飛大煞，月尅山家	六白，月尅山家
43	庚1	飛天祿，飛天馬，大雪丁奇，冬至乙奇，月尅山家	天道，天德，月德，乙奇，小月建，月尅山家
44	庚2	飛天祿，飛天馬，大雪丁奇，冬至乙奇，月尅山家	天道，天德，月德，乙奇，小月建，月尅山家
45	酉1	飛天祿，飛天馬，大雪丁奇，冬至乙奇	天道，乙奇，小月建
46	酉2	飛天祿，飛天馬，大雪丁奇，冬至乙奇	天道，乙奇，小月建
47	辛1	飛天祿，飛天馬，大雪丁奇，冬至乙奇，月尅山家	天道，乙奇，小月建，月尅山家
48	辛2	飛天祿，飛天馬，大雪丁奇，冬至乙奇，月尅山家	天道，乙奇，小月建，月尅山家
49	中宮	一白，丙丁獨火	陽貴人，陰貴人，九紫，月遊火

編號	圖層或欄位	說明	備註
1	年神方位圖 部分	本圖係依據協記辨方書年表所列神煞其該年神煞占方繪製【神煞占方有四十五度角、三十度角、十五度角及中宮者】，再配合八卦、洛書、二十四山、百二分經等，使有識者能方便使用。吉神用紅色、凶神用黑色以為分別。	
2	第一層及 第二層	本圖使用時由內向外看。第一層代表天，代表中宮。第二層分為八格，每格占四十五度角。第一層第二層所列者為年紫白九星，第一層之八白表示下元庚寅年為八白入中宮。	
3	第三層及 第四層	第三層分為八格，每格占四十五度角。所列者為占方四十五度角之年神如博士奏書等。 第四層為後天八卦配洛書圖。	
4	第五層及 第六層	第五層分為十二格，每格占三十度角。所列者為占方三十度角之年神如太歲太陽等。 第六層分為二十四格，每格占十五度角。所列者為占方三十度角之年神。	
5	第七層及 第八層	第七層為二十四山層。第八層為百二分經層。每一個分經占三度角。圖中所列者為百二分經之四十八個吉分經。第七層之二十四山與第八層百二分經之四十八個吉分經相對應，每一山對應二個吉分經。所以實際應用上，每一山有兩個吉分經可供使用。例如艮山，年神方位表即以艮1、艮2之方式加以區分。艮1代表真方位37‧5度至45度的區間，艮1代表真方位45度至52‧5度的區間，每一區間占7‧5度角。實際上風水即以此一區間為一個應用單位。	
6	第九層 年神方位圖 使用說明一	第九層為經度刻劃，將圓分為三百六十度。 在第七層之二十四山左右下方，對應於第八層百二分經之吉分經上方，繪有●或◎符號，●代表大吉方，◎代表大利方。此方與相對方及此方之三合方所出現之吉神數多，可謂吉聚，為擇吉方之重要參考。	
7	年神方位圖 使用說明二	編者將歲德、歲德合、歲枝德、歲祿、歲馬、陽貴、陰貴、博士、奏書、太陽、太陰、龍德、福德等神加入天喜合計有十四大吉神。將六十年之年神方位圖資料整理完成後，大致每年吉凶各佔半數。●代表本山向與對宮及三合宮位合聚之大吉神數為八個以上，為大吉方；◎代表合聚吉神為五至七個，代表大利方，為擇吉方之重要參考。	
8	年神方位表 部分	本表與年神方位圖相對應，詳細明列各山向之吉神凶煞，使有識者能很方便的使用。	
9	山向欄	將二十四山之每一山分為二個山向，如此每一山向與百二分經之一個吉分經相對應；後將中宮一併列入使山向更為完整，其編號分別為1至49；50至55為抄錄自協記辨方書卷三十三利用一及卷三十四利用二有關修造之部分資料供有識者使用時參考。	
10	庚寅年欄	列出庚寅年每一山向之吉神凶煞。例如山向乾2之◎6，即代表乾2山向本宮有福德吉神，對宮有太陰吉神，三合宮又分別有歲枝德天喜及太陽等共六大吉神；另【】後方之,4代表本山向與對宮及三合宮位合聚之其他吉神數有4，故此方為大利方。用事擇吉方時可參考選用之山向。	
11	下八欄	2010庚寅年屬下元，紫白九星為八白入中宮。下八這一欄所列之一白、六白、八白及九紫之山向可做為用事吉方之參考。	

宜忌吉凶	吉凶	【太歲庚寅幹金枝木納音屬木】神煞占方
開山立向修方吉	歲吉神 【吉】	歲德【庚】 歲德合【乙】 歲枝德【未】 陽貴人【丑】 陰貴人【未】 歲祿【申】 歲馬【申】 奏書【艮】 博士【坤】
	三元紫白 【吉】	上元【一白巽 六白離 八白坤 九紫震】 中元【一白坎 六白乾 八白艮 九紫離】 下元【一白兌 六白震 八白中 九紫乾】
	蓋山黃道 【吉】	貪狼【艮丙】 巨門【巽辛】 武曲【兌丁巳丑】 文曲【離壬寅戌】
	通天竅 【吉】	三合前方【坤申 庚酉 辛戌】 三合後方【艮寅 甲卯 乙辰】 十二吉山宜申子辰寅午戌年月日時
	走馬六壬 【吉】	神后【辛戌】 功曹【壬子】 天罡【艮寅】 勝光【乙辰】 傳送【丙午】 河魁【坤申】 十二吉山宜申子辰寅午戌年月日時
	四利三元 【吉】	太陽【卯】 太陰【巳】 龍德【酉】 福德【亥】
開山立向修方凶	歲凶神 【凶】	太歲【寅】 歲破【申】 三煞【亥子丑】 坐煞向煞【壬癸 丙丁】 浮天空亡【兌丁】
開山凶	歲凶神 【凶】	年剋山家 離壬丙乙山 陰府太歲【乾兌】 六害【巳】 死符【未】 灸退【酉】
立向凶	歲凶神 【凶】	巡山羅喉【甲】 病符【丑】
修方凶	歲凶神 【凶】	天官符【巳】 地官符【午】 大煞【午】 大將軍【子】 力士【巽】 蠶室【乾】 蠶官【戌】 蠶命【亥】 歲刑【巳】 黃旛【戌】 豹尾【辰】 飛廉【戌】 喪門【辰】 弔客【子】 白虎【戌】 金神【辰巳】 獨火【震】 五鬼【寅】 破敗五鬼【兌】

開山立向修方吉	月吉神	正月	二月	三月	四月	五月	六月	七月	八月	九月	十月	十一月	十二月
	天道 【吉】	南	西南	北	西	西北	東	北	東北	南	東	東南	西
	天德 【吉】	丁	坤	壬	辛	乾	甲	癸	艮	丙	乙	巽	庚
	天德合 【吉】	壬		丁	丙		己	戊		辛	庚		乙
	月德 【吉】	丙	甲	壬	庚	丙	甲	壬	庚	丙	甲	壬	庚
	月德合 【吉】	辛	己	丁	乙	辛	己	丁	乙	辛	己	丁	乙
	月空 【吉】	壬	庚	丙	甲	壬	庚	丙	甲	壬	庚	丙	甲
	陽貴人 【吉】	兌	乾	中	巽	震	坤	坎	離	艮	兌	乾	中
	陰貴人 【吉】	坎	離	艮	兌	乾	中	坎	離	艮	兌	乾	中
	飛天祿 【吉】	坤	坎	離	艮	兌	乾	中	坎	離	艮	兌	乾
	飛天馬 【吉】	坤	坎	離	艮	兌	乾	中	坎	離	艮	兌	乾
	月紫白一白【吉】	巽	中	乾	兌	艮	離	坎	坤	震	巽	中	乾
	月紫白六白【吉】	離	坎	坤	震	巽	中	乾	兌	艮	離	坎	坤
	月紫白八白【吉】	坤	震	巽	中	乾	兌	艮	離	坎	坤	震	巽
	月紫白九紫【吉】	震	巽	中	乾	兌	艮	離	坎	坤	震	巽	中
開山立向修方吉	二十四節氣	立春	雨水	驚蟄	春分	清明	穀雨	立夏	小滿	芒種	夏至	小暑	大暑
	三奇乙奇 【吉】	中	中	中	離	離	離	坎	坎	坎	震	震	震
	三奇丙奇 【吉】	乾	乾	乾	坎	坎	坎	坤	坤	坤	坤	坤	坤
	三奇丁奇 【吉】	兌	兌	兌	坤	坤	坤	震	震	震	坎	坎	坎

宜忌吉凶	吉凶	【太歲庚寅幹金枝木納音屬木】神煞占方											
開山立向修方吉	二十四節氣	立秋	處暑	白露	秋分	寒露	霜降	立冬	小雪	大雪	冬至	小寒	大寒
	三奇乙奇　【吉】	中	中	中	坎	坎	坎	離	離	離	兌	兌	兌
	三奇丙奇　【吉】	巽	巽	巽	離	離	離	艮	艮	艮	艮	艮	艮
	三奇丁奇　【吉】	震	震	震	艮	艮	艮	兌	兌	兌	離	離	離
開山凶	月凶神	正月	二月	三月	四月	五月	六月	七月	八月	九月	十月	十一月	十二月
	月建　　【凶】	寅	卯	辰	巳	午	未	申	酉	戌	亥	子	丑
	月破　　【凶】	申	酉	戌	亥	子	丑	寅	卯	辰	巳	午	未
	月剋山家【凶】	乾亥兌丁	乾亥兌丁	震艮巳	震艮巳	離壬丙乙	離壬丙乙			乾亥兌丁	乾亥兌丁	水土山	水土山
	陰府太歲【凶】	坤震	巽艮	乾兌	坤坎	離乾	震坤	艮巽	兌乾	坎坤	乾離	坤震	巽艮
	天官符　【凶】	丑艮寅	庚兌辛	戌乾亥	中	庚兌辛	戌乾亥	中	辰巽巳	甲震乙	未坤申	壬坎癸	丙離丁
	地官符　【凶】	丙離丁	丑艮寅	庚兌辛	戌乾亥	中	庚兌辛	戌乾亥	中	辰巽巳	甲震乙	未坤申	壬坎癸
	小月建　【凶】	中	戌乾亥	庚兌辛	丑艮寅	丙離丁	壬坎癸	未坤申	甲震乙	辰巽巳	中	戌乾亥	庚兌辛
	大月建　【凶】	未坤申	壬坎癸	丙離丁	丑艮寅	庚兌辛	戌乾亥	中	辰巽巳	甲震乙	未坤申	壬坎癸	丙離丁
	飛大煞　【凶】	丙離丁	丑艮寅	庚兌辛	戌乾亥	中	庚兌辛	戌乾亥	中	辰巽巳	甲震乙	未坤申	壬坎癸
	丙丁獨火【凶】	巽中	震巽	坤震	坎坤	離坎	艮離	兌艮	乾兌	中乾	中	巽中	震巽
	月遊火　【凶】	震	巽	中	乾	兌	艮	離	坎	坤	震	巽	中
	劫煞　　【凶】	亥	申	巳	寅	亥	申	巳	寅	亥	申	巳	寅
	災煞　　【凶】	子	酉	午	卯	子	酉	午	卯	子	酉	午	卯
	月煞　　【凶】	丑	戌	未	辰	丑	戌	未	辰	丑	戌	未	辰
	月刑　　【凶】	巳	子	辰	申	午	丑	寅	酉	未	亥	卯	戌
	月害　　【凶】	巳	辰	卯	寅	丑	子	亥	戌	酉	申	未	午
	月厭　　【凶】	戌	酉	申	未	午	巳	辰	卯	寅	丑	子	亥

紀事	日期星期	農曆【陰曆】	日干支或交節氣時間	說明
迎春	2010/2/3 星期三	己丑年 十二月 二十日	甲申日	造春牛芒神用冬至後辰日於歲德方取水土成造用桑柘木為胎骨。先設春牛、勾芒神於東郊，牛頭東向。立春先一日，府州縣官吏綵仗鼓樂迎春於東郊，祭拜勾芒神，迎春牛、勾芒神安置各衙門頭門內。
	2010/2/3 星期三	己丑年 十二月 二十日	甲申日	至立春本日用綵仗鞭春牛，蓋即出土牛，送寒氣之遺意也。
十龍治水	2010/2/23 星期二	庚寅年 正月 初十日	甲辰日	視元旦後第幾日得辰，即為幾龍治水也。舊時農業社會以曆書裡新年頭日子的紀日干支來定當年的幾龍治水，意思是龍少雨水就少則旱，龍多雨水就多則澇，以此判斷當年是旱或澇。
七日得辛	2010/2/20 星期三	庚寅年 正月 初七日	辛丑日	視正月上旬第幾日值辛，即為幾日得辛也。舊時曆書裡的日子用干支來記載，干支中的庚和辛代表金，做生意的商人都希望發財，編曆書的人都投其所好，用幾日得辛意味得金發財之意。
春社	2010/3/19 星期五	庚寅年 二月 初四日	戊辰日	二社，歷例日：二分前後近戊為社。春社日和秋社日通稱為社日，為我國歷史上最悠久民間最流行的日子，禮記早有記載。春社日是農民在春播時祈求土地神保佑五穀豐登的祭祀日。
秋社	2010/9/25 星期六	庚寅年 八月 十八日	戊寅日	秋社日是農民感謝土地神的賜予而進行慶祝豐收的祭祀日；相傳每逢社日，人們總要在大樹下搭席篷宰牲釀酒，先祭社神，然後一起聚餐。
初伏	2010/7/19 星期一	庚寅年 六月 初八日	庚午日	三伏，夏至後三庚為初伏，四庚為中伏，立秋後初庚為末伏。如庚日夏至即為初伏，庚日立秋即為末伏。三伏是一年裡最熱的時期，伏是隱伏起來避暑的意思。
中伏	2010/7/29 星期四	庚寅年 六月 十八日	庚辰日	
末伏	2010/8/8 星期日	庚寅年 六月 二十八日	庚寅日	
入霉	2010/6/15 星期二	庚寅年 五月 初四日	丙申日	通書日：神樞經芒種後逢丙入，小暑後逢未出。碎金云：芒種後逢壬入，夏至後逢庚出。謂之霉天。入霉也叫入梅，是指梅雨季節開始的那一天。出霉也叫出梅，是指梅雨季節結束的那一天。
出霉	2010/7/8 星期四	庚寅年 五月 二十七日	己未日	入梅和出梅之間的日期，稱為梅季，也稱為霉季。所謂梅雨是指江淮一帶在每年六七月間常發生比較密集的連續陰雨天氣。由於這時正是梅子黃熟季節，所以稱這時的雨為梅雨，又稱為霉雨。
二十四節氣				氣候有二十四節氣，順序以立春為先。惟為配合目前曆法時序，故將小寒大寒置於立春之前。
小寒	2010/1/5 星期二	己丑年 十一月 二十一日	19時00分【戌時】交小寒；即己丑年丁丑月乙卯日丙戌時交小寒。	小寒【十二月節】。小寒：鴈北鄉，鵲始巢，雉鴝。
大寒	2010/1/20 星期三	己丑年 十二月 初六日	12時18分【午時】交大寒；即己丑年丁丑月庚午日壬午時交大寒。	大寒【十二月氣】。大寒：雞乳，征鳥厲疾，水澤腹堅。
立春	2010/2/4 星期四	己丑年 十二月 二十一日	06時42分【卯時】交立春；即庚寅年戊寅月乙酉日己卯時交立春。	立春【正月節】。立春：東風解凍，蟄蟲始振，魚陟負冰。
雨水	2010/2/19 星期五	庚寅年 正月 初六日	02時35分【丑時】交雨水；即庚寅年戊寅月庚子日丁丑時交雨水。	雨水【正月氣】。雨水：獺祭魚，候雁北，草木萌動。
驚蟄	2010/3/6 星期六	庚寅年 正月 二十一日	00時52分【早子時】交驚蟄；即庚寅年己卯月乙卯日丙子時交驚蟄。	驚蟄【二月節】。驚蟄：桃始華，倉庚鳴，鷹化為鳩。
春分	2010/3/21 星期日	庚寅年 二月 初六日	01時08分【丑時】交春分；即庚寅年己卯月庚午日丁丑時交春分。	春分【二月氣】。春分：玄鳥至，雷乃發聲，始電。
清明	2010/4/5 星期一	庚寅年 二月 二十一日	05時55分【卯時】交清明；即庚寅年庚辰月乙酉日己卯時交清明。	清明【三月節】。清明：桐始華，田鼠化為鴽，虹始見。
穀雨	2010/4/20 星期二	庚寅年 三月 初七日	13時07分【未時】交穀雨；即庚寅年庚辰月庚子日癸未時交穀雨。	穀雨【三月氣】。穀雨：萍始生，鳴鳩拂其羽。

紀事	日期星期	農曆【陰曆】	日干支或交節氣時間	說明
立夏	2010/5/5 星期三	庚寅年 三月 二十二日	23時29分【夜子時】交立夏；即庚寅年辛巳月乙卯日戊子時交立夏。	立夏【四月節】。立夏：螻蟈鳴，蚯蚓出，王瓜生。
小滿	2010/5/21 星期五	庚寅年 四月 初八日	12時29分【午時】交小滿；即庚寅年辛巳月辛未日甲午時交小滿。	小滿【四月氣】。小滿：苦菜秀，靡草死，麥秋至。
芒種	2010/6/6 星期日	庚寅年 四月 二十四日	03時51分【寅時】交芒種；即庚寅年壬午月丁亥日壬寅時交芒種。	芒種【五月節】。芒種：螳螂生，鵙始鳴，反舌無聲。
夏至	2010/6/21 星期一	庚寅年 五月 初十日	20時35分【戌時】交夏至；即庚寅年壬午月壬寅日庚戌時交夏至。	夏至【五月氣】。夏至：鹿角解，蜩始鳴，半夏生。
小暑	2010/7/7 星期三	庚寅年 五月 二十六日	14時14分【未時】交小暑；即庚寅年癸未月戊午日己未時交小暑。	小暑【六月節】。小暑：溫風至，蟋蟀居壁，鷹始摯。
大暑	2010/7/23 星期五	庚寅年 六月 十二日	07時28分【辰時】交大暑；即庚寅年癸未月甲戌日戊辰時交大暑。	大暑【六月氣】。大暑：腐草為螢，土潤溽暑，大雨時行。
立秋	2010/8/7 星期六	庚寅年 六月 二十七日	23時57分【夜子時】交立秋；即庚寅年甲申月己丑日丙子時交立秋。	立秋【七月節】。立秋：涼風至，白露降，寒蟬鳴。
處暑	2010/8/23 星期一	庚寅年 七月 十四日	14時24分【未時】交處暑；即庚寅年甲申月乙巳日癸未時交處暑。	處暑【七月氣】。處暑：鷹乃祭鳥，天地始肅，禾乃登。
白露	2010/9/8 星期三	庚寅年 八月 初一日	02時41分【丑時】交白露；即庚寅年乙酉月辛酉日己丑時交白露。	白露【八月節】。白露：鴻雁來，玄鳥歸，群鳥養羞。
秋分	2010/9/23 星期四	庚寅年 八月 十六日	11時48分【午時】交秋分；即庚寅戌年乙酉月丙子日甲午時交秋分。	秋分【八月氣】。秋分：雷始收聲，蟄蟲坏戶，水始涸。
寒露	2010/10/8 星期五	庚寅年 九月 初一日	18時05分【酉時】交寒露；即庚寅年丙戌月辛卯日丁酉時交寒露。	寒露【九月節】。寒露：鴻雁來賓，雀入大水為蛤，菊有黃華。
霜降	2010/10/23 星期六	庚寅年 九月 十六日	20時54分【戌時】交霜降；即庚寅年丙戌月丙午日戊戌時交霜降。	霜降【九月氣】。霜降：豺乃祭獸，草木黃落，蟄蟲咸俯。
立冬	2010/11/7 星期日	庚寅年 十月 初二日	21時01分【亥時】交立冬；即庚寅年丁亥月辛酉日己亥時交立冬。	立冬【十月節】。立冬：水始冰，地始凍，雉入大水為蜃。
小雪	2010/11/22 星期一	庚寅年 十月 十七日	18時16分【酉時】交小雪；即庚寅年丁亥月丙子日丁酉時交小雪。	小雪【十月氣】。小雪：虹藏不見，天氣上升地氣下降，閉塞而成冬。
大雪	2010/12/7 星期二	庚寅年 十一月 初二日	13時41分【未時】交大雪；即庚寅年戊子月辛卯日乙未時交大雪。	大雪【十一月節】。大雪：鶡鴠不鳴，虎始交，荔挺出。
冬至	2010/12/22 星期三	庚寅年 十一月 十七日	07時29分【辰時】交冬至；即庚寅年戊子月丙午日壬辰時交冬至。	冬至【十一月氣】。冬至：蚯蚓結，麋角解，水泉動。
春牛芒神服色				春牛身高四尺象四時、身長八尺象八節、尾長一尺二寸象十二月，牛頭白色，牛身青色，牛腹青色，牛角耳尾青色，牛脛白色，牛蹄黑色，牛尾左繳，牛口開；
				牛籠頭拘繩用苧繩拘子用桑柘木白色，牛踏板用縣門左扇。芒神身高三尺六寸五分象三百六十五日，面如老人像，紅衣黑腰帶，平梳兩髻右髻在耳後左髻在耳前，罨耳用右手提；
				行纏鞋袴俱無，鞭杖用柳枝長二尺四寸象二十四氣五色醮染用苧結，芒神早忙立於牛前左邊。

何謂擇日學

簡單的說，擇日學就是一種預測的科學，它是透過對天象的瞭解，制定曆法，每年製作曆書，使人們在進行一生中之某件重大的事情，例如嫁娶或店舖開市時，能夠選擇一個最佳的時間來執行，讓這件事情有一個好的開始，從此平安順遂。這就包含了人、事、時、地、物等五個要件。

擇日學的應用

擇日學的應用極為廣泛，舉凡祭祀、祈福、求嗣、嫁娶、移徙、上官、開市、立券交易、修造動土、安葬等，所有在人們一生中可能會遭遇到的事情都可以用到，幾乎是無所不能，被認為關係個人的一生禍福，且力量發揮時，可以影響其整個家族的興衰。用事擇日選擇適宜，善加利用大自然賦予天時地利的神秘力量，甚至有造命的功能。

擇日學的經典名著
——協記辨方書

清朝乾隆皇帝下詔編修四庫全書時，命欽天監及大學士們將選擇通書及萬年書等重新編校，統一義例，辨正神煞，刪削謬妄，編成協記辨方書。協記辨方書乃敬天之紀，敬地之方，以順天地之性，而為便民之用，是一本頗具可信度的擇日學經典名著。該書編入文淵閣四庫全書，屬子部術數類【見該全書第 811 冊】。同冊之星歷考原亦很有參考價值。協記辨方書在書店中可以買到，也可至各縣市圖書館總館查閱。

編號	欄位名稱	說明
1	前言	擇日曆書：係依據欽定萬年曆、協記辨方書、星歷考原、選擇求真、選吉探源、鰲頭通書、象吉通書、御定奇門寶鑑、中國神秘造命開運法等書資料整理而成。為擇日選吉用事及造命開運之參考。
2	日期節日	日期節日：為配合電腦化作業，本擇日曆書日期採用西元年/月/日方式，例如2009/1/8，2009為西元之紀年，其後之1/8即為陽曆之1月8日，其後有星期幾；該日若為節日或紀念日即註明節日或紀念日名稱，在【；】之後所列之節日則為民俗節日；民俗節日之造命開運法將分別另述。若該日逢交節或交氣會註明交節氣名稱及時間。逢交節換月時，同一日列有三筆資料，分別為上月此日、節氣、下月此日之資料；交氣時，會於此日前增列一筆節氣資料。
3	吉神凶神 ○	吉神凶神：係依據協記辨方書卷二十月表一至卷三十一月表十二中所列之吉神凶神編列；並配合二十四節氣、土王用事等修正。使用時須參考干支欄之建除十二神、寶義專制伐日等資料方為齊備。各吉神凶神之所宜所忌詳見【用事】及【宜忌】，為用事選擇之重要參考。
4	陰曆	陰曆：即陰曆年及陰曆之月日，並註明該日之陰曆神煞，陰曆神煞之宜忌詳見【陰曆神煞宜忌】；由於協記辨方書宜忌及月表所用神煞，陰曆神煞僅有長星短星等，故例表供為參考。
5	干支	干支：係將年月日之干支及日納音、當日所屬之節氣、建除十二神、寶義專制伐日、二十八宿等資料列入；可與格局欄相互參考，如有格局，配合協記吉時、貴登天門等欄吉時可立刻取出大八字以備造命開運使用。又由於協記辨方書月表編製時並未將二十八宿列入考量，特整理【二十八宿用事宜忌】供為參考。
6	用事宜忌 ○	用事宜忌○：協記辨方書卷十一用事計分為御用六十七事、民用三十七事及通書選擇六十事；卷二十至卷三十一之十二月表內所列宜忌用事即係依照通書選擇六十事編列；為期擇日選吉更為可信，今將御用所列有而通書選擇未列之用事如頒詔覃恩肆赦等予以整理編列，使用事更能符合實際需要。又為方便區別以【】分隔；前者為通書選擇六十事用事，後者【】內者為增列之御用事。整理後之用事宜忌資料完整，可供一般大眾或政府單位、企業財團用事之參考。
7	協記吉時	協記吉時：係依據協記辨方書卷三十二日表六十日時辰定局摘吉時要整理而成，●係指為黃道吉時有吉神無凶神，◎係指為黃道吉時有吉神也有凶神，○係指為黑道凶時但吉神多凶神少而可用者。
8	貴登天門	貴登天門：係依據協記辨方書卷三十二日表貴登天門時定局所算出的每日貴登天門時；四大吉時部分係依據日表四大吉時定局所算出的每日四大吉時；貴登天門時及四大吉時與前協記吉時相配合可為擇吉時之重要參考。
9	日家奇門	日家奇門：共包含日家奇門遁甲陽遁或陰遁、日干支、吉方及吉方門星等資料；以及年月日紫白九星資料。前者配合日家奇門局、日家八門宜忌、日家九星宜忌、日家八門九星斷例、日家十二神宜忌等資料，為擇吉方之參考。後者係指年月日之紫白九星，例如年四綠即表示此年是四綠入中宮，月日同推，配合時紫白則年月日時齊備，為擇吉方之參考。紫白九星飛佈，可參看年神方位圖第一層及第二層，下元丙戌年為三碧入中宮。一白六白八白及九紫為吉方。
10	時家奇門遁甲	時家奇門遁甲：係指每日十二時辰之時家奇門遁甲吉格局方向方位資料，配合時家奇門遁甲吉格用事宜忌資料，為擇吉時吉方之參考。
11	忌用	忌用：例如申年生人忌用此日，即係因此日地支為寅，寅申沖，大凶不吉，故申年出生之人切忌於此日用事。胎神占方則供有孕婦之人家注意。

日期節日	吉神凶神○	陰曆	干支	用事宜忌○	協記吉時	貴登天門	日家奇遁	時家奇門遁甲	忌用
2010/1/1 星期五 開國紀念日;	吉神：天恩王日 凶神：遊禍血支重日朱雀	己丑年十一月十七日 赤口	己丑年丙子月辛亥日 釵釧金 冬至 閉日 寶日 亢宿	宜：沐浴裁衣築堤防補垣塞穴【覃恩肆赦施恩惠恤孤惸行惠愛雪冤枉緩刑獄】 忌：祈福求嗣上冊受封上表章襲爵受封會親友出行上官赴任臨政親民結婚姻納采問名嫁娶進人口移徙安床解除求醫療病療目針刺修造動土豎柱上梁醞釀開市開倉庫出貨財修置產室開渠穿井破土安葬啟攢【施恩封拜出師營建宮室修宮室】	●己丑時 ●壬辰時 ●甲午時 ●乙未時 ●戊戌時 ●己亥時	四大吉時 戊寅時 辛巳時 甲申時 丁亥時	日家奇遁陽遁辛亥吉方離方休門天乙紫白九星年九紫月四綠日三碧	辛亥日，小寒上元，陽二局；己丑時坎方鬼遁3重詐、離方地遁2人遁1休詐；辛巳時巽方鬼遁3重詐；甲午時坎方人遁1地遁2休詐；乙未時巽方地遁2人遁1風遁2休詐；丙申時離方青龍返首；丁酉離方地遁2人遁1休詐；戊戌時坎方地遁2人遁1休詐；	巳年生人忌用此日 廚灶房外東北
2010/1/2 星期六	吉神：月德天恩官日敬安金匱鳴吠對 凶神：月建小時土府月厭地火四忌六蛇大會陰陽俱錯	己丑年十一月十八日 天休廢	己丑年丙子月壬子日 桑柘木 冬至 建日 專日 氐宿	宜：【覃恩肆赦施恩惠恤孤惸行惠愛雪冤枉緩刑獄】 忌：諸事不宜【修宮室】	●庚子時 ●辛丑時 ◎癸卯時 ◎丙午時 ◎戊申時 ●己酉時	四大吉時 壬寅時 乙巳時 戊申時 辛亥時	日家奇遁陽遁壬子吉方坎方休門天乙紫白九星年九紫月四綠日四綠	壬子日，小寒上元，陽二局；癸卯時艮方地遁2人遁1風遁4休詐、坤方飛鳥跌穴；甲辰時艮方人遁2鬼遁2真穴；乙巳時坤方飛鳥跌穴；	午年生人忌用此日 倉庫碓外東北
2010/1/3 星期日	吉神：天恩天願陰德守日吉期六合普護寶光 凶神：復日八專觸水龍	己丑年十一月十九日 四不祥,六壬空	己丑年丙子月癸丑日 桑柘木 冬至 除日 伐日 房宿	宜：祭祀祈福求嗣上冊受封上表章襲爵受封會親友出行上官赴任臨政親民結婚姻納采問名嫁娶進人口移徙解除沐浴剃頭整手足甲求醫療病裁衣修造動土豎柱上梁修倉庫經絡醞釀開市立券交易納財掃舍宇栽種牧養納畜【頒詔覃恩肆赦施恩拜頒詔招賢舉正直施恩惠恤孤惸宣政事布政事行惠愛雪冤枉緩刑獄慶賜賞賀營建宮室繕城郭】 忌：冠帶取魚乘船渡水	◎甲寅時 ◎乙卯時 ○丙辰時 ●丁巳時 ◎庚申時 ◎壬戌時 ◎癸亥時	己未時 辛酉時 四大吉時 甲申時 丁巳時 庚申時 癸亥時	日家奇遁陽遁癸丑吉方坎方休門太陰紫白九星年九紫月四綠日五黃	癸丑日，小寒上元，陽二局；癸丑時坎方人遁4真詐、離方青龍返首；乙卯時乾方人遁1休詐；丙辰時巽方地遁2人遁1風遁2真詐；戊午時離方青龍返首、坎方人遁1休詐；己未時坤方人遁1休詐；庚申時兌方人遁1休詐；辛酉時坎方人遁1休詐、離方青龍返首；壬戌時震方人遁1風遁6休詐、坤方飛鳥跌穴；癸亥時艮方人遁1休詐；	未年生人忌用此日 占房廁外東北
2010/1/4 星期一	吉神：月恩四相時德相日驛馬天后天馬天巫福德生五合鳴吠對 凶神：五虛八風歸忌八專白虎	己丑年十一月二十日 大空亡,龍禁	己丑年丙子月甲寅日 大溪水 冬至 滿日 專日 心宿	宜：上冊受封上表章襲爵受封會親友出行上官赴任臨政親民進人口解除求醫療病裁衣修造動土豎柱上梁經絡開市立券交易納財補垣塞穴栽種牧養破土啟攢【慶賜賞賀修宮室繕城郭】 忌：祭祀結婚姻納采問名嫁娶移徙遠迴修倉庫開倉庫出貨財取魚乘船渡水【安撫邊境選將訓兵出師】	◎甲子時 ◎乙丑時 ○丙寅時 ●戊辰時 ◎己巳時 ●辛未時 ●甲戌時	己巳時 乙亥時 四大吉時 丙寅時 己巳時 壬申時 乙亥時	日家奇遁陽遁甲寅吉方艮方生門天符紫白九星年九紫月四綠日六白	甲寅日，小寒中元，陽八局；甲子時乾方重詐；乙丑時離方重詐；丙寅時乾方青龍返首；丁卯時巽方風遁3重詐；己巳時震方重詐；癸酉時艮方飛鳥跌穴；甲戌時乾方人遁1休詐；乙亥時艮方飛鳥跌穴；	申年生人忌用此日 占門爐外東北

日期節日	吉神凶神○	陰曆	干支	用事宜忌○	協記吉時	貴登天門	日家奇門	時家奇門遁甲	忌用
2010/1/5 星期二 19時00分 【戌時】 交小寒節 節前使用 為丙子月	吉神：四相民日五合玉堂鳴吠對 凶神：天罡死神月刑天吏致死天賊	己丑年 十一月 二十一日 楊公忌日	己丑年 丙子月 乙卯日 大溪水 冬至 平日 專日 尾宿	忌：諸事不宜【頒詔招賢宣政事布政事安撫邊境選將訓兵出師營建宮室修宮室繕城郭】	◎丙子時 ●戊寅時 ●己卯時 ◎壬午時 ◎癸未時 ○甲申時 ◎乙酉時	丙子時 庚辰時 四大吉時 戊寅時 辛巳時 甲申時	陽遁乙卯吉方兌方生門軒轅 紫白九星年九紫月四綠日七赤	乙卯日，小寒中元，陽八局；丙子時震方人遁1休詐；丁丑時乾方地遁2人遁2真詐；庚辰時巽方人遁1休詐；壬午時乾方青龍返首、坤方人遁1休詐；乙酉時乾方青龍返首、離方地遁1鬼遁5重詐；丁亥時巽方地遁2風遁2重詐；	酉年生人忌用此日 碓磨門外正東
2010/1/5 星期二 19時00分 【戌時】 交小寒節 十二月節 丁丑月	太陽過黃經二八五度，氣候稍寒【斗指戊為小寒，時天氣漸寒，尚未大冷，故名小寒】			小寒十二月節天道西行宜向西行宜修造西方；天德在庚天德合在乙月德在庚月德合在乙空在甲宜修造取土；月建在丑月破在未月厭在亥月刑在戌月害在午劫煞在寅災煞在卯月煞在辰忌修造取土；初九日長星、二十五日短星；小寒後三十日往亡、土王用事後忌修造動土巳午日添母倉；大寒十二月中日躔在子宮為十二月將宜用癸乙丁辛時；					
2010/1/5 星期二 19時00分 【戌時】 交小寒節 節後使用 為丁丑月	吉神：天德合月德合四相民日天巫福德天倉金堂五合寶光鳴吠對 凶神：災煞天火地囊	己丑年 十一月 二十一日 楊公忌日	己丑年 丁丑月 乙卯日 大溪水 小寒 滿日 專日 尾宿	宜：祭祀祈福求嗣上冊受封上表章襲爵受封會親友出行上官赴任臨政親民結婚姻納采問名嫁娶進人口移徙解除裁衣豎柱上梁經絡開市立券交易納財開倉庫出貨財牧養納畜安葬啟攢【覃恩肆赦施恩惠恤孤惸行惠愛雪冤枉緩刑獄】 忌：求醫療病築堤防修造動土修倉庫修置產室開渠穿井安碓磑補垣修飾垣牆平治道塗破屋壞垣畋獵取魚栽種破土【布政事】	○丙戌時	四大吉時 丁亥時	日家奇遁陽遁乙卯吉方兌方生門軒轅 紫白九星年九紫月三碧日七赤	乙卯日，小寒中元，陽八局；丙子時震方人遁1休詐；丁丑時乾方地遁2人遁2真詐；庚辰時巽方人遁1休詐；壬午時乾方青龍返首、坤方人遁1休詐；乙酉時乾方青龍返首、離方地遁1鬼遁5重詐；丁亥時巽方地遁2風遁2重詐；	酉年生人忌用此日 碓磨門外正東
2010/1/6 星期三	吉神：天馬不將 凶神：河魁死神月煞月虛白虎	己丑年 十一月 二十二日 短星	己丑年 丁丑月 丙辰日 沙中土 小寒 平日 寶日 箕宿	忌：諸事不宜【頒詔施恩封拜招賢舉正直宣政事布政事慶賜賞賀安撫邊境選將訓兵出師營建宮室修宮室繕城郭】	●庚寅時 ◎壬辰時 ●癸巳時 ●丙申時 ●丁酉時 ●己亥時	己丑時 四大吉時 庚寅時 癸巳時 丙申時 己亥時	日家奇遁陽遁丙辰吉方坤方休門青龍 紫白九星年九紫月三碧日八白	丙辰日，小寒中元，陽八局；庚寅時兌方地遁2重詐；壬辰時艮方飛鳥跌穴；癸巳時艮方地遁2人遁3風遁4虎遁7重詐；丙申時艮方飛鳥跌穴；戊戌時巽方人遁2真詐；	戌年生人忌用此日 廚灶栖外正東

日期節日	吉神凶神○	陰曆	干支	用事宜忌○	協記吉時	貴登天門	日家奇門	時家奇門遁甲	忌用
2010/1/7 星期四	吉神：三合時陰六儀玉堂 凶神：厭對招搖死氣四廢九坎九焦重日	己丑年十一月二十三日赤口，月忌	己丑年丁丑月丁巳日沙中土小寒定日專日斗宿	忌：祈福求嗣上冊受封上表章襲爵受封會親友冠帶出行上官赴任臨政親民結婚姻納采問名嫁娶進人口移徙安床解除剃頭求醫療病裁衣築堤防造動土豎柱上梁修倉庫鼓鑄經絡醞釀開市立券交易納財開倉庫出貨財置產室開渠穿井安碓磑補垣塞穴修飾垣牆取魚乘船渡水栽種牧養納畜破土安葬啟攢【頒詔施恩封拜招賢舉正直宣政事布政事安撫邊境選將訓兵出師營建宮室】	◎辛丑時 ●甲辰時 ●丙午時 ●丁未時 ○己酉時 ●庚戌時 ◎辛亥時	癸卯時 四大吉時 壬寅時 乙巳時 戊申時 辛亥時	日家奇遁陽遁丁巳吉方兌方生門太乙 紫白九星年九紫月三碧日九紫	丁巳日，小寒中元，陽八局；壬寅時離方人遁2人真詐；癸卯時乾方青龍返首；己酉時艮方飛鳥跌穴；庚戌時乾方青龍返首；	亥年生人忌用此日 倉庫床外正東
2010/1/8 星期五	吉神：敬安解神 凶神：月害大時大敗咸池小耗五虛天牢	己丑年十一月二十四日小空亡	己丑年丁丑月戊午日天上火小寒執日義日牛宿	宜：沐浴剃頭整手足甲伐木捕捉畋獵 忌：祈福求嗣上冊受封上表章襲爵受封會親友冠帶出行上官赴任臨政親民結婚姻納采問名嫁娶進人口移徙安床解除求醫療病築堤防修造動土豎柱上梁修倉庫苫蓋經絡醞釀開市立券交易納財開倉庫出貨財修置產室取魚乘船渡水栽種牧養納畜破土安葬啟攢【施恩封拜招賢舉正直慶賜賞賀安撫邊境選將訓兵出師營建宮室修宮室繕城郭】	◎壬子時 ◎癸丑時 ●乙卯時 ◎戊辰時 ○己未時 ●庚申時 ●辛酉時	 四大吉時 甲寅時 丁巳時 庚申時 癸亥時	日家奇遁陽遁戊午吉方巽方生門青龍 紫白九星年九紫月三碧日一白	戊午日，小寒中元，陽八局；乙卯時艮方地遁2人遁1休詐；丁巳時艮方飛鳥跌穴；戊午時乾方青龍返首；辛酉時艮方飛鳥跌穴天遁4；	子年生人忌用此日 房床碓外正東
2010/1/9 星期六	吉神：普護 凶神：月破大耗四擊九空復日八專元武	己丑年十一月二十五日六壬空	己丑年丁丑月己未日天上火小寒破日專日女宿	宜：祭祀破屋壞垣 忌：祈福求嗣上冊受封上表章襲爵受封會親友冠帶出行上官赴任臨政親民結婚姻納采問名嫁娶進人口移徙安床剃頭整手足甲求醫療病裁衣築堤防修造動土豎柱上梁修倉庫鼓鑄經絡醞釀開市立券交易納財開倉庫出貨財修置產室開渠穿井安碓磑補垣塞穴修飾垣牆伐木栽種牧養納畜破土安葬啟攢【頒詔施恩封拜招賢舉正直宣政事布政事慶賜賞賀安撫邊境選將訓兵出師營建宮室修宮室繕城郭】	●丙寅時 ●丁卯時 ●己巳時 ○庚午時 ●辛未時 ◎壬申時 ●甲戌時 ◎乙亥時	戊辰時 四大吉時 丙寅時 己巳時 壬申時 乙亥時	日家奇遁陽遁己未吉方艮方開門天乙 紫白九星年九紫月三碧日二黑	己未日，小寒下元，陽五局；乙丑時艮方地遁2雲遁1鬼遁5重詐；丙寅時坎方地遁2鬼遁5重詐；丁卯時巽方地遁2風遁2雲遁6鬼遁5重詐；癸酉時中宮飛鳥跌穴；乙亥時兌方人遁1休詐；	丑年生人忌用此日 占門廁外正東
2010/1/10 星期日	吉神：天德月德母倉陽德五富福生除神司命鳴吠 凶神：遊禍五離八專	己丑年十一月二十六日龍禁	己丑年丁丑月庚申日石榴木小寒危日專日虛宿	宜：祭祀上冊受封上表章襲爵受封會親友出行上官赴任臨政親民移徙沐浴剃頭整手足甲裁衣築堤防修造動土豎柱上梁修倉庫醞釀開市立券交易納財開倉庫出貨財掃舍宇伐木栽種牧養納畜破土安葬【頒詔覃恩肆赦施恩封拜招賢舉正直施恩惠恤孤惸宣政事行惠愛雪冤枉緩刑獄營建宮室繕城郭】 忌：祈福求嗣結婚姻納采問名嫁娶安床解除求醫療病經絡畋獵取魚	◎丙子時 ○丁丑時 ●庚辰時 ●辛巳時 ◎癸未時 ○甲申時 ◎丙戌時	 四大吉時 戊寅時 辛巳時 甲申時 丁亥時	日家奇遁陽遁庚申吉方艮方開門太陰 紫白九星年九紫月三碧日三碧	庚申日，小寒下元，陽五局；丙子時中宮飛鳥跌穴；戊寅時坎方人遁1休詐；己卯時坤方鬼遁3重詐；庚辰時震方鬼遁3重詐；辛巳時離方人遁1休詐；壬午時乾方人遁1休詐；	寅年生人忌用此日 碓磨爐外東南

2010庚寅年擇日曆書

日期節日	吉神凶神○	陰曆	干支	用事宜忌○	協記吉時	貴登天門	日家奇門	時家奇門遁甲	忌用
2010/1/11 星期一 司法節；	吉神：母倉月恩三合臨日天喜天醫除神鳴吠 凶神：四耗大煞五離勾陳	己丑年十一月二十七日	己丑年丁丑月辛酉日石榴木小寒成日專日危宿	宜：祭祀祈福求嗣上冊受封上表章襲爵受封入學出行上官赴任臨政親民結婚姻納采問名嫁娶進人口移徙解除沐浴剃頭整手足甲求醫療病裁衣築堤防修造動土豎柱上梁修倉庫經絡開市立券交易納財開倉庫出貨財安碓磑掃舍宇栽種牧養納畜破土安葬【施恩封拜舉正直修宮室繕城郭】 忌：會親友醞釀【選將訓兵出師】	◎戊子時 ●庚寅時 ◎辛卯時 ●甲午時 ◎乙未時 ◎丁酉時	四大吉時 庚寅時 癸巳時 丙申時 己亥時	日家奇遁陽遁辛酉吉方離方生門太陰 紫白九星年九紫月三碧日四綠	辛酉日，小寒下元，陽五局；辛卯時中宮飛鳥跌穴；	卯年生人忌用此日 廚灶門外東南
2010/1/12 星期二	吉神：聖心青龍 凶神：天罡月刑五虛	己丑年十一月二十八日 大空亡，四不祥	己丑年丁丑月壬戌日大海水小寒收日伐日室宿	宜：祭祀捕捉畋獵 忌：祈福求嗣上冊受封上表章襲爵受封會親友冠帶出行上官赴任臨政親民結婚姻納采問名嫁娶進人口移徙安床解除剃頭整手足甲求醫療病裁衣築堤防修造動土豎柱上梁修倉庫鼓鑄經絡醞釀開市立券交易納財開倉庫出貨財修置產室開渠穿井安碓磑補垣塞穴修飾垣牆破屋壞垣栽種牧養納畜破土安葬啟攢【頒詔施恩封拜招賢舉正直宣政事布政事慶賜賞賀安撫邊境選將訓兵出師營建宮室修宮室繕城郭】	◎壬寅時 ◎甲辰時 ◎乙巳時 ◎戊申時 ◎己酉時 ◎辛亥時	四大吉時 壬寅時 乙巳時 戊申時 辛亥時	日家奇遁陽遁壬戌吉方震方開門太乙 紫白九星年九紫月三碧日五黃	壬戌日，小寒下元，陽五局；壬寅時兌方地遁2人遁2真詐、中宮飛鳥跌穴；丙午時坎方重詐；戊申時中宮飛鳥跌穴；庚戌時離方重詐；	辰年生人忌用此日 倉庫棲外東南
2010/1/13 星期三	吉神：陰德王日驛馬天后時陽生氣益後明堂 凶神：月厭地火四窮六蛇重日大會陰錯	己丑年十一月二十九日 赤口	己丑年丁丑月癸亥日大海水小寒開日專日壁宿	宜：【覃恩肆赦施恩惠恤孤惸行惠愛雪冤枉緩刑獄】 忌：諸事不宜【布政事營建宮室】	◎癸丑時 ◎乙卯時 ●丙辰時 ●戊午時 ◎己未時 ◎壬戌時 ◎癸亥時	己未時 辛酉時 四大吉時 甲寅時 丁巳時 庚申時 癸亥時	日家奇遁陽遁癸亥吉方巽方休門太乙 紫白九星年九紫月三碧日六白	癸亥日，小寒下元，陽五局；乙卯時兌方地遁2人遁1休詐、中宮飛鳥跌穴；	巳年生人忌用此日 占房床外東南
2010/1/14 星期四	吉神：月空天恩天赦天願四相官日六合續世 凶神：天吏致死血支土符歸忌血忌天刑	己丑年十一月三十日	己丑年丁丑月甲子日海中金小寒閉日義日奎宿	宜：祭祀沐浴裁衣經絡醞釀安葬【覃恩肆赦施恩惠恤孤惸行惠愛雪冤枉緩刑獄】 忌：【出師】	●甲子時 ●乙丑時 ●丙寅時 ◎丁卯時 ◎庚午時 ◎壬申時 ◎癸酉時	己巳時 乙亥時 四大吉時 丙寅時 己巳時 壬申時 乙亥時	日家奇遁陽遁甲子吉方艮方生門太乙 紫白九星年九紫月三碧日一白	甲子日，大寒上元，陽三局；甲子時坎方地詐；乙丑時坎方地遁2人遁1休詐；丙寅時坎方青龍返首、巽方地遁1人遁1風遁2休詐；丁卯時震方飛鳥跌穴、兌方人遁2鬼遁2真詐；戊辰時離方人遁4真詐、坤方地遁2人遁1休詐；己巳時兌方地遁2人遁1休詐；庚午時巽方重詐；辛未時坤方風遁5重詐；壬申時離方天遁1重詐；癸酉時乾方重詐；乙亥時震方飛鳥跌穴；	午年生人忌用此日 占門碓外東南

日期節日	吉神凶神○	陰曆	干支	用事宜忌○	協記吉時	貴登天門	日家奇門	時家奇門遁甲	忌用
2010/1/15 星期五 藥師節；	吉神：天德合月德合天恩四相守日要安 凶神：月建小時土府往亡朱雀	己丑年十二月初一日 小寒 建日 制日 婁宿	己丑年丁丑月乙丑日 海中金	宜：祭祀祈福求嗣會親友結婚姻納采問名解除裁衣豎柱上梁納財開倉庫出貨牧養納畜安葬【覃恩肆赦施恩封拜舉正直施恩惠恤孤布政事行惠愛雪冤枉緩刑獄慶賜賞賀】 忌：上冊受封上表章冠帶出行上官赴任臨政親民嫁娶進人口移徙求醫療病築堤防修造動土修倉庫修置產室開渠穿井安碓磑補垣修飾垣牆平治道塗破屋壞垣伐木捕捉畋獵取魚栽種破土	○丙子時 ○丁丑時 ●戊寅時 ●己卯時 ◎辛巳時 ●甲申時 ◎丙戌時 ◎丁亥時	丙子時 庚辰時 四大吉時 戊寅時 辛巳時 甲申時 丁亥時	日家奇遁 陽遁乙丑 吉方艮方 生門天乙 紫白九星 年九紫 月三碧 日二黑	乙丑日，大寒上元，陽三局；庚辰時震方飛鳥跌穴；壬午時坎方地遁2人遁2真詐；癸未時坎方青龍返首；甲申時坎方人遁1休詐；	未年生人忌用此日 碓磨廁外東南
2010/1/16 星期六	吉神：天恩時德相日吉期不將玉宇五合金匱鳴吠對 凶神：劫煞天賊五虛	己丑年十二月初二日 龍禁	己丑年丁丑月丙寅日 爐中火 小寒 除日 義日 胃宿	宜：沐浴掃舍宇【覃恩肆赦施恩惠恤孤惸行惠愛雪冤枉緩刑獄】 忌：祭祀上冊受封上表章出行求醫療病修倉庫開倉庫出貨財【頒詔招賢宣政事營建宮室】	●戊子時 ●己丑時 ◎壬辰時 ◎癸巳時 ◎乙未時 ◎戊戌時	己丑時 四大吉時 庚寅時 癸巳時 丙申時 己亥時	日家奇遁 陽遁丙寅 吉方坎方 休門太乙 紫白九星 年九紫 月三碧 日三碧	丙寅日，大寒上元，陽三局；己丑時坎方青龍返首；庚寅時坎方人遁1休詐；辛卯時震方飛鳥跌穴；乙未時坎方青龍返首；戊戌時坎方地遁2鬼遁5重詐；	申年生人忌用此日 廚灶爐外正南
2010/1/17 星期日	吉神：天恩民日天巫福德天倉不將金堂五合寶光鳴吠對 凶神：災煞天火 土王用事18	己丑年十二月初三日 大空亡	己丑年丁丑月丁卯日 爐中火 小寒 滿日 義日 昴宿	宜：祭祀【覃恩肆赦施恩惠恤孤惸行惠愛雪冤枉緩刑獄】 忌：祈福求嗣上冊受封上表章襲爵受封親友冠帶出行上官赴任臨政親民結婚姻納采問名嫁娶進人口移徙安床解除剃頭整手足甲求醫療病裁衣築堤防修造動土豎柱上梁修倉庫鼓鑄苫蓋經絡醞釀開市立券交易納財開倉庫出貨財修置產室開渠穿井安碓磑補垣塞穴修飾垣牆破屋壞垣栽種牧養納畜破土安葬啟攢【頒詔施恩封拜招賢舉正直宣政事安撫邊境選將訓兵出師營建宮室】【修宮室繕城郭】平治道塗	◎庚子時 ◎壬寅時 ◎癸卯時 ●丙午時 ●丁未時 ◎己酉時	癸卯時 四大吉時 壬寅時 乙巳時 戊申時 辛亥時	日家奇遁 陽遁丁卯 吉方離方 開門太陰 紫白九星 年九紫 月三碧 日四綠	丁卯日，大寒上元，陽三局；庚子時坎方青龍返首；巽方地遁1風遁2人詐；辛丑時坤方地遁3雲遁4重詐；癸卯時乾方地遁2雲遁1鬼遁5神遁1重詐、震方飛鳥跌穴；乙巳時巽方風遁6鬼遁3重詐；丙午時震方飛鳥跌穴、兌方鬼遁3重詐；丁未時坎方青龍返首、震方鬼遁3重詐；戊申時坎方鬼遁3重詐；己酉時坤方人遁2真詐；	酉年生人忌用此日 倉庫門外正南
2010/1/18 星期一	吉神：天恩天馬 凶神：河魁死神月煞月虛五墓白虎 土王用事17	己丑年十二月初四日 四不祥，赤口	己丑年丁丑月戊辰日 大林木 小寒 平日 專日 畢宿	宜：祭祀【覃恩肆赦施恩惠恤孤惸行惠愛雪冤枉緩刑獄】 忌：諸事不宜【頒詔施恩封拜招賢舉正直安撫邊境選將訓兵出師營建宮室修宮室繕城郭】築堤防修造動土修倉庫修置產室開渠穿井安碓磑補垣修飾垣牆平治道塗破屋壞垣栽種破土	◎甲寅時 ◎丙辰時 ●丁巳時 ●庚申時 ●辛酉時 ◎癸亥時	四大吉時 甲寅時 丁巳時 庚申時 癸亥時	日家奇遁 陽遁戊辰 吉方坤方 休門天乙 紫白九星 年九紫 月三碧 日五黃	戊辰日，大寒上元，陽三局；癸丑時乾方鬼遁3重詐；己未時震方飛鳥跌穴；辛酉時坎方青龍返首；	戌年生人忌用此日 占房栖外正南

日期節日	吉神凶神○	陰曆	干支	用事宜忌○	協記吉時	貴登天門	日家奇門	時家奇門遁甲	忌用
2010/1/19 星期二	吉神：三合時 陰六儀玉堂； 母倉 凶神：厭對招 搖死氣九坎九 焦復日重日 ；土王用事 16	己丑年 十二月 初五日 四方耗， 月忌	己丑年 丁丑月 己巳日 大林木 小寒 定日 義日 觜宿	宜：會親友冠帶臨政親民結婚姻 納采問名進人口裁衣豎柱上梁經 絡醞醸立券交易納財牧養納畜 【慶賜賞賀】忌：出行嫁娶解 除求醫療病鼓鑄修置產室補垣塞 穴取魚乘船渡水栽種破土安葬啟 攢【安撫邊境選將訓兵出師】 【營建宮室】築堤防修置產室開 渠穿井補垣修飾垣牆平治道塗破 屋壞垣破土	◎乙丑時 ●戊辰時 ●庚午時 ●辛未時 ◎甲戌時 ◎乙亥時	戊辰時 四大吉時 丙寅時 己巳時 壬申時 乙亥時	日家奇遁 陽遁己巳 吉方離方 開門青龍 紫白九星 年九紫 月三碧 日六白	己巳日，大寒中元，陽 遁九局；甲子時乾方人遁 1休詐；丙寅時艮方人 遁1休詐；戊辰時乾方人遁1 休詐；己巳時震方人遁 2虎遁6真詐；辛未時 離方飛鳥跌穴；壬申 時兌方人遁1休詐；癸酉 時坎方人遁1風遁6休 詐；	亥年 生人 忌用 此日 占門 床外 正南
2010/1/20 星期三 12時18分 【午時】 交大寒氣 十二月氣 丁丑月	太陽過黃經三 〇〇度，氣候 嚴寒【斗指癸 為大寒，時大 寒栗烈已極， 故名大寒】								
2010/1/20 星期三	吉神：天德月 德敬安解神鳴 吠；母倉 凶神：月害大 時大敗咸池小 耗五虛天牢 ；土王用事 15	己丑年 十二月 初六日 六壬空	己丑年 丁丑月 庚午日 路傍土 大寒 執日 伐日 參宿	宜：祭祀祈福求嗣上冊受封上表 章襲爵受封會親友出行上官赴任 臨政親民結婚姻納采問名嫁娶移 徙解除沐浴剃頭整手足甲裁衣豎 柱上梁納財伐木捕捉栽種牧養納 畜安葬【頒詔覃恩肆赦施恩惠恤 孤惸宣政事行惠愛雪冤枉緩刑 獄】忌：求醫療病苫蓋經絡畋 獵取魚【修宮室】【營建宮室繕 城郭】築堤防修置產室開渠穿井 安碓磑補垣修飾垣牆平治道塗破 屋壞垣	◎丙子時 ◎丁丑時 ●己卯時 ◎壬午時 ●甲申時 ◎乙酉時	 四大吉時 丁丑時 辛巳時 癸未時 乙酉時 丁亥時	日家奇遁 陽遁庚午 吉方震方 休門太陰 紫白九星 年九紫 月三碧 日七赤	庚午日，大寒中元，陽 九局；丙子時離方飛鳥 跌穴；己卯時兌方重 詐；辛巳時坎方重詐； 兌方青龍返首；丁亥時 艮方人遁2鬼遁2真 詐、兌方青龍返首；	子年 生人 忌用 此日 占碓 磑外 正南
2010/1/21 星期四	吉神：月恩普 護 凶神：月破大 耗四擊九空元 武 ；土王用 事14	己丑年 十二月 初七日 小空亡， 四不祥	己丑年 丁丑月 辛未日 路傍土 大寒 破日 義日 井宿	宜：祭祀解除 忌：祈福求嗣上 冊受封上表章襲爵受封會親友冠 帶出行上官赴任臨政親民結婚姻 納采問名嫁娶進人口移徙安床剃 頭整手足甲求醫療病裁衣築堤防 修造動土豎柱上梁修倉庫鼓鑄經 絡醞醸開市立券交易納財開倉庫 出貨財修置產室開渠穿井安碓磑 補垣塞穴修飾垣牆伐木栽種牧養 納畜破土安葬啟攢【頒詔施恩封 拜招賢宣政事布政事安撫邊境選 將訓兵出師營建宮室修宮室繕城 郭】平治道塗	●庚寅時 ●辛卯時 ●癸巳時 ◎甲午時 ●丙申時 ●戊戌時 ◎己亥時	 四大吉時 辛卯時 癸巳時 乙未時 丁酉時	日家奇遁 陽遁辛未 吉方巽方 生門太陰 紫白九星 年九紫 月三碧 日八白	辛未日，大寒中元，陽 九局；己丑時震方人遁 2鬼遁2真詐；壬辰時 離方飛鳥跌穴天遁3； 戊戌時兌方青龍返首； 己亥時離方飛鳥跌穴；	丑年 生人 忌用 此日 廚灶 廁外 西南

日期節日	吉神凶神○	陰曆	干支	用事宜忌○	協記吉時	貴登天門	日家奇遁	時家奇門遁甲	忌用
2010/1/22 星期五	吉神：母倉陽德五富陽福生除神司命鳴吠 凶神：遊禍五離 ；土王用事13	己丑年十二月初八日 龍禁	己丑年丁丑月壬申日劍鋒金大寒危日義日鬼宿	宜：祭祀沐浴剃頭整手足甲經絡醞釀開市納財開倉庫出貨財掃舍宇伐木畋獵牧養納畜安葬【施恩惠恤孤惸行惠愛雪冤枉緩刑獄安撫邊境選將訓兵】 忌：祈福求嗣會親友結婚姻納采問名安床解除求醫療病立券交易開渠【慶賜賞賀】【營建宮室修宮室繕城郭】築堤防修造動土修倉庫修置產室開渠穿井安碓磑補垣修飾垣牆平治道塗破屋壞垣	●庚子時 ●辛丑時 ●甲辰時 ●乙巳時 ●丁未時 ◎庚戌時	戊申時 四大吉時 辛丑時 癸卯時 乙巳時 丁未時 辛亥時	日家奇遁 陽遁壬申 吉方震方 休門青龍 紫白九星 年九紫 月三碧 日九紫	壬申日，大寒中元，陽九局；甲辰時艮方地遁2人遁3風遁4重詐；乙巳時離方飛鳥跌穴；丙午時離方地遁2重詐；丁未時震方人遁1休詐；戊申時乾方天遁2人遁1休詐；庚戌時兌方青龍返首；	寅年生人忌用此日 倉庫爐外西南
2010/1/23 星期六 自由日；	吉神：母倉三合臨日天喜天醫除神鳴吠 凶神：地囊大煞五離勾陳 ；土王用事12	己丑年十二月初九日 長星，天地凶敗	己丑年丁丑月癸酉日劍鋒金大寒成日義日柳宿	宜：上冊受封上表章襲爵受封入學出行上官赴任臨政親民結婚姻納采問名嫁娶進人口移徙解除沐浴剃頭整手足甲求醫療病裁衣豎柱上梁經絡醞釀開市立券交易納財掃舍宇牧養納畜安葬【施恩封拜舉正直】 忌：會親友築堤防修造動土修倉庫修置產室開渠穿井安碓磑補垣修飾垣牆平治道塗破屋壞垣栽種破土【選將訓兵出師營建宮室】【修宮室繕城郭】	◎壬子時 ●甲寅時 ◎乙卯時 ○丙辰時 ●戊午時 ●己未時 ◎辛酉時	戊午時 庚申時 四大吉時 癸丑時 乙卯時 丁巳時 辛酉時 癸亥時	日家奇遁 陽遁癸酉 吉方巽方 休門青龍 紫白九星 年九紫 月三碧 日一白	癸酉日，大寒中元，陽九局；壬子時兌方人遁1休詐；癸丑時坎方人遁1休詐、兌方青龍返首；乙卯時巽方人遁2鬼遁2真詐；丁巳時兌方青龍返首；壬戌時離方飛鳥跌穴；	卯年生人忌用此日 房床門外西南
2010/1/24 星期日	吉神：月空四相聖心青龍 凶神：天罡月刑五虛八風 ；土王用事11	己丑年十二月初十日 赤口	己丑年丁丑月甲戌日山頭火大寒收日制日星宿	宜：祭祀捕捉畋獵 忌：祈福求嗣上冊受封上表章襲爵受封會親友冠帶出行上官赴任臨政親民結婚姻納采問名嫁娶進人口移徙安床解除剃頭整手足甲求醫療病裁衣築堤防修造動土豎柱上梁修倉庫鼓鑄經絡醞釀開市立券交易納財開倉庫出貨財修置產室開渠穿井安碓磑補垣塞穴修飾垣牆破屋壞垣取魚乘船渡水栽種牧養納畜破土安葬啟攢【頒詔招賢宣政事布政事安撫邊境選將訓兵出師營建宮室】【修宮室繕城郭】平治道塗	●丙寅時 ◎戊辰時 ●己巳時 ◎壬申時 ●癸酉時 ●乙亥時	戊辰時 甲戌時 四大吉時 丁丑時 辛未時 癸酉時 乙亥時	日家奇遁 陽遁甲戌 吉方離方 生門太乙 紫白九星 年九紫 月三碧 日二黑	甲戌日，大寒下元，陽六局；乙丑時坎方人遁1休詐；丙寅時乾方飛鳥跌穴、巽方青龍返首；丁卯時坤方人遁1休詐；戊辰時震方人遁1休詐；庚午時離方人遁1休詐；癸酉時坎方人遁1休詐；	辰年生人忌用此日 門雞栖外西南
2010/1/25 星期一	吉神：天德合月德合四相陰德王日驛馬天后時陽生氣益後明堂 凶神：月厭地火重日 ；土王用事10	己丑年十二月十一日 大空亡，瘟星入	己丑年丁丑月乙亥日山頭火大寒開日義日張宿	宜：祭祀祈福求嗣上冊受封上表章會親友入學解除沐浴裁衣豎柱上梁開市納財開倉庫出貨財牧養納畜【覃恩肆赦施恩惠恤孤惸行惠愛雪冤枉緩刑獄】 忌：出行上官赴任臨政親民結婚姻納采問名嫁娶移徙遠迴求醫療病伐木畋獵取魚栽種【布政事】【營建宮室修宮室繕城郭】築堤防開渠穿井補垣修飾垣牆平治道塗破屋壞垣栽種破土	●丁丑時 ◎庚辰時 ◎壬午時 ◎癸未時 ●丙戌時 ◎丁亥時	己卯時 丁亥時 四大吉時 丁丑時 辛巳時 癸未時 乙酉時 丁亥時	日家奇遁 陽遁乙亥 吉方離方 生門天乙 紫白九星 年九紫 月三碧 日三碧	乙亥日，大寒下元，陽六局；丁丑時乾方飛鳥跌穴、巽方青龍返首；乙酉時乾方飛鳥跌穴、巽方青龍返首；	巳年生人忌用此日 碓磨床外西南

日期節日	吉神凶神〇	陰曆	干支	用事宜忌〇	協記吉時	貴登天門	日家奇門	時家奇門遁甲	忌用
2010/1/26 星期二	吉神：官日六合不將續世鳴吠對 凶神：天吏致死血支土符歸忌血忌觸水龍天刑 ；土王用事9	己丑年十二月十二日 六壬空	己丑年丁丑月丙子日潤下水大寒閉日伐日翼宿	宜：祭祀沐浴經絡醞釀安葬啟攢 忌：祈福求嗣上冊受封上表章襲爵受封會親友冠帶出行上官赴任臨政親民結婚姻納采問名嫁娶進人口移徙遠迴安床解除求醫療病療目針刺築堤修防修造動土豎柱上梁修倉庫開市立券交易納財開倉庫出貨財修置產室開渠穿井安碓磑補垣修飾垣牆平治道塗破屋壞垣取魚乘船渡水栽種牧養納畜破土【頒詔施恩封拜招賢舉正直宣政事布政事慶賜賞賀安撫邊境選將訓兵出師營建宮室修宮室繕城郭】	●戊子時 ●己丑時 ●辛卯時 ◎甲午時 ●丙申時 ●丁酉時	戊子時 四大吉時 辛卯時 癸巳時 乙未時 丁酉時	日家奇遁陽遁丙子生門天乙 紫白九星年九紫月三碧日四綠	丙子日，大寒下元，陽遁一局；癸巳時乾方飛鳥跌穴、巽方青龍返首；乙未時巽方鬼遁3重詐；丙申時艮方鬼遁3重詐；	午年生人忌用此日 倉庫廁外正西
2010/1/27 星期三	吉神：守日不將要安 凶神：月建小時土府往亡朱雀 ；土王用事8	己丑年十二月十三日	己丑年丁丑月丁丑日潤下水大寒建日寶日軫宿	宜：【施恩封拜】 忌：祈福求嗣上冊受封上表章冠帶出行上官赴任臨政親民結婚姻納采問名嫁娶進人口移徙解除剃頭整手足甲求醫療病築堤修防修造動土豎柱上梁修倉庫開倉庫出貨財修置產室開渠穿井安碓磑補垣修飾垣牆平治道塗破屋壞垣伐木捕捉畋獵取魚栽種破土安葬啟攢【頒詔招賢宣政事營建宮室修宮室繕城郭】	◎壬寅時 ●癸卯時 ●乙巳時 ◎戊申時 ◎庚戌時 ●辛亥時	壬寅時 四大吉時 辛丑時 乙巳時 丁未時 辛亥時	日家奇遁陽遁丁丑生門太陰 紫白九星年九紫月三碧日五黃	丁丑日，大寒下元，陽遁六局；辛巳時震方鬼遁3重詐；壬寅時乾方飛鳥跌穴、兌方風遁6鬼遁3重詐；丁未時離方人遁2真詐；己酉時坎方人遁2鬼遁2真詐；辛亥時乾方飛鳥跌穴、巽方青龍返首；	未年生人忌用此日 房床爐外正西
2010/1/28 星期四	吉神：時德相日吉期玉宇五合金匱 凶神：劫煞天賊五虛 ；土王用事7	己丑年十二月十四日 龍禁，月忌，瘟星出	己丑年丁丑月戊寅日城頭土大寒除日伐日角宿	宜：沐浴掃舍宇 忌：祭祀上冊受封上表章出行求醫療病修倉庫開倉庫出貨財破土安葬啟攢【頒詔招賢宣政事布政事營建宮室】【修宮室繕城郭】築堤修防修造動土修置產室開渠穿井安碓磑補垣修飾垣牆平治道塗破屋壞垣栽種	◎壬子時 ●癸丑時 ●丙辰時 ◎丁巳時 ◎己未時 ◎壬戌時	 四大吉時 癸丑時 乙卯時 丁巳時 辛酉時 癸亥時	日家奇遁陽遁戊寅吉方坎方生門咸池 紫白九星年九紫月三碧日六白	戊寅日，大寒下元，陽遁六局；壬子時巽方人遁1風遁3休詐；癸丑時坎方人遁1休詐；丁巳時離方人遁3真詐；庚申時乾方飛鳥跌穴、巽方青龍返首；	申年生人忌用此日 占大門外正西
2010/1/29 星期五	吉神：天恩民日天巫福德天倉不將金堂五合寶光 凶神：災煞天火復日 ；土王用事6	己丑年十二月十五日 小空亡	己丑年丁丑月己卯日城頭土大寒滿日伐日亢宿	宜：祭祀【覃恩肆赦施恩惠恤孤惸行惠愛雪冤枉緩刑獄】 忌：祈福求嗣上冊受封上表章襲爵受封會親友冠帶出行上官赴任臨政親民結婚姻納采問名嫁娶進人口移徙安床解除剃頭整手足甲求醫療病裁衣築堤修防修造動土豎柱上梁修倉庫鼓鑄苫蓋經絡醞釀開市立券交易納財開倉庫出貨財修置產室開渠穿井安碓磑補垣塞穴修飾垣牆破屋壞垣栽種牧養納畜破土安葬啟攢【頒詔施恩封拜招賢舉正直宣政事安撫邊境選將訓兵出師營建宮室】【修宮室繕城郭】平治道塗	◎甲子時 ●丙寅時 ●丁卯時 ◎庚午時 ●辛未時 ●癸酉時	丁卯時 四大吉時 乙丑時 丁卯時 辛未時 癸酉時 乙亥時	日家奇遁陽遁己卯吉方兌方休門軒轅 紫白九星年九紫月三碧日七赤	己卯日，立春上元，陽遁八局；甲子時乾方重詐；乙丑時離方重詐；丙寅時乾方青龍返首；丁卯時巽方風遁3重詐；己巳時震方重詐；癸酉時艮方飛鳥跌穴天遁3重詐；甲戌時乾方人遁1休詐；乙亥時艮方飛鳥跌穴；	酉年生人忌用此日 碓磨栖外正西

日期節日	吉神凶神○	陰曆	干支	用事宜忌○	協記吉時	貴登天門	日家奇門	時家奇門遁甲	忌用
2010/1/30 星期六	吉神：天德月德天恩天馬不將 凶神：河魁死神月煞月虛白虎 ；土王用事5	己丑年十二月十六日 四不祥，赤口	己丑年丁丑月庚辰日白蠟金大寒平日義日氐宿	宜：祭祀【覃恩肆赦施恩惠恤孤惸行惠愛雪冤枉緩刑獄】 忌：祈福求嗣上冊受封上表章襲爵受封會親友冠帶出行上官赴任臨政親民結婚姻納采問名嫁娶進人口移徙安床解除剃頭整手足甲求醫療病裁衣築堤防修造動土豎柱上梁修倉庫鼓鑄經絡醞釀開市立券交易納財開倉庫出貨修置產室開渠穿井安碓磑補塞穴修飾垣牆破屋壞垣畋獵取魚栽種牧養納畜破土安葬啟攢【修宮室】【營建宮室繕城郭】	●戊寅時 ●庚辰時 ●辛巳時 ◎甲申時 ◎乙酉時 ●丁亥時	四大吉時 丁丑時 辛巳時 癸未時 乙酉時 丁亥時	日家奇遁陽遁庚辰吉方乾方生門太乙紫白九星年九紫月三碧日八白	庚辰日，立春上元，陽八局；丙子時震方人遁1休詐；丁丑時乾方地遁2人遁2真詐；庚辰時巽方人遁1休詐；壬午時乾方青龍返首、坤方人遁1休詐；乙酉離方地遁1鬼遁5重詐；丁亥時巽方地遁2風遁2重詐；	戌年生人忌用此日 碓磨栖外正西
2010/1/31 星期日	吉神：三合時陰六儀玉堂；母倉 凶神：厭對招搖死氣九坎九焦重日 ；土王用事4	己丑年十二月十七日 天乙絕氣	己丑年丁丑月辛巳日白蠟金大寒定日伐日房宿	宜：祭祀祈福求嗣襲爵受封會親友冠帶上官赴任臨政親民結婚姻納采問名進人口移徙裁衣豎柱上梁經絡立券交易納財開倉庫出貨財牧養納畜【施恩封拜慶賜賞賀】 忌：出行嫁娶解除求醫療病鼓鑄醞釀修置產室補垣塞穴取魚乘船渡水栽種破土安葬啟攢【安撫邊境選將訓兵出師】【營建宮室】築堤防修置產室開渠穿井補垣修飾垣牆平治道塗破屋壞垣破土	●己丑時 ◎壬辰時 ○癸巳時 ●甲午時 ●乙未時 ◎戊戌時 ◎己亥時	四大吉時 辛卯時 癸未時 乙未時 丁酉時	日家奇遁陽遁辛巳吉方兌方休門太乙紫白九星年九紫月三碧日九紫	辛巳日，立春上元，陽八局；庚寅時兌方地遁2重詐；壬辰時艮方飛鳥跌穴；癸巳時艮方地遁2人遁3風遁4虎遁7重詐；丙申時艮方飛鳥跌穴；戊戌時巽方人遁2真詐；	亥年生人忌用此日 廚灶床外正西
2010/2/1 星期一	吉神：天恩敬安解神鳴吠；母倉 凶神：月害大時大敗咸池小耗五虛天牢 ；土王用事3	己丑年十二月十八日 六壬空	己丑年丁丑月壬午日楊柳木大寒執日制日心宿	宜：沐浴剃頭整手足甲伐木捕捉畋獵【覃恩肆赦施恩惠恤孤惸行政事行惠愛雪冤枉緩刑獄】 忌：祈福求嗣上冊受封上表章襲爵受封會親友冠帶出行上官赴任臨政親民結婚姻納采問名嫁娶進人口移徙安床解除求醫療病築堤防修造動土豎柱上梁修倉庫苫蓋經絡醞釀開市立券交易開倉庫出貨財修置產室開渠取魚乘船渡水破土安葬啟攢【施恩封拜招賢舉正直安撫邊境選將訓兵出師營建宮室修宮室繕城郭】穿井安碓磑補垣修飾垣牆平治道塗破屋壞垣	◎庚子時 ◎辛丑時 ◎癸卯時 ○丙午時 ○丁未時 ◎戊申時 ◎己酉時	戊申時 四大吉時 辛丑時 癸卯時 乙巳時 丁未時 辛亥時	日家奇遁陽遁壬午吉方艮方休門太乙紫白九星年九紫月三碧日一白	壬午日，立春上元，陽八局；壬寅時離方人遁2真詐；癸卯時乾方青龍返首；己酉時艮方飛鳥跌穴；庚戌時乾方青龍返首；	子年生人忌用此日 倉庫碓外西北
2010/2/2 星期二	吉神：月恩普護 凶神：月破大耗四擊九空觸水龍元武 ；土王用事2	己丑年十二月十九日 四不祥，大空亡，楊公忌日	己丑年丁丑月癸未日楊柳木大寒破日伐日尾宿	宜：祭祀 忌：祈福求嗣上冊受封上表章襲爵受封會親友冠帶出行上官赴任臨政親民結婚姻納采問名嫁娶進人口移徙安床剃頭整手足甲求醫療病裁衣築堤防修造動土豎柱上梁修倉庫鼓鑄經絡醞釀開市立券交易納財開倉庫出貨財修置產室開渠穿井安碓磑補垣塞穴修飾垣牆伐木取魚乘船渡水栽種牧養納畜破土安葬啟攢【頒詔施恩封拜招賢宣政事布政事安撫邊境選將訓兵出師營建宮室】【修宮室繕城郭】平治道塗	●甲寅時 ●乙卯時 ○丙辰時 ●丁巳時 ◎庚申時 ◎壬戌時 ◎癸亥時	戊午時 庚申時 四大吉時 癸丑時 乙卯時 丁巳時 辛酉時 癸亥時	日家奇遁陽遁癸未吉方艮方休門天乙紫白九星年九紫月三碧日二黑	癸未日，立春上元，陽八局；乙卯時艮方地遁2人遁1休詐；丁巳時艮方飛鳥跌穴；戊午時乾方青龍返首；辛酉時艮方飛鳥跌穴天遁4；	丑年生人忌用此日 房床廁外西北

日期節日	吉神凶神○	陰曆	干支	用事宜忌○	協記吉時	貴登天門	日家奇門	時家奇門遁甲	忌用
2010/2/3 星期三	吉神：月空母倉四相陽德五富福生除神司命鳴吠 凶神：遊禍五離 ；土王用事1,立春前一日四絕,小寒後三十日氣往亡	己丑年十二月二十日 龍禁	己丑年丁丑月甲申日泉中水大寒危日伐日箕宿	宜：祭祀沐浴剃頭整手足甲掃舍宇伐木 忌：祈福求嗣會親友結婚姻納采問名安床解除求醫療病立券交易開倉庫出貨財【出師】【營建宮室】築堤防修置產室開渠穿井安碓磑補垣修飾垣牆平治道塗破屋壞垣 上冊受封上表章上官赴任臨政親民嫁娶進人口移徙捕捉畋獵取魚【頒詔招賢宣政事安撫邊境選將訓兵】	●甲子時 ●乙丑時 ○丙寅時 ●戊辰時 ●己巳時 ●辛未時 ●甲戌時	戊辰時 甲戌時 四大吉時 乙丑時 丁卯時 辛未時 癸酉時 乙亥時	日家奇遁陽遁甲申吉方坎方開門太乙 紫白九星年九紫月三碧日三碧	甲申日,立春中元,陽五局,乙丑時艮方地遁2雲遁1鬼遁5重詐;丙寅時坎方地遁2鬼遁5重詐;丁卯時巽方地遁2風遁2雲遁6鬼遁5重詐;乙亥時兌方地遁1休詐;	寅年生人忌用此日 占門爐外西北
2010/2/4 星期四 農民節 06時42分 【卯時】 交立春節 節前使用 為丁丑月	吉神：天德月德合母倉四相三合臨日天喜天醫除神鳴吠 凶神：大煞五離勾陳 ；土王用事	己丑年十二月二十一日	己丑年丁丑月乙酉日泉中水大寒成日伐日斗宿	宜：祭祀祈福求嗣上冊受封上表章襲爵受封入學出行上官赴任臨政親民結婚姻納采問名嫁娶進人口移徙解除沐浴剃頭整手足甲求醫療病裁衣豎柱上梁經絡醞釀開市立券交易納財開倉庫出貨財掃舍宇牧養納畜安葬【頒詔覃恩肆赦施恩封拜招賢舉正直施恩惠恤孤惸宣政事行惠愛雪冤枉緩刑獄】 忌：會親友畋獵取魚栽種修置產室開渠穿井補垣修飾垣牆平治道塗破屋壞垣	●丙子時 ●戊寅時 ○己卯時	己卯時 四大吉時 丁丑時	陽遁乙酉吉方離方休門太陰 紫白九星年九紫月三碧日四綠	乙酉日,立春中元,陽五局;丙子時中宮飛鳥跌穴;戊寅時坎方人遁1休詐;己卯時坤方鬼遁3重詐;庚辰時震方鬼遁3重詐;辛巳時離方人遁1休詐;壬午時乾方人遁1休詐;	卯年生人忌用此日 碓磨門外西北
2010/2/4 星期四 06時42分 【卯時】 交立春節 正月節 戊寅月	太陽過黃經三一五度,春季開始【斗指東北維為立春,時春氣始至,四時之卒始,故名立春】			立春正月節天道南行宜向南行宜修造南方;天德在丁天德合在壬月德在丙月德合在辛月空在壬宜修造取土;月建在寅月破在申月厭在戌月刑在巳月害在巳劫煞在亥災煞在子月煞在丑忌修造取土;初七日長星、二十一日短星;立春前一日四絕、後七日往亡;雨水正月中日躔在亥宮為正月將宜用甲丙庚壬時;					
2010/2/4 星期四 農民節 06時42分 【卯時】 交立春節 節後使用 為戊寅月	吉神：陰德福生除神鳴吠 凶神：天吏致死五虛五離元武 ；土王用事,立春	己丑年十二月二十一日	庚寅年戊寅月乙酉日泉中水立春危日伐日斗宿	宜：祭祀沐浴剃頭整手足甲掃舍宇取魚破土安葬【施恩惠恤孤惸行惠愛雪冤枉緩刑獄】 忌：祈福求嗣上冊受封上表章襲爵受封會親友裁帶出行上官赴任臨政親民結婚姻納采問名嫁娶進人口移徙安床解除求醫療病築堤防修造動土豎柱上梁修倉庫開市立券交易納財開倉庫出貨財修置產室栽種牧養納畜【施恩封拜招賢舉正直出師營建宮室修宮室繕城郭】	◎壬午時 ◎癸未時 ○申甲時 ◎乙酉時 ○丁亥時	丁亥時 四大吉時 辛巳時 癸未時 乙酉時 丁亥時	日家奇遁陽遁乙酉吉方離方休門太陰 紫白九星年八白月二黑日四綠	乙酉日,立春中元,陽五局;丙子時中宮飛鳥跌穴;戊寅時坎方人遁1休詐;己卯時坤方鬼遁3重詐;庚辰時震方鬼遁3重詐;辛巳時離方人遁1休詐;壬午時乾方人遁1休詐;	卯年生人忌用此日 碓磨門外西北

35

日期節日	吉神凶神○	陰曆	干支	用事宜忌○	協記吉時	貴登天門	日家奇門	時家奇門遁甲	忌用
2010/2/5 星期五	吉神：月德月恩四相陽德三合天喜天醫司命 凶神：月厭地火四擊大煞	己丑年十二月二十二日 天休廢，赤口	庚寅年戊寅月丙戌日 屋上土 立春 成日 寶日 牛宿	宜：祭祀祈福求嗣上冊受封上表章會親友入學進人口解除裁衣築堤防修造動土豎柱上梁修倉庫經絡醞釀開市立券交易納財開倉庫出貨財安碓磑牧養納畜安葬【頒詔覃恩肆赦施恩惠恤孤惸行惠愛雪冤枉緩刑獄】 忌：出行上官赴任臨政親民結婚姻納采問名嫁娶移徙遠迴求醫療病畋獵取魚栽種【布政事】	○戊子時 ●庚寅時 ◎壬辰時 ◎癸巳時 ●丙申時 ◎丁酉時 ○戊戌時 ●己亥時	戊子時 四大吉時 辛卯時 癸巳時 乙未時 丁酉時	日家奇遁 陽遁丙戌 吉方坤方 生門天乙 紫白九星 年八白 月二黑 日五黃	丙戌日，立春中元，陽五局；辛卯時中宮飛鳥跌穴；	辰年生人忌用此日 廚灶栖外西北
2010/2/6 星期六	吉神：天德母倉四相六合五富不將聖心 凶神：河魁劫煞重日勾陳	己丑年十二月二十三日 小空亡，月忌	庚寅年戊寅月丁亥日 屋上土 立春 收日 伐日 女宿	宜：祭祀祈福求嗣上冊受封上表章襲爵受封會親友出行上官赴任臨政親民結婚姻納采問名進人口移徙解除沐浴裁衣修造動土豎柱上梁修倉庫經絡醞釀開市立券交易納財開倉庫捕捉栽種牧養納畜【覃恩肆赦施恩惠恤孤惸行惠愛雪冤枉緩刑獄】 忌：嫁娶剃頭求醫療病畋獵取魚【布政事】	●辛丑時 ●甲辰時 ◎丙午時 ◎丁未時 ○己酉時 ●庚戌時 ◎辛亥時	壬寅時 四大吉時 辛丑時 癸卯時 乙巳時 丁未時 辛亥時	日家奇遁 陽遁丁亥 吉方離方 休門青龍 紫白九星 年八白 月二黑 日六白	丁亥日，立春中元，陽五局；壬寅時兌方地遁2人遁2真詐、中宮飛鳥跌穴；丙午時坎方重詐；戊申時中宮飛鳥跌穴；庚戌時離方重詐；	巳年生人忌用此日 倉庫床外西北
2010/2/7 星期日 ；送神	吉神：母倉時陽生氣益後青龍 凶神：災煞天火	己丑年十二月二十四日 六壬空	庚寅年戊寅月戊子日 霹靂火 立春 開日 制日 虛宿	宜：祭祀入學沐浴 忌：冠帶結婚姻納采問名嫁娶進人口求醫療病經絡醞釀伐木畋獵取魚破土安葬【詔招賢舉正直宣政事布政事安撫邊境選將訓兵出師營建宮室修宮室繕城郭】	◎壬子時 ◎癸丑時 ◎乙卯時 ◎戊午時 ●庚申時 ●辛酉時	 四大吉時 癸丑時 乙卯時 丁巳時 辛酉時 癸亥時	日家奇遁 陽遁戊子 吉方坎方 休門青龍 紫白九星 年八白 月二黑 日七赤	戊子日，立春中元，陽五局；乙卯時兌方地遁2人遁1真詐、中宮飛鳥跌穴；	午年生人忌用此日 房床碓外正北
2010/2/8 星期一 ；接玉皇	吉神：不將續世明堂 凶神：月煞月虛血支天賊五虛土符歸忌血忌	己丑年十二月二十五日 短星，天地凶敗	庚寅年戊寅月己丑日 霹靂火 立春 閉日 專日 危宿	忌：諸事不宜【頒詔施恩封拜招賢舉正直宣政事布政事安撫邊境選將訓兵出師營建宮室修宮室繕城郭】	○甲子時 ●丙寅時 ●丁卯時 ●己巳時 ◎壬申時 ◎壬戌時 ◎乙亥時	丁卯時 四大吉時 乙丑時 丁卯時 辛未時 癸酉時 乙亥時	日家奇遁 陽遁己丑 吉方乾方 開門太乙 紫白九星 年八白 月二黑 日八白	己丑日，立春下元，陽二局；甲子時坎方人遁1地遁2休詐；丙寅時乾方地遁2人遁1休詐、離方青龍返首；辛未時坎方地遁2人遁1休詐；壬申時震方地遁1人遁1休詐；癸酉時艮方地遁2人遁1風遁4休詐、坤方飛鳥跌穴；甲戌時坎方地遁2重詐；乙亥時震方人遁2真詐；	未年生人忌用此日 占門廁外正北

日期節日	吉神凶神○	陰曆	干支	用事宜忌○	協記吉時	貴登天門	日家奇門	時家奇門遁甲	忌用
2010/2/9 星期二	吉神：王日天倉不將要安五合鳴吠對 凶神：月建小時土府往亡天刑	己丑年十二月二十六日 龍禁	庚寅年戊寅月庚寅日松柏木立春建日制日室宿	宜：會親友裁衣立券交易納財納畜【覃恩肆赦施恩封拜舉正直施恩惠恤孤惸行惠愛雪冤枉緩刑獄慶賜賞賀】 忌：祭祀祈福求嗣上冊受封上表章出行上官赴任臨政親民結婚姻納采問名嫁娶進人口移徙解除剃頭整手足甲求醫療病築堤防修造動土豎柱上梁修倉庫經絡開倉庫出貨財修置產室開渠穿井安碓磑補垣牆平治道塗破屋壞垣伐木捕捉畋獵取魚栽種破土安葬啟攢【營建宮室修宮室繕城郭】	◎丙子時 ●丁丑時 ●庚辰時 ◎辛巳時 ◎癸未時 ◎丙戌時	四大吉時 丁丑時 辛巳時 癸未時 乙酉時 丁亥時	日家奇遁陽遁庚寅吉方乾方開門天乙 紫白九星年八白月二黑日九紫	庚寅日，立春下元，陽二局；丙子時震方地遁1鬼遁5重詐；丁丑時離方青龍返首；戊寅時巽方地遁2風遁6鬼遁5重詐；己卯時坎方地遁2人遁3重詐；庚辰時艮方地遁鬼遁5重詐、坤方飛鳥跌穴；辛巳時乾方人遁2真詐；甲申時艮方鬼遁3鬼遁4重詐；丙戌時坤方飛鳥跌穴天遁3；	申年生人忌用此日 碓磨爐外正北
2010/2/10 星期三	吉神：月德合官日吉期不將玉宇五合鳴吠對 凶神：大時大敗咸池朱雀 ；立春後七日氣往亡	己丑年十二月二十七日 天休廢，大空亡	庚寅年戊寅月辛卯日松柏木立春除日制日壁宿	宜：祭祀祈福求嗣襲爵受封會親友出行結婚姻納采問名解除沐浴剃頭整手足甲裁衣修造動土豎柱上梁修倉庫立券交易掃舍宇栽種牧養納畜破土安葬啟攢【覃恩肆赦施恩惠恤孤惸行惠愛雪冤枉緩刑獄慶賜賞賀】 忌：醞釀穿井畋獵取魚 進人口捕捉【招賢安撫邊境選將訓兵出師】	◎戊子時 ●庚寅時 ●辛卯時 ◎癸巳時 ◎甲午時 ◎乙未時 ◎丁酉時	四大吉時 辛卯時 癸巳時 乙未時 丁酉時	日家奇遁陽遁辛卯吉方兌方生門天乙 紫白九星年八白月二黑日一白	辛卯日，立春下元，陽二局；己丑時坎方鬼遁3重詐、離方青龍返首；辛卯時巽方鬼遁3重詐；甲午時坎方人遁1地遁2休詐；乙未時巽方地遁2人遁1風遁2休詐；丙申時離方青龍返首；丁酉時離方地遁2人遁1休詐；戊戌時坎方地遁2人遁1休詐；	酉年生人忌用此日 廚灶門外正北
2010/2/11 星期四	吉神：天德合月空守日天巫福德六儀金堂金匱 凶神：厭對招搖九空九坎九焦	己丑年十二月二十八日 四不祥，赤口	庚寅年戊寅月壬辰日長流水立春滿日伐日奎宿	宜：祭祀祈福求嗣上冊受封上表章襲爵受封會親友出行上官赴任臨政親民結婚姻納采問名嫁娶進人口移徙解除求醫療病裁衣修造動土豎柱上梁修倉庫經絡開市立券交易納財開倉庫出貨財牧養納畜安葬【頒詔覃恩肆赦施恩惠恤孤惸宣政事行惠愛雪冤枉緩刑獄慶賜賞賀安撫邊境選將訓兵出師營建宮室修宮室繕城郭】 忌：鼓鑄開渠補垣塞穴畋獵取魚乘船渡水栽種	◎壬寅時 ◎甲辰時 ●乙巳時 ◎戊申時 ◎己酉時 ●辛亥時	戊申時 甲辰時 四大吉時 辛丑時 癸卯時 乙未時 丁未時 辛亥時	日家奇遁陽遁壬辰吉方離方開門太乙 紫白九星年八白月二黑日二黑	壬辰日，立春下元，陽二局；癸卯時艮方地遁2人遁1風遁4休詐、坤方飛鳥跌穴；甲辰時艮方人遁2鬼遁2真詐；乙巳時坤方飛鳥跌穴；	戌年生人忌用此日 倉庫栖外正北
2010/2/12 星期五	吉神：相日寶光 凶神：天罡死神月刑月害遊禍五虛重日	己丑年十二月二十九日 	庚寅年戊寅月癸巳日長流水立春平日制日婁宿	宜：平治道塗 忌：祈福求嗣上冊受封上表章襲爵受封會親友冠帶出行上官赴任臨政親民結婚姻納采問名嫁娶進人口移徙安床解除剃頭整手足甲求醫療病裁衣築堤防修造動土豎柱上梁修倉庫鼓鑄經絡醞釀開市立券交易納財開倉庫出貨財修置產室開渠穿井安碓磑補垣塞穴修飾垣牆破屋壞垣栽種牧養納畜破土安葬啟攢【頒詔施恩封拜招賢舉正直宣政事布政事慶賜賞賀安撫邊境選將訓兵出師營建宮室修宮室繕城郭】	◎癸丑時 ◎乙卯時 ◎丁巳時 ◎戊午時 ◎己未時 ◎壬戌時 ◎癸亥時	戊午時 庚申時 四大吉時 癸丑時 乙卯時 丁巳時 辛酉時 癸亥時	日家奇遁陽遁癸巳吉方離方開門天乙 紫白九星年八白月二黑日三碧	癸巳日，立春下元，陽二局；癸丑時坎方人遁1休詐；甲寅時艮方人遁1休詐；乙卯時巽方人遁1休詐；丙辰時乾方人遁1休詐；丁巳時巽方地遁2人遁2風遁2真詐；戊午時坎方人遁1休詐、離方青龍返首；己未時坤方人遁1休詐；庚申時兌方人遁1休詐、辛酉時坎方人遁1休詐、離方青龍返首；壬戌時震方人遁1風遁6休詐、坤方飛鳥跌穴；癸亥時艮方人遁1休詐；	亥年生人忌用此日 占房床房內北

日期節日	吉神凶神○	陰曆	干支	用事宜忌○	協記吉時	貴登天門	日家奇門	時家奇門遁甲	忌用
2010/2/13 星期六 除夕；	吉神：時德民日三合臨日天馬時陰鳴吠 凶神：死氣復日白虎	己丑年十二月三十日 六壬空	庚寅年戊寅月甲午日沙中金立春定日寶日胃宿	宜：祭祀祈福求嗣上冊受封上表章襲爵受封會親友冠帶出行上官赴任臨政親民結婚姻納采問名嫁娶進人口移徙裁衣修造動土豎柱上梁修倉庫經絡醞釀開市立券交易納財安碓磑牧養納畜【施恩封拜慶賜賞賀修宮室繕城郭】 忌：解除求醫療病苫蓋開倉庫出貨財修置產室栽種破土安葬啟攢【安撫邊境選將訓兵出師】	◎甲子時 ○乙丑時 ○丙寅時 ●丁卯時 ◎庚午時 ○辛未時 ○壬申時 ◎癸酉時	戊辰時 甲戌時 四大吉時 乙丑時 丁卯時 辛未時 癸酉時 乙亥時	日家奇遁陽遁甲午吉方艮方開門咸池 紫白九星年八白月二黑日四綠	甲午日，雨水上元，陽九局；甲子時乾方人遁1休詐；乙丑時離方人遁1休詐；丙寅時艮方人遁1休詐、兌方青龍返首；戊辰時乾方人遁1休詐；己巳時震方人遁2虎遁6真詐；辛未時離方飛鳥跌穴；壬申時兌方人遁1休詐；癸酉時坎方人遁1風遁6休詐；	子年生人忌用此日 占房碓房內北
2010/2/14 星期日 春節；	吉神：敬安玉堂 凶神：小耗五墓	庚寅年正月初一日	庚寅年戊寅月乙未日沙中金立春執日制日昴宿	宜：捕捉取魚 忌：冠帶出行上官赴任臨政親民結婚姻納采問名嫁娶進人口移徙安床解除求醫療病修造動土豎柱上梁修倉庫開市立券交易納財開倉庫出貨財修置產室栽種牧養納畜破土安葬【安撫邊境選將訓兵出師營建宮室修宮室繕城郭】	●戊寅時 ●己卯時 ◎辛巳時 ●甲申時 ●丙戌時 ●丁亥時	己卯時 丁亥時 四大吉時 丁丑時 癸未時 乙酉時 丁亥時	日家奇遁陽遁乙未吉方震方休門太乙 紫白九星年八白月二黑日五黃	乙未日，雨水上元，陽九局；丙子時離方飛鳥跌穴；己卯時兌方重詐；辛巳時坎方重詐、兌方青龍返首；丁亥時艮方人遁2鬼遁2真詐、兌方青龍返首；	丑年生人忌用此日 碓磨廚房內北
2010/2/15 星期一	吉神：月德月恩四相驛馬天后普護解神除神鳴吠 凶神：月破大耗五離天牢	庚寅年正月初二日 小空亡，四方耗，龍禁	庚寅年戊寅月丙申日山下火立春破日制日畢宿	宜：祭祀解除沐浴求醫療病掃舍宇破屋壞垣【覃恩肆赦施恩惠恤孤惸行慶愛雪冤枉緩刑獄】 忌：祈福求嗣上冊受封上表章襲爵受封會親友冠帶出行上官赴任臨政親民結婚姻納采問名嫁娶進人口移徙安床剃頭整手足甲裁衣築堤防修造動土豎柱上梁修倉庫鼓鑄經絡醞釀開市立券交易納財開倉庫出貨財修置產室開渠穿井安碓磑補垣塞穴修飾垣牆伐木畋獵取魚栽種牧養納畜破土安葬啟攢【布政事】	●戊子時 ●己丑時 ◎壬辰時 ●癸巳時 ○乙未時 ○丙申時 ●戊戌時	戊子時 四大吉時 辛卯時 癸巳時 乙未時 丁酉時	日家奇遁陽遁丙申吉方巽方生門太乙 紫白九星年八白月二黑日六白	丙申日，雨水上元，陽九局；己丑時震方人遁2鬼遁2真詐；壬辰時離方飛鳥跌穴天遁3；戊戌時兌方青龍返首；己亥時離方飛鳥跌穴；	寅年生人忌用此日 廚灶爐房內北
2010/2/16 星期二	吉神：天德四相陰德福生除神鳴吠 凶神：天吏致死五虛五離元武	庚寅年正月初三日 赤口	庚寅年戊寅月丁酉日山下火立春危日制日觜宿	宜：祭祀祈福求嗣上冊受封上表章襲爵受封出行上官赴任臨政親民結婚姻納采問名嫁娶移徙安床解除沐浴整手足甲裁衣修造動土豎柱上梁修倉庫納財開倉庫出貨財掃舍宇栽種納畜破土安葬【頒詔覃恩肆赦施恩惠恤孤惸宣政事行惠愛雪冤枉緩刑獄】 忌：會親友剃頭求醫療病畋獵取魚	●庚子時 ○壬寅時 ○癸卯時 ●丙午時 ●丁未時 ◎己酉時 ○辛亥時	壬寅時 四大吉時 辛丑時 癸卯時 乙巳時 丁未時 辛亥時	日家奇遁陽遁丁酉吉方巽方休門天乙 紫白九星年八白月二黑日七赤	丁酉日，雨水上元，陽九局；甲辰時艮方地遁2人遁3風遁4重詐；乙巳時離方飛鳥跌穴；丙午時離方地遁2重詐；丁未時震方人遁1休詐；戊申時乾方天遁2人遁1休詐；庚戌時兌方青龍返首；	卯年生人忌用此日 倉庫門房內北

日期節日	吉神凶神○	陰曆	干支	用事宜忌○	協記吉時	貴登天門	日家奇門	時家奇門遁甲	忌用
2010/2/17 星期三 ；迎神	吉神：陽德三合天喜天醫司命 凶神：月厭地火四擊大煞	庚寅年 正月 初四日 天休廢, 四不祥	庚寅年 戊寅月 戊戌日 平地木 立春 成日 專日 參宿	宜：入學【施恩惠恤孤惸行惠愛雪冤枉緩刑獄】 忌：祈福求嗣上冊受封上表章襲爵受封會親友冠帶出行上官赴任臨政親民結婚姻納采問名嫁娶進人口移徙遠迴安床解除剃頭整手足甲求醫療病裁衣築堤防修造動土豎柱上梁修倉庫鼓鑄經絡醞釀開市立券交易納財開倉庫出貨財置產室開渠穿井安碓磑補垣塞穴修飾垣牆平治道塗破屋壞垣伐木栽種牧養納畜破土安葬啟攢【頒詔施恩封拜招賢舉正直宣政事布政事安撫邊境選將訓兵出師營建宮室】	◎甲寅時 ○乙卯時 ○丙辰時 ●庚申時 ○辛酉時 ◎癸亥時	癸丑時 乙卯時 丁巳時 辛酉時 癸亥時	日家奇遁 陽遁戊戌 吉方巽方 休門太陰 紫白九星 年八白 月二黑 日八白	戊戌日，雨水上元，陽九局；壬子時兌方人遁1休詐、兌方青龍返首；癸丑時坎方人遁1休詐、兌方青龍返首；乙卯時巽方人遁2鬼遁2真詐；丁巳時兌方青龍返首；壬戌時離方飛鳥跌穴；	辰年生人忌用此日 房床栖房內南
2010/2/18 星期四	吉神：母倉六合五富不將聖心 凶神：河魁劫煞重日勾陳	庚寅年 正月 初五日 六壬空, 月忌	庚寅年 戊寅月 己亥日 平地木 立春 收日 制日 井宿	宜：祭祀祈福會親友結婚姻進人口沐浴經絡醞釀開市立券交易納財開倉庫出貨財捕捉取魚栽種牧養納畜 忌：嫁娶求醫療病破土安葬啟攢【頒詔施恩封拜招賢舉正直宣政事布政事慶賜賞賀安撫邊境選將訓兵出師營建宮室修宮室繕城郭】	◎乙丑時 ◎丙寅時 ◎戊辰時 ●庚午時 ●辛未時 ◎甲戌時 ◎乙亥時	丁卯時 四大吉時 乙丑時 丁卯時 辛酉時 癸酉時 乙亥時	日家奇遁 陽遁己亥 吉方震方 開門青龍 紫白九星 年八白 月二黑 日九紫	己亥日，雨水中元，陽六局；乙丑時坎方人遁1休詐；丙寅時乾方飛鳥跌穴、巽方青龍返首；丁卯時坤方人遁1休詐；戊辰時震方人遁1休詐；庚午時離方人遁1休詐；癸酉時坎方人遁1休詐；	巳年生人忌用此日 占門床房內南
2010/2/19 星期五 02時35分 【丑時】 交雨水氣 正月氣 戊寅月	太陽過黃經三三○度，春雨綿綿【斗指壬為雨水，時東風解凍，雪皆散而為水，化而為雨，故名雨水								
2010/2/19 星期五 炬光節；	吉神：母倉時陽生氣不將益後青龍鳴吠對 凶神：災煞天火地囊	庚寅年 正月 初六日 大空亡, 瘟星入, 天乙絕氣	庚寅年 戊寅月 庚子日 壁上土 雨水 開日 寶日 鬼宿	宜：祭祀入學沐浴【覃恩肆赦施恩惠恤孤惸行惠愛雪冤枉緩刑獄】 忌：冠帶結婚姻納采問名進人口求醫療病築堤防修造動土修倉庫經絡醞釀修置產室開渠穿井安碓磑補垣修飾垣牆平治道塗破屋壞垣伐木畋獵取魚栽種破土【布政事安撫邊境選將訓兵出師營建宮室】	◎丙子時 ●丁丑時 ○己卯時 ○壬午時 ●甲申時 ●乙酉時	己卯時 乙酉時 四大吉時 丙子時 庚辰時 壬午時 甲申時 丙戌時	日家奇遁 陽遁庚子 吉方乾方 休門太陰 紫白九星 年八白 月二黑 日七赤	庚子日，雨水中元，陽六局；丁丑時乾方飛鳥跌穴、巽方青龍返首；乙酉時乾方飛鳥跌穴、巽方青龍返首；	午年生人忌用此日 占碓磨房內南

日期節日	吉神凶神○	陰曆	干支	用事宜忌○	協記吉時	貴登天門	日家奇門	時家奇門遁甲	忌用
2010/2/20 星期六	吉神：月德合不將續世明堂　凶神：月煞月虛血支天天賊五虛土符歸忌血忌	庚寅年正月初七日　四不祥，長星，天地凶敗	庚寅年戊寅月辛丑日壁上土雨水閉日義日柳宿	宜：祭祀【覃恩肆赦施恩惠恤孤惸行惠愛雪冤枉緩刑獄】　忌：祈福求嗣上冊受封上表章襲爵受封親友冠帶出行上官赴任臨政親民結婚姻納采問名嫁娶進人口移徙安床解除剃頭整手足甲求醫療病療目針刺裁衣築堤防修造動土豎柱上梁修倉庫鼓鑄經絡醞釀開市立券交易納財開倉庫出貨財修置產室開渠穿井安碓磑補垣塞穴修飾垣牆平治道塗破屋壞垣畋獵取魚栽種牧養納畜破土安葬啟攢【布政事修宮室】	●庚寅時 ●辛卯時 ◎癸巳時 ●丙申時 ◎戊戌時 ●己亥時	丙申時　四大吉時 庚寅時 壬辰時 甲午時 丙申時	日家奇遁陽遁辛丑吉方兌方開門太陰　紫白九星年八白月二黑日八白	辛丑日，雨水中元，陽六局；癸巳時乾方飛鳥跌穴天遁4真詐、巽方青龍返首；乙未時巽方鬼遁3重詐；丙申時艮方鬼遁3重詐；	未年生人忌用此日　廚灶廚房內南
2010/2/21 星期日	吉神：天德合月空王日天倉要安五合鳴吠對　凶神：月建小時土府往亡天刑	庚寅年正月初八日　龍禁	庚寅年戊寅月壬寅日金箔金雨水建日寶日星宿	宜：會親友結婚姻納采問名解除裁衣豎柱上梁立券交易納財牧養納畜安葬啟攢【覃恩肆赦施恩封拜舉正直施恩惠恤孤惸行惠愛雪冤枉緩刑獄慶賜賞賀】　忌：祭祀上冊受封上表章出行上官赴任臨政親民嫁娶進人口移徙求醫療病築堤防修造動土修倉庫修置產室開渠穿井安碓磑補垣修飾垣牆平治道塗破屋壞垣伐木捕捉畋獵取魚栽種破土【修宮室】	●庚子時 ●辛丑時 ◎甲辰時 ◎乙巳時 ●丁未時 ◎庚戌時 ○辛亥時	丁未時　四大吉時 庚寅時 壬辰時 甲午時 丙午時 庚戌時	日家奇遁陽遁壬寅吉方坎方生門太乙　紫白九星年八白月二黑日九紫	壬寅日，雨水中元，陽六局；辛丑時震方鬼遁3重詐；壬寅時乾方飛鳥跌穴、巽方青龍返首、兌方風遁6鬼遁3重詐；丁未時離方人遁2鬼遁2真詐；己酉時坎方人遁2鬼遁2真詐；辛亥時乾方飛鳥跌穴、巽方青龍返首；	申年生人忌用此日　倉庫爐房內南
2010/2/22 星期一	吉神：官日吉期玉宇五合鳴吠對　凶神：大時大敗咸池朱雀	庚寅年正月初九日　瘟星出，赤口，天休廢	庚寅年戊寅月癸卯日金箔金雨水除日寶日張宿	宜：襲爵受封會親友出行上官赴任臨政親民結婚姻解除沐浴剃頭整手足甲求醫療病立券交易掃舍宇破土啟攢　忌：穿井【營建宮室修宮室繕城郭】	◎壬子時 ●甲寅時 ●乙卯時 ●戊午時 ◎己未時 ◎辛酉時	丁巳時　四大吉時 壬子時 甲寅時 丙辰時 庚申時 壬戌時	日家奇遁陽遁癸卯吉方坤方開門太乙　紫白九星年八白月二黑日一白	癸卯日，雨水中元，陽六局；壬子時巽方人遁1風遁3休詐；癸丑時坎方人遁1休詐；丁巳時坎方重詐；	酉年生人忌用此日　房床門房內南
2010/2/23 星期二	吉神：守日天巫福德六儀金堂金匱　凶神：厭對招搖九空九坎九焦復日	庚寅年正月初十日　小空亡	庚寅年戊寅月甲辰日覆燈火雨水滿日制日翼宿	宜：祭祀祈福上冊受封上表章會親友裁衣經絡【慶賜賞賀安撫邊境修宮室繕城郭】　忌：襲爵受封上官赴任臨政親民結婚姻納采問名嫁娶進人口求醫療病修倉庫鼓鑄開市立券交易納財開倉庫出貨財補垣塞穴取魚乘船渡水栽種破土安葬啟攢【施恩封拜招賢】	◎丙寅時 ◎戊辰時 ●己巳時 ◎壬申時 ◎癸酉時 ●乙亥時	丁卯時 癸酉時　四大吉時 甲子時 丙寅時 庚午時 壬申時 甲戌時	日家奇遁陽遁甲辰吉方坤方開門天乙　紫白九星年八白月二黑日二黑	甲辰日，雨水下元，陽三局；甲子時坎方重詐；乙丑時坎方地遁2人遁1休詐；丙寅時坎方青龍返首、巽方地遁1人遁1風遁2休詐；丁卯時震方飛鳥跌穴、兌方人遁2鬼遁2真詐；戊辰時離方人遁4真詐、坤方地遁2人遁1休詐；己巳時兌方地遁2人遁1休詐；庚午時巽方重詐；辛未時坤方風遁5重詐；壬申時離方天遁1重詐；癸酉時乾方重詐；乙亥時震方飛鳥跌穴；	戌年生人忌用此日　門雞栖房內東

日期節日	吉神凶神○	陰曆	干支	用事宜忌○	協記吉時	貴登天門	日家奇門	時家奇門遁甲	忌用
2010/2/24 星期三	吉神：相日寶光 凶神：天罡死神月刑日害遊禍五虛重日	庚寅年正月十一日 六壬空	庚寅年戊寅月乙巳日 覆燈火 雨水 平日 寶日 軫宿	宜：平治道塗 忌：祈福求嗣受封受封親友冠帶出行上官赴任臨政親民結婚姻納采問名嫁娶進人口移徙安床解除剃頭整手足甲求醫療病裁衣築堤防修造動土豎柱上梁鑄經絡醞釀開市立券交易納財開倉庫出貨財修置產室開渠穿井安碓磑補垣塞穴修飾垣牆破屋壞垣栽種牧養納畜破土安葬啟攢【頒詔施恩拜招賢舉正直宣政事布政事慶賜賞賀安撫邊境選將訓兵出師營建宮室修宮室繕城郭】	●丁丑時 ●庚辰時 ◎壬午時 ◎癸未時 ◎甲申時 ●丙戌時 ◎丁亥時	丙戌時 四大吉時 丙子時 庚辰時 壬午時 甲申時 丙戌時	日家奇遁 陽遁乙巳 吉方坤方 開門太陰 紫白九星 年八白 月二黑 日三碧	乙巳日，雨水下元，陽遁三局；丁辰時震方飛鳥跌穴；壬午時坎方地遁2人遁2真詐；癸未時坎方青龍返首；甲申時人遁1休詐；	亥年生人忌用此日 碓磨床房內東
2010/2/25 星期四	吉神：月德月恩四相時德民日三合臨日天馬時陰鳴吠 凶神：死氣白虎	庚寅年正月十二日	庚寅年戊寅月丙午日 天河水 雨水 定日 專日 角宿	宜：祭祀祈福求嗣上冊受封上表章襲爵受封會親友冠帶出行上官赴任臨政親民結婚姻納采問名嫁娶進人口解除裁衣修造動土豎柱上梁修倉庫經絡醞釀開市立券交易納財開倉庫出貨財安碓磑栽種牧養納畜破土安葬【頒詔覃恩肆赦施恩封拜招賢舉正直施恩惠恤孤惸宣政事布政事行惠愛雪冤枉緩刑獄慶賜賞賀營建宮室修宮室繕城郭】 忌：求醫療病苫蓋畋獵取魚	◎戊子時 ◎己丑時 ◎辛卯時 ◎甲午時 ●丙申時 ◎丁酉時	己亥時 四大吉時 庚寅時 壬辰時 甲午時 丙申時	日家奇遁 陽遁丙午 吉方坎方 開門青龍 紫白九星 年八白 月二黑 日四綠	丙午日，雨水下元，陽遁三局；己丑時坎方青龍返首；庚寅時坎方人遁1休詐；辛卯時震方飛鳥跌穴；乙未時坎方青龍返首；戊戌時坎方地遁2鬼遁5重詐；	子年生人忌用此日 廚灶碓房內東
2010/2/26 星期五	吉神：天德四相敬安玉堂 凶神：小耗八專	庚寅年正月十三日 楊公忌日	庚寅年戊寅月丁未日 天河水 雨水 執日 寶日 亢宿	宜：祭祀祈福求嗣上冊受封上表章襲爵受封會親友出行上官赴任臨政親民移徙解除裁衣修造動土豎柱上梁修倉庫納財開倉庫出貨財捕捉栽種牧養納畜安葬【頒詔覃恩肆赦施恩封拜招賢舉正直施恩惠恤孤惸宣政事布政事行惠愛雪冤枉緩刑獄慶賜賞賀營建宮室修宮室繕城郭】 忌：結婚姻納采問名嫁娶剃頭求醫療病畋獵取魚	◎壬寅時 ◎癸卯時 ●乙巳時 ○丙午時 ◎戊申時 ○己酉時 ●庚戌時 ○辛亥時	辛丑時 四大吉時 庚寅時 壬辰時 甲午時 丙戌時	日家奇遁 陽遁丁未 吉方艮方 休門軒轅 紫白九星 年八白 月二黑 日五黃	丁未日，雨水下元，陽遁三局；庚子時方青龍返首、巽方地遁1風遁2重詐；辛丑時坤方地遁2人遁3雲遁4詐；癸卯時乾方地遁2雲遁1鬼遁5神遁1重詐、震方飛鳥跌穴；乙巳時巽方風遁6鬼遁3重詐；丙午時震方飛鳥跌穴、兌方鬼遁3重詐；丁未時方青龍返首、震方鬼遁3重詐；戊申時坎方鬼遁3重詐；己酉時坤方人遁2真詐；	丑年生人忌用此日 倉庫廁房內東
2010/2/27 星期六	吉神：驛馬天后普護解神除神 凶神：月破大耗五離天牢	庚寅年正月十四日 月忌，龍禁，大空亡	庚寅年戊寅月戊申日 大驛土 雨水 破日 寶日 氐宿	宜：祭祀解除沐浴求醫療病掃舍宇破屋壞垣 忌：祈福求嗣上冊受封上表章襲爵受封會親友冠帶出行上官赴任臨政親民結婚姻納采問名嫁娶進人口移徙安床剃頭整手足甲裁衣築堤防修造動土豎柱上梁修倉庫鼓鑄經絡醞釀開市立券交易納財開倉庫出貨財修置產室開渠穿井安碓磑補垣塞穴修飾垣牆伐木栽種牧養納畜破土安葬啟攢【頒詔施恩封拜招賢舉正直宣政事布政事慶賜賞賀安撫邊境選將訓兵出師營建宮室修宮室繕城郭】	◎壬子時 ◎癸丑時 ●丙辰時 ●丁巳時 ●己未時 ◎庚申時 ◎壬戌時	乙卯時 辛酉時 四大吉時 壬子時 甲寅時 丙辰時 庚申時 壬戌時	日家奇遁 陽遁戊申 吉方震方 生門青龍 紫白九星 年八白 月二黑 日六白	戊申日，雨水下元，陽遁三局；癸丑時乾方鬼遁3重詐；己未時震方飛鳥跌穴；辛酉時坎方青龍返首；	寅年生人忌用此日 房床爐房內東

日期節日	吉神凶神○	陰曆	干支	用事宜忌○	協記吉時	貴登天門	日家奇門	時家奇門遁甲	忌用
2010/2/28 星期日 和平紀念日、戲劇節 觀光節；元宵節	吉神：天恩陰德福生除神鳴吠 凶神：天吏致死五虛五離元武	庚寅年 正月 十五日 赤口	庚寅年 戊寅月 己酉日 大驛土 雨水 危日 寶日 房宿	宜：祭祀沐浴剃頭整手足甲掃舍宇取魚破土安葬【覃恩肆赦施恩惠恤孤惸行惠愛雪冤枉緩刑獄】 忌：祈福求嗣上冊受封上表章襲爵受封會親友冠帶出行上官赴任臨政親民結婚姻納采問名嫁娶進人口移徙安床解除求醫療病築堤防修造動土豎柱上梁修倉庫開市立券交易納財開倉庫出貨財修置產室栽種牧養納畜【施恩封拜安撫邊境選將訓兵出師營建宮室修宮室繕城郭】	●甲子時 ○丙寅時 ○丁卯時 ●庚午時 ●辛未時 ◎癸酉時	丙寅時 四大吉時 甲子時 丙寅時 庚午時 壬申時 甲戌時	日家奇遁 陽遁己酉 吉方巽方 開門青龍 紫白九星 年八白 月二黑 日七赤	己酉日，驚蟄上元，陽遁己酉一局；丙寅時艮方青龍返首；丁卯時離方鬼遁3重詐；戊辰時兌方鬼遁3重詐；辛未時艮方鬼遁3重詐；壬申時巽方鬼遁3重詐；癸酉時坎方飛鳥跌穴；乙亥時坎方飛鳥跌穴；	卯年生人忌用此日 占大門外東北
2010/3/1 星期一 兵役節；	吉神：天恩陽德三合天喜天醫司命 凶神：月厭地火四擊大煞陰錯	庚寅年 正月 十六日 四不祥	庚寅年 戊寅月 庚戌日 釵釧金 雨水 成日 義日 心宿	宜：入學【覃恩肆赦施恩惠恤孤惸行惠愛雪冤枉緩刑獄】 忌：祈福求嗣上冊受封上表章襲爵受封會親友冠帶出行上官赴任臨政親民結婚姻納采問名嫁娶進人口移徙遠迴安床剃頭解除求醫療病裁衣築堤防修造動土豎柱上梁修倉庫鼓鑄經絡醞釀開市立券交易納財開倉庫出貨財修置產室開渠穿井安碓磑補垣塞穴修飾垣牆平治道塗破屋壞垣伐木栽種牧養納畜破土安葬啟攢【施恩封拜招賢舉正直行政事布政事安撫邊境選將訓兵出師營建宮室】	◎戊寅時 ◎庚辰時 ●辛巳時 ●甲申時 ◎乙酉時 ●丁亥時	己卯時 乙酉時 四大吉時 丙子時 庚辰時 壬午時 甲申時 丙戌時	日家奇遁 陽遁庚戌 吉方離方 休門太乙 紫白九星 年八白 月二黑 日八白	庚戌日，驚蟄上元，陽遁庚戌一局；丁丑時坎方青龍返首；丙戌時坎方飛鳥跌穴；	辰年生人忌用此日 碓磨栖外東北
2010/3/2 星期二	吉神：月德合天恩母倉六合五富不將聖心 凶神：河魁劫煞重日勾陳	庚寅年 正月 十七日 六壬空	庚寅年 戊寅月 辛亥日 釵釧金 雨水 收日 寶日 尾宿	宜：祭祀祈福求嗣上冊受封上表章襲爵受封會親友出行上官赴任臨政親民結婚姻納采問名進人口移徙解除沐浴裁衣修造動土豎柱上梁修倉庫經絡開市立券交易納財開倉庫出貨財捕捉栽種牧養納畜【覃恩肆赦施恩惠恤孤惸行惠愛雪冤枉緩刑獄】 忌：嫁娶求醫療病醞釀畋獵取魚【修宮室】	●己丑時 ◎壬辰時 ●甲午時 ●乙未時 ●戊戌時 ●己亥時	丙申時 四大吉時 庚寅時 壬辰時 甲午時 丙申時	日家奇遁 陽遁辛亥 吉方離方 休門天乙 紫白九星 年八白 月二黑 日九紫	辛亥日，驚蟄上元，陽遁辛亥一局；辛卯時艮方青龍返首；癸巳時艮方地遁2人遁2風遁4真詐；甲午時艮方重詐；乙未時艮方青龍返首、震方重詐；丙申時離方人遁1休詐；丁酉時離方重詐；己亥時坎方人遁1休詐；戊戌時兌方天遁1重詐；	巳年生人忌用此日 廚灶房外東北
2010/3/3 星期三	吉神：天德合月空天恩母倉時陽生氣益後青龍鳴吠對 凶神：災煞天火四耗	庚寅年 正月 十八日 小空亡	庚寅年 戊寅月 壬子日 桑柘木 雨水 開日 專日 箕宿	宜：祭祀祈福求嗣上冊受封上表章襲爵受封會親友入學出行上官赴任臨政親民結婚姻納采問名嫁娶進人口移徙解除沐浴裁衣修造動土豎柱上梁修倉庫開市納財修置產室安碓磑栽種牧養納畜【覃恩肆赦施恩惠恤孤惸行惠愛雪冤枉緩刑獄】 忌：求醫療病開渠伐木畋獵取魚【修宮室】	●庚子時 ●辛丑時 ●癸卯時 ◎丙午時 ◎戊申時 ●己酉時	丁未時 四大吉時 庚子時 壬寅時 甲辰時 丙午時 庚戌時	日家奇遁 陽遁壬子 吉方坎方 休門天乙 紫白九星 年八白 月二黑 日一白	壬子日，驚蟄上元，陽遁壬子一局；庚子時坎方飛鳥跌穴、坤方人遁1風遁6休詐；辛丑時艮方重詐；壬寅時坎方人遁1休詐；乙巳時坎方飛鳥跌穴；丁未時艮方青龍返首；	午年生人忌用此日 倉庫碓外東北

日期節日	吉神凶神○	陰曆	干支	用事宜忌○	協記吉時	貴登天門	日家奇門	時家奇門遁甲	忌用
2010/3/4 星期四	吉神：天恩續世明堂 凶神：月煞月虛血支天賊五虛土符歸忌血忌八專觸水龍	庚寅年 正月 十九日 四不祥	庚寅年 戊寅月 癸丑日 桑柘木 雨水 閉日 伐日 斗宿	宜：【覃恩肆赦施恩惠恤孤惸行惠愛雪冤枉緩刑獄】 忌：諸事不宜【頒詔施恩封拜招賢舉正直宜政事安撫邊境選將訓兵出師營建宮室】	◎甲寅時 ◎乙卯時 ○丙辰時 ●丁巳時 ●庚申時 ◎壬戌時 ◎癸亥時	丁巳時 四大吉時 壬子時 甲寅時 丙辰時 庚申時 壬戌時	日家奇遁 陽遁癸丑 吉方坎方 休門太陰 紫白九星 年八白 月二黑 日二黑	癸丑日，驚蟄上元，陽遁一局；甲寅時艮方人遁2真詐；丙辰時巽方人遁2虎遁6真詐；丁巳時坎方飛鳥跌穴；戊午時艮方人遁2虎遁6真詐、震方人遁2真詐；己未時乾方人遁2真詐；庚申時離方人遁2真詐；辛酉時坤方人遁2真詐；壬戌時乾方人遁2真詐；癸亥時艮方人遁2真詐；	未年生人忌用此日 占房廁外東北
2010/3/5 星期五 童子軍節；	吉神：王日天倉要安五合鳴吠對 凶神：月建小時土府往亡復日八專天刑陽錯	庚寅年 正月 二十日 龍禁	庚寅年 戊寅月 甲寅日 大溪水 雨水 建日 專日 牛宿	宜：會親友裁衣立券交易納財納畜【覃恩肆赦施恩封拜招賢舉正直施恩惠恤孤惸行惠愛雪冤枉緩刑獄慶賜賞賀】 忌：祭祀祈福求嗣上冊受封上表章出行上官赴任臨政親民結婚姻納采問名嫁娶進人口移徙解除剃頭整手足甲求醫療病築堤防修造動土豎柱上梁修倉庫開倉庫出貨財修置產室開渠穿井安碓磑補垣修飾垣牆平治道塗破屋壞垣伐木捕捉畋獵取魚栽種破土安葬啟攢【營建宮室修宮室繕城郭】	◎甲子時 ◎乙丑時 ○丙寅時 ●戊辰時 ◎己巳時 ●辛未時 ◎甲戌時	丁卯時 癸酉時 四大吉時 甲子時 丙寅時 庚午時 壬申時 甲戌時	日家奇遁 陽遁甲寅 吉方艮方 生門天符 紫白九星 年八白 月二黑 日三碧	甲寅日，驚蟄中元，陽七局；丙寅時中宮青龍返首；壬申時中宮青龍返首；甲戌時乾方地遁2鬼遁5重詐；	申年生人忌用此日 占門爐外東北
2010/3/6 星期六 00時52分 【早子】 交驚蟄節 節前使用 為戊寅月	吉神：官日吉期玉宇五合鳴吠對 凶神：大時大敗咸池朱雀	庚寅年 正月 二十一日 赤口，短星，天地凶敗	庚寅年 戊寅月 乙卯日 大溪水 雨水 除日 專日 女宿	宜：襲爵受封會親友出行上官赴任臨政親民結婚姻解除沐浴剃頭整手足甲求醫療病立券交易掃舍宇破土啟攢 忌：穿井栽種【招賢舉正直安撫邊境選將訓兵出師營建宮室修宮室繕城郭】	◎丙子時	四大吉時 丙子時	陽遁乙卯 吉方兌方 生門軒轅 紫白九星 年八白 月二黑 日四綠	乙卯日，驚蟄中元，陽七局；丙子時乾方人遁4真詐；丁丑時坤方人遁2鬼遁2真詐；己卯時巽方人遁2鬼遁2真詐；辛巳時兌方地遁2重詐、中宮青龍返首；癸未時坎方地遁2雲遁1重詐；甲申時乾方地遁2人遁1休詐；丙戌時坎方地遁2人遁1雲遁1休詐；丁亥時兌方人遁1地遁2休詐、中宮青龍返首；	酉年生人忌用此日 碓磨門外正東
2010/3/6 星期六 00時52分 【早子】 交驚蟄節 二月節 己卯月	太陽過黃經三四五度，蟲類冬眠驚醒【斗指丁為驚蟄，雷鳴動，驚蟄皆震起而出，故名驚蟄】			驚蟄二月節天道西南行宜向西南行宜修造西南維；天德在坤月德在甲月德合在己月空在庚宜修造取土；月建在卯月破在酉月厭在酉月刑在子月害在辰劫煞在申災煞在酉月煞在戌忌修造取土；初四長星、十九日短星；驚蟄後十四日往亡、春分前一日四離；春分二月中日躔在戌宮為二月將宜用艮巽坤乾時；					

日期節日	吉神凶神○	陰曆	干支	用事宜忌○	協記吉時	貴登天門	日家奇門	時家奇門遁甲	忌用
2010/3/6 星期六 6 00時52分 【早子】 交驚蟄節 節後使用 為己卯月	吉神：官日六儀福生五合明堂鳴吠對 凶神：月建小時土府厭對招搖復日陽錯	庚寅年正月二十一日 赤口，短星，天地凶敗	庚寅年乙卯月乙卯日大溪水驚蟄建日專日女宿	宜：祭祀襲爵受封會親友出行上官赴任臨政親民裁衣立券交易【施恩封拜】 忌：祈福求嗣上冊受封上表章結婚姻納采問名嫁娶解除剃頭整手足甲求醫療病築堤防修造動土豎柱上梁修倉庫開倉庫出貨財置產室開渠穿井安碓磑補垣牆壞垣伐木取魚乘船渡水栽種破土安葬啟攢【營建宮室修宮室繕城郭】	◎丙子時 ●戊寅時 ●己卯時 ◎壬午時 ◎癸未時 ○甲申時 ◎乙酉時 ○丙戌時	丙戌時 四大吉時 丙子時 庚辰時 壬午時 甲申時 丙戌時	日家奇遁 陽遁乙卯 吉方兌方 生門軒轅 紫白九星 年八白 月一白 日四綠	乙卯日，驚蟄中元，陽遁4局；丙子時乾方人遁4真詐；丁丑時坤方遁2鬼遁2真詐；己卯時巽方人遁2鬼遁2真詐；辛巳時兌方地遁2重詐、中宮青龍返首；癸未時坎方地遁2雲遁1重詐；甲申時乾方地遁2人遁1休詐；丙戌時坎方地遁2人遁1雲遁1休詐；丁亥時兌方人遁1地遁2休詐、中宮青龍返首；	酉年生人忌用此日 碓磨門外正東
2010/3/7 星期日	吉神：四相守日吉期 凶神：月害天刑	庚寅年正月二十二日 大空亡	庚寅年己卯月丙辰日沙中土驚蟄除日寶日虛宿	宜：祭祀襲爵受封出行上官赴任臨政親民移徙解除沐浴剃頭整手足甲裁衣修造動土豎柱上梁掃舍宇栽種【施恩封拜舉正直修宮室繕城郭】 忌：祈福求嗣上冊受封上表章會親友結婚姻納采問名嫁娶進人口求醫療病倉庫經絡醞釀開市立券交易納財開倉庫出貨財修置產室牧養納畜破土安葬啟攢	●庚寅時 ◎壬辰時 ◎癸巳時 ●丙申時 ◎丁酉時 ●己亥時	己亥時 四大吉時 庚寅時 壬辰時 甲午時 丙申時	日家奇遁 陽遁丙辰 吉方坤方 休門青龍 紫白九星 年八白 月一白 日五黃	丙辰日，驚蟄中元，陽遁7局；辛卯時巽方地遁2人遁1風遁2休詐；乙未時中宮青龍返首；	戌年生人忌用此日 廚灶栖外正東
2010/3/8 星期一 婦女節；	吉神：月恩四相相日驛馬天后天巫福德聖心 凶神：五虛八風土符大煞往亡重日朱雀	庚寅年正月二十三日 六壬空，月忌	庚寅年己卯月丁巳日沙中土驚蟄滿日專日危宿	宜：祭祀祈福求嗣會親友結婚姻納采問名解除裁衣豎柱上梁經絡開市立券交易納財牧養【慶賜賞賀】 忌：上冊受封上表章出行上官赴任臨政親民嫁娶進人口移徙剃頭求醫療病築堤防修造動土修倉庫開倉庫出貨財修置產室開渠穿井安碓磑補垣修飾垣牆平治道塗破屋壞垣捕捉畋獵取魚乘船渡水栽種破土安葬啟攢【頒詔宣政事安撫邊境選將訓兵出師營建宮室】	◎辛丑時 ●甲辰時 ●丙午時 ●丁未時 ◎己酉時 ●庚戌時 ◎辛亥時	辛丑時 四大吉時 庚子時 壬寅時 甲辰時 丙午時 庚戌時	日家奇遁 陽遁丁巳 吉方兌方 生門太乙 紫白九星 年八白 月一白 日六白	丁巳日，驚蟄中元，陽遁7局；庚子時乾方人遁1休詐；乙巳時坤方鬼遁3重詐；丙午時乾方地遁2人遁2真詐；丁未時艮方風遁6鬼遁3鬼遁4重詐；庚戌時中宮青龍返首；辛亥時兌方鬼遁3重詐；	亥年生人忌用此日 倉庫床外正東
2010/3/9 星期二	吉神：時德民日益後金匱 凶神：河魁死神天吏致死	庚寅年正月二十四日	庚寅年己卯月戊午日天上火驚蟄平日義日室宿	宜：祭祀修飾垣牆平治道塗 忌：祈福求嗣上冊受封上表章會親友冠帶出行上官赴任臨政親民結婚姻納采問名嫁娶進人口移徙安床解除求醫療病築堤防修造動土豎柱上梁修倉庫鼓鑄苫蓋經絡醞釀開市立券交易納財開倉庫出貨財修置產室開渠穿井栽種牧養納畜破土安葬啟攢【頒詔招賢舉正直宣政事布政事安撫邊境選將訓兵出師營建宮室】	◎壬子時 ◎癸丑時 ●乙卯時 ◎戊午時 ○己未時 ●庚申時 ●辛酉時	乙卯時 辛酉時 四大吉時 王子時 甲寅時 丙辰時 庚申時 壬戌時	日家奇遁 陽遁戊午 吉方巽方 生門青龍 紫白九星 年八白 月一白 日七赤	戊午日，驚蟄中元，陽遁7局；壬子時巽方鬼遁3重詐；癸丑時坎方龍遁4鬼遁3重詐；己未時中宮青龍返首；	子年生人忌用此日 房床碓外正東

日期節日	吉神凶神○	陰曆	干支	用事宜忌○	協記吉時	貴登天門	日家奇門	時家奇門遁甲	忌用
2010/3/10 星期三	吉神：月德合陰德三合時陰續世寶光　凶神：死氣血忌八專	庚寅年正月二十五日	庚寅年己卯月己未日天上火驚蟄定日壁宿	宜：祭祀祈福求嗣上冊受封上表章襲爵受封會親友冠帶出行上官赴任臨政親民進人口移徙解除裁衣修造動土豎柱上梁修倉庫經絡醞釀立券交易納財安碓磑栽種牧養納畜安葬【頒詔覃恩肆赦施恩封拜招賢舉正直施恩惠恤孤惸宣政事行惠愛雪冤枉緩刑獄慶賜賞賀營建宮室修宮室繕城郭】忌：結婚姻納采問名嫁娶求醫療病針刺畋獵取魚	●丙寅時●丁卯時●己巳時○庚午時○辛未時○壬申時◎甲戌時○乙亥時	丙寅時　四大吉時甲子時丙寅時庚午時壬申時甲戌時	日家奇遁陽遁己未吉方艮方開門天乙　紫白九星年八白月一白日八白	己未日，驚蟄下元，陽四局；丙寅時坤方青龍返首；己巳時坤方青龍返首；壬申時巽方飛鳥跌穴；甲戌時坎方人遁1休詐；	丑年生人忌用此日　占門廁外正東
2010/3/11 星期四	吉神：月空天馬要安解神除神鳴吠　凶神：劫煞小耗四廢五離八專白虎	庚寅年正月二十六日小空亡，龍禁	庚寅年己卯月庚申日石榴木驚蟄執日奎宿	宜：沐浴掃舍宇捕捉取魚　忌：祈福求嗣上冊受封上表章襲爵受封會親友冠帶出行上官赴任臨政親民結婚姻納采問名嫁娶進人口移徙安床解除剃頭整手足甲求醫療病裁衣築堤防修造動土豎柱上梁修倉庫鼓鑄經絡醞釀開市立券交易納財開倉庫出貨財置產室開渠穿井安碓磑補垣塞穴修飾垣牆破屋壞垣栽種牧養納畜破土安葬啟攢【頒詔施恩封拜招賢舉正直宣政事布政事慶賜賞賀安撫邊境選將訓兵出師營建宮室修宮室繕城郭】	◎丙子時◎丁丑時●庚辰時●辛巳時○癸未時◎甲申時●丙戌時	己卯時乙酉時　四大吉時丙子時庚辰時壬午時甲申時丙戌時	日家奇遁陽遁庚申吉方艮方開門太陰　紫白九星年八白月一白日九紫	庚申日，驚蟄下元，陽四局；丙子時坎方人遁1休詐；丁丑時巽方人遁1休詐；戊寅時巽方飛鳥跌穴、兌方人遁1休詐；庚辰時坤方青龍返首；癸未時乾方人遁1休詐；乙酉時坎方天遁1重詐；丙戌時巽方飛鳥跌穴天遁3重詐；丁亥時兌方虎遁6重詐；	寅年生人忌用此日　碓磨爐外東南
2010/3/12 星期五　國父逝世紀念日植樹節；	吉神：玉宇除神玉堂鳴吠　凶神：月破大耗災煞天火月厭地火四廢五虛五離陰錯	庚寅年正月二十七日赤口	庚寅年己卯月辛酉日石榴木驚蟄破日婁宿	忌：諸事不宜【頒詔施恩封拜招賢舉正直宣政事布政事慶賜賞賀安撫邊境選將訓兵出師營建宮室修宮室繕城郭】	◎戊子時●庚寅時◎辛卯時●甲午時●乙未時◎丁酉時	丙申時　四大吉時庚寅時庚午時壬辰時甲午時丙申時	日家奇遁陽遁辛酉吉方離方生門太陰　紫白九星年八白月一白日一白	辛酉日，驚蟄下元，陽四局；戊子時艮方重詐；己丑時巽方飛鳥跌穴；庚寅時震方地遁2人遁1休詐；辛卯時離方重詐；壬辰時乾方重詐、坤方青龍返首；癸巳時乾方地遁2人遁1休詐；甲午時坎方人遁4真詐；乙未時離方人遁2鬼遁2真詐；丙申時乾方人遁2鬼遁2真詐；丁酉時震方人遁4真詐、坤方青龍返首；	卯年生人忌用此日　廚灶門外東南
2010/3/13 星期六	吉神：六合金堂　凶神：月煞月虛四擊天牢	庚寅年正月二十八日四不祥	庚寅年己卯月壬戌日大海水驚蟄危日胃宿	宜：取魚　忌：祈福求嗣上冊受封上表章襲爵受封出行上官赴任臨政親民解除剃頭整手足甲求醫療病裁衣築堤防修造動土豎柱上梁修倉庫鼓鑄修置產室開渠穿井安碓磑補垣塞穴修飾垣牆破屋壞垣栽種牧養【頒詔施恩封拜招賢舉正直宣政事布政事慶賜賞賀安撫邊境選將訓兵出師營建宮室修宮室繕城郭】	◎壬寅時◎甲辰時●乙巳時○戊申時○己酉時●辛亥時	丁未時　四大吉時庚子時壬寅時甲辰時丙午時庚戌時	日家奇遁陽遁壬戌吉方震方開門太乙　紫白九星年八白月一白日二黑	壬戌日，驚蟄下元，陽四局；辛丑時坎方人遁2鬼遁2真詐；癸卯時巽方飛鳥跌穴；戊申時坤方青龍返首；庚戌時巽方飛鳥跌穴天遁4風遁3；	辰年生人忌用此日　倉庫栖外東南

日期節日	吉神凶神◯	陰曆	干支	用事宜忌◯	協記吉時	貴登天門	日家奇門	時家奇門遁甲	忌用
2010/3/14 星期日	吉神：母倉三合臨日天喜天醫 凶神：重日元武	庚寅年 正月 二十九日 六壬空	庚寅年 己卯月 癸亥日 大海水 驚蟄 成日 專日 昴宿	宜：沐浴【施恩封拜舉正直慶賜賞賀修宮室繕城郭】 忌：嫁娶破土安葬啟攢【安撫邊境選將訓兵出師】	◎癸丑時 ◯乙卯時 ●丙辰時 ●戊午時 ◎己未時 ◎壬戌時 ◎癸亥時	丁巳時	日家奇遁 陽遁癸亥 吉方巽方 休門太乙 紫白九星 年八白 月一白 日三碧	癸亥日，驚蟄下元，陽四局；乙卯時巽方飛鳥跌穴天遁4風遁3；丁巳時兌方地遁2雲遁1重詐；辛酉時坤方青龍返首；	巳年生人忌用此日 占房床外東南
					四大吉時 壬子時 甲寅時 丙辰時 庚申時 壬戌時				
2010/3/15 星期一	吉神：月德天恩母倉陽德司命 凶神：天罡月刑大時大敗咸池天賊四忌八龍	庚寅年 正月 三十日 大空亡	庚寅年 己卯月 甲子日 海中金 驚蟄 收日 義日 畢宿	宜：祭祀沐浴捕捉【覃恩肆赦施恩惠恤孤惸行惠愛雪冤枉緩刑獄】 忌：祈福求嗣上冊受封上表章襲爵受封會親友冠帶出行上官赴任臨政親民結婚姻納采問名嫁娶進人口移徙安床解除剃頭整手足甲求醫療病裁衣築堤防修造動土豎柱上梁修倉庫鼓鑄經絡醞釀開市立券交易納財開倉庫出貨財修置產室開渠穿井安碓磑補垣塞穴修飾垣牆破屋壞垣畋獵取魚乘船渡水栽種牧養納畜破土安葬啟攢	●甲子時 ●乙卯時 ◯丙寅時 ◎丁卯時 ◎庚午時 ◎壬申時 ◎癸酉時	丁卯時 癸酉時	日家奇遁 陽遁甲子 吉方艮方 生門太乙 紫白九星 年八白 月一白 日七赤	甲子日，春分上元，陽三局；甲子時坎方重詐；乙丑時坎方地遁2人遁1休詐；丙寅時坎方青龍返首、巽方地遁1人遁1風遁1休詐；丁卯時震方飛鳥跌穴、兌方人遁2鬼遁2真詐；戊辰時離方人遁4真詐、坤方地遁2人遁1休詐；己巳時兌方地遁2人遁1休詐；庚午時巽方重詐；辛未時坤方風遁5重詐；壬申時離方天遁1重詐；癸酉時乾方重詐；乙亥時震方飛鳥跌穴；	午年生人忌用此日 占門碓外東南
					四大吉時 甲子時 丙寅時 庚午時 壬申時 甲戌時				
2010/3/16 星期二	吉神：天恩時陽生氣天倉不將敬安 凶神：五虛九空九坎九焦復日勾陳	庚寅年 二月 初一日 小空亡	庚寅年 己卯月 乙丑日 海中金 驚蟄 開日 制日 觜宿	宜：祭祀祈福求嗣上冊受封上表章襲爵受封會親友入學出行上官赴任臨政親民嫁娶移徙解除求醫療病裁衣修造動土豎柱上梁修置產室開渠穿井安碓磑牧養納畜【覃恩肆赦施恩封招賢舉正直施恩惠恤孤惸宣政事布政事行惠愛雪冤枉緩刑獄慶賜賞賀】 忌：冠帶進人口修倉庫鼓鑄開市立券交易納財開倉庫出貨財補垣塞穴伐木畋獵取魚乘船渡水栽種破土安葬啟攢	◯丙子時 ◯丁丑時 ●戊寅時 ◎己卯時 ◎辛巳時 ●甲申時 ◎丙戌時 ◎丁亥時	丙戌時	日家奇遁 陽遁乙丑 吉方艮方 生門天乙 紫白九星 年八白 月一白 日八白	乙丑日，春分上元，陽三局；庚辰時震方飛鳥跌穴；壬午時坎方地遁2人遁2真詐；癸未時坎方青龍返首；甲申時坎方人遁1休詐；	未年生人忌用此日 碓磨廁外東南
					四大吉時 丙子時 庚辰時 壬午時 甲申時 丙戌時				
2010/3/17 星期三 國醫節；龍抬頭日	吉神：天恩四相王日五富不將普護五合青龍鳴吠對 凶神：遊禍血支歸忌	庚寅年 二月 初二日 赤口，龍禁	庚寅年 己卯月 丙寅日 爐中火 驚蟄 閉日 義日 參宿	宜：裁衣築堤防修倉庫經絡醞釀立券交易納財補垣塞穴栽種牧養納畜破土啟攢【覃恩肆赦施恩惠恤孤惸行惠愛雪冤枉緩刑獄慶賜賞賀修宮室繕城郭】 忌：祭祀祈福求嗣上冊受封上表章襲爵受封會親友出行上官赴任臨政親民結婚姻納采問名嫁娶進人口移徙遠迴安床解除求醫療病療目針刺修造動土豎柱上梁開市開倉庫出貨財修置產室開渠穿井【宣政事布政事】	●戊子時 ◯己丑時 ◎壬辰時 ◎癸巳時 ●乙未時 ◎戊戌時	己亥時	日家奇遁 陽遁丙寅 吉方坎方 休門太乙 紫白九星 年八白 月一白 日九紫	丙寅日，春分上元，陽三局；己丑時坎方青龍返首；庚寅時坎方人遁1休詐；辛卯時震方飛鳥跌穴；乙未時坎方青龍返首；戊戌時坎方地遁2鬼遁5重詐；	申年生人忌用此日 廚灶爐外正南
					四大吉時 庚寅時 壬辰時 甲午時 丙申時				

日期節日	吉神凶神○	陰曆	干支	用事宜忌○	協記吉時	貴登天門	日家奇門	時家奇門遁甲	忌用
2010/3/18 星期四 ；文昌帝君聖誕	吉神：天恩月恩四相官日六儀福生五合明堂鳴吠對 凶神：月建小時土府厭對招搖	庚寅年二月初三日 四方耗	庚寅年己卯月丁卯日爐中火驚蟄建日義日井宿	宜：祭祀祈福求嗣襲爵受封會親友出行上官赴任臨政親民結婚姻納采問名移徙解除求醫療病裁衣暨柱上梁立券交易納財開倉庫出貨財牧養啟攢【頒詔覃恩肆赦施恩封拜招賢舉正直施恩恤孤惸宣政事布政事行惠愛雪冤枉緩刑獄慶賜賞賀安撫邊境選將訓兵出師】 忌：嫁娶剃頭築堤防修造動土修倉庫修置產室開渠穿井安碓磑補垣修飾垣牆平治道塗破屋壞垣伐木取魚乘船渡水栽種破土【營建宮室】	◎庚子時 ◎壬寅時 ◎癸卯時 ●丙午時 ●丁未時 ◎己酉時	辛丑時 四大吉時 庚子時 壬寅時 甲辰時 丙午時 庚戌時	日家奇遁陽遁丁卯吉方離方開門太陰 紫白九星年八白月一白日一白	丁卯日，春分上元，陽三局；庚子時坎方青龍返首、巽方地遁2重詐；辛丑時坤方地遁2人遁3雲遁4重詐；癸卯時乾方地遁2雲遁1鬼遁5神遁1重詐、震方飛鳥跌穴；乙巳時乾方風遁6鬼遁3重詐；丙午時震方飛鳥跌穴、兌方鬼遁3重詐；丁未時坎方青龍返首、戊申時坎方鬼遁3重詐、震方鬼遁3重詐；己酉時坤方人遁2真詐；	酉年生人忌用此日 倉庫門外正南
2010/3/19 星期五	吉神：天恩守日吉期 凶神：月害天刑 ；驚蟄後十四日氣往亡	庚寅年二月初四日 四不祥，六壬空，長星	庚寅年己卯月戊辰日大林木驚蟄除日專日鬼宿	宜：襲爵受封出行解除沐浴剃頭整手足日掃舍宇【覃恩肆赦施恩封拜招賢舉正直施恩惠恤孤惸行惠愛雪冤枉緩刑獄】 忌：祈福求嗣上冊受封上表章會親友結婚姻納采問名嫁娶進人口求醫療病修倉庫經絡醞釀開市立券交易納財開倉庫出貨財修置產室牧養納畜破土安葬啟攢 移徙捕捉畋獵取魚【頒詔招賢宣政事安撫邊境選將訓兵出師】	◎甲寅時 ◎丙辰時 ●丁巳時 ●庚申時 ●辛酉時 ◎癸亥時	乙卯時 辛酉時 四大吉時 壬子時 甲寅時 丙辰時 庚申時 壬戌時	日家奇遁陽遁戊辰吉方坤方休門天乙 紫白九星年八白月一白日二黑	戊辰日，春分上元，陽三局；癸卯時乾方鬼遁3重詐；己未時震方飛鳥跌穴；辛酉時坎方青龍返首；	戊年生人忌用此日 占房栖外正南
2010/3/20 星期六 郵政節；	吉神：月德合相日驛馬天后天巫福德聖心 凶神：五虛土符大煞往亡日朱雀 ；春分前一日四離	庚寅年二月初五日 瘟星入，大空亡，月忌	庚寅年己卯月己巳日大林木驚蟄滿日義日柳宿	宜：祭祀解除 忌：上冊受封上表章出行上官赴任臨政親民嫁娶進人口移徙求醫療病築堤防修造動土修倉庫修置產室開渠穿井安碓磑補垣修飾垣牆平治道塗破屋壞垣捕捉畋獵取魚栽種破土【出師】	◎乙丑時 ●戊辰時 ●庚午時 ●辛未時 ◎甲戌時 ◎乙亥時	丙寅時 四大吉時 甲子時 丙寅時 庚午時 壬申時 甲戌時	日家奇遁陽遁己巳吉方開門青龍 紫白九星年八白月一白日三碧	己巳日，春分中元，陽九局；甲子時乾方人遁1休詐；丙寅時艮方人遁1休詐、兌方青龍返首；己巳時震方人遁2虎遁6真詐；辛未時離方飛鳥跌穴；壬申時兌方人遁1休詐；癸酉時坎方人遁1風遁6休詐；	亥年生人忌用此日 占門床外正南
2010/3/21 星期日 01時48分 【丑時】 交春分氣 二月氣 己卯月	太陽過黃經○度，平光直射赤道，晝夜平分【斗指壬為春分，日行周天，南北兩半球晝夜均分，又當春之半，故名春分】								

日期節日	吉神凶神○	陰曆	干支	用事宜忌○	協記吉時○	貴登天門	日家奇門	時家奇門遁甲	忌用
2010/3/21 星期日 氣象節；	吉神：月空時 德民日益後金 匱鳴吠 凶神：河魁死 神天吏致死 ；春分	庚寅年 二月 初六日	庚寅年 己卯月 庚午日 路傍土 春分 平日 伐日 星宿	宜：祭祀修飾垣牆平治道塗 忌：祈福求嗣上冊受封上表章襲 爵受封會親冠帶出行上官赴任 臨政親民結婚姻納采問名嫁娶進 人口移徙安床解除求醫療病裁衣 築堤防修造動土豎柱上梁修倉庫 鼓鑄苫蓋經絡醞釀開市立券交易 納財開倉庫出貨財修置產室開渠 穿井栽種牧養納畜破土安葬啟攢 【頒詔招賢舉正直宣政事布政事 安撫邊境選將訓兵出師營建宮 室 】	◎丙子時 ◎丁丑時 ●己卯時 ◎壬午時 ●甲申時 ●乙酉時	戊寅時 甲申時 四大吉時 戊寅時 辛巳時 甲申時 丁亥時	日家奇遁 陽遁庚午 吉方震方 休門太陰 紫白九星 年八白 月一白 日四綠	庚午日，春分中元，陽 九局；丙子時飛鳥 跌穴；己卯時兌方重 詐；辛巳時坎方重詐、 兌方青龍返首；丁亥時 艮方人遁2鬼遁2真 詐、兌方青龍返首；	子年 生人 忌用 此日 占碓 磨外 正南
2010/3/22 星期一	吉神：陰德三 合時陰續世寶 光 凶神：死氣血 忌	庚寅年 二月 初七日 四不祥， 天乙絕氣	庚寅年 己卯月 辛未日 路傍土 春分 定日 義日 張宿	宜：祭祀祈福求嗣會親友冠帶結 婚姻納采問名嫁娶進人口裁衣修 造動土豎柱上梁修倉庫經絡立券 交易納財安碓磑納畜【施恩惠恤 孤惸行惠愛雪冤枉緩刑獄賜賞 賀修宮室繕城郭】 忌：解除求 醫療病針刺醞釀修置產室栽種 【安撫邊境選將訓兵出師】	●庚寅時 ●辛卯時 ◎癸巳時 ○甲午時 ●丙申時 ◎戊戌時 ◎己亥時	辛卯時 乙未時 四大吉時 辛卯時 癸巳時 丙申時 己亥時	日家奇遁 陽遁辛未 吉方巽方 生門太陰 紫白九星 年八白 月一白 日五黃	辛未日，春分中元，陽 九局；己丑時震方人遁 2鬼遁2真詐；壬辰時 離方飛鳥跌穴天遁3； 戊戌時兌方青龍返首； 己亥時離方飛鳥跌穴；	丑年 生人 忌用 此日 廚灶 廁外 西南
2010/3/23 星期二	吉神：天馬要 安解神除神鳴 吠 凶神：劫煞小 耗五離白虎	庚寅年 二月 初八日 瘟星出， 赤口，龍 禁，天地 凶敗	庚寅年 己卯月 壬申日 劍鋒金 春分 執日 義日 翼宿	宜：沐浴掃舍宇捕捉取魚 忌： 祈福求嗣上冊受封上表章襲受 封會親友冠帶出行上官赴任臨政 親民結婚姻納采問名嫁娶進人口 移徙安床解除剃頭整手足甲求醫 療病裁衣築堤防修造動土豎柱上 梁修倉庫鼓鑄經絡醞釀開市立券 交易納財開倉庫出貨財修置產室 開渠穿井安碓磑補垣塞穴修飾垣 牆破屋壞垣栽種牧養納畜破土安 葬啟攢【頒詔施恩封拜招賢舉正 直宣政事布政事慶賜賞賀安撫邊 境選將訓兵出師營建宮室 修宮室 繕城郭】	●庚子時 ●辛丑時 ●甲辰時 ●乙巳時 ●丁未時 ◎庚戌時	丙午時 四大吉時 壬寅時 乙巳時 戊申時 辛亥時	日家奇遁 陽遁壬申 吉方震方 休門青龍 紫白九星 年八白 月一白 日六白	壬申日，春分中元，陽 九局；甲辰時艮方地遁 2人遁3風遁4重詐； 乙巳時離方飛鳥跌穴； 丙午時離方地遁2重 詐；丁未時震方人遁1 休詐；戊申時乾方天遁 2人遁1休詐；庚戌時 兌方青龍返首；	寅年 生人 忌用 此日 倉庫 爐外 西南
2010/3/24 星期三	吉神：玉宇除 神玉堂鳴吠 凶神：月破大 耗災煞天火月 厭地火五虛五 離	庚寅年 二月 初九日 小空亡	庚寅年 己卯月 癸酉日 劍鋒金 春分 破日 義日 軫宿	忌：諸事不宜【頒詔施恩封拜招 賢舉正直宣政事布政事安撫邊境 選將訓兵出師營建宮室修宮室繕 城郭】	◎壬子時 ●甲寅時 ◎乙卯時 ○丙辰時 ●戊午時 ◎己未時 ◎辛酉時	丙辰時 四大吉時 甲寅時 丁巳時 庚申時 癸亥時	日家奇遁 陽遁癸酉 吉方巽方 休門青龍 紫白九星 年八白 月一白 日七赤	癸酉日，春分中元，陽 九局；壬子時兌方人遁 1休詐；癸丑時坎方人 遁1休詐、兌方青龍返 首；乙卯時巽方人遁2 鬼遁2真詐；丁巳時兌 方青龍返首；壬戌時離 方飛鳥跌穴；	卯年 生人 忌用 此日 房床 門外 西南

日期節日	吉神凶神○	陰曆	干支	用事宜忌○	協記吉時	貴登天門	日家奇門	時家奇門遁甲	忌用
2010/3/25 星期四 美術節；	吉神：月德天願六合金堂 凶神：月煞月虛四擊天牢	庚寅年 二月 初十日 六壬空	庚寅年 甲戌月 山頭火 危日 制日 角宿	宜：祭祀祈福求嗣上冊受封上表章襲爵受封上官赴任臨政親民結婚姻納采問名嫁娶進人口移徙安床解除裁衣修造動土豎柱上梁修倉庫經絡醞釀開市立券交易納財栽種牧養納畜安葬【覃恩肆赦施恩惠恤孤惸行惠愛雪冤枉緩刑獄】 忌：【修宮室】	●丙寅時 ◎戊辰時 ●己巳時 ◎壬申時 ◎癸酉時 ●乙亥時	四大吉時 丙寅時 己巳時 壬申時 乙亥時	日家奇遁 陽遁甲戌 吉方離方 生門太乙 紫白九星 年八白 月一白 日八白	甲戌日，春分上元，陽六局；乙丑時坎方人遁1休詐；丙寅時乾方飛鳥跌穴、巽方青龍返首；丁卯時坤方人遁1休詐；戊辰時震方人遁1休詐；庚午時離方人遁1休詐；癸酉時坎方人遁1休詐；	辰年生人忌用此日 門雞栖外西南
2010/3/26 星期五 廣播節；	吉神：母倉三合臨日天喜天醫不將 凶神：四窮八龍復日重日元武	庚寅年 二月 十一日 楊公忌日	庚寅年 己卯月 乙亥日 山頭火 成日 義日 亢宿	宜：上冊受封上表章襲爵受封會親友入學出行上官赴任臨政親民移徙沐浴求醫療病裁衣築堤防修造動土豎柱上梁經絡醞釀安碓磑牧養納畜【施恩封拜慶賜賞賀修宮室繕城郭】 忌：結婚姻納采問名嫁娶進人口修倉庫開市立券交易納財開倉庫出貨財栽種破土安葬啟攢【安撫邊境選將訓兵出師】	●丁丑時 ◎庚辰時 ◎壬午時 ◎癸未時 ●丙戌時 ●丁亥時	乙酉時 四大吉時 戊寅時 辛巳時 甲申時 丁亥時	日家奇遁 陽遁乙亥 吉方離方 生門天乙 紫白九星 年八白 月一白 日九紫	乙亥日，春分下元，陽六局；丁丑時乾方飛鳥跌穴、巽方青龍返首；乙酉時乾方飛鳥跌穴、巽方青龍返首；	巳年生人忌用此日 碓磨床外西南
2010/3/27 星期六	吉神：母倉四相陽德不將司命鳴吠對 凶神：天罡月刑大時大敗咸池天賊觸水龍	庚寅年 二月 十二日	庚寅年 己卯月 丙子日 澗下水 收日 伐日 氐宿	宜：【施恩惠恤孤惸行惠愛雪冤枉緩刑獄】 忌：諸事不宜【頒詔招賢宣政事布政事安撫邊境選將訓兵出師營建宮室修宮室繕城郭】忌：諸事不宜	●戊子時 ●己丑時 ◎辛卯時 ◎甲午時 ◎丙申時 ◎丁酉時	戊戌時 四大吉時 庚寅時 癸巳時 丙申時 己亥時	日家奇遁 陽遁丙子 吉方坎方 生門天乙 紫白九星 年八白 月一白 日一白	丙子日，春分下元，陽六局；癸巳時乾方飛鳥跌穴天遁4真詐、巽方青龍返首；乙未時巽方鬼遁3重詐；丙申時艮方鬼遁3重詐；	午年生人忌用此日 倉庫廁外正西
2010/3/28 星期日	吉神：月恩四相時陽生氣天倉不將敬安 凶神：五虛八風九空九坎九焦勾陳	庚寅年 二月 十三日 天休廢，大空亡	庚寅年 己卯月 丁丑日 澗下水 開日 寶日 房宿	宜：祭祀祈福求嗣上冊受封上表章襲爵受封會親友入學出行上官赴任臨政親民結婚姻納采問名嫁娶移徙解除求醫療病裁衣修造動土豎柱上梁修置產室開渠穿井安碓磑牧養納畜【頒詔覃恩肆赦施恩封拜招賢舉正直施恩惠恤孤惸宣政事行惠愛雪冤枉緩刑獄慶賜賞賀修宮室繕城郭】 忌：冠帶進人口剃頭修倉庫鼓鑄開市立券交易納財開倉庫出貨財補垣塞穴伐木畋獵取魚乘船渡水栽種	◎壬寅時 ◎癸卯時 ●乙巳時 ◎戊申時 ◎庚戌時 ●辛亥時	庚子時 四大吉時 壬寅時 乙巳時 戊申時 辛亥時	日家奇遁 陽遁丁丑 吉方坎方 生門太陰 紫白九星 年八白 月一白 日二黑	丁丑日，春分下元，陽六局；辛丑時震方鬼遁3重詐；壬寅時乾方飛鳥跌穴、巽方青龍返首、兌方風遁6鬼遁3重詐；丁未時離方人遁2鬼遁2真詐；己酉時坎方人遁2鬼遁2真詐；辛亥時乾方飛鳥跌穴、巽方青龍返首；	未年生人忌用此日 房床爐外正西

日期節日	吉神凶神○	陰曆	干支	用事宜忌○	協記吉時	貴登天門	日家奇門	時家奇門遁甲	忌用
2010/3/29 星期一 革命先烈紀念日 青年節;	吉神：天赦王日五富普護五合青龍 凶神：遊禍血支歸忌	庚寅年二月十四日 赤口，月忌，龍禁	庚寅年戊寅月戊寅日城頭土春分閉日伐日心宿	宜：裁衣築堤防修倉庫經絡醞釀立券交易納財補垣塞穴栽種牧養納畜安葬【覃恩肆赦施恩惠恤孤惸行惠愛雪冤枉緩刑獄】 忌：祭祀祈福求嗣移徙遠迴解除求醫療病療目針刺畋獵取魚【布政事出師修宮室】	◎壬子時 ◎癸丑時 ●丙辰時 ◎丁巳時 ●己未時 ◎壬戌時	甲寅時 庚申時 四大吉時 甲寅時 丁巳時 庚申時 癸亥時	日家奇遁陽遁戊寅吉方坎方生門咸池 紫白九星年八白月一白日三碧	戊寅日，春分下元，陽六局；壬子時巽方人遁1風遁3休詐；癸丑時坎方人遁1休詐；丁巳時坎方重詐；庚申時乾方飛鳥跌穴、巽方青龍返首；	申年生人忌用此日 占大門外正西
2010/3/30 星期二	吉神：月德合天恩官日六儀福生五合明堂 凶神：月建小時土府厭對招搖小會	庚寅年二月十五日	庚寅年己卯月己卯日城頭土春分建日伐日尾宿	宜：【頒詔覃恩肆赦施恩封拜招賢舉正直施惠恤孤惸宣政事布政事行惠愛雪冤枉緩刑獄慶賜賞賀】 忌：諸事不宜【修宮室】	◎甲子時 ●丙寅時 ●丁卯時 ●庚午時 ◎辛未時 ◎癸酉時	乙丑時 癸酉時 四大吉時 丙寅時 丁巳時 壬申時 乙亥時	日家奇遁陽遁己卯吉方兌方休門軒轅 紫白九星年八白月一白日四綠	己卯日，清明上元，陽四局；丙寅時坤方青龍返首；己巳時坤方青龍返首；壬申時巽方飛鳥跌穴；甲戌時坎方人遁1休詐；	酉年生人忌用此日 碓磨栖外正西
2010/3/31 星期三	吉神：月空天恩守日吉期 凶神：月害天刑	庚寅年二月十六日 四不祥，六壬空	庚寅年己卯月庚辰日白蠟金春分除日義日箕宿	宜：襲爵受封出行上官赴任臨政親民解除沐浴剃頭整手足甲掃舍宇【覃恩肆赦施恩封拜舉正直施恩惠恤孤惸布政事行惠愛雪冤枉緩刑獄】 忌：祈福求嗣上冊受封上表章會親友結婚姻納采問名嫁娶進人口求醫療病修倉庫經絡醞釀開市立券交易納財開倉庫出貨財修置產室牧養納畜破土安葬啟攢	●戊寅時 ◎庚辰時 ●辛巳時 ●甲申時 ◎乙酉時 ●丁亥時	戊寅時 甲申時 四大吉時 戊寅時 辛巳時 甲申時 丁亥時	日家奇遁陽遁庚辰吉方乾方生門太乙 紫白九星年八白月一白日五黃	庚辰日，清明上元，陽四局；丙子時坎方人遁1休詐；丁丑時巽方人遁1休詐；戊寅時巽方飛鳥跌穴、兌方人遁1休詐；庚辰時坤方青龍返首；癸未時乾方人遁1休詐；乙酉時坎方天遁1重詐；丙戌時巽方飛鳥跌穴天遁3重詐；丁亥時兌方虎遁6重詐；	戌年生人忌用此日 碓磨栖外正西
2010/4/1 星期四 主計節;	吉神：天恩相日驛馬天后天巫福德聖心 凶神：五虛土符大煞往亡重日朱雀	庚寅年二月十七日 小空亡	庚寅年己卯月辛巳日白蠟金春分滿日伐日斗宿	宜：祭祀祈福會親友裁衣經絡開市立券交易納財【覃恩肆赦施恩惠恤孤惸布政事行惠愛雪冤枉緩刑獄慶賜賞賀】 忌：上冊受封上表章襲爵受封出行上官赴任臨政親民結婚姻納采問名嫁娶進人口移徙求醫療病築堤防修造動土修倉庫醞釀開倉庫出貨財修置產室開渠穿井安碓磑補垣修飾垣牆平治道塗破屋壞垣捕捉畋獵取魚栽種破土安葬啟攢【招賢舉正直安撫邊境選將訓兵出師營建宮室】	●己丑時 ◎壬辰時 ○癸巳時 ●甲午時 ●乙未時 ●戊戌時 ◎己亥時	辛卯時 乙未時 四大吉時 庚寅時 癸巳時 丙申時 己亥時	日家奇遁陽遁辛巳吉方兌方休門太乙 紫白九星年八白月一白日六白	辛巳日，清明上元，陽四局；戊子時艮方重詐；己丑時巽方飛鳥跌穴；庚寅時震方地遁2人遁1休詐；辛卯時離方重詐；壬辰時乾方重詐、坤方青龍返首；癸巳時乾方地遁2人遁1休詐；甲午時坎方人遁4真詐；乙未時離方人遁2鬼遁2真詐；丙申時乾方人遁2鬼遁2真詐；丁酉時震方人遁4真詐、坤方青龍返首；	亥年生人忌用此日 廚灶床外正西

日期節日	吉神凶神○	陰曆	干支	用事宜忌○	協記吉時	貴登天門	日家奇門	時家奇門遁甲	忌用
2010/4/2 星期五	吉神：天德時德民日益後金匱鳴吠　　凶神：河魁死神天吏致死	庚寅年二月十八日　天休廢	庚寅年壬午月楊柳木春分平日制日牛宿	宜：祭祀修飾垣牆平治道塗【覃恩肆赦施恩惠恤孤惸行惠愛雪冤枉緩刑獄】　忌：祈福求嗣上冊受封上表章襲爵受封會親友冠帶出行上官赴任臨政親民結婚姻納采問名嫁娶進人口移徙安床解除求醫療病裁衣築堤修造動土豎柱上梁修倉庫鼓鑄苫蓋經絡醖釀開市立券交易納財開倉庫出貨財修置產室開渠穿井栽種牧養納畜破土安葬啟攢【頒詔招賢安撫邊境選將訓兵出師營建宮室】	◎庚子時 ◎辛丑時 ◎癸卯時 ●丙午時 ○丁未時 ◎戊申時 ◎己酉時	丙午時　四大吉時 壬寅時 乙巳時 戊申時 辛亥時	日家奇遁 陽遁壬午 吉方艮方 休門太乙 紫白九星 年八白 月一白 日七赤	壬午日，清明上元，陽遁四局；辛丑時坎方人遁2鬼遁2真詐；癸卯時巽方飛鳥跌穴；戊申時坤方青龍返首；庚戌時巽方飛鳥跌穴天遁4風遁3；	子年生人忌用此日　倉庫碓外西北
2010/4/3 星期六	吉神：天恩陰德三合時陰續世寶光　　凶神：死氣血忌觸水龍	庚寅年二月十九日　四不祥，短星，天地凶敗	庚寅年己卯月癸未日楊柳木春分定日伐日女宿	宜：祭祀祈福求嗣會親友冠帶結婚姻納采問名嫁娶進人口裁衣修造動土豎柱上梁修倉庫經絡醖釀立券交易納財安碓磑納畜【覃恩肆赦施恩惠恤孤惸布政事行惠愛雪冤枉緩刑獄慶賀賞修宮室繕城郭】　忌：解除求醫療病針刺修置產室取魚乘船渡水栽種【安撫邊境選將訓兵出師】	●甲寅時 ●乙卯時 ●丙辰時 ●丁巳時 ●庚申時 ●壬戌時 ●癸亥時	丙辰時　四大吉時 甲寅時 丁巳時 庚申時 癸亥時	日家奇遁 陽遁癸未 吉方艮方 休門天乙 紫白九星 年八白 月一白 日八白	癸未日，清明上元，陽遁四局；乙卯時巽方飛鳥跌穴天遁4風遁3；丁巳時兌方地遁2雲遁1重詐；辛酉時坤方青龍返首；	丑年生人忌用此日　房床廁外西北
2010/4/4 星期日 兒童節；	吉神：月德天馬要安解神除神鳴吠　　凶神：劫煞小耗五離白虎	庚寅年二月二十日　赤口，龍禁	庚寅年己卯月甲申日泉中水春分執日伐日虛宿	宜：祭祀沐浴掃舍宇捕捉【覃恩肆赦施恩惠恤孤惸行惠愛雪冤枉緩刑獄】　忌：安床求醫療病修倉庫開市立券交易納財開倉庫出貨財畋獵取魚【布政事】	●甲子時 ●乙丑時 ○丙寅時 ●戊辰時 ●己巳時 ●辛未時 ●甲戌時	四大吉時 丙寅時 己巳時 壬申時 乙亥時	日家奇遁 陽遁甲申 吉方坎方 開門太乙 紫白九星 年八白 月一白 日九紫	甲申日，清明中元，陽遁一局；丙寅時艮方青龍返首；丁卯時巽方鬼遁3重詐；戊辰時兌方鬼遁3重詐；辛未時艮方鬼遁3重詐；壬申時巽方鬼遁3重詐；乙亥時坎方飛鳥跌穴；	寅年生人忌用此日　占門爐外西北
2010/4/5 星期一 05時55分【卯時】交清明節 節前使用為己卯月	吉神：玉宇除神玉堂鳴吠　　凶神：月破大耗災煞天火月厭地火五虛復日五離大會	庚寅年二月二十一日　大空亡	庚寅年己卯月乙酉日泉中水春分破日伐日危宿	忌：諸事不宜【頒詔施恩封拜招賢舉正直宣政事布政事慶賜賞安撫邊境選將訓兵出師營建宮室修宮室繕城郭】	●丙子時 ●戊寅時 ●己卯時	四大吉時 戊寅時	陽遁乙酉 吉方離方 休門太陰 紫白九星 年八白 月一白 日一白	乙酉日，清明中元，陽遁一局；丁丑時艮方青龍返首；丙戌時坎方飛鳥跌穴；	卯年生人忌用此日　碓磨門外西北

日期節日	吉神凶神○	陰曆	干支	用事宜忌○	協記吉時	貴登天門	日家奇門	時家奇門遁甲	忌用
2010/4/5 星期一 05時55分 【卯時】 交清明節 三月節 庚辰月	太陽過黃經十五度，春暖花開，景色清明【斗指丁為清明，時萬物潔顯而清明，時當氣清景明，故名清明】			清明三月節天道北行宜向北行宜修造北方；天德在壬天德合在丁月德在壬月德合在丁月空在丙宜修造取土；月建在辰月破在戌月厭在申月刑在辰月害在卯劫煞在巳災煞在午月煞在未忌修造取土；初一日長星、十六日短星；清明後二十一日往亡、土王用事後忌修造動土巳午日添母倉；穀雨三月中日躔在酉宮為三月將宜用癸乙丁辛時；					
2010/4/5 星期一 清明節 【民族掃墓節】： 05時55分 【卯時】 交清明節 節後使用為庚辰月	吉神：天願六合不將普護除神寶光鳴吠 凶神：大時大敗咸池小耗五虛土符五離	庚寅年 二月 二十一日 大空亡	庚寅年 庚辰月 乙酉日 泉中水 清明 執日 伐日 危宿	宜：祭祀祈福求嗣上冊受封上表章襲爵受封出行上官赴任臨政親民結婚姻納采問名嫁娶進人口移徙解除沐浴剃頭整手足甲求醫療病裁衣豎柱上梁經絡醞釀開市立券交易納財掃舍宇捕捉取魚牧養納畜安葬【頒詔覃恩肆赦施恩惠恤孤惸宣政事行惠愛雪冤枉緩刑獄慶賜賞賀】 忌：會親友築堤防修造動土修倉庫開渠穿井安碓磑補垣修飾垣牆平治道塗破屋壞垣栽種破土【出師修宮室繕城郭】	◎己卯時 ◎壬午時 ◎癸未時 ○甲申時 ◎乙酉時 ○丁亥時	四大吉時 辛巳時 甲申時 丁亥時	日家奇遁 陽遁乙酉 吉方離方 休門太陰 紫白九星 年八白 月九紫 日一白	乙酉日，清明中元，陽遁一局；丁丑時艮方青龍返首；丙戌時坎方飛鳥跌穴；	卯年生人忌用此日 碓磑門外西北
2010/4/6 星期二	吉神：月空四相天馬不將福生解神 凶神：月破大耗四擊九空九坎九焦白虎	庚寅年 二月 二十二日 六壬空	庚寅年 庚辰月 丙戌日 屋上土 清明 破日 寶日 室宿	宜：祭祀解除沐浴求醫療病破屋壞垣 忌：祈福求嗣上冊受封上表章襲爵受封會親友冠帶出行上官赴任臨政親民結婚姻納采問名嫁娶進人口移徙安床剃頭整手足甲裁衣築堤防修造動土豎柱上梁修倉庫鼓鑄經絡醞釀開市立券交易納財開倉庫出貨財修置產室開渠穿井安碓磑補垣塞穴修飾垣牆伐木取魚乘船渡水栽種牧養納畜破土安葬啟攢【頒詔宣政事布政事安撫邊境選將訓兵出師營建宮室】	○戊子時 ●庚寅時 ○壬辰時 ◎癸巳時 ●丙申時 ○丁酉時 ○戊戌時 ●己亥時	戊戌時 四大吉時 庚寅時 癸巳時 丙申時 己亥時	日家奇遁 陽遁丙戌 吉方坤方 生門天乙 紫白九星 年八白 月九紫 日二黑	丙戌日，清明中元，陽遁一局；辛卯時艮方青龍返首；癸巳時艮方地遁2人遁2風遁4真詐；甲午時艮方重詐；乙未時震方重詐、艮方青龍返首；丙申時離方人遁1休詐；丁酉時離方重詐；戊戌時兌方天遁1重詐；己亥時坎方人遁1休詐；	辰年生人忌用此日 廚灶栖外西北
2010/4/7 星期三 衛生節；	吉神：天德合月德合母倉四相不將玉堂 凶神：遊禍天賊重日	庚寅年 二月 二十三日 月忌	庚寅年 庚辰月 丁亥日 屋上土 清明 危日 伐日 壁宿	宜：祭祀上冊受封上表章襲爵受封親友上官赴任臨政親民結婚姻納采問名移徙安床沐浴裁衣修造動土豎柱上梁納財栽種牧養納畜【頒詔覃恩肆赦施恩封拜招賢舉正直施恩惠恤孤惸宣政事行惠愛雪冤枉緩刑獄慶賜賞賀營建宮室修宮室繕城郭】 忌：祈福求嗣出行嫁娶解除剃頭求醫療病修倉庫開倉庫出貨財畋獵取魚	●辛丑時 ●甲辰時 ◎丙午時 ◎丁未時 ○己酉時 ●庚戌時 ◎辛亥時	庚子時 四大吉時 壬寅時 乙巳時 戊申時 辛亥時	日家奇遁 陽遁丁亥 吉方離方 休門青龍 紫白九星 年八白 月九紫 日三碧	丁亥日，清明中元，陽遁一局；庚子時坎方飛鳥跌穴、坤方人遁1風遁6休詐；辛丑時艮方重詐；壬寅時坎方人遁1休詐；乙巳時坎方飛鳥跌穴；丁未時艮方青龍返首；	巳年生人忌用此日 倉庫床外西北

日期節日	吉神凶神○	陰曆	干支	用事宜忌○	協記吉時	貴登天門	日家奇門	時家奇門遁甲	忌用
2010/4/8 星期四	吉神：母倉三合天喜天醫天倉聖心 凶神：歸忌復日天牢	庚寅年二月二十四日	庚寅年庚辰月戊子日霹靂火清明成日制日奎宿	宜：祭祀祈福襲爵受封會親友入學出行上官赴任臨政親民結婚姻納采問名嫁娶進人口沐浴求醫療病裁衣築堤防修造動土豎柱上梁修倉庫經絡醞釀開市立券交易納財安碓磑栽種牧養納畜【施恩封拜舉正直慶賜賞賀修宮室繕城郭】 忌：移徙遠迴破土安葬啟攢	◎壬子時 ◎癸丑時 ◎乙卯時 ◎戊午時 ●庚申時 ●辛酉時	甲寅時庚申時 四大吉時甲寅時丁巳時庚申時癸亥時	日家奇遁陽遁戊子吉方坎方休門青龍 紫白九星年八白月九紫日四綠	戊子日，清明中元，陽遁一局；甲寅時艮方人遁2真詐；丙辰時巽方人遁2遁6真詐；丁巳時坎方飛鳥跌穴；戊午時艮方青龍返首、震方人遁2真詐；己未時乾方人遁2真詐；庚申時離方人遁2真詐；辛酉時坤方人遁2真詐；壬戌時乾方人遁2真詐；癸亥時艮方人遁2真詐；	午年生人忌用此日 房床碓外正北
2010/4/9 星期五	吉神：不將益後 凶神：河魁五虛元武	庚寅年二月二十五日 小空亡	庚寅年庚辰月己丑日霹靂火清明收日專日婁宿	宜：祭祀進人口納財捕捉取魚納畜 忌：祈福求嗣上冊受封上表章襲爵受封會親友冠帶出行上官赴任臨政親民結婚姻納采問名嫁娶移徙安床解除求醫療病裁衣築堤防修造動土豎柱上梁修倉庫鼓鑄經絡醞釀開市立券交易開倉庫出貨財置產室開渠穿井破土安葬啟攢【頒詔施恩封拜招賢舉正直宣政事布政事慶賜賞賀安撫邊境選將訓兵出師營建宮室修宮室繕城郭】	◎甲子時 ●丙寅時 ◎丁卯時 ●己巳時 ◎壬申時 ◎甲戌時 ●乙亥時	乙丑時癸酉時 四大吉時丙寅時己巳時壬申時乙亥時	日家奇遁陽遁己丑吉方乾方開門太乙 紫白九星年八白月九紫日五黃	己丑日，清明下元，陽遁七局；甲戌時乾方地遁2鬼遁5重詐；	未年生人忌用此日 占門廁外正北
2010/4/10 星期六	吉神：月恩陽德王日驛馬天后時陽生氣六儀續世五合司命鳴吠對 凶神：厭對招搖血忌	庚寅年二月二十六日 赤口，龍禁	庚寅年庚辰月庚寅日松柏木清明開日制日胃宿	宜：上冊受封上表章襲爵受封會親友入學出行上官赴任臨政親民結婚姻納采問名移徙解除求醫療病裁衣修造動土豎柱上梁開市立券交易納財開倉庫出貨財修置產室開渠安碓磑栽種牧養【頒詔覃恩肆赦施恩封拜招賢舉正直施恩惠恤孤愍宣政事行惠愛雪冤枉緩刑獄慶賜賞賀安撫邊境選將訓兵修宮室繕城郭】 忌：祭祀嫁娶針刺經絡伐木畋獵取魚乘船渡水	◎丙子時 ◎丁丑時 ●庚辰時 ◎辛巳時 ◎癸未時 ◎丙戌時	戊寅時甲申時 四大吉時戊寅時辛巳時甲申時丁亥時	日家奇遁陽遁庚寅吉方乾方開門天乙 紫白九星年八白月九紫日六白	庚寅日，清明下元，陽遁七局；丙子時乾方人遁4真詐；丁丑時坤方人遁2鬼遁2真詐；己卯時巽方人遁2鬼遁2真詐；辛巳時兌方地遁2重詐、中宮青龍返首；癸未時坎方地遁2雲遁1重詐；甲申時乾方地遁2人遁1休詐；丙戌時坎方地遁2人遁1雲遁1休詐；丁亥時兌方人遁1地遁2休詐、中宮青龍返首；	申年生人忌用此日 碓磑爐外正北
2010/4/11 星期日	吉神：官日要安五合鳴吠對 凶神：月害天吏致死血支勾陳	庚寅年二月二十七日	庚寅年庚辰月辛卯日松柏木清明閉日制日昴宿	宜：補垣塞穴 忌：祈福求嗣上冊受封上表章襲爵受封會親友冠帶出行上官赴任臨政親民結婚姻納采問名嫁娶進人口移徙安床解除求醫療病療目針刺築堤防修造動土豎柱上梁修倉庫經絡醞釀開市立券交易納財開倉庫出貨財修置產室開渠穿井栽種牧養納畜破土安葬啟攢【頒詔施恩封拜招賢舉正直政事布政事慶賜賞賀安撫邊境選將訓兵出師營建宮室修宮室繕城郭】	◎戊子時 ●庚寅時 ●辛卯時 ◎癸巳時 ◎甲午時 ◎乙未時 ◎丁酉時	辛卯時己未時 四大吉時庚寅時癸巳時丙申時己亥時	日家奇遁陽遁辛卯吉方兌方生門天乙 紫白九星年八白月九紫日七赤	辛卯日，清明下元，陽遁七局；辛卯時巽方地遁2人遁1風遁2休詐；乙未時中宮青龍返首；	酉年生人忌用此日 廚灶門外正北

日期節日	吉神凶神○	陰曆	干支	用事宜忌○	協記吉時	貴登天門	日家奇遁	時家奇門遁甲	忌用
2010/4/12 星期一	吉神：天德月德守日玉宇青龍 凶神：月建小時土府月刑	庚寅年二月二十八日 四不祥，六壬空	庚寅年庚辰月壬辰日長流水清明建日伐日畢宿	宜：祭祀【覃恩肆赦施恩封拜施恩恤孤惸行惠愛雪冤枉緩刑獄】 忌：求醫療病築堤防修造動土修倉庫修置產室開渠穿井安碓磑補垣飾垣牆平治道塗破屋壞垣伐木畋獵取魚栽種破土【布政事修宮室】	◎壬寅時 ◎甲辰時 ●乙巳時 ◎戊申時 ●己酉時 ●辛亥時	丙午時 四大吉時 壬寅時 乙巳時 戊申時 辛亥時	日家奇遁陽遁壬辰吉方離方開門太乙 紫白九星年八白月九紫日八白	壬辰日，清明下元，陽遁壬辰一局；庚子時乾方人遁1休詐；乙巳時坤方鬼遁3重詐；丁未時艮方風遁6鬼遁3鬼遁4重詐；庚戌時中宮青龍返首；辛亥時兌方鬼遁3重詐；	戌年生人忌用此日 倉庫栖外正北
2010/4/13 星期二	吉神：陰德相日吉期五富金堂明堂 凶神：劫煞五虛重日	庚寅年二月二十九日 大空亡	庚寅年庚辰月癸巳日長流水清明除日制日觜宿	宜：沐浴掃舍宇【施恩惠恤孤惸行惠愛雪冤枉緩刑獄】 忌：祈福求嗣上冊受封上表章會親友冠帶出行結婚姻納采問名嫁娶進人口移徙安床求醫療病裁衣築堤防修造動土豎柱上梁修倉庫鼓鑄修置產室開渠穿井安碓磑補垣塞穴修飾垣牆破屋壞垣破土安葬啟攢【頒詔宣政事布政事慶賜賞賀安撫邊境選將訓兵出師營建宮室修宮室繕城郭】	◎癸丑時 ○乙卯時 ●丙辰時 ○丁巳時 ◎戊午時 ◎己未時 ◎壬戌時 ◎癸亥時	丙辰時 四大吉時 甲寅時 庚申時 癸亥時	日家奇遁陽遁癸巳吉方離方開門天乙 紫白九星年八白月九紫日九紫	癸巳日，清明下元，陽遁癸巳七局；壬子時巽方鬼遁3重詐；癸丑時坎方龍遁4鬼遁3重詐；己未時中宮青龍返首；	亥年生人忌用此日 占房床房內北
2010/4/14 星期三	吉神：時德民日天巫福德鳴吠 凶神：災煞天火大煞天刑	庚寅年三月初一日 長星，赤口，天地凶敗	庚寅年庚辰月甲午日沙中金清明滿日寶日參宿	宜：祭祀 忌：祈福求嗣上冊受封上表章封爵受封會親友冠帶出行上官赴任臨政親民結婚姻納采問名嫁娶進人口移徙安床解除剃頭整手足甲求醫療病裁衣築堤防修造動土豎柱上梁修倉庫鼓鑄苫蓋經絡醞釀開市立券交易納財開倉庫出貨財修置產室開渠穿井安碓磑補垣塞穴修飾垣牆破屋壞垣栽種牧養納畜破土安葬啟攢【頒詔宣政事布政事安撫邊境選將訓兵出師營建宮室】	◎甲子時 ◎乙丑時 ○丙寅時 ●丁卯時 ◎庚午時 ○辛未時 ◎壬申時 ◎癸酉時	乙酉時 四大吉時 丙寅時 己巳時 壬申時 乙亥時	日家奇遁陽遁甲午吉方艮方開門咸池 紫白九星年八白月九紫日一白	甲午日，穀雨上元，陽遁甲午五局；乙丑時艮方地遁2雲遁1鬼遁5重詐；丙寅時坎方地遁2鬼遁5重詐；丁卯時巽方地遁2風遁2雲遁6鬼遁5重詐；癸酉時中宮飛鳥跌穴；乙亥時兌方人遁1休詐；	子年生人忌用此日 占房碓房內北
2010/4/15 星期四	凶神：天罡死神月煞月虛朱雀	庚寅年三月初二日 龍禁	庚寅年庚辰月乙未日沙中金清明平日制日井宿	忌：諸事不宜【頒詔施恩封拜招賢舉正直宣政事布政事慶賜賞賀安撫邊境選將訓兵出師營建宮室修宮室繕城郭】	●戊寅時 ●己卯時 ◎辛巳時 ●甲申時 ●丙戌時 ●丁亥時	乙酉時 四大吉時 戊寅時 辛巳時 甲申時 丁亥時	日家奇遁陽遁乙未吉方震方休門太乙 紫白九星年八白月九紫日二黑	乙未日，穀雨上元，陽遁乙未五局；丙子時中宮飛鳥跌穴；戊寅時坎方人遁1休詐；己卯時坤方鬼遁3重詐；庚辰時震方鬼遁3重詐；辛巳時離方人遁1休詐；壬午時乾方人遁1休詐；	丑年生人忌用此日 碓磨廁房內北

日期節日	吉神凶神○	陰曆	干支	用事宜忌○	協記吉時	貴登天門	日家奇門	時家奇門遁甲	忌用
2010/4/16 星期五 ；上巳節	吉神：月空四相三合臨日時陰敬安除神金匱鳴吠 凶神：月厭地火死氣往亡五離了戾	庚寅年三月初三日 瘟星入，六壬空	庚寅年庚辰月丙申日 山下火 清明 定日 制日 鬼宿	宜：祭祀沐浴掃舍宇 忌：祈福求嗣上冊受封上表章襲爵親友冠帶出行上官赴任臨政親民結婚姻納采問名嫁娶進人口移徙遠迴安床解除剃頭整手足甲求醫療病裁衣築堤防修造動土豎柱上梁修倉庫鼓鑄經絡醞釀開市立券交易納財開倉庫出貨財修置產室開渠穿井安碓磑補垣塞穴修飾垣牆平治道塗破屋壞垣伐木捕捉畋獵取魚栽種牧養納畜破土安葬啟攢【頒詔招賢宣政事布政事安撫邊境選將訓兵出師營建宮室】	●戊子時 ●己丑時 ○壬辰時 ◎癸巳時 ○乙未時 ○丙申時 ●戊戌時	戊戌時 四大吉時 庚寅時 癸巳時 丙申時 己亥時	日家奇遁陽遁丙申吉方巽方生門太乙 紫白九星年八白月九紫日三碧	丙申日，穀雨上元，陽五局；辛卯時中宮飛鳥跌穴；	寅年生人忌用此日 廚灶爐房內北
2010/4/17 星期六	吉神：天德合月德合四相六合不將普護神寶光鳴吠 凶神：大時大敗咸池小耗五虛土符五離；土王用事18	庚寅年三月初四日 大空亡，四不祥，四方耗	庚寅年庚辰月丁酉日 山下火 清明 執日 制日 柳宿	宜：祭祀祈福求嗣上冊受封上表章襲爵受封出行上官赴任臨政親民結婚姻納采問名嫁娶進人口移徙解除沐浴整手足甲求醫療病裁衣豎柱上梁經絡醞釀立券交易納財開倉庫出貨財掃舍宇捕捉牧養納畜安葬【頒詔覃恩肆赦施恩惠恤孤惸宣政事行惠愛雪冤枉緩刑獄】 忌：會親友剃頭築堤防修造動土修倉庫修置產室開渠穿井安碓磑補垣修飾垣牆平治道塗破屋壞垣畋獵取魚栽種破土【營建宮室修宮室繕城郭】	●庚子時 ○壬寅時 ○癸卯時 ◎丙午時 ◎丁未時 ○己酉時 ○辛亥時	庚子時 四大吉時 壬寅時 乙巳時 戊申時 辛亥時	日家奇遁陽遁丁酉吉方震方休門天乙 紫白九星年八白月九紫日四綠	丁酉日，穀雨上元，陽五局；壬寅時兌方地遁2人遁2真詐、中宮飛鳥跌穴；丙午時坎方重詐；戊申時中宮飛鳥跌穴；庚戌時離方重詐；	卯年生人忌用此日 倉庫門房內北
2010/4/18 星期日	吉神：天馬福生解神 凶神：月破大耗四擊九空九坎九焦復日白虎；土王用事17	庚寅年三月初五日 月忌	庚寅年庚辰月戊戌日 平地木 清明 破日 專日 星宿	宜：祭祀解除沐浴求醫療病 忌：祈福求嗣上冊受封上表章襲爵受封會親友冠帶出行上官赴任臨政親民結婚姻納采問名嫁娶進人口移徙安床剃頭整手足甲裁衣築堤防修造動土豎柱上梁修倉庫鼓鑄經絡醞釀開市立券交易納財開倉庫出貨財修置產室開渠穿井安碓磑補垣塞穴修飾垣牆伐木取魚乘船渡水栽種牧養納畜破土安葬啟攢【頒詔施恩封拜招賢舉正直宣政事布政事慶賜賞賀安撫邊境選將訓兵出師營建宮室修宮室繕城郭】平治道塗	◎甲寅時 ○乙卯時 ○丙辰時 ○丁巳時 ●庚申時 ○辛酉時 ◎癸亥時	甲寅時 庚申時 四大吉時 甲寅時 丁巳時 庚申時 癸亥時	日家奇遁陽遁戊戌吉方巽方休門太陰 紫白九星年八白月九紫日五黃	戊戌日，穀雨上元，陽五局；乙卯時兌方地遁2人遁1休詐、中宮飛鳥跌穴；	辰年生人忌用此日 房床栖房內南
2010/4/19 星期一	吉神：母倉不將玉堂 凶神：遊禍天賊重日；土王用事16	庚寅年三月初六日 瘟星出	庚寅年庚辰月己亥日 平地木 清明 危日 制日 張宿	宜：安床沐浴納財取魚牧養納畜 忌：祈福求嗣出行嫁娶解除求醫療病修倉庫開倉庫出貨財破土安葬啟攢【營建宮室修宮室繕城郭】築堤防修造動土修置產室開渠穿井安碓磑補垣修飾垣牆平治道塗破屋壞垣	◎乙丑時 ○丙寅時 ○戊辰時 ◎庚午時 ●辛未時 ◎甲戌時 ◎乙亥時	乙丑時 癸酉時 四大吉時 丙寅時 己巳時 壬申時 乙亥時	日家奇遁陽遁己亥吉方開門青龍 紫白九星年八白月九紫日六白	己亥日，穀雨中元，陽二局；甲子時坎方人遁1地遁2休詐；丙寅時乾方地遁2人遁1休詐、離方青龍返首；辛未時坎方地遁2人遁1休詐；壬申時震方地遁1人遁1休詐；癸酉時艮方地遁2人遁1風遁4休詐、坤方飛鳥跌穴；甲戌時坎方地遁2重詐；乙亥時震方人遁2真詐；	巳年生人忌用此日 占門床房內南

日期節日	吉神凶神○	陰曆	干支	用事宜忌○	協記吉時	貴登天門	日家奇門	時家奇門遁甲	忌用
2010/4/20 星期二 13時07分 【未時】 交穀雨氣 三月氣 庚辰月	太陽過黃經三〇度，布穀後望雨【斗指癸為穀雨，言雨生百穀也，時必雨下降，百穀滋長之義，故名穀雨】								
2010/4/20 星期二	吉神：母倉月恩三合天喜天醫天倉聖心鳴吠對 凶神：歸忌天牢 ：土王用事15	庚寅年三月初七日 四不祥，赤口	庚寅年庚辰月庚子日壁上土穀雨成日寶日翼宿	宜：祭祀祈福求嗣襲爵受封會親友入學出行上官赴任臨政親民結婚姻納采問名嫁娶進人口解除沐浴求醫療病裁衣豎柱上梁醞釀開市立券交易納財開倉庫出貨財牧養納畜啟攢【施恩封爵慶賜賞賀安撫邊境】 忌：移徙遠迴遡經絡【營建宮室】修置產室開渠穿井補垣修飾垣牆平治道塗破屋壞垣	◎丙子時 ●丁丑時 ◎己卯時 ◎壬午時 ●甲申時 ●乙酉時	丁丑時 癸未時 四大吉時 乙酉時 丁丑時 辛巳時 癸未時 丁亥時	日家奇遁 陽遁庚子 吉方乾方 休門太陰 紫白九星 年八白 月九紫 日四綠	庚子日，穀雨中元，陽二局；丙子時震方地遁1鬼遁5重詐；丁丑時離方青龍返首；戊寅時巽方地遁2風遁2雲遁6鬼遁5重詐；己卯時坎方地遁2人遁3重詐；庚辰時艮方地遁2鬼遁5重詐、坤方飛鳥跌穴；辛巳時乾方人遁2真詐；甲申時艮方鬼遁3鬼遁4重詐；丙戌時坤方飛鳥跌穴天遁3；	午年生人忌用此日 占碓磨房內南
2010/4/21 星期三	吉神：益後 凶神：河魁五虛元武 ：土王用事14	庚寅年三月初八日 龍禁，小空亡，天乙絕氣	庚寅年庚辰月辛丑日壁上土穀雨收日義日軫宿	宜：祭祀進人口納財捕捉取魚納畜 忌：祈福求嗣上冊受封上表章襲爵受封會親友冠帶出行上官赴任臨政親民結婚姻納采問名嫁娶移徙安床解除求醫療病裁衣築堤防修造動土豎柱上梁修倉庫鼓鑄經絡醞釀開市立券交易開倉庫出貨財修置產室開渠穿井破土安葬啟攢【頒詔施恩封拜招賢舉正直宣政事布政事慶賜賞賀安撫邊境選將訓兵出師營建宮室修宮室繕城郭】安碓磑補垣修飾垣牆平治道塗破屋壞垣栽種	●庚寅時 ●辛卯時 ◎癸巳時 ◎丙申時 ◎戊戌時 ●己亥時	庚寅時 甲午時 四大吉時 辛卯時 癸巳時 乙未時 丁酉時	日家奇遁 陽遁辛丑 吉方兌方 開門太陰 紫白九星 年八白 月九紫 日五黃	辛丑日，穀雨中元，陽二局；己丑時坎方鬼遁3重詐、離方青龍返首；辛卯時巽方鬼遁3重詐；甲午時坎方人遁1地遁2休詐；乙未時巽方地遁2人遁1風遁2休詐；丙申時離方青龍返首；丁酉時離方地遁2人遁1休詐；戊戌時坎方地遁2人遁1休詐；	未年生人忌用此日 廚灶廁房內南
2010/4/22 星期四	吉神：天德月德陽德王日驛馬天后時陽生氣六儀續世五合司命鳴吠對 凶神：厭對招搖血忌 ：土王用事13	庚寅年三月初九日 六壬空，楊公忌日	庚寅年庚辰月壬寅日金箔金穀雨開日寶日角宿	宜：上冊受封上表章襲爵受封會親友入學出行上官赴任臨政親民結婚姻納采問名嫁娶移徙解除求醫療病裁衣豎柱上梁開市立券交易牧養納畜【頒詔覃恩肆赦施恩封拜招賢舉正直施恩惠恤孤惸宣政事行惠愛雪冤枉緩刑獄慶賜賞賀安撫邊境選將訓兵出師】 忌：祭祀針刺開渠伐木畋獵取魚築堤防開渠穿井補垣修飾垣牆平治道塗破屋壞垣破土	●庚子時 ●辛丑時 ◎甲辰時 ◎乙巳時 ●丁未時 ●庚戌時 ○辛亥時	乙巳時 辛丑時 四大吉時 辛丑時 癸卯時 乙巳時 丁未時 辛亥時	日家奇遁 陽遁壬寅 吉方坎方 生門太乙 紫白九星 年八白 月九紫 日六白	壬寅日，穀雨中元，陽二局；癸卯時艮方地遁2人遁1風遁4休詐、坤方飛鳥跌穴；甲辰時艮方人遁2鬼遁2真詐；乙巳時坤方飛鳥跌穴；	申年生人忌用此日 倉庫爐房內南

日期節日	吉神凶神○	陰曆	干支	用事宜忌○	協記吉時	貴登天門	日家奇門	時家奇門遁甲	忌用
2010/4/23 星期五	吉神：官日要安五合鳴吠對 凶神：月害天吏致死血支勾陳；土王用事12	庚寅年三月初十日 穀雨閉日寶日亢宿	庚寅年庚辰月癸卯日金箔金	宜：塞穴 忌：祈福求嗣上冊受封上表章襲爵受封會親友冠帶出行上官赴任臨政親民結婚姻納采問名嫁娶進人口移徙安床解除求醫療病療目針刺築堤防修造動土豎柱上梁修倉庫經絡醞釀開市立券交易納財開倉庫出貨財修置產室開渠穿井栽種牧養納畜破土安葬啟攢【頒詔施恩封拜招覽舉正直宣政事布政事慶賜賞賀安撫邊境選將訓兵出師營建宮室修宮室繕城郭】安碓磑修飾垣牆平治道塗破屋壞垣	◎壬子時 ●甲寅時 ●乙卯時 ●戊午時 ◎己未時 ●辛酉時	乙卯時 四大吉時 癸丑時 乙卯時 丁巳時 辛亥時 癸亥時	日家奇遁陽遁癸卯二局；癸丑時坎方人遁4真詐、離方青龍返首；甲寅時艮方人遁1休詐；乙卯時巽方人遁1休詐；丙辰時乾方人遁1休詐；丁巳時巽方人遁1休詐；戊午時坤方人遁1休詐、離方青龍返首；己未時坤方人遁1休詐；庚申時兌方人遁1休詐；辛酉時坎方人遁1休詐、離方青龍返首；壬戌時震方人遁1風遁6休詐、坤方飛鳥跌穴；癸亥時艮方人遁1休詐；	酉年生人忌用此日 房床門房內南
2010/4/24 星期六	吉神：守日玉宇青龍 凶神：月建小時土府月刑陽錯；土王用事11	庚寅年三月十一日 穀雨建日制日氐宿	庚寅年庚辰月甲辰日覆燈火	忌：祈福求嗣上冊受封上表章襲爵受封會親友冠帶出行上官赴任臨政親民結婚姻納采問名嫁娶進人口移徙安床解除剃頭整手足甲求醫療病裁衣築堤防修造動土豎柱上梁修倉庫鼓鑄經絡醞釀開市立券交易納財開倉庫出貨財修置產室開渠穿井安碓磑補垣塞穴修飾垣牆平治道塗破屋壞垣伐木栽種牧養納畜破土安葬啟攢【頒詔招賢舉正直宣政事布政事慶賜賞賀營建宮室修宮室繕城郭】	◎丙寅時 ◎戊辰時 ●己巳時 ●壬申時 ◎癸酉時 ●乙亥時	四大吉時 乙丑時 丁卯時 辛未時 癸酉時 乙亥時	日家奇遁陽遁甲辰吉方坤方開門天乙 紫白九星年八白月九紫日八白	甲辰日，穀雨下元，陽八局；甲子時乾方重詐；乙丑時離方重詐；丙寅時乾方青龍返首；丁卯時巽方風遁3重詐；戊辰時震方重詐；癸酉時鳥跌穴天遁3重詐；甲戌時乾方人遁1休詐；乙亥時艮方飛鳥跌穴；	戌年生人忌用此日 門雞栖房內東
2010/4/25 星期日	吉神：陰德相日吉期五富金堂明堂；母倉 凶神：劫煞五虛重日；土王用事10,清明後二十一日氣往亡	庚寅年三月十二日 大空亡，天地凶敗	庚寅年庚辰月乙巳日覆燈火 穀雨除日寶日房宿	宜：沐浴掃舍宇納財牧養納畜【施恩惠恤孤惸行惠愛雪冤枉緩刑獄】 忌：祈福求嗣上冊受封上表章襲爵受封會親友冠帶出行結婚姻納采問名嫁娶進人口移徙安床求醫療病裁衣築堤防修造動土豎柱上梁修倉庫鼓鑄修置產室開渠穿井安碓磑補垣塞穴修飾垣牆破屋壞垣破土安葬啟攢【頒詔招賢舉正直宣政事布政事慶賜賞賀營建宮室修宮室繕城郭】平治道塗 上官赴任臨政親民捕捉畋獵取魚【安撫邊境選將訓兵出師】	●丁丑時 ◎庚辰時 ●壬午時 ◎癸未時 ●丙戌時 ◎丁亥時	四大吉時 丁丑時 辛巳時 癸未時 乙酉時 丁亥時	日家奇遁陽遁乙巳吉方坤方開門太陰 紫白九星年八白月九紫日九紫	乙巳日，穀雨下元，陽八局；丙子時震方人遁1休詐；丁丑時乾方地遁2人遁2真詐；庚辰方人遁1休詐；壬午時乾方青龍返首、坤方人遁1休詐；乙酉時乾方青龍返首、離方地遁1鬼遁5重詐；丁亥時巽方地遁2風遁2重詐；	亥年生人忌用此日 碓磨床房內東
2010/4/26 星期一	吉神：月空四相時德民日天巫福德鳴吠；母倉 凶神：災煞天火大煞天刑；土王用事9	庚寅年三月十三日 赤口	庚寅年庚辰月丙午日天河水 穀雨滿日專日心宿	宜：祭祀 忌：祈福求嗣上冊受封上表章襲爵受封會親友冠帶出行上官赴任臨政親民結婚姻納采問名嫁娶進人口移徙安床解除剃頭整手足甲求醫療病裁衣築堤防修造動土豎柱上梁修倉庫鼓鑄苫蓋經絡醞釀開市立券交易開倉庫出貨財修置產室開渠穿井安碓磑補垣塞穴修飾垣牆破屋壞垣破土安葬啟攢【頒詔招賢舉正直宣政事布政事安撫邊境選將訓兵出師營建宮室】【修宮室繕城郭】平治道塗	◎戊子時 ●己卯時 ◎辛卯時 ●甲午時 ●丙申時 ●丁酉時	四大吉時 辛卯時 癸巳時 乙未時 丁酉時	日家奇遁陽遁丙午吉方坎方開門青龍 紫白九星年八白月九紫日一白	丙午日，穀雨下元，陽八局；庚寅時兌方地遁2重詐；壬辰時艮方飛鳥跌穴；癸巳時艮方地遁2人遁3風遁4虎遁7重詐；丙申時艮方飛鳥跌穴；戊戌時巽方人遁2真詐；	子年生人忌用此日 廚灶碓房內東

日期節日	吉神凶神○	陰曆	干支	用事宜忌○	協記吉時	貴登天門	日家奇門	時家奇門遁甲	忌用
2010/4/27 星期二	吉神：天德合月德合四相 凶神：天罡死神月煞月虛八專朱雀 ；土王用事8	庚寅年三月十四日 龍禁,月忌	庚寅年庚辰月丁未日天河水穀雨平日寶日尾宿	宜：祭祀【施恩惠恤孤惸行惠愛雪冤枉緩刑獄】 忌：祈福求嗣上冊受封上表章襲爵受封會親友冠帶出行上官赴任臨政親民結婚姻納采問名嫁娶進人口移徙安床解除剃頭整手足甲求醫療病裁衣築堤防修造動土豎柱上梁修倉庫鼓鑄經絡醞釀開市立券交易納財開倉庫出貨財修置產室開渠穿井安碓磑補垣塞穴修飾垣牆破屋壞垣畋獵取魚栽種牧養納畜破土安葬啟攢【布政事】【營建宮室修宮室繕城郭】	◎壬寅時 ◎癸卯時 ●乙巳時 ○丙午時 ●戊申時 ○己酉時 ●庚戌時 ●辛亥時	己酉時 辛亥時 四大吉時 辛丑時 癸卯時 乙巳時 丁未時 辛亥時	日家奇遁 陽遁丁未 吉方艮方 休門軒轅 紫白九星 年八白 月九紫 日二黑	丁未日，穀雨下元，陽八局；壬寅時離方人遁2真詐；癸卯時乾方青龍返首；己酉時艮方飛鳥跌穴；庚戌時乾方青龍返首；	丑年生人忌用此日 倉庫廚房內東
2010/4/28 星期三	吉神：三合臨日時陰敬安除神金匱 凶神：月厭地火死氣往亡復日五離孤辰 ；土王用事7	庚寅年三月十五日 六壬空	庚寅年庚辰月戊申日大驛土穀雨定日寶日箕宿	宜：沐浴掃舍宇 忌：祈福求嗣上冊受封上表章襲爵受封會親友冠帶出行上官赴任臨政親民結婚姻納采問名嫁娶進人口移徙遠迴安床解除剃頭整手足甲求醫療病裁衣築堤防修造動土豎柱上梁修倉庫鼓鑄經絡醞釀開市立券交易納財開倉庫出貨財置產室開渠穿井安碓磑補垣塞穴修飾垣牆平治道塗破屋壞垣伐木捕捉畋獵取魚栽種牧養納畜破土啟攢【頒詔施恩封拜招賢舉正直宣政事布政事安撫邊境選將訓兵出師營建宮室】【修宮室繕城郭】	◎壬子時 ◎癸丑時 ●丙辰時 ●丁巳時 ○己未時 ○庚申時 ◎壬戌時	癸丑時 己未時 四大吉時 癸丑時 辛酉時 癸亥時	日家奇遁 陽遁戊申 吉方震方 生門青龍 紫白九星 年八白 月九紫 日三碧	戊申日，穀雨下元，陽八局；乙卯時艮方地遁2人遁1休詐；丁巳時艮方飛鳥跌穴；戊午時乾方青龍返首；辛酉時艮方飛鳥跌穴天遁4；	寅年生人忌用此日 房床爐房內東
2010/4/29 星期四	吉神：天恩六合不將普護除神寶光鳴吠 凶神：大時大敗咸池小耗五虛土符五離 ；土王用事6	庚寅年三月十六日 小空亡,四不祥,短星	庚寅年庚辰月己酉日大驛土穀雨執日寶日斗宿	宜：祭祀祈福結婚姻嫁娶進人口解除沐浴剃頭整手足甲求醫療病經絡醞釀掃舍宇捕捉取魚納畜安葬【覃恩肆赦施恩惠恤孤惸布政事行惠愛雪冤枉緩刑獄】 忌：會親友築堤防修造動土修倉庫開市立券交易納財開倉庫出貨財修置產室開渠穿井安碓磑補垣修飾垣牆平治道塗破屋壞垣栽種破土【施恩封拜招賢舉正直安撫邊境選將訓兵出師營建宮室修宮室繕城郭】	●甲子時 ○丙寅時 ◎丁卯時 ●庚午時 ●辛未時 ◎癸酉時	甲子時 壬申時 四大吉時 乙丑時 丁卯時 辛未時 癸酉時 乙亥時	日家奇遁 陽遁己酉 吉方巽方 開門青龍 紫白九星 年八白 月九紫 日四綠	己酉日，立夏上元，陽四局；丙寅時坤方青龍返首；己巳時坤方青龍返首；壬戌時巽方飛鳥跌穴；甲戌時坎方人遁1休詐；	卯年生人忌用此日 占大門外東北
2010/4/30 星期五	吉神：天恩月恩天馬福生解神 凶神：月破大耗咸九擊九空九坎九焦白虎 ；土王用事5	庚寅年三月十七日	庚寅年庚辰月庚戌日釵釧金穀雨破日義日牛宿	宜：祭祀解除沐浴求醫療病【覃恩肆赦施恩惠恤孤惸行惠愛雪冤枉緩刑獄】 忌：祈福求嗣上冊受封上表章襲爵受封會親友冠帶出行上官赴任臨政親民結婚姻納采問名嫁娶進人口移徙安床剃頭整手足甲裁衣築堤防修造動土豎柱上梁修倉庫鼓鑄經絡醞釀開市立券交易納財開倉庫出貨財置產室開渠穿井安碓磑補垣塞穴修飾垣牆伐木取魚乘船渡水栽種牧養納畜破土安葬啟攢【安撫邊境選將訓兵出師營建宮室】【修宮室繕城郭】平治道塗	◎戊寅時 ●庚辰時 ●辛巳時 ●甲申時 ◎乙酉時 ●丁亥時	丁丑時 癸未時 四大吉時 丁丑時 辛巳時 癸未時 乙酉時 丁亥時	日家奇遁 陽遁庚戌 吉方離方 休門太乙 紫白九星 年八白 月九紫 日五黃	庚戌日，立夏上元，陽四局；丙子時坎方人遁1休詐；丁丑時巽方人遁1休詐；戊寅時巽方飛鳥跌穴、兌方人遁1休詐；庚辰時坤方青龍返首；癸未時乾方人遁1休詐；乙酉時坎方天遁1重詐；丙戌時巽方飛鳥跌穴天遁3重詐；丁亥時兌方虎遁6重詐；	辰年生人忌用此日 碓磨栖外東北

日期節日	吉神凶神○	陰曆	干支	用事宜忌○	協記吉時	貴登天門	日家奇門	時家奇門遁甲	忌用
2010/5/1 星期六 勞動節；	吉神：天恩母倉玉堂 凶神：遊禍天賊重日 ；土王用事4	庚寅年三月十八日 穀雨	庚寅年庚辰月辛亥日 釵釧金 危日 寶日 女宿	宜：會親友安床沐浴納財取魚牧養納畜【覃恩肆赦施恩恤孤惸布政事行惠愛雪冤枉緩刑獄慶賜賞賀】 忌：祈福求嗣求醫療病修倉庫醞釀開倉庫出貨財破土安葬啟攢【營建宮室修宮室繕城郭】築堤防修造動土修置產室開渠穿井安碓磑補垣修飾垣牆平治道塗破屋壞垣	●己丑時 ◎壬辰時 ●甲午時 ●乙未時 ●戊戌時 ●己亥時	庚寅時 甲午時 四大吉時 辛卯時 癸巳時 乙未時 丁酉時	日家奇遁 陽遁辛亥 吉方離方 休門天乙 紫白九星 年八白 月九紫 日六白	辛亥日，戊子時艮方重詐；己丑時巽方飛鳥跌穴；庚寅時震方地遁2人遁1休詐；辛卯時離方重詐；壬辰時乾方重詐；坤方青龍返首；癸巳時乾方地遁2人遁1休詐；甲午時坎方人遁4真詐；乙未時離方人遁2鬼遁2真詐；丙申時乾方人遁2鬼遁2真詐；丁酉時震方人遁4真詐、坤方青龍返首；	巳年生人忌用此日 廚灶房外東北
2010/5/2 星期日	吉神：天德月德天恩母倉三合天喜天醫天倉聖心鳴吠對 凶神：四耗歸忌天牢 ；土王用事3	庚寅年三月十九日 四不祥，赤口	庚寅年庚辰月壬子日 桑柘木 成日 專日 虛宿	宜：祭祀祈福求嗣冊上冊受封上表章襲爵受封會親友入學出行上官赴任臨政親民結婚姻納采問名嫁娶進人口解除沐浴求醫療病裁衣豎柱上梁經絡醞釀開市立券交易納財牧養納畜安葬啟攢【頒詔覃恩肆赦施恩封拜招賢舉正直施恩惠恤孤惸宣政事布政事行惠愛雪冤枉緩刑獄慶賜賞賀】 忌：移徙遠迴開渠畋獵取魚修置產室開渠穿井補垣修飾垣牆平治道塗破屋壞垣	●庚子時 ●辛丑時 ●癸卯時 ●丙午時 ●戊申時 ●己酉時	乙巳時 四大吉時 辛亥時 癸巳時 乙未時 丁未時 辛亥時	日家奇遁 陽遁壬子 吉方坎方 休門天乙 紫白九星 年八白 月九紫 日七赤	壬子日，立夏上元，陽四局；辛丑時坎方人遁2鬼遁2真詐；癸卯時巽方飛鳥跌穴；戊申時坤方青龍返首；庚戌時巽方飛鳥跌穴天遁4風遁3；	午年生人忌用此日 倉庫碓外東北
2010/5/3 星期一	吉神：天恩益後 凶神：河魁五虛八專觸水龍元武 ；土王用事2	庚寅年三月二十日 大空亡，龍禁	庚寅年庚辰月癸丑日 桑柘木 收日 伐日 危宿	宜：祭祀進人口納財捕捉納畜【覃恩肆赦施恩惠恤孤惸行惠愛雪冤枉緩刑獄】 忌：祈福求嗣冊上冊受封上表章襲爵受封冠帶出行上官赴任臨政親民結婚姻納采問名嫁娶移徙安床解除求醫療病裁衣築堤防修造動土豎柱上梁修倉庫鼓鑄經絡醞釀開市立券交易納財開倉庫出貨財修置產室開渠穿井取魚乘船渡水破土安葬啟攢【頒詔施恩封拜招賢舉正直宣政事安撫邊境選將訓兵出師營建宮室修宮室繕城郭】安碓磑補垣修飾垣牆平治道塗破屋壞垣栽種	◎甲寅時 ◎乙卯時 ◎丙辰時 ●丁巳時 ●庚申時 ●壬戌時 ◎癸亥時	乙卯時 四大吉時 癸丑時 乙卯時 丁巳時 辛酉時 癸亥時	日家奇遁 陽遁癸丑 吉方坎方 休門太陰 紫白九星 年八白 月九紫 日八白	癸丑日，立夏上元，陽四局；乙卯時巽方飛鳥跌穴天遁4風遁3；丁巳時兌方地遁2雲遁1重詐；辛酉時坤方青龍返首；	未年生人忌用此日 占房廁外東北
2010/5/4 星期二 文藝節；	吉神：陽德王日驛馬天后時陽生氣六儀續世五合司命鳴吠對 凶神：厭對招搖血忌八專 ；土王用事1，立夏前一日四絕	庚寅年三月二十一日 六壬空	庚寅年庚辰月甲寅日 大溪水 開日 專日 室宿	宜：解除 忌：祭祀結婚姻納采問名嫁娶針刺剁畋獵取魚乘船渡水【安撫邊境選將訓兵出師】【營建宮室】築堤防修倉庫補垣修飾垣牆平治道塗破屋壞垣破土 出行	◎甲子時 ◎乙丑時 ◎丙寅時 ●戊辰時 ●己巳時 ●辛未時 ●甲戌時	乙丑時 四大吉時 乙丑時 丁卯時 辛未時 癸酉時 乙亥時	日家奇遁 陽遁甲寅 吉方艮方 生門天符 紫白九星 年八白 月九紫 日九紫	甲寅日，立夏中元，陽一局；丙寅時艮方青龍返首；丁卯時離方鬼遁3重詐；戊辰時坎方鬼遁3重詐；辛未時艮方鬼遁3重詐；壬申時巽方鬼遁3重詐；乙亥時坎方飛鳥跌穴；	申年生人忌用此日 占門爐外東北

日期節日	吉神凶神○	陰曆	干支	用事宜忌○	協記吉時	貴登天門	日家奇門	時家奇門遁甲	忌用
2010/5/5 星期三 23時29分 【夜子】 交立夏節 節前使用 為庚辰月	吉神：官日要 安五合鳴吠對 凶神：月害天 吏致死血支勾 陳 ；土王用 事	庚寅年 三月 二十二日 天休廢	庚寅年 庚辰月 乙卯日 大溪水 穀雨 閉日 專日 壁宿	宜：塞穴 忌：祈福求嗣上冊受 封上表章襲爵受封會親友冠帶出 行上官赴任臨政親民結婚姻納采 問名嫁娶進人口移徙安床解除求 醫療病療目針刺築堤防修造動土 豎柱上梁修倉庫經絡醞釀開市立 券交易納財開倉庫出貨財修置產 室開渠穿井栽種牧養納畜破土安 葬啟攢【頒詔施恩封拜招賢舉正 直宣政事布政事慶賜賞賀安撫邊 境選將訓兵出師營建宮室修宮室 繕城郭】安碓磑修飾垣牆平治道 塗破屋壞垣	◎丙子時 ●戊寅時 ●己卯時 ◎壬午時 ◎癸未時 ○甲申時 ◎乙酉時 ○丙戌時	四大吉時 丁丑時 辛巳時 癸未時 乙酉時 丁亥時	陽遁乙卯 吉方兌方 生門軒轅 紫白九星 年八白 月九紫 日一白	乙卯日，立夏中元，陽 一局；丁丑時艮方青龍 返首；丙戌時坎方飛鳥 跌穴；	酉年 生人 忌用 此日 碓磨 門外 正東
2010/5/5 星期三 23時29分 【夜子】 交立夏節 四月節 辛巳月	太陽過黃經四 十五度，夏季 開始【斗指東 南為立夏，萬 物至皆已長 大，故名立 夏】			立夏四月節天道西行宜向西行宜 修造西方；天德在辛天德合在丙 月德在庚月德合在乙月空在甲宜 修造取土；月建在巳月破在亥月 厭在未月刑在申月害在寅劫煞在 寅災煞在卯月煞在辰月忌修造取 土；初九日長星、二十五日短 星；立夏前一日四絕、後八日往 亡；小滿四月中日躔在申宮為四 月將宜用甲丙庚壬時；					
2010/5/5 星期三 23時29分 【夜子】 交立夏節 節後使用 為辛巳月	吉神：月德合 母倉陰德時陽 生氣普護五合 鳴吠對 凶神：災煞天 火四耗元武 ；土王用 事，立夏	庚寅年 三月 二十二日 天休廢	庚寅年 辛巳月 乙卯日 大溪水 立夏 開日 專日 壁宿	宜：祭祀祈福求嗣上冊受封上表 章襲爵受封會親友入學出行上官 赴任臨政親民結婚姻納采問名嫁 娶移徙解除裁衣修造動土豎柱上 梁修倉庫開市立券交易納財修置 產室安碓磑牧養納畜【覃恩肆赦 施恩惠恤孤惸行惠愛雪冤枉緩刑 獄】 忌：求醫療病穿井伐木畋 獵取魚栽種【布政事】		四大吉時	日家奇遁 陽遁乙卯 吉方兌方 生門軒轅 紫白九星 年八白 月八白 日一白	乙卯日，立夏中元，陽 一局；丁丑時艮方青龍 返首；丙戌時坎方飛鳥 跌穴；	酉年 生人 忌用 此日 碓磨 門外 正東
2010/5/6 星期四	吉神：天德合 時德陽德福生 司命 凶神：月煞月 虛血支五虛復 日	庚寅年 三月 二十三日 月忌	庚寅年 辛巳月 丙辰日 沙中土 立夏 閉日 寶日 奎宿	宜：祭祀【覃恩肆赦施恩惠恤孤 惸行惠愛雪冤枉緩刑獄】 忌： 祈福求嗣上冊受封上表章襲爵受 封會親友冠帶出行上官赴任臨政 親民結婚姻納采問名嫁娶進人口 移徙安床解除剃頭整手足甲求醫 療病療目針刺裁衣築堤防修造動 土豎柱上梁修倉庫鼓鑄經絡醞釀 開市立券交易納財開倉庫出貨財 修置產室開渠穿井安碓磑補垣塞 穴修飾垣牆破屋壞垣畋獵取魚栽 種牧養納畜破土安葬啟攢【布政 事修宮室】	●庚寅時 ◎壬辰時 ◎癸巳時 ●丙申時 ●丁酉時 ●己亥時	四大吉時 辛卯時 癸巳時 乙未時 丁酉時	日家奇遁 陽遁丙辰 吉方坤方 休門青龍 紫白九星 年八白 月八白 日二黑	丙辰日，立夏中元，陽 一局；辛卯時艮方青龍 返首；癸巳時艮方地遁 2人遁2風遁4真詐； 甲午時艮方重詐；乙未 時艮方青龍返首、震方 重詐；丙申時離方人遁 1人詐；丁酉時離方重 詐；戊戌時兌方天遁1 重詐；己亥時坎方人遁 1休詐；	戌年 生人 忌用 此日 廚灶 栖外 正東

日期節日	吉神凶神○	陰曆	干支	用事宜忌○	協記吉時	貴登天門	日家奇門	時家奇門遁甲	忌用
2010/5/7 星期五	吉神：王日 凶神：月建小時土府重日勾陳陽錯	庚寅年三月二十四日 小空亡	庚寅年辛巳月丁巳日沙中土立夏建日專日婁宿	宜：襲爵受封親友上官赴任臨政親民裁衣【頒詔覃恩肆赦施恩封拜招賢舉正直施恩惠恤孤惇宜政事行惠愛雪冤枉緩刑獄慶賜賞賀安撫邊境選將訓兵出師】 忌：祈福求嗣上冊受封上表章出行結婚姻納采問名解除剃頭整手足甲裁醫療病築堤防修造動土豎柱上梁修倉庫開倉庫出貨財修置產室開渠穿井安碓磑補垣修飾垣牆平治道塗破屋壞垣伐木栽種破土安葬啟攢【營建宮室修宮室繕城郭】	◎辛丑時 ●甲辰時 ●丙午時 ○丁未時 ○己酉時 ○庚戌時 ○辛亥時	己酉時 辛亥時 四大吉時 辛丑時 癸卯時 乙巳時 丁未時 辛亥時	日家奇遁陽遁丁巳吉方兌方生門太乙 紫白九星年八白月八白日三碧	丁巳日，立夏中元，陽一局；庚子時坎方飛鳥跌穴、坤方人遁1風遁6休詐；辛丑時艮方重詐；壬寅時坎方遁1休詐；乙巳時坎方飛鳥跌穴、丁未時艮方青龍返首；	亥年生人忌用此日 倉庫床外正東
2010/5/8 星期六	吉神：四相官日吉期聖心青龍 凶神：大時大敗咸池歲薄	庚寅年三月二十五日 赤口	庚寅年辛巳月戊午日天上火立夏除日義日胃宿	宜：祭祀沐浴掃舍宇【慶賜賞賀】　忌：祈福求嗣上冊受封上表章襲爵受封冠帶出行上官赴任臨政親民結婚姻納采問名嫁娶進人口移徙安床解除求醫療病築堤防修造動土豎柱上梁修倉庫苫蓋開市立券交易納財開倉庫出貨財修置產室取魚乘船渡水栽種牧養納畜【招賢營建宮室】	◎壬子時 ●癸丑時 ●乙卯時 ●戊午時 ○己未時 ○庚申時 ○辛酉時	癸丑時 己未時 四大吉時 癸丑時 乙卯時 丁巳時 辛酉時 癸亥時	日家奇遁陽遁戊午吉方巽方生門青龍 紫白九星年八白月八白日四綠	戊午日，立夏中元，陽一局；甲寅時艮方人遁2真詐；丙辰時巽方人遁2虎遁6真詐；丁巳時坎方飛鳥跌穴；戊午時艮方青龍返首、震方人遁2真詐；己未時乾方人遁2真詐；庚申時離方人遁2真詐；辛酉時坤方人遁2真詐；壬戌時乾方人遁2真詐；癸亥時艮方人遁2真詐；	子年生人忌用此日 房床碓外正東
2010/5/9 星期日 母親節	吉神：月恩四相守日天巫福德益後明堂 凶神：月厭地火九空九坎九焦大煞八專孤辰陰錯	庚寅年三月二十六日 龍禁	庚寅年辛巳月己未日天上火立夏滿日專日昴宿	宜：祭祀　忌：祈福求嗣上冊受封上表章襲爵受封會親友冠帶出行上官赴任臨政親民結婚姻納采問名嫁娶進人口移徙遠迴安床解除剃頭整手足甲醫療病築堤防修造動土豎柱上梁修倉庫鼓鑄經絡醞釀開市立券交易納財開倉庫出貨財修置產室開渠穿井安碓磑補垣塞穴修飾垣牆平治道塗破屋壞垣伐木取魚乘船渡水栽種牧養納畜破土安葬啟攢【頒詔招賢宣政事布政事安撫邊境選將訓兵出師營建宮室】	●丙寅時 ●丁卯時 ●己巳時 ○庚午時 ○辛未時 ○壬申時 ◎甲戌時 ○乙亥時	甲子時 壬申時 四大吉時 丁卯時 辛未時 癸酉時 乙亥時	日家奇遁陽遁己未吉方艮方開門天乙 紫白九星年八白月八白日五黃	己未日，立夏下元，陽七局；甲戌時乾方地遁2鬼遁5重詐；	丑年生人忌用此日 占門廁外正東
2010/5/10 星期一	吉神：月德相日六合五富續世除神鳴吠 凶神：河魁死神月刑遊禍五虛血忌五離八專天刑	庚寅年三月二十七日 天休廢，六壬空	庚寅年辛巳月庚申日石榴木立夏平日專日畢宿	宜：祭祀上冊受封上表章襲爵受封會親友出行上官赴任臨政親民進人口移徙沐浴剃頭整手足甲裁衣修造動土豎柱上梁修倉庫醞釀開市立券交易納財開倉庫出貨財掃舍宇修飾垣牆平治道塗栽種牧養納畜破土安葬【覃恩肆赦施恩惠恤孤惇行惠愛雪冤枉緩刑獄】 忌：祈福求嗣結婚姻納采問名嫁娶安床解除醫療病針刺經絡畋獵取魚【布政事修宮室】	◎丙子時 ○丁丑時 ●庚辰時 ●辛巳時 ○癸未時 ○甲申時 ●丙戌時	丁丑時 癸未時 四大吉時 丁丑時 辛巳時 癸未時 乙酉時 丁亥時	日家奇遁陽遁庚申吉方艮方開門太陰 紫白九星年八白月八白日六白	庚申日，立夏下元，陽七局；丙子時乾方人遁4真詐；丁丑時坤方人遁2鬼遁2真詐；己卯時巽方人遁2鬼遁2真詐；辛巳時兌方地遁2重詐、中宮青龍返首；癸未時坎方地遁2雲遁1重詐；甲申時乾方地遁2人遁1休詐；丙戌時坎方地遁2人遁1雲遁1休詐；丁亥時兌方人遁1地遁2休詐、中宮青龍返首；	寅年生人忌用此日 碓磨爐外東南

日期節日	吉神凶神○	陰曆	干支	用事宜忌○	協記吉時	貴登天門	日家奇門	時家奇門遁甲	忌
2010/5/11 星期二	吉神：天德民日三合時陰要安除神鳴吠　　凶神：死氣五離朱雀	庚寅年三月二十八日 大空亡，四不祥	庚寅年辛巳月辛酉日石榴木立夏定日專日觜宿	宜：祭祀祈福求嗣上冊受封上表章襲爵受封冠帶出行上官赴任臨政親民結婚姻納采問名嫁娶進人口移徙解除沐浴剃頭整手足甲裁衣修造動土豎柱上梁修倉庫經絡開市立券交易納財安碓磑掃舍宇栽種牧養納畜破土安葬【頒詔覃恩肆赦施恩封拜施恩惠恤孤惸宣政事行惠愛雪冤枉緩刑獄營建宮室修宮室繕城郭】　忌：會親友求醫療病醞釀畋獵取魚	◎戊子時 ●庚寅時 ●辛卯時 ●甲午時 ●乙未時 ◎丁酉時	庚寅時 甲午時 四大吉時 辛卯時 癸巳時 乙未時 丁酉時	日家奇遁 陽遁辛酉 吉方離方 生門太陰　紫白九星 年八白 月八白 日七赤	辛酉日，立夏下元，陽七局；辛卯時巽方地遁2人遁1風遁2休詐；乙未時中宮青龍返首；	卯年生人忌用此日　　廚灶門外東南
2010/5/12 星期三 護士節；	吉神：玉宇解神金匱　　凶神：小耗天賊　；立夏後八日氣往亡	庚寅年三月二十九日	庚寅年辛巳月壬戌日大海水立夏執日伐日參宿	宜：解除沐浴剃頭整手足甲　忌：出行修倉庫開市立券交易納財開倉庫出貨財開渠　上冊受封上官赴任臨政親民嫁娶進人口移徙畋獵取魚【頒詔招賢宣政事安撫邊境選將訓兵出師】	◎王寅時 ◎甲辰時 ●乙巳時 ◎戊申時 ◎己酉時 ●辛亥時	乙巳時 四大吉時 癸巳時 乙未時 丁未時 辛亥時	日家奇遁 陽遁壬戌 吉方震方 開門太乙　紫白九星 年八白 月八白 日八白	壬戌日，立夏下元，陽七局；庚子時乾方人遁1休詐；乙巳時坤方鬼遁3重詐；丁未時艮方風遁6鬼遁3鬼遁4重詐；庚戌時中宮青龍返首；辛亥時兌方鬼遁3重詐；	辰年生人忌用此日　　倉庫栖外東南
2010/5/13 星期四	吉神：驛馬天后天倉金堂寶光　　凶神：月破大耗四廢往亡重日陰陽交破	庚寅年三月三十日	庚寅年辛巳月癸亥日大海水立夏破日專日井宿	忌：諸事不宜【頒詔施恩封拜招賢舉正直宣政事布政事慶賜賞賀安撫邊境選將訓兵出師營建宮室修宮室繕城郭】	◎癸丑時 ○乙卯時 ●丙辰時 ●戊午時 ◎己未時 ◎王戌時 ◎癸亥時	乙卯時 四大吉時 癸丑時 乙卯時 丁巳時 辛酉時 癸亥時	日家奇遁 陽遁癸亥 吉方巽方 休門太乙　紫白九星 年八白 月八白 日九紫	癸亥日，立夏下元，陽七局；王子時巽方鬼遁3重詐；癸丑時坎方龍遁4鬼遁3重詐；己未時中宮青龍返首；	巳年生人忌用此日　　占房床外東南
2010/5/14 星期五	吉神：月空天恩天馬不將　　凶神：天吏致死五虛白虎	庚寅年四月初一日	庚寅年辛巳月甲子日海中金立夏危日義日鬼宿	宜：會親友沐浴【覃恩肆赦施恩惠恤孤惸宣政事行惠愛雪冤枉緩刑獄慶賜賞賀】　忌：祈福求嗣上冊受封上表章襲爵受封冠帶出行上官赴任臨政親民結婚姻納采問名嫁娶進人口移徙安床解除求醫療病築堤防修造動土豎柱上梁修倉庫開市立券交易納財開倉庫出貨財修置產室栽種牧養納畜【施恩封拜招賢舉正直安撫邊境選將訓兵出師營建宮室修宮室繕城郭】	●甲子時 ●乙丑時 ○丙寅時 ◎丁卯時 ◎庚午時 ◎王申時 ◎癸酉時	四大吉時 乙丑時 丁卯時 辛未時 癸酉時 乙亥時	日家奇遁 陽遁甲子 吉方艮方 生門太乙　紫白九星 年八白 月八白 日四綠	甲子日，小滿上元，陽五局；乙丑時艮方地遁2雲遁1鬼遁5重詐；丙寅時坎方地遁2鬼遁5重詐；丁卯時巽方地遁2風遁2雲遁6鬼遁5重詐；癸酉時中宮飛鳥跌穴；乙亥時兌方人遁1休詐；	午年生人忌用此日　　占門碓外東南

日期節日	吉神凶神○	陰曆	干支	用事宜忌○	協記吉時	貴登天門	日家奇門	時家奇門遁甲	忌用
2010/5/15 星期六	吉神：月德合 天恩三合臨日 天喜天醫六儀 玉堂 凶神：厭對招搖四擊歸忌	庚寅年 四月 初二日 六壬空，龍禁	庚寅年 辛巳月 乙丑日 海中金 立夏 成日 制日 柳宿	宜：祭祀祈福求嗣上冊受封上表章襲爵受封會親友入學出行上官赴任臨政親民結婚姻納采問名嫁娶進人口解除求醫療病裁衣築堤防修造動土豎柱上梁修倉庫經絡醞釀開市立券交易納財安確磑牧養納畜安葬【頒詔覃恩肆赦施恩封拜招舉正直施恩惠恤孤惸宣政事布政事行惠愛雪冤枉緩刑獄慶賜賞賀建宮室修宮室繕城郭】 忌：冠帶移徙遠迴畋獵取魚栽種	○丙子時 ○丁丑時 ●戊寅時 ●己卯時 ○辛巳時 ●甲申時 ●丙戌時 ○丁亥時	四大吉時 丁丑時 辛巳時 癸未時 乙酉時 丁亥時	日家奇遁 陽遁乙丑 吉方艮方 生門天乙 紫白九星 年八白 月八白 日五黃	乙丑日，小滿上元，陽五局；丙子時中宮飛鳥跌穴；戊寅時坎方人遁1休詐；己卯時坤方鬼遁3重詐；庚辰時震方鬼遁3重詐；辛巳時離方人遁1休詐；壬午時乾方人遁1休詐；	未年生人忌用此日 碓磨廁外東南
2010/5/16 星期日	吉神：天德合 天恩母倉敬安 五合鳴吠對 凶神：天罡劫煞月害土符復日天牢	庚寅年 四月 初三日 大空亡	庚寅年 辛巳月 丙寅日 爐中火 立夏 收日 義日 星宿	宜：上冊受封上表章襲爵受封會親友出行上官赴任臨政親民結婚姻納采問名嫁娶進人口移徙解除裁衣豎柱上梁立券交易納財捕捉牧養納畜【覃恩肆赦施恩惠恤孤惸行惠愛雪冤枉緩刑獄】 忌：祭祀求醫療病築堤防修造動土修倉庫修產室開渠穿井安確磑補垣修飾垣牆平治道塗破屋壞垣畋獵取魚栽種破土【修宮室】	●戊子時 ○己丑時 ●壬辰時 ○癸巳時 ●乙未時 ●戊戌時	四大吉時 辛卯時 癸巳時 乙未時 丁酉時	日家奇遁 陽遁丙寅 吉方坎方 休門太乙 紫白九星 年八白 月八白 日六白	丙寅日，小滿上元，陽五局；辛卯時中宮飛鳥跌穴；	申年生人忌用此日 廚灶爐外正南
2010/5/17 星期一	吉神：天恩母 倉陰德時陽生 氣普護五合鳴吠對 凶神：災煞天火元武	庚寅年 四月 初四日 天休廢，四不祥	庚寅年 辛巳月 丁卯日 爐中火 立夏 開日 義日 張宿	宜：祭祀入學【覃恩肆赦施恩惠恤孤惸行惠愛雪冤枉緩刑獄】 忌：剃頭求醫療病經絡醞釀穿井伐木畋獵取魚【安撫邊境選將訓兵出師營建宮室】	◎庚子時 ◎壬寅時 ◎癸卯時 ●丙午時 ●丁未時 ◎己酉時	己酉時 辛亥時 四大吉時 辛丑時 癸卯時 乙巳時 丁未時 辛亥時	日家奇遁 陽遁丁卯 吉方離方 開門太陰 紫白九星 年八白 月八白 日七赤	丁卯日，小滿上元，陽五局；壬寅時兌方地遁2人遁2真詐、中宮飛鳥跌穴；丙午時坎方重詐；戊申時中宮飛鳥跌穴；庚戌時離方重詐；	酉年生人忌用此日 倉庫門外正南
2010/5/18 星期二	吉神：天恩四 相時德陽福生司命 凶神：月煞月虛血支五虛絕陰	庚寅年 四月 初五日 四方耗，月忌	庚寅年 辛巳月 戊辰日 大林木 立夏 閉日 專日 翼宿	宜：【覃恩肆赦施恩惠恤孤惸行惠愛雪冤枉緩刑獄】 忌：諸事不宜【頒詔招賢宣政事安撫邊境選將訓兵出師營建宮室】	◎甲寅時 ●丙辰時 ●丁巳時 ●庚申時 ●辛酉時 ◎癸亥時	癸丑時 己未時 四大吉時 癸丑時 乙卯時 丁巳時 辛酉時 癸亥時	日家奇遁 陽遁戊辰 吉方坤方 休門天乙 紫白九星 年八白 月八白 日八白	戊辰日，小滿上元，陽五局；乙卯時兌方地遁2人遁1休詐、中宮飛鳥跌穴；	戌年生人忌用此日 占房栖外正南

日期節日	吉神凶神○	陰曆	干支	用事宜忌○	協記吉時	貴登天門	日家奇遁	時家奇門遁甲	忌用
2010/5/19 星期三	吉神：月恩四相王日 凶神：月建小時土府重日勾陳小會純陽陽錯	庚寅年四月初六日 赤口	庚寅年辛巳月己巳日大林木立夏建日義日軫宿	宜：【覃恩肆赦施恩封拜舉正直施恩惠恤孤煢宣政事行惠愛雪冤枉緩刑獄慶賜賞賀安撫邊境選將訓兵出師】 忌：諸事不宜【營建宮室】	◎乙丑時 ●戊辰時 ●庚午時 ●辛未時 ◎甲戌時 ◎乙亥時	甲子時 壬申時 四大吉時 乙丑時 丁卯時 辛未時 癸酉時 乙亥時	日家奇遁 陽遁己巳 吉方離方 開門青龍 紫白九星 年八白 月八白 日九紫	己巳日，小滿中元，陽二局：甲子時坎方人遁1地遁2休詐；丙寅時乾方地遁2人遁1休詐、離方青龍返首；辛未時坎方地遁2人遁1休詐；壬申時震方地遁1人遁1休詐；癸酉時艮方地遁2人遁1風遁4休詐、坤方飛鳥跌穴；甲戌時坎方地遁2重詐；乙亥時震方人遁2真詐；	亥年生人忌用此日 占門床外正南
2010/5/20 星期四	吉神：月德官日吉期聖心青龍鳴吠 凶神：大時大敗咸池	庚寅年四月初七日 小空亡，四不祥，楊公忌日	庚寅年辛巳月庚午日路傍土立夏除日伐日角宿	宜：祭祀祈福求嗣上冊受封上表章襲爵受封會親友出行上官赴任臨政親民結婚姻納采問名嫁娶移徙解除沐浴整手足甲求醫療病裁衣修造動土豎柱上梁修倉庫掃舍宇栽種牧養納畜破土安葬【頒詔覃恩肆赦施恩惠恤孤煢宣政事行惠愛雪冤枉緩刑獄慶賜賞賀】 忌：苫蓋經絡畋獵取魚【修宮室】	◎丙子時 ◎丁丑時 ●己卯時 ◎壬午時 ●甲申時 ●乙酉時	丁丑時 癸未時 四大吉時 丁丑時 辛巳時 癸未時 乙酉時 丁亥時	日家奇遁 陽遁庚午 吉方震方 休門太陰 紫白九星 年八白 月八白 日一白	庚午日，小滿中元，陽二局：丙子時震方地遁1鬼遁5重詐；丁丑時離方青龍返首；戊寅時巽方地遁2雲遁6鬼遁5重詐；己卯時坎方地遁2人遁3重詐；庚辰時艮方地遁2鬼遁5重詐、坤方飛鳥跌穴；辛巳時乾方人遁2真詐；甲申時艮方鬼遁3鬼遁4重詐；丙戌時坤方飛鳥跌穴；	子年生人忌用此日 占碓磨外正南
2010/5/21 星期五 12時29分【午時】交小滿氣四月氣辛巳月	太陽過黃經六○度，稻穀行將結實【斗指甲為小滿，萬物長於此少得盈滿，麥至此方，小滿而未全熟，故名小滿】								
2010/5/21 星期五 佛陀誕辰紀念日	吉神：天德守日天巫福德益後明堂 凶神：月厭地火九空九坎九焦大煞孤辰	庚寅年四月初八日 六壬空，龍禁	庚寅年辛巳月辛未日路傍土小滿滿日義日亢宿	宜：祭祀【覃恩肆赦施恩惠愛恤孤煢宣政事行惠愛雪冤枉緩刑獄】 忌：冠帶出行上官赴任臨政親民結婚姻納采問名嫁娶移徙醫療病醢釀補垣塞穴伐木畋獵取魚乘船渡水栽種【布政事修宮室】	●庚寅時 ●辛卯時 ◎癸巳時 ○甲午時 ●丙申時 ◎戊戌時 ◎己亥時	己丑時 癸巳時 四大吉時 庚寅時 壬辰時 甲午時 丙申時	日家奇遁 陽遁辛未 吉方巽方 生門太陰 紫白九星 年八白 月八白 日二黑	辛未日，小滿中元，陽二局：己丑時坎方鬼遁3重詐、離方青龍返首；辛卯時巽方鬼遁3重詐；甲午時坎方地遁2人遁1休詐；乙未時巽方地遁2人遁1風遁2休詐；丙申時離方青龍返首；丁酉時離方地遁2人遁1休詐；戊戌時坎方地遁2人遁1休詐；	丑年生人忌用此日 廚灶廁外西南

日期節日	吉神凶神○	陰曆	干支	用事宜忌○	協記吉時	貴登天門	日家奇門	時家奇門遁甲	忌用
2010/5/22 星期六	吉神：相日六合五富續世除神鳴吠 凶神：河魁死神月刑遊禍五虛血忌五離天刑	庚寅年四月初九日 天休廢，長星，天地凶敗，天乙絕氣	庚寅年辛巳月壬申日劍鋒金小滿平日義日氐宿	宜：祭祀沐浴掃舍宇平治道塗 忌：祈福求嗣上冊受封上表章出行安床解除求醫療病針刺裁衣築堤防修造動土豎柱上梁修倉庫鼓鑄修置產室開渠穿井安碓磑補垣塞穴破屋壞垣【頒詔施恩封拜招賢宣政事布政事慶賜賞賀安撫邊境選將訓兵出師營建宮室修宮室繕城郭】	●庚子時 ●辛丑時 ●甲辰時 ●乙巳時 ●丁未時 ●庚戌時	王寅時甲辰時 四大吉時庚子時王寅時甲辰時丙午時庚戌時	日家奇遁陽遁王申吉方震方休門青龍 紫白九星年八白月八白日三碧	王申日，小滿中元，陽遁二局；癸卯時艮方地遁2人遁1風遁4休詐、坤方飛鳥跌穴；甲辰時艮方人遁2鬼遁2真詐；乙巳時坤方飛鳥跌穴；	寅年生人忌用此日 倉庫爐外西南
2010/5/23 星期日	吉神：民日三合時陰要安除神鳴吠 凶神：死氣五離朱雀	庚寅年四月初十日 劍鋒金小滿定日義日房宿	庚寅年辛巳月癸酉日	宜：襲爵受封冠帶出行上官赴任臨政親民結婚姻納采問名嫁娶進人口移徙沐浴剃頭整手足甲裁衣修造動土豎柱上梁修倉庫經絡醞釀開市立券交易納財安碓磑掃舍宇牧養納畜破土安葬【修宮室繕城郭】 忌：會親友解除求醫療病修置產室栽種【安撫邊境選將訓兵出師】	◎王子時 ◎甲寅時 ◎乙卯時 ◎丙辰時 ◎戊午時 ◎辛酉時	甲寅時 四大吉時王子時甲寅時丙辰時庚申時王戌時	日家奇遁陽遁癸酉吉方巽方休門青龍 紫白九星年八白月八白日四綠	癸酉日，小滿中元，陽二局；癸丑時坎方人遁4真詐；離方青龍返首；甲寅時艮方人遁1休詐；乙卯時巽方人遁1休詐；丙辰時乾方人遁1休詐；丁巳時巽方地遁2人遁2風遁2真詐；戊午時坎方人遁1休詐、離方青龍返首；己未時坤方人遁1休詐；庚申時兌方人遁1休詐；辛酉時坎方人遁1休詐、離方青龍返首；王戌時震方人遁1風遁6休詐；坤方飛鳥跌穴；癸亥時艮方人遁1休詐；	卯年生人忌用此日 房床門外西南
2010/5/24 星期一	吉神：月空不將玉宇解神金匱 凶神：小耗天賊	庚寅年四月十一日 大空亡	庚寅年辛巳月甲戌日山頭火小滿執日制日心宿	宜：上表章嫁娶解除沐浴剃頭整手足甲求醫療病捕捉 忌：出行修倉庫開市立券交易納財開倉庫出貨財	●丙寅時 ◎戊辰時 ●己巳時 ◎王申時 ◎癸酉時 ●乙亥時	 四大吉時甲子時丙寅時庚午時王申時甲戌時	日家奇遁陽遁甲戌吉方離方生門太乙 紫白九星年八白月八白日五黃	甲戌日，小滿下元，陽八局；甲子時乾方重詐；乙丑時離方重詐；丙寅時乾方青龍返首；丁卯時巽方風遁3重詐；己巳時震方重詐；癸酉時艮方飛鳥跌穴天遁3重詐；甲戌時乾方人遁1休詐；乙亥時艮方飛鳥跌穴；	辰年生人忌用此日 門雞栖外西南
2010/5/25 星期二	吉神：月德合驛馬天后天倉不將金堂寶光 凶神：月破大耗往亡重日	庚寅年四月十二日 赤口	庚寅年辛巳月乙亥日山頭火小滿破日義日尾宿	宜：祭祀解除沐浴破屋壞垣【覃恩肆赦施恩惠恤行惠愛雪冤枉緩刑獄】 忌：祈福求嗣上冊受封上表章襲爵受封會親友冠帶出行上官赴任臨政親民結婚姻納采問名嫁娶進人口移徙安床剃頭整手足甲求醫療病裁衣築堤防修造動土豎柱上梁修倉庫鼓鑄經絡醞釀開市立券交易納財開倉庫出貨財修置產室開渠穿井安碓磑補垣塞穴修飾垣牆伐木捕捉畋獵取魚栽種牧養納畜破土安葬啟攢【布政事修宮室】	●丁丑時 ●庚辰時 ●王午時 ●癸未時 ●丙戌時 ●丁亥時	丙子時 四大吉時丙子時庚辰時王午時甲申時丙戌時	日家奇遁陽遁乙亥吉方離方生門天乙 紫白九星年八白月八白日六白	乙亥日，小滿下元，陽八局；丙子時震方地遁1休詐；丁丑時乾方地遁2人遁2真詐；庚辰時巽方人遁1休詐；王午時乾方青龍返首、坤方人遁1休詐；乙酉時乾方青龍返首、離方地遁1鬼遁5重詐；丁亥時巽方地遁1風遁2重詐；	巳年生人忌用此日 碓磨床外西南

日期節日	吉神凶神○	陰曆	干支	用事宜忌○	協記吉時	貴登天門	日家奇門	時家奇門遁甲	忌用
2010/5/26 星期三	吉神：天德合天馬不將鳴吠對 凶神：天吏致死四忌七鳥五虛復日觸水龍白虎	庚寅年四月十三日	庚寅年辛巳月丙子日潤下水小滿危日伐日箕宿	宜：祭祀祈福求嗣上冊受封上表章襲爵受封會親友出行上官赴任臨政親民移徙安床解除沐浴裁衣修造動土豎柱上梁修倉庫栽種牧養納畜【頒詔覃恩肆赦施恩惠恤孤惸宣政事行惠愛雪冤枉緩刑獄慶賜賞賀】 忌：結婚姻納采問名嫁娶求醫療病畋獵取魚乘船渡水安葬【修宮室】	●戊子時 ●己丑時 ◎辛卯時 ◎甲午時 ◎丙申時 ◎丁酉時	戊戌時 四大吉時 庚寅時 壬辰時 甲午時 丙申時	日家奇遁陽遁丙子吉方坎方生門天乙 紫白九星年八白月八白日七赤	丙子日，小滿下元，陽八局；庚寅時兌方地遁2重詐；壬辰時艮方飛鳥跌穴；癸巳時艮方地遁2人遁3風遁4虎遁7重詐；丙申時艮方飛鳥跌穴；戊戌時巽方人遁2真詐；	午年生人忌用此日 倉庫廁外正西
2010/5/27 星期四	吉神：三合臨日天喜天醫六儀玉堂 凶神：厭對招搖四擊歸忌	庚寅年四月十四日 月忌，龍禁，六壬空	庚寅年辛巳月丁丑日潤下水小滿成日寶日斗宿	宜：上冊受封上表章襲爵受封會親友入學出行上官赴任臨政親民結婚姻納采問名進人口求醫療病裁衣築堤防修造動土豎柱上梁修倉庫經絡醞醸開市立券交易納財安碓磑納畜【施恩封拜慶賜賞賀修宮室繕城郭】 忌：冠帶嫁娶移徙遠迴剃頭取魚乘船渡水【選將訓兵出師】	◎壬寅時 ◎癸卯時 ●乙巳時 ◎戊申時 ◎庚戌時 ●辛亥時	戊申時 庚戌時 四大吉時 庚子時 壬寅時 甲辰時 丙午時 庚戌時	日家奇遁陽遁丁丑吉方坎方生門太陰 紫白九星年八白月八白日八白	丁丑日，小滿下元，陽八局；壬寅時離方人遁2真詐；癸卯時乾方青龍返首；己酉時艮方飛鳥跌穴；庚戌時乾方青龍返首；	未年生人忌用此日 房床爐外正西
2010/5/28 星期五	吉神：母倉四相敬安五合 凶神：天罡劫煞月害土符天牢	庚寅年四月十五日 小空亡	庚寅年辛巳月戊寅日城頭土小滿收日伐日牛宿	宜：捕捉 忌：祭祀祈福求嗣上冊受封上表章襲爵受封會親友冠帶出行上官赴任臨政親民結婚姻納采問名嫁娶進人口移徙解除剃頭整手足甲求醫療病裁衣築堤防修造動土豎柱上梁修倉庫鼓鑄經絡醞醸開市立券交易納財開倉庫出貨財修置產室開渠穿井安碓磑補垣塞穴修飾垣牆平治道塗破屋壞垣栽種牧養納畜破土安葬啟攢【頒詔招賢宣政事布政事安撫邊境選將訓兵出師營建宮室】	◎壬子時 ◎癸丑時 ●丙辰時 ●丁巳時 ●己未時 ◎壬戌時	壬子時 戊午時 四大吉時 壬子時 甲寅時 丙辰時 庚申時 壬戌時	日家奇遁陽遁戊寅吉方坎方生門咸池 紫白九星年八白月八白日九紫	戊寅日，小滿下元，陽八局；乙卯時艮方地遁2人遁1休詐；丁巳時乾方青龍返首；戊午時乾方青龍返首；辛酉時艮方飛鳥跌穴天遁4；	申年生人忌用此日 占大門外正西
2010/5/29 星期六	吉神：天恩母倉月恩四相陰德時陽生氣普護五合 凶神：災煞天火地囊元武	庚寅年四月十六日 四不祥	庚寅年辛巳月己卯日城頭土小滿開日伐日女宿	宜：祭祀入學【覃恩肆赦施恩惠恤孤惸宣政事行惠愛雪冤枉緩刑獄】 忌：求醫療病築堤防修造動土修倉庫修置產室開渠穿井安碓磑補垣修飾垣牆平治道塗破屋壞垣伐木畋獵取魚栽種破土安葬啟攢【安撫邊境選將訓兵出師營建宮室】	◎甲子時 ●丙寅時 ●丁卯時 ●庚午時 ●辛未時 ◎癸酉時	辛未時 乙亥時 四大吉時 甲子時 丙寅時 庚午時 壬申時 甲戌時	日家奇遁陽遁己卯吉方兌方休門軒轅 紫白九星年八白月八白日一白	己卯日，芒種上元，陽六局；乙丑時坎方人遁1休詐；丙寅時乾方飛鳥跌穴、巽方青龍返首；丁卯時坤方人遁1休詐；戊辰時震方人遁1休詐；庚午時離方人遁1休詐；癸酉時坎方人遁1休詐；	酉年生人忌用此日 碓磨栖外正西

日期節日	吉神凶神○	陰曆	干支	用事宜忌○	協記吉時	貴登天門	日家奇門	時家奇門遁甲	忌用
2010/5/30 星期日	吉神：月德天恩時德陽德福生司命 凶神：月煞月虛血支五虛	庚寅年四月十七日 小滿 閉日 義日 虛宿	庚寅年辛巳月庚辰日白蠟金	宜：祭祀【覃恩肆赦施恩惠恤孤惸行惠愛雪冤枉緩刑獄】 祈福求嗣上冊受封上表章襲爵受封會親友帶行出行上官赴任臨政親民結婚姻納采問名嫁娶進人口移徙安床解除剃頭整手足甲求醫療病目針刺裁衣築堤防修造動土豎柱上梁修倉庫鼓鑄經絡醞醸開市立券交易納財開倉庫出貨財修置產室開渠穿井安碓磑補垣塞穴修飾垣牆破屋壞垣畋獵取魚栽種牧養納畜破土安葬啟攢【修宮室】	●戊寅時 ◎庚辰時 ●辛巳時 ◎甲申時 ◎乙酉時 ●丁亥時	丙子時 壬午時 四大吉時 丙子時 庚辰時 壬午時 甲申時 丙戌時	日家奇遁陽遁庚辰吉方乾方生門太乙 紫白九星年八白月八白日二黑	庚辰日，芒種上元，陽遁六局；丁丑時乾方飛鳥跌穴、巽方青龍返首；乙酉時乾方飛鳥跌穴、巽方青龍返首；	戌年生人忌用此日 碓磨栖外正西
2010/5/31 星期一	吉神：天德天恩王日 凶神：月建小時土府重日勾陳	庚寅年四月十八日 小滿 建日 伐日 危宿 赤口	庚寅年辛巳月辛巳日白蠟金	宜：祭祀祈福求嗣上冊受封上表章襲爵受封會親友上官赴任臨政親民結婚姻納采問名嫁娶移徙解除求醫療病裁衣豎柱上梁牧養納畜【頒詔覃恩肆赦施恩封拜招賢舉正直施恩惠恤孤惸宣政事行惠愛雪冤枉緩刑獄慶賜賞賀】 忌：出行築堤防修造動土修倉庫醞醸修置產室開渠穿井安碓磑補垣修飾垣牆平治道塗破屋壞垣伐木畋獵取魚栽種破土【修宮室】	●己丑時 ◎壬辰時 ◎癸巳時 ◎甲午時 ◎乙未時 ◎戊戌時 ●己亥時	己丑時 癸巳時 四大吉時 庚寅時 壬辰時 甲午時 丙申時	日家奇遁陽遁辛巳吉方兌方休門太乙 紫白九星年八白月八白日三碧	辛巳日，芒種上元，陽遁六局；癸巳時乾方飛鳥跌穴天遁4真詐、巽方青龍返首；乙未時巽方鬼遁3重詐；丙申時艮方鬼遁3重詐；	亥年生人忌用此日 廚灶床外正西
2010/6/1 星期二	吉神：天恩官日吉期聖心青龍鳴吠 凶神：大時大敗咸池	庚寅年四月十九日 大空亡，四不祥 小滿 除日 制日 室宿	庚寅年辛巳月壬午日楊柳木	宜：祭祀祈福襲爵受封會親友出行上官赴任臨政親民解除沐浴剃頭整手足甲求醫療病掃舍宇破土安葬【覃恩肆赦施恩惠恤孤惸布政事行惠愛雪冤枉緩刑獄慶賜賞賀】 忌：苫蓋開渠【招賢舉正直營建宮室修宮室繕城郭】	◎庚子時 ◎辛丑時 ◎癸卯時 ◎丙午時 ○丁未時 ◎戊申時 ◎己酉時	甲寅時 甲辰時 四大吉時 庚寅時 壬辰時 甲午時 丙申時 庚戌時	日家奇遁陽遁壬午吉方艮方休門太乙 紫白九星年八白月八白日四綠	壬午日，芒種上元，陽遁六局；辛丑時震方鬼遁3重詐；壬寅時乾方飛鳥跌穴、巽方青龍返首兌方風遁6鬼遁3重詐；丁未時離方人遁2鬼遁2真詐；己酉時坎方人遁2鬼遁2真詐；辛亥時乾方飛鳥跌穴、巽方青龍返首；	子年生人忌用此日 倉庫碓外西北
2010/6/2 星期三	吉神：天恩守日天巫福德益後明堂 凶神：月厭地火九空九焦大煞觸水龍孤辰	庚寅年四月二十日 六壬空，龍禁 小滿 伐日 壁宿	庚寅年辛巳月癸未日楊柳木	宜：祭祀【覃恩肆赦施恩惠恤孤惸行惠愛雪冤枉緩刑獄】 忌：祈福求嗣上冊受封上表章襲爵受封會親友冠帶出行上官赴任臨政親民結婚姻納采問名嫁娶進人口移徙遠迴安床解除剃頭整手足甲求醫療病裁衣築堤防修造動土豎柱上梁修倉庫鼓鑄經絡醞醸開市立券交易納財開倉庫出貨財修置產室開渠穿井安碓磑補垣塞穴修飾垣牆平治道塗破屋壞垣伐木取魚乘船渡水栽種牧養納畜破土安葬啟攢【頒詔施恩封拜招賢舉正直選將訓兵出師營建宮室】	●甲寅時 ◎乙卯時 ○丙辰時 ●丁巳時 ◎庚申時 ◎壬戌時 ◎癸亥時	甲寅時 四大吉時 壬子時 甲寅時 丙辰時 庚申時 壬戌時	日家奇遁陽遁癸未吉方艮方休門天乙 紫白九星年八白月八白日五黃	癸未日，芒種上元，陽遁六局；壬子時巽方人遁3重詐；癸丑時坎方人遁1休詐；丁巳時坎方重詐；	丑年生人忌用此日 房床廁外西北

日期節日	吉神凶神○	陰曆	干支	用事宜忌○	協記吉時	貴登天門	日家奇門	時家奇門遁甲	忌用
2010/6/3 星期四 禁煙節；	吉神：月空相日六合五富不將續世除神鳴吠 凶神：河魁死神月刑遊禍五虛八風血忌五離天刑	庚寅年四月二十一日	庚寅年辛巳月甲申日泉中水小滿平日伐日奎宿	宜：祭祀沐浴掃舍宇平治道塗 忌：祈福求嗣出行安床解除求醫療病針刺裁衣築堤防修造動土豎柱上梁修倉庫鼓鑄開倉庫出貨財修置產室開渠穿井安碓磑補垣塞穴破屋壞垣取魚乘船渡水【頒詔施恩封贈招賢舉正直宣政事布政事慶賜賞賀安撫邊境選將訓兵出師營建宮室修宮室繕城郭】	●甲子時 ●乙丑時 ○丙寅時 ●戊辰時 ●己巳時 ○辛未時 ●甲戌時	四大吉時 甲子時 丙寅時 庚午時 壬申時 甲戌時	日家奇遁陽遁甲申吉方坎方開門太乙 紫白九星年八白月八白日六白	甲申日，芒種中元，陽三局；甲子時坎方重詐；乙丑時坎方地遁2人遁1休詐；丙寅時坎方青龍返首、巽方地遁1人遁1風遁2休詐；丁卯時震方飛鳥跌穴、兌方地遁2鬼遁2真詐；戊辰時離方人遁4真詐、坤方地遁2人遁1休詐；己巳時兌方地遁2人遁1休詐；庚午時巽方重詐；辛未時坤方風遁5重詐；壬申時離方天遁1重詐；癸酉時乾方重詐；乙亥時震方飛鳥跌穴；	寅年生人忌用此日 占門爐外西北
2010/6/4 星期五	吉神：月德合民日三合時陰不將要安除神鳴吠 凶神：死氣五離朱雀	庚寅年四月二十二日龍禁	庚寅年辛巳月乙酉日泉中水小滿定日伐日婁宿	宜：祭祀祈福求嗣上冊受封上表章襲爵受封冠帶出行上官赴任臨政親民結婚姻納采問名嫁娶進人口移徙解除沐浴剃頭整手足甲裁衣修造動土豎柱上梁修倉庫經絡醞醸開市立券交易納財安碓磑掃舍宇牧養納畜破土安葬【頒詔覃恩肆赦施恩封拜招賢舉正直施恩惠恤孤惸宣政事行惠愛雪冤枉緩刑獄營建宮室修宮室繕城郭】 忌：會親友求醫療病畋獵取魚栽種	●丙子時 ●戊寅時 ◎己卯時 ◎壬午時 ◎癸未時 ○甲申時 ◎乙酉時 ○丁亥時	四大吉時 丙子時 戊辰時 壬午時 甲申時 丙戌時	日家奇遁陽遁乙酉吉方離方休門太陰 紫白九星年八白月八白日七赤	乙酉日，芒種中元，陽三局；庚辰時震方飛鳥跌穴；壬午時坎方地遁2人遁2真詐；癸未時坎方青龍返首；甲申時坎方人遁1休詐；	卯年生人忌用此日 碓磨門外西北
2010/6/5 星期六	吉神：天德合不將玉宇解神金匱 凶神：小耗天賊五墓復日	庚寅年四月二十三日小空亡，月忌	庚寅年辛巳月丙戌日屋上土小滿執日寶日胃宿	宜：祭祀祈福求嗣上冊受封上表章襲爵受封會親友沐浴剃頭整手足甲裁衣捕捉【頒詔覃恩肆赦施恩封拜招賢舉正直施恩惠恤孤惸宣政事行惠愛雪冤枉緩刑獄慶賜賞賀】　忌：冠帶出行上官赴任臨政親民結婚姻納采問名嫁娶進人口移徙安床解除求醫療病修造動土豎柱上梁修倉庫開市立券交易開倉庫出貨財修置產室畋獵取魚栽種牧養納畜破土安葬啟攢【修宮室】	○戊子時 ●庚寅時 ◎壬辰時 ◎癸巳時 ●丙申時 ◎丁酉時 ○戊戌時 ●己亥時	戊戌時 四大吉時 庚寅時 壬辰時 甲午時 丙申時	日家奇遁陽遁丙戌吉方坤方生門天乙 紫白九星年八白月八白日八白	丙戌日，芒種中元，陽三局；己丑時坎方青龍返首；寅時坎方人遁1休詐；辛卯時震方飛鳥跌穴；乙未時坎方青龍返首；戊戌時坎方地遁2鬼遁5重詐；	辰年生人忌用此日 廚灶栖外西北
2010/6/6 星期日 工程師節 水利節 大禹誕辰 03時51分 【寅時】 交芒種節 節前使用為辛巳月	吉神：驛馬天后天倉不將金堂寶光 凶神：月破大耗四窮七鳥往亡重日	庚寅年四月二十四日赤口	庚寅年辛巳月丁亥日屋上土小滿破日伐日昴宿	宜：沐浴破屋壞垣　忌：祈福求嗣上冊受封上表章襲爵受封會親友冠帶出行上官赴任臨政親民結婚姻納采問名嫁娶進人口移徙安床剃頭整手足甲醫療病裁衣築堤防修造動土豎柱上梁修倉庫鼓鑄經絡醞醸開市立券交易納財開倉庫出貨財修置產室開渠穿井安碓磑補垣塞穴修飾垣牆伐木捕捉畋獵取魚栽種牧養納畜破土安葬啟攢【頒詔施恩封拜招賢舉正直宣政事布政事慶賜賞賀安撫邊境選將訓兵出師營建宮室修宮室繕城郭】	●辛丑時	四大吉時 庚子時 壬寅時	陽遁丁亥吉方離方休門青龍 紫白九星年八白月八白日九紫	丁亥日，芒種中元，陽三局；庚子時坎方青龍返首、巽方地遁1風遁2重詐；辛丑時坤方地遁2人遁3雲遁4重詐；癸卯時乾方地遁2雲遁1鬼遁5神遁1重詐、震方飛鳥跌穴；乙巳時巽方風遁6鬼遁3重詐；丙午時震方飛鳥跌穴、兌方鬼遁3重詐；丁未時坤方青龍返首、震方鬼遁3重詐；戊申時坎方鬼遁3重詐；己酉時坤方人遁2真詐；	巳年生人忌用此日 倉庫床外西北

日期節日	吉神凶神○	陰曆	干支	用事宜忌○	協記吉時	貴登天門	日家奇門	時家奇門遁甲	忌用
2010/6/6 星期日 03時51分 【寅時】 交芒種節 五月節 壬午月	太陽過黃經七十五度，稻穀成穗【斗指己為芒種，此時可種有芒之穀，過此即失效，故名芒種】			芒種五月節天道西北行宜向西北行宜修造西北維；天德在乾月德在丙月德合在辛月空在壬宜修造取土；月建在午月破在子月厭在午月刑在午月害在丑劫煞在亥災煞在子煞在丑忌修造取土；十五日長星、二十五日短星；芒種後十六日往亡、夏至前一日四離；夏至五月中日躔在未宮為五月將宜用艮巽坤乾時；					
2010/6/6 星期日 工程師節 水利節 大禹誕辰 03時51分 【寅時】 交芒種節 節後使用 為壬午月	吉神：五富福生 凶神：劫煞小耗四窮七鳥復日重日朱雀	庚寅年 四月 二十四日 赤口	庚寅年 壬午月 丁亥日 屋上土 芒種 執日 伐日 昴宿	宜：祭祀沐浴捕捉　忌：祈福求嗣上冊受封上表章襲爵受封會親友冠帶出行上官赴任臨政親民結婚姻納采問名嫁娶進人口移徙安床解除剃頭整手足甲求醫療病裁衣築堤防修造動土豎柱上梁修倉庫鼓鑄經絡醞釀開市立券交易納財開倉庫出貨財修置產室開渠穿井安碓磑補垣塞穴修飾垣牆破屋壞垣栽種牧養納畜破土安葬啟攢【頒詔施恩封拜招賢舉正直宣政事布政事慶賜賞賀安撫邊境選將訓兵出師營建宮室修宮室繕城郭】	●甲辰時 ◎丙午時 ○丁未時 ○己酉時 ◎庚戌時 ◎辛亥時	戊申時 庚戌時 四大吉時 壬寅時 甲辰時 丙午時 庚戌時	日家奇遁 陽遁丁亥 吉離方 休門青龍 紫白九星 年七赤 月七赤 日九紫	丁亥日，芒種中元，陽三局；庚子時坎方青龍返首、巽方地遁1風遁2重詐；辛丑時坤方地遁2人遁3雲遁4重詐；癸卯時乾方地遁2雲遁1鬼遁5神遁1重詐、震方飛鳥跌穴；乙巳時巽方風遁6鬼遁3重詐；丙午時震方飛鳥跌穴、兌方鬼遁3重詐；丁未時坎方青龍返首、震方鬼遁3重詐；戊申時坎方鬼遁3重詐；己酉時坤方人遁2真詐；	巳年生人忌用此日 倉庫床外西北
2010/6/7 星期一	吉神：月恩四相六儀解神金匱 凶神：月破大耗災煞天火厭對招搖五虛	庚寅年 四月 二十五日 短星，天地凶敗，瘟星入	庚寅年 壬午月 戊子日 霹靂火 芒種 破日 制日 畢宿	忌：諸事不宜【頒詔招賢宣政事布政事安撫邊境選將訓兵出師營建宮室】	◎壬子時 ◎癸丑時 ◎乙卯時 ◎戊午時 ●庚申時 ◎辛酉時	壬子時 戊午時 四大吉時 壬子時 甲寅時 丙辰時 庚申時 壬戌時	日家奇遁 陽遁戊子 吉坎方 休門青龍 紫白九星 年八白 月七赤 日一白	戊子日，芒種中元，陽三局；癸丑時乾方鬼遁3重詐；己未時震方飛鳥跌穴；辛酉時坎方青龍返首；	午年生人忌用此日 房床碓外正北
2010/6/8 星期二	吉神：四相陰德聖心寶光 凶神：月煞月虛月害四擊	庚寅年 四月 二十六日 龍禁，六壬空	庚寅年 壬午月 己丑日 霹靂火 芒種 危日 專日 觜宿	宜：祭祀【施恩惠恤孤惸行惠愛雪冤枉緩刑獄】　忌：祈福求嗣上冊受封上表章襲爵受封會親友冠帶出行上官赴任臨政親民結婚姻納采問名嫁娶進人口移徙安床解除剃頭整手足甲求醫療病裁衣築堤防修造動土豎柱上梁修倉庫鼓鑄經絡醞釀開市立券交易納財開倉庫出貨財修置產室開渠穿井安碓磑補垣塞穴修飾垣牆破屋壞垣栽種牧養納畜破土安葬啟攢【頒詔招賢宣政事布政事安撫邊境選將訓兵出師營建宮室】	○甲子時 ●丙寅時 ●丁卯時 ●己巳時 ◎壬申時 ◎甲戌時 ◎乙亥時	辛未時 乙亥時 四大吉時 甲子時 丙寅時 庚午時 壬申時 甲戌時	日家奇遁 陽遁己丑 吉乾方 開門太乙 紫白九星 年八白 月七赤 日二黑	己丑日，芒種下元，陽九局；甲子時乾方人遁1休詐、兌方青龍返首；戊辰時乾方人遁1休詐；己巳時震方人遁2虎遁6真詐；辛未時離方飛鳥跌穴；壬申時兌方人遁1休詐；癸酉時坎方人遁1風遁6休詐；	未年生人忌用此日 占門廁外正北

日期節日	吉神凶神○	陰曆	干支	用事宜忌○	協記吉時	貴登天門	日家奇門	時家奇門遁甲	忌用
2010/6/9 星期三 鐵路節;	吉神：母倉三合天馬天喜天醫益後五合鳴吠對 凶神：大煞歸忌白虎	庚寅年 四月 二十七日 大空亡	庚寅年 壬午月 庚寅日 松柏木 芒種 成日 制日 參宿	宜：襲爵受封會親友入學出行上官赴任臨政親民結婚姻納采問名嫁娶進人口求醫療病裁衣築堤防修造動土豎柱上梁移徙倉庫醞釀開市立券交易納財安碓磑栽種牧養納畜破土啟攢【施恩封拜舉正直慶賜賞賀修宮室繕城郭】 忌：祭祀移徙遠迴經絡【選將訓兵出師】	◎丙子時 ●丁丑時 ●庚辰時 ◎辛巳時 ◎癸未時 ◎丙戌時	丙子時 壬午時 四大吉時 丙子時 庚辰時 壬午時 甲申時 丙戌時	日家奇遁 陽遁庚寅 吉方乾方 開門天乙 紫白九星 年八白 月七赤 日三碧	庚寅日，芒種上元，陽九局；丙子時離方飛鳥跌穴；己卯時兌方重詐；辛巳時坎方重詐、兌方青龍返首；丁亥時艮方人遁2鬼遁2真詐、兌方青龍返首；	申年生人忌用此日 碓磨爐外正北
2010/6/10 星期四	吉神：月德合母倉續世五合玉堂鳴吠對 凶神：河魁大時大敗咸池九坎九焦血忌往亡	庚寅年 四月 二十八日 瘟星出，四不祥	庚寅年 壬午月 辛卯日 松柏木 芒種 收日 制日 井宿	宜：祭祀【覃恩肆赦施恩惠恤孤惸行惠愛雪冤枉緩刑獄】 忌：上冊受封上表章出行上官赴任臨政親民嫁娶進人口移徙求醫療病針刺鼓鑄醞釀穿井補垣塞穴捕捉畋獵取魚乘船渡水栽種【布政事修宮室】	◎戊子時 ●庚寅時 ●辛卯時 ○癸巳時 ◎甲午時 ◎乙未時 ◎丁酉時	己丑時 癸巳時 四大吉時 庚寅時 壬辰時 甲午時 丙申時	日家奇遁 陽遁辛卯 吉方兌方 生門天乙 紫白九星 年八白 月七赤 日四綠	辛卯日，芒種下元，陽九局；己丑時震方人遁2鬼遁2真詐；壬辰時離方飛鳥跌穴天遁3；戊戌時兌方青龍返首；己亥時離方飛鳥跌穴；	酉年生人忌用此日 廚灶門外正北
2010/6/11 星期五	吉神：月空時德時陽生氣要安 凶神：五虛九空天牢	庚寅年 四月 二十九日 芒種 開日 伐日 鬼宿	庚寅年 壬午月 壬辰日 長流水 芒種 開日 伐日 鬼宿	宜：祭祀祈福求嗣上冊受封上表章襲爵受封會親友入學出行上官赴任臨政親民結婚姻納采問名嫁娶進人口移徙解除求醫療病裁衣修造動土豎柱上梁修置產室安碓磑栽種牧養【頒詔覃恩肆赦施恩封拜招賢舉正直施恩惠恤孤惸宣政事行惠愛雪冤枉緩刑獄慶賜賞賀修宮室繕城郭】 忌：進人口修倉庫開市立券交易納財開倉庫出貨財開渠伐木畋獵取魚【安撫邊境選將訓兵出師】	◎壬寅時 ◎甲辰時 ●乙巳時 ●戊申時 ●己酉時 ●辛亥時	壬寅時 甲辰時 四大吉時 庚子時 壬寅時 甲辰時 丙午時 庚戌時	日家奇遁 陽遁壬辰 吉方離方 開門太乙 紫白九星 年八白 月七赤 日五黃	壬辰日，芒種下元，陽九局；甲辰時艮方地遁2人遁3風遁4重詐；乙巳時離方飛鳥跌穴；丙午時離方地遁2重詐；丁未時震方人遁1休詐；戊申時乾方天遁2人遁1休詐；庚戌時兌方青龍返首；	戌年生人忌用此日 倉庫栖外正北
2010/6/12 星期六	吉神：王日玉宇 凶神：遊禍血支重日元武	庚寅年 五月 初一日 六壬空	庚寅年 壬午月 癸巳日 長流水 芒種 閉日 制日 柳宿	宜：裁衣築堤防補垣塞穴【覃恩肆赦施恩惠恤孤惸行惠愛雪冤枉緩刑獄】 忌：祈福求嗣上冊受封上表章襲爵受封會親友出行上官赴任臨政親民結婚姻納采問名嫁娶進人口移徙安床解除求醫療病療目針刺修造動土豎柱上梁開市開倉庫出貨財修置產室開渠穿井破土安葬啟攢【布政事出師營建宮室修宮室】	◎癸丑時 ○乙卯時 ●丙辰時 ○丁巳時 ◎戊午時 ◎己未時 ◎壬戌時 ◎癸亥時	甲寅時 四大吉時 壬子時 甲寅時 丙辰時 庚申時 壬戌時	日家奇遁 陽遁癸巳 吉方離方 開門天乙 紫白九星 年八白 月七赤 日六白	癸巳日，芒種下元，陽九局；壬子時兌方人遁1休詐；癸丑時坎方人遁1休詐、兌方青龍返首；乙卯時巽方人遁2鬼遁2真詐；丁巳時兌方青龍返首；壬戌時離方飛鳥跌穴；	亥年生人忌用此日 占房床房內北

日期節日	吉神凶神○	陰曆	干支	用事宜忌○	協記吉時	貴登天門	日家奇門	時家奇門遁甲	忌用
2010/6/13 星期日	吉神：天赦陽德宜日金堂司命鳴吠 凶神：月建小時土府月刑月厭地火土符	庚寅年五月初二日 大空亡，龍禁，四方耗	庚寅年壬午月甲午日沙中金建日寶日星宿	宜：祭祀【覃恩肆赦施恩封拜恩惠恤孤惸行惠愛雪冤枉緩刑獄】　忌：祈福求嗣上冊受封上表章襲爵受封會親友冠帶出行上官赴任臨政親民結婚姻納采問名嫁娶進人口移徙遠迴安床解除剃頭整手足甲求醫療病裁衣築堤防修造動土豎柱上梁修倉庫鼓鑄苫蓋經絡醞釀開市立券交易納財開倉庫出貨財修置產室開渠穿井安碓磑補垣塞穴修飾垣牆平治道塗破屋壞垣伐木畋獵取魚栽種牧養納畜破土安葬啟攢【布政事出師修宮室】	◎甲子時 ◎乙丑時 ○丙寅時 ●丁卯時 ○庚午時 ○辛未時 ○壬申時 ○癸酉時	四大吉時 甲子時 丙寅時 庚午時 壬申時 甲戌時	日家奇遁陽遁甲午吉方艮方開門咸池 紫白九星年八白月七赤日七赤	甲午日，閏芒種上元，陽遁六局；乙丑時坎方人遁1休詐；丙寅時飛鳥跌穴、巽方青龍返首；丁卯時坤方人遁1休詐；戊辰時震方人遁1休詐；庚午時離方人遁1休詐；癸酉時坎方人遁1休詐；	子年生人忌用此日 占房碓房內北
2010/6/14 星期一	吉神：守日吉期六合不將 凶神：勾陳	庚寅年五月初三日	庚寅年壬午月乙未日沙中金除日制日張宿	宜：襲爵受封會親友出行上官赴任臨政親民結婚姻嫁娶進人口解除沐浴剃頭整手足甲經絡醞釀立券交易納財掃舍宇納畜安葬【施恩封拜舉正直安撫邊境選將訓兵出師】　忌：求醫療病栽種	●戊寅時 ●己卯時 ●辛巳時 ●甲申時 ●丙戌時 ●丁亥時	四大吉時 丙子時 庚辰時 壬午時 甲申時 丙戌時	日家奇遁陽遁乙未吉方巽方休門太乙 紫白九星年八白月七赤日八白	乙未日，閏芒種上元，陽遁六局；丁丑時乾方飛鳥跌穴、巽方青龍返首；乙酉時乾方飛鳥跌穴、巽方青龍返首；	丑年生人忌用此日 碓磨廁房內北
2010/6/15 星期二 警察節；	吉神：月德相日驛馬天后天巫福德不將除神青龍鳴吠 凶神：五虛五離	庚寅年五月初四日 四不祥	庚寅年壬午月丙申日山下火滿日制日翼宿	宜：祭祀祈福求嗣上冊受封上表章襲爵受封會親友出行上官赴任臨政親民結婚姻納采問名嫁娶進人口移徙解除沐浴剃頭整手足甲求醫療病裁衣修造動土豎柱上梁修倉庫經絡開市立券交易納財開倉庫出貨財補垣塞穴掃舍宇栽種牧養納畜破土安葬【頒詔覃恩肆赦施恩惠恤孤惸宣政事行惠愛雪冤枉緩刑獄安撫邊境選將訓兵出師營建宮室修宮室繕城郭】 忌：安床畋獵取魚	●戊子時 ●己丑時 ○壬辰時 ○癸巳時 ●乙未時 ○丙申時 ●戊戌時	戊戌時 四大吉時 庚寅時 壬辰時 甲午時 丙申時	日家奇遁陽遁丙申吉方巽方生門太乙 紫白九星年八白月七赤日九紫	丙申日，閏芒種上元，陽遁六局；癸巳時乾方飛鳥跌穴、巽方青龍返首；乙未時巽方鬼遁3重詐；丙申時艮方鬼遁3重詐；	寅年生人忌用此日 廚灶爐房內北
2010/6/16 星期三 端午節 詩人節	吉神：民日敬安除神明堂鳴吠 凶神：天罡死神天吏致死天賊復日五離	庚寅年五月初五日 赤口，月忌，楊公忌日	庚寅年壬午月丁酉日山下火平日制日軫宿	宜：沐浴整手足甲掃舍宇修飾垣牆平治道塗　忌：祈福求嗣上冊受封會親友冠帶出行上官赴任臨政親民結婚姻納采問名嫁娶進人口移徙安床解除剃頭求醫療病裁衣築堤防修造動土豎柱上梁修倉庫鼓鑄經絡醞釀開市立券交易納財開倉庫出貨財修置產室開渠穿井栽種牧養納畜破土安葬啟攢【頒詔施恩封拜招賢舉正直宣政事布政事慶賞賀安撫邊境選將訓兵出師營建宮室修宮室繕城郭】	●庚子時 ○壬寅時 ○癸卯時 ○丙午時 ○丁未時 ○己酉時 ○辛亥時	戊申時 庚戌時 四大吉時 庚子時 壬寅時 甲辰時 丙午時 庚戌時	日家奇遁陽遁丁酉吉方巽方休門天乙 紫白九星年八白月七赤日一白	丁酉日，閏芒種上元，陽遁六局；辛丑時震方鬼遁3重詐；壬寅時乾方飛鳥跌穴、巽方青龍返首、兌方風遁6鬼遁3重詐；丁未時離方人遁2鬼遁2真詐；己酉時坎方人遁2鬼遁2真詐；辛亥時乾方飛鳥跌穴、巽方青龍返首；	卯年生人忌用此日 倉庫門房內北

日期節日	吉神凶神○	陰曆	干支	用事宜忌○	協記吉時	貴登天門	日家奇門	時家奇門遁甲	忌用
2010/6/17 星期四	吉神：月恩四相三合臨日時陰天倉不將普護 凶神：死氣天刑	庚寅年五月初六日 小空亡	庚寅年壬午月戊戌日平地木芒種定日專日角宿	宜：祭祀祈福求嗣上冊受封上表章襲爵受封會親友冠帶出行上官赴任臨政親民結婚姻納采問名嫁娶進人口移徙裁衣修造動土豎柱上梁修倉庫經絡醞醸立券交易納財開倉庫出貨財安碓磑牧養納畜【施恩封拜舉正直慶賜賞修宮室繕城郭】 忌：解除求醫療病修產室栽種【安撫邊境選將訓兵出師】	◎甲寅時 ○乙卯時 ◎丙辰時 ○丁巳時 ●庚申時 ○辛酉時 ◎癸亥時	壬子時 戊午時 四大吉時 壬子時 甲寅時 丙辰時 庚申時 壬戌時	日家奇遁陽遁戊戌吉方巽方休門太陰 紫白九星年八白月七赤日二黑	戊戌日，閏芒種上元，陽六局；壬子時巽方人遁1風遁3詐；癸丑時坎方人遁1休詐；丁巳時坎方重詐；庚申時乾方飛鳥跌穴、巽方青龍返首；	辰年生人忌用此日 房床栖房內南
2010/6/18 星期五	吉神：四相五富福生 凶神：劫煞小耗重日朱雀	庚寅年五月初七日 六壬空，四不祥	庚寅年壬午月己亥日平地木芒種執日制日亢宿	宜：祭祀沐浴捕捉 忌：祈福求嗣上冊受封上表章襲爵受封會親友冠帶出行上官赴任臨政親民結婚姻納采問名嫁娶進人口移徙剃頭整手足甲求醫療病裁衣築隄防修造動土豎柱上梁修倉庫鼓鑄經絡醞醸開市立券交易納財開倉庫出貨財修產室開渠穿井安碓磑補垣塞穴修飾垣牆破屋壞垣栽種牧養納畜破土安葬啟攢【頒詔招賢宣政事布政事安撫邊境選將訓兵出師修宮室繕城郭】	◎乙丑時 ○丙寅時 ◎戊辰時 ●庚午時 ●辛未時 ●甲戌時 ◎乙亥時	辛未時 乙亥時 四大吉時 甲子時 丙寅時 庚午時 壬申時 甲戌時	日家奇遁陽遁己亥吉方震方開門青龍 紫白九星年八白月七赤日三碧	己亥日，閏芒種中元，陽三局；甲子時坎方重詐；乙丑時坎方地遁2人遁1休詐；丙寅時坎方青龍返首、巽方地遁1人遁1風遁2休詐；丁卯時震方飛鳥跌穴、兌方人遁2鬼遁2真詐；戊辰時坤方地遁2人遁1休詐、兌方人遁4真詐；己巳時兌方地遁2人遁1休詐；庚午時巽方重詐；辛未時坤方風遁5重詐；壬申時離方天遁1重詐；癸酉時乾方重詐；乙亥時震方飛鳥跌穴；	巳年生人忌用此日 占門床房內南
2010/6/19 星期六	吉神：六儀解神金匱鳴吠對 凶神：月破大耗災煞天火厭對招搖五虛	庚寅年五月初八日 龍禁	庚寅年壬午月庚子日壁上土芒種破日寶日氐宿	忌：諸事不宜【頒詔施恩封拜招賢舉正直宣政事布政事慶賜賞賀安撫邊境選將訓兵出師營建宮室修宮室繕城郭】	◎丙子時 ●丁丑時 ◎己卯時 ●壬午時 ●甲申時 ●乙酉時	丙子時 壬午時 四大吉時 丙子時 庚辰時 壬午時 甲申時 丙戌時	日家奇遁陽遁庚子吉方乾方休門太陰 紫白九星年八白月七赤日四綠	庚子日，閏芒種中元，陽三局；庚辰時震方飛鳥跌穴；壬午時坎方地遁2人遁2真詐；癸未時坎方青龍返首；甲申時坎方人遁1休詐；	午年生人忌用此日 占碓磑房內南
2010/6/20 星期日	吉神：月德合陰德聖心寶光 凶神：月煞月虛月害四擊；夏至前一日四離	庚寅年五月初九日	庚寅年壬午月辛丑日壁上土芒種危日義日房宿	宜：祭祀 忌：冠帶求醫療病醞醸畋獵取魚【布政事修宮室】【出師】出行	●庚寅時 ●辛卯時 ◎癸巳時 ●丙申時 ◎戊戌時 ●己亥時	己丑時 癸巳時 四大吉時 庚寅時 壬辰時 甲午時 丙申時	日家奇遁陽遁辛丑吉方兌方開門太陰 紫白九星年八白月七赤日五黃	辛丑日，閏芒種中元，陽三局；己丑時坎方青龍返首；庚寅時坎方人遁1休詐；辛卯時震方飛鳥跌穴；乙未時坎方青龍返首；戊戌時坎方地遁2鬼遁5重詐；	未年生人忌用此日 廚灶廁房內南

日期節日	吉神凶神○	陰曆	干支	用事宜忌○	協記吉時	貴登天門	日家奇門	時家奇門遁甲	忌用
2010/6/21 星期一 20時35分 【戌時】 交夏至氣 五月氣 壬午月	太陽過黃經九〇度,陽光直射北緯23.5度,晝長夜短【斗指乙為夏至,萬物至此,皆假大而極至,時夏將至,故名夏至】								
2010/6/21 星期一	吉神:月空母倉三合天馬天喜天醫益後五合鳴吠對 凶神:大煞歸忌白虎【夏至,芒種後十六日氣往亡】	庚寅年五月初十日 大空亡,天乙絕氣	庚寅年壬午月壬寅日金箔金夏至成日寶日心宿	宜:襲爵受封入學出行裁衣築堤防修造動土豎柱上梁修倉庫經絡醞釀納財安碓磑栽種牧養納畜破土啟攢【施恩封拜舉正直慶賜賞賀修宮室繕城郭】 忌:祭祀移徙遠迴開渠【安撫邊境選將訓兵出師】上冊受封移徙捕捉畋獵取魚【頒詔宣政事】	●庚子時 ●辛丑時 ◎甲辰時 ◎乙巳時 ◎丁未時 ●庚戌時 ○辛亥時	辛丑時 癸卯時 四大吉時 壬寅時 乙巳時 戊申時 辛亥時	日家奇遁 陰遁壬寅 吉方巽方 休門青龍 紫白九星 年七赤 月七赤 日七赤	壬寅日,閏芒種中元,陽三局;庚子時坎方青龍返首、巽方地遁1風遁2重詐;辛丑時坤方地遁2人遁3雲遁4重詐;癸卯時乾方地遁2雲遁1鬼遁5神遁1重詐、震方飛鳥跌穴;乙巳時巽方風遁6鬼遁3重詐;丙午時震方飛鳥跌穴、兌方鬼遁3重詐;丁未時坎方青龍返首、震方鬼遁3重詐;戊申時坎方鬼遁3重詐;己酉時坤方人遁2真詐;	申年生人忌用此日 倉庫爐房內南
2010/6/22 星期二	吉神:母倉續世五合玉堂鳴吠對 凶神:河魁大時大敗咸池九坎九焦血忌往亡	庚寅年五月十一日 赤口	庚寅年壬午月癸卯日金箔金夏至收日寶日尾宿	宜:祭祀 忌:祈福求嗣上冊受封上表章襲爵受封會親友冠帶出行上官赴任臨政親民結婚姻納采問名嫁娶進人口移徙安床解除求醫療病針刺裁衣築堤防修造動土豎柱上梁修倉庫鼓鑄經絡醞釀開市立券交易納財開倉庫出貨財修置產室開渠穿井補垣塞穴捕捉畋獵取魚乘船渡水栽種牧養納畜破土安葬啟攢【頒詔施恩封拜招賢舉正直宣政事布政事慶賜賞賀安撫邊境選將訓兵出師營建宮室修宮室繕城郭】	◎壬子時 ◎甲寅時 ●乙卯時 ◎戊午時 ◎己未時 ◎辛酉時	四大吉時 甲寅時 丁巳時 庚申時 癸亥時	日家奇遁 陰遁癸卯 吉方艮方 開門太乙 紫白九星 年八白 月七赤 日六白	癸卯日,閏芒種中元,陽三局;癸丑時乾方鬼遁3重詐;己未時震方飛鳥跌穴;辛酉時坎方青龍返首;	酉年生人忌用此日 房床門房內南
2010/6/23 星期三	吉神:時德時陽生氣要安 凶神:五虛八風九空地囊天牢	庚寅年五月十二日	庚寅年壬午月甲辰日覆燈火夏至開日制日箕宿	宜:祭祀祈福求嗣上冊受封上表章襲爵受封會親友入學出行上官赴任臨政親民結婚姻納采問名嫁娶進人口移徙解除求醫療病裁衣豎柱上梁牧養【頒詔覃恩肆赦施恩封拜招賢舉正施恩惠恤孤惸宣政事行惠愛雪冤枉緩刑獄慶賜賞賀】 忌:進人口築堤防修造動土修倉庫開市立券交易納財開倉庫出貨財修置產室開渠穿井安碓磑補垣修飾垣牆平治道塗破屋壞垣伐木畋獵取魚乘船渡水栽種破土【營建宮室】	◎丙寅時 ◎戊辰時 ●己巳時 ◎壬申時 ◎癸酉時 ●乙亥時	四大吉時 丙寅時 己巳時 壬申時 乙亥時	日家奇遁 陰遁甲辰 吉方艮方 開門天乙 紫白九星 年八白 月七赤 日五黃	甲辰日,閏芒種下元,陽九局;甲子時乾方人遁1休詐;乙丑時離方人遁1休詐;丙寅時艮方人遁1休詐、兌方青龍返首;戊辰時乾方人遁1休詐;己巳時震方人遁2虎遁6真詐;辛未時離方飛鳥跌穴;壬申時兌方人遁1休詐;癸酉時坎方人遁1風遁6休詐;	戌年生人忌用此日 門雞栖房內東

日期節日	吉神凶神○	陰曆	干支	用事宜忌○	協記吉時	貴登天門	日家奇門	時家奇門遁甲	忌用
2010/6/24 星期四	吉神：王日玉宇 凶神：遊禍血支重日元武	庚寅年五月十三日 天休廢，六壬空	庚寅年壬午月乙巳日覆燈火夏至閉日寶日斗宿	宜：裁衣築堤防補垣塞穴【覃恩肆赦施恩惠恤孤惸行惠愛雪冤枉緩刑獄安撫邊境選將訓兵】 忌：祈福求嗣上冊上表章襲爵受封會親友出行上官赴任臨政親民結婚姻納采問名嫁娶進人口移徙安床解除求醫療病療目針刺修造動土豎柱上梁開倉庫出貨財修置產室開渠穿井栽種破土安葬啟攢【布政事出師營建宮室修宮室】	●丁丑時 ●庚辰時 ◎壬午時 ◎癸未時 ○甲申時 ●丙戌時 ◎丁亥時	丙戌時 四大吉時 戊寅時 辛巳時 甲申時 丁亥時	日家奇遁陰遁乙巳吉方艮方開門太陰 紫白九星年八白月七赤日四綠	乙巳日，閏芒種下元，陽九局；丙子時離方飛鳥跌穴；己卯時兌方重詐；辛巳時坎方重詐、兌方青龍返首；丁亥時艮方人遁2鬼遁2真詐、兌方青龍返首；	亥年生人忌用此日 碓磨床內東
2010/6/25 星期五	吉神：月德陽德官日金堂司命鳴吠 凶神：月建小時土府月刑月厭地火土符大會陰陽俱錯	庚寅年五月十四日 月忌，龍禁，小空亡	庚寅年壬午月丙午日天河水夏至建日專日牛宿	宜：【覃恩肆赦施恩惠恤孤惸行惠愛雪冤枉緩刑獄】 忌：諸事不宜【布政事修宮室】	◎戊子時 ◎己丑時 ◎辛卯時 ◎甲午時 ●丙申時 ●丁酉時	丁酉時 四大吉時 庚寅時 癸巳時 丙申時 己亥時	日家奇遁陰遁丙午吉方兌方生門太陰 紫白九星年八白月七赤日三碧	丙午日，閏芒種下元，陽九局；己丑時震方人遁2鬼遁2真詐；壬辰時巽方飛鳥跌穴天遁3；戊戌時兌方青龍返首；己亥時離方飛鳥跌穴；	子年生人忌用此日 廚灶碓房內東
2010/6/26 星期六	吉神：天願守日吉期六合 凶神：復日八專勾陳	庚寅年五月十五日 長星，天地凶敗	庚寅年壬午月丁未日天河水夏至除日寶日女宿	宜：祭祀祈福求嗣上冊受封上表章襲爵受封會親友出行上官赴任臨政親民結婚姻納采問名嫁娶進人口移徙解除沐浴整手足甲裁衣修造動土豎柱上梁修倉庫經絡醞釀開市立券交易納財掃舍宇栽種牧養納畜【頒詔覃恩肆赦施恩封拜招賢舉正直施恩惠恤孤惸宣政事行惠愛雪冤枉緩刑獄慶賜賞賀營建宮室繕城郭】 忌：剃頭求醫療病	◎壬寅時 ◎癸卯時 ●乙巳時 ●丙午時 ●戊申時 ○己酉時 ●庚戌時 ●辛亥時	丁未時 四大吉時 壬寅時 乙巳時 戊申時 辛亥時	日家奇遁陰遁丁未吉方坤方休門軒轅 紫白九星年八白月七赤日二黑	丁未日，閏芒種下元，陽九局；甲辰時艮方地遁2人遁3風遁4重詐；乙巳時離方飛鳥跌穴；丙午時離方地遁2重詐；丁未時震方人遁1休門；戊申時乾方天遁2人遁1休詐；庚戌時兌方青龍返首；	丑年生人忌用此日 倉庫廁房內東
2010/6/27 星期日	吉神：月恩四相相日驛馬天后天巫福德不將除神青龍 凶神：五虛五離	庚寅年五月十六日 四不祥	庚寅年壬午月戊申日大驛土夏至滿日寶日虛宿	宜：祭祀祈福求嗣上冊受封上表章襲爵受封出行上官赴任臨政親民嫁娶進人口移徙解除沐浴剃頭整手足甲求醫療病裁衣修造動土豎柱上梁經絡開市納財補垣塞穴掃舍宇栽種牧養【修宮室繕城郭】 忌：會親友結婚姻納采問名安床修倉庫立券交易開倉庫出貨財	◎壬子時 ◎癸丑時 ●丙辰時 ●丁巳時 ●己未時 ○庚申時 ◎壬戌時	丁巳時 癸亥時 四大吉時 甲寅時 丁巳時 庚申時 癸亥時	日家奇遁陰遁戊申吉方兌方生門青龍 紫白九星年八白月七赤日一白	戊申日，閏芒種下元，陽九局；壬子時兌方人遁1休詐；癸丑時坎方人遁1休詐、兌方青龍返首；乙卯時巽方人遁2鬼遁2真詐；丁巳時兌方青龍返首；壬戌時離方飛鳥跌穴；	寅年生人忌用此日 房床爐房內東

日期節日	吉神凶神○	陰曆	干支	用事宜忌○	協記吉時	貴登天門	日家奇門	時家奇門遁甲	忌用
2010/6/28 星期一	吉神：天恩四相民日敬安除神明堂鳴吠 凶神：天罡死神天吏致死天賊五離	庚寅年五月十七日 赤口	庚寅年壬午月己酉日 大驛土 夏至 平日 寶日 危宿	宜：祭祀沐浴剃頭整手足甲掃舍宇修飾垣牆平治道塗【覃恩肆赦施恩惠恤孤惸行惠愛雪冤枉緩刑獄】 忌：祈福求嗣上冊受封上表章襲爵受封會親友冠帶出行上官赴任臨政親民結婚姻納采問名嫁娶進人口移徙安床解除求醫療病裁衣築堤防修造動土豎柱上梁修倉庫鼓鑄經絡醞釀開市立券交易納財開倉庫出貨財修置產室開渠穿井栽種牧養納畜破土安葬啟攢【頒詔招賢宣政事安撫邊境選將訓兵出師營建宮室】	●甲子時 ◎丙寅時 ◎丁卯時 ●庚午時 ●辛未時 ◎癸酉時	庚午時 甲戌時 四大吉時 丙寅時 己巳時 壬申時 乙亥時	日家奇遁 陰遁己酉 吉方乾方 開門青龍 紫白九星 年八白 月七赤 日九紫	己酉日，夏至上元，陰2局；乙丑時兌方人遁2鬼遁2真詐；丙寅時巽方人遁2鬼遁2真詐、坤方青龍返首；戊辰時震方人遁2真詐；己巳時乾方人遁4真詐；壬申時坤方青龍返首；癸酉時艮方人遁2風遁6鬼遁2真詐、離方飛鳥跌穴；乙亥時離方飛鳥跌穴天遁4；	卯年生人忌用此日 占大門外東北
2010/6/29 星期二	吉神：天恩三合臨日時陰天倉普護 凶神：死氣天刑	庚寅年五月十八日 大空亡，天休廢	庚寅年壬午月庚戌日 釵釧金 夏至 定日 義日 室宿	宜：祭祀祈福上冊受封上表章會親友冠帶上官赴任臨政親民結婚姻納采問名嫁娶進人口裁衣修造動土豎柱上梁修倉庫醞釀立券交易納財安碓磑納畜【覃恩肆赦施恩惠恤孤惸行惠愛雪冤枉緩刑獄慶賜賞賀修宮室繕城郭】 忌：解除求醫療病經絡修置產室栽種【安撫邊境選將訓兵出師】	◎戊寅時 ◎庚辰時 ●辛巳時 ◎甲申時 ●乙酉時 ◎丁亥時	辛巳時 丁亥時 四大吉時 戊寅時 辛巳時 甲申時 丁亥時	日家奇遁 陰遁庚戌 吉方坎方 休門太乙 紫白九星 年八白 月七赤 日八白	庚戌日，夏至上元，陰九局；丁丑時坤方青龍返首；甲申時坎方地遁2重詐；乙酉時震方地遁2人遁3重詐；丙戌時乾方地遁2雲遁1重詐、離方飛鳥跌穴；丁亥時離方地遁2鬼遁5重詐；	辰年生人忌用此日 碓磨栖外東北
2010/6/30 星期三	吉神：月德合天恩五富福生 凶神：劫煞小耗重日朱雀	庚寅年五月十九日 四不祥，六壬空	庚寅年壬午月辛亥日 釵釧金 夏至 執日 寶日 壁宿	宜：祭祀沐浴捕捉【覃恩肆赦施恩惠恤孤惸行惠愛雪冤枉緩刑獄】 忌：嫁娶求醫療病修倉庫醞釀開市立券交易納財開倉庫出貨財畋獵取魚【修宮室】	●己丑時 ◎壬辰時 ◎甲午時 ●乙未時 ●戊戌時 ●己亥時	戊子時 壬辰時 四大吉時 庚寅時 癸巳時 丙申時 己亥時	日家奇遁 陰遁辛亥 吉方坎方 休門天乙 紫白九星 年八白 月七赤 日七赤	辛亥日，夏至上元，陰九局；辛卯時坤方青龍返首；壬辰時離方飛鳥跌穴；乙未時坤方青龍返首；	巳年生人忌用此日 廚灶房外東北
2010/7/1 星期四 公路節 漁民節 稅務節	吉神：月空天恩六儀解神金匱鳴吠對 凶神：月破大耗災煞天火厭對招搖四廢五虛陰陽擊衝	庚寅年五月二十日 龍禁	庚寅年壬午月壬子日 桑柘木 夏至 破日 專日 奎宿	宜：【覃恩肆赦施恩惠恤孤惸行惠愛雪冤枉緩刑獄】 忌：諸事不宜【頒詔施恩封拜招賢舉正直宣政事安撫邊境選將訓兵出師營建宮室修宮室繕城郭】	●庚子時 ●辛丑時 ◎癸卯時 ◎丙午時 ◎戊申時 ●己酉時	辛丑時 癸卯時 四大吉時 壬寅時 乙巳時 戊申時 辛亥時	日家奇遁 陰遁壬子 吉方離方 休門天乙 紫白九星 年八白 月七赤 日六白	壬子日，夏至上元，陰九局；庚子時離方飛鳥跌穴天遁4真詐；癸卯時艮方人遁2真詐；乙巳時坤方人遁1休詐；丁未時乾方人遁1休詐；戊申時離方飛鳥跌穴天遁3；己酉時兌方人遁1休詐；庚戌時巽方人遁1休詐、坤方青龍返首；	午年生人忌用此日 倉庫碓外東北

日期節日	吉神凶神○	陰曆	干支	用事宜忌○	協記吉時	貴登天門	日家奇門	時家奇門遁甲	忌用
2010/7/2 星期五	吉神：天恩陰德聖心寶光 凶神：月煞月虛月害四擊八專觸水龍	庚寅年五月二十一日 夏至	庚寅年壬午月癸丑日桑柘木夏至危日伐日婁宿	宜：祭祀【覃恩肆赦施恩惠恤孤悖行惠愛雪冤枉緩刑獄】 忌：祈福求嗣上冊受封上表章襲爵受封會親友冠帶出行上官赴任臨政親民結婚姻納采問名嫁娶進人口移徙安床解除剃頭整手足甲求醫療病裁衣築堤防修造動土豎柱上梁修倉庫鼓鑄經絡醞釀開市立券交易納財開倉庫出貨財修置產室開渠穿井安碓磑補垣塞穴修飾垣牆破屋壞垣取魚乘船渡水栽種牧養納畜破土安葬啟攢【頒詔施恩封拜招賢舉正直宣政事出師營建宮室修宮室繕城郭】	◎甲寅時 ◎乙卯時 ○丙辰時 ●丁巳時 ●庚申時 ◎壬戌時 ◎癸亥時	四大吉時 甲寅時 丁巳時 庚申時 癸亥時	日家奇遁 陰遁癸丑 吉方離方 休門太陰 紫白九星年八白月七赤日五黃	癸丑日，夏至上元，陰九局；壬子時震方人遁1休詐；癸丑時坎方人遁1休詐；甲寅時坎方人遁2休詐；丙辰時震方人遁1地遁2休詐；丁巳時離方飛鳥跌穴天遁4重詐；戊午時坤方青龍返首；己未時兌方人遁1地遁2休詐；庚申時巽方人遁1地遁2風遁2休詐；辛酉時離方人遁1地遁2休詐；壬戌時震方人遁1地遁2休詐；癸亥時坎方人遁1地遁2休詐；	未年生人忌用此日 占房廁外東北
2010/7/3 星期六 合作節	吉神：母倉三合天馬天喜天醫益後五合鳴吠對 凶神：大煞歸忌八專白虎	庚寅年五月二十二日 小空亡	庚寅年壬午月甲寅日大溪水夏至成日專日胃宿	宜：襲爵受封會親友入學出行上官赴任臨政親民進人口求醫療病裁衣築堤防修造動土豎柱上梁修倉庫經絡醞釀開市立券交易納財安碓磑栽種牧養破土安葬啟攢【施恩封拜招賢舉正直慶賜賞罰修宮室繕城郭】 忌：祭祀結婚姻納采問名嫁娶移徙遠迴開倉庫出貨財【選將訓兵出師】	◎甲子時 ◎乙丑時 ○丙寅時 ●戊辰時 ●己巳時 ●辛未時 ●甲戌時	四大吉時 丙寅時 己巳時 壬申時 乙亥時	日家奇遁 陰遁甲寅 吉方巽方 開門軒轅 紫白九星年八白月七赤日四綠	甲寅日，夏至中元，陰三局；甲子時乾方人遁1休詐；丙寅時中宮青龍返首；戊辰時乾方人遁1休詐；己巳時中宮青龍返首；庚午時坤方人遁1風遁6休詐；甲戌時乾方鬼遁3重詐；	申年生人忌用此日 占門爐外東北
2010/7/4 星期日	吉神：母倉續世五合玉堂鳴吠對 凶神：河魁大時大敗咸池四耗九坎九焦血忌往亡	庚寅年五月二十三日 月忌，赤口	庚寅年壬午月乙卯日大溪水夏至收日專日昴宿	宜：祭祀 忌：祈福求嗣上冊受封上表章襲爵受封會親友冠帶出行上官赴任臨政親民結婚姻納采問名嫁娶進人口移徙安床解除醫療病針刺裁衣築堤防修造動土豎柱上梁修倉庫鼓鑄經絡醞釀開市立券交易納財開倉庫出貨財修置產室開渠穿井補垣塞穴捕捉畋獵取魚乘船渡水栽種牧養納畜破土安葬啟攢【頒詔施恩封拜招賢舉正直宣政事布政事慶賜賞賀安撫邊境選將訓兵出師營建宮室修宮室繕城郭】	◎丙子時 ●戊寅時 ●己卯時 ●壬午時 ◎癸未時 ○甲申時 ◎乙酉時 ○丙戌時	丙戌時 四大吉時 戊寅時 辛巳時 甲申時 丁亥時	日家奇遁 陰遁乙卯 吉方震方 生門軒轅 紫白九星年八白月七赤日三碧	乙卯日，夏至中元，陰三局；丙子時乾方鬼遁3重詐；丁丑時坤方地遁1人遁2真詐；己卯時巽方地遁2人遁2風遁2真詐；庚辰時中宮青龍返首；辛巳時坎方鬼遁3重詐；癸未時坎方龍遁4鬼遁3重詐；乙酉時中宮青龍返首；	酉年生人忌用此日 碓磨門外正東
2010/7/5 星期一	吉神：月德時德時陽生氣要安 凶神：五虛九空天牢	庚寅年五月二十四日 瘟星入	庚寅年壬午月丙辰日沙中土夏至開日寶日畢宿	宜：祭祀祈福求嗣上冊受封上表章襲爵受封會親友入學出行上官赴任臨政親民結婚姻納采問名嫁娶移徙解除求醫療病裁衣修造動土豎柱上梁修倉庫開市納財開倉庫出貨財修置產室開渠穿井安碓磑栽種牧養納畜【頒詔覃恩肆赦施恩封拜招賢舉正直施恩惠恤孤悖宣政事行惠愛雪冤枉緩刑獄慶賜賞賀安撫邊境選將訓兵出師營建宮室修宮室繕城郭】 忌：伐木畋獵取魚	●庚寅時 ◎壬辰時 ◎癸巳時 ●丙申時 ●丁酉時 ●己亥時	丁酉時 四大吉時 庚寅時 癸巳時 丙申時 己亥時	日家奇遁 陰遁丙辰 吉方艮方 休門青龍 紫白九星年八白月七赤日二黑	丙辰日，夏至中元，陰三局；丁酉時中宮青龍返首；	戌年生人忌用此日 廚灶栖外正東

日期節日	吉神凶神○	陰曆	干支	用事宜忌○	協記吉時	貴登天門	日家奇門	時家奇門遁甲	忌用
2010/7/6 星期二	吉神：王日玉宇 凶神：遊禍血支復日重元武	庚寅年五月二十五日 短星，六王空，天地凶敗	庚寅年壬午月丁巳日沙中土夏至閉日觜宿	宜：裁衣築堤防補垣塞穴【覃恩肆赦施恩惠恤孤惸行惠愛雪冤枉緩刑獄安撫邊境選將訓兵】 忌：祈福求嗣上冊受封上表章襲爵受封會親友出行上官赴任臨政親民結婚姻納采問名嫁娶進人口移徙安床解除剃頭求醫療病療目針刺修造動土豎柱上梁開市開倉庫出貨財開渠穿井破土安葬啟攢【布政事出師營建宮室修宮室】	◎辛丑時 ●甲辰時 ●丙午時 ●丁未時 ○己酉時 ●庚戌時 ○辛亥時	丁未時 四大吉時 壬寅時 乙巳時 戊申時 辛亥時	日家奇遁陰遁丁巳吉方震方生門太乙 紫白九星年八白月七赤日一白	丁巳日，夏至中元，陰三局；乙巳時坤方地遁1雲遁7龍遁2重詐；丙午時乾方地遁2人遁3重詐；丁未時坤方人遁2風遁6鬼遁2真詐；辛亥時兌方地遁2鬼遁5重詐、中宮青龍返首；	亥年生人忌用此日 倉庫床外正東
2010/7/7 星期三 14時14分【未時】交小暑節節前使用為壬午月	吉神：月恩四相陽德官日金堂司命 凶神：月建小時土府月刑月厭地火土符小會	庚寅年五月二十六日 大空亡，龍禁	庚寅年壬午月戊午日天上火夏至建日參宿	忌：諸事不宜【頒詔招賢宣政事布政事營建宮室】	◎壬子時 ◎癸丑時 ●乙卯時 ◎戊午時 ○己未時	丁巳時 四大吉時 甲寅時 丁巳時	陰遁戊午吉方乾方生門青龍 紫白九星年八白月七赤日九紫	戊午日，夏至中元，陰三局；壬子時巽方地遁2風遁2重詐；癸丑時坎方地遁2重詐；乙卯時坎方地遁2人遁1休詐；丁巳時離方地遁2人遁1休詐；壬戌時中宮青龍返首；	子年生人忌用此日 房床碓外正東
2010/7/7 星期三 14時14分【未時】交小暑節六月節癸未月	太陽過黃經一○五度，氣候稍熱【斗指辛為小暑，斯時天氣已熱，尚未達於極點，故名小暑】			小暑六月節天道東行宜向東行宜修造東方；天德在甲天德合在己月德在甲月德合在己月空在庚宜修造取土；月建在未月破在丑月厭在巳月刑在丑月害在子劫煞在申災煞在酉月煞在戌忌修造取土；初十日長星、二十日短星；小暑後二十四日往亡、土王用事後忌修造動土巳午日添母倉；大暑六月中日躔在午宮為六月將宜用癸乙丁辛時；					
2010/7/7 星期三 14時14分【未時】交小暑節節後使用為癸未月	吉神：天願四相官日六合不將 凶神：天吏致死血支往亡天牢逐陣	庚寅年五月二十六日 大空亡，龍禁	庚寅年癸未月戊午日天上火小暑閉日義日參宿	宜：祭祀【覃恩肆赦施恩惠恤孤惸行惠愛雪冤枉緩刑獄】 忌：祈福求嗣上冊受封上表章襲爵受封會親友冠帶出行上官赴任臨政親民結婚姻納采問名嫁娶進人口移徙安床解除求醫療病療目針刺築堤防修造動土豎柱上梁修倉庫苫蓋開市立券交易納財開倉庫出貨財修置產室開渠穿井捕捉畋獵取魚栽種牧養納畜【布政事出師營建宮室】	○己未時 ●庚申時 ●辛酉時	癸亥時 四大吉時 庚申時 癸亥時	日家奇遁陰遁戊午吉方乾方生門青龍 紫白九星年八白月六白日九紫	戊午日，夏至中元，陰三局；壬子時巽方地遁2風遁2重詐；癸丑時坎方地遁2重詐；乙卯時坎方地遁2人遁1休詐；丁巳時離方地遁2人遁1休詐；壬戌時中宮青龍返首；	子年生人忌用此日 房床碓外正東

日期節日	吉神凶神○	陰曆	干支	用事宜忌○	協記吉時	貴登天門	日家奇門	時家奇門遁甲	忌用
2010/7/8 星期四	吉神：天德合月德合四相守日聖心 凶神：月建小時土府復日八專元武陽錯	庚寅年五月二十七日 瘟星出	庚寅年癸未月己未日天上火小暑建日專日井宿	宜：祭祀襲爵受封會親友出行上官赴任臨政親民移徙裁衣納財牧養納畜【頒詔覃恩肆赦施恩封拜招賢舉正直施恩惠恤孤惸宣政事行惠愛雪冤枉緩刑慶賜賞賀】 忌：祈福求嗣上冊受封上表章結婚姻納采問名嫁娶解除剃頭整手足甲求醫療病築堤防修造動土豎柱上梁修倉庫開倉庫出貨財修置產室開渠穿井安碓磑補垣修飾垣牆平治道塗破屋壞垣伐木畋獵取魚栽種破土安葬啟攢	●丙寅時 ●丁卯時 ●己巳時 ○庚午時 ○辛未時 ◎壬申時 ●甲戌時 ◎乙亥時	庚午時 甲戌時 四大吉時 丙寅時 己巳時 壬申時 乙亥時	日家奇遁陰遁己未吉方坤方開門天乙 紫白九星年八白月六白日八白	己未日，夏至下元，陰六局；甲子時艮方重詐；丙寅時艮方青龍返首、巽方風遁3重詐；己巳時乾方飛鳥跌穴、震方人遁1休詐；庚午時坤方重詐；壬申時乾方飛鳥跌穴重詐；	丑年生人忌用此日 占門廁外正東
2010/7/9 星期五	吉神：月空陽德相日吉期益後除神司命鳴吠 凶神：劫煞天賊五虛五離八專	庚寅年五月二十八日 四不祥	庚寅年癸未月庚申日石榴木小暑除日專日鬼宿	宜：祭祀沐浴掃舍宇【施恩惠恤孤惸行惠愛雪冤枉緩刑獄】 忌：上冊受封上表章會親友冠帶出行結婚姻納采問名嫁娶進人口移徙安床醫療病裁衣築堤防修造動土豎柱上梁修倉庫鼓鑄經絡醞釀開市立券交易納財開倉庫出貨財修置產室開渠穿井安碓磑補垣塞穴修飾垣牆破屋壞垣栽種牧養納畜【頒詔招賢宣政事布政事慶賜賞賀建宮室修宮室繕城郭】	◎丙子時 ◎丁丑時 ●庚辰時 ●辛巳時 ◎癸未時 ◎甲申時 ◎丙戌時	辛巳時 丁亥時 四大吉時 戊寅時 辛巳時 甲申時 丁亥時	日家奇遁陰遁庚申吉方坤方開門太陰 紫白九星年八白月六白日七赤	庚申日，夏至下元，陰六局；戊寅時艮方青龍返首；庚辰時乾方飛鳥跌穴；甲申時艮方人遁2真詐；丙戌時乾方飛鳥跌穴；	寅年生人忌用此日 碓磨爐外東南
2010/7/10 星期六	吉神：月恩民日天巫福德天倉續世除神鳴吠 凶神：災煞天火血忌五離勾陳	庚寅年五月二十九日 赤口	庚寅年癸未月辛酉日石榴木小暑滿日專日柳宿	宜：祭祀沐浴掃舍宇 忌：祈福求嗣上冊受封上表章襲爵受封會親友冠帶出行上官赴任臨政親民結婚姻納采問名嫁娶進人口移徙安床解除剃頭整手足甲求醫療病針刺裁衣築堤防修造動土豎柱上梁修倉庫鼓鑄苫蓋經絡醞釀開市立券交易納財開倉庫出貨財修置產室開渠穿井安碓磑補垣塞穴修飾垣牆破屋壞垣栽種牧養納畜破土安葬啟攢【頒詔招賢舉正直宣政事布政事安撫邊境選將訓兵出師營建宮室】	◎戊子時 ●庚寅時 ◎辛卯時 ●甲午時 ◎乙未時 ◎丁酉時	戊子時 壬辰時 四大吉時 庚寅時 癸巳時 丙申時 己亥時	日家奇遁陰遁辛酉吉方坎方生門太陰 紫白九星年八白月六白日六白	辛酉日，夏至下元，陰六局；己丑時艮方青龍返首；壬辰時艮方青龍返首；巽方人遁2真詐；丁酉時艮方青龍返首；	卯年生人忌用此日 廚灶門外東南
2010/7/11 星期日 航海節；	吉神：不將要安青龍 凶神：河魁死神月煞月虛土符	庚寅年五月三十日 小空亡	庚寅年癸未月壬戌日大海水小暑平日伐日星宿	忌：諸事不宜【頒詔施恩封拜招賢舉正直宣政事布政事慶賜賞賀安撫邊境選將訓兵出師營建宮室修宮室繕城郭】	◎壬寅時 ◎甲辰時 ●乙巳時 ◎戊申時 ◎己酉時 ●辛亥時	辛丑時 癸卯時 四大吉時 壬寅時 乙巳時 戊申時 辛亥時	日家奇遁陰遁壬戌吉方兌方開門太乙 紫白九星年八白月六白日五黃	壬戌日，夏至下元，陰六局；庚子時坤方鬼遁3重詐；辛丑時離方鬼遁3重詐；癸卯時乾方飛鳥跌穴天遁4；戊申時艮方青龍返首；庚戌時乾方飛鳥跌穴天遁4；	辰年生人忌用此日 倉庫栖外東南

日期節日	吉神凶神○	陰曆	干支	用事宜忌○	協記吉時	貴登天門	日家奇門	時家奇門遁甲	忌用
2010/7/12 星期一	吉神：陰德三合時陰六儀玉宇明堂 凶神：厭對招搖死氣四廢重日	庚寅年 六月 初一日 大空亡，天地凶敗	庚寅年 癸未月 癸亥日 大海水 小暑 定日 專日 張宿	宜：沐浴【施恩惠恤孤惇行惠愛雪冤枉緩刑獄】 忌：祈福求嗣上冊受封上表章襲爵受封會親友冠帶出行上官赴任臨政親民結婚姻納采問名嫁娶進人口移徙安床解除醫療病裁衣築堤防修造動土豎柱上梁修倉庫鼓鑄經絡醖釀開市立券交易納財開倉庫出貨財修置產室開渠穿井安碓磑補垣塞穴修飾垣牆取魚乘船渡水栽種牧養納畜破土安葬啟攢【頒詔施恩封拜招賢舉正直宣政布政事安撫邊境選將訓兵出師營建宮室】	◎癸丑時 ○乙卯時 ●丙辰時 ●己未時 ○壬戌時 ◎癸亥時	四大吉時 甲寅時 丁巳時 庚申時 癸亥時	日家奇遁 陰遁癸亥 吉方乾方 休門太乙 紫白九星 年八白 月六白 日四綠	癸亥日，夏至下元，陰六局；乙卯時乾方飛鳥跌穴；辛酉時艮方青龍返首；	巳年生人忌用此日 占房床外東南
2010/7/13 星期二	吉神：天德月德天恩金堂解神 凶神：月害大時大敗咸池小耗五虛九坎九焦歸忌天刑	庚寅年 六月 初二日 龍禁	庚寅年 癸未月 甲子日 海中金 小暑 執日 義日 翼宿	宜：祭祀祈福求嗣上冊受封上表章襲爵受封會親友出行上官赴任臨政親民結婚姻納采問名嫁娶解除沐浴剃頭整手足甲裁衣修造動土豎柱上梁修倉庫捕捉牧養納畜安葬【頒詔覃恩肆赦施恩惠恤孤惇宣政事布政事行惠愛雪冤枉緩刑獄慶賜賞賀】 忌：移徙遠迴求醫療病鼓鑄開倉庫出貨財補垣塞穴畋獵取魚乘船渡水栽種【修宮室】	●甲子時 ○乙丑時 ○丙寅時 ○丁卯時 ◎庚午時 ○壬申時 ◎癸酉時	四大吉時 丙寅時 己巳時 壬申時 乙亥時	日家奇遁 陰遁甲子 吉方坤方 生門太乙 紫白九星 年八白 月六白 日九紫	甲子日，小暑上元，陰八局；丙寅時坎方青龍返首；癸酉時艮方飛鳥跌穴天遁3；甲戌時坎方重詐；乙亥時震方地遁2人遁2真詐；	午年生人忌用此日 占門碓外東南
2010/7/14 星期三	吉神：天恩 凶神：月破大耗月刑四擊九空朱雀	庚寅年 六月 初三日 四方耗，龍禁，楊公忌日	庚寅年 癸未月 乙丑日 海中金 小暑 破日 制日 軫宿	宜：【覃恩肆赦施恩惠恤孤惇行惠愛雪冤枉緩刑獄】 忌：諸事不宜【頒詔施恩封拜招賢舉正直宣政事安撫邊境選將訓兵出師營建宮室修宮室繕城郭】	○丙子時 ○丁丑時 ●戊寅時 ●己卯時 ○辛巳時 ●甲申時 ○丙戌時 ○丁亥時	丙戌時 四大吉時 戊寅時 辛巳時 甲申時 丁亥時	日家奇遁 陰遁乙丑 吉方坤方 生門天乙 紫白九星 年八白 月六白 日八白	乙丑日，小暑上元，陰八局；丁丑時坎方青龍返首；戊寅時巽方風遁3重詐；己卯時坎方重詐；庚辰時艮方飛鳥跌穴天遁4重詐；辛巳時乾方重詐、坎方青龍返首；丙戌時艮方飛鳥跌穴、坤方地遁2人遁1休詐；丁亥時震方地遁2人遁1休詐；	未年生人忌用此日 碓磨廁外東南
2010/7/15 星期四	吉神：天恩母倉五富五合金匱鳴吠對 凶神：遊禍	庚寅年 六月 初四日 四不祥，赤口	庚寅年 癸未月 丙寅日 爐中火 小暑 危日 義日 角宿	宜：會親友結婚姻安床經絡醖釀開市立券交易納財開倉庫出貨財栽種牧養納畜破土啟攢【覃恩肆赦施恩惠恤孤惇行惠愛雪冤枉緩刑獄慶賜賞賀安撫邊境選將訓兵】 忌：祭祀祈福求嗣解除求醫療病	●戊子時 ○壬辰時 ◎癸巳時 ●乙未時 ◎戊戌時	丁酉時 四大吉時 庚寅時 癸巳時 丙申時 己亥時	日家奇遁 陰遁丙寅 吉方坤方 生門太陰 紫白九星 年八白 月六白 日七赤	丙寅日，小暑上元，陰八局；戊子時乾方人遁2鬼遁2真詐、兌方地遁1人遁1休詐；己丑時坎方青龍返首；庚寅時離方地遁2人遁1休詐；辛卯時震方地遁2人遁1休詐、巽方人遁2鬼遁2真詐；壬辰時坎方地遁2人遁1休詐；癸巳時乾方地遁2人遁1休詐、坎方人遁4真詐；乙未時坎方青龍返首；己亥時艮方飛鳥跌穴；	申年生人忌用此日 廚灶爐外正南

日期節日	吉神凶神〇	陰曆	干支	用事宜忌〇	協記吉時	貴登天門	日家奇門	時家奇門遁甲	忌用
2010/7/16 星期五	吉神：天恩母倉三合臨日天喜天醫敬安五合寶光鳴吠對 凶神：大煞	庚寅年六月初五日 小空亡，月忌	庚寅年癸未月丁卯日爐中火小暑成日義日亢宿	宜：上冊受封上表章襲爵受封會親友入學出行上官赴任臨政親民結婚姻納采問名嫁娶進人口移徙醫療病裁衣築堤防修造動土豎柱上梁修倉庫經絡醞釀開市立券交易納財安碓磑栽種牧養納畜破土啟攢【覃恩肆赦施恩封拜舉正直施恩惠恤孤惸布政事行惠愛雪冤枉緩刑獄慶賜賞賀修宮室繕城郭】 忌：剃頭穿井【選將訓兵出師】	◎庚子時 ◎壬寅時 ◎癸卯時 ●丙午時 ●丁未時 ◎己酉時	丁未時 四大吉時 壬寅時 乙巳時 戊申時 辛亥時	日家奇遁陰遁丁卯吉方坎方開門太陰 紫白九星年八白月六白日六白	丁卯日，小暑上元，陰八局；甲辰時坎方人遁1休詐；乙巳時艮方飛鳥跌穴、兌方風遁6鬼遁3重詐；丙午時震方鬼遁3重詐；庚戌時離方人遁1休詐；	酉年生人忌用此日 倉庫門外正南
2010/7/17 星期六	吉神：天恩四相時德天馬普護 凶神：天罡五虛五墓白虎	庚寅年六月初六日 六壬空	庚寅年癸未月戊辰日大林木小暑收日專日氐宿	宜：祭祀納財捕捉【覃恩肆赦施恩惠恤孤惸行惠愛雪冤枉緩刑獄】 忌：祈福求嗣上冊受封上表章襲爵受封會親友冠帶出行上官赴任臨政親民結婚姻納采問名嫁娶進人口移徙安床解除求醫療病裁衣築堤防修造動土豎柱上梁修倉庫鼓鑄經絡醞釀開市立券交易開倉庫出貨財修置產室開渠穿井栽種牧養納畜破土安葬啟攢【安撫邊境選將訓兵出師營建宮室】	◎甲寅時 ◎丙辰時 ●丁巳時 ●庚申時 ●辛酉時 ◎癸亥時	丁巳時 癸亥時 四大吉時 甲寅時 庚申時 癸亥時	日家奇遁陰遁戊辰吉方艮方休門天乙 紫白九星年八白月六白日五黃	戊辰日，小暑上元，陰八局；癸丑時乾方人遁1休詐、坎方青龍返首；丁巳時巽方人遁2真詐；戊午時坎方青龍返首；壬戌時艮方飛鳥跌穴真詐；	戌年生人忌用此日 占房栖外正南
2010/7/18 星期日	吉神：天德合月德合四相王日驛馬天后陽生氣福生玉堂 凶神：月厭地火復日重日陰錯	庚寅年六月初七日 四不祥	庚寅年癸未月己巳日大林木小暑開日義日房宿	宜：祭祀入學【覃恩肆赦施恩惠恤孤惸行惠愛雪冤枉緩刑獄】 忌：祈福求嗣上冊受封上表章襲爵受封會親友冠帶出行上官赴任臨政親民結婚姻納采問名嫁娶進人口移徙遠迴安床解除剃頭整手足甲求醫療病裁衣築堤防修造動土豎柱上梁修倉庫鼓鑄經絡醞釀開市立券交易納財開倉庫出貨財修置產室開渠穿井安碓磑補垣塞穴修飾垣牆平治道塗破屋壞垣伐木畋獵取魚栽種牧養納畜破土安葬啟攢【布政事】	◎乙丑時 ●戊辰時 ●庚午時 ●辛未時 ◎甲戌時 ◎乙亥時	庚午時 甲戌時 四大吉時 丙寅時 己巳時 壬申時 乙亥時	日家奇遁陰遁己巳吉方坎方開門青龍 紫白九星年八白月六白日四綠	己巳日，小暑中元，陰二局；丙寅時坎方地遁1人遁1休詐、巽方青龍返首；戊辰時震方地遁2人遁1休詐；庚午時艮方地遁2人遁1風遁4雲遁1休詐；辛未時乾方人遁2真詐、兌方人遁1地遁2休詐；癸酉時坤方飛鳥跌穴；乙亥時離方地遁2重詐、坤方飛鳥跌穴；	亥年生人忌用此日 占門床外正南
2010/7/19 星期一	吉神：月空官日六合鳴吠 凶神：天吏致死血支往亡天牢	庚寅年六月初八日 龍禁	庚寅年癸未月庚午日路傍土小暑閉日伐日心宿	宜：醞釀補垣塞穴破土安葬 忌：祈福求嗣上冊受封上表章襲爵受封會親友冠帶出行上官赴任臨政親民結婚姻納采問名嫁娶進人口移徙安床解除求醫療病目針刺築堤防修造動土豎柱上梁修倉庫苫蓋經絡開市立券交易納財開倉庫出貨財修置產室開渠穿井捕捉畋獵取魚栽種牧養納畜【頒詔施恩封拜招賢舉正直宣政事布政事慶賜賞賀安撫邊境選將訓兵出師營建宮室修宮室繕城郭】	◎丙子時 ◎丁丑時 ●己卯時 ◎壬午時 ●甲申時 ●乙酉時	辛巳時 丁亥時 四大吉時 戊寅時 辛巳時 甲申時 丁亥時	日家奇遁陰遁庚午吉方兌方休門太陰 紫白九星年八白月六白日三碧	庚午日，小暑中元，陰二局；丁丑時乾方地遁2人遁3重詐；戊寅時乾方地遁2重詐；辛巳時巽方地遁2人遁3風遁2重詐；壬午時巽方青龍返首；癸未時艮方地遁2人遁3風遁4雲遁1重詐；乙酉時巽方青龍返首；	子年生人忌用此日 占碓磨外正南

2010庚寅年擇日曆書

日期節日	吉神凶神○	陰曆	干支	用事宜忌○	協記吉時	貴登天門	日家奇門	時家奇門遁甲	忌用
2010/7/20 星期二	吉神：月恩守日聖心　凶神：月建小時土府元武；土王用事18	庚寅年六月初九日大空亡	庚寅年癸未月辛未日路傍土小暑建日義日尾宿	宜：祭祀祈福求嗣襲爵受封會親友出行上官赴任臨政親民結婚姻納采問名移徙解除裁衣豎柱上梁納財開倉庫出貨財牧養【施恩封拜舉正直慶賜賞賀安撫邊境選將訓兵出師】　忌：求醫療病築堤防修造動土修倉庫醞釀修置產室開渠穿井安碓磑補垣修飾垣牆平治道塗破屋壞垣伐木栽種破土【營建宮室】【修宮室繕城郭】	●庚寅時 ●辛卯時 ◎癸巳時 ○甲午時 ○丙申時 ○戊戌時 ◎己亥時	戊子時 王辰時 四大吉時 庚寅時 癸巳時 丙申時 己亥時	日家奇遁陰遁辛未吉方乾方生門太陰 紫白九星年八白月六白日二黑	辛未日，小暑中元，陰二局；壬辰時坤方飛鳥跌穴天遁3；乙未時離方重詐；丙申時坤方飛鳥跌穴天遁4風遁5重詐；己亥時震方重詐；	丑年生人忌用此日 廚灶廁外西南
2010/7/21 星期三	吉神：陽德相日吉期不將益後除神司命鳴吠　凶神：劫煞天賊五虛五離；土王用事17	庚寅年六月初十日赤口，長星	庚寅年癸未月壬申日劍鋒金小暑除日義日箕宿	宜：祭祀沐浴掃舍宇【施恩惠恤孤惸行惠愛雪冤枉緩刑獄】　忌：上冊受封上表章會親友冠帶出行結婚姻納采問名進人口移徙安床求醫療病裁衣築堤防修造動土豎柱上梁修倉庫鼓鑄經絡醞釀開市立券交易納財開倉庫出貨財修置產室開渠穿井安碓磑補垣塞穴修飾垣牆破屋壞垣栽種牧養納畜【頒詔招賢宣政事布政事慶賜賞賀營建宮室修宮室繕城郭】平治道塗破土	●庚子時 ●辛丑時 ◎甲辰時 ◎乙巳時 ◎丁未時 ◎庚戌時	辛丑時 癸卯時 四大吉時 壬寅時 乙巳時 戊申時 辛亥時	日家奇遁陰遁壬申吉方兌方休門青龍 紫白九星年八白月六白日一白	壬申日，小暑中元，陰二局；癸卯時艮方虎遁6重詐、巽方青龍返首；丙午時坎方人遁1休詐；己酉時坤方飛鳥跌穴、巽方青龍返首；辛亥時兌方人遁1休詐；	寅年生人忌用此日 倉庫爐外西南
2010/7/22 星期四	吉神：民日天巫福德天倉不將續世除神鳴吠　凶神：災煞天火血忌五離勾陳；土王用事16	庚寅年六月十一日天乙絕氣	庚寅年癸未月癸酉日劍鋒金小暑滿日義日斗宿	宜：祭祀沐浴掃舍宇　忌：祈福求嗣上冊受封上表章襲爵受封會親友冠帶出行上官赴任臨政親民結婚姻納采問名嫁娶進人口移徙安床解除剃頭整手足甲求醫療病針刺裁衣築堤防修造動土豎柱上梁修倉庫鼓鑄苫蓋經絡醞釀開市立券交易納財開倉庫出貨財修置產室開渠穿井安碓磑補垣塞穴修飾垣牆破屋壞垣栽種牧養納畜破土安葬啟攢【頒詔施恩封拜施恩封拜招賢舉正直宣政事布政事安撫邊境選將訓兵出師營建宮室】【修宮室繕城郭】平治道塗	◎壬子時 ●甲寅時 ◎乙卯時 ○丙辰時 ◎戊午時 ◎己未時 ◎辛酉時	甲寅時 丁巳時 四大吉時 甲寅時 丁巳時 庚申時 癸亥時	日家奇遁陰遁癸酉吉方乾方休門青龍 紫白九星年八白月六白日九紫	癸酉日，小暑中元，陰二局；壬子時巽方人遁1休詐；丁巳時巽方青龍返首；戊午時巽方青龍返首；辛酉時坤方飛鳥跌穴；	卯年生人忌用此日 房床門外西南
2010/7/23 星期五 07時28分【辰時】交大暑氣六月氣癸未月	太陽過黃經一二〇度，氣候酷暑【斗指丙為大暑，斯時天氣甚熱於小暑，故名大暑】								

81

日期節日	吉神凶神○	陰曆	干支	用事宜忌	協記吉時	貴登天門	日家奇門	時家奇門遁甲	忌用
2010/7/23 星期五	吉神：天德月德不將要安青龍 凶神：河魁死神月煞月虛土符　：土王用事15	庚寅年六月十二日 六壬空	庚寅年癸未月甲戌日山頭火大暑平日制日牛宿	宜：祭祀【覃恩肆赦施恩惠恤孤悖行惠愛雪冤枉緩刑獄】　忌：祈福求嗣上冊受封上表章襲爵受封會親友冠帶出行上官赴任臨政親民結婚姻納采問名嫁娶進人口移徙安床解除剃頭整手足甲求醫療病裁衣築堤防修造動土豎柱上梁修倉庫鼓鑄經絡醞釀開市立券交易納財開倉庫出貨財修置產室開渠穿井安碓磑補垣塞穴修飾垣牆平治道塗破屋壞垣畋獵取魚栽種牧養納畜破土安葬啟攢【布政事修宮室】【營建宮室繕城郭】	●丙寅時 ●戊辰時 ●己巳時 ◎壬申時 ◎癸酉時 ●乙亥時		四大吉時乙丑時丁卯時辛未時癸酉時乙亥時	日家奇遁陰遁甲戌吉方坎方生門太乙 紫白九星年八白月六白日八白	甲戌日，小暑上元，陰五局；甲子時乾方地遁2鬼遁5重詐；庚午時離方地遁2重詐；壬申時震方地遁2重詐；癸酉時中宮飛鳥跌穴；甲戌時艮方人遁2鬼遁2真詐；	辰年生人忌用此日 門雞栖外西南
2010/7/24 星期六	吉神：陰德三合時陰六儀玉宇明堂 凶神：厭對招搖死氣重日　：土王用事14	庚寅年六月十三日 小空亡	庚寅年癸未月乙亥日山頭火大暑定日義日女宿	宜：會親友冠帶臨政親民結婚姻納采問名進人口沐浴裁衣豎柱上梁經絡醞釀立券交易納財牧養納畜【施恩惠恤孤悖行惠愛雪冤枉緩刑獄慶賜賞賀】　忌：嫁娶解除求醫療病修置產室取魚乘船渡水栽種破土安葬啟攢【安撫邊境選將訓兵出師】【營建宮室】築堤防修置產室開渠穿井補垣修飾垣牆平治道塗破屋壞垣栽種破土	●丁丑時 ●庚辰時 ◎壬午時 ◎癸未時 ●丙戌時 ◎丁亥時	乙酉時 丁丑時辛巳時癸未時乙酉時丁亥時	日家奇遁陰遁乙亥吉方坎方生門天乙 紫白九星年八白月六白日七赤	乙亥日，小暑下元，陰五局；庚辰時中宮飛鳥跌穴；甲申時乾方地遁2人遁1休詐；乙酉時離方地遁2人遁1休詐；丁亥時中宮飛鳥跌穴；	巳年生人忌用此日 碓磨床外西南
2010/7/25 星期日	吉神：金堂解神鳴吠對 凶神：月害大時大敗咸池小耗四忌七鳥五虛九坎九焦歸忌觸水龍天刑　：土王用事13	庚寅年六月十四日 月忌，龍禁	庚寅年癸未月丙子日澗下水大暑執日伐日虛宿	宜：沐浴剃頭整手足甲捕捉　忌：祈福求嗣上冊受封上表章襲爵受封會親友冠帶出行上官赴任臨政親民結婚姻納采問名嫁娶進人口移徙遠迴安床解除求醫療病築堤防修造動土豎柱上梁修倉庫鼓鑄經絡醞釀開市立券交易納財開倉庫出貨財修置產室補垣塞穴取魚乘船渡水栽種牧養納畜破土安葬啟攢【施恩封賞招賢舉正直安撫邊境選將訓兵出師營建宮室修宮室繕城郭】開渠穿井安碓磑補垣修飾垣牆平治道塗破屋壞垣	●戊子時 ●己丑時 ◎辛卯時 ◎甲午時 ◎丙申時 ◎丁酉時	丙申時 四大吉時辛卯時癸巳時乙未時丁酉時	日家奇遁陰遁丙子吉方離方生門天乙 紫白九星年八白月六白日六白	丙子日，小暑下元，陰五局；辛卯時震方地遁2人遁1休詐；癸巳時艮方地遁2人遁1風遁4休詐；甲午時乾方地遁2鬼遁5重詐；丙申時坎方地遁2人遁3重詐；丁酉時艮方地遁1風遁2雲遁6鬼遁5重詐；	午年生人忌用此日 倉庫廁外正西
2010/7/26 星期一	凶神：月破大耗月刑四擊九空朱雀　：土王用事12	庚寅年六月十五日	庚寅年癸未月丁丑日澗下水大暑破日寶日危宿	忌：諸事不宜【頒詔施恩封拜招賢舉正直宣政事布政事慶賜賞賀安撫邊境選將訓兵出師營建宮室修宮室繕城郭】築堤防修造動土修倉庫修置產室開渠穿井安碓磑補垣修飾垣牆平治道塗破屋壞垣栽種破土	◎壬寅時 ◎癸卯時 ●乙巳時 ◎戊申時 ◎庚戌時 ●辛亥時	丙午時 四大吉時辛丑時癸卯時乙巳時丁未時辛亥時	日家奇遁陰遁丁丑吉方離方生門太陰 紫白九星年八白月六白日五黃	丁丑日，小暑下元，陰五局；辛丑時乾方地遁2人遁3重詐；癸卯時中宮飛鳥跌穴；乙巳時坤方人遁2虎遁6真詐、中宮飛鳥跌穴天遁3；丁未時乾方人遁2真詐；辛亥時巽方人遁2真詐；	未年生人忌用此日 房床爐外正西

日期節日	吉神凶神○	陰曆	干支	用事宜忌○	協記吉時	貴登天門	日家奇門	時家奇門遁甲	忌用
2010/7/27 星期二	吉神：母倉四相五富五合金匱　凶神：遊禍；土王用事11	庚寅年六月十六日四不祥，赤口	庚寅年癸未月戊寅日城頭土大暑危日伐日室宿	宜：襲爵受封會親友出行上官赴任臨政親民結婚姻納采問名移徙安床裁衣豎柱上梁經絡醞釀開市立券交易納財開倉庫出貨財牧養納畜【施恩封拜舉正直慶賜賞賀安撫邊境選將訓兵】　忌：祭祀祈福求嗣解除求醫療病　營建宮室築堤防修置產室開渠穿井安碓磑補垣修飾垣牆平治道塗破屋壞垣破土	◎壬子時◎癸丑時●丙辰時◎丁巳時●己未時◎壬戌時	丙辰時壬戌時四大吉時癸丑時乙卯時丁巳時辛酉時癸亥時	日家奇遁陰遁戊寅吉方巽方休門軒轅紫白九星年八白月六白日四綠	戊寅日，小暑下元，陰五局；壬子時兌方人遁1休詐；甲寅時艮方人遁1休詐；乙卯時離方人遁1休詐；丙辰時巽方人遁1風遁6休詐；丁巳時巽方重詐；戊午時震方人遁1休詐；己未時坎方人遁1休詐、中宮飛鳥跌穴；庚申乾方人遁1休詐；辛酉時震方人遁1休詐；壬戌時坤方人遁1休詐；癸亥時艮方人遁1休詐；	申年生人忌用此日占大門外正西
2010/7/28 星期三	吉神：天德合月德合天恩母倉四相三合臨日天喜天醫敬安五合寶光　凶神：大煞復日；土王用事10	庚寅年六月十七日大空亡	庚寅年癸未月己卯日城頭土大暑成日伐日壁宿	宜：祭祀祈福求嗣上冊受封上表章襲爵受封會親友入學出行上官赴任臨政親民結婚姻納采問名嫁娶進人口移徙解除求醫療病裁衣豎柱上梁經絡醞釀開市立券交易納財開倉庫出貨財安牧養納畜【頒詔覃恩肆赦施恩封拜舉正直施恩惠恤孤惸宣政事布政事行惠愛雪冤枉緩刑獄慶賜賞賀】　忌：穿井畋獵取魚　修置產室開渠穿井補垣修飾垣牆平治道塗破屋壞垣破土	◎甲子時●丙寅時◎丁卯時●庚午時◎辛未時◎癸酉時	己巳時四大吉時乙丑時丁卯時辛未時癸酉時乙亥時	日家奇遁陰遁己卯吉方巽方休門軒轅紫白九星年八白月六白日三碧	己卯日，大暑上元，陰七局；甲子時坎方龍遁4鬼遁3重詐；丙寅時離方青龍返首、兌方鬼遁3重詐；丁卯時兌方飛鳥跌穴天遁3人遁2真詐；庚午時巽方虎遁6真詐；辛未時坤方鬼遁3重詐；壬申時離方鬼遁3重詐；癸酉時乾方風遁6鬼遁3重詐；甲戌時艮方地遁2人遁3風遁4重詐；乙亥時兌方飛鳥跌穴；	酉年生人忌用此日碓磑栖外正西
2010/7/29 星期四	吉神：月空天恩時德天馬普護　凶神：天罡五虛白虎；土王用事9	庚寅年六月十八日六壬空	庚寅年癸未月庚辰日白蠟金大暑收日義日奎宿	宜：祭祀進人口納財捕捉牧養納畜【覃恩肆赦施恩惠恤孤惸行惠愛雪冤枉緩刑獄】　忌：祈福求嗣上冊受封上表章襲爵受封會親友出行上官赴任臨政親民結婚姻納采問名嫁娶移徙安床解除求醫療病裁衣築堤防修造動土豎柱上梁修倉庫鼓鑄經絡醞釀開市立券交易開倉庫出貨財修置產室開渠穿井破土安葬啟攢【頒詔招賢安撫邊境選將訓兵出師營建宮室修宮室繕城郭】安碓磑補垣修飾垣牆平治道塗破屋壞垣	●戊寅時◎庚辰時●辛巳時◎甲申時◎乙酉時●丁亥時	庚辰時丙戌時四大吉時丁丑時辛巳時癸未時乙酉時丁亥時	日家奇遁陰遁庚辰吉方巽方生門太乙紫白九星年八白月六白日二黑	庚辰日，大暑上元，陰七局；丁丑時震方地遁2鬼遁5重詐；己卯時艮方地遁2重詐；庚辰時乾方人遁1休詐；壬午時離方青龍返首；癸未時乾方地遁1鬼遁5重詐、離方青龍返首；	戌年生人忌用此日碓磑栖外正西
2010/7/30 星期五	吉神：天恩月恩王日驛馬天后時陽生氣福生玉堂；母倉　凶神：月厭地火重日；土王用事8，小暑後二十四日氣往亡	庚寅年六月十九日四不祥	庚寅年癸未月辛巳日白蠟金大暑開日伐日婁宿	宜：祭祀入學【覃恩肆赦施恩惠恤孤惸行惠愛雪冤枉緩刑獄】　忌：祈福求嗣上冊受封上表章襲爵受封會親友冠帶出行上官赴任臨政親民結婚姻納采問名嫁娶進人口移徙遠迴安床解除剃頭整手足甲求醫療病裁衣築堤防修造動土豎柱上梁鼓鑄經絡醞釀開市立券交易開倉庫出貨財修置產室開渠穿井安碓磑補垣塞穴修飾垣牆平治道塗破屋壞垣伐木畋獵取魚破土安葬啟攢【出師營建宮室】【修宮室繕城郭】捕捉【頒詔招賢宣政事安撫邊境選將訓兵】	●己丑時◎壬辰時○癸巳時◎甲午時◎乙未時●戊戌時◎己亥時	辛卯時己亥時四大吉時辛卯時癸巳時乙未時丁酉時	日家奇遁陰遁辛巳吉方震方休門太乙紫白九星年八白月六白日一白	辛巳日，大暑上元，陰七局；己丑時兌方飛鳥跌穴天遁4；辛卯時離方青龍返首；甲午時坎方人遁1休詐、艮方地遁2人遁2風遁4真詐；乙未時離方青龍返首、兌方人遁1休詐；丙申時艮方人遁1休詐；丁酉時坤方人遁1休詐、兌方地遁2人遁2虎遁7真詐；	亥年生人忌用此日廚灶床外正西

日期節日	吉神凶神○	陰曆	干支○	用事宜忌○	協記吉時	貴登天門	日家奇門	時家奇門遁甲	忌用
2010/7/31 星期六	吉神：天恩官日六合不將鳴吠；母倉 凶神：天吏致死血支往亡天牢　；土王用事7	庚寅年六月二十日 短星，龍禁，天地凶敗	庚寅年癸未月壬午日楊柳木大暑閉日制日胃宿	宜：經絡醞釀塞穴安葬【覃恩肆赦施恩惠恤孤惸行惠愛雪冤枉緩刑獄】　忌：祈福求嗣上冊受封上表章襲爵受封會親友冠帶出行上官赴任臨政親民結婚姻納采問名嫁娶進人口移徙安床解除求醫療病療目針刺築堤防修造動土豎柱上梁修倉庫苫蓋開市立券交易開倉庫出貨財修置產室開渠穿井捕捉畋獵取魚【頒詔施恩封拜招賢舉正直安撫邊境選將訓兵出師營建宮室修宮室繕城郭】安碓磑修飾垣牆平治道塗破屋壞垣	◎庚子時 ◎辛丑時 ◎癸卯時 ○丙午時 ○丁未時 ○戊申時 ○己酉時	庚子時 王寅時 四大吉時 辛丑時 癸卯時 乙巳時 丁未時 辛亥時	日家奇遁 陰遁壬午吉方坤方休門太乙 紫白九星年八白月六白日九紫	壬午日，大暑上元，陰七局；庚子時震方人遁1休詐、兌方飛鳥跌穴；癸卯時兌方飛鳥跌穴；甲辰時坎方人遁4真詐；乙巳時巽方重詐；丙午時兌方飛鳥跌穴重詐；丁未時震方重詐、離方青龍返首；戊申時坎方天遁1重詐；己酉時坤方人遁2鬼遁2真詐；	子年生人忌用此日 倉庫碓外西北
2010/8/1 星期日	吉神：天恩守日不將聖心 凶神：月建小時土府觸水龍元武　；土王用事6	庚寅年六月二十一日 小空亡	庚寅年癸未月癸未日楊柳木大暑建日伐日昴宿	宜：祭祀襲爵受封會親友出行上官赴任臨政親民嫁娶【覃恩肆赦施恩封拜恩惠恤孤惸行惠愛雪冤枉緩刑獄慶賜賞賀安撫邊境選將訓兵出師】　忌：祈福求嗣上冊受封上表章結婚姻納采問名解除剃頭整手足甲求醫療病築堤防修造動土豎柱上梁修倉庫開倉庫出貨財修置產室開渠穿井安碓磑補垣修飾垣牆平治道塗破屋壞垣伐木取魚乘船渡水栽種破土安葬啟攢【營建宮室修宮室繕城郭】	●甲寅時 ●乙卯時 ○丙辰時 ●丁巳時 ◎庚申時 ◎王戌時 ◎癸亥時	甲寅時 四大吉時 癸丑時 乙卯時 丁巳時 辛酉時 癸亥時	日家奇遁 陰遁癸未吉方坤方休門天乙 紫白九星年八白月六白日八白	癸未日，大暑上元，陰七局；癸丑時乾方重詐；己未時乾方飛鳥跌穴；辛酉時離方青龍返首；	丑年生人忌用此日 房床廁外西北
2010/8/2 星期一	吉神：天德月德陽德相日吉期不將益後除神司命鳴吠 凶神：劫煞天賊天虛八風五離　；土王用事5	庚寅年六月二十二日 天休廢，赤口	庚寅年癸未月甲申日泉中水大暑除日伐日畢宿	宜：祭祀祈福求嗣上冊受封上表章襲爵受封會親友上官赴任臨政親民結婚姻納采問名嫁娶移徙解除沐浴剃頭整手足甲裁衣豎柱上梁掃舍宇牧養納畜安葬【覃恩肆赦施恩惠恤孤惸行惠愛雪冤枉緩刑獄】　忌：出行安床求醫療病修倉庫開倉庫出貨財畋獵取魚【布政事修宮室】【營建宮室繕城郭】築堤防修置產室開渠穿井安碓磑補垣修飾垣牆平治道塗破屋壞垣	●甲子時 ●乙丑時 ○丙寅時 ●戊辰時 ●己巳時 ◎辛未時 ●甲戌時	四大吉時 乙丑時 丁卯時 辛未時 癸酉時 乙亥時	日家奇遁 陰遁甲申吉方離方開門太乙 紫白九星年八白月六白日七赤	甲申日，大暑中元，陰一局；丙寅時震方青龍返首；丁卯時坤方風遁5重詐；己巳時兌方虎遁6真詐；庚午時巽方天遁1重詐；辛未時坎方飛鳥跌穴、巽方地遁2人遁1風遁2休詐；王申時離方地遁1人遁1休詐；癸酉時乾方重詐；	寅年生人忌用此日 占門爐外西北
2010/8/3 星期二	吉神：民日天巫福德天倉不將續世除神鳴吠 凶神：災煞天火血忌五離勾陳　；土王用事4	庚寅年六月二十三日 瘟星入，月忌	庚寅年癸未月乙酉日泉中水大暑滿日伐日觜宿	宜：祭祀沐浴掃舍宇　忌：祈福求嗣上冊受封上表章襲爵受封會親友冠帶出行上官赴任臨政親民結婚姻納采問名嫁娶進人口移徙安床解除剃頭整手足甲求醫療病針刺裁衣築堤防修造動土豎柱上梁修倉庫鼓鑄苫蓋經絡醞釀開市立券交易納財開倉庫出貨財修置產室開渠穿井安碓磑補垣塞穴修飾垣牆破屋壞垣栽種牧養納畜破土安葬啟攢【頒詔施恩封拜招賢舉正直宣政事布政事安撫邊境選將訓兵出師營建宮室】【修宮室繕城郭】平治道塗	●丙子時 ●戊寅時 ◎己卯時 ◎王午時 ◎癸未時 ○甲申時 ◎乙酉時 ○丁亥時	乙酉時 四大吉時 丁丑時 辛巳時 癸未時 乙酉時 丁亥時	日家奇遁 陰遁乙酉吉方坎方休門太陰 紫白九星年八白月六白日六白	乙酉日，大暑中元，陰一局；丙子時坎方飛鳥跌穴；庚辰時乾方人遁2真詐；辛巳時震方青龍返首；王午時坤方人遁2真詐；丁亥時震方青龍返首、坤方雲遁4鬼遁3重詐；	卯年生人忌用此日 碓磨門外西北

日期節日	吉神凶神○	陰曆	干支	用事宜忌○	協記吉時	貴登天門	日家奇門	時家奇門遁甲	忌用
2010/8/4 星期三	吉神：要安青龍 凶神：河魁死神月煞月虛土符地囊 ；土王用事3	庚寅年六月二十四日 六壬空	庚寅年癸未月丙戌日屋上土大暑平日寶日參宿	忌：諸事不宜【頒詔施恩封拜招賢舉正直宣政事布政事慶賜賞賀安撫邊境選將訓兵出師營建宮室修宮室繕城郭】築堤防修造動土修倉庫開置產室開渠穿井安碓磑補垣修飾垣牆平治道塗破屋壞垣栽種破土	○戊子時 ●庚寅時 ◎壬辰時 ◎癸巳時 ○丙申時 ○丁酉時 ○戊戌時 ●己亥時	丙申時 四大吉時 辛卯時 癸巳時 乙未時 丁酉時	日家奇遁陰遁丙戌吉方艮方生門天乙 紫白九星年八白月六白日五黃	丙戌日，大暑中元，陰一局；戊子時震方鬼遁3重詐；庚寅時巽方鬼遁3重詐；辛卯時坎方鬼遁3重詐；壬辰時坎方飛鳥跌穴；癸巳時乾方鬼遁3重詐；乙未時震方人遁1休詐；丙申時乾方人遁1休詐；戊戌時震方青龍返首、坤方人遁1休詐；己亥時坎方飛鳥跌穴天遁3；	辰年生人忌用此日 廚灶栖外西北
2010/8/5 星期四	吉神：陰德三合時陰六儀玉宇明堂 凶神：厭對招搖死氣四窮七鳥重日 ；土王用事2	庚寅年六月二十五日 大空亡	庚寅年丁亥日屋上土大暑定日伐日井宿	宜：會親友冠帶臨政親民沐浴裁衣豎柱上梁經絡醞釀牧養納畜【施恩惠恤孤惸行惠愛雪冤枉緩刑獄慶賜賞賀】 忌：結婚姻納采問名嫁娶進人口解除剃頭求醫療病修倉庫開市立券交易納財開倉庫出貨財修置產室取魚乘船渡水栽種破土安葬啟攢【安撫邊境選將訓兵出師】【營建宮室】築堤防修倉庫修置產室開渠穿井補垣修飾垣牆平治道塗破屋壞垣栽種破土	●辛丑時 ●甲辰時 ◎丙午時 ○丁未時 ○己酉時 ◎庚戌時 ●辛亥時	丙午時 四大吉時 辛丑時 癸卯時 乙巳時 丁未時 辛亥時	日家奇遁陰遁丁亥吉方坎方休門青龍 紫白九星年八白月六白日四綠	丁亥日，大暑中元，陰一局；壬寅時離方人遁1風遁6休詐；乙巳時坎方飛鳥跌穴；己酉時震方地遁2人遁2真詐；庚戌時震方青龍返首；	巳年生人忌用此日 倉庫床外西北
2010/8/6 星期五	吉神：四相金堂解神 凶神：月害大時大敗咸池小耗五虛九坎九焦歸忌天刑 ；土王用事1，立秋前一日四絕	庚寅年六月二十六日 瘟星出，龍禁	庚寅年戊子日霹靂火大暑執日制日鬼宿	宜：祭祀沐浴剃頭整手足甲 忌：祈福求嗣上冊受封上表章襲爵受封會親友冠帶出行上官赴任臨政親民結婚姻納采問名嫁娶進人口移徙遠迴安床解除剃頭醫療病築堤防修造動土豎柱上梁倉庫鼓鑄經絡醞釀開市立券交易納財開倉庫出貨財修置產室補垣塞穴取魚乘船渡水栽種牧養納畜破土安葬啟攢【招賢安撫邊境選將訓兵出師營建宮室】【修宮室繕城郭】開渠穿井安碓磑修飾垣牆平治道塗破屋壞垣	◎壬子時 ◎癸丑時 ◎乙卯時 ◎戊午時 ●庚申時 ●辛酉時	丙辰時 壬戌時 四大吉時 癸丑時 乙卯時 丁巳時 辛酉時 癸亥時	日家奇遁陰遁戊子吉方離方休門青龍 紫白九星年八白月六白日三碧	戊子日，大暑中元，陰一局；癸丑時坎方飛鳥跌穴；丁巳時坎方飛鳥跌穴人遁1休詐、艮方人遁2鬼遁2真詐；壬戌時震方青龍返首；	午年生人忌用此日 房床碓外正北
2010/8/7 星期六 23時57分 【夜子】交立秋節 節前使用為癸未月	吉神：天德合月德合四相 凶神：月破大耗月刑四擊九空復日朱雀 ；土王用事	庚寅年六月二十七日 天休廢	庚寅年己丑日霹靂火大暑破日專日柳宿	宜：祭祀【覃恩肆赦施恩惠恤孤惸行惠愛雪冤枉緩刑獄】 忌：祈福求嗣上冊受封上表章襲爵受封會親友冠帶出行上官赴任臨政親民結婚姻納采問名嫁娶進人口移徙安床解除剃頭整手足甲求醫療病裁衣築堤防修造動土豎柱上梁修倉庫鼓鑄經絡醞釀開市立券交易納財開倉庫出貨財修置產室開渠穿井安碓磑補垣塞穴修飾垣牆破屋壞垣伐木畋獵取魚栽種牧養納畜破土安葬啟攢【布政事修宮室】【營建宮室繕城郭】平治道塗	○甲子時 ●丙寅時 ○丁卯時 ●己巳時 ○壬申時 ◎甲戌時 ◎乙亥時	己巳時 四大吉時 乙丑時 丁卯時 辛未時 癸酉時 乙亥時	陰遁己丑吉方巽方開門太乙 紫白九星年八白月六白日二黑	己丑日，大暑下元，陰四局；丙寅時乾方青龍返首、巽方飛鳥跌穴天遁3；甲戌時乾方人遁1休詐；乙亥時震方人遁1休詐；	未年生人忌用此日 占門廁外正北

日期節日	吉神凶神○	陰曆	干支	用事宜忌○	協記吉時	貴登天門	日家奇門	時家奇門遁甲	忌用
2010/8/7 星期六 23時57分 【夜子】 交立秋節 七月節 甲申月	太陽過黃經一三五度，秋季開始【斗指西南維為立秋，陰意出地始殺萬物，按秋訓禾，穀熟也，故名立秋】			立秋七月節天道北行宜向北行宜修造北方；天德在癸天德合在戊月德在壬月德合在丁月空在丙宜修造取土；月建在申月破在寅月厭在辰月刑在寅月害在亥劫煞在巳災煞在午月煞在未忌修造取土；初八日長星、二十二日短星；立秋前一日四絕、後九日往亡；處暑七月中日躔在巳宮為七月將宜用甲丙庚壬時；					
2010/8/7 星期六 23時57分 【夜子】 交立秋節 節後使用 為甲申月	吉神：母倉明堂 凶神：小耗歸忌；土王用事，立秋	庚寅年 六月 二十七日 天休廢	庚寅年 甲申月 己丑日 霹靂火 立秋 執日 專日 柳宿	宜：捕捉栽種牧養納畜　忌：冠帶移徙遠廻修倉庫開市立券交易納財開倉庫出貨財		四大吉時	日家奇遁 陰遁己丑 吉方巽方 開門太乙 紫白九星 年八白 月五黃 日二黑	己丑日，大暑下元，陰四局；丙寅時乾方青龍返首、巽方飛鳥跌穴天遁3；甲戌時乾方人遁1休詐；乙亥時震方人遁1休詐；	未年生人忌用此日 占門廁外正北
2010/8/8 星期日 父親節；	吉神：驛馬天后聖心解神五合鳴吠對 凶神：月破大耗月刑復日天刑	庚寅年 六月 二十八日 四不祥，赤口	庚寅年 甲申月 庚寅日 松柏木 立秋 破日 制日 星宿	忌：諸事不宜【頒詔施恩封拜招賢舉正直宣政事布政事慶賜賞賀安撫邊境選將訓兵出師營建宮室修宮室繕城郭】	◎丙子時 ●丁丑時 ●庚辰時 ○辛巳時 ○癸未時 ○丙戌時	庚辰時 丙戌時 四大吉時 丁丑時 辛巳時 癸未時 乙酉時 丁亥時	日家奇遁 陰遁庚寅 吉方巽方 開門天乙 紫白九星 年八白 月五黃 日一白	庚寅日，大暑下元，陰四局；丁丑時乾方青龍返首、巽方飛鳥跌穴天遁3人遁1休詐；戊寅時坎方人遁1虎遁6休詐；壬午時艮方人遁1休詐；甲申時乾方重詐；	申年生人忌用此日 碓磨爐外正北
2010/8/9 星期一	吉神：益後五合鳴吠對 凶神：天吏致死五虛土符朱雀	庚寅年 六月 二十九日 小空亡	庚寅年 甲申月 辛卯日 松柏木 立秋 危日 制日 張宿	宜：祭祀會親友啟攢　忌：祈福求嗣上冊受上表章襲爵受封冠帶出行上官赴任臨政親民結婚姻納采問名嫁娶進人口移徙安床解除求醫療病築堤防修造動土豎柱上梁修倉庫醞釀開市立券交易納財開倉庫出貨財修置產室開渠穿井安碓磑補垣修飾垣牆平治道塗破屋壞垣栽種牧養納畜破土【施恩封拜招賢舉正直出師營建宮室修宮室繕城郭】	◎戊子時 ●庚寅時 ●辛卯時 ○癸巳時 ◎甲午時 ◎乙未時 ◎丁酉時	辛卯時 己亥時 四大吉時 辛卯時 癸巳時 乙未時 丁酉時	日家奇遁 陰遁辛卯 吉方震方 生門天乙 紫白九星 年八白 月五黃 日九紫	辛卯日，大暑下元，陰四局；庚寅方乾方重詐；壬辰時兌方天遁1重詐；癸巳時乾方青龍返首、巽方飛鳥跌穴；	酉年生人忌用此日 廚灶門外正北

日期節日	吉神凶神○	陰曆	干支	用事宜忌○	協記吉時	貴登天門	日家奇門	時家奇門遁甲	忌用
2010/8/10 星期二	吉神：月德母倉月恩四相三合天喜天醫續世金匱　凶神：月厭地火四擊大煞血忌	庚寅年七月初一日　楊公忌日	庚寅年甲申月壬辰日長流水立秋成日伐日翼宿	宜：祭祀祈福求嗣上冊受封上表章會親友入學進人口解除裁衣築堤防修造動土豎柱上梁修倉庫經絡醞釀開市立券交易納財開倉庫出貨財安碓磑牧養納畜安葬【覃恩肆赦施恩惠恤孤惸行惠愛雪冤枉緩刑獄】　忌：出行上官赴任臨政親民結婚姻納采問名嫁娶移徙遠迴求醫療病針刺開渠畎獵取魚栽種【布政事】	◎壬寅時 ◎甲辰時 ●乙巳時 ◎戊申時 ●己酉時 ●辛亥時	庚子時 壬寅時　四大吉時 辛丑時 癸卯時 乙巳時 丁未時 辛亥時	日家奇遁陰遁壬辰吉方坎方開門太乙紫白九星年八白月五黃日八白	壬辰日，大暑下元，陰四局；庚子時巽方人遁4真詐；壬寅時乾方青龍返首、巽方飛鳥跌穴；丙午時艮方地遁3重詐；庚戌時乾方鬼遁3重詐；辛亥時乾方青龍返首、震方風遁6鬼遁3重詐、巽方飛鳥跌穴；	戌年生人忌用此日　倉庫栖外正北
2010/8/11 星期三	吉神：天德四相六合五富不將要安寶光　凶神：河魁劫煞重日	庚寅年七月初二日　龍禁	庚寅年甲申月癸巳日長流水立秋收日制日軫宿	宜：祭祀祈福求嗣上冊受封上表章襲爵受封會親友上官赴任臨政親民結婚姻納采問名嫁娶進人口移徙解除裁衣修造動土豎柱上梁修倉庫經絡醞釀開市立券交易納財開倉庫出貨財捕捉栽種牧養納畜【覃恩肆赦施恩惠恤孤惸行惠愛雪冤枉緩刑獄】　忌：出行求醫療病畎獵取魚【布政事】	◎癸丑時 ○乙卯時 ●丙辰時 ○丁巳時 ◎戊午時 ◎己未時 ◎壬戌時 ◎癸亥時	甲寅時　四大吉時 癸丑時 乙卯時 丁巳時 辛酉時 癸亥時	日家奇遁陰遁癸巳吉方坎方開門天乙紫白九星年八白月五黃日七赤	癸巳日，大暑下元，陰四局；乙卯時乾方青龍返首、巽方飛鳥跌穴；丁巳時巽方人遁1休詐；庚申時乾方青龍返首、巽方飛鳥跌穴天遁4風遁3真詐；	亥年生人忌用此日　占房床房內北
2010/8/12 星期四	吉神：天馬時陽生氣不將玉宇鳴吠　凶神：災煞天火白虎	庚寅年七月初三日　赤口	庚寅年甲申月甲午日沙中金立秋開日寶日角宿	宜：祭祀入學【覃恩肆赦施恩惠恤孤惸行惠愛雪冤枉緩刑獄】　忌：冠帶結婚姻納采問名進人口安床求醫療病苫蓋經絡醞釀開倉庫出貨財伐木畎獵取魚【布政事安撫邊境選將訓兵出師營建宮室】	◎甲子時 ◎乙丑時 ●丙寅時 ●丁卯時 ◎庚午時 ○辛未時 ◎壬申時 ◎癸酉時	四大吉時 丁卯時 辛未時 癸酉時 乙亥時	日家奇遁陰遁甲午吉方乾方生門軒轅紫白九星年八白月五黃日六白	甲午日，立秋上元，陰二局；丙寅時坎方地遁1人遁1休詐、巽方青龍返首；戊辰時震方地遁2人遁1風遁4雲遁1休詐；庚午時艮方地遁2人遁1風遁4雲遁1休詐；辛未時乾方人遁2真詐、兌方人遁1地遁2休詐；癸酉時坤方飛鳥跌穴；乙亥時離方地遁2重詐、坤方飛鳥跌穴天遁3；	子年生人忌用此日　占房碓房內北
2010/8/13 星期五	吉神：母倉不將金堂玉堂　凶神：月煞月虛血支天賊五虛	庚寅年七月初四日　小空亡，天休廢，四方耗，四不祥	庚寅年甲申月乙未日沙中金立秋閉日制日亢宿	忌：諸事不宜【頒詔施恩封拜招賢舉正直宣政事布政事慶賜賞賀安撫邊境選將訓兵出師營建宮室修宮室繕城郭】	●戊寅時 ●己卯時 ○辛巳時 ◎甲申時 ●丙戌時 ●丁亥時	乙酉時　四大吉時 丁丑時 辛巳時 癸未時 乙酉時 丁亥時	日家奇遁陰遁乙未吉方兌方休門太乙紫白九星年八白月五黃日五黃	乙未日，立秋上元，陰二局；丁丑時乾方地遁2人遁3重詐；戊寅時乾方地遁2重詐；辛巳時巽方地遁2人遁3風遁2重詐；壬午時巽方青龍返首；癸未時艮方地遁2人遁3風遁4雲遁1重詐；乙酉時巽方青龍返首；	丑年生人忌用此日　碓磨廁房內北

日期節日	吉神凶神○	陰曆	干支	用事宜忌○	協記吉時	貴登天門	日家奇門	時家奇門遁甲	忌用
2010/8/14 星期六	吉神：月空王日天倉除神鳴吠　　凶神：月建小時土府五離天牢	庚寅年七月初五日　月忌，六壬空	庚寅年甲申月丙申日山下火立秋建日制日氐宿	宜：襲爵受封出行上官赴任臨政親民進人口沐浴裁衣納財掃舍宇納畜【頒詔覃恩肆赦施恩封拜招賢舉正直施恩惠恤孤惇宣政事行惠愛雪冤枉緩刑獄安撫邊境選將訓兵出師】　忌：祈福求嗣上冊受封上表章結婚姻納采問名安床解除剃頭整手足甲求醫療病築堤防修造動土豎柱上梁修倉庫立券交易開倉庫出貨財修置產室開渠穿井安碓磑補垣修飾垣牆平治道塗破屋壞垣伐木栽種破土安葬啟攢【營建宮室修宮室繕城郭】	●戊子時◎己丑時◎壬辰時◎癸巳時●乙未時○丙申時●戊戌時	丙申時　四大吉時辛卯時癸巳時乙未時丁酉時	日家奇遁陰遁丙申吉方乾方生門太乙紫白九星年八白月五黃日四綠	丙申日，立秋上元，陰二局；壬辰時坤方飛鳥跌穴天遁3；乙未時離方詐；丙申時坤方飛鳥跌穴天遁4風遁5重詐；己亥時震方重詐；	寅年生人忌用此日　廚灶爐房內北
2010/8/15 星期日	吉神：月德合陰德官日吉期除神鳴吠　　凶神：大時大敗咸池九坎九焦往亡五離元武　；立秋後九日氣往亡	庚寅年七月初六日	庚寅年甲申月丁酉日山下火立秋除日制日房宿	宜：祭祀祈福求嗣結婚姻納采問名解除沐浴整手足甲裁衣修造動土豎柱上梁修倉庫舍宇牧養納畜破土安葬【覃恩肆赦施恩惠恤孤惇行惠愛雪冤枉緩刑獄】　忌：上冊受封上表章會親友出行上官赴任臨政親民嫁娶進人口移徙剃頭求醫療病鼓鑄補垣塞穴捕捉畋獵取魚乘船渡水栽種【修宮室】【頒詔招賢宣政事安撫邊境選將訓兵出師】	●庚子時◎壬寅時◎癸卯時●丙午時◎丁未時◎己酉時○辛亥時	丙午時　四大吉時辛丑時癸巳時乙巳時丁未時辛亥時	日家奇遁陰遁丁酉吉方兌方開門太陰紫白九星年八白月五黃日三碧	丁酉日，立秋上元，陰二局；癸卯時艮方虎遁6重詐、巽方青龍返首；丙午時坎方人遁1休詐；己酉時坤方飛鳥跌穴；庚戌時艮方人遁1休詐、巽方青龍返首；辛亥時兌方人遁1休詐；	卯年生人忌用此日　倉庫門房內北
2010/8/16 星期一；七夕節	吉神：天德合母倉陽德守日天巫福德六儀敬安司命　　凶神：厭對招搖天狗九空	庚寅年七月初七日　四不祥	庚寅年甲申月戊戌日平地木立秋滿日專日心宿	宜：上冊受封上表章襲爵受封會親友出行上官赴任臨政親民結婚姻納采問名嫁娶進人口移徙解除求醫療病裁衣修造動土豎柱上梁修倉庫經絡開市立券交易納財開倉庫出貨財補垣塞穴栽種牧養納畜安葬【頒詔覃恩肆赦施恩惠恤孤惇宣政事行惠愛雪冤枉緩刑獄慶賜賞賀營建宮室修宮室繕城郭】　忌：祭祀畋獵取魚	◎甲寅時○乙卯時◎丁巳時●庚申時◎辛酉時◎癸亥時	丙辰時壬戌時　四大吉時癸巳時乙卯時丁巳時辛酉時癸亥時	日家奇遁陰遁戊戌吉方乾方休門太陰紫白九星年八白月五黃日二黑	戊戌日，立秋上元，陰二局；壬子時巽方人遁1休詐；丁巳時坤方青龍返首；戊午時巽方青龍返首；辛酉時坤方飛鳥跌穴；	辰年生人忌用此日　房床栖房內南
2010/8/17 星期二	吉神：相日普護　　凶神：天罡死神月害遊禍五虛重日勾陳	庚寅年七月初八日　長星，天地凶敗，龍禁，大空亡	庚寅年甲申月己亥日平地木立秋平日制日尾宿	宜：祭祀沐浴修飾垣牆平治道塗　忌：祈福求嗣上冊受封上表章襲爵受封會親友冠帶出行上官赴任臨政親民結婚姻納采問名嫁娶進人口移徙安床解除求醫療病裁衣築堤防修造動土豎柱上梁修倉庫鼓鑄經絡醞釀開市立券交易納財開倉庫出貨財修置產室開渠穿井栽種牧養納畜破土安葬啟攢【頒詔施恩封拜招賢舉正直宣政事布政事慶賜賞賀安撫邊境選將訓兵出師營建宮室修宮室繕城郭】	◎乙丑時○丙寅時◎戊辰時●庚午時●辛未時●甲戌時◎乙亥時	己巳時　四大吉時乙丑時丁卯時辛未時癸酉時乙亥時	日家奇遁陰遁己亥吉方兌方開門青龍紫白九星年八白月五黃日一白	己亥日，立秋中元，陰五局；甲子時乾方地遁2鬼遁5重詐；庚午時離方地遁2重詐；壬申時震方地遁2重詐；癸酉時中宮飛鳥跌穴；甲戌時艮方人遁2鬼遁2真詐；	巳年生人忌用此日　占門床房內南

日期節日	吉神凶神○	陰曆	干支	用事宜忌○	協記吉時	貴登天門	日家奇門	時家奇門遁甲	忌用
2010/8/18 星期三	吉神：時德民日三合臨日時陰福生青龍鳴吠對 凶神：死氣四忌九虎復日	庚寅年七月初九日 天休廢，赤口	庚寅年甲申月庚子日壁上土立秋定日寶日箕宿	宜：祭祀祈福求嗣上冊受封上表章襲爵受封會親友冠帶出行上官赴任臨政親民進人口移徙沐浴裁衣修造動土豎柱上梁修倉庫醞釀開市立券交易納財開倉庫出貨財安碓磑牧養納畜【施恩封拜舉正直慶賜賞賀修宮室繕城郭】 忌：結婚姻納采問名嫁娶解除求醫療病經絡修置產室栽種破土安葬啟攢【安撫邊境選將訓兵出師】	◎丙子時 ●丁丑時 ◎己卯時 ◎壬午時 ◎甲申時 ◎乙酉時	庚辰時丙戌時 四大吉時丁丑時辛巳時癸未時乙酉時丁亥時	日家奇遁陰遁庚子吉方巽方休門太陰 紫白九星年八白月五黃日九紫	庚子日，立秋中元，陰五局；庚辰時中宮飛鳥跌穴；甲申時乾方地遁2人遁1休詐；乙酉時離方地遁2人遁1休詐；丁亥亥時中宮飛鳥跌穴；	午年生人忌用此日 占碓磨房內南
2010/8/19 星期四	吉神：母倉明堂 凶神：小耗五墓歸忌	庚寅年七月初十日	庚寅年甲申月辛丑日壁上土立秋執日義日斗宿	宜：捕捉　忌：冠帶出行上官赴任臨政親民結婚姻納采問名嫁娶進人口移徙遠迴安床解除求醫療病修造動土豎柱上梁修倉庫醞釀開市立券交易納財開倉庫出貨財修置產室栽種牧養納畜破土安葬啟攢【安撫邊境選將訓兵出師營建宮室修宮室繕城郭】	●庚寅時 ●辛卯時 ◎癸巳時 ◎丙申時 ◎戊戌時 ●己亥時	辛卯時己亥時 四大吉時辛卯時癸未時乙未時丁酉時	日家奇遁陰遁辛丑吉方震方開門太陰 紫白九星年八白月五黃日八白	辛丑日，立秋中元，陰五局；辛卯時震方地遁2人遁1休詐；癸巳時艮方地遁2人遁1風遁4休詐；甲午時乾方地遁2鬼遁5重詐；丙申時坎方人遁3重詐；丁酉時巽方地遁1風遁2雲遁6鬼遁5重詐；	未年生人忌用此日 廚灶廁房內南
2010/8/20 星期五	吉神：月德月恩四相驛馬天后聖心解神五合鳴吠對 凶神：月破大耗月刑天刑	庚寅年七月十一日 六壬空	庚寅年甲申月壬寅日金箔金立秋破日寶日牛宿	宜：沐浴【覃恩肆赦施恩惠恤孤惸行惠愛雪冤枉緩刑獄】　忌：祭祀祈福求嗣上冊受封上表章襲爵受封會親友冠帶出行上官赴任臨政親民結婚姻納采問名嫁娶進人口移徙安床解除剃頭整手足甲求醫療病裁衣築堤防修造動土豎柱上梁修倉庫鼓鑄經絡醞釀開市立券交易納財開倉庫出貨財修置產室開渠穿井安碓磑補垣塞穴修飾垣牆破屋壞垣伐木畋獵取魚栽種牧養納畜破土安葬啟攢【布政事】	●庚子時 ●辛丑時 ◎甲辰時 ◎乙巳時 ●丁未時 ●庚戌時 ○辛亥時	庚子時壬寅時 四大吉時辛丑時癸卯時乙巳時丁未時辛亥時	日家奇遁陰遁壬寅吉方巽方休門青龍 紫白九星年八白月五黃日七赤	壬寅日，立秋中元，陰五局；辛丑時乾方地遁2人遁3重詐；癸卯時中宮飛鳥跌穴；乙巳時坤方人遁2虎遁6真詐、中宮飛鳥跌穴；丁未時乾方人遁2真詐；辛亥時巽方人遁2真詐；	申年生人忌用此日 倉庫爐房內南
2010/8/21 星期六	吉神：天德四相益後五合鳴吠對 凶神：天吏致死五虛土符朱雀	庚寅年七月十二日 小空亡，天乙絕氣	庚寅年甲申月癸卯日金箔金立秋危日寶日女宿	宜：祭祀祈福求嗣上冊受封上表章襲爵受封會親友出行上官赴任臨政親民結婚姻納采問名嫁娶移徙安床解除裁衣豎柱上梁立券交易納財開倉庫出貨財牧養納畜安葬啟攢【頒詔覃恩肆赦施恩惠恤孤惸宣政事行惠愛雪冤枉緩刑獄慶賜賞賀】　忌：求醫療病築堤防修造動土修倉庫修置產室開渠穿井安碓磑補垣修飾垣牆平治道塗破屋壞垣畋獵取魚栽種破土	◎壬子時 ●甲寅時 ●乙卯時 ◎戊午時 ◎己未時 ◎辛酉時	甲寅時 四大吉時癸丑時乙卯時丁巳時辛酉時癸亥時	日家奇遁陰遁癸卯吉方艮方開門太乙 紫白九星年八白月五黃日六白	癸卯日，立秋中元，陰五局；乙卯時離方人遁1休詐；己未時坎方人遁1休詐、中宮飛鳥跌穴；庚申時乾方人遁1休詐；辛酉時震方人遁1休詐；壬戌時坤方人遁1休詐；	酉年生人忌用此日 房床門房內南

日期節日	吉神凶神○	陰曆	干支	用事宜忌○	協記吉時	貴登天門	日家奇門	時家奇門遁甲	忌用
2010/8/22 星期日	吉神：母倉三合天喜天醫續世金匱 凶神：月厭地火四擊大煞血忌陰錯	庚寅年七月十三日	庚寅年甲申月甲辰日覆燈火立秋成日制日虛宿	宜：祭祀入學　忌：祈福求嗣上冊受封上表章襲爵受封會親友冠帶出行上官赴任臨政親民結婚姻納采問名嫁娶進人口移徙遠迴安床解除剃頭整手足甲求醫療病針刺裁衣築堤防修造動土豎柱上梁修倉庫鼓鑄經絡醞釀開市立券交易納財開倉庫出貨財修置產室開渠穿井安碓磑補垣塞穴修飾垣牆平治道塗破屋壞垣伐木栽種牧養納畜破土安葬啟攢【頒詔招賢宣政事布政選將訓兵出師營建宮室】	◎丙寅時 ◎戊辰時 ●己巳時 ◎壬申時 ◎癸酉時 ●乙亥時	四大吉時 乙丑時 丁卯時 辛未時 癸酉時 乙亥時	日家奇遁陰遁甲辰吉方艮方開門天乙紫白九星年八白月五黃日五黃	甲辰日，立秋下元，陰遁八局；丙寅時坎方青龍返首；癸酉時艮方飛鳥跌穴天遁3；甲戌時坎方重詐；乙亥時震方地遁2人遁2真詐；	戌年生人忌用此日 門雞栖房內東
2010/8/23 星期一 14時24分【未時】交處暑氣七月氣甲申月	太陽過黃經一五○度，暑氣漸消【斗指戊為處暑，暑將退，戊而潛處，故名處暑】								
2010/8/23 星期一	吉神：六合五富不將要安寶光 凶神：河魁劫煞重日	庚寅年七月十四日龍禁，月忌	庚寅年甲申月乙巳日覆燈火處暑收日寶日危宿	宜：會親友結婚姻嫁娶進人口經絡醞釀開市立券交易納財開倉庫出貨財捕捉牧養納畜　忌：出行求醫療病栽種【頒詔施恩封拜招賢舉正直宣政事布政慶賜賞賀安撫邊境選將訓兵出師營建宮室修宮室繕城郭】	●丁丑時 ●庚辰時 ◎壬午時 ◎癸未時 ◎甲申時 ●丙戌時 ◎丁亥時	甲申時 四大吉時 丙子時 庚辰時 壬午時 甲申時 丙戌時	日家奇遁陰遁乙巳吉方艮方開門太陰紫白九星年八白月五黃日七赤	乙巳日，立秋下元，陰遁八局；丁丑時坎方青龍返首；戊寅時巽方風遁3重詐；己卯時坎方重詐；庚辰時艮方飛鳥跌穴天遁4重詐；辛巳時乾方重詐、坎方青龍返首；丙戌時艮方飛鳥跌穴、坤方地遁2人遁1休詐；丁亥時震方地遁2人遁1休詐；	亥年生人忌用此日 碓磨床房內東
2010/8/24 星期二；中元節	吉神：月空天馬時陽生氣玉宇鳴吠 凶神：災煞天火白虎	庚寅年七月十五日赤口	庚寅年甲申月丙午日天河水處暑開日專日室宿	宜：祭祀入學【覃恩肆赦施恩惠恤惸孤愷行惠愛雪冤枉緩刑獄】忌：冠帶結婚姻納采問名嫁娶進人口求醫療病苫蓋經絡醞釀伐木畋獵取魚【布政事安撫邊境選將訓兵出師營建宮室】	◎戊子時 ◎己丑時 ◎辛卯時 ◎甲午時 ●丙申時 ●丁酉時	乙未時 四大吉時 庚寅時 壬辰時 甲午時 丙申時	日家奇遁陰遁丙午吉方兌方生門太陰紫白九星年八白月五黃日六白	丙午日，立秋下元，陰遁八局；戊子時乾方人遁2鬼遁2真詐、兌方地遁1人遁1休詐；己丑時坎方青龍返首龍遁3；庚寅時離方地遁2人遁1休詐；辛卯時震方地遁2人遁1休詐、巽方人遁2鬼遁2真詐；壬辰時坎方地遁2人遁1休詐；癸巳時乾方地遁2人遁1休詐、坎方人遁4真詐；乙未時坎方青龍返首；己亥時艮方飛鳥跌穴；	子年生人忌用此日 廚灶碓房內東

日期節日	吉神凶神○	陰曆	干支	用事宜忌○	協記吉時	貴登天門	日家奇門	時家奇門遁甲	忌用
2010/8/25 星期三	吉神:月德合母倉金堂玉堂 凶神:月煞月虛血支天賊五虛八風八專	庚寅年七月十六日 大空亡,四不祥	庚寅年甲申月丁未日天河水處暑閉日寶日壁宿	宜:祭祀【覃恩肆赦施恩惠恤孤惸行惠愛雪冤枉緩刑獄】 忌:祈福求嗣上表章襲爵受封會親友冠帶出行上官赴任臨政親民結婚姻納采問名嫁娶進人口移徙安床解除剃頭整手足甲求醫療病療目針刺裁衣築堤防修造動土豎柱上梁修倉庫鼓鑄經絡醞釀開市立券交易納財開倉庫出貨財修置產室開渠穿井安碓磑補垣塞穴修飾垣牆破屋壞垣畋取魚乘船渡水栽種納畜破土安葬啟攢【布政事修宮室】	◎壬寅時 ◎癸卯時 ●乙巳時 ○丙午時 ●戊申時 ○己酉時 ○庚戌時 ○辛亥時	乙巳時 四大吉時 庚子時 壬寅時 甲辰時 丙午時 庚戌時	日家奇遁陰遁丁未吉方坤方休門軒轅 紫白九星年八白月五黃日五黃	丁未日,立秋下元,陰八局;甲辰時坎方人遁1休詐;乙巳時艮方飛鳥跌穴、兌方風遁6鬼遁3重詐;丙午時震方鬼遁3重詐;戊時離方人遁1休詐;	丑年生人忌用此日 倉庫廁房內東
2010/8/26 星期四	吉神:天德天赦王日天倉不將除神 凶神:月建小時土府五離天牢	庚寅年七月十七日 六壬空	庚寅年甲申月戊申日大驛土處暑建日寶日奎宿	宜:祭祀祈福求嗣上冊受封上表章襲爵受封會親友出行上官赴任臨政親民結婚姻納采問名嫁娶進人口移徙解除沐浴剃頭整手足甲求醫療病裁衣豎柱上梁納財掃舍宇牧養納畜安葬【頒詔覃恩肆赦施恩封拜舉正直施恩惠恤孤惸宣政事行惠愛雪冤枉緩刑獄安撫邊境選將訓兵出師】 忌:【修宮室】	◎壬子時 ◎癸丑時 ●丙辰時 ○丁巳時 ○己未時 ○庚申時 ○壬戌時	乙卯時 辛酉時 四大吉時 壬子時 甲寅時 丙申時 庚申時 壬戌時	日家奇遁陰遁戊申吉方兌方生門青龍 紫白九星年八白月五黃日四綠	戊申日,立秋下元,陰八局;癸丑時乾方人遁1休詐、坎方青龍返首;丁巳時巽方人遁2真詐;戊午時坎方青龍返首;壬戌時艮方飛鳥跌穴;	寅年生人忌用此日 房床爐房內東
2010/8/27 星期五 鄭成功誕辰紀念日;	吉神:天恩陰德官日吉期除神鳴吠 凶神:大時大敗咸池九坎九焦往亡五離元武	庚寅年七月十八日 大驛土	庚寅年甲申月己酉日大驛土處暑除日寶日婁宿	宜:解除沐浴剃頭整手足甲掃舍宇破土安葬【覃恩肆赦施恩惠恤孤惸行惠愛雪冤枉緩刑獄安撫邊境選將訓兵出師】 忌:上冊受封上表章會親友出行上官赴任臨政親民結婚姻納采問名嫁娶進人口移徙求醫療病鼓鑄立券交易補垣塞穴捕捉畋獵取魚乘船渡水栽種【頒詔招賢宣政事營建宮室修宮室繕城郭】	●甲子時 ●丙寅時 ○丁卯時 ○庚午時 ●辛未時 ○癸酉時	戊辰時 四大吉時 甲子時 丙寅時 庚午時 壬申時 甲戌時	日家奇遁陰遁己酉吉方乾方開門青龍 紫白九星年八白月五黃日三碧	己酉日,處暑上元,陰一局;丙寅時震方青龍返首;丁卯時坤方風遁5重詐;己巳時兌方虎天遁1重詐;庚午時巽方天遁1重詐;辛未時坎方飛鳥跌穴、巽方地遁2人遁1風遁2重詐;壬申時離方地遁1人遁1休詐;癸酉時乾方重詐;	卯年生人忌用此日 占大門外東北
2010/8/28 星期六	吉神:天恩母倉陽德守日天巫福德六儀敬安司命 凶神:厭對招搖天狗九空復日	庚寅年七月十九日 四不祥	庚寅年甲申月庚戌日釵釧金處暑滿日義日胃宿	宜:上冊受封上表章會親友裁衣補垣塞穴栽種牧養納畜【覃恩肆赦施恩惠恤孤惸行惠愛雪冤枉緩刑獄慶賜賞賀修宮室繕城郭】 忌:祭祀襲爵受封上官赴任臨政親民結婚姻納采問名嫁娶進人口求醫療病修倉庫經絡開市立券交易納財開倉庫出貨財取魚乘船渡水破土安葬啟攢【施恩封拜招賢舉正直】	○戊寅時 ○庚辰時 ●辛巳時 ●甲申時 ○乙酉時 ●丁亥時	己卯時 乙酉時 四大吉時 丙子時 庚辰時 壬午時 甲申時 丙戌時	日家奇遁陰遁庚戌吉方坎方休門太乙 紫白九星年八白月五黃日二黑	庚戌日,處暑上元,陰一局;丙子時坎方飛鳥跌穴;庚辰時乾方青龍返首;辛巳時震方青龍返首;壬午時坤方人遁2真詐;丁亥時震方青龍返首、坤方雲遁4鬼遁3重詐;	辰年生人忌用此日 碓磨栖外東北

日期節日	吉神凶神○	陰曆	干支	用事宜忌○	協記吉時	貴登天門	日家奇門	時家奇門遁甲	忌用
2010/8/29 星期日	吉神：天恩相日普護 凶神：天罡死神月害遊禍四窮九虎五虛重日勾陳	庚寅年七月二十日 瘟星入，小空亡，龍禁	庚寅年甲申月辛亥日 釵釧金 處暑 平日 寶日 昴宿	宜：祭祀沐浴修飾垣牆平治道塗【覃恩肆赦施恩惠恤孤悖行惠愛雪冤枉緩刑獄】 忌：祈福求嗣上冊受封上表章襲爵受封會親友冠帶出行上官赴任臨政親民結婚姻納采問名嫁娶進人口移徙安床解除求醫療病裁衣築堤防修造動土豎柱上梁修倉庫鼓鑄經絡醞釀開市立券交易納財開倉庫出貨財修置產室開渠穿井栽種牧養納畜破土安葬啟攢【頒詔施恩封拜招賢舉正直宣政事安撫邊境選將訓兵出師營建宮室修宮室繕城郭】	●己丑時 ◎壬辰時 ○甲午時 ●乙未時 ●戊戌時 ●己亥時	戊戌時 四大吉時 庚寅時 壬辰時 甲午時 丙申時	日家奇遁 陰遁辛亥 吉方坎方 休門天乙 紫白九星 年八白 月五黃 日一白	辛亥日，處暑上元，陰一局；戊子時震方鬼遁3重詐；庚寅時巽方鬼遁3重詐；辛卯時坎方鬼遁3重詐；壬辰時坎方飛鳥跌穴；癸巳時乾方鬼遁3重詐；乙未時震方人遁1休詐；丙申時乾方人遁1休詐；戊戌時震方青龍返首、坤方人遁1休詐；己亥時坎方飛鳥跌穴天遁3；	巳年生人忌用此日 廚灶房外東北
2010/8/30 星期一	吉神：月德天恩月恩四相時德民日三合臨日時陰福生青龍鳴吠對 凶神：死氣	庚寅年七月二十一日 赤口，天地凶敗	庚寅年甲申月壬子日 桑柘木 處暑 定日 專日 畢宿	宜：祭祀祈福求嗣上冊受封上表章襲爵受封會親友冠帶出行上官赴任臨政親民結婚姻納采問名嫁娶進人口移徙解除沐浴裁衣修造動土豎柱上梁修倉庫經絡醞釀開市立券交易納財開倉庫出貨財安碓磑栽種牧養納畜破土安葬啟攢【頒詔覃恩肆赦施恩封拜招賢舉正直施恩惠恤孤悖宣政事布政事行惠愛雪冤枉緩刑獄慶賜賞營建宮室修宮室繕城郭】 忌：求醫療病開渠畋獵取魚	●庚子時 ●辛丑時 ◎癸卯時 ◎丙午時 ◎戊申時 ●己酉時	辛亥時 四大吉時 庚子時 甲辰時 丙午時 庚戌時	日家奇遁 陰遁壬子 吉方離方 休門天乙 紫白九星 年八白 月五黃 日九紫	壬子日，處暑上元，陰一局；壬寅時離方人遁1風遁6休詐；乙巳時坎方飛鳥跌穴；己酉時震方地遁2人遁2真詐；庚戌時震方青龍返首；	午年生人忌用此日 倉庫碓外東北
2010/8/31 星期二	吉神：天德天恩母倉四相明堂 凶神：小耗歸忌八專觸水龍	庚寅年七月二十二日 短星	庚寅年甲申月癸丑日 桑柘木 處暑 執日 伐日 觜宿	宜：祭祀祈福求嗣上冊受封上表章襲爵受封會親友出行上官赴任臨政親民解除求醫療病裁衣修造動土豎柱上梁修倉庫納財開倉庫出貨財捕捉栽種牧養納畜安葬【頒詔覃恩肆赦施恩封拜招賢舉正直施恩惠恤孤悖宣政事布政事行惠愛雪冤枉緩刑獄慶賜賞營建宮室修宮室繕城郭】 忌：冠帶結婚姻納采問名嫁娶移徙遠迴畋獵取魚乘船渡水	◎甲寅時 ◎乙卯時 ○丙辰時 ●丁巳時 ◎庚申時 ◎壬戌時 ◎癸亥時	癸丑時 四大吉時 壬子時 甲寅時 丙辰時 庚申時 壬戌時	日家奇遁 陰遁癸丑 吉方離方 休門太陰 紫白九星 年八白 月五黃 日八白	癸丑日，處暑上元，陰一局；癸丑時坎方飛鳥跌穴、艮方人遁2鬼遁2真詐；丁巳時坎方飛鳥跌穴人遁1休詐；壬戌時震方青龍返首；	未年生人忌用此日 占房廁外東北
2010/9/1 星期三 記者節；	吉神：驛馬天后聖心解神三合鳴吠對 凶神：月破大耗月刑四廢八專天刑	庚寅年七月二十三日 瘟星出，月忌，六壬空	庚寅年甲申月甲寅日 大溪水 處暑 破日 專日 參宿	忌：諸事不宜【頒詔施恩封拜招賢舉正直宣政事布政事慶賜賞安撫邊境選將訓兵出師營建宮室修宮室繕城郭】	◎甲子時 ◎乙丑時 ○丙寅時 ●戊辰時 ◎己巳時 ●辛未時 ●甲戌時	癸酉時 四大吉時 甲子時 丙寅時 庚午時 壬申時 甲戌時	日家奇遁 陰遁甲寅 吉方巽方 開門軒轅 紫白九星 年八白 月五黃 日七赤	甲寅日，處暑中元，陰四局；丙寅時乾方青龍返首、巽方飛鳥跌穴天遁3；甲戌時乾方人遁1休詐；乙亥時震方人遁1休詐；	申年生人忌用此日 占門爐外東北

日期節日	吉神凶神○	陰曆	干支	用事宜忌○	協記吉時	貴登天門	日家奇門	時家奇門遁甲	忌用
2010/9/2 星期四	吉神：益後五合鳴吠對 凶神：天吏致死四廢五虛土符朱雀三陰	庚寅年 七月 二十四日 大空亡	庚寅年 甲申月 乙卯日 大溪水 處暑 危日 專日 井宿	忌：諸事不宜【頒詔施恩封拜招賢舉正直宣政事布政事慶賜賞賀出師營建宮室修宮室繕城郭】	◎丙子時 ●戊寅時 ●己卯時 ◎壬午時 ◎癸未時 ○甲申時 ◎乙酉時 ○丙戌時	甲申時 四大吉時 丙子時 庚辰時 壬午時 甲申時 丙戌時	日家奇遁陰遁乙卯吉方震方生門軒轅 紫白九星年八白月五黃日六白	乙卯日，處暑中元，陰四局；丁丑時乾方青龍返首、巽方飛鳥跌穴天遁3人遁1休詐；戊寅時坎方人遁1虎遁6休詐；壬午時艮方人遁1休詐；甲申時乾方重詐；	酉年生人忌用此日 碓磨門外正東
2010/9/3 星期五 軍人節；	吉神：月空母倉三合天喜天醫續世金匱 凶神：月厭地火四擊大煞血忌	庚寅年 七月 二十五日 大空亡	庚寅年 甲申月 丙辰日 沙中土 處暑 成日 寶日 鬼宿	宜：祭祀入學　忌：祈福求嗣上冊受封上表章襲爵受封會親友冠帶出行上官赴任臨政親民結婚姻納采問名嫁娶進人口移徙遠迴安床解除剃頭整手足甲求醫療病針刺裁衣築堤防修造動土豎柱上梁修倉庫鼓鑄經絡醞釀開市立券交易納財開倉庫出貨財修置產室開渠穿井安碓磑補垣塞穴修飾垣牆平治道塗破屋壞垣伐木栽種牧養納畜破土安葬啟攢【頒詔招賢宣政事布政事選將訓兵出師營建宮室】	●庚寅時 ○壬辰時 ◎癸巳時 ●丙申時 ○丁酉時 ◎己亥時	乙未時 四大吉時 庚寅時 壬辰時 甲午時 丙申時	日家奇遁陰遁丙辰吉方艮方休門青龍 紫白九星年八白月五黃日五黃	丙辰日，處暑中元，陰四局；庚寅時乾方重詐；壬辰時兌方天遁1重詐；癸巳時乾方青龍返首、巽方飛鳥跌穴；	戌年生人忌用此日 廚灶栖外正東
2010/9/4 星期六	吉神：月德合六合五富要安寶光 凶神：河魁劫煞地囊重日	庚寅年 七月 二十六日 龍禁	庚寅年 甲申月 丁巳日 沙中土 處暑 收日 專日 柳宿	宜：祭祀祈福求嗣上冊受封上表章襲爵受封會親友上官赴任臨政親民結婚姻納采問名嫁娶進人口移徙解除裁衣豎柱上梁經絡醞釀立券交易納財開倉庫捕捉牧養納畜【覃恩肆赦施恩惠恤孤惸行惠愛雪冤枉緩刑獄】 忌：出行剃頭求醫療病築堤防修造動土修倉庫修置產室開渠穿井安碓磑補垣修飾垣牆平治道塗破屋壞垣畋獵取魚栽種破土【布政事修宮室】	◎辛丑時 ◎甲辰時 ●丙午時 ◎丁未時 ○己酉時 ●庚戌時 ●辛亥時	乙巳時 四大吉時 庚子時 壬寅時 甲辰時 丙午時 庚戌時	日家奇遁陰遁丁巳吉方震方生門太乙 紫白九星年八白月五黃日四綠	丁巳日，處暑中元，陰四局；庚子時巽方人遁4真詐；壬寅時乾方青龍返首、巽方飛鳥跌穴；丙午時乾方鬼遁3重詐；丙戌時乾方鬼遁3重詐；辛亥時乾方青龍返首、震方風遁6鬼遁3重詐、巽方飛鳥跌穴；	亥年生人忌用此日 倉庫床外正東
2010/9/5 星期日	吉神：天德合天馬時陽生氣不將玉宇鳴吠 凶神：災煞天火四耗白虎	庚寅年 七月 二十七日 赤口	庚寅年 甲申月 戊午日 天上火 處暑 開日 義日 星宿	宜：祭祀祈福求嗣上冊受封上表章襲爵受封會親友入學出行上官赴任臨政親民結婚姻納采問名嫁娶移徙解除裁衣修造動土豎柱上梁修倉庫開市修置產室開渠穿井安碓磑栽種牧養納畜【覃恩肆赦施恩惠恤孤惸行惠愛雪冤枉緩刑獄】　忌：求醫療病苫蓋伐木畋獵取魚【布政事】	◎壬子時 ◎癸丑時 ●乙卯時 ◎戊午時 ○己未時 ●庚申時 ●辛酉時	乙卯時 辛酉時 四大吉時 壬子時 甲寅時 丙辰時 庚申時 壬戌時	日家奇遁陰遁戊午吉方乾方生門青龍 紫白九星年八白月五黃日三碧	戊午日，處暑中元，陰四局；乙卯時乾方青龍返首、巽方飛鳥跌穴；丁巳時巽方人遁1休詐；庚申時乾方青龍返首、巽方飛鳥跌穴天遁4風遁3真詐；	子年生人忌用此日 房床碓外正東

日期節日	吉神凶神○	陰曆	干支	用事宜忌○	協記吉時	貴登天門	日家奇門	時家奇門遁甲	忌用
2010/9/6 星期一	吉神：母倉金堂玉堂 凶神：月煞月虛血支天賊五虛八專	庚寅年七月二十八日 小空亡，四不祥	庚寅年甲申月己未日天上火處暑閉日專日張宿	忌：諸事不宜【頒詔施恩封拜招賢舉正直宣政事布政事慶賜賞賀安撫邊境選將訓兵出師營建宮室修宮室繕城郭】	●丙寅時 ●丁卯時 ●己巳時 ○庚午時 ○辛未時 ◎壬申時 ●甲戌時 ○乙亥時	戊辰時 四大吉時 甲子時 丙寅時 庚午時 壬申時 甲戌時	日家奇遁陰遁己未吉方坤方開門天乙 紫白九星年八白月五黃日二黑	己未日，處暑下元，陰七局；甲子時坎方龍遁4鬼遁3重詐；丙寅時離方青龍返首、兌方鬼遁3重詐；丁卯時兌方飛鳥跌穴天遁3人遁2真詐；庚午時巽方人遁2虎遁6真詐；辛未時坤方鬼遁3重詐；壬申時離方鬼遁3重詐；癸酉時乾方風遁6鬼遁3重詐；甲戌時艮方地遁2人遁3風遁4重詐；乙亥時兌方飛鳥跌穴人遁1休詐；	丑年生人忌用此日 占門廁外正東
2010/9/7 星期二	吉神：王日天倉除神鳴吠 凶神：月建小時土府復日五離八專天牢陽錯	庚寅年七月二十九日 六壬空，楊公忌日	庚寅年甲申月庚申日石榴木處暑建日專日翼宿	宜：襲爵受封出行上官赴任臨政親民進人口沐浴裁衣納財掃舍宇納畜【頒詔覃恩肆赦施恩封拜招賢舉正直施恩惠恤孤惸宣政事行惠愛雪冤枉緩刑獄】 忌：祈福求嗣上冊受封上表章會親友結婚姻納采問名嫁娶安床解除剃頭整手足甲求醫療病築堤防修造動土豎柱上梁修倉庫經絡立券交易開倉庫出貨財修置產室開渠穿井安碓磑補垣牆修飾垣牆平治道塗破屋壞垣伐木栽種破土安葬啟攢【營建宮室修宮室繕城郭】	◎丙子時 ◎丁丑時 ●庚辰時 ●辛巳時 ◎癸未時 ◎甲申時 ◎丙戌時	己卯時 乙酉時 四大吉時 丙子時 庚辰時 壬午時 甲申時 丙戌時	日家奇遁陰遁庚申吉方坤方開門太陰 紫白九星年八白月五黃日一白	庚申日，處暑下元，陰七局；丁丑時震方地遁2鬼遁5重詐；己卯時艮方地遁2真詐；庚辰時離方青龍返首；壬午時乾方人遁1休詐；癸未時乾方地遁1鬼遁5重詐、離方青龍返首；	寅年生人忌用此日 碓磨爐外東南
2010/9/8 星期三 02時41分【丑時】交白露節節前使用為甲申月	吉神：陰德官日吉期除神鳴吠 凶神：大時大敗咸池九坎九焦往亡五離元武	庚寅年八月初一日	庚寅年甲申月辛酉日石榴木處暑除日專日軫宿	宜：解除沐浴剃頭整手足甲掃舍宇破土安葬【施恩惠恤孤惸行惠愛雪冤枉緩刑獄】 忌：上冊受封上表章會親友出行上官赴任臨政親民結婚姻納采問名嫁娶進人口移徙求醫療病鼓鑄醞釀立券交易補垣塞穴捕捉畋獵取魚乘船渡水栽種【頒詔招賢舉正直宣政事慶賜賞賀營建宮室修宮室繕城郭】	◎戊子時	 四大吉時	陰遁辛酉吉方坎方生門太陰 紫白九星年八白月五黃日九紫	辛酉日，處暑下元，陰七局；己丑時兌方飛鳥跌穴天遁4、青龍返首；辛卯時離方青龍返首、艮方地遁2真詐；乙未時離方青龍返首、兌方人遁1休詐；丙申時艮方人遁1休詐；丁酉時坤方人遁1休詐、兌方地遁2人遁2虎遁7真詐；	卯年生人忌用此日 廚灶門外東南
2010/9/8 星期三 02時41分【丑時】交白露節八月節乙酉月	太陽過黃經一六五度，夜涼，水氣凝結戊露【斗指癸為白露，陰氣漸重，凌而為露，故名白露】			白露八月節天道東北行宜向東北行宜修造東北維；天德在艮月德在庚月德合在乙月空在甲宜修造取土；月建在酉月破在卯月厭在卯月刑在酉月害在戌劫煞在寅災煞在卯月煞在辰忌修造取土；二日五日長星、十八十九日短星；白露後十八日往亡、秋分前一日四離；秋分八月中日躔在辰宮為八月將宜用艮巽坤乾時；					

日期節日	吉神凶神○	陰曆	干支	用事宜忌○	協記吉時	貴登天門	日家奇門	時家奇門遁甲	忌用
2010/9/8 星期三 02時41分 【丑時】 交白露節 節後使用 為乙酉月	吉神：官日六 儀益後除神玉 堂鳴吠 凶神：月建小 時土府月刑厭 對招搖復日五 離陽錯	庚寅年 八月 初一日 石榴木 白露 建日 專日 軫宿	庚寅年 乙酉月 辛酉日	宜：祭祀沐浴掃舍宇　忌：祈福求嗣上表章襲爵受封會 親友冠帶出行上官赴任臨政親民 結婚姻納采問名嫁娶進人口移徙 安床解除剃頭整手足甲求醫療病 裁衣築堤防修造動土豎柱上梁修 倉庫鼓鑄經絡醞釀開市立券交易 納財開倉庫出貨財修置產室開渠 穿井安碓磑補垣塞穴修飾垣牆平 治道塗破屋壞垣伐木取魚乘船渡 水栽種牧養納畜破土安葬啟攢 【頒詔招賢舉正直宣政事布政事 慶賜賞賀營建宮室修宮室繕城 郭】	●庚寅時 ○辛卯時 ●甲午時 ○乙未時 ○丁酉時	戊戌時 四大吉時 庚寅時 壬辰時 甲午時 丙申時	日家奇遁 陰遁辛酉 吉方坎方 生門太陰 紫白九星 年八白 月四綠 日九紫	辛酉日，處暑下元，陰 七局；己丑時兌方飛鳥 跌穴天遁4；辛卯時離 方青龍返首；甲午時坎 方人遁1休詐、艮方地 遁2人遁2風遁4真 詐；乙未時離方青龍返 首、兌方人遁1休詐； 丙申時艮方人遁1休 詐；丁酉時坤方人遁1 休詐、兌方地遁2人遁 2虎遁7真詐；	卯年 生人 忌用 此日 廚灶 門外 東南
2010/9/9 星期四 體育節：	吉神：母倉四 相守日天吉期續 世 凶神：月害血 忌天牢	庚寅年 八月 初二日 長星，天 地凶敗， 龍禁，赤 口	庚寅年 乙酉月 壬戌日 大海水 白露 除日 伐日 角宿	宜：祭祀襲爵受封出行上官赴任 臨政親民移徙解除沐浴剃頭整手 足甲裁衣修造動土豎柱上梁掃舍 宇栽種【施恩封拜舉正直修宮室 繕城郭】　忌：祈福求嗣上冊受 封上表章會親友結婚姻納采問名 嫁娶進人口求醫療病針刺修倉庫 經絡醞釀開市立券交易納財開倉 庫出貨財修置產室開渠牧養納畜 破土安葬啟攢	○壬寅時 ◎甲辰時 ●乙巳時 ◎戊申時 ◎己酉時 ○辛亥時	辛亥時 四大吉時 庚子時 壬寅時 甲午時 丙午時 庚戌時	日家奇遁 陰遁壬戌 吉方兌方 開門太乙 紫白九星 年八白 月四綠 日八白	壬戌日，處暑下元，陰 七局；庚子時震方人遁 1休詐、兌方飛鳥跌 穴；癸卯時兌方飛鳥跌 穴；甲辰時坎方人遁4 真詐；乙巳時巽方重 詐；丁未時震方重 詐、離方青龍返首；戊 申時坎方天遁1重詐； 己酉時坤方人遁2鬼遁 2真詐；	辰年 生人 忌用 此日 倉庫 栖外 東南
2010/9/10 星期五	吉神：月恩四 相相日驛馬天 后天巫福德要 安 凶神：五虛大 煞重日元武	庚寅年 八月 初三日 小空亡， 龍禁	庚寅年 乙酉月 癸亥日 大海水 白露 滿日 專日 亢宿	宜：祭祀解除沐浴【慶賜賞賀修 宮室繕城郭】　忌：嫁娶修倉庫 開倉庫出貨財破土安葬啟攢【安 撫邊境選將訓兵出師】	◎癸丑時 ○乙卯時 ●丙辰時 ●戊午時 ○己未時 ◎壬戌時 ◎癸亥時	癸丑時 四大吉時 壬子時 甲寅時 丙辰時 庚申時 壬戌時	日家奇遁 陰遁癸亥 吉方乾方 休門太乙 紫白九星 年八白 月四綠 日七赤	癸亥日，處暑下元，陰 七局；癸丑時乾方重 詐；己未時兌方飛鳥跌 穴；辛酉時離方青龍返 首；	巳年 生人 忌用 此日 占房 床外 東南
2010/9/11 星期六	吉神：月空天 恩時德陽德民 日玉宇司命 凶神：河魁死 神天吏致死往 亡	庚寅年 八月 初四日 四不祥， 六壬空	庚寅年 乙酉月 甲子日 海中金 白露 平日 義日 氐宿	宜：祭祀沐浴修飾垣牆平治道塗 【覃恩肆赦施恩惠恤孤惸行惠愛 雪冤枉緩刑獄】　忌：祈福求嗣 上冊受封上表章襲爵受封會親友 冠帶出行上官赴任臨政親民結婚 姻納采問名嫁娶進人口移徙安床 解除求醫療病裁衣築堤防修造動 土豎柱上梁修倉庫鼓鑄經絡醞釀 開市立券交易納財開倉庫出貨財 修置產室開渠穿井捕捉畋獵取魚 栽種牧養納畜破土安葬啟攢【頒 詔招賢宣政事安撫邊境選將訓兵 出師營建宮室】	●甲子時 ○乙丑時 ○丙寅時 ○丁卯時 ○庚午時 ○壬申時 ○癸酉時	癸酉時 四大吉時 甲子時 丙寅時 庚午時 壬申時 甲戌時	日家奇遁 陰遁甲子 吉方坤方 生門太乙 紫白九星 年八白 月四綠 日三碧	甲子日，白露上元，陰 九局；乙丑時兌方人遁 2鬼遁2真詐；丙寅時 巽方人遁2鬼遁2真 詐、坤方青龍返首；戊 辰時震方人遁2鬼遁2 真詐；己巳時乾方人遁 4真詐；壬申時坤方青 龍返首；癸酉時離方飛 鳥跌穴、艮方人遁2風 遁6鬼遁2真詐；乙亥 時離方飛鳥跌穴天遁 4；	午年 生人 忌用 此日 占門 碓外 東南

日期節日	吉神凶神○	陰曆	干支	用事宜忌○	協記吉時	貴登天門	日家奇門	時家奇門遁甲	忌用
2010/9/12 星期日	吉神：月德合天恩母倉三合時陰金堂 凶神：死氣勾陳	庚寅年八月初五日 月忌，長星，四方耗	庚寅年乙酉月乙丑日海中金白露定日制日房宿	宜：祭祀祈福求嗣上冊受封上表章襲爵受封親友出行上官臨政親民結婚姻納采問名嫁娶進人口移徙解除裁衣修造動土豎柱上梁修倉庫經絡醞釀立券交易納財安碓磑牧養納畜安葬【頒詔覃恩肆赦施恩封拜招賢舉正直施恩惠恤孤惸行政事布政事行惠愛雪冤枉緩刑獄慶賜賞賀營建宮室修宮室繕城郭】　忌：冠帶求醫療病畋獵取魚栽種	○丙子時 ●丁丑時 ●戊寅時 ●己卯時 ◎辛巳時 ●甲申時 ●丙戌時 ○丁亥時	甲申時 四大吉時 丙子時 庚辰時 壬午時 甲申時 丙戌時	乙丑日，白露遁乙丑吉方坤方生門天乙 紫白九星年八月四綠日二黑	乙丑日，白露上元，陰九局；丁丑時坤方青龍返首；甲申時坎方地遁2重詐；乙酉時震方地遁2人遁3重詐；丙戌時乾方地遁2雲遁1重詐、離方飛鳥跌穴；丁亥時離方地遁2鬼遁5重詐；	未年生人忌用此日 碓磨廁外東南
2010/9/13 星期一	吉神：天恩解神五合青龍鳴吠對 凶神：劫煞小耗地囊歸忌	庚寅年八月初六日	庚寅年乙酉月丙寅日爐中火白露執日義日心宿	宜：沐浴捕捉【覃恩肆赦施恩惠恤孤惸行惠愛雪冤枉緩刑獄】　忌：祭祀祈福求嗣上冊受封上表章襲爵受封會親友冠帶出行上官赴任臨政親民結婚姻納采問名嫁娶進人口移徙遠迴安床解除剃頭整手足求醫療病裁衣築堤防修造動土豎柱上梁修倉庫鼓鑄經絡醞釀開市立券交易納財開倉庫出貨財修置產室開渠穿井安碓磑補垣塞穴修飾垣牆平治道塗破屋壞垣栽種牧養納畜破土安葬啟攢【頒詔施恩封拜招賢舉正直宣政事安撫邊境選將訓兵出師營建宮室修宮室繕城郭】	●戊子時 ●己丑時 ◎壬辰時 ◎癸巳時 ●乙未時 ◎戊戌時	乙未時 四大吉時 庚寅時 壬辰時 甲午時 丙申時	日家奇遁陰遁丙寅吉方坤方生門太陰 紫白九星年八月四綠日一白	丙寅日，白露上元，陰九局；辛卯時坤方青龍返首；壬辰時離方飛鳥跌穴天遁3；乙未時坤方青龍返首；	申年生人忌用此日 廚灶爐外正南
2010/9/14 星期二	吉神：天恩五合明堂鳴吠對 凶神：月破大耗災煞天火月厭地火五虛	庚寅年八月初七日 大空亡，四不祥	庚寅年乙酉月丁卯日爐中火白露破日義日尾宿	宜：【覃恩肆赦施恩惠恤孤惸行惠愛雪冤枉緩刑獄】　忌：諸事不宜【頒詔施恩封拜招賢舉正直宣政事安撫邊境選將訓兵出師營建宮室修宮室繕城郭】	◎庚子時 ◎壬寅時 ◎癸卯時 ●丙午時 ●丁未時 ◎己酉時	乙巳時 四大吉時 庚子時 壬寅時 甲辰時 丙午時 庚戌時	日家奇遁陰遁丁卯吉方坎方開門太陰 紫白九星年八月四綠日九紫	丁卯日，白露上元，陰九局；庚子時離方飛鳥跌穴天遁4真詐；癸卯時艮方人遁2真詐；乙巳時坤方人遁1休詐；丁未時乾方人遁1休詐；戊申時離方飛鳥跌穴天遁3；己酉時兌方人遁1休詐；庚戌時巽方人遁1休詐、坤方青龍返首；	酉年生人忌用此日 倉庫門外正南
2010/9/15 星期三	吉神：天恩母倉六合不將敬安 凶神：月煞月虛四擊天刑	庚寅年八月初八日 赤口，龍禁	庚寅年乙酉月戊辰日大林木白露危日專日箕宿	宜：【覃恩肆赦施恩惠恤孤惸行惠愛雪冤枉緩刑獄】　忌：祈福求嗣上冊受封上表章襲爵受封出行上官赴任臨政親民解除剃頭整手足甲求醫療病裁衣築堤防修造動土豎柱上梁修倉庫鼓鑄修置產室開渠穿井安碓磑補垣塞穴修飾垣牆破屋壞垣【頒詔施恩封拜招賢舉正宣政事出師營建宮室修宮室繕城郭】	◎甲寅時 ◎丙辰時 ●丁巳時 ●庚申時 ●辛酉時 ◎癸亥時	乙卯時 辛酉時 四大吉時 壬子時 甲寅時 丙辰時 庚申時 壬戌時	日家奇遁陰遁戊辰吉方艮方休門天乙 紫白九星年八月四綠日八白	戊辰日，白露上元，陰九局；壬子時震方人遁1休詐；癸丑時坎方人遁1休詐；甲寅時坎方人遁1地遁2休詐；丙辰時震方人遁1地遁2休詐；丁巳時離方飛鳥跌穴天遁4重詐；戊午時艮方地遁1人遁1休詐、坤方青龍返首；己未時兌方人遁1地遁2休詐；庚申時巽方人遁1地遁2風遁2休詐；辛酉時離方人遁1地遁2休詐；壬戌時震方人遁1地遁2休詐；癸亥時坎方人遁1地遁2休詐；	戌年生人忌用此日 占房栖外正南

日期節日	吉神凶神○	陰曆	干支	用事宜忌○	協記吉時	貴登天門	日家奇門	時家奇門遁甲	忌用
2010/9/16 星期四	吉神：三合臨日天喜天醫普護 凶神：重日朱雀	庚寅年八月初九日白露成日義日斗宿	庚寅年乙酉月己巳日大林木	宜：祭祀祈福上冊受封上表章襲爵受封會親友入學上官赴任臨政親民結婚姻納采問名嫁娶進人口移徙求醫療病裁衣築堤防修造動土豎柱上梁修倉庫經絡醞釀開市立券交易納財安碓磑栽種牧養納畜【施恩封拜慶賜賞賀安撫邊境修宮室繕城郭】　忌：出行破土安葬啟攢	◎乙丑時 ●戊辰時 ●庚午時 ●辛未時 ◎甲戌時 ◎乙亥時	戊辰時 四大吉時 甲子時 丙寅時 庚午時 壬申時 甲戌時	日家奇遁陰遁己巳吉方坎方開門青龍 紫白九星年八月四綠日七赤	己巳日，白露中元，陰遁己巳三局；甲子時乾方人遁1休詐；丙寅時中宮青龍返首；戊辰時坤方人遁1休詐；己巳時中宮青龍返首；庚午時坤方人遁1風遁6休詐；甲戌時乾方鬼遁3重詐；	亥年生人忌用此日 占門床外正南
2010/9/17 星期五	吉神：月德福生金匱鳴吠 凶神：天罡大時大敗咸池天賊九坎九焦	庚寅年八月初十日白露收日伐日牛宿	庚寅年乙酉月庚午日路傍土六壬空	宜：祭祀捕捉【覃恩肆赦施恩惠恤孤惸行惠愛雪冤枉緩刑獄】　忌：出行求醫療病修倉庫鼓鑄苫蓋經絡開倉庫出貨財補垣塞穴畋獵取魚乘船渡水栽種【布政事修宮室】	◎丙子時 ●丁丑時 ●己卯時 ◎壬午時 ●甲申時 ●乙酉時	己卯時 乙酉時 四大吉時 丙子時 庚辰時 壬午時 甲申時 丙戌時	日家奇遁陰遁庚午吉方乾方休門太陰 紫白九星年八月四綠日六白	庚午日，白露中元，陰遁三局；丙子時乾方鬼遁3重詐；丁丑時坤方地遁1人遁2真詐；己卯時巽方地遁2人遁2風遁2真詐；庚午時中宮青龍返首；辛巳時兌方鬼遁3重詐；癸未時坎方龍遁4鬼遁3重詐；乙酉時中宮青龍返首；	子年生人忌用此日 占碓磨外正南
2010/9/18 星期六	吉神：母倉陰德時陽生氣天倉不將寶光 凶神：五虛九空土符復日	庚寅年八月十一日白露開日義日女宿	庚寅年乙酉月辛未日路傍土小空亡	宜：祭祀祈福求嗣上冊受封上表章襲爵受封會親友入學出行上官赴任臨政親民嫁娶移徙解除裁衣豎柱上梁牧養納畜【頒詔覃恩肆赦施恩拜封招賢舉正直進恩惠恤孤惸宣政事行惠愛雪冤枉緩刑獄慶賜賞賞】　忌：進人口求醫療病築堤防修造動土修倉庫醞釀開市立券交易納財開倉庫出貨財修置產室開渠穿井安碓磑補垣修飾垣牆平治道塗破屋壞垣伐木畋獵取魚栽種破土安葬啟攢【營建宮室】	●庚寅時 ●辛卯時 ●癸巳時 ◎甲午時 ●丙申時 ●戊戌時 ◎己亥時	戊戌時 四大吉時 庚寅時 壬辰時 甲午時 丙申時	日家奇遁陰遁辛未吉方乾方生門太陰 紫白九星年八月四綠日五黃	辛未日，白露中元，陰遁三局；丁酉時中宮青龍返首；	丑年生人忌用此日 廚灶廁外西南
2010/9/19 星期日	吉神：四相王日天馬五富不將聖心除神鳴吠 凶神：遊禍血支五離白虎	庚寅年八月十二日白露閉日義日虛宿	庚寅年乙酉月壬申日劍鋒金	宜：祭祀沐浴剃頭整手足甲裁衣築堤防修倉庫經絡醞釀納財補塞穴掃舍宇栽種牧養納畜破土安葬【覃恩肆赦施恩惠恤孤惸行惠愛雪冤枉緩刑獄】　忌：祈福求嗣上冊受封上表章襲爵受封會親友出行上官赴任臨政親民結婚姻納采問名嫁娶進人口移徙安床解除求醫療病療目針刺修造動土豎柱上梁開市立券交易開倉庫出貨財修置產室開渠穿井【布政事出師營建宮室】	●庚子時 ●辛丑時 ●甲辰時 ◎乙巳時 ●丁未時 ◎庚戌時	辛亥時 四大吉時 庚子時 壬寅時 甲辰時 丙午時 庚戌時	日家奇遁陰遁壬申吉方兌方休門青龍 紫白九星年八月四綠日四綠	壬申日，白露中元，陰遁三局；乙巳時坤方地遁1雲遁7風遁2重詐；丙午時乾方地遁2人遁3重詐；丁未時坤方人遁2風遁6鬼遁2真詐；辛亥時兌方地遁2鬼遁5重詐、中宮青龍返首；	寅年生人忌用此日 倉庫爐外西南

日期節日	吉神凶神○	陰曆	干支	用事宜忌○	協記吉時	貴登天門	日家奇門	時家奇門遁甲	忌用
2010/9/20 星期一	吉神：月恩四相官日六儀益後除神玉堂鳴吠 凶神：月建小時土府月刑厭對招搖五離	庚寅年 八月 十三日 天休廢，天乙絕氣	庚寅年 乙酉月 癸酉日 劍鋒金 白露 建日 義日 危宿	宜：祭祀沐浴掃舍宇　忌：祈福求嗣上冊受封上表章襲爵受封會親友冠帶出行上官赴任臨政親民結婚姻納采問名嫁娶進人口移徙安床解除剃頭整手足甲求醫療病裁衣築堤防修造動土豎柱上梁修倉庫鼓鑄經絡醞醸開市立券交易納財開倉庫出貨財修置產室開渠穿井安碓磑補垣塞穴修飾垣牆平治道塗破屋壞垣伐木取魚乘船渡水栽種牧養納畜破土安葬啟攢【頒詔招賢宣政事布政事營建宮室】	◎壬子時 ●甲寅時 ◎乙卯時 ○丙辰時 ●戊午時 ◎己未時 ◎辛酉時	癸丑時 四大吉時 壬子時 甲寅時 丙辰時 庚申時 壬戌時	日家奇遁 陰遁癸酉 吉方乾方 休門青龍 紫白九星 年八白 月四綠 日三碧	癸酉日，白露中元，陰三局；壬子時巽方地遁2風遁2重詐；癸丑時坎方地遁2重詐；乙卯時坎方地遁2人遁1休詐；丁巳時離方地遁2人遁1雲遁1休詐；壬戌時中宮青龍返首；	卯年生人忌用此日 房床門外西南
2010/9/21 星期二	吉神：月空母倉守日吉期續世 凶神：月害血忌天牢	庚寅年 八月 十四日 月忌，龍禁，赤口	庚寅年 乙酉月 甲戌日 山頭火 白露 除日 制日 室宿	宜：祭祀襲爵受封出行上官赴任臨政親民解除沐浴剃頭整手足甲掃舍宇栽種【施恩封拜舉正直】 忌：祈福求嗣上冊受封上表章納采問名結婚姻納采問名嫁娶進人口求醫療病針刺修倉庫經絡醞醸開市立券交易納財開倉庫出貨財修置產室牧養納畜破土安葬啟攢【慶賜賞賀】	●丙寅時 ◎戊辰時 ●己巳時 ◎壬申時 ◎癸酉時 ●乙亥時	癸酉時 四大吉時 甲子時 丙寅時 庚午時 壬申時 甲戌時	日家奇遁 陰遁甲戌 吉方坎方 生門太乙 紫白九星 年八白 月四綠 日二黑	甲戌日，白露下元，陰六局；甲子時艮方重詐；丙寅時艮方青龍返首、巽方風遁3重詐；午時乾方飛鳥跌穴、震方人遁1休詐；庚午時坤方重詐；壬申時乾方飛鳥跌穴重詐；	辰年生人忌用此日 門雞栖外西南
2010/9/22 星期三 中秋節	吉神：月德合相日驛馬天后天巫福德要安 凶神：五虛大煞重日元武；秋分前一日四離	庚寅年 八月 十五日 大空亡	庚寅年 乙酉月 乙亥日 山頭火 白露 滿日 義日 壁宿	宜：祭祀解除沐浴補垣塞穴 忌：嫁娶畋獵取魚栽種【出師】	●丁丑時 ●庚辰時 ◎壬午時 ◎癸未時 ●丙戌時 ◎丁亥時	甲申時 四大吉時 丙子時 庚辰時 壬午時 甲申時 丙戌時	日家奇遁 陰遁乙亥 吉方坎方 生門天乙 紫白九星 年八白 月四綠 日一白	乙亥日，白露下元，陰六局；戊寅時艮方青龍返首；庚辰時乾方飛鳥跌穴；甲申時艮方人遁2真詐；丙戌時乾方飛鳥跌穴；	巳年生人忌用此日 碓磨床外西南
2010/9/23 星期四 11時48分 【午時】 交秋分氣 八月氣 乙酉月	太陽過黃經一八〇度，陽光直射赤道，晝夜平分【斗指己為秋分，南北兩半球晝夜均分，又適當秋之半，故名秋分】								

日期節日	吉神凶神○	陰曆	干支	用事宜忌○	協記吉時	貴登天門	日家奇門	時家奇門遁甲	忌用
2010/9/23 星期四	吉神：時德陽德民日玉宇司命鳴吠對 凶神：河魁死神天吏致死往亡觸水龍 ；秋分	庚寅年八月十六日 四不祥，六壬空	庚寅年乙酉月丙子日 潤下水 秋分 平日 伐日 奎宿	宜：祭祀沐浴修飾垣牆平治道塗【施恩惠恤孤惸行惠愛雪冤枉緩刑獄】忌：祈福求嗣上冊受封上表章襲爵受封親友冠帶出行上官赴任臨政親民結婚姻納采問名嫁娶進人口移徙安床解除求醫療病裁衣築堤防修造動土豎柱上梁修倉庫鼓鑄經絡醞釀開市立券交易納財開倉庫出貨財修置產室開渠穿井捕捉畋獵取魚乘船渡水栽種牧養納畜破土安葬啟攢【頒詔招賢宣政事布政事安撫邊境選將訓兵出師營建宮室】	●戊子時 ●己丑時 ◎辛卯時 ◎甲午時 ●丙申時 ◎丁酉時	甲午時 四大吉時 庚寅時 癸巳時 丙申時 己亥時	日家奇遁 陰遁丙子 吉方離方 生門天乙 紫白九星 年八白 月四綠 日九紫	丙子日，白露下元，陰六局；己丑時艮方青龍返首；壬辰時艮方青龍返首、巽方人遁2真詐；丁酉時艮方青龍返首；	午年生人忌用此日 倉庫廁外正西
2010/9/24 星期五	吉神：母倉三合時陰金堂 凶神：死氣勾陳	庚寅年八月十七日	庚寅年乙酉月丁丑日 潤下水 秋分 定日 寶日 婁宿	宜：會親友結婚姻納采問名嫁娶進人口裁衣修造動土豎柱上梁修倉庫經絡醞釀立券交易納財安碓磑牧養納畜【慶賜賞賀修宮室繕城郭】忌：冠帶解除剃頭求醫療病修置產室栽種【安撫邊境選將訓兵出師】	◎壬寅時 ◎癸卯時 ●乙巳時 ◎戊申時 ◎庚戌時 ●辛亥時	甲辰時 四大吉時 壬寅時 乙巳時 戊申時 辛亥時	日家奇遁 陰遁丁丑 吉方離方 生門太陰 紫白九星 年八白 月四綠 日八白	丁丑日，白露下元，陰六局；庚子時坤方鬼遁3重詐；辛丑時離方鬼遁3重詐；癸卯時乾方飛鳥跌穴天遁4；戊申時艮方青龍返首；庚戌時乾方飛鳥跌穴天遁4；	未年生人忌用此日 房床爐外正西
2010/9/25 星期六	吉神：解神五合青龍 凶神：劫煞小耗歸忌 ；白露後十八日氣往亡	庚寅年八月十八日 短星，天休廢，天地凶敗	庚寅年乙酉月戊寅日 城頭土 秋分 執日 伐日 胃宿	宜：沐浴捕捉 忌：祭祀祈福求嗣上冊受封上表章襲爵受封會親友冠帶出行上官赴任臨政親民結婚姻納采問名嫁娶進人口移徙解除剃頭整手足甲求醫療病裁衣築堤防修造動土豎柱上梁修倉庫鼓鑄經絡醞釀開市立券交易納財開倉庫出貨財修置產室開渠穿井安碓磑補垣塞穴修飾垣牆破屋壞垣栽種牧養納畜破土安葬啟攢【頒詔施恩封拜招賢舉正直宣政事布政事慶賜賞賀安撫邊境選將訓兵出師營建宮室修宮室繕城郭】捕捉畋獵取魚	◎壬子時 ◎癸丑時 ●丙辰時 ◎丁巳時 ◎己未時 ◎壬戌時	四大吉時 甲寅時 丁巳時 庚申時 癸亥時	日家奇遁 陰遁戊寅 吉方巽方 休門軒轅 紫白九星 年八白 月四綠 日七赤	戊寅日，白露下元，陰六局；乙卯時乾方飛鳥跌穴；辛酉時艮方青龍返首；	申年生人忌用此日 占大門外正西
2010/9/26 星期日	吉神：天恩五合明堂 凶神：月破大耗災煞天火月厭陰陽衝道地火五虛	庚寅年八月十九日 小空亡，短星，四不祥	庚寅年乙酉月己卯日 城頭土 秋分 破日 伐日 昴宿	宜：【覃恩肆赦施恩惠恤孤惸行惠愛雪冤枉緩刑獄】忌：諸事不宜【頒詔施恩封拜招賢舉正直宣政事安撫邊境選將訓兵出師營建宮室修宮室繕城郭】	◎甲子時 ●丙寅時 ◎丁卯時 ◎庚午時 ●辛未時 ◎癸酉時	丁卯時 四大吉時 丙寅時 己巳時 壬申時 乙亥時	日家奇遁 陰遁己卯 吉方震方 休門軒轅 紫白九星 年八白 月四綠 日六白	己卯日，秋分上元，陰七局；甲子時坎方龍遁4鬼遁3重詐；丙寅時離方青龍返首、兌方鬼遁3重詐；丁卯時兌方飛鳥跌穴天遁3人遁2真詐；庚午時巽方人遁2虎遁6真詐；辛未時坤方鬼遁3重詐；壬申時離方鬼遁3重詐；癸酉時乾方風遁6鬼遁3重詐；甲戌時艮方地遁2人遁3風遁4重詐；乙亥時兌方飛鳥跌穴人遁1休詐；	酉年生人忌用此日 碓磨栖外正西

日期節日	吉神凶神○	陰曆	干支	用事宜忌○	協記吉時	貴登天門	日家奇門	時家奇門遁甲	忌用
2010/9/27 星期一	吉神：月德天恩母倉天願六合敬安　凶神：月煞月虛四擊天刑	庚寅年八月二十日 赤口	庚寅年乙酉月庚辰日白蠟金危日義日畢宿	宜：祭祀祈福求嗣上冊受封上表章襲爵受封會親友出行上官赴任臨政親民結婚姻納采問名嫁娶進人口移徙安床解除裁衣修造動土豎柱上梁修倉庫醞釀開市立券交易納財栽種牧養納畜安葬【覃恩肆赦施恩惠恤孤惸行惠愛雪冤枉緩刑獄】　忌：【修宮室】	●戊寅時 ●庚辰時 ●辛巳時 ◎甲申時 ◎乙酉時 ●丁亥時	四大吉時 戊寅時 辛巳時 甲申時 丁亥時	日家奇遁 陰遁庚辰 吉方巽方 生門太乙 紫白九星 年八白 月四綠 日五黃	庚辰日，秋分上元，陰七局；丁丑時地遁2鬼遁5重詐；己卯時艮方地遁2重詐；庚辰時離方青龍返首；壬午時乾方人遁1休詐；癸未時乾方地遁1鬼遁5重詐、離方青龍返首；	戌年生人忌用此日 碓磨栖外正西
2010/9/28 星期二 孔子誕辰紀念日 教師節；	吉神：天恩三合臨日天喜天醫不將普護　凶神：復日重日朱雀	庚寅年八月二十一日	庚寅年乙酉月辛巳日白蠟金秋分成日伐日觜宿	宜：祭祀祈福上冊受封上表章襲爵受封會親友入學上官赴任臨政親民結婚姻納采問名嫁娶進人口移徙求醫療病裁衣築堤防修造動土豎柱上梁修倉庫經絡開市立券交易納財安碓磑栽種牧養納畜【覃恩肆赦施恩封拜施恩惠恤孤惸行惠愛雪冤枉緩刑獄慶賜賞賀修宮室繕城郭】　忌：出行醞釀破土安葬啟攢【選將訓兵出師】	●己丑時 ◎壬辰時 ○癸巳時 ●甲午時 ●乙未時 ●戊戌時 ◎己亥時	丁酉時 四大吉時 庚寅時 癸巳時 丙申時 己亥時	日家奇遁 陰遁辛巳 吉方震方 休門太乙 紫白九星 年八白 月四綠 日四綠	辛巳日，秋分上元，陰七局；己丑時兌方飛鳥跌穴天遁4；辛卯時離方青龍返首；甲午時坎方人遁1休詐、艮方地遁2人遁2風遁4真詐；乙未時離方青龍返首、兌方人遁1休詐；丙申時艮方人遁1休詐、丁酉時坤方人遁1休詐、兌方地遁2人遁2虎遁7真詐；	亥年生人忌用此日 廚灶床外正西
2010/9/29 星期三	吉神：天恩四相不將福生金匱鳴吠　凶神：天罡大時大敗咸池天賊九坎九焦	庚寅年八月二十二日 龍禁,六王空	庚寅年乙酉月壬午日楊柳木秋分收日制日參宿	宜：祭祀捕捉【覃恩肆赦施恩惠恤孤惸行惠愛雪冤枉緩刑獄】　忌：祈福求嗣上冊受封上表章襲爵受封會親友冠帶出行上官赴任臨政親民結婚姻納采問名嫁娶進人口移徙安床解除求醫療病裁衣築堤防修造動土豎柱上梁修倉庫鼓鑄苫蓋經絡醞釀開市立券交易納財開倉庫出貨財修置產室開渠穿井補垣塞穴取魚乘船渡水栽種牧養納畜破土安葬啟攢【頒詔招賢宣政事安撫邊境選將訓兵出師營建宮室】	◎庚子時 ◎辛丑時 ●丙午時 ○丁未時 ◎戊申時 ◎己酉時	庚戌時 四大吉時 壬寅時 乙巳時 戊申時 辛亥時	日家奇遁 陰遁壬午 吉方坤方 休門太乙 紫白九星 年八白 月四綠 日三碧	壬午日，秋分上元，陰七局；庚子時震方人遁1休詐、兌方飛鳥跌穴；癸卯時兌方飛鳥跌穴；甲辰時坎方人遁4真詐；乙巳時巽方重詐；丙午時兌方飛鳥跌穴重詐；丁未時震方重詐、離方青龍返首；戊申時坎方天遁1重詐；己酉時坤方人遁2鬼遁2真詐；	子年生人忌用此日 倉庫碓外西北
2010/9/30 星期四	吉神：天恩母倉月恩四相陰德時陽生氣天倉不將寶光　凶神：五虛九空土符觸水龍	庚寅年八月二十三日 大空亡,月忌	庚寅年乙酉月癸未日楊柳木秋分開日伐日井宿	宜：祭祀祈福求嗣上冊受封上表章襲爵受封會親友入學出行上官赴任臨政親民結婚姻納采問名嫁娶移徙解除裁衣豎柱上梁牧養納畜【頒詔覃恩肆赦施恩封拜招賢舉正直施恩惠恤孤惸宣政事布政事行惠愛雪冤枉緩刑獄慶賜賞賀】　忌：進人口求醫療病築堤防修造動土修倉庫開市立券交易納財開倉庫出貨財修置產室開渠穿井安碓磑補垣修飾垣牆平治道塗破屋壞垣伐木畋獵取魚乘船渡水栽種破土【安撫邊境選將訓兵出師營建宮室】	●甲寅時 ●乙卯時 ○丙辰時 ●丁巳時 ◎庚申時 ◎壬戌時 ◎癸亥時	壬子時 四大吉時 甲寅時 丁巳時 庚申時 癸亥時	日家奇遁 陰遁癸未 吉方坤方 休門天乙 紫白九星 年八白 月四綠 日二黑	癸未日，秋分上元，陰七局；癸丑時乾方重詐；己未時兌方飛鳥跌穴；辛酉時離方青龍返首；	丑年生人忌用此日 房床廁外西北

日期節日	吉神凶神○	陰曆	干支	用事宜忌○	協記吉時	貴登天門	日家奇門	時家奇門遁甲	忌用
2010/10/1 星期五	吉神：月空王日天馬五富不將聖心除神鳴吠 凶神：遊禍血支五離白虎	庚寅年八月二十四日 秋分 閉日 伐日 鬼宿	庚寅年乙酉月甲申日泉中水	宜：祭祀沐浴剃頭整手足甲裁衣築堤防經絡醞釀納財補垣塞穴掃舍宇栽種牧養納畜破土安葬【覃恩肆赦施恩惠恤孤惸行惠愛雪冤枉緩刑獄】 忌：祈福求嗣上冊受封上表章襲爵受封會親友出行上官赴任臨政親民結婚姻納采問名嫁娶進人口移徙安床解除求醫療病療目針刺修造動土豎柱上梁開市立券交易開倉庫出貨財修置產室開渠穿井【施恩封拜布政事出師營建宮室修宮室】	●甲子時 ●乙丑時 ○丙寅時 ●戊辰時 ●己巳時 ○辛未時 ●甲戌時	丙寅時 壬申時 四大吉時 丙寅時 己巳時 壬申時 乙亥時	日家奇遁陰遁甲申吉方離方開門太乙 紫白九星年八白月四綠日一白	甲申日，秋分中元，陰一局；丙寅時震方青龍返首；丁卯時坤方風遁5重詐；己巳時兌方虎遁6重詐；庚午時巽方天遁1重詐；辛未時坎方飛鳥跌穴、巽方地遁2人遁1風遁2休詐；壬申時震方地遁1人遁1休詐；癸酉時乾方重詐；	寅年生人忌用此日 占門 爐外西北
2010/10/2 星期六	吉神：月德合官日六儀益後除神玉堂鳴吠 凶神：月建小時土府月刑厭對招搖五離	庚寅年八月二十五日 秋分 建日 伐日 柳宿	庚寅年乙酉月乙酉日泉中水	宜：祭祀沐浴掃舍宇【覃恩肆赦施恩惠恤孤惸行惠愛雪冤枉緩刑獄】 忌：會親友求醫療病築堤防修造動土修倉庫修置產室開渠穿井安碓磑補垣修飾垣牆平治道塗破屋壞垣伐木畋獵取魚栽種破土【布政事修宮室】	●丙子時 ●戊寅時 ○己卯時 ●壬午時 ●癸未時 ●甲申時 ◎乙酉時 ●丁亥時	己卯時 癸未時 四大吉時 戊寅時 辛巳時 甲申時 丁亥時	日家奇遁陰遁乙酉吉方坎方休門太陰 紫白九星年八白月四綠日九紫	乙酉日，秋分中元，陰一局；丙子時坎方飛鳥跌穴；庚辰時乾方人遁2真詐；辛巳時震方青龍返首；壬午時坤方人遁2真詐；丁亥時震方青龍返首、坤方雲遁4鬼遁3重詐；	卯年生人忌用此日 碓磨門外西北
2010/10/3 星期日	吉神：母倉守日吉期續世 凶神：月害血忌天牢	庚寅年八月二十六日 龍禁，赤口	庚寅年乙酉月丙戌日屋上土 秋分 除日 寶日 星宿	宜：祭祀襲爵受封出行上官赴任臨政親民解除沐浴剃頭整手足甲掃舍宇栽種【施恩封拜舉正直】 忌：祈福求嗣上冊上表章會親友結婚姻納采問名嫁娶進人口求醫療病針刺修倉庫經絡醞釀開市立券交易納財開倉庫出貨財修置產室牧養納畜破土安葬啟攢【慶賜賞賀】	○戊子時 ●庚寅時 ◎壬辰時 ●癸巳時 ●丙申時 ●丁酉時 ●戊戌時 ●己亥時	甲午時 四大吉時 庚寅時 癸巳時 丙申時 己亥時	日家奇遁陰遁丙戌吉方艮方生門天乙 紫白九星年八白月四綠日八白	丙戌日，秋分中元，陰一局；戊子時震方鬼遁3重詐；庚寅時巽方鬼遁3重詐；辛卯時坎方飛鳥跌穴；壬辰時坎方飛鳥跌穴；癸巳時乾方鬼遁3重詐；乙未時震方人遁1休詐；丙申時乾方人遁1休詐；戊戌時震方青龍返首、坤方人遁1休詐；己亥時坎方飛鳥跌穴天遁3；	辰年生人忌用此日 廚灶栖外西北
2010/10/4 星期一	吉神：相日驛馬天后天巫福德要安 凶神：五虛八符大煞重日元武	庚寅年八月二十七日 瘟星入，小空亡，楊公忌日	庚寅年乙酉月丁亥日屋上土 秋分 滿日 伐日 張宿	宜：祭祀祈福上冊受封上表章會親友出行進人口移徙沐浴裁衣經絡開市立券交易納財補垣塞穴【慶賜賞賀修宮室繕城郭】 忌：襲爵受封上官赴任臨政親民結婚姻納采問名嫁娶剃頭求醫療病修倉庫開倉庫出貨財取魚乘船渡水破土安葬啟攢【施恩封拜招賢舉正直安撫邊境選將訓兵出師】	●辛丑時 ●壬辰時 ●丙午時 ◎丁未時 ○己酉時 ●庚戌時 ●辛亥時	甲辰時 四大吉時 壬寅時 乙巳時 戊申時 辛亥時	日家奇遁陰遁丁亥吉方坎方休門青龍 紫白九星年八白月四綠日七赤	丁亥日，秋分中元，陰一局；壬寅時震方人遁1風遁6休詐；乙巳時坎方飛鳥跌穴；己酉時震方地遁2人遁2真詐；庚戌時震方青龍返首；	巳年生人忌用此日 倉庫床外西北

2010庚寅年擇日曆書

日期節日	吉神凶神○	陰曆	干支	用事宜忌○	協記吉時	貴登天門	日家奇門	時家奇門遁甲	忌用
2010/10/5 星期二	吉神：時德陽德民日玉宇司命 凶神：河魁死神天吏致死往亡	庚寅年八月二十八日 四不祥，六壬空	庚寅年乙酉月戊子日霹靂火秋分平日制日翼宿	宜：祭祀沐浴修飾垣牆平治道塗【施恩惠恤孤惸行惠愛雪冤枉緩刑獄】 忌：祈福求嗣上冊受封上表章襲爵受封會親友冠帶出行上官赴任臨政親民結婚姻納采問名嫁娶進人口移徙安床解除求醫療病裁衣築堤防修造動土豎柱上梁修倉庫鼓鑄經絡醞釀開市立券交易納財開倉庫出貨財修置產室開渠穿井捕捉畋獵取魚栽種牧養納畜破土安葬啟攢【頒詔招賢宣政事布政事安撫邊境選將訓兵出師營建宮室】	◎壬子時 ◎癸丑時 ◎乙卯時 ◎戊午時 ●庚申時 ●辛酉時	四大吉時甲寅時丁巳時庚申時癸亥時	日家奇遁陰遁戊子吉方離方休門青龍 紫白九星年八白月四綠日六白	戊子日，秋分中元，陰一局；癸丑時坎方飛鳥跌穴；丁巳時坎方飛鳥跌穴人遁1休詐、艮方人遁2鬼遁2真詐；壬戌時震方青龍返首；	午年生人忌用此日 房床碓外正北
2010/10/6 星期三	吉神：母倉三合時陰金堂 凶神：死氣勾陳	庚寅年八月二十九日	庚寅年乙酉月己丑日霹靂火秋分定日專日軫宿	宜：會親友結婚姻納采問名嫁娶進人口裁衣築造動土豎柱上梁修倉庫經絡醞釀立券交易納財安碓磑牧養納畜【慶賜賞賀修宮室繕城郭】 忌：冠帶解除求醫療病修置產室栽種【安撫邊境選將訓兵出師】	○甲子時 ●丙寅時 ●丁卯時 ●己巳時 ◎壬戌時 ◎甲戌時 ◎乙亥時	四大吉時丙寅時己巳時壬申時乙亥時	日家奇遁陰遁己丑吉方巽方開門太乙 紫白九星年八白月四綠日五黃	己丑日，秋分下元，陰四局；丙寅時乾方青龍返首、巽方飛鳥跌穴人遁3；甲戌時乾方人遁1人詐；乙亥時震方人遁1休詐；	未年生人忌用此日 占門廁外正北
2010/10/7 星期四	吉神：月德解神五合青龍鳴吠對 凶神：劫煞小耗歸忌	庚寅年八月三十日 瘟星出	庚寅年乙酉月庚寅日松柏木秋分執日制日角宿	宜：沐浴捕捉【覃恩肆赦施恩惠恤孤惸行惠愛雪冤枉緩刑獄】 忌：祭祀移徙遠迴求醫療病修倉庫經絡開市立券交易納財開倉庫出貨財畋獵取魚【布政事修宮室】	◎丙子時 ●丁丑時 ●庚辰時 ○辛巳時 ◎癸未時 ◎丙戌時	四大吉時戊寅時辛巳時甲申時丁亥時	日家奇遁陰遁庚寅吉方巽方開門天乙 紫白九星年八白月四綠日四綠	庚寅日，秋分下元，陰四局；丁丑時乾方青龍返首、巽方飛鳥跌穴天遁3人遁1休詐；戊寅時坎方人遁1虎遁6休詐；壬午時艮方人遁1休詐；甲申時乾方重詐；	申年生人忌用此日 碓磨爐外正北
2010/10/8 星期五 18時05分【酉時】交寒露節節前使用為乙酉月	吉神：五合明堂鳴吠對 凶神：月破大耗災煞天火月厭地火五虛復日大會	庚寅年九月初一日 赤口	庚寅年乙酉月辛卯日松柏木秋分破日制日亢宿	忌：諸事不宜【頒詔施恩封拜招賢舉正直宣政事布政事慶賜賞賀安撫邊境選將訓兵出師營建宮室修宮室繕城郭】	◎戊子時 ●庚寅時 ●辛卯時 ○癸巳時 ◎甲午時 ◎乙未時 ◎丁酉時	四大吉時庚寅時癸巳時丙申時	陰遁辛卯吉方震方生門天乙 紫白九星年八白月四綠日三碧	辛卯日，秋分下元，陰四局；庚寅時乾方青龍返首；壬辰時兌方天遁1重詐；癸巳時乾方青龍返首、巽方飛鳥跌穴；	酉年生人忌用此日 廚灶門外正北

日期節日	吉神凶神○	陰曆	干支	用事宜忌○	協記吉時	貴登天門	日家奇門	時家奇門遁甲	忌用
2010/10/8 星期五 18時05分 【酉時】 交寒露節 九月節 丙戌月	太陽過黃經一九五度，夜露寒意沁心【斗指甲為寒露，斯時露寒而且將欲凝結，故名寒露】			寒露九月節天道南行宜向南行宜修造南方；天德在丙天德合在辛月德在丙月德合在辛月空在壬宜修造取土；月建在戌月破在辰月厭在寅月刑在未月害在酉劫煞在亥災煞在子月煞在丑忌修造取土；三日四七日長星、十六日十七日短星；寒露後二十七日往亡、土王用事後忌修造動土巳午日添母倉；霜降九月中日躔在卯宮為九月將宜用癸乙丁辛時；					
2010/10/8 星期五 18時05分 【酉時】 交寒露節 節後使用 為丙戌月	吉神：天德合月德合天願六合不將聖心五合鳴吠對 凶神：大時大敗咸池小耗五虛勾陳	庚寅年 九月 初一日 赤口	庚寅年 丙戌月 辛卯日 松柏木 寒露 執日 制日 亢宿	宜：祭祀祈福求嗣上冊受封上表章襲爵受封會親友出行上官赴任臨政親民結婚姻納采問名嫁娶進人口移徙解除求醫療病裁衣修造動土豎柱上梁修倉庫經絡開市立券交易納財捕捉栽種牧養納畜破土安葬啟攢【頒詔覃恩肆赦施恩惠恤孤宣政事行惠愛雪冤枉緩刑獄慶賜賞賀】 忌：【修宮室】	◎丁酉時	丁酉時 四大吉時 己亥時	日家奇遁 陰遁辛卯 吉方震方 生門天乙 紫白九星 年八白 月三碧 日三碧	辛卯日，秋分下元，陰四局；庚寅時乾方重詐；壬辰時兌方天遁1重詐；癸巳時乾方青龍返首、巽方飛鳥跌穴；	酉年生人忌用此日 廚灶門外正北
2010/10/9 星期六	吉神：月空母倉四相不將益後解神青龍 凶神：月破大耗四擊九空往亡	庚寅年 九月 初二日 小空亡，龍禁，四方耗	庚寅年 丙戌月 壬辰日 長流水 寒露 破日 伐日 氐宿	宜：祭祀解除沐浴破屋壞垣 忌：祈福求嗣上冊受封上表章襲爵受封會親友冠帶出行上官赴任臨政親民結婚姻納采問名嫁娶進人口移徙安床剃頭整手足甲求醫療病裁衣築堤防修造動土豎柱上梁修倉庫鼓鑄經絡醞釀開市立券交易納財開倉庫出貨財修置產室開渠穿井安碓磑補垣塞穴修飾垣牆伐木捕捉畋獵取魚栽種牧養納畜破土安葬啟攢【頒詔招賢宣政事布政事安撫邊境選將訓兵出師營建宮室】	◎壬寅時 ◎甲辰時 ●乙巳時 ◎戊申時 ●己酉時 ●辛亥時	庚戌時 四大吉時 壬寅時 乙巳時 戊申時 辛亥時	日家奇遁 陰遁壬辰 吉方坎方 開門太乙 紫白九星 年八白 月三碧 日二黑	壬辰日，秋分下元，陰四局；庚子時巽方人遁4真詐；壬寅時乾方青龍返首、巽方飛鳥跌穴；丙午時艮方鬼遁3重詐；庚戌時乾方鬼遁3重詐；辛亥時乾方青龍返首、震方風遁6鬼遁3重詐、巽方飛鳥跌穴；	戌年生人忌用此日 倉庫栖外正北
2010/10/10 星期日 國慶紀念日；	吉神：四相陰德不將續世明堂 凶神：遊禍天賊血忌重日	庚寅年 九月 初三日 長星，六壬空，天地凶敗	庚寅年 丙戌月 癸巳日 長流水 寒露 危日 制日 房宿	宜：祭祀襲爵受封會親友上官赴任臨政親民結婚姻納采問名嫁娶移徙安床裁衣修造動土豎柱上梁納財畋獵栽種牧養【施恩封拜舉正直施恩惠恤孤悃行惠愛雪冤枉緩刑獄慶賜賞賀安撫邊境選將訓兵修宮室繕城郭】 忌：祈福求嗣出行解除醫療病針刺修倉庫開倉庫出貨財破土安葬啟攢	◎癸丑時 ○乙卯時 ●丙辰時 ◎丁巳時 ◎戊午時 ◎己未時 ◎壬戌時 ◎癸亥時	壬子時 四大吉時 甲寅時 丁巳時 庚申時 癸亥時	日家奇遁 陰遁癸巳 吉方坎方 開門天乙 紫白九星 年八白 月三碧 日一白	癸巳日，秋分下元，陰四局；乙卯時乾方青龍返首、巽方飛鳥跌穴；丁巳時巽方人遁1休詐；庚申時乾方青龍返首、巽方飛鳥跌穴天遁4風遁3真詐；	亥年生人忌用此日 占房床房內北

日期節日	吉神凶神○	陰曆	干支	用事宜忌○	協記吉時	貴登天門	日家奇門	時家奇門遁甲	忌用
2010/10/11 星期一	吉神：三合天喜天醫天倉要安鳴吠 凶神：天刑	庚寅年九月初四日 四不祥，長星	庚寅年丙戌月甲午日沙中金寒露成日寶日心宿	宜：襲爵受封會親友入學出行上官赴任臨政親民結婚姻納采問名嫁娶進人口移徙求醫療病裁衣築堤防修造動土豎柱上梁修倉庫經絡醞釀開市立券交易納財安碓磑納畜破土安葬【施恩封拜舉正直慶賜賞安撫邊境修宮室繕城郭】忌：苫蓋開倉庫出貨財	◎甲子時 ◎乙丑時 ○丙寅時 ●丁卯時 ◎庚午時 ○辛未時 ◎壬申時 ◎癸酉時	丙寅時 壬申時 四大吉時 丙寅時 己巳時 壬申時 乙亥時	日家奇遁陰遁甲午吉方乾方生門軒轅紫白九星年八白月三碧日九紫	甲午日，寒露上元，陰六局；甲子時艮方青龍返首、巽方風遁3重詐；丙寅時艮方青龍返首；己巳時乾方飛鳥跌穴、震方人遁1休詐；庚午時坤方重詐；壬申時乾方飛鳥跌穴重詐；	子年生人忌用此日 占房碓房內北
2010/10/12 星期二	吉神：母倉玉宇 凶神：河魁月刑五虛朱雀	庚寅年九月初五日 月忌	庚寅年丙戌月乙未日沙中金寒露收日制日尾宿	宜：捕捉畋獵 忌：祈福求嗣上冊受封上表章襲爵受封會親友冠帶出行上官赴任臨政親民結婚姻納采問名嫁娶進人口移徙安床解除剃頭整手足甲求醫療病裁衣築堤防修造動土豎柱上梁修倉庫鼓鑄經絡醞釀開市立券交易納財開倉庫出貨財栽種置產安碓磑補垣塞穴修飾垣牆破屋壞垣栽種牧養納畜破土安葬啟攢【頒詔施恩封拜招賢舉正直宣政事布政事慶賜賞賀安撫邊境選將訓兵出師營建宮室修宮室繕城郭】	●戊寅時 ●己卯時 ◎辛巳時 ●甲申時 ◎丙戌時 ◎丁亥時	己卯時 癸未時 四大吉時 戊寅時 辛巳時 甲申時 丁亥時	日家奇遁陰遁乙未吉方兌方休門太乙紫白九星年八白月三碧日八白	乙未日，寒露上元，陰六局；戊寅時艮方青龍返首；庚辰時乾方飛鳥跌穴；甲申時艮方人遁2真詐；丙戌時乾方飛鳥跌穴；	丑年生人忌用此日 碓磨廚房內北
2010/10/13 星期三	吉神：天德月德王日驛馬天后時陽生氣六儀金堂除神金匱鳴吠 凶神：厭對招搖五離	庚寅年九月初六日 大空亡	庚寅年丙戌月丙申日山下火寒露開日制日箕宿	宜：祭祀祈福求嗣上冊受封上表章襲爵受封會親友入學出行上官赴任臨政親民結婚姻納采問名嫁娶移徙解除沐浴剃頭整手足甲求醫療病裁衣修造動土豎柱上梁修倉庫開市修置產室開渠穿井安碓磑掃舍宇栽種牧養納畜【頒詔覃恩肆赦施恩封拜招賢舉正直施恩惠恤孤惸宣政事行惠愛雪冤枉緩刑獄安撫邊境選將訓兵出師營建宮室繕城郭】 忌：安床伐木畋獵取魚	●戊子時 ●己丑時 ◎壬辰時 ○癸巳時 ○乙未時 ○丙申時 ●戊戌時	甲午時 四大吉時 庚寅時 癸巳時 丙申時 己亥時	日家奇遁陰遁丙申吉方乾方生門太乙紫白九星年八白月三碧日七赤	丙申日，寒露上元，陰六局；己丑時艮方青龍返首；壬辰時艮方青龍返首、巽方人遁2真詐；丁酉時艮方青龍返首；	寅年生人忌用此日 廚灶爐房內北
2010/10/14 星期四	吉神：官日除神寶光鳴吠 凶神：月害天吏致死血支五離	庚寅年九月初七日 赤口，四不祥	庚寅年丙戌月丁酉日山下火寒露閉日制日斗宿	宜：沐浴整手足甲補垣塞穴掃舍宇章襲爵受封會親友冠帶出行上官赴任臨政親民結婚姻納采問名嫁娶進人口移徙安床解除剃頭整手足甲求醫療病療目針刺築堤防修造動土豎柱上梁修倉庫經絡醞釀開市立券交易納財開倉庫出貨財修置產室開渠穿井栽種牧養納畜破土安葬啟攢【頒詔施恩封拜招賢舉正直宣政事布政事慶賜賞賀安撫邊境選將訓兵出師營建宮室修宮室繕城郭】	●庚子時 ○壬寅時 ◎癸卯時 ●丙午時 ●丁未時 ◎己酉時 ○辛亥時	甲辰時 四大吉時 壬寅時 乙巳時 戊申時 辛亥時	日家奇遁陰遁丁酉吉方兌方開門太陰紫白九星年八白月三碧日六白	丁酉日，寒露上元，陰六局；庚子時坤方鬼遁3重詐；辛丑時離方鬼遁3重詐；癸卯時乾方飛鳥跌穴天遁4；戊申時艮方青龍返首；庚戌時乾方飛鳥跌穴天遁4；	卯年生人忌用此日 倉庫門房內北

日期節日	吉神凶神○	陰曆	干支	用事宜忌○	協記吉時	貴登天門	日家奇門	時家奇門遁甲	忌用
2010/10/15 星期五	吉神：母倉守日天馬 凶神：月建小時土府復日白虎小會孤陽	庚寅年九月初八日龍禁	庚寅年丙戌月戊戌日平地木寒露建日專日牛宿	宜：【施恩封拜】 忌：諸事不宜【營建宮室修宮室繕城郭】	○甲寅時 ○乙卯時 ○丙辰時 ◎丁巳時 ●庚申時 ◎辛酉時 ◎癸亥時	四大吉時 甲寅時 丁巳時 庚申時 癸亥時	日家奇遁陰遁戊戌吉方乾方休門太陰 紫白九星年八白月三碧日五黃	戊戌日，寒露上元，陰六局；乙卯時乾方飛鳥跌穴；辛酉時艮方青龍返首；	辰年生人忌用此日 房床栖房內南
2010/10/16 星期六 老人節；重陽節	吉神：相日吉期五富敬安玉堂 凶神：劫煞五虛土符重日	庚寅年九月初九日六壬空	庚寅年丙戌月己亥日平地木寒露除日制日女宿	宜：沐浴掃舍宇 忌：祈福求嗣上冊受封上表章會親友冠帶結婚姻納采問名嫁娶進人口移徙安床求醫療病裁衣築堤防造動土豎柱上梁修倉庫鼓鑄開倉庫出貨財修置產室開渠穿井安碓磑補垣塞穴修飾垣牆平治道塗破屋壞垣栽種破土安葬啟攢【頒詔招賢宣政事布政事慶賜賞賀安撫邊境選將訓兵出師營建宮室修宮室繕城郭】	◎乙丑時 ○丙寅時 ◎戊辰時 ●庚午時 ●辛未時 ◎甲戌時 ○乙亥時	四大吉時 丙寅時 丁巳時 壬申時 乙亥時	日家奇遁陰遁己亥吉方兌方開門青龍 紫白九星年八白月三碧日四綠	己亥日，寒露中元，陰九局；乙丑時兌方人遁2鬼遁2真詐；丙寅時巽方人遁2鬼遁2真詐、坤方青龍跌穴；戊辰時震方人遁2鬼遁2真詐；己巳時乾方人遁4真詐；壬申時坤方青龍返首；癸酉時民方人遁2風遁6鬼遁2真詐、離方飛鳥跌穴；乙亥時離方飛鳥跌穴天遁4；	巳年生人忌用此日 占門床房內南
2010/10/17 星期日	吉神：月恩時德民日天巫福德普護鳴吠對 凶神：災煞天火四忌九虎大煞歸忌天牢	庚寅年九月初十日小空亡	庚寅年丙戌月庚子日壁上土寒露滿日寶日虛宿	宜：祭祀沐浴 忌：祈福求嗣上冊受封上表章襲爵受封親友冠帶出行上官赴任臨政親民結婚姻納采問名嫁娶進人口移徙遠廻安床解除剃頭整手足甲求醫療病裁衣築堤防修造動土豎柱上梁修倉庫鼓鑄苫蓋經絡醞釀開市立券交易納財開倉庫出貨財修置產室開渠穿井安碓磑補垣塞穴修飾垣牆破屋壞垣栽種牧養納畜破土安葬啟攢【頒詔招賢宣政事布政事安撫邊境選將訓兵出師營建宮室】	○丙子時 ◎丁丑時 ○己卯時 ○壬午時 ●甲申時 ●乙酉時	四大吉時 戊寅時 辛巳時 甲申時 丁亥時	日家奇遁陰遁庚子吉方巽方休門太陰 紫白九星年八白月三碧日三碧	庚子日，寒露中元，陰九局；丁丑時坤方青龍返首；甲申時坎方地遁2重詐；乙酉時震方地遁2人遁3重詐；丙戌時乾方地遁2雲遁1重詐、離方飛鳥跌穴；丁亥時離方地遁2鬼遁5重詐；	午年生人忌用此日 占碓磨房內南
2010/10/18 星期一	吉神：天德合月德合母倉福生 凶神：天罡死神月煞月虛地囊元武	庚寅年九月十一日	庚寅年丙戌月辛丑日壁上土寒露平日義日危宿	宜：祭祀【覃恩肆赦施恩惠恤孤惸行惠愛雪冤枉緩刑獄】 忌：祈福求嗣上冊受封上表章襲爵受封會親友冠帶出行上官赴任臨政親民結婚姻納采問名嫁娶進人口移徙安床解除剃頭整手足甲求醫療病裁衣築堤防修造動土豎柱上梁修倉庫鼓鑄經絡醞釀開市立券交易納財開倉庫出貨財修置產室開渠穿井安碓磑補垣塞穴修飾垣牆平治道塗破屋壞垣畋獵取魚栽種牧養納畜破土安葬啟攢【布政事修宮室】	●庚寅時 ●辛卯時 ○癸巳時 ○丙申時 ◎戊戌時 ○己亥時	丁酉時 四大吉時 庚寅時 癸巳時 丙申時 己亥時	日家奇遁陰遁辛丑吉方震方開門太陰 紫白九星年八白月三碧日二黑	辛丑日，寒露中元，陰九局；辛卯時坤方青龍返首；壬辰時離方飛鳥跌穴天遁3；乙未時坤方青龍返首；	未年生人忌用此日 廚灶廁房內南

日期節日	吉神凶神○	陰曆	干支	用事宜忌○	協記吉時	貴登天門	日家奇門	時家奇門遁甲	忌用
2010/10/19 星期二	吉神：月空四相陽德三合臨日時陰五合司命鳴吠對 凶神：月厭地火死氣九坎九焦了戾	庚寅年九月十二日 短星	庚寅年丙戌月壬寅日金箔金寒露定日寶日室宿	宜：【施恩惠恤孤惸行惠愛雪冤枉緩刑獄】忌：祭祀祈福求嗣上冊受封上表章襲爵受封會親友冠帶出行上官赴任臨政親民結婚姻納采問名嫁娶進人口移徙遠廻安床解除剃頭整手足甲求醫療病裁衣築堤防修造動土豎柱上梁修倉庫鼓鑄經絡醞釀開市立券交易納財開倉庫出貨財安置產室開渠穿井安碓磑補垣塞穴修飾垣牆平治道塗破屋壞垣伐木取魚乘船渡水栽種牧養納畜破土安葬啟攢【頒詔招賢宣政事布政事安撫邊境選將訓兵出師營建宮室】	●庚子時 ●辛丑時 ◎甲辰時 ◎乙巳時 ●丁未時 ●庚戌時 ○辛亥時	庚戌時 四大吉時 壬寅時 乙巳時 戊申時 辛亥時	日家奇遁陰遁壬寅吉方巽方休門青龍 紫白九星年八白月三碧日一白	壬寅日，寒露中元，陰九局；庚子時離方飛鳥跌穴天遁4真詐；癸卯時乾方人遁2真詐；乙巳時坤方人遁1休詐；丁未時乾方人遁1休詐；戊申時離方飛鳥跌穴天遁4重詐；己酉時兌方人遁1休詐；庚戌時巽方人遁1休詐、坤方青龍返首；	申年生人忌用此日 倉庫爐房內南
2010/10/20 星期三	吉神：四相六合不將聖心五合鳴吠對 凶神：大時大敗咸池小耗五虛勾陳 ；土王用事18	庚寅年九月十三日 赤口	庚寅年丙戌月癸卯日金箔金寒露執日寶日壁宿	宜：祭祀祈福求嗣襲爵受封會親友出行上官赴任臨政親民結婚姻納采問名嫁娶進人口移徙解除求醫療病裁衣豎柱上梁經絡醞釀捕捉畋獵牧養納畜安葬啟攢【慶賜賞賀】忌：開市立券交易納財開倉庫出貨財【招賢安撫邊境選將訓兵出師營建宮室】【修宮室繕城郭】築堤防修置產室開渠安碓磑補垣修飾垣牆平治道塗破屋壞垣	◎壬子時 ●甲寅時 ●乙卯時 ●戊午時 ●己未時 ○辛酉時	壬子時 四大吉時 甲寅時 丁巳時 庚申時 癸亥時	日家奇遁陰遁癸卯吉方艮方開門太乙 紫白九星年八白月三碧日九紫	癸卯日，寒露中元，陰九局；壬子時震方人遁1真詐；癸丑時坎方人遁1休詐；甲寅時坎方人遁2休詐；丙辰時震方人遁2休詐；丁巳時離方飛鳥跌穴天遁4重詐；戊午時坤方青龍返首；己未時兌方人遁1地遁2休詐；庚申時兌方人遁1地遁2風遁2休詐；辛酉時離方人遁1地遁2休詐；壬戌時震方人遁1地遁2休詐；癸亥時坎方人遁1地遁2休詐；	酉年生人忌用此日 房床門房內南
2010/10/21 星期四 華僑節；	吉神：母倉益後解神青龍 凶神：月破大耗四擊九空往亡 ；土王用事17	庚寅年九月十四日 月忌，龍禁，天乙絕氣，大空亡	庚寅年丙戌月甲辰日覆燈火寒露破日制日奎宿	宜：祭祀解除沐浴 忌：祈福求嗣上冊受封上表章襲爵受封會親友冠帶出行上官赴任臨政親民結婚姻納采問名嫁娶進人口移徙剃頭整手足甲求醫療病裁衣築堤防修造動土豎柱上梁修倉庫鼓鑄經絡醞釀開市立券交易納財開倉庫出貨財修置產室開渠穿井安碓磑補垣塞穴修飾垣牆伐木捕捉畋獵取魚栽種牧養納畜破土安葬啟攢【頒詔施恩封拜招賢舉正直宣政事布政事慶賜賞賀安撫邊境選將訓兵出師營建宮室修宮室繕城郭】平治道塗	◎丙寅時 ◎戊辰時 ●己巳時 ◎壬申時 ◎癸酉時 ●乙亥時	丙寅時 壬申時 四大吉時 丙寅時 己巳時 壬申時 乙亥時	日家奇遁陰遁甲辰吉方艮方開門天乙 紫白九星年八白月三碧日八白	甲辰日，寒露下元，陰三局；甲子時乾方人遁1休詐；丙寅時中宮青龍返首；戊辰時乾方人遁1休詐；己巳時中宮青龍返首；庚午時坤方人遁1風遁6休詐；甲戌時乾方鬼遁3重詐；	戌年生人忌用此日 門雞栖房內東
2010/10/22 星期五	吉神：陰德續世明堂；母倉 凶神：遊禍天賊血忌重日 ；土王用事16	庚寅年九月十五日 六壬空	庚寅年丙戌月乙巳日覆燈火寒露危日寶日婁宿	宜：祭祀安床畋獵【施恩惠恤孤惸行惠愛雪冤枉緩刑獄安撫邊境選將訓兵】忌：祈福求嗣出行解除求醫療病針刺修倉庫開倉庫出貨財破土安葬啟攢【營建宮室修宮室繕城郭】築堤防修造動土修置產室開渠穿井安碓磑補垣修飾垣牆平治道塗破屋壞垣	●丁丑時 ●庚辰時 ◎壬午時 ◎癸未時 ○甲申時 ●丙戌時 ◎丁亥時	己卯時 癸未時 四大吉時 戊寅時 辛巳時 甲申時 丁亥時	日家奇遁陰遁乙巳吉方艮方開門太陰 紫白九星年八白月三碧日七赤	乙巳日，寒露下元，陰三局；丙子時乾方鬼遁3重詐；丁丑時坤方地遁1人遁2真詐；己卯時巽方地遁2人遁2風遁2真詐；庚辰時中宮青龍返首；辛巳時兌方鬼遁3重詐；癸未時坎方龍遁4鬼遁3重詐；乙酉時中宮青龍返首；	亥年生人忌用此日 碓磨床房內東

日期節日	吉神凶神〇	陰曆	干支	用事宜忌〇	協記吉時	貴登天門	日家奇門	時家奇門遁甲	忌用
2010/10/23 星期六 20時54分 【戌時】 交霜降氣 九月氣 丙戌月	太陽過黃經二一〇度，露結成霜【斗指己為霜降，氣肅，露凝結為霜而下降，故名霜降】								
2010/10/23 星期六	吉神：天德月德三合天喜天醫天倉要安鳴吠：母倉 凶神：天刑：土王用事15	庚寅年九月十六日 短星，四不祥，天地凶敗	庚寅年丙戌月丙午日天河水霜降成日專日胃宿	宜：祭祀祈福求嗣上冊受封上表章襲爵受封會親友入學出行上官赴任臨政親民結婚姻納采問名嫁娶進人口移徙解除求醫療病裁衣豎柱上梁經絡醞釀開市立券交易納財栽種牧養納畜安葬【頒詔覃恩肆赦施恩封拜招賢舉正直施恩惠恤孤惸宣政事行惠愛雪冤枉緩刑獄慶賜賞賀】 忌：苫蓋畋獵取魚 修置產室開渠穿井補垣修飾垣牆平治道塗破屋壞垣	◎戊子時 ◎己丑時 ◎辛卯時 ◎甲午時 ●丙申時 ●丁酉時	辛卯時 癸巳時 四大吉時 辛卯時 癸巳時 乙未時 丁酉時	日家奇遁 陰遁丙午 吉方兌方 生門太陰 紫白九星 年八白 月三碧 日九紫	丙午日，寒露下元，陰三局；丁酉時中宮青龍返首；	子年生人忌用此日 廚灶碓房內東
2010/10/24 星期日	吉神：母倉玉宇 凶神：河魁月刑五虛八風八專朱雀 ：土王用事14	庚寅年九月十七日 瘟星入，短星	庚寅年丙戌月丁未日天河水霜降收日寶日昴宿	宜：捕捉畋獵 忌：祈福求嗣上冊受封上表章襲爵受封會親友冠帶出行上官赴任臨政親民結婚姻納采問名嫁娶進人口移徙安床剃頭整手足甲求醫療病裁衣築堤防修造動土豎柱上梁修倉庫鼓鑄經絡醞釀開市立券交易納財開倉庫出貨財修置產室開渠穿井安碓磑補垣塞穴修飾垣牆破屋壞垣取魚乘船渡水栽種牧養納畜破土安葬啟攢【頒詔施恩封拜招賢舉正直宣政事布政事慶賜賞賀安撫邊境選將訓兵出師營建宮室修宮室繕城郭】平治道塗	◎壬寅時 ◎癸卯時 ●乙巳時 ○丙午時 ●戊申時 ○己酉時 ●庚戌時 ●辛亥時	癸卯時 四大吉時 辛丑時 癸卯時 乙巳時 丁未時 辛亥時	日家奇遁 陰遁丁未 吉方坤方 休門軒轅 紫白九星 年八白 月三碧 日八白	丁未日，寒露下元，陰三局；乙巳時坤方地遁1雲遁7龍遁2重詐；丙午時乾方地遁3重詐；丁未時坤方人遁2風遁6鬼遁2真詐；辛亥時兌方地遁2鬼遁5重詐、中宮青龍返首；	丑年生人忌用此日 倉庫廚房內東
2010/10/25 星期一 臺灣光復節；	吉神：天赦王日驛馬天后時陽生氣六儀金堂除神金匱鳴吠 凶神：厭對招搖復日五離 ：土王用事13	庚寅年九月十八日 小空亡	庚寅年丙戌月戊申日大驛土霜降開日寶日畢宿	宜：祭祀祈福求嗣上冊受封上表章襲爵受封會親友入學出行上官赴任臨政親民結婚姻納采問名嫁娶移徙解除沐浴整手足甲求醫療病裁衣豎柱上梁開市掃舍宇牧養納畜【頒詔覃恩肆赦施恩封拜招賢舉正直施恩惠恤孤惸宣政事行惠愛雪冤枉緩刑獄安撫邊境選將訓兵】 忌：安床伐木畋獵取魚築堤防開渠補垣修飾垣牆平治道塗破屋壞垣破土	◎壬子時 ◎癸丑時 ●丙辰時 ●丁巳時 ●己未時 ○庚申時 ○壬戌時	癸丑時 四大吉時 癸丑時 乙卯時 丁巳時 辛酉時 癸亥時	日家奇遁 陰遁戊申 吉方兌方 生門青龍 紫白九星 年八白 月三碧 日七赤	戊申日，寒露下元，陰三局；壬子時巽方地遁2風遁2重詐；癸丑時坎方地遁2重詐；乙卯時坎方地遁2人遁1休詐；丁巳時離方地遁2人遁1雲遁1休詐；壬戌時中宮青龍返首；	寅年生人忌用此日 房床爐房內東

日期節日	吉神凶神〇	陰曆	干支	用事宜忌〇	協記吉時	貴登天門	日家奇門	時家奇門遁甲	忌用
2010/10/26 星期二	吉神：天恩官日除神寶光鳴吠　凶神：月害天吏致死血支五離　；土王用事12	庚寅年九月十九日　赤口，四不祥	庚寅年丙戌月己酉日大驛土霜降閉日寶日觜宿	宜：沐浴剃頭整手足甲塞穴掃舍宇【覃恩肆赦施恩惠恤孤悖行惠愛雪冤枉緩刑獄】　忌：祈福求嗣上冊受封上表章襲爵受封會親友冠帶出行上官赴任臨政親民結婚姻納采問名嫁娶進人口移徙安床解除求醫療病療目針刺築堤防修造動土豎柱上梁修倉庫經絡醞釀開市立券交易納財修置產室開渠穿井栽種牧養納畜破土安葬啟攢【頒詔施恩封拜招賢舉正直宣政事安撫邊境選將訓兵出師營建宮室修宮室繕城郭】安碓磑修飾垣牆平治道塗破屋壞垣	●甲子時 ●丙寅時 ◎丁卯時 ●庚午時 ●辛未時 ◎癸酉時	乙丑時 丁卯時 辛未時 癸酉時 乙亥時　四大吉時	日家奇遁陰遁己酉吉方乾方開門青龍　紫白九星年八白月三碧日六白	己酉日，霜降上元，陰五局；甲子時乾方地遁2鬼遁5重詐；庚午時離方地遁2重詐；壬申時震方地遁2重詐；癸酉時中宮飛鳥跌穴；甲戌時艮方人遁2鬼遁2真詐；	卯年生人忌用此日　占大門外東北
2010/10/27 星期三	吉神：天恩母倉月恩守日天馬　凶神：月建小時土府白虎陽錯　；土王用事11	庚寅年九月二十日　瘟星出，龍禁	庚寅年丙戌月庚戌日釵釧金霜降建日義日參宿	宜：祭祀襲爵受封會親友出行上官赴任臨政親民移徙裁衣納財牧養納畜【覃恩肆赦施恩封拜招賢舉正直施恩惠恤孤悖宣政事布政事惠愛雪冤枉緩刑獄慶賜賞賀安撫邊境選將出師】　忌：祈福求嗣上冊受封上表章結婚姻納采問名解除剃頭整手足甲求醫療病築堤防修造動土豎柱上梁修倉庫經絡開倉庫出貨財修置產室開渠穿井安碓磑補垣修飾垣牆平治道塗破屋壞垣伐木栽種破土安葬啟攢【營建宮室】【修宮室繕城郭】	◎戊寅時 ◎庚辰時 ●辛巳時 ●甲申時 ◎乙酉時 ●丁亥時	丁丑時 癸未時 乙酉時 丁亥時　四大吉時	日家奇遁陰遁庚戌吉方坎方休門太乙　紫白九星年八白月三碧日五黃	庚戌日，霜降上元，陰五局；庚辰時中宮飛鳥跌穴；甲申時乾方地遁2人遁1休詐；乙酉時離方地遁2人遁1休詐；丁亥時中宮飛鳥跌穴；	辰年生人忌用此日　碓磨栖外東北
2010/10/28 星期四	吉神：天德合月德合天恩相日吉期五富敬安玉堂　凶神：劫煞四窮九虎五虛土符重日　；土王用事10	庚寅年九月二十一日　六壬空	庚寅年丙戌月辛亥日釵釧金霜降除日寶日井宿	宜：祭祀祈福求嗣上冊受封上表章襲爵受封會親友出行上官赴任臨政親民移徙解除沐浴剃頭整手足甲裁衣豎柱上梁經絡掃舍宇牧養納畜【覃恩肆赦施恩惠恤孤悖行惠愛雪冤枉緩刑獄】　忌：結婚姻納采問名嫁娶進人口求醫療病築堤防修造動土倉庫醞釀開市立券交易納財開倉庫出貨財修置產室開渠穿井安碓磑補垣塞穴修飾垣牆平治道塗破屋壞垣畋獵取魚栽種破土安葬【修宮室】【營建宮室繕城郭】	●己丑時 ◎壬辰時 ●甲午時 ◎乙未時 ●戊戌時 ●己亥時	辛卯時 癸巳時 乙未時 丁酉時　四大吉時	日家奇遁陰遁辛亥吉方坎方休門天乙　紫白九星年八白月三碧日四綠	辛亥日，霜降上元，陰五局；辛卯時震方地遁2人遁1休詐；癸巳時艮方地遁1風遁4休詐；甲午時乾方地遁2鬼遁5重詐；丙申時坎方地遁2人遁3重詐；丁酉時巽方地遁1風遁2雲遁6鬼遁5重詐；	巳年生人忌用此日　廚灶房外東北
2010/10/29 星期五	吉神：月空天恩四相時德民日天巫福德普護鳴吠對　凶神：災煞天火大煞歸忌天牢　；土王用事9	庚寅年九月二十二日　天休廢，大空亡	庚寅年丙戌月壬子日桑柘木霜降滿日專日鬼宿	宜：祭祀沐浴【覃恩肆赦施恩惠恤孤悖行惠愛雪冤枉緩刑獄】　忌：祈福求嗣上冊受封上表章襲爵受封會親友冠帶出行上官赴任臨政親民結婚姻納采問名嫁娶進人口移徙遠迴安床解除剃頭整手足甲求醫療病裁衣築堤防修造動土豎柱上梁修倉庫鼓鑄苫蓋經絡醞釀開市立券交易納財開倉庫出貨財修置產室開渠穿井安碓磑補垣塞穴修飾垣牆破屋壞垣栽種牧養納畜破土安葬啟攢【頒詔招賢宣政事安撫邊境選將訓兵出師營建宮室】【修宮室繕城郭】平治道塗	●庚子時 ◎癸卯時 ◎丙午時 ◎戊申時 ●己酉時	己酉時　四大吉時 辛丑時 癸卯時 乙巳時 丁未時 辛亥時	日家奇遁陰遁壬子吉方離方休門天乙　紫白九星年八白月三碧日三碧	壬子日，霜降上元，陰五局；辛丑時乾方地遁2人遁3重詐；癸卯時中宮飛鳥跌穴；乙巳時坤方人遁2虎遁6真詐、中宮飛鳥跌穴天遁3；丁未時乾方人遁2真詐；辛亥時巽方人遁2真詐；	午年生人忌用此日　倉庫碓外東北

日期節日	吉神凶神〇	陰曆	干支	用事宜忌〇	協記吉時	貴登天門	日家奇門	時家奇門遁甲	忌用
2010/10/30 星期六	吉神：天恩母倉四相福生 凶神：天罡死神月煞月虛八專觸水龍元武 ；土王用事8	庚寅年九月二十三日月忌	庚寅年丙戌月癸丑日桑柘木霜降平日伐日柳宿	宜：【覃恩肆赦施恩惠恤孤惸行惠愛雪冤枉緩刑獄】 忌：諸事不宜【頒詔招賢宣政事安撫邊境選將訓兵出師營建宮室】【修宮室繕城郭】築堤防修造動土修倉庫修置產室開渠穿井安碓磑補垣修飾垣牆平治道塗破屋壞垣栽種破土	◎甲寅時◎乙卯時○丙辰時●丁巳時◎庚申時◎壬戌時◎癸亥時	辛酉時癸亥時四大吉時癸丑時乙卯時丁巳時辛酉時癸亥時	日家奇遁陰遁癸丑吉方離方休門太陰紫白九星年八白月三碧日二黑	癸丑日，霜降上元，陰五局；壬子時兌方人遁2真詐；甲寅時艮方人遁1休詐；乙卯時離方人遁1休詐；丙辰時巽方人遁1風遁6休詐；丁巳時巽方重詐；戊午時震方人遁1休詐；己未時坎方人遁1休詐、中宮飛鳥跌穴；庚申時乾方人遁1休詐；辛酉時震方人遁1休詐；壬戌時坤方人遁1休詐；癸亥時艮方人遁1休詐；	未年生人忌用此日占房廁外東北
2010/10/31 星期日 先總統蔣公誕辰紀念日榮民節	吉神：陽德三合臨日時陰五合司命鳴吠對 凶神：月厭地火死氣四廢九坎九焦八專孤辰陰錯 ；土王用事7	庚寅年九月二十四日	庚寅年丙戌月甲寅日大溪水霜降定日專日星宿	宜：【施恩惠恤孤惸行惠愛雪冤枉緩刑獄】 忌：祭祀祈福求嗣上冊受封上表章襲爵受封會親友冠帶出行上官赴任臨政親民結婚姻納采問名嫁娶進人口移徙遠迴安床解除剃頭整手足甲求醫療病裁衣築堤防修造動土豎柱上梁修倉庫鼓鑄經絡醞釀開市立券交易納財開倉庫出貨財修置產室開渠穿井安碓磑補垣塞穴修飾垣牆平治道塗破屋壞垣伐木取魚乘船渡水栽種牧養納畜破土安葬啟攢【頒詔施恩封拜招賢舉正直宣政事布政事安撫邊境選將訓兵出師營建宮室】【修宮室繕城郭】	◎甲子時◎乙丑時○丙寅時◎戊辰時◎己巳時◎辛未時◎甲戌時	乙丑時辛未時四大吉時乙丑時丁卯時辛未時癸酉時乙亥時	日家奇遁陰遁甲寅吉方巽方開門軒轅紫白九星年八白月三碧日一白	甲寅日，霜降中元，陰八局；丙寅時坎方青龍返首；癸酉時艮方飛鳥跌穴天遁3；甲戌時坎方重詐；乙亥時震方地遁2人遁2真詐；	申年生人忌用此日占門爐外東北
2010/11/1 星期一 商人節；	吉神：六合聖心五合鳴吠對 凶神：大時大敗咸池小耗四廢五虛勾陳 ；土王用事6	庚寅年九月二十五日赤口，楊公忌日	庚寅年丙戌月乙卯日大溪水霜降執日專日張宿	宜：祭祀捕捉畋獵 忌：祈福求嗣上冊受封上表章襲爵受封會親友冠帶出行上官赴任臨政親民結婚姻納采問名嫁娶進人口移徙安床解除求醫療病裁衣築堤防修造動土豎柱上梁修倉庫鼓鑄經絡醞釀開市立券交易納財開倉庫出貨財修置產室開渠穿井安碓磑補垣塞穴修飾垣牆取魚乘船渡水栽種牧養納畜破土安葬啟攢【頒詔施恩封拜招賢舉正直宣政事布政事慶賜賞賀安撫邊境選將訓兵出師營建宮室修宮室繕城郭】平治道塗破屋壞垣	◎丙子時●戊寅時◎己卯時○壬午時◎癸未時◎甲申時◎乙酉時○丙戌時	戊寅時壬午時四大吉時丁丑時辛巳時癸未時乙酉時丁亥時	日家奇遁陰遁乙卯吉方震方生門軒轅紫白九星年八白月三碧日九紫	乙卯日，霜降中元，陰八局；丁丑時坎方青龍返首；戊寅時巽方風遁3重詐；己卯時坎方重詐；庚辰時艮方飛鳥跌穴天遁4重詐；辛巳時乾方重詐、坎方青龍返首；丙戌時艮方飛鳥跌穴、坤方地遁2人遁1休詐；丁亥時震方地遁2人遁1休詐；	酉年生人忌用此日碓磑門外正東
2010/11/2 星期二	吉神：天德月德母倉益後解神青龍 凶神：月破大耗四擊九空往亡 ；土王用事5	庚寅年九月二十六日小空亡，龍禁	庚寅年丙戌月丙辰日沙中土霜降破日寶日翼宿	宜：祭祀解除沐浴【覃恩肆赦施恩惠恤孤惸行惠愛雪冤枉緩刑獄】 忌：祈福求嗣上冊受封上表章襲爵受封會親友冠帶出行上官赴任臨政親民結婚姻納采問名嫁娶進人口移徙安床剃頭整手足甲求醫療病裁衣築堤防修造動土豎柱上梁修倉庫鼓鑄經絡醞釀開市立券交易納財開倉庫出貨財修置產室開渠穿井安碓磑補垣塞穴修飾垣牆伐木捕捉畋獵取魚栽種牧養納畜破土安葬啟攢【布政事修宮室】【營建宮室繕城郭】平治道塗	●庚寅時◎壬辰時◎丙申時◎丁酉時◎己亥時	辛卯時癸巳時四大吉時辛卯時癸巳時乙未時丁酉時	日家奇遁陰遁丙辰吉方艮方休門青龍紫白九星年八白月三碧日八白	丙辰日，霜降中元，陰八局；戊子時乾方人遁2鬼遁2真詐、兌方地遁1人遁1休詐；己丑時坎方青龍返首鳥遁3；庚寅時離方地遁2人遁1休詐；辛卯時震方地遁2人遁1休詐、巽方人遁2鬼遁2真詐；壬辰時坎方地遁2人遁1休詐；癸巳時乾方地遁2人遁1休詐、坎方人遁4真詐；乙未時坎方青龍返首；己亥時艮方飛鳥跌穴；	戌年生人忌用此日廚灶栖外正東

日期節日	吉神凶神○	陰曆	干支	用事宜忌○	協記吉時	貴登天門	日家奇門	時家奇門遁甲	忌日
2010/11/3 星期三	吉神：陰德續世明堂；母倉　凶神：遊禍天賊血忌重日；土王用事4，寒露後二十七日氣往亡	庚寅年九月二十七日　天休廢，六壬空	庚寅年丙戌月丁巳日　沙中土　霜降　危日　專日　軫宿	宜：祭祀安床納財牧養納畜【施恩惠恤孤惸行惠愛雪冤枉緩刑獄】　忌：祈福求嗣出行解除剃頭求醫療病針刺修倉庫開倉庫出貨財破土安葬啟攢【出師】【營建宮室修宮室繕城郭】築堤防修造動土修置產室開渠穿井安碓磑補垣修飾垣牆平治道塗破屋壞垣　上冊受封上表章上官赴任臨政親民嫁娶進人口移徙捕捉取魚【頒詔招賢宣政事安撫邊境選將訓兵】	◎癸卯時 ●甲辰時 ●丙午時 ●丁未時 ○己酉時 ●庚戌時 ◎辛亥時	癸卯時　四大吉時　辛丑時　癸卯時　乙巳時　丁未時　辛亥時	陰遁丁巳吉方震方生門太乙　紫白九星年八白月三碧日七赤	丁巳日，霜降中元，陰八局；甲辰時坤方人遁1休詐；乙巳時艮方飛鳥跌穴、兌方風遁6鬼遁3重詐；丙午時震方鬼遁3重詐；庚戌時離方人遁1休詐；	亥年生人忌用此日　倉庫床外正東
2010/11/4 星期四	吉神：三合天喜天醫天倉不將要安；母倉　凶神：復日天刑；土王用事3	庚寅年九月二十八日　四不祥	庚寅年丙戌月戊午日　天上火　霜降　成日　義日　角宿	宜：襲爵受封會親友入學出行上官赴任臨政親民結婚姻納采問名嫁娶進人口移徙求醫療病裁衣豎柱上梁經絡醞釀開市立券交易納財牧養納畜【施恩封拜舉正直慶賜賞賀安撫邊境修宮室繕城郭】　忌：苫蓋安葬啟攢破土【營建宮室修宮室繕城郭】修置產室開渠穿井補垣修飾垣牆平治道塗破屋壞垣	◎壬子時 ◎癸丑時 ●乙卯時 ◎戊午時 ○己未時 ●庚申時 ●辛酉時	四大吉時　癸丑時　乙卯時　丁巳時　辛酉時　癸亥時	陰遁戊午吉方乾方生門青龍　紫白九星年八白月三碧日六白	戊午日，霜降中元，陰八局；癸丑時乾方人遁1休詐、坎方青龍返首；丁巳時巽方人遁2重詐；戊午時坎方青龍返首；壬戌時艮方飛鳥跌穴真詐；	子年生人忌用此日　房床碓外正東
2010/11/5 星期五	吉神：母倉玉宇　凶神：河魁月刑五虛八專朱雀；土王用事2	庚寅年九月二十九日	庚寅年丙戌月己未日　天上火　霜降　收日　專日　亢宿	宜：捕捉畋獵　忌：祈福求嗣上冊受封上表章襲爵受封會親友冠帶出行上官赴任臨政親民結婚姻納采問名嫁娶進人口移徙安床解除剃頭整手足甲求醫療病裁衣築堤防修造動土豎柱上梁修倉庫鼓鑄經絡醞釀開市立券交易納財開倉庫出貨財修置產室開渠穿井安碓磑補垣穴修飾垣牆破屋壞垣栽種牧養納畜破土安葬啟攢【頒詔施恩封拜招賢舉正直宣政事布政事慶賜平治道塗】	●丙寅時 ●丁卯時 ●己巳時 ○庚午時 ○辛未時 ◎壬申時 ●甲戌時 ◎乙亥時	四大吉時　丑時　丁卯時　辛未時　癸酉時　乙亥時	陰遁己未吉方坤方開門天乙　紫白九星年八白月三碧日五黃	己未日，霜降下元，陰二局；丙寅時坎方地遁1人遁1休詐、巽方青龍返首；戊辰時震方地遁2人遁1休詐；庚午時艮方地遁2人遁1風遁4雲遁1休詐；辛未時乾方人遁2真詐、兌方人遁1地遁2休詐；癸酉時坤方飛鳥跌穴；乙亥時離方地遁2重詐、坤方飛鳥跌穴天遁3；	丑年生人忌用此日　占門廁外正東
2010/11/6 星期六	吉神：月恩王日驛馬天后時陽生氣六儀明堂除神金匱鳴吠　凶神：厭對招搖五離八專；土王用事1，立冬前一日四絕	庚寅年十月初一日　長星，小空亡，天地凶敗	庚寅年丙戌月庚申日　石榴木　霜降　開日　專日　氐宿	宜：祭祀解除沐浴剃頭整手足甲掃舍宇】　忌：會親友結婚姻納采問名嫁娶安床經絡立券交易伐木畋獵取魚乘船渡水【營建宮室】築堤防修倉庫補垣修飾垣牆平治道塗破屋壞垣破土	◎丙子時 ○丁丑時 ●庚辰時 ●辛巳時 ◎癸未時 ○甲申時 ◎丙戌時	四大吉時　丁丑時　辛巳時　癸未時　乙酉時　丁亥時	陰遁庚申吉方坤方開門太陰　紫白九星年八白月三碧日四綠	庚申日，霜降下元，陰二局；丁丑時乾方地遁2人遁3重詐；戊寅時乾方地遁2重詐；辛巳時巽方地遁2人遁3風遁2重詐；壬午時巽方青龍返首；癸未時艮方地遁2人遁3風遁4雲遁1重詐；乙酉時巽方青龍返首；	寅年生人忌用此日　碓磨爐外東南

日期節日	吉神凶神○	陰曆	干支	用事宜忌○	協記吉時	貴登天門	日家奇門	時家奇門遁甲	忌用
2010/11/7 星期日 21時01分 【亥時】 交立冬節 節前使用 為丙戌月	吉神：天德合 月德合官日除 神寶光鳴吠 凶神：月害天 吏致死血支五 離 ；土王用 事	庚寅年 十月 初二日 六壬空， 龍禁	庚寅年 丙戌月 辛酉日 石榴木 霜降 閉日 專日 房宿	宜：祭祀沐浴剃頭整手足甲裁衣 塞穴掃舍宇【覃恩肆赦施恩惠恤 孤惸行惠愛雪冤枉緩刑獄】 忌：會親友求醫療病療目針刺醞 釀畋獵取魚【營建宮室繕城郭】 築堤防修造 動土修倉庫修置產室開渠穿井安 碓磑修飾垣牆平治道塗破屋壞垣 栽種破土	◎戊子時 ●庚寅時 ◎辛卯時 ●甲午時 ●乙未時	四大吉時 辛卯時 癸巳時 乙未時	陰遁辛酉 吉方坎方 生門太陰 紫白九星 年八白 月三碧 日三碧	辛酉日，霜降下元，陰 二局；壬辰時坤方飛鳥 跌穴天遁3；乙未時離 方重詐；丙申時坤方飛 鳥跌穴天遁4風遁5重 詐；己亥時震方重詐；	卯年 生人 忌用 此日 廚灶 門外 東南
2010/11/7 星期日 21時01分 【亥時】 交立冬節 十月節 丁亥月	太陽過黃經二 二五度，冬季 開始【斗指西 南維為立冬， 冬者終者，立 冬之時萬物終 成，故名立 冬】			立冬十月節天道東行宜向東行宜 修造東方；天德在乙天德合在庚 月德在甲月德合在己月空在庚宜 修造取土；月建在亥月破在巳月 厭在丑月刑在亥月害在申劫煞在 申災煞在酉月煞在戌忌修造取 土；初一日長星、十四日短星； 立冬前一日四絕、後十日往亡； 小雪十月中日躔在寅宮為十月將 宜用甲丙庚壬時；					
2010/11/7 星期日 21時01分 【亥時】 交立冬節 節後使用 為丁亥月	吉神：母倉時 陽生氣聖心除 神鳴吠 凶神：災煞天 火四耗五離朱 雀 ；土王用 事，立冬	庚寅年 十月 初二日 六壬空， 龍禁	庚寅年 丁亥月 辛酉日 石榴木 立冬 開日 專日 房宿	宜：祭祀入學沐浴掃舍宇【覃恩 肆赦施恩惠恤孤惸行惠愛雪冤枉 緩刑獄】 忌：會親友冠帶結婚 姻納采問名嫁娶進人口求醫療病 修倉庫絡絡醞釀開市立券交易納 財開倉庫出貨財伐木畋獵取魚 【布政事安撫邊境選將訓兵出師 營建宮室】		四大吉時	日家奇遁 陰遁辛酉 吉方坎方 生門太陰 紫白九星 年八白 月二黑 日三碧	辛酉日，霜降下元，陰 二局；壬辰時坤方飛鳥 跌穴天遁3；乙未時離 方重詐；丙申時坤方飛 鳥跌穴天遁4風遁5重 詐；己亥時震方重詐；	卯年 生人 忌用 此日 廚灶 門外 東南
2010/11/8 星期一	吉神：益後金 匱 凶神：月煞月 虛血支五虛復 日	庚寅年 十月 初三日 四方耗	庚寅年 丁亥月 壬戌日 大海水 立冬 閉日 伐日 心宿	忌：諸事不宜【頒詔施恩封拜招 賢舉正直宣政事布政事慶賜賞賀 安撫邊境選將訓兵出師營建宮室 修宮室繕城郭】	◎壬寅時 ◎甲辰時 ●乙巳時 ◎戊申時 ◎己酉時 ●辛亥時	己酉時 四大吉時 辛丑時 癸卯時 乙巳時 丁未時 辛亥時	日家奇遁 陰遁壬戌 吉方兌方 開門太乙 紫白九星 年八白 月二黑 日二黑	壬戌日，霜降下元，陰 二局；癸卯時艮方虎遁 6重詐、巽方青龍返 首；丙午時坎方人遁1 休詐；己酉時坤方飛鳥 跌穴；庚戌時艮方人遁 1休詐、巽方青龍返 首；辛亥時兌方人遁1 休詐；	辰年 生人 忌用 此日 倉庫 栖外 東南

日期節日	吉神凶神○	陰曆	干支	用事宜忌○	協記吉時	貴登天門	日家奇門	時家奇門遁甲	忌用
2010/11/9 星期二	吉神：王日續世寶光 凶神：月建小時土府月刑四窮六蛇九坎九焦血忌重日陽錯	庚寅年十月初四日 天休廢，四不祥	庚寅年丁亥月癸亥日大海水立冬建日專日尾宿	宜：祭祀沐浴【覃恩肆赦施恩惠恤孤惸行惠愛雪冤枉緩刑獄】忌：祈福求嗣上冊受封上表章襲爵受封會親友冠帶出行上官赴任臨政親民結婚姻納采問名嫁娶進人口移徙安床解除剃頭整手足甲求醫療病針刺裁衣築堤防修造動土豎柱上梁修倉庫鼓鑄經絡醞釀開市立券交易納財開倉庫出貨財修置產室開渠穿井安碓磑補垣塞穴修飾垣牆平治道塗破屋壞垣伐木取魚乘船渡水栽種牧養納畜破土安葬啟攢【布政事營建宮室修宮室繕城郭】	◎癸丑時 ○乙卯時 ●丙辰時 ●戊午時 ◎己未時 ◎壬戌時 ◎癸亥時	辛酉時 癸亥時 四大吉時 癸丑時 乙卯時 丁巳時 辛酉時 癸亥時	日家奇遁陰遁癸亥吉方乾方休門太乙 紫白九星年八白月二黑日一白	癸亥日，霜降下元，陰二局；壬子時巽方人遁1休詐；丁巳時巽方青龍返首；戊午時巽方青龍返首；辛酉時坤方飛鳥跌穴；	巳年生人忌用此日 占房床外東南
2010/11/10 星期三	吉神：月德天恩天赦四相官日天馬吉期要安 凶神：大時大敗咸池白虎	庚寅年十月初五日 大空亡，月忌	庚寅年丁亥月甲子日海中金立冬除日義日箕宿	宜：祭祀祈福求嗣上冊受封上表章襲爵受封會親友出行上官赴任臨政親民結婚姻納采問名嫁娶移徙解除沐浴剃頭整手足甲求醫療病裁衣修造動土豎柱上梁修倉庫納財掃舍宇栽種牧養納畜安葬【頒詔覃恩肆赦施恩惠恤孤惸宣政事布政事行惠愛雪冤枉緩刑獄慶賜賞賀】	●甲子時 ●乙丑時 ○丙寅時 ◎丁卯時 ◎庚午時 ◎壬申時 ◎癸酉時	乙丑時 辛未時 四大吉時 乙丑時 丁卯時 辛未時 癸酉時 乙亥時	日家奇遁陰遁甲子吉方坤方生門太乙 紫白九星年八白月二黑日六白	甲子日，立冬上元，陰六局；甲子時艮方重詐；丙寅時艮方青龍返首、巽方風遁3重詐；己巳時乾方飛鳥跌穴、震方人遁1休詐；庚午時坤方重詐；壬申時乾方飛鳥跌穴重詐；	午年生人忌用此日 占門碓外東南
2010/11/11 星期四 工業節 地政節；	吉神：天德天恩月恩四相守日天巫福德玉宇玉堂 凶神：月厭地火九空大煞歸忌孤辰	庚寅年十月初六日 赤口	庚寅年丁亥月乙丑日海中金立冬滿日制日斗宿	宜：祭祀【覃恩肆赦施恩惠恤孤惸行惠愛雪冤枉緩刑獄】忌：冠帶出行上官赴任臨政親民結婚姻納采問名嫁娶移徙遠迴求醫療病伐木畋獵取魚栽種	○丙子時 ○丁丑時 ●戊寅時 ●己卯時 ○辛巳時 ●甲申時 ◎丙戌時 ◎丁亥時	戊寅時 壬午時 四大吉時 丁丑時 辛巳時 癸未時 乙酉時 丁亥時	日家奇遁陰遁乙丑吉方坤方生門天乙 紫白九星年八白月二黑日五黃	乙丑日，立冬上元，陰六局；戊寅時艮方青龍返首；庚辰時乾方飛鳥跌穴；甲申時艮方人遁2真詐；丙戌時乾方飛鳥跌穴；	未年生人忌用此日 碓磨廁外東南
2010/11/12 星期五 國父誕辰紀念日 醫師節；	吉神：天恩時德相日六合五富金堂五合鳴吠對 凶神：河魁死氣遊禍五虛天牢	庚寅年十月初七日 四不祥	庚寅年丁亥月丙寅日爐中火立冬平日義日牛宿	宜：襲爵受封會親友出行上官赴任臨政親民結婚姻納采問名嫁娶進人口移徙裁衣修造動土豎柱上梁修倉庫經絡醞釀開市立券交易納財開倉庫出貨財修飾垣牆平治道塗栽種牧養納畜破土安葬啟攢【覃恩肆赦施恩惠恤孤惸行惠愛雪冤枉緩刑獄】忌：祭祀祈福求嗣解除求醫療病【頒詔招賢宣政事安撫邊境選將訓兵出師營建宮室】	●戊子時 ●己丑時 ○壬辰時 ◎癸巳時 ●乙未時 ◎戊戌時	辛卯時 癸巳時 四大吉時 辛卯時 癸巳時 乙未時 丁酉時	日家奇遁陰遁丙寅吉方坤方生門太陰 紫白九星年八白月二黑日四綠	丙寅日，立冬上元，陰六局；己丑時艮方青龍返首、巽方人遁2真詐；丁酉時艮方青龍返首；	申年生人忌用此日 廚灶爐外正南

日期節日	吉神凶神○	陰曆	干支	用事宜忌○	協記吉時	貴登天門	日家奇門	時家奇門遁甲	忌用
2010/11/13 星期六	吉神：天恩陰德民日三合時陰五合鳴吠對　凶神：死氣元武	庚寅年十月初八日　六壬空，龍禁	庚寅年丁亥月丁卯日爐中火立冬定日義日女宿	宜：襲爵受封會親友冠帶出行上官赴任臨政親民結婚姻納采問名嫁娶進人口移徙裁衣修造動土豎柱上梁修倉庫經絡醞釀開市立券交易納財安碓磑牧養納畜破土啟攢【覃恩肆赦施恩惠恤孤惸行惠愛雪冤枉緩刑獄慶賜賞賀修宮室繕城郭】　忌：解除剃頭求醫療病修置產室穿井栽種【安撫邊境選將訓兵出師】	◎庚子時 ◎壬寅時 ◎癸卯時 ●丙午時 ●丁未時 ◎己酉時	癸卯時　四大吉時 辛丑時 癸卯時 乙巳時 丁未時 辛亥時	日家奇遁 陰遁丁卯 吉方坎方 開門太陰　紫白九星 年八白 月二黑 日三碧	丁卯日，立冬上元，陰六局；庚子時坤方鬼遁3重詐；辛丑時離方鬼遁3重詐；癸卯時乾方飛鳥跌穴天遁4；戊申時艮方青龍返首；庚戌時乾方飛鳥跌穴天遁4；	酉年生人忌用此日　倉庫門外正南
2010/11/14 星期日	吉神：天恩陽德解神司命　凶神：小耗天賊土符	庚寅年十月初九日　天休廢，小空亡	庚寅年丁亥月戊辰日大林木立冬執日專日虛宿	宜：上表章會親友解除沐浴剃頭整手足甲求醫療病捕捉畋獵【覃恩肆赦施恩惠恤孤惸行惠愛雪冤枉緩刑獄慶賜賞賀】　忌：出行築堤防修造動土修倉庫開市立券交易納財開倉庫出貨財修置產室開渠穿井安碓磑補垣修飾垣牆平治道塗破屋壞垣栽種破土【安撫邊境選將訓兵出師營建宮室修宮室繕城郭】	◎甲寅時 ●丙辰時 ●丁巳時 ●庚申時 ●辛酉時 ◎癸亥時	四大吉時 癸丑時 乙卯時 丁巳時 辛酉時 癸亥時	日家奇遁 陰遁戊辰 吉方艮方 休門天乙　紫白九星 年八白 月二黑 日二黑	戊辰日，立冬上元，陰六局；乙卯時乾方飛鳥跌穴；辛酉時艮方青龍返首；	戌年生人忌用此日　占房栖外正南
2010/11/15 星期一	吉神：月德合驛馬天后天倉不將敬安　凶神：月破大耗重日勾陳	庚寅年十月初十日	庚寅年丁亥月己巳日大林木立冬破日義日危宿	宜：祭祀解除求醫療病破屋壞垣【覃恩肆赦施恩惠恤孤惸行惠愛雪冤枉緩刑獄】　忌：祈福求嗣上冊受封上表章襲爵受封會親友冠帶出行上官赴任臨政親民結婚姻納采問名嫁娶進人口移徙安床剃頭整手足甲裁衣築堤防修造動土豎柱上梁修倉庫鼓鑄經絡醞釀開市立券交易納財開倉庫出貨財修置產室開渠穿井安碓磑補垣塞穴修飾垣牆伐木畋獵取魚栽種牧養納畜破土安葬啟攢【布政事修宮室】	◎乙丑時 ●戊辰時 ●庚午時 ●辛未時 ◎甲戌時 ◎乙亥時	四大吉時 乙丑時 丁卯時 辛未時 癸酉時 乙亥時	日家奇遁 陰遁己巳 吉方坎方 開門青龍　紫白九星 年八白 月二黑 日一白	己巳日，立冬中元，陰九局；乙丑時兌方人遁2鬼遁2真詐；丙寅時巽方人遁2鬼遁2真詐；戊辰時震方人遁2鬼遁2真詐；己巳時乾方人遁4真詐；壬申時坤方青龍返首；癸酉時方人遁2風遁6鬼遁2真詐、離方飛鳥跌穴；乙亥時離方飛鳥跌穴天遁4；	亥年生人忌用此日　占門床外正南
2010/11/16 星期二	吉神：天德合月空不將普護青龍鳴吠　凶神：天吏致死五虛 ；立冬後十日氣往亡	庚寅年十月十一日	庚寅年丁亥月庚午日路傍土立冬危日伐日室宿	宜：祭祀祈福求嗣襲爵受封會親友出行結婚姻納采問名安床解除裁衣修造動土豎柱上梁修倉庫伐木栽種牧養納畜破土安葬【覃恩肆赦施恩惠恤孤惸行惠愛雪冤枉緩刑獄慶賜賞賀】　忌：求醫療病苫蓋經絡畋獵取魚【修宮室】進人口捕捉【招賢安撫邊境選將訓兵出師】	◎丙子時 ●丁丑時 ●己卯時 ◎壬午時 ●甲申時 ●乙酉時	四大吉時 丁丑時 辛巳時 癸未時 乙酉時 丁亥時	日家奇遁 陰遁庚午 吉方兌方 休門太陰　紫白九星 年八白 月二黑 日九紫	庚午日，立冬中元，陰九局；丁丑時坤方青龍返首；甲申時坎方地遁2重詐；乙酉時震方地遁2人遁3重詐；丙戌時乾方地遁2雲遁1重詐、離方飛鳥跌穴；丁亥時離方地遁2鬼遁5重詐；	子年生人忌用此日　占碓磨外正南

日期節日	吉神凶神○	陰曆	干支	用事宜忌○	協記吉時	貴登天門	日家奇門	時家奇門遁甲	忌用
2010/11/17 星期三	吉神：三合臨日天喜天醫六儀福生明堂 凶神：厭對招搖四擊往亡	庚寅年十月十二日 赤口，瘟星入	庚寅年丁亥月辛未日路傍土立冬成日義日壁宿	宜：祭祀祈福會親友入學結婚姻納采問名裁衣築堤防修造動土豎柱上梁修倉庫經絡開市立券交易納財安碓磑納畜【施恩封拜舉正直慶賜賞賀修宮室繕城郭】 忌：上冊受封上表章出行上官赴任臨政親民嫁娶進人口移徙求醫療病醞釀捕捉畋獵取魚乘船渡水【頒詔招賢宣政事選將訓兵出師】	●庚寅時 ●辛卯時 ◎癸巳時 ○甲午時 ●丙申時 ◎戊戌時 ◎己亥時	辛卯時 癸巳時 乙未時 丁酉時	日家奇遁陰遁辛未吉方乾方生門太陰 紫白九星年八白月二黑日八白	辛未日，立冬中元，陰九局；辛卯時坤方青龍返首；壬辰時離方飛鳥跌穴天遁3；乙未時坤方青龍返首；	丑年生人忌用此日 廚灶廁外西南
2010/11/18 星期四	吉神：母倉除神鳴吠 凶神：天罡劫煞月害復日五離天刑	庚寅年十月十三日 大空亡	庚寅年丁亥月壬申日劍鋒金立冬收日義日奎宿	宜：沐浴掃舍宇伐木捕捉畋獵 忌：祈福求嗣上冊受封上表章襲爵受封會親友冠帶出行上官赴任臨政親民結婚姻納采問名嫁娶進人口移徙安床解除剃頭整手足甲求醫療病裁衣築堤防修造動土豎柱上梁修倉庫鼓鑄經絡醞釀開市立券交易納財開倉庫出貨財修置產室開渠穿井安碓磑補垣塞穴修飾垣牆破屋壞垣栽種牧養納畜破土安葬啟攢【頒詔施恩封拜招賢舉正直宣政事布政事慶賜賞賀安撫邊境選將訓兵出師營建宮室修宮室繕城郭】	●庚子時 ●辛丑時 ●甲辰時 ●乙巳時 ●丁未時 ◎庚戌時	己酉時 辛丑時 癸卯時 乙巳時 丁未時 辛亥時	日家奇遁陰遁壬申吉方兌方休門青龍 紫白九星年八白月二黑日七赤	壬申日，立冬中元，陰九局；庚子時離方飛鳥跌穴天遁4真詐；癸卯時艮方人遁2真詐；乙巳時坤方人遁1休詐；丁未時乾方人遁1休詐；戊申時離方飛鳥跌穴天遁3；己酉時兌方人遁1休詐；庚戌時巽方人遁1休詐、坤方青龍返首；	寅年生人忌用此日 倉庫爐外西南
2010/11/19 星期五	吉神：母倉時陽生氣聖心除神鳴吠 凶神：災煞天火五離朱雀	庚寅年十月十四日 龍禁，短星，六壬空，天地凶敗，月忌	庚寅年丁亥月癸酉日劍鋒金立冬開日義日婁宿	宜：祭祀入學沐浴掃舍宇【覃恩肆赦施恩惠恤孤惸行惠愛雪冤枉緩刑獄】 忌：會親友冠帶結婚姻納采問名嫁娶進人口求醫療病經絡醞釀立券交易伐木畋獵取魚【布政事安撫邊境選將訓兵出師營建宮室】	◎壬子時 ●甲寅時 ◎乙卯時 ○丙辰時 ◎戊午時 ◎己未時 ◎辛酉時	辛酉時 癸亥時 癸卯時 乙卯時 丁巳時 辛酉時 癸亥時	日家奇遁陰遁癸酉吉方乾方休門青龍 紫白九星年八白月二黑日六白	癸酉日，立冬中元，陰九局；壬子時震方人遁1休詐；癸丑時坎方人遁1地遁2休詐；甲寅時坎方人遁1地遁2休詐；丙辰時震方人遁1地遁2休詐；丁巳時離方飛鳥跌穴天遁4重詐；戊午時坤方青龍返首；己未時兌方人遁1地遁2休詐；庚申時巽方人遁1地遁2風遁2休詐；辛酉時離方人遁1地遁2休詐；壬戌時震方人遁1地遁2休詐；癸亥時坎方人遁1地遁2休詐；	卯年生人忌用此日 房床門外西南
2010/11/20 星期六	吉神：月德四相益後金匱 凶神：月煞月虛血支五虛八風	庚寅年十月十五日 天乙絕氣	庚寅年丁亥月甲戌日山頭火立冬閉日制日胃宿	宜：祭祀【覃恩肆赦施恩惠恤孤惸行惠愛雪冤枉緩刑獄】 忌：祈福求嗣上冊受封上表章襲爵受封會親友冠帶出行上官赴任臨政親民結婚姻納采問名嫁娶進人口移徙安床解除剃頭整手足甲求醫療病療目針刺裁衣築堤防修造動土豎柱上梁修倉庫鼓鑄經絡醞釀開市立券交易納財開倉庫出貨財修置產室開渠穿井安碓磑補垣塞穴修飾垣牆破屋壞垣畋獵取魚乘船渡水栽種牧養納畜破土安葬啟攢【布政事修宮室】	●丙寅時 ◎戊辰時 ●己巳時 ◎壬申時 ◎癸酉時 ●乙亥時	乙丑時 辛未時 癸丑時 丁卯時 辛未時 癸酉時 乙亥時	日家奇遁陰遁甲戌吉方坎方生門太乙 紫白九星年八白月二黑日五黃	甲戌日，立冬下元，陰三局；甲子時乾方人遁1休詐；丙寅時中宮青龍返首；戊辰時乾方人遁1休詐；己巳時中宮青龍返首；庚午時坤方人遁1風遁6休詐；甲戌時乾方鬼遁3重詐；	辰年生人忌用此日 門雞栖外西南

2010庚寅年擇日曆書

日期節日	吉神凶神○	陰曆	干支	用事宜忌○	協記吉時	貴登天門	日家奇門	時家奇門遁甲	忌用
2010/11/21 星期日 防空節；	吉神：天德月恩四相王日續世寶光 凶神：月建小時土府月刑九坎九焦血忌重日	庚寅年十月十六日 瘟星出，四不祥	庚寅年丁亥月乙亥日山頭火立冬建日義日昂宿	宜：祭祀沐浴【覃恩肆赦施恩封拜施恩惠恤孤惸行惠愛雪冤枉緩刑獄】 忌：冠帶嫁娶求醫療病針刺築堤防修造動土修倉庫鼓鑄修置產室開渠穿井安碓磑補垣塞穴修飾垣牆平治道塗破屋壞垣伐木畋獵取魚乘船渡水栽種破土【布政事】	●丁丑時 ●庚辰時 ◎壬午時 ◎癸未時 ●丙戌時 ◎丁亥時	戊寅時庚辰時壬午時 四大吉時丁丑時辛巳時癸未時乙酉時丁亥時	日家奇遁陰遁乙亥吉方坎方生門天乙 紫白九星年八白月二黑日四綠	乙亥日，立冬下元，陰三局；丙子時乾方鬼遁3重詐；丁丑時坤方地遁1人遁2真詐；己卯時巽方地遁2人遁2風遁2真詐；庚辰時中宮青龍返首；辛巳時兌方鬼遁3重詐；癸未時坎方地遁4鬼遁3重詐；乙酉時中宮青龍返首；	巳年生人忌用此日 碓磨床外西南
2010/11/22 星期一 18時16分【酉時】交小雪氣十月氣丁亥月	太陽過黃經二四〇度，氣候寒冷，逐漸降雪【斗指己，斯時天已積陰，寒未深而雪未大，故名小雪】								
2010/11/22 星期一	吉神：官日天馬吉期要安鳴吠對 凶神：大時大敗咸池觸水龍白虎	庚寅年十月十七日 小空亡	庚寅年丁亥月丙子日澗下水小雪除日伐日畢宿	宜：襲爵受封出行上官赴任臨政親民移徙解除沐浴剃頭整手足甲求醫療病掃舍宇破土啟攢 忌：取魚乘船渡水【招賢營建宮室修宮室繕城郭】	●戊子時 ●己丑時 ○辛卯時 ◎甲午時 ◎丙申時 ◎丁酉時	庚寅時壬辰時 四大吉時庚寅時壬辰時甲午時丙申時	日家奇遁陰遁丙子吉方離方生門天乙 紫白九星年八白月二黑日三碧	丙子日，立冬下元，陰三局；丁酉時中宮青龍返首；	午年生人忌用此日 倉庫廁外正西
2010/11/23 星期二	吉神：守日天巫福德玉宇玉堂 凶神：月厭地火九空大煞歸忌孤辰	庚寅年十月十八日 赤口	庚寅年丁亥月丁丑日澗下水小雪滿日寶日觜宿	宜：祭祀 忌：祈福求嗣上冊受封上表章襲爵受封會親友冠帶出行上官赴任臨政親民結婚姻納采問名嫁娶進人口移徙遠迴安床解除剃頭整手足甲醫療病裁衣築堤防修造動土豎柱上梁修倉庫鼓鑄經絡醞釀開市立券交易納財開倉庫出貨財修置產室開渠穿井安碓磑補垣塞穴修飾垣牆平治道塗破屋壞垣伐木畋獵牧養納畜破土安葬啟攢【頒詔施恩封拜招賢舉正直宣政事布政事安撫邊境選將訓兵出師營建宮室】	◎壬寅時 ◎癸卯時 ●乙巳時 ◎戊申時 ◎庚戌時 ●辛亥時	庚子時王寅時甲辰時丙午時庚戌時 四大吉時庚子時王寅時甲辰時丙午時庚戌時	日家奇遁陰遁丁丑吉方離方生門太陰 紫白九星年八白月二黑日二黑	丁丑日，立冬下元，陰三局；乙巳時坤方地遁1雲遁7龍遁2重詐；丙午時乾方地遁2人遁3重詐；丁未時坤方人遁2風遁6鬼遁2真詐；辛亥時兌方地遁2鬼遁5重詐、中宮青龍返首；	未年生人忌用此日 房床爐外正西

115

日期節日	吉神凶神○	陰曆	干支	用事宜忌○	協記吉時	貴登天門	日家奇門	時家奇門遁甲	忌用
2010/11/24 星期三	吉神：時德相日六合五富金堂五合 凶神：河魁死氣遊禍五虛地囊天牢	庚寅年 十月 十九日 四不祥	庚寅年 丁亥月 戊寅日 城頭土 小雪 平日 伐日 參宿	宜：襲爵受封會親友出行上官赴任臨政親民結婚姻納采問名嫁娶進人口移徙裁衣豎柱上梁經絡醞釀開市立券交易納財牧養納畜安葬 忌：祭祀祈福求嗣解除求醫療病堤防修造動土修倉庫置產室開渠穿井安碓磑補垣修飾垣牆平治道塗破屋壞垣栽種破土【頒詔招賢宣政事布政事安撫邊境選將訓兵出師營建宮室】	◎壬子時 ◎癸丑時 ●丙辰時 ◎丁巳時 ●己未時 ◎壬戌時	四大吉時 壬子時 甲寅時 丙辰時 庚申時 壬戌時	戊寅遁戊寅 吉方巽方 休門軒轅 紫白九星 年八白 月二黑 日一白	戊寅日，立冬下元，陰三局；壬子時巽方地遁2風遁2重詐；癸丑時坎方地遁2重詐；乙卯時坎方地遁2人遁1休詐；丁巳時離方地遁2人遁1雲遁1休詐；壬戌時中宮青龍返首；	申年生人忌用此日 占大門外正西
2010/11/25 星期四	吉神：月德合天恩德德民日三合天陰不將五合 凶神：死氣元武	庚寅年 十月 二十日 六壬空，龍禁	庚寅年 丁亥月 己卯日 城頭土 小雪 定日 伐日 井宿	宜：祭祀祈福求嗣上冊受封上表章襲爵受封親友冠帶出行上官赴任臨政親民結婚姻納采問名嫁娶進人口移徙解除裁衣修造動土豎柱上梁修倉庫經絡醞釀開市立券交易納財安碓磑栽種牧養納畜安葬【頒詔覃恩肆赦施恩封拜招賢舉正直施恩惠恤孤惸宣政事布政事行惠愛雪冤枉緩刑獄慶賜賞賀營建宮室修宮室繕城郭】忌：求醫療病穿井畋獵取魚	◎甲子時 ●丙寅時 ●丁卯時 ●庚午時 ●辛未時 ◎癸酉時	四大吉時 甲子時 丙寅時 庚午時 壬申時 甲戌時	日家奇遁 陰遁己卯 吉方震方 休門軒轅 紫白九星 年八白 月二黑 日九紫	己卯日，小雪上元，陰五局；甲子時乾方地遁2鬼遁5重詐；庚午時離方地遁2重詐；壬申時震方地遁2人遁2重詐；癸酉時中宮飛鳥跌穴；甲戌時艮方人遁2鬼遁2真詐；	酉年生人忌用此日 碓磑栖外正西
2010/11/26 星期五	吉神：天德合月空天恩陽德不將解神司命 凶神：小耗天賊土符	庚寅年 十月 二十一日 大空亡	庚寅年 丁亥月 庚辰日 白蠟金 小雪 執日 義日 鬼宿	宜：祭祀祈福求嗣上冊受封上表章襲爵受封會親友上官赴任臨政親民結婚姻納采問名嫁娶移徙解除沐浴剃頭整手足甲裁衣豎柱上梁捕捉牧養納畜安葬【頒詔覃恩肆赦施恩封拜招賢舉正直施恩惠恤孤惸宣政事布政事行惠愛雪冤枉緩刑獄慶賜賞賀安撫邊境選將訓兵出師】 忌：出行築堤防修造動土修倉庫出貨財修置產室開渠穿井安碓磑補垣修飾垣牆平治道塗破屋壞垣畋獵取魚栽種破土【修宮室】	●戊寅時 ◎庚辰時 ◎辛巳時 ●甲申時 ◎乙酉時 ●丁亥時	四大吉時 丙子時 庚辰時 壬午時 甲申時 丙戌時	日家奇遁 陰遁庚辰 吉方巽方 生門太乙 紫白九星 年八白 月二黑 日八白	庚辰日，小雪上元，陰五局；庚辰時中宮飛鳥跌穴；甲申時乾方地遁2人遁1休詐；乙酉時離方地遁2人遁1休詐；丁亥時中宮飛鳥跌穴；	戌年生人忌用此日 碓磑栖外正西
2010/11/27 星期六	吉神：天恩驛馬天后天倉不將敬安 凶神：月破大耗重日勾陳	庚寅年 十月 二十二日	庚寅年 丁亥月 辛巳日 白蠟金 小雪 破日 伐日 柳宿	宜：求醫療病破屋壞垣【覃恩肆赦施恩惠恤孤惸行惠愛雪冤枉緩刑獄】 忌：祈福求嗣上冊受封上表章襲爵受封會親友冠帶出行上官赴任臨政親民結婚姻納采問名嫁娶進人口移徙安床剃頭整手足甲裁衣築堤防修造動土豎柱上梁修倉庫鼓鑄經絡醞釀開市立券交易納財開倉庫出貨財修置產室開渠穿井安碓磑補垣塞穴修飾垣牆伐木栽種牧養納畜破土安葬啟攢【施恩封拜招賢舉正直安撫邊境選將訓兵出師營建宮室修宮室繕城郭】	●己丑時 ◎壬辰時 ○癸巳時 ●甲午時 ●乙未時 ●戊戌時 ◎己亥時	四大吉時 庚寅時 壬辰時 甲午時 丙申時	日家奇遁 陰遁辛巳 吉方震方 休門太乙 紫白九星 年八白 月二黑 日七赤	辛巳日，小雪上元，陰五局；辛卯時震方地遁2人遁1休詐；癸巳時艮方地遁2人遁1風遁4休詐；甲午時乾方地遁2鬼遁5重詐；丙申時坎方地遁2人遁3重詐；丁酉時巽方地遁1風遁2雲遁6鬼遁5重詐；	亥年生人忌用此日 廚灶床外正西

日期節日	吉神凶神〇	陰曆	干支	用事宜忌〇	協記吉時	貴登天門	日家奇門	時家奇門遁甲	忌用
2010/11/28 星期日	吉神：天恩不將普護青龍鳴吠 凶神：天吏致死五虛復日	庚寅年十月二十三日 月忌，楊公忌日	庚寅年丁亥月壬午日楊柳木小雪危日制日星宿	宜：祭祀會親友裁衣伐木畋獵【覃恩肆赦施恩惠恤孤惸行惠愛雪冤枉緩刑獄慶賜賞賀】 忌：祈福求嗣上冊受封上表章襲爵受封冠帶出行上官赴任臨政親民結婚姻納采問名嫁娶進人口移徙安床解除求醫療病築堤防修造動土豎柱上梁修倉庫苫蓋開市立券交易納財開倉庫出貨財修置產室開渠栽種牧養納畜破土安葬啟攢【施恩封拜招賢舉正直出師營建宮室修宮室繕城郭】	◎庚子時 ◎辛丑時 ◎癸卯時 ◎丙午時 ◎丁未時 ◎戊申時 ◎己酉時	四大吉時庚子時壬寅時甲辰時丙午時庚戌時	日家奇遁陰遁壬午吉方坤方休門太乙紫白九星年八白月二黑日六白	壬午日，小雪上元，陰二局；辛丑時乾方地遁2人遁3重詐；癸卯時中宮飛鳥跌穴；乙巳時坤方人遁2虎遁6真詐、中宮飛鳥跌穴天遁3；丁未時乾方人遁2真詐；辛亥時巽方人遁2真詐；	子年生人忌用此日 倉庫碓外西北
2010/11/29 星期一	吉神：天恩三合臨日天喜天醫六儀福生明堂 凶神：厭對招搖四擊往亡觸水龍	庚寅年十月二十四日 赤口	庚寅年丁亥月癸未日楊柳木小雪成日伐日張宿	宜：祭祀祈福會親友入學結婚姻納采問名裁衣築堤防修造動土豎柱上梁修倉庫經絡醞釀開市立券交易納財安碓磑納畜【覃恩肆赦施恩封拜舉正直施恩惠恤孤惸布政事行惠愛雪冤枉緩刑獄慶賜賞賀修宮室繕城郭】 忌：上冊受封上表章出行上官赴任臨政親民嫁娶進人口移徙求醫療病捕捉畋獵取魚乘船渡水【頒詔招賢宣政事選將訓兵出師】	●甲寅時 ◎乙卯時 ○丙辰時 ◎丁巳時 ◎庚申時 ◎壬戌時 ◎癸亥時	四大吉時壬子時甲寅時丙辰時庚申時壬戌時	日家奇遁陰遁癸未吉方坤方休門天乙紫白九星年八白月二黑日五黃	癸未日，小雪上元，陰五局；壬子時兌方人遁2真詐；甲寅時艮方人遁1休詐；乙卯時離方人遁1休詐；丙辰時巽方人遁1風遁6休詐；戊午時震方人遁1休詐；己未時坎方人遁1休詐、中宮飛鳥跌穴；庚申時乾方人遁1休詐；辛酉時震方人遁1休詐；壬戌時坤方人遁1休詐；癸亥時艮方人遁1休詐；	丑年生人忌用此日 房床廁外西北
2010/11/30 星期二	吉神：月德母倉四相除神鳴吠 凶神：天罡劫煞月害五離天刑	庚寅年十月二十五日 小空亡	庚寅年丁亥月甲申日泉中水小雪收日伐日翼宿	宜：祭祀祈福求嗣上冊受封上表章襲爵受封會親友出行上官赴任臨政親民結婚姻納采問名嫁娶進人口移徙解除沐浴剃頭整手足甲裁衣修造動土豎柱上梁修倉庫納財掃舍宇伐木捕捉栽種牧養納畜破土安葬【覃恩肆赦施恩惠恤孤惸行惠愛雪冤枉緩刑獄】 忌：安床求醫療病開倉庫出貨財畋獵取魚【布政事】	●甲子時 ●乙丑時 ○丙寅時 ●戊辰時 ●己巳時 ●辛未時 ●甲戌時	四大吉時甲子時丙寅時戊辰時庚午時壬申時甲戌時	日家奇遁陰遁甲申吉方離方開門太乙紫白九星年八白月二黑日四綠	甲申日，小雪中元，陰八局；丙寅時坎方青龍返首；癸酉時乾方飛鳥跌穴天遁3；甲戌時坎方地遁2人遁2真詐；乙亥時震方地遁2人遁2真詐；	寅年生人忌用此日 占門爐外西北
2010/12/1 星期三	吉神：天德母倉月恩四相時陽生氣聖心除神鳴吠 凶神：災煞天火五離朱雀	庚寅年十月二十六日 龍禁，六壬空	庚寅年丁亥月乙酉日泉中水小雪開日伐日軫宿	宜：祭祀祈福求嗣上冊受封上表章襲爵受封入學出行上官赴任臨政親民結婚姻納采問名嫁娶移徙解除沐浴剃頭整手足甲裁衣造動土豎柱上梁修倉庫開市納財開倉庫出貨財修置產室開渠穿井安碓磑掃舍宇牧養納畜【覃恩肆赦施恩惠恤孤惸行惠愛雪冤枉緩刑獄】 忌：會親友求醫療病伐木畋獵取魚栽種【布政事】	●丙子時 ●戊寅時 ○己卯時 ○壬午時 ○癸未時 ○甲申時 ○乙酉時 ○丁亥時	四大吉時丙子時戊寅時庚辰時壬午時甲申時丙戌時	日家奇遁陰遁乙酉吉方坎方休門太陰紫白九星年八白月二黑日三碧	乙酉日，小雪中元，陰八局；丁丑時坎方青龍返首；戊寅時巽方風遁3重詐；己卯時坎方重詐；庚辰時艮方飛鳥跌穴天遁4重詐；辛巳時乾方重詐、坎方青龍返首；丙戌時艮方飛鳥跌穴、坤方地遁2人遁1休詐；丁亥時震方地遁2人遁1休詐；	卯年生人忌用此日 碓磨門外西北

日期節日	吉神凶神○	陰曆	干支	用事宜忌○	協記吉時	貴登天門	日家奇遁	時家奇門遁甲	忌用
2010/12/2 星期四	吉神：益後金匱　凶神：月煞月虛血支五虛	庚寅年 十月 二十七日 小雪 閉日 寶日 角宿	庚寅年 丁亥月 丙戌日 屋上土	忌：諸事不宜【頒詔施恩封拜招賢舉正直宣政事布政事慶賜賞賀選將訓兵出師營建宮室修宮室繕城郭】	○戊子時 ●庚寅時 ◎壬辰時 ◎癸巳時 ●丙申時 ◎丁酉時 ○戊戌時 ●己亥時	庚寅時 壬辰時 四大吉時 庚寅時 壬辰時 甲午時 丙申時	日家奇遁 陰遁丙戌 吉方艮方 生門天乙 紫白九星 年八白 月二黑 日二黑	丙戌日，小雪中元，陰二局；戊子時乾方人遁2鬼遁2真詐；兌方地遁1人遁1休詐；己丑時坎方青龍返首龍遁3；庚寅時離方地遁2人遁1休詐；辛卯時震方地遁2人遁1休詐、巽方地遁2鬼遁2真詐；壬辰時坎方地遁2人遁1休詐；癸巳時乾方地遁2人遁1休詐、坎方人遁4真詐；乙未時坎方青龍返首；己亥時艮方飛鳥跌穴；	辰年生人忌用此日 廚灶栖外西北
2010/12/3 星期五	吉神：王日續世寶光　凶神：月建小時土府月刑九坎九焦血忌重日	庚寅年 十月 二十八日 四不祥 小雪 建日 伐日 亢宿	庚寅年 丁亥月 丁亥日 屋上土	宜：祭祀沐浴【覃恩肆赦施恩惠恤孤惸行惠愛雪冤枉緩刑獄】 忌：祈福求嗣上冊受封上表章襲爵受封會親友冠帶出行上官赴任臨政親民結婚姻納采問名嫁娶進人口移徙安床解除剃頭整手足甲求醫療病針刺裁衣築堤防修造動土豎柱上梁修倉庫鼓鑄經絡醞釀開市立券交易納財開倉庫出貨財修置產室開渠穿井安碓磑補垣塞穴修飾垣牆平治道塗破屋壞垣伐木取魚乘船渡水栽種牧養納畜破土安葬啟攢【布政事營建宮室修宮室繕城郭】	●辛丑時 ●甲辰時 ◎丙午時 ◎丁未時 ○己酉時 ●庚戌時 ◎辛亥時	四大吉時 庚子時 甲辰時 丙午時 庚戌時	日家奇遁 陰遁丁亥 吉方坎方 休門青龍 紫白九星 年八白 月二黑 日一白	丁亥日，小雪中元，陰八局；甲辰時坎方人遁1休詐；乙巳時艮方飛鳥跌穴、兌方風遁6鬼遁3重詐；丙午時震方鬼遁3重詐；庚戌時離方人遁1休詐；	巳年生人忌用此日 倉庫床外西北
2010/12/4 星期六	吉神：官日天馬吉期要安　凶神：大時大敗咸池白虎歲薄	庚寅年 十月 二十九日 大空亡 小雪 除日 制日 氐宿	庚寅年 戊子日 霹靂火	宜：沐浴掃舍宇　忌：祈福求嗣上冊受封上表章襲爵受封冠帶出行上官赴任臨政親民結婚姻納采問名嫁娶進人口移徙安床解除求醫療病築堤防修造動土豎柱上梁修倉庫開市立券交易納財開倉庫出貨財修置產室取魚乘船渡水栽種牧養納畜【招賢營建宮室修宮室繕城郭】	◎壬子時 ◎癸丑時 ◎乙卯時 ●戊午時 ●庚申時 ●辛酉時	四大吉時 壬子時 甲寅時 丙辰時 庚申時 壬戌時	日家奇遁 陰遁戊子 吉方離方 休門青龍 紫白九星 年八白 月二黑 日九紫	戊子日，小雪中元，陰八局；癸丑時乾方人遁1休詐、坎方青龍返首；丁巳時巽方地遁2真詐；戊午時坎方青龍返首；壬戌時艮方飛鳥跌穴真詐；	午年生人忌用此日 房床碓外正北
2010/12/5 星期日	吉神：月德合守日天巫福德玉宇玉堂　凶神：月厭地火九空大煞歸忌孤辰	庚寅年 十月 三十日 赤口 小雪 滿日 專日 房宿	庚寅年 丁亥月 己丑日 霹靂火	宜：祭祀【覃恩肆赦施恩惠恤孤惸行惠愛雪冤枉緩刑獄】　忌：冠帶出行上官赴任臨政親民結婚姻納采問名嫁娶移徙遠迴求醫療病伐木畋獵取魚栽種【布政事】	○甲子時 ●丙寅時 ●丁卯時 ●己巳時 ◎壬申時 ◎甲戌時 ◎乙亥時	四大吉時 甲子時 丙寅時 庚午時 壬申時 甲戌時	日家奇遁 陰遁己丑 吉方巽方 開門太乙 紫白九星 年八白 月二黑 日八白	己丑日，小雪下元，陰二局；丙寅時坎方地遁1人遁1休詐、巽方青龍返首；戊辰時震方地遁2人遁1休詐；庚午時艮方地遁2人遁1風遁4雲遁1休詐；辛未時乾方人遁2真詐、兌方人遁1地遁2休詐；癸酉時坤方飛鳥跌穴；乙亥時離方地遁2重詐、坤方飛鳥跌穴天遁3；	未年生人忌用此日 占門廁外正北

日期節日	吉神凶神○	陰曆	干支	用事宜忌○	協記吉時	貴登天門	日家奇門	時家奇門遁甲	忌用
2010/12/6 星期一	吉神：天德合月空時德相日六合五富不將金堂五合鳴吠對 凶神：河魁死氣遊禍五虛天牢	庚寅年十一月初一日 六壬空	庚寅年丁亥月庚寅日松柏木小雪平日制日心宿	宜：上冊受封上表章襲爵受封會親友出行上官赴任臨政親民結婚姻納采問名嫁娶進人口移徙裁衣修造動土豎柱上梁修倉庫醞釀開市立券交易納財開倉庫出貨財修飾垣牆平治道塗栽種牧養納畜破土安葬啟攢【覃恩肆赦施恩惠恤孤惸行惠愛雪冤枉緩刑獄】 忌：祭祀祈福求嗣解除求醫療病經絡畋獵取魚【布政事修宮室】	◎丙子時 ●丁丑時 ●庚辰時 ◎辛巳時 ◎癸未時 ◎丙戌時	四大吉時丙子時庚辰時壬午時甲申時丙戌時	日家奇遁陰遁庚寅吉方巽方開門天乙 紫白九星年八白月二黑日七赤	庚寅日，小雪下元，陰二局；丁丑時乾方地遁2人遁3重詐；戊寅時乾方地遁2重詐；辛巳時巽方地遁2人遁3風遁2重詐；壬午時巽方青龍返首；癸未時艮方地遁2人遁3風遁4雲遁1重詐；乙酉時巽方青龍返首；	申年生人忌用此日 碓磨爐外正北
2010/12/7 星期二13時41分 【未時】交大雪節節前使用為丁亥月	吉神：陰德民日三合時陰不將五合鳴吠對 凶神：死氣元武	庚寅年十一月初二日 龍禁	庚寅年丁亥月辛卯日松柏木小雪定日制日尾宿	宜：襲爵受封會親友冠帶出行上官赴任臨政親民結婚姻納采問名嫁娶進人口移徙裁衣修造動土豎柱上梁修倉庫經絡開市立券交易納財安碓磑牧養納畜破土啟攢【施恩惠恤孤惸行惠愛雪冤枉緩刑獄賜賞慶賜賀修宮室繕城郭】 忌：解除求醫療病醞釀修置產室穿井栽種【安撫邊境選將訓兵出師】	◎戊子時 ●庚寅時 ●辛卯時 ◎癸巳時 ◎甲午時 ◎乙未時	四大吉時丙寅時壬辰時甲午時	陰遁辛卯吉方震方生門天乙 紫白九星年八白月二黑日六白	辛卯日，小雪下元，陰二局；壬辰時坤方飛鳥跌穴天遁3；乙未時離方重詐；丙申時坤方飛鳥跌穴天遁4風遁5重詐；己亥時震方重詐；	酉年生人忌用此日 廚灶門外正北
2010/12/7 星期二13時41分 【未時】交大雪節十一月節戊子月	太陽過黃經二五五度，大雪紛飛【斗指甲，斯時積陰為雪，至此栗烈而大形於小雪，故名大雪】			大雪十一月節天道東南行宜向東南行宜修造東南維；天德在巽月德在壬月德合在丁月空在丙宜修造取土；月建在子月破在午月厭在子月刑在卯月害在未劫煞在巳災煞在午月煞在未忌修造取土；十二日長星、二十二日短星；大雪後二十二日往亡、冬至前一日四離；冬至十一月中日躔在丑宮為十一月將宜用艮巽坤乾時；					
2010/12/7 星期二13時41分 【未時】交大雪節節後使用為戊子月	吉神：民日不將五合玉堂鳴吠對 凶神：天罡死神月刑天吏致死天賊地囊	庚寅年十一月初二日 龍禁	庚寅年戊子月辛卯日松柏木大雪平日制日尾宿	忌：諸事不宜【頒詔施恩封拜招賢舉正直宣政事布政事慶賜賞賀安撫邊境選將訓兵出師營建宮室修宮室繕城郭】	◎乙未時 ◎丁酉時	四大吉時丙申時	日家奇遁陰遁辛卯吉方震方生門天乙 紫白九星年八白月一白日六白	辛卯日，小雪下元，陰二局；壬辰時坤方飛鳥跌穴天遁3；乙未時離方重詐；丙申時坤方飛鳥跌穴天遁4風遁5重詐；己亥時震方重詐；	酉年生人忌用此日 廚灶門外正北

日期節日	吉神凶神○	陰曆	干支	用事宜忌○	協記吉時	貴登天門	日家奇門	時家奇門遁甲	忌用
2010/12/8 星期三	吉神：月德天恩三合臨日時陰天倉不將聖心 凶神：死氣五墓天牢	庚寅年十一月初三日 大雪定日伐日箕宿	庚寅年戊子月壬辰日長流水	宜：祭祀祈福求嗣上冊受封上表章襲爵受封會親友冠帶出行上官赴任臨政親民結婚姻納采問名嫁娶進人口移徙解除裁衣修造動土豎柱上梁修倉庫經絡醞釀立券交易納財安碓磑栽種牧養納畜安葬【頒詔覃恩肆赦施恩封拜招賢舉正直施恩惠恤孤惸宣政事布政事行惠愛雪冤枉緩刑獄慶賜賞賀】忌：求醫療病開渠畋獵取魚	◎壬寅時 ◎甲辰時 ●乙巳時 ◎戊申時 ●己酉時 ●辛亥時	四大吉時 庚子時 壬寅時 甲辰時 丙午時 庚戌時	日家奇遁陰遁壬辰吉方坎方開門太乙紫白九星年八白月一白日五黃	壬辰日，小雪下元，陰二局；癸卯時艮方虎遁6重詐；巽方青龍返首；丙午時坎方人遁1休詐；己酉時坤方飛鳥跌穴；庚戌時艮方人遁1休詐、巽方青龍返首；辛亥時兌方人遁1休詐；	戌生此倉外正人日栖北用庫
2010/12/9 星期四	吉神：五富益後 凶神：劫煞小耗復日重日元武	庚寅年十一月初四日 大空亡，四不祥，四方耗 大雪執日制日斗宿	庚寅年戊子月癸巳日長流水	宜：祭祀捕捉畋獵 忌：祈福求嗣上冊受封上表章襲爵受封會親友冠帶出行上官赴任臨政親民結婚姻納采問名嫁娶進人口移徙安床解除剃頭整手足甲求醫療病裁衣築堤防修造動土豎柱上梁修倉庫鼓鑄經絡醞釀開市立券交易納財開倉庫出貨財修置產室開渠穿井安碓磑補垣塞穴修飾垣牆破屋壞垣栽種牧養納畜破土安葬啟攢【頒詔施恩封拜招賢舉正直宣政事布政事慶賜賞賀安撫邊境選將訓兵出師營建宮室修宮室繕城郭】	◎癸丑時 ○乙卯時 ●丙辰時 ○丁巳時 ◎戊午時 ◎己未時 ◎壬戌時 ◎癸亥時	四大吉時 壬子時 甲寅時 丙辰時 庚申時 壬戌時	日家奇遁陰遁癸巳吉方坎方開門天乙紫白九星年八白月一白日四綠	癸巳日，小雪下元，陰二局；壬子時巽方人遁1休詐；丁巳時巽方青龍返首；戊午時巽方青龍返首；辛酉時坤方飛鳥跌穴；	亥生此占床內人日房房北用
2010/12/10 星期五	吉神：月恩四相陽德六儀續世解神司命鳴吠 凶神：月破大耗災煞天火厭對招搖五虛血忌	庚寅年十一月初五日 赤口，月忌 大雪破日寶日牛宿	庚寅年戊子月甲午日沙中金	宜：【施恩惠恤孤惸行惠愛雪冤枉緩刑獄】 忌：諸事不宜【頒詔招賢宣政事布政事安撫邊境選將訓兵出師營建宮室修宮室繕城郭】	◎甲子時 ◎乙丑時 ○丙寅時 ●丁卯時 ◎庚午時 ○辛未時 ◎壬申時 ◎癸酉時	四大吉時 甲子時 丙寅時 庚午時 壬申時 甲戌時	日家奇遁陰遁甲午吉方乾方生門軒轅紫白九星年八白月一白日三碧	甲午日，大雪上元，陰四局；丙寅時乾方青龍返首；巽方飛鳥跌穴天遁1休詐；甲戌時乾方人遁3；乙亥時震方人遁1休詐；	子生此占房內人日房碓北用
2010/12/11 星期六	吉神：四相要安 凶神：月煞月虛月害四擊勾陳	庚寅年十一月初六日 大雪危日制日女宿	庚寅年戊子月乙未日沙中金	宜：祭祀伐木畋獵 忌：祈福求嗣上冊受封上表章襲爵受封會親友冠帶出行上官赴任臨政親民結婚姻納采問名嫁娶進人口移徙安床解除剃頭整手足甲求醫療病裁衣築堤防修造動土豎柱上梁修倉庫鼓鑄經絡醞釀開市立券交易納財開倉庫出貨財修置產室開渠穿井安碓磑補垣塞穴修飾垣牆破屋壞垣栽種牧養納畜破土安葬啟攢【頒詔招賢宣政事布政事出師營建宮室】	●戊寅時 ●己卯時 ◎辛巳時 ●甲申時 ●丙戌時 ●丁亥時	丁丑時 辛巳時 四大吉時 丙子時 庚辰時 壬午時 甲申時 丙戌時	日家奇遁陰遁乙未吉方兌方休門太乙紫白九星年八白月一白日二黑	乙未日，大雪上元，陰四局；丁丑時乾方青龍返首、巽方飛鳥跌穴天遁3人遁1休詐；戊寅時坎方人遁1虎遁6休詐；壬午時艮方人遁1休詐；甲申時乾方重詐；	丑生此碓廁人日磨房用內北

日期節日	吉神凶神○	陰曆	干支	用事宜忌○	協記吉時	貴登天門	日家奇門	時家奇門遁甲	忌用
2010/12/12 星期日	吉神：月空母倉三合天喜天醫玉宇除神青龍鳴吠　凶神：九坎九焦土符大煞五離	庚寅年十一月初七日　四不祥，六壬空	庚寅年戊子月丙申日山下火大雪成日制虛宿	宜：上表章襲爵受封會親友入學出行上官赴任臨政親民結婚姻納采問名嫁娶進人口移徙解除沐浴剃頭整手足甲求醫療病裁衣豎柱上梁經絡醞釀開市立券交易納財掃舍宇伐木牧養納畜安葬【施恩封拜舉正直】忌：安床築堤防修造動土修倉庫鼓鑄修置產室開渠穿井安碓磑補垣塞穴修飾垣牆平治道塗破屋壞垣取魚乘船渡水栽種破土【選將訓兵出師營建宮室】	●戊子時●己丑時◎壬辰時●癸巳時○乙未時●丙申時○戊戌時	庚寅時壬辰時　四大吉時庚寅時壬辰時甲午時丙申時	日家奇遁陰遁丙申吉方乾方生門太乙　紫白九星年八白月一白日一白	丙申日，大雪上元，陰四局；庚寅時乾方重詐；壬辰時兌方天遁1重詐；癸巳時乾方青龍返首、巽方飛鳥跌穴；	寅年生人忌用此日　廚灶爐房內北
2010/12/13 星期一	吉神：月德合母倉金堂除神明堂鳴吠　凶神：河魁大時大敗咸池五離	庚寅年十一月初八日　小空亡，龍禁	庚寅年戊子月丁酉日山下火大雪收日制日危宿	宜：祭祀沐浴整手足甲掃舍宇捕捉【覃恩肆赦施恩惠恤孤惸行惠愛雪冤枉緩刑獄】忌：會親友剃頭求醫療病畋獵取魚【布政事修宮室】	●庚子時◎壬寅時◎癸卯時●丙午時●丁未時◎己酉時○辛亥時	四大吉時庚子時壬寅時甲辰時丙午時庚戌時	日家奇遁陰遁丁酉吉方兌方開門太陰　紫白九星年八白月一白日九紫	丁酉日，大雪上元，陰四局；庚子時巽方人遁4真詐；壬寅時乾方青龍返首、巽方飛鳥跌穴；丙午時艮方鬼遁3重詐；庚戌時乾方鬼遁3重詐；辛亥時乾方青龍返首、震方風遁6鬼遁3重詐、巽方飛鳥跌穴；	卯年生人忌用此日　倉庫門房內北
2010/12/14 星期二	吉神：時陽生氣　凶神：五虛九空往亡天刑	庚寅年十一月初九日	庚寅年戊子月戊戌日平地木大雪開日專日室宿	宜：祭祀祈福求嗣會親友入學解除裁衣修造動土豎柱上梁修置產室開渠穿井安碓磑栽種牧養【覃恩肆赦施恩封拜舉正直施恩惠恤孤惸行惠愛雪冤枉緩刑獄慶賜賞賀修宮室繕城郭】忌：上冊受封上表章出行上官赴任臨政親民嫁娶進人口移徙求醫療病修倉庫開市立券交易納財開倉庫出貨財伐木捕捉畋獵取魚【安撫邊境選將訓兵出師】	◎甲寅時◎乙卯時●丙辰時◎丁巳時●庚申時○辛酉時◎癸亥時	四大吉時甲寅時丙辰時庚申時壬戌時	日家奇遁陰遁戊戌吉方乾方休門太陰　紫白九星年八白月一白日八白	戊戌日，大雪上元，陰四局；乙卯時乾方青龍返首、巽方飛鳥跌穴；丁巳時巽方人遁1休詐；庚申時乾方青龍返首、巽方飛鳥跌穴天遁4風遁3真詐；	辰年生人忌用此日　房床栖房內南
2010/12/15 星期三	吉神：王日　凶神：遊禍血支重日朱雀	庚寅年十一月初十日　天地凶敗	庚寅年戊子月己亥日平地木大雪閉日制日壁宿	宜：沐浴裁衣築堤防補垣塞穴【覃恩肆赦舉正直施恩惠恤孤惸行惠愛雪冤枉緩刑獄】忌：祈福求嗣上冊受封上表章襲爵受封會親友出行上官赴任臨政親民結婚姻納采問名嫁娶進人口移徙安床解除求醫療病療目針刺修造動土豎柱上梁開市開倉庫出貨財修置產室開渠穿井破土安葬啟攢【施恩封拜布政事出師營建宮室修宮室繕城郭】	◎乙丑時◎丙寅時◎戊辰時●庚午時●辛未時◎甲戌時◎乙亥時	四大吉時甲子時丙寅時庚午時壬申時甲戌時	日家奇遁陰遁己亥吉方兌方開門青龍　紫白九星年八白月一白日七赤	己亥日，大雪中元，陰七局；甲子時坎方龍遁3重詐；丙寅時離方青龍返首、兌方鬼遁3重詐；丁卯時兌方飛鳥跌穴天遁3人遁2真詐；庚午時巽方人遁2虎遁6真詐；辛未時坤方鬼遁3重詐；壬申時離方鬼遁3重詐；癸酉時乾方風遁6鬼遁3重詐；甲戌時艮方地遁2人遁3風遁4重詐；乙亥時兌方飛鳥跌穴人遁1休詐；	巳年生人忌用此日　占門床房內南

日期節日	吉神凶神○	陰曆	干支	用事宜忌○	協記吉時	貴登天門	日家奇門	時家奇門遁甲	忌用
2010/12/16 星期四	吉神：官日敬安金匱鳴吠對 凶神：月建小時土府月厭地火	庚寅年十一月十一日 赤口	庚寅年戊子月庚子日 壁上土 大雪 建日 寶日 奎宿	忌：諸事不宜【頒詔招賢舉正直宣政事布政事慶賜賞賀營建宮室修宮室繕城郭】	◎丙子時 ●丁丑時 ●己卯時 ◎壬午時 ●甲申時 ●乙酉時	四大吉時 丙子時 庚辰時 壬午時 甲申時 丙戌時	日家奇遁 陰遁庚子 吉方巽方 休門太陰 紫白九星 年八白 月一白 日六白	庚子日，大雪中元，陰七局；丁丑時震方地遁2鬼遁5重詐；己卯時艮方地遁2鬼遁2重詐；庚辰時離方青龍返首；壬午時乾方人遁1休詐；癸未時乾方地遁1鬼遁5重詐、離方青龍返首；	午年生人忌用此日 占碓磨房內南
2010/12/17 星期五	吉神：陰德守日吉期六合不將普護寶光	庚寅年十一月十二日 大空亡，長星，瘟星入	庚寅年戊子月辛丑日 壁上土 大雪 除日 義日 婁宿	宜：祭祀祈福襲爵受封會親友出行上官赴任臨政親民結婚姻嫁娶進人口解除沐浴剃頭整手足甲經絡立券交易納財掃舍宇納畜安葬【施恩封拜舉正直施恩惠恤孤惸行惠愛雪冤枉緩刑獄安撫邊境選將訓兵出師】 忌：冠帶醞釀	●庚寅時 ●辛卯時 ◎癸巳時 ●丙申時 ◎戊戌時 ●己亥時	四大吉時 庚寅時 壬午時 甲申時 丙申時	日家奇遁 陰遁辛丑 吉方震方 開門太陰 紫白九星 年八白 月一白 日五黃	辛丑日，大雪中元，陰七局；己丑時兌方飛鳥跌穴天遁4；辛卯時離方青龍返首；甲午時坎方人遁1休詐、艮方地遁2人遁2風遁4真詐；乙未時離方青龍返首、兌方人遁1休詐；丙申時艮方人遁1休詐；丁酉時坤方人遁1休詐、兌方地遁2人遁2虎遁7真詐；	未年生人忌用此日 廚灶廁房內南
2010/12/18 星期六	吉神：月德時德相月驛馬天后天馬天巫福德不將福生五合鳴吠對 凶神：五虛歸忌白虎	庚寅年十一月十三日 天休廢，六壬空	庚寅年戊子月壬寅日 金箔金 大雪 滿日 寶日 胃宿	宜：上冊受封上表章襲爵受封會親友出行上官赴任臨政親民結婚姻納采問名嫁娶進人口解除求醫療病裁衣修造動土豎柱上梁修倉庫經絡開市立券交易納財開倉庫出貨財補垣塞穴栽種牧養納畜破土安葬啟攢【頒詔覃恩肆赦施恩惠恤孤惸宣政事行惠愛雪冤枉緩刑獄慶賜賞賀安撫邊境選將訓兵出師營建宮室修宮室繕城郭】 忌：祭祀移徙遠迴開渠畋獵取魚	●庚子時 ●辛丑時 ◎甲辰時 ◎乙巳時 ●丁未時 ●庚戌時 ○辛亥時	四大吉時 庚子時 壬寅時 甲辰時 丙午時 庚戌時	日家奇遁 陰遁壬寅 吉方巽方 休門青龍 紫白九星 年八白 月一白 日四綠	壬寅日，大雪中元，陰七局；庚子時震方人遁1休詐、兌方飛鳥跌穴；癸卯時兌方飛鳥跌穴；甲辰時坎方人遁4真詐；乙巳時巽方重詐；丙午時兌方飛鳥跌穴重詐；丁未時震方重詐、離方青龍返首；戊申時坎方天遁1重詐；己酉時坤方人遁2鬼遁2真詐；	申年生人忌用此日 倉庫爐房內南
2010/12/19 星期日	吉神：民日五合玉堂鳴吠對 凶神：天罡死神月刑天吏致死天賊復日	庚寅年十一月十四日 龍禁，月忌，天地凶敗	庚寅年戊子月癸卯日 金箔金 大雪 平日 寶日 昴宿	忌：諸事不宜【頒詔施恩封拜招賢舉正直宣政事布政事慶賜賞賀安撫邊境選將訓兵出師營建宮室修宮室繕城郭】	◎壬子時 ●甲寅時 ◎乙卯時 ●戊午時 ◎己未時 ◎辛酉時	庚申時 壬戌時 四大吉時 甲寅時 丙辰時 庚申時 壬戌時	日家奇遁 陰遁癸卯 吉方艮方 開門太乙 紫白九星 年八白 月一白 日三碧	癸卯日，大雪中元，陰七局；癸丑時乾方重詐；乙未時兌方飛鳥跌穴；辛酉時離方青龍返首；	酉年生人忌用此日 房床門房內南

日期節日	吉神凶神○	陰曆	干支	用事宜忌○	協記吉時	貴登天門	日家奇門	時家奇門遁甲	忌用
2010/12/20 星期一	吉神：月恩四相三合臨日時陰天倉聖心 凶神：死氣天牢	庚寅年十一月十五日 覆燈火大雪 瘟星出，天地凶敗	庚寅年戊子月甲辰日 覆燈火大雪 定日 制日 畢宿	宜：祭祀祈福求嗣上冊受封上表章襲爵受封會親友冠帶出行上官赴任臨政親民結婚姻納采問名嫁娶進人口移徙裁衣修造動土豎柱上梁修倉庫經絡醞釀立券交易納財安碓磑牧養納畜【施恩封拜舉正直慶賜賞賀修宮室繕城郭】 忌：解除求醫療病開倉庫出貨財修置產室栽種【安撫邊境選將訓兵出師】	◎丙寅時 ◎戊辰時 ●己巳時 ◎壬申時 ◎癸酉時 ●乙亥時	甲子時 戊辰時 庚午時 四大吉時 甲子時 丙寅時 庚午時 壬申時 甲戌時	日家奇遁陰遁甲辰吉方艮方開門天乙 紫白九星年八白月一白日二黑	甲辰日，大雪下元，陰一局；丙寅時震方青龍返首；丁卯時坤方風遁5重詐；己巳時兌方虎遁6重詐；庚午時巽方天遁1重詐；辛未時坎方飛鳥跌穴、巽方地遁2人遁1風遁1休詐；壬申時離方地遁1人遁1休詐；癸酉時乾方重詐；	戌年生人忌用此日 門雞栖房內東
2010/12/21 星期二	吉神：四相五富益後 凶神：劫煞小耗重日元武 ；冬至前一日四離	庚寅年十一月十六日 覆燈火大雪 小空亡，四不祥，天乙絕氣	庚寅年戊子月乙巳日 覆燈火大雪 執日 寶日 觜宿	宜：祭祀 忌：祈福求嗣上冊受封上表章襲爵受封會親友冠帶出行上官赴任臨政親民結婚姻納采問名嫁娶進人口移徙安床解除剃頭整手足甲求醫療病裁衣築堤防修造動土豎柱上梁修倉庫鼓鑄經絡醞釀開市立券交易納財開倉庫出貨財修置產室開渠穿井安碓磑補垣塞穴修飾垣牆破屋壞垣栽種牧養納畜破土安葬啟攢【頒詔招賢宣政事布政事安撫邊境選將訓兵出師營建宮室】	●丁丑時 ◎庚辰時 ◎壬午時 ◎癸未時 ◎甲申時 ●丙戌時 ◎丁亥時	丁丑時 辛巳時 四大吉時 丙子時 庚辰時 壬午時 甲申時 丙戌時	日家奇遁陰遁乙巳吉方艮方開門太陰 紫白九星年八白月一白日一白	乙巳日，大雪下元，陰一局；丙子時坎方飛鳥跌穴；庚辰時乾方人遁2真詐；辛巳時震方青龍返首；壬午時坤方人遁2真詐；丁亥時震方青龍返首、坤方雲遁4鬼遁3重詐；	亥年生人忌用此日 碓磨床房內東
2010/12/22 星期三 07時29分 【辰時】 交冬至氣 十一月氣 戊子月	太陽過黃經二七〇度，陽光直射南緯23‧5度，晝短夜長【斗指戌，斯時陰氣始之至，日行南至，北半球晝最短夜最長，故名冬至】								
2010/12/22 星期三	吉神：月空陽德六儀續世解神司命鳴吠 凶神：月破大耗災煞天火厭對招搖四廢五虛陰陽擊衝血忌 ；冬至	庚寅年十一月十七日 赤口	庚寅年戊子月丙午日 天河水冬至 破日 專日 參宿	宜：【施恩惠恤孤惸行惠愛雪冤枉緩刑獄】 忌：諸事不宜【頒詔施恩封拜招賢舉正直宣政事慶賜賞賀安撫邊境選將訓兵出師營建宮室修宮室繕城郭】	◎戊子時 ◎己丑時 ◎辛卯時 ◎甲午時 ●丙申時 ●丁酉時	己丑時 四大吉時 庚寅時 癸巳時 丙申時 己亥時	日家奇遁陽遁丙午吉方坎方開門青龍 紫白九星年八白月一白日七赤	丙午日，大雪下元，陰一局；戊子時震方鬼遁3重詐；庚寅時巽方鬼遁3重詐；辛卯時坎方鬼遁3重詐；壬辰時坎方飛鳥跌穴；癸巳時乾方鬼遁3重詐；乙未時震方人遁1休詐；丙申時乾方人遁1休詐；戊戌時震方青龍返首、坤方人遁1休詐；己亥時坎方飛鳥跌穴天遁3；	子年生人忌用此日 廚灶碓房內東

日期節日	吉神凶神○	陰曆	干支	用事宜忌○	協記吉時○	貴登天門	日家奇門	時家奇門遁甲	忌用
2010/12/23 星期四	吉神：月德合 要安 凶神：月煞月 虛月害四擊八 專勾陳	庚寅年 十一月 十八日 天休廢	庚寅年 戊子月 丁未日 天河水 冬至 危日 寶日 井宿	宜：祭祀伐木【覃恩肆赦施恩惠 恤孤惸行惠愛雪冤枉緩刑獄】 忌：結婚姻納采問名嫁娶剃頭求 醫療病畋獵取魚【布政事修宮 室】	◎壬寅時 ◎癸卯時 ●乙巳時 ○丙午時 ●戊申時 ○己酉時 ●庚戌時 ●辛亥時	癸卯時 癸卯時 四大吉時 壬寅時 乙巳時 戊申時 辛亥時	日家奇遁 陽遁丁未 吉方艮方 休門軒轅 紫白九星 年八白 月一白 日八白	丁未日，大雪下元，陰 一局；壬寅時離方人遁 1風遁6休詐；乙巳時 坎方飛鳥跌穴；己酉 震方地遁2人遁2真 詐；庚戌時震方青龍返 首；	丑年 生人 忌用 此日 倉庫 廁房 內東
2010/12/24 星期五	吉神：母倉三 合天喜天醫玉 宇除神青龍 凶神：九坎九 焦土符大煞五 離	庚寅年 十一月 十九日 四不祥， 六壬空	庚寅年 戊子月 戊申日 大驛土 冬至 成日 寶日 鬼宿	宜：襲爵受封會親友入學出行上 官赴任臨政親民結婚姻納采問名 嫁娶進人口移徙解除沐浴剃頭整 手足甲求醫療病裁衣豎柱上梁經 絡醞釀開市立券交易納財掃舍宇 伐木牧養納畜【施恩封拜舉正 直】 忌：安床築堤防修造動土 修倉庫鼓鑄修置產室開渠穿井安 碓磑補垣塞穴修飾垣牆平治道塗 破屋壞垣取魚乘船渡水栽種破土 【選將訓兵出師營建宮室】	◎壬子時 ◎癸丑時 ●丙辰時 ●丁巳時 ○己未時 ◎庚申時 ◎壬戌時	四大吉時 甲寅時 丁巳時 庚申時 癸亥時	日家奇遁 陽遁戊申 吉方震方 生門青龍 紫白九星 年八白 月一白 日九紫	戊申日，大雪下元，陰 一局；癸丑時坎方飛鳥 跌穴；丁巳時坎方飛鳥 跌穴人遁1休詐、艮方 人遁2鬼遁2真詐；壬 戌時震方青龍返首；	寅年 生人 忌用 此日 房床 爐房 內東
2010/12/25 星期六 行憲紀念 日；	吉神：天恩母 倉金堂除神明 堂鳴吠 凶神：河魁大 時大敗咸池五 離	庚寅年 十一月 二十日 大空亡， 龍禁	庚寅年 戊子月 己酉日 大驛土 冬至 收日 寶日 柳宿	宜：沐浴剃頭整手足甲掃舍宇捕 捉畋獵【覃恩肆赦施恩惠恤孤惸 行惠愛雪冤枉緩刑獄】 忌：祈 福嗣冠上冊受封上表章襲爵受封 會親友冠帶出行上官赴任臨政親 民結婚姻納采問名嫁娶進人口移 徙安床解除求醫療病裁衣築堤防 修造動土豎柱上梁修倉庫鼓鑄經 絡醞釀開市立券交易納財開倉庫 出貨財修置產室開渠穿井取魚乘 船渡水栽種牧養納畜破土安葬啟 攢【頒詔施恩封拜招賢舉正直宣 政事安撫邊境選將訓兵出師營建 宮室修宮室繕城郭】	●甲子時 ◎丙寅時 ◎丁卯時 ●庚午時 ●辛未時 ◎癸酉時	戊辰時 四大吉時 丙寅時 己巳時 壬申時 乙亥時	日家奇遁 陽遁己酉 吉方巽方 開門青龍 紫白九星 年八白 月一白 日一白	己酉日，冬至上元，陽 一局；丙寅時巽方青龍 返首；丁卯時離方鬼遁 3重詐；戊辰時兌方鬼 遁3重詐；辛未時艮方 鬼遁3重詐；壬申時巽 方鬼遁3重詐；癸酉時 坎方飛鳥跌穴；乙亥時 坎方飛鳥跌穴；	卯年 生人 忌用 此日 占大 門外 東北
2010/12/26 星期日	吉神：天恩時 陽生氣 凶神：五虛九 空往亡天刑 ；大雪後二 十日氣往亡	庚寅年 十一月 二十一日 楊公忌日	庚寅年 戊子月 庚戌日 釵釧金 冬至 開日 義日 星宿	宜：祭祀祈福求嗣會親友入學解 除裁衣修造動土豎柱上梁修置產 室開渠穿井安碓磑栽種牧養【覃 恩肆赦施恩封拜舉正直施恩惠恤 孤惸布政事行惠愛雪冤枉緩刑獄 慶賜賞賀修宮室繕城郭】 忌： 上冊受封上表章出行上官赴任臨 政親民嫁娶進人口移徙求醫療病 修倉庫經絡開市立券交易納財開 倉庫出貨財伐木捕捉畋獵取魚 【安撫邊境選將訓兵出師】【頒 詔招賢宣政事】	◎戊寅時 ◎庚辰時 ●辛巳時 ●甲申時 ◎乙酉時 ●丁亥時	四大吉時 戊寅時 辛巳時 甲申時 丁亥時	日家奇遁 陽遁庚戌 吉方離方 休門太乙 紫白九星 年八白 月一白 日二黑	庚戌日，冬至上元，陽 一局；丁丑時艮方青龍 返首；丙戌時坎方飛鳥 跌穴；	辰年 生人 忌用 此日 碓磨 栖外 東北

日期節日	吉神凶神○	陰曆	干支	用事宜忌○	協記吉時	貴登天門	日家奇門	時家奇門遁甲	忌用
2010/12/27 星期一 建築師節;	吉神：天恩王日 凶神：遊禍血支重日朱雀	庚寅年十一月二十二日 短星	庚寅年戊子月辛亥日釵釧金冬至閉日寶日張宿	宜：沐浴裁衣築堤防補垣塞穴【覃恩肆赦施恩惠恤孤惸行惠愛雪冤枉緩刑獄】 忌：祈福求嗣上冊受封上表章襲爵受封會親友出行上官赴任臨政親民結婚姻納采問名嫁娶進人口移徙安床解除求醫療病療目針刺修造動土豎柱上梁醞釀開市開倉庫出貨財修置產室開渠穿井破土安葬啟攢【施恩封拜出師營建宮室修宮室】	●己丑時 ◎壬辰時 ●甲午時 ●乙未時 ●戊戌時 ●己亥時	四大吉時 戊寅時 辛巳時 甲申時 丁亥時	日家奇遁陽遁辛亥吉方離方休門天乙 紫白九星年八白月一白日三碧	辛亥日，冬至上元，陽遁返首；癸巳時艮方地遁2人遁2風遁4真詐；甲午時艮方重詐；乙未時艮方青龍返首、震方重詐；丙申時離方人遁1休詐；丁酉時離方王詐；戊戌時兌方天遁1重詐；己亥時坎方人遁1休詐；	巳年生人忌用此日 廚灶房外東北
2010/12/28 星期二 電信節;	吉神：月德天恩官日敬安金匱鳴吠對 凶神：月建小時土府月厭地火四忌六蛇大會陰陽俱錯	庚寅年十一月二十三日 赤口，月忌	庚寅年戊子月壬子日桑柘木冬至建日專日翼宿	宜：【覃恩肆赦施恩惠恤孤惸行惠愛雪冤枉緩刑獄】 忌：諸事不宜【修宮室】	●庚子時 ●辛丑時 ◎癸卯時 ◎丙午時 ◎戊申時 ●己酉時	四大吉時 壬寅時 乙巳時 戊申時 辛亥時	日家奇遁陽遁壬子吉方坎方休門天乙 紫白九星年八白月一白日四綠	壬子日，冬至上元，陽遁一局；庚子時坎方飛鳥跌穴、坤方人遁1風遁6休詐；辛丑時艮方重詐；壬寅時坎方人遁1休詐；乙巳時坎方飛鳥跌穴；丁未時艮方青龍返首；	午年生人忌用此日 倉庫碓外東北
2010/12/29 星期三	吉神：天恩天願陰德守日吉期六合普護寶光 凶神：復日八專觸水龍	庚寅年十一月二十四日 小空亡	庚寅年戊子月癸丑日桑柘木冬至除日伐日軫宿	宜：祭祀祈福求嗣上冊受封上表章襲爵受封會親友出行上官赴任臨政親民結婚姻納采問名嫁娶進人口移徙解除沐浴剃頭整手足甲求醫療病裁衣修造動土豎柱上梁修倉庫經絡醞釀開市立券交易納財掃舍宇栽種牧養納畜【頒詔覃恩肆赦施恩封拜頒詔招賢舉正直施恩惠恤孤惸宣政布政事行惠愛雪冤枉緩刑獄慶賜賞賀營建宮室繕城郭】 忌：冠帶取魚乘船渡水	◎甲寅時 ◎乙卯時 ●丙辰時 ●丁巳時 ●庚申時 ●壬戌時 ◎癸亥時	四大吉時 己未時 辛酉時 丁丑時 癸亥時	日家奇遁陽遁癸丑吉方坎方休門太陰 紫白九星年八白月一白日五黃	癸丑日，冬至上元，陽遁一局；甲寅時艮方人遁2真詐；丙辰時巽方人遁2虎遁6真詐；丁巳時艮方青龍返首；戊午時艮方青龍返首、震方人遁2真詐；己未時乾方人遁2真詐；庚申時離方人遁2真詐；辛酉時坤方人遁2真詐；壬戌時乾方人遁2真詐；癸亥時艮方人遁2真詐；	未年生人忌用此日 占房廁外東北
2010/12/30 星期四	吉神：月恩四相時德相日驛馬天后天馬天巫福德福生五合鳴吠對 凶神：五虛八風歸忌八專白虎	庚寅年十一月二十五日 六壬空	庚寅年戊子月甲寅日大溪水冬至滿日專日角宿	宜：上冊受封上表章襲爵受封會親友出行上官赴任臨政親民進人口解除求醫療病裁衣修造動土豎柱上梁經絡開市立券交易納財補垣塞穴栽種牧養破土啟攢【慶賜賞賀修宮室繕城郭】 忌：祭祀結婚姻納采問名嫁娶移徙遠迴修倉庫開倉庫出貨財取魚乘船渡水【安撫邊境選將訓兵出師】	◎甲子時 ◎乙丑時 ◎丙寅時 ●戊辰時 ◎己巳時 ●辛未時 ◎甲戌時	四大吉時 丙寅時 己巳時 壬申時 乙亥時	日家奇遁陽遁甲寅生門天符 紫白九星年八白月一白日六白	甲寅日，冬至中元，陽遁七；丙寅時中宮青龍返首；壬申時中宮青龍返首；甲戌時乾方地遁2鬼遁5重詐；	申年生人忌用此日 占門爐外東北
					己巳時 乙亥時				

日期節日	吉神凶神○	陰曆	干支	用事宜忌○	協記吉時	貴登天門	日家奇門	時家奇門遁甲	忌用
2010/12/31 星期五	吉神：四相民日五合玉堂鳴吠對 凶神：天罡死神月刑天吏致死天賊	庚寅年十一月二十六日 龍禁	庚寅年戊子月乙卯日大溪水冬至平日專日亢宿	忌：諸事不宜【頒詔招賢宣政事布政事安撫邊境選將訓兵出師營建宮室修宮室繕城郭】	◎丙子時 ●戊寅時 ●己卯時 ◎壬午時 ◎癸未時 ○甲申時 ◎乙酉時 ○丙戌時	丙子時 庚辰時 四大吉時 戊寅時 辛巳時 甲申時 丁亥時	日家奇遁陽遁乙卯吉方兌方生門軒轅 紫白九星年八白月一白日七赤	乙卯日，冬至中元，陽七局；丙子時乾方人遁4真詐；丁丑時坤方人遁2鬼遁2重詐；己卯時巽方人遁2鬼遁2重詐；辛巳時兌方地遁2重詐、中宮青龍返首；癸未時坎方地遁2雲遁1重詐；甲申時乾方地遁2人遁1休詐；丙戌時坎方地遁2人遁1雲遁1休詐；丁亥時兌方人遁1地遁2休詐；	酉年生人忌用此日 碓磨門外正東

2010年重要用事

擇日速查篇

祭祀吉日

編號	日期	星期	陰曆月日	日干支	吉時	編號	日期	星期	陰曆月日	日干支	吉時
1	2010/1/3	日	十一月十九	癸丑	巳申時	61	2010/4/9	五	二月二十五	己丑	寅卯巳時
2	2010/1/9	六	十一月二十五	己未	寅卯巳戌時	62	2010/4/12	一	二月二十八	壬辰	巳酉亥時
3	2010/1/10	日	十一月二十六	庚申	辰巳時	63	2010/4/14	三	三月初一	甲午	卯時
4	2010/1/11	一	十一月二十七	辛酉	寅午未時	64	2010/4/16	五	三月初三	丙申	早子丑未戌時
5	2010/1/12	二	十一月二十八	壬戌	巳亥時	65	2010/4/17	六	三月初四	丁酉	早子午未時
6	2010/1/14	四	十一月三十	甲子	子丑時	66	2010/4/18	日	三月初五	戊戌	申時
7	2010/1/15	五	十二月初一	乙丑	寅卯申時	67	2010/4/20	二	三月初七	庚子	丑申酉時
8	2010/1/17	日	十二月初三	丁卯	午未時	68	2010/4/21	三	三月初八	辛丑	寅卯申亥時
9	2010/1/18	一	十二月初四	戊辰	巳申酉時	69	2010/4/26	一	三月十三	丙午	申酉時
10	2010/1/20	三	十二月初六	庚午	卯申酉時	70	2010/4/27	二	三月十四	丁未	巳申戌亥時
11	2010/1/21	四	十二月初七	辛未	寅卯申時	71	2010/4/29	四	三月十六	己酉	早子午未時
12	2010/1/22	五	十二月初八	壬申	早子丑辰巳未時	72	2010/4/30	五	三月十七	庚戌	巳申亥時
13	2010/1/24	日	十二月初十	甲戌	寅巳亥時	73	2010/5/2	日	三月十九	壬子	早子丑酉時
14	2010/1/25	一	十二月十一	乙亥	丑辰戌時	74	2010/5/3	一	三月二十	癸丑	巳申時
15	2010/1/26	二	十二月十二	丙子	早子丑時	75	2010/5/6	四	三月二十三	丙辰	寅申酉亥時
16	2010/1/29	五	十二月十五	己卯	寅卯午未時	76	2010/5/8	六	三月二十五	戊午	卯申酉時
17	2010/1/30	六	十二月十六	庚辰	寅亥時	77	2010/5/9	日	三月二十六	己未	寅卯巳戌時
18	2010/1/31	日	十二月十七	辛巳	丑申未戌時	78	2010/5/10	一	三月二十七	庚申	辰巳時
19	2010/2/2	二	十二月十九	癸未	寅卯巳時	79	2010/5/11	二	三月二十八	辛酉	寅午未時
20	2010/2/3	三	十二月二十	甲申	早子丑辰巳戌時	80	2010/5/15	六	四月初二	乙丑	寅卯申時
21	2010/2/4	四	十二月二十一	乙酉	午未酉時	81	2010/5/17	一	四月初四	丁卯	午未時
22	2010/2/5	五	十二月二十二	丙戌	寅申亥時	82	2010/5/20	四	四月初七	庚午	卯申酉時
23	2010/2/6	六	十二月二十三	丁亥	丑辰戌時	83	2010/5/21	五	四月初八	辛未	寅卯申時
24	2010/2/7	日	十二月二十四	戊子	申酉時	84	2010/5/22	六	四月初九	壬申	早子丑辰巳未時
25	2010/2/10	三	十二月二十七	辛卯	寅卯時	85	2010/5/25	二	四月十二	乙亥	丑辰戌時
26	2010/2/11	四	十二月二十八	壬辰	巳酉亥時	86	2010/5/26	三	四月十三	丙子	早子丑時
27	2010/2/13	六	十二月三十	甲午	卯時	87	2010/5/29	六	四月十六	己卯	寅卯午未時
28	2010/2/15	一	正月初二	丙申	早子丑未戌時	88	2010/5/30	日	四月十七	庚辰	寅巳亥時
29	2010/2/16	二	正月初三	丁酉	早子午未時	89	2010/5/31	一	四月十八	辛巳	丑午未戌時
30	2010/2/18	四	正月初五	己亥	午未戌時	90	2010/6/1	二	四月十九	壬午	丑卯午申酉時
31	2010/2/19	五	正月初六	庚子	丑申酉時	91	2010/6/2	三	四月二十	癸未	寅卯巳時
32	2010/2/20	六	正月初七	辛丑	寅卯申亥時	92	2010/6/3	四	四月二十一	甲申	早子丑辰巳戌時
33	2010/2/23	二	正月初十	甲辰	巳亥時	93	2010/6/4	五	四月二十二	乙酉	早子寅時
34	2010/2/25	四	正月十二	丙午	申酉時	94	2010/6/5	六	四月二十三	丙戌	寅申亥時
35	2010/2/26	五	正月十三	丁未	巳申戌亥時	95	2010/6/6	日	四月二十四	丁亥	辰戌時
36	2010/2/27	六	正月十四	戊申	辰巳未時	96	2010/6/8	二	四月二十六	己丑	寅卯巳時
37	2010/2/28	日	正月十五	己酉	早子午未時	97	2010/6/10	四	四月二十八	辛卯	寅卯時
38	2010/3/2	二	正月十七	辛亥	丑申未戌亥時	98	2010/6/11	五	四月二十九	壬辰	巳酉亥時
39	2010/3/3	三	正月十八	壬子	早子丑酉時	99	2010/6/13	日	五月初二	甲午	卯時
40	2010/3/6	六	正月二十一	乙卯	寅卯時	100	2010/6/15	二	五月初四	丙申	早子丑未戌時
41	2010/3/7	日	正月二十二	丙辰	寅卯酉亥時	101	2010/6/17	四	五月初六	戊戌	申時
42	2010/3/8	一	正月二十三	丁巳	辰午未戌時	102	2010/6/18	五	五月初七	己亥	午未戌時
43	2010/3/9	二	正月二十四	戊午	卯申酉時	103	2010/6/20	日	五月初九	辛丑	寅卯申亥時
44	2010/3/10	三	正月二十五	己未	寅卯巳戌時	104	2010/6/22	二	五月十一	癸卯	寅卯午時
45	2010/3/15	一	正月三十	甲子	早子丑時	105	2010/6/23	三	五月十二	甲辰	巳亥時
46	2010/3/16	二	二月初一	乙丑	寅卯申時	106	2010/6/26	六	五月十五	丁未	巳申戌亥時
47	2010/3/18	四	二月初三	丁卯	午未時	107	2010/6/27	日	五月十六	戊申	辰巳未時
48	2010/3/20	六	二月初五	己巳	辰午未時	108	2010/6/28	一	五月十七	己酉	早子午未時
49	2010/3/21	日	二月初六	庚午	卯申酉時	109	2010/6/29	二	五月十八	庚戌	巳申亥時
50	2010/3/22	一	二月初七	辛未	寅卯申時	110	2010/6/30	三	五月十九	辛亥	丑午未戌亥時
51	2010/3/25	四	二月初十	甲戌	寅巳亥時	111	2010/7/2	五	五月二十一	癸丑	巳申時
52	2010/3/28	日	二月十三	丁丑	巳亥時	112	2010/7/4	日	五月二十三	乙卯	寅卯時
53	2010/4/1	四	二月十七	辛巳	丑午未戌時	113	2010/7/5	一	五月二十四	丙辰	寅申酉亥時
54	2010/4/2	五	二月十八	壬午	丑卯午申酉時	114	2010/7/8	四	五月二十七	己未	寅卯巳戌時
55	2010/4/3	六	二月十九	癸未	寅卯巳時	115	2010/7/9	五	五月二十八	庚申	辰巳時
56	2010/4/4	日	二月二十	甲申	早子丑辰巳戌時	116	2010/7/10	六	五月二十九	辛酉	寅午未時
57	2010/4/5	一	二月二十一	乙酉	卯午未酉時	117	2010/7/13	二	六月初二	甲子	早子丑時
58	2010/4/6	二	二月二十二	丙戌	寅申亥時	118	2010/7/17	六	六月初六	戊辰	巳申酉時
59	2010/4/7	三	二月二十三	丁亥	丑辰戌時	119	2010/7/18	日	六月初七	己巳	辰午未時
60	2010/4/8	四	二月二十四	戊子	申酉時	120	2010/7/20	二	六月初九	辛未	寅卯申時

編號	日期	星期	陰曆月日	日干支	吉時	編號	日期	星期	陰曆月日	日干支	吉時
121	2010/7/21	三	六月初十	壬申	早子丑辰巳未時	169	2010/10/4	一	八月二十七	丁亥	丑辰戌時
122	2010/7/22	四	六月十一	癸酉	寅午時	170	2010/10/5	二	八月二十八	戊子	申酉時
123	2010/7/23	五	六月十二	甲戌	寅時巳亥時	171	2010/10/9	六	九月初二	壬辰	巳酉亥時
124	2010/7/28	三	六月十七	己卯	寅卯午未時	172	2010/10/10	日	九月初三	癸巳	辰時
125	2010/7/29	四	六月十八	庚辰	寅巳亥時	173	2010/10/13	三	九月初六	丙申	早子丑未戌時
126	2010/7/30	五	六月十九	辛巳	丑午未戌時	174	2010/10/17	日	九月初十	庚子	丑申酉時
127	2010/8/1	日	六月二十一	癸未	寅卯巳時	175	2010/10/18	一	九月十一	辛丑	寅卯申亥時
128	2010/8/2	一	六月二十二	甲申	早子丑辰巳戌時	176	2010/10/20	三	九月十三	癸卯	寅卯午時
129	2010/8/3	二	六月二十三	乙酉	早子寅時	177	2010/10/21	四	九月十四	甲辰	巳亥時
130	2010/8/6	五	六月二十六	戊子	申酉時	178	2010/10/22	五	九月十五	乙巳	丑辰戌時
131	2010/8/9	一	六月二十九	辛卯	寅卯時	179	2010/10/23	六	九月十六	丙午	申酉時
132	2010/8/10	二	七月初一	壬辰	巳時酉亥時	180	2010/10/25	一	九月十八	戊申	辰巳未時
133	2010/8/11	三	七月初二	癸巳	辰時	181	2010/10/27	三	九月二十	庚戌	巳申亥時
134	2010/8/12	四	七月初三	甲午	卯時	182	2010/10/28	四	九月二十一	辛亥	丑午未戌時
135	2010/8/15	日	七月初六	丁酉	早子午未時	183	2010/10/29	五	九月二十二	壬子	早子丑酉時
136	2010/8/17	二	七月初八	己亥	午未戌時	184	2010/11/1	一	九月二十五	乙卯	寅卯時
137	2010/8/18	三	七月初九	庚子	丑申酉時	185	2010/11/2	二	九月二十六	丙辰	寅申酉時
138	2010/8/21	六	七月十二	癸卯	寅卯午時	186	2010/11/3	三	九月二十七	丁巳	辰午未戌時
139	2010/8/22	日	七月十三	甲辰	巳亥時	187	2010/11/6	六	十月初一	庚申	辰巳時
140	2010/8/24	二	七月十五	丙午	申酉時	188	2010/11/9	二	十月初四	癸亥	辰午時
141	2010/8/25	三	七月十六	丁未	巳申戌亥時	189	2010/11/10	三	十月初五	甲子	早子丑時
142	2010/8/26	四	七月十七	戊申	辰巳未時	190	2010/11/11	四	十月初六	乙丑	寅卯申時
143	2010/8/29	日	七月二十	辛亥	丑午未戌亥時	191	2010/11/15	一	十月初十	己巳	辰午未時
144	2010/8/30	一	七月二十一	壬子	早子丑酉時	192	2010/11/16	二	十月十一	庚午	卯申酉時
145	2010/8/31	二	七月二十二	癸丑	巳申時	193	2010/11/17	三	十月十二	辛未	寅卯申時
146	2010/9/3	五	七月二十五	丙辰	寅申酉亥時	194	2010/11/19	五	十月十四	癸酉	寅午時
147	2010/9/4	六	七月二十六	丁巳	辰午未戌時	195	2010/11/20	六	十月十五	甲戌	寅巳亥時
148	2010/9/5	日	七月二十七	戊午	卯申酉時	196	2010/11/21	日	十月十六	乙亥	丑辰戌時
149	2010/9/8	三	八月初一	辛酉	寅午未時	197	2010/11/23	二	十月十八	丁丑	巳亥時
150	2010/9/9	四	八月初二	壬戌	巳亥時	198	2010/11/25	四	十月二十	己卯	寅卯午未時
151	2010/9/10	五	八月初三	癸亥	辰午時	199	2010/11/26	五	十月二十一	庚辰	寅巳亥時
152	2010/9/11	六	八月初四	甲子	早子丑時	200	2010/11/28	日	十月二十三	壬午	丑卯午申酉時
153	2010/9/12	日	八月初五	乙丑	寅卯申時	201	2010/11/29	一	十月二十四	癸未	寅卯巳時
154	2010/9/16	四	八月初九	己巳	辰午未時	202	2010/11/30	二	十月二十五	甲申	早子丑辰巳戌時
155	2010/9/17	五	八月初十	庚午	卯申酉時	203	2010/12/1	三	十月二十六	乙酉	早子寅時
156	2010/9/18	六	八月十一	辛未	寅卯申時	204	2010/12/3	五	十月二十八	丁亥	丑辰戌時
157	2010/9/19	日	八月十二	壬申	早子丑辰巳未時	205	2010/12/5	日	十月三十	己丑	寅卯巳時
158	2010/9/20	一	八月十三	癸酉	早子寅午時	206	2010/12/8	三	十一月初三	壬辰	巳酉亥時
159	2010/9/21	二	八月十四	甲戌	寅巳亥時	207	2010/12/9	四	十一月初四	癸巳	辰時
160	2010/9/22	三	八月十五	乙亥	丑辰戌時	208	2010/12/11	六	十一月初六	乙未	寅卯申戌亥時
161	2010/9/23	四	八月十六	丙子	早子丑時	209	2010/12/13	一	十一月初八	丁酉	早子午未時
162	2010/9/27	一	八月二十	庚辰	寅巳亥時	210	2010/12/14	二	十一月初九	戊戌	申時
163	2010/9/28	二	八月二十一	辛巳	丑午未戌時	211	2010/12/17	五	十一月十二	辛丑	寅卯申亥時
164	2010/9/29	三	八月二十二	壬午	丑卯午申酉時	212	2010/12/20	一	十一月十五	甲辰	巳亥時
165	2010/9/30	四	八月二十三	癸未	寅卯巳時	213	2010/12/21	二	十一月十六	乙巳	丑辰戌時
166	2010/10/1	五	八月二十四	甲申	早子丑辰巳戌時	214	2010/12/23	四	十一月十八	丁未	巳申戌亥時
167	2010/10/2	六	八月二十五	乙酉	早子寅時	215	2010/12/26	日	十一月二十一	庚戌	巳申亥時
168	2010/10/3	日	八月二十六	丙戌	寅申亥時	216	2010/12/29	三	十一月二十四	癸丑	巳申時

編號	日期	星期	陰曆月日	日干支	吉時	編號	日期	星期	陰曆月日	日干支	吉時
1	2010/1/3	日	十一月十九	癸丑	巳申時	53	2010/7/3	六	五月二十二	甲寅	辰未戌時
2	2010/1/4	一	十一月二十	甲寅	辰未戌時	54	2010/7/5	一	五月二十四	丙辰	寅申酉亥時
3	2010/1/10	日	十一月二十六	庚申	辰巳時	55	2010/7/8	四	五月二十七	己未	寅卯巳戌時
4	2010/1/11	一	十一月二十七	辛酉	寅午未時	56	2010/7/13	二	六月初二	甲子	早子丑時
5	2010/1/20	三	十二月初六	庚午	卯申酉時	57	2010/7/16	五	六月初五	丁卯	午未時
6	2010/1/23	六	十二月初九	癸酉	寅午時	58	2010/7/20	二	六月初九	辛未	寅卯申時
7	2010/2/6	六	十二月二十三	丁亥	丑辰戌時	59	2010/7/27	二	六月十六	戊寅	辰未時
8	2010/2/10	三	十二月二十七	辛卯	寅卯時	60	2010/7/28	三	六月十七	己卯	寅卯午未時
9	2010/2/11	四	十二月二十八	壬辰	巳酉亥時	61	2010/8/1	日	六月二十一	癸未	寅卯巳時
10	2010/2/13	六	十二月三十	甲午	卯時	62	2010/8/14	六	七月初五	丙申	早子丑未戌時
11	2010/2/16	二	正月初三	丁酉	早子午未時	63	2010/8/16	一	七月初七	戊戌	申時
12	2010/2/22	一	正月初九	癸卯	寅卯午時	64	2010/8/18	三	七月初九	庚子	丑申酉時
13	2010/2/25	四	正月十二	丙午	申酉時	65	2010/8/21	六	七月十二	癸卯	寅卯午時
14	2010/2/26	五	正月十三	丁未	巳申戌亥時	66	2010/8/26	四	七月十七	戊申	辰巳未時
15	2010/3/2	二	正月十七	辛亥	丑午未戌亥時	67	2010/8/30	一	七月二十一	壬子	早子丑酉時
16	2010/3/3	三	正月十八	壬子	早子丑酉時	68	2010/8/31	二	七月二十二	癸丑	巳申時
17	2010/3/6	六	正月二十一	乙卯	寅卯時	69	2010/9/5	日	七月二十七	戊午	卯申酉時
18	2010/3/7	日	正月二十二	丙辰	寅申酉亥時	70	2010/9/7	二	七月二十九	庚申	辰巳時
19	2010/3/10	三	正月二十五	己未	寅卯巳戌時	71	2010/9/9	四	八月初二	壬戌	巳亥時
20	2010/3/16	二	二月初一	乙丑	寅卯申時	72	2010/9/12	日	八月初五	乙丑	寅卯申時
21	2010/3/18	四	二月初三	丁卯	午未時	73	2010/9/18	六	八月十一	辛未	寅卯申時
22	2010/3/19	五	二月初四	戊辰	巳申酉時	74	2010/9/21	二	八月十四	甲戌	寅巳亥時
23	2010/3/25	四	二月初十	甲戌	寅巳亥時	75	2010/9/27	一	八月二十	庚辰	寅巳亥時
24	2010/3/26	五	二月十一	乙亥	丑辰戌時	76	2010/9/30	四	八月二十三	癸未	寅卯巳時
25	2010/3/28	日	二月十三	丁丑	巳亥時	77	2010/10/3	日	八月二十六	丙戌	寅申亥時
26	2010/3/31	三	二月十六	庚辰	寅巳亥時	78	2010/10/4	一	八月二十七	丁亥	丑辰戌時
27	2010/4/5	一	二月二十一	乙酉	卯午未酉時	79	2010/10/11	一	九月初四	甲午	卯時
28	2010/4/8	四	二月二十四	戊子	申酉時	80	2010/10/13	三	九月初六	丙申	早子丑未戌時
29	2010/4/10	六	二月二十六	庚寅	丑時	81	2010/10/20	三	九月十三	癸卯	寅卯午時
30	2010/4/17	六	三月初四	丁酉	早子午未時	82	2010/10/23	六	九月十六	丙午	申酉時
31	2010/4/20	二	三月初七	庚子	丑申酉時	83	2010/10/25	一	九月十八	戊申	辰巳未時
32	2010/4/22	四	三月初九	壬寅	早子丑未戌時	84	2010/10/27	三	九月二十	庚戌	巳申亥時
33	2010/5/2	日	三月十九	壬子	早子丑酉時	85	2010/10/28	四	九月二十一	辛亥	丑午未戌亥時
34	2010/5/10	一	三月二十七	庚申	辰巳時	86	2010/11/4	四	九月二十八	戊午	卯申酉時
35	2010/5/11	二	三月二十八	辛酉	寅午未時	87	2010/11/10	三	十月初五	甲子	早子丑時
36	2010/5/15	六	四月初二	乙丑	寅卯申時	88	2010/11/12	五	十月初七	丙寅	早子丑未戌時
37	2010/5/16	日	四月初三	丙寅	早子丑未時	89	2010/11/13	六	十月初八	丁卯	午未時
38	2010/5/20	四	四月初七	庚午	卯申酉時	90	2010/11/16	二	十月十一	庚午	卯申酉時
39	2010/5/23	日	四月初十	癸酉	寅午時	91	2010/11/22	一	十月十七	丙子	早子丑時
40	2010/5/26	三	四月十三	丙子	早子丑時	92	2010/11/24	三	十月十九	戊寅	辰未時
41	2010/5/27	四	四月十四	丁丑	巳亥時	93	2010/11/25	四	十月二十	己卯	寅卯午未時
42	2010/6/1	二	四月十九	壬午	丑卯午申酉時	94	2010/11/30	二	十月二十五	甲申	早子丑辰巳戌時
43	2010/6/4	五	四月二十二	乙酉	早子寅時	95	2010/12/1	三	十月二十六	乙酉	早子寅時
44	2010/6/9	三	四月二十七	庚寅	丑辰時	96	2010/12/6	一	十一月初一	庚寅	丑辰時
45	2010/6/11	五	四月二十九	壬辰	巳酉亥時	97	2010/12/8	三	十一月初三	壬辰	巳酉亥時
46	2010/6/14	一	五月初三	乙未	寅卯申亥時	98	2010/12/12	日	十一月初七	丙申	早子丑未戌時
47	2010/6/15	二	五月初四	丙申	早子丑未戌時	99	2010/12/17	五	十一月十二	辛丑	寅卯申亥時
48	2010/6/17	四	五月初六	戊戌	申時	100	2010/12/18	六	十一月十三	壬寅	早子丑未戌時
49	2010/6/21	一	五月初十	壬寅	早子丑未戌時	101	2010/12/20	一	十一月十五	甲辰	巳亥時
50	2010/6/23	三	五月十二	甲辰	巳亥時	102	2010/12/24	五	十一月十九	戊申	辰巳未時
51	2010/6/26	六	五月十五	丁未	巳申戌亥時	103	2010/12/29	三	十一月二十四	癸丑	巳申時
52	2010/6/27	日	五月十六	戊申	辰巳未時	104	2010/12/30	四	十一月二十五	甲寅	辰未戌時

結婚姻嫁娶吉日

編號	日期	星期	陰曆月日	日干支	吉時	編號	日期	星期	陰曆月日	日干支	吉時
1	2010/1/3	日	十一月十九	癸丑	巳申時	39	2010/8/11	三	七月初二	癸巳	辰時
2	2010/1/11	一	十一月二十七	辛酉	寅午未時	40	2010/8/16	一	七月初七	戊戌	申時
3	2010/1/20	三	十二月初六	庚午	卯申酉時	41	2010/8/21	六	七月十二	癸卯	寅卯午時
4	2010/1/23	六	十二月初九	癸酉	寅午時	42	2010/8/23	一	七月十四	乙巳	丑辰戌時
5	2010/2/11	四	十二月二十八	壬辰	巳酉亥時	43	2010/8/26	四	七月十七	戊申	辰巳未時
6	2010/2/13	六	十二月三十	甲午	卯時	44	2010/8/30	一	七月二十一	壬子	早子丑酉時
7	2010/2/16	二	正月初三	丁酉	早子午未時	45	2010/9/4	六	七月二十六	丁巳	辰午未戌時
8	2010/2/25	四	正月十二	丙午	申酉時	46	2010/9/5	日	七月二十七	戊午	卯申酉時
9	2010/3/3	三	正月十八	壬子	早子丑酉時	47	2010/9/12	日	八月初五	乙丑	寅卯申時
10	2010/3/22	一	二月初七	辛未	寅卯申時	48	2010/9/16	四	八月初九	己巳	辰午未時
11	2010/3/25	四	二月初十	甲戌	寅巳亥時	49	2010/9/24	五	八月十七	丁丑	巳亥時
12	2010/3/28	日	二月十三	丁丑	巳亥時	50	2010/9/27	一	八月二十	庚辰	寅巳亥時
13	2010/4/3	六	二月十九	癸未	寅卯巳時	51	2010/9/28	二	八月二十一	辛巳	丑午未戌時
14	2010/4/5	一	二月二十一	乙酉	卯午未酉時	52	2010/9/30	四	八月二十三	癸未	寅卯巳時
15	2010/4/8	四	二月二十四	戊子	申酉時	53	2010/10/6	三	八月二十九	己丑	寅卯巳時
16	2010/4/17	六	三月初四	丁酉	早子午未時	54	2010/10/10	日	九月初三	癸巳	辰時
17	2010/4/20	二	三月初七	庚子	丑申酉時	55	2010/10/11	一	九月初四	甲午	卯時
18	2010/4/22	四	三月初九	壬寅	早子丑未戌時	56	2010/10/13	三	九月初六	丙申	早子丑未戌時
19	2010/4/29	四	三月十六	己酉	早子午未時	57	2010/10/20	三	九月十三	癸卯	寅卯午時
20	2010/5/2	日	三月十九	壬子	早子丑酉時	58	2010/10/23	六	九月十六	丙午	申酉時
21	2010/5/11	二	三月二十八	辛酉	寅午未時	59	2010/10/25	一	九月十八	戊申	辰巳未時
22	2010/5/15	六	四月初二	乙丑	寅卯申時	60	2010/11/4	四	九月二十八	戊午	卯申酉時
23	2010/5/16	日	四月初三	丙寅	早子丑未時	61	2010/11/10	三	十月初五	甲子	早子丑時
24	2010/5/20	四	四月初七	庚午	卯申酉時	62	2010/11/12	五	十月初七	丙寅	早子丑未時
25	2010/5/23	日	四月初十	癸酉	寅午時	63	2010/11/13	六	十月初八	丁卯	午未時
26	2010/5/31	一	四月十八	辛巳	丑午未戌時	64	2010/11/24	三	十月十九	戊寅	辰未時
27	2010/6/4	五	四月二十二	乙酉	早子寅時	65	2010/11/25	四	十月二十	己卯	寅卯午未時
28	2010/6/9	三	四月二十七	庚寅	丑辰時	66	2010/11/26	五	十月二十一	庚辰	寅巳亥時
29	2010/6/14	一	五月初三	乙未	寅卯申戌亥時	67	2010/11/30	二	十月二十五	甲申	早子丑辰巳戌時
30	2010/6/15	二	五月初四	丙申	早子丑未戌時	68	2010/12/1	三	十月二十六	乙酉	早子寅時
31	2010/6/17	四	五月初六	戊戌	申時	69	2010/12/6	一	十一月初一	庚寅	丑辰時
32	2010/6/26	六	五月十五	丁未	巳申戌亥時	70	2010/12/8	三	十一月初三	壬辰	巳酉亥時
33	2010/6/29	二	五月十八	庚戌	巳申亥時	71	2010/12/12	日	十一月初七	丙申	早子丑未戌時
34	2010/7/5	一	五月二十四	丙辰	寅申酉亥時	72	2010/12/17	五	十一月十二	辛丑	寅卯申亥時
35	2010/7/13	二	六月初二	甲子	早子丑時	73	2010/12/18	六	十一月十三	壬寅	早子丑未戌時
36	2010/7/16	五	六月初五	丁卯	午未時	74	2010/12/20	一	十一月十五	甲辰	巳亥時
37	2010/7/28	三	六月十七	己卯	寅卯午未時	75	2010/12/24	五	十一月十九	戊申	辰巳未時
38	2010/8/2	一	六月二十二	甲申	早子丑辰巳戌時	76	2010/12/29	三	十一月二十四	癸丑	巳申時

移徙吉日

編號	日期	星期	陰曆月日	日干支	吉時	編號	日期	星期	陰曆月日	日干支	吉時
1	2010/1/3	日	十一月十九	癸丑	巳申時	44	2010/7/27	二	六月十六	戊寅	辰未時
2	2010/1/10	日	十一月二十六	庚申	辰巳時	45	2010/7/28	三	六月十七	己卯	早子寅卯午未時
3	2010/1/11	一	十一月二十七	辛酉	寅午未時	46	2010/8/2	一	六月二十二	甲申	早子丑辰巳戌時
4	2010/1/20	三	十二月初六	庚午	丑卯申酉時	47	2010/8/11	三	七月初二	癸巳	辰時
5	2010/1/23	六	十二月初九	癸酉	寅午時	48	2010/8/16	一	七月初七	戊戌	申時
6	2010/1/31	日	十二月十七	辛巳	丑午未戌時	49	2010/8/18	三	七月初九	庚子	丑申酉時
7	2010/2/6	六	十二月二十三	丁亥	丑辰戌時	50	2010/8/21	六	七月十二	癸卯	寅卯午時
8	2010/2/11	四	十二月二十八	壬辰	巳酉亥時	51	2010/8/26	四	七月十七	戊申	辰巳未時
9	2010/2/13	六	十二月三十	甲午	卯時	52	2010/8/30	一	七月二十一	壬子	早子丑酉時
10	2010/2/16	二	正月初三	丁酉	早子午未時	53	2010/9/4	六	七月二十六	丁巳	辰午未戌時
11	2010/2/26	五	正月十三	丁未	巳申戌亥時	54	2010/9/5	日	七月二十七	戊午	卯申酉時
12	2010/3/2	二	正月十七	辛亥	丑午未戌亥時	55	2010/9/9	四	八月初二	壬戌	巳亥時
13	2010/3/3	三	正月十八	壬子	早子丑酉時	56	2010/9/12	日	八月初五	乙丑	寅卯申時
14	2010/3/7	日	正月二十二	丙辰	寅申酉亥時	57	2010/9/16	四	八月初九	己巳	辰午未時
15	2010/3/10	三	正月二十五	己未	寅卯巳戌時	58	2010/9/18	六	八月十一	辛未	寅卯申時
16	2010/3/16	二	二月初一	乙丑	寅卯申時	59	2010/9/27	一	八月二十	庚辰	寅巳亥時
17	2010/3/18	四	二月初三	丁卯	午未時	60	2010/9/28	二	八月二十一	辛巳	丑午未戌時
18	2010/3/25	四	二月初十	甲戌	寅巳亥時	61	2010/9/30	四	八月二十三	癸未	寅卯巳時
19	2010/3/26	五	二月十一	乙亥	丑辰戌時	62	2010/10/4	一	八月二十七	丁亥	丑辰戌時
20	2010/3/28	日	二月十三	丁丑	巳亥時	63	2010/10/10	日	九月初三	癸巳	辰時
21	2010/4/5	一	二月二十一	乙酉	卯午未酉時	64	2010/10/11	一	九月初四	甲午	卯時
22	2010/4/7	三	二月二十三	丁亥	丑辰戌時	65	2010/10/13	三	九月初六	丙申	早子丑辰戌時
23	2010/4/10	六	二月二十六	庚寅	丑辰時	66	2010/10/20	三	九月十三	癸卯	寅卯午時
24	2010/4/17	六	三月初四	丁酉	早子午未時	67	2010/10/23	六	九月十六	丙午	申酉時
25	2010/4/22	四	三月初九	壬寅	早子丑未戌時	68	2010/10/25	一	九月十八	戊申	辰巳未時
26	2010/5/10	一	三月二十七	庚申	辰巳時	69	2010/10/27	三	九月二十	庚戌	巳申亥時
27	2010/5/11	二	三月二十八	辛酉	寅午未時	70	2010/10/28	四	九月二十一	辛亥	丑午未戌亥時
28	2010/5/16	日	四月初三	丙寅	早子丑未時	71	2010/11/4	四	九月二十八	戊午	卯申酉時
29	2010/5/20	四	四月初七	庚午	卯申酉時	72	2010/11/10	三	十月初五	甲子	早子丑時
30	2010/5/23	日	四月初十	癸酉	寅午時	73	2010/11/12	五	十月初七	丙寅	早子丑未時
31	2010/5/26	三	四月十三	丙子	早子丑時	74	2010/11/13	六	十月初八	丁卯	午未時
32	2010/5/31	一	四月十八	辛巳	丑午未戌時	75	2010/11/22	一	十月十七	丙子	早子丑時
33	2010/6/4	五	四月二十二	乙酉	早子寅時	76	2010/11/24	三	十月十九	戊寅	辰未時
34	2010/6/11	五	四月二十九	壬辰	巳酉亥時	77	2010/11/25	四	十月二十	己卯	寅卯午未時
35	2010/6/15	二	五月初四	丙申	早子丑未戌時	78	2010/11/26	五	十月二十一	庚辰	寅巳亥時
36	2010/6/17	四	五月初六	戊戌	申時	79	2010/11/30	二	十月二十五	甲申	早子丑辰巳戌時
37	2010/6/23	三	五月十二	甲辰	巳亥時	80	2010/12/1	三	十月二十六	乙酉	早子寅時
38	2010/6/26	六	五月十五	丁未	巳申戌亥時	81	2010/12/6	一	十一月初一	庚寅	丑辰時
39	2010/6/27	日	五月十六	戊申	辰巳未時	82	2010/12/8	三	十一月初三	壬辰	巳酉亥時
40	2010/7/5	一	五月二十四	丙辰	寅申酉亥時	83	2010/12/12	日	十一月初七	丙申	早子丑未戌時
41	2010/7/8	四	五月二十七	己未	寅卯巳戌時	84	2010/12/20	一	十一月十五	甲辰	巳亥時
42	2010/7/16	五	六月初五	丁卯	午未時	85	2010/12/24	五	十一月十九	戊申	辰巳未時
43	2010/7/20	二	六月初九	辛未	寅卯申時	86	2010/12/29	三	十一月二十四	癸丑	巳申時

安床吉日

編號	日期	星期	陰曆月日	日干支	吉時	編號	日期	星期	陰曆月日	日干支	吉時
1	2010/2/16	二	正月初三	丁酉	早子午未時	8	2010/7/27	二	六月十六	戊寅	辰未時
2	2010/3/25	四	二月初十	甲戌	寅巳亥時	9	2010/8/21	六	七月十二	癸卯	寅卯午時
3	2010/4/7	三	二月二十三	丁亥	丑辰戌時	10	2010/9/27	一	八月二十	庚辰	寅巳亥時
4	2010/4/19	一	三月初六	己亥	午未戌時	11	2010/10/10	日	九月初三	癸巳	辰時
5	2010/5/1	六	三月十八	辛亥	丑午未戌亥時	12	2010/10/22	五	九月十五	乙巳	丑辰戌時
6	2010/5/26	三	四月十三	丙子	早子丑時	13	2010/11/3	三	九月二十七	丁巳	辰午未戌時
7	2010/7/15	四	六月初四	丙寅	早子丑未時	14	2010/11/16	二	十月十一	庚午	卯申酉時

133

編號	日期	星期	陰曆月日	日干支	吉時	編號	日期	星期	陰曆月日	日干支	吉時
1	2010/1/3	日	十一月十九	癸丑	巳申時	32	2010/7/15	四	六月初四	丙寅	早子丑未時
2	2010/1/4	一	十一月二十	甲寅	辰未戌時	33	2010/7/16	五	六月初五	丁卯	午未時
3	2010/1/10	日	十一月二十六	庚申	辰巳時	34	2010/7/27	二	六月十六	戊寅	辰未時
4	2010/1/11	一	十一月二十七	辛酉	寅午未時	35	2010/7/28	三	六月十七	己卯	寅卯午未時
5	2010/1/23	六	十二月初九	癸酉	寅午時	36	2010/8/10	二	七月初一	壬辰	巳酉亥時
6	2010/2/5	五	十二月二十二	丙戌	寅申亥時	37	2010/8/11	三	七月初二	癸巳	辰時
7	2010/2/6	六	十二月二十三	丁亥	丑辰戌時	38	2010/8/16	一	七月初七	戊戌	申時
8	2010/2/11	四	十二月二十八	壬辰	巳酉亥時	39	2010/8/18	三	七月初九	庚子	丑申酉時
9	2010/2/13	六	十二月三十	甲午	卯時	40	2010/8/23	一	七月十四	乙巳	丑辰戌時
10	2010/2/18	四	正月初五	己亥	午未戌時	41	2010/8/30	一	七月二十一	壬子	早子丑酉時
11	2010/2/25	四	正月十二	丙午	申酉時	42	2010/9/4	六	七月二十六	丁巳	辰午未戌時
12	2010/3/2	二	正月十七	辛亥	丑午未戌亥時	43	2010/9/16	四	八月初九	己巳	辰午未時
13	2010/3/8	一	正月二十三	丁巳	辰午未戌時	44	2010/9/27	一	八月二十	庚辰	寅巳亥時
14	2010/3/25	四	二月初十	甲戌	寅巳亥時	45	2010/9/28	二	八月二十一	辛巳	丑午未戌時
15	2010/4/1	四	二月十七	辛巳	丑午未戌時	46	2010/10/4	一	八月二十七	丁亥	丑辰戌時
16	2010/4/5	一	二月二十一	乙酉	卯午未酉時	47	2010/10/11	一	九月初四	甲午	卯時
17	2010/4/8	四	二月二十四	戊子	申酉時	48	2010/10/23	六	九月十六	丙午	申酉時
18	2010/4/10	六	二月二十六	庚寅	丑辰時	49	2010/11/4	四	九月二十八	戊午	卯申酉時
19	2010/4/20	二	三月初七	庚子	丑申酉時	50	2010/11/12	五	十月初七	丙寅	早子丑未時
20	2010/4/22	四	三月初九	壬寅	早子丑未戌時	51	2010/11/13	六	十月初八	丁卯	午未時
21	2010/5/2	日	三月十九	壬子	早子丑酉時	52	2010/11/17	三	十月十二	辛未	寅卯時申時
22	2010/5/10	一	三月二十七	庚申	辰巳時	53	2010/11/24	三	十月十九	戊寅	辰未時
23	2010/5/11	二	三月二十八	辛酉	寅午未時	54	2010/11/25	四	十月二十	己卯	寅卯午未時
24	2010/5/15	六	四月初二	乙丑	寅卯申時	55	2010/11/29	一	十月二十四	癸未	寅卯巳時
25	2010/5/23	日	四月初十	癸酉	寅午時◎	56	2010/12/6	一	十一月初一	庚寅	丑辰時
26	2010/5/27	四	四月十四	丁丑	巳亥時	57	2010/12/12	日	十一月初七	丙申	早子丑未戌時
27	2010/6/4	五	四月二十二	乙酉	早子寅時	58	2010/12/18	六	十一月十三	壬寅	早子丑未戌時
28	2010/6/9	三	四月二十七	庚寅	丑辰時	59	2010/12/24	五	十一月十九	戊申	辰未時
29	2010/6/15	二	五月初四	丙申	早子丑未戌時	60	2010/12/29	三	十一月二十四	癸丑	巳申時
30	2010/6/26	六	五月十五	丁未	巳申戌亥時	61	2010/12/30	四	十一月二十五	甲寅	辰未戌時
31	2010/7/3	六	五月二十二	甲寅	辰未戌時						

修造動土吉日

編號	日期	星期	陰曆月日	日干支	吉時	編號	日期	星期	陰曆月日	日干支	吉時
1	2010/1/3	日	十一月十九	癸丑	巳申時	41	2010/6/29	二	五月十八	庚戌	巳申亥時
2	2010/1/4	一	十一月二十	甲寅	辰未戌時	42	2010/7/3	六	五月二十二	甲寅	辰未戌時
3	2010/1/10	日	十一月二十六	庚申	辰時	43	2010/7/5	一	五月二十四	丙辰	寅申酉亥時
4	2010/1/11	一	十一月二十七	辛酉	寅午未時	44	2010/7/13	二	六月初二	甲子	早子丑時
5	2010/2/5	五	十二月二十二	丙戌	寅申亥時	45	2010/7/16	五	六月初五	丁卯	午未時
6	2010/2/6	六	十二月二十三	丁亥	丑辰戌時	46	2010/8/10	二	七月初一	壬辰	巳酉亥時
7	2010/2/10	三	十二月二十七	辛卯	寅卯時	47	2010/8/11	三	七月初二	癸巳	辰時
8	2010/2/11	四	十二月二十八	壬辰	巳酉亥時	48	2010/8/15	日	七月初六	丁酉	早子午未時
9	2010/2/13	六	十二月三十	甲午	卯時	49	2010/8/16	一	七月初七	戊戌	申時
10	2010/2/16	二	正月初三	丁酉	早子午未時	50	2010/8/18	三	七月初九	庚子	丑申酉時
11	2010/2/25	四	正月十二	丙午	申酉時	51	2010/8/30	一	七月二十一	壬子	早子丑酉時
12	2010/2/26	五	正月十三	丁未	巳申戌亥時	52	2010/8/31	二	七月二十二	癸丑	巳申時
13	2010/3/2	二	正月十七	辛亥	丑午未戌亥時	53	2010/9/5	日	七月二十七	戊午	卯申酉時
14	2010/3/3	三	正月十八	壬子	早子丑酉時	54	2010/9/9	四	八月初二	壬戌	巳亥時
15	2010/3/7	日	正月二十二	丙辰	寅申酉亥時	55	2010/9/12	日	八月初五	乙丑	寅卯申時
16	2010/3/10	三	正月二十五	己未	寅卯巳戌時	56	2010/9/16	四	八月初九	己巳	辰午未時
17	2010/3/16	二	二月初一	乙丑	寅卯申時	57	2010/9/24	五	八月十七	丁丑	巳亥時
18	2010/3/22	一	二月初七	辛未	寅卯申時	58	2010/9/27	一	八月二十	庚辰	寅巳亥時
19	2010/3/25	四	二月初十	甲戌	寅巳亥時	59	2010/9/28	二	八月二十一	辛巳	丑午未戌時
20	2010/3/26	五	二月十一	乙亥	丑辰戌時	60	2010/10/6	三	八月二十九	己丑	寅卯巳時
21	2010/3/28	日	二月十三	丁丑	巳亥時	61	2010/10/10	日	九月初三	癸巳	辰時
22	2010/4/3	六	二月十九	癸未	寅卯巳時	62	2010/10/11	一	九月初四	甲午	卯時
23	2010/4/7	三	二月二十三	丁亥	丑辰戌時	63	2010/10/13	三	九月初六	丙申	早子丑辰戌時
24	2010/4/8	四	二月二十四	戊子	申酉時	64	2010/11/10	三	十月初五	甲子	早子丑時
25	2010/4/10	六	二月二十六	庚寅	丑辰時	65	2010/11/12	五	十月初七	丙寅	早子丑未戌時
26	2010/5/10	一	三月二十七	庚申	辰巳時	66	2010/11/13	六	十月初八	丁卯	午未時
27	2010/5/11	二	三月二十八	辛酉	寅午未時	67	2010/11/16	二	十月十一	庚午	卯申酉時
28	2010/5/15	六	四月初二	乙丑	寅卯申時	68	2010/11/17	三	十月十二	辛未	寅卯申時
29	2010/5/20	四	四月初七	庚午	卯申酉時	69	2010/11/25	四	十月二十	己卯	寅午未時
30	2010/5/23	日	四月初十	癸酉	寅午時	70	2010/11/29	一	十月二十四	癸未	寅卯巳時
31	2010/5/26	三	四月十三	丙子	早子丑時	71	2010/11/30	二	十月二十五	甲申	早子丑辰巳戌時
32	2010/5/27	四	四月十四	丁丑	巳亥時	72	2010/12/6	一	十一月初一	庚寅	丑辰時
33	2010/6/4	五	四月二十二	乙酉	早子寅時	73	2010/12/8	三	十一月初三	壬辰	巳酉亥時
34	2010/6/9	三	四月二十七	庚寅	丑辰時	74	2010/12/14	二	十一月初九	戊戌	申時
35	2010/6/11	五	四月二十九	壬辰	巳酉亥時	75	2010/12/18	六	十一月十三	壬寅	早子丑未戌時
36	2010/6/15	二	五月初四	丙申	早子丑未戌時	76	2010/12/20	一	十一月十五	甲辰	巳亥時
37	2010/6/17	四	五月初六	戊戌	申時	77	2010/12/26	日	十一月二十一	庚戌	巳申亥時
38	2010/6/21	一	五月初十	壬寅	早子丑未戌時	78	2010/12/29	三	十一月二十四	癸丑	巳申時
39	2010/6/26	六	五月十五	丁未	巳申戌亥時	79	2010/12/30	四	十一月二十五	甲寅	辰未戌時
40	2010/6/27	日	五月十六	戊申	辰巳未時						

編號	日期	星期	陰曆月日	日干支	吉時	編號	日期	星期	陰曆月日	日干支	吉時
1	2010/1/4	一	十一月二十	甲寅	辰未戌時	20	2010/7/3	六	五月二十二	甲寅	辰未戌時
2	2010/1/10	日	十一月二十六	庚申	辰巳時	21	2010/7/15	四	六月初四	丙寅	早子丑未時
3	2010/1/11	一	十一月二十七	辛酉	寅午未時	22	2010/7/16	五	六月初五	丁卯	午未時
4	2010/2/4	四	十二月二十一	乙酉	午未酉時	23	2010/7/19	一	六月初八	庚午	卯申酉時
5	2010/2/10	三	十二月二十七	辛卯	寅卯時	24	2010/8/15	日	七月初六	丁酉	早子午未時
6	2010/2/16	二	正月初三	丁酉	早子午未時	25	2010/8/27	五	七月十八	己酉	早子午未時
7	2010/2/22	一	正月初九	癸卯	寅卯午時	26	2010/8/30	一	七月二十一	壬子	早子丑酉時
8	2010/2/25	四	正月十二	丙午	申酉時	27	2010/9/19	日	八月十二	壬申	早子丑辰巳未時
9	2010/2/28	日	正月十五	己酉	早子午未時	28	2010/10/1	五	八月二十四	甲申	早子丑辰巳戌時
10	2010/3/17	三	二月初二	丙寅	早子丑未時	29	2010/10/11	一	九月初四	甲午	卯時
11	2010/5/10	一	三月二十七	庚申	辰巳時	30	2010/11/12	五	十月初七	丙寅	早子丑未時
12	2010/5/11	二	三月二十八	辛酉	寅午未時	31	2010/11/13	六	十月初八	丁卯	午未時
13	2010/5/20	四	四月初七	庚午	卯申酉時	32	2010/11/16	二	十月十一	庚午	卯申酉時
14	2010/5/23	日	四月初十	癸酉	寅午時	33	2010/11/22	一	十月十七	丙子	早子丑時
15	2010/6/1	二	四月十九	壬午	丑卯午申酉時	34	2010/11/30	二	十月二十五	甲申	早子丑辰巳戌時
16	2010/6/4	五	四月二十二	乙酉	早子寅時	35	2010/12/6	一	十一月初一	庚寅	丑辰時
17	2010/6/9	三	四月二十七	庚寅	丑辰時	36	2010/12/18	六	十一月十三	壬寅	早子丑時未戌時
18	2010/6/15	二	五月初四	丙申	早子丑未戌時	37	2010/12/30	四	十一月二十五	甲寅	辰未戌時
19	2010/6/21	一	五月初十	壬寅	早子丑未戌時						

編號	日期	星期	陰曆月日	日干支	吉時	編號	日期	星期	陰曆月日	日干支	吉時
1	2010/1/10	日	十一月二十六	庚申	辰巳時	33	2010/6/15	二	五月初四	丙申	早子丑未戌時
2	2010/1/11	一	十一月二十七	辛酉	寅午未時	34	2010/7/13	二	六月初二	甲子	早子丑時
3	2010/1/14	四	十一月三十	甲子	早子丑時	35	2010/7/19	一	六月初八	庚午	卯申酉時
4	2010/1/15	五	十二月初一	乙丑	寅卯申時	36	2010/7/31	六	六月二十	壬午	丑卯午申酉時
5	2010/1/20	三	十二月初六	庚午	卯申酉時	37	2010/8/2	一	六月二十二	甲申	早子丑辰巳戌時
6	2010/1/22	五	十二月初八	壬申	早子丑辰巳未時	38	2010/8/10	二	七月初一	壬辰	巳酉亥時
7	2010/1/23	六	十二月初九	癸酉	寅午時	39	2010/8/15	日	七月初六	丁酉	早子午未時
8	2010/1/26	二	十二月十二	丙子	早子丑時	40	2010/8/16	一	七月初七	戊戌	申時
9	2010/2/4	四	十二月二十一	乙酉	午未酉時	41	2010/8/21	六	七月十二	癸卯	寅卯午時
10	2010/2/5	五	十二月二十二	丙戌	寅申亥時	42	2010/8/26	四	七月十七	戊申	辰巳未時
11	2010/2/10	三	十二月二十七	辛卯	寅卯時	43	2010/8/27	五	七月十八	己酉	早子午未時
12	2010/2/11	四	十二月二十八	壬辰	巳酉亥時	44	2010/8/30	一	七月二十一	壬子	早子丑酉時
13	2010/2/16	二	正月初三	丁酉	早子午未時	45	2010/8/31	二	七月二十二	癸丑	巳申時
14	2010/2/21	日	正月初八	壬寅	早子丑未戌時	46	2010/9/12	日	八月初五	乙丑	寅卯申時
15	2010/2/25	四	正月十二	丙午	申酉時	47	2010/9/19	日	八月十二	壬申	早子丑辰巳未時
16	2010/2/26	五	正月十三	丁未	巳申戌亥時	48	2010/9/27	一	八月二十	庚辰	寅巳亥時
17	2010/2/28	日	正月十五	己酉	早子午未時	49	2010/10/1	五	八月二十四	甲申	早子丑辰巳戌時
18	2010/3/10	三	正月二十五	己未	寅卯巳戌時	50	2010/10/11	一	九月初四	甲午	卯時
19	2010/3/25	四	二月初十	甲戌	寅巳亥時	51	2010/10/20	三	九月十三	癸卯	寅卯午時
20	2010/3/29	一	二月十四	戊寅	辰未時	52	2010/10/23	六	九月十六	丙午	申酉時
21	2010/4/5	一	二月二十一	乙酉	卯午未酉時	53	2010/11/10	三	十月初五	甲子	早子丑時
22	2010/4/17	六	三月初四	丁酉	早子午未時	54	2010/11/12	五	十月初七	丙寅	早子丑未時
23	2010/4/29	四	三月十六	己酉	早子午未時	55	2010/11/16	二	十月十一	庚午	卯申酉時
24	2010/5/2	日	三月十九	壬子	早子丑酉時	56	2010/11/24	三	十月十九	戊寅	辰未時
25	2010/5/10	一	三月二十七	庚申	辰巳時	57	2010/11/25	四	十月二十	己卯	寅卯午未時
26	2010/5/11	二	三月二十八	辛酉	寅午未時	58	2010/11/26	五	十月二十一	庚辰	寅巳亥時
27	2010/5/15	六	四月初二	乙丑	寅卯申時	59	2010/11/30	二	十月二十五	甲申	早子丑辰巳甲戌
28	2010/5/20	四	四月初七	庚午	卯申酉時	60	2010/12/6	一	十一月初一	庚寅	丑辰時
29	2010/5/23	日	四月初十	癸酉	寅午時	61	2010/12/8	三	十一月初三	壬辰	巳酉亥時
30	2010/6/1	二	四月十九	壬午	丑卯午申酉時	62	2010/12/12	日	十一月初七	丙申	早子丑未戌時
31	2010/6/4	五	四月二十二	乙酉	早子寅時	63	2010/12/17	五	十一月十二	辛丑	寅卯申亥時
32	2010/6/14	一	五月初三	乙未	寅卯申戌亥時	64	2010/12/18	六	十一月十三	壬寅	早子丑未戌時

擇日基礎資料篇

編號	神煞名稱	神煞用事宜忌	備註
1	歲德	歲德：開山立向修方吉。歲德屬上吉，有宜無忌，所理之地萬福咸集眾殃自避應有修營並獲福佑。歲德合陰年即歲德、陽年即歲德合也。歲幹合：主宜除滅災咎而興福佑也，所理之方可以修營起土上官嫁娶遠行參謁。	協記卷三義例一6；星歷考原卷二年神方位5
2	歲德合	歲德合：開山立向修方吉。歲德合屬上吉，有宜無忌。歲幹合陽年即歲德合也。歲幹合：主宜除滅災咎而興福佑也，所理之方可以修營起土上官嫁娶遠行參謁。歲德剛辰也歲德合柔辰也。外事以剛內事以柔。	協記卷三義例一8；星歷考原卷二年神方位6
3	歲枝德【死符、小耗】	歲枝德：開山立向修方吉。歲枝德主救厄而濟弱，所理之方利以興造舉動眾務，如治橋樑築堤岸損己之財以利眾之事大吉、如爲營居室當以小耗論。又爲死符：忌爲營塚等事。又爲小耗：忌爲市易造作等事。	協記卷三義例一11；星歷考原卷二年神方位6
4	歲祿馬貴人	歲祿馬貴人：開山立向修方吉。馬到山頭人富貴，祿到山頭旺子孫，若逢祿馬一同到，千祥百福自駢臻。祿馬爲年方吉神同到尤吉。歲祿馬貴人山方皆吉，修造皆吉。祿到山頭主進財從外壓將來，馬到山頭進官職，要合三元白貴人與白同旺相貴子入廟堂。	協記卷八義例六3；選擇求真卷七3
5	奏書	奏書：開山立向修方吉。奏書者歲之貴神也，以出治者也，爲神之貴而吉者，掌奏記主伺察，爲諫臣，察私屈揚德意。所理之地宜祭祀求福營建宮室修飾垣牆。所理之方可舉賢能於國有益。	協記卷三義例一20；星歷考原卷二年神方位7
6	博士	博士：開山立向修方吉。博士者歲之善神也，文臣也，出納王命行政施惠，掌案牘主擬議，掌天子明堂綱紀政治之神，所居之方利於興修。所理之方可舉賢能於國有益，行政施惠。	協記卷三義例一21；星歷考原卷二年神方位8
7	三元九星【三元紫白】	三元九星：開山立向修方吉。三元者起於九宮，以休門爲一白、開門爲六白、生門爲八白、景門爲九紫，爲吉。祿馬要合三元白貴人與白同旺相貴子入廟堂。六白屬金秋月旺，紫火春夏強、一八水土旺三多立見福祿崇。紫白宜與祿馬同到，紫白喜旺相則愈有力所到之處造葬修作動土極吉，千工百工須求年白百工十工須求月白。	協記卷八義例六24；選擇求真卷七3
8	蓋山黃道【貪狼、巨門、文曲、武曲】	蓋山黃道【貪狼、巨門、文曲、武曲】：開山立向修方吉。其方開山立向修營並吉。青囊九曜以貪巨武輔爲吉，破軍爲浮天空亡廉貞爲獨火歷來通書避忌用之。	協記卷八義例六22
9	通天竅【三合前方、三合後方】	通天竅【三合前方、三合後方】：開山立向修方吉。凡修造葬埋開山立向修方，若遇吉星，所值不問太歲、三煞、官符、大將軍諸凶煞，此星並能壓之，所到之處修之大吉。通天竅與走馬六壬並傳已久，世俗稱爲竅馬。	協記卷八義例六13
10	走馬六壬【神后、功曹、天罡、勝光、傳送、河魁】	走馬六壬【神后、功曹、天罡、勝光、傳送、河魁】：開山立向修方吉。造葬用山頭吉星，修方用方道吉星，如修凶方，從吉方起手，主十二年田財大旺。大抵其方疊吉神則吉，無吉神則不能爲福。	協記卷八義例六16
11	四利三元【太陽、太陰、龍德、福德】	四利三元【太陽、太陰、龍德、福德】：開山立向修方吉。其與三煞併不可以言吉，須兼看各神不可執一而定也。	協記卷八義例六20
12	太歲	太歲：開山立向修方凶。太歲人君之象，若國家巡狩省方出師略地營造宮闕開拓封彊不可向之，黎庶修營宅舍築壘牆垣並須迴避。太歲可坐不可向，三煞可向不可坐。	協記卷三義例一15；星歷考原卷二年神方位7
13	歲破【大耗】	歲破：開山立向修方凶。歲破者太歲所衝之辰也，其地不可興造移徙嫁娶遠行，犯者主損財物及害家長。惟戰伐向之吉。又爲大耗：歲中虛耗之神，不可營造倉庫納財物及爲建囷倉納財帛等事。，犯之當有寇賊驚恐之事。按歲破爲最凶之辰。	協記卷三義例一16；星歷考原卷二年神方位13、19
14	劫煞	劫煞：開山立向修方凶。劫煞者歲之陰氣也，劫煞起於絕，主有殺害，所理之方忌興造，犯之者主有劫盜傷殺之事。三煞最凶，三煞可向不可坐。	協記卷三義例一43；星歷考原卷二年神方位14
15	災煞	災煞：開山立向修方凶。災煞者五行陰氣之位也，災煞起於剋，主災病疾厄之事，所理之方不可抵向營造，犯之者當有疾患。三煞最凶，三煞可向不可坐。	協記卷三義例一44；星歷考原卷二年神方位14

編號	神煞名稱	神煞用事宜忌	備註
16	歲煞	歲煞：開山立向修方凶。歲煞者陰氣尤毒謂之煞也。歲煞之地不可穿鑿修營移徙，犯之者傷子孫六畜。劫煞、災煞、歲煞是爲三煞。三煞最凶，三煞可向不可坐。	協記卷三義例一45；星歷考原卷二年神方位13
17	坐煞向煞【伏兵、大禍】	坐煞向煞【伏兵、大禍】：開山立向修方凶。伏兵大禍者歲之五兵也，主兵革刑殺，所理之方忌出兵行師及修造，犯之主有兵傷刑戮之咎。伏兵災甚大禍災輕。伏兵大禍又爲夾三煞坐向皆不宜。	協記卷八義例六37，47；星歷考原卷二年神方位15
18	浮天空亡	浮天空亡：開山立向修方凶。浮天空亡其例出於變卦納甲乃絕命破軍之位，山向並忌。	協記卷八義例六43
19	年剋山家	年剋山家：開山凶。本年二十四山墓龍變運，某山運爲年月納音所剋即爲年月剋某山，惟新建宅舍、新立墳塋論之。其拆修豎造不動地基及舊塋附葬者皆不論。忌開山。	協記卷二本原二24
20	陰府太歲	陰府太歲：開山凶。陰府太歲乃本年之化氣剋山家之化氣，惟忌開山，營造修方不忌。	協記卷八義例六45
21	六害	六害：開山凶。月害者陽建所害之辰也，所值之日忌攻城野戰牧養群畜結會親姻請醫巫納奴婢。六害者不和也，凡事莫不喜合而忌衝。年日六害皆同月害取義。	協記卷六義例四18；星歷考原卷四月事凶神4
22	死符【小耗】	死符：開山凶。死符者歲之凶神也，所理之方不可營塚墓置死喪及有穿鑿，犯之者主有死亡。又爲小耗：歲中虛耗之神，所理之方不宜運動出入興販經營及有造作，犯之者當有遺亡虛驚之事。	協記卷三義例一40；星歷考原卷二年神方位17，19
23	灸退	灸退：開山立向修方凶。灸退主退敗，此太歲不足之氣也，宜用三合局補之。	協記卷八義例六40
24	巡山羅喉	巡山羅喉：立向凶。巡山羅喉止忌立向，開山修方不忌。	協記卷八義例六37
25	病符	病符：立向凶。病符主災病。病符者，歲之惡神也，主災病疫癘，所理之方不可安病人求醫藥及有興造，犯之者主多病患。	協記卷三義例一39；星歷考原卷二年神方位17
26	天官符	天官符：修方凶。天官符爲太歲三合五行方旺之氣，臨向方爲天官符，主官訟，宜三合局補之，故修造避之，忌修方。	協記卷八義例六49
27	官符【地官符、畜官】	官符【地官符】：修方凶。官符者歲之凶神也，掌符信之官文權之職也，主官府詞訟之事，又名地官符，所理之方不可興土工，犯之者當有訟獄之事。畜官者歲中牧養之神也，主養育群畜之事，所理之方忌造牛欄馬櫪及放牧，犯之者損六畜傷財。	協記卷三義例一33；星歷考原卷二年神方位16
28	大煞	大煞：修方凶。大煞者歲中刺史也，古刺史者得生殺一方也，主刑傷鬥殺之事，所理之地出軍不可向之，併忌修造，犯者主有刑殺。大煞者是歲三合五行健旺之辰將星之位名曰刺史，大煞亞於太歲而重於官符白虎，帝旺方爲打頭火主火災宜三合局剋之。	協記卷三義例一55；星歷考原卷二年神方位17
29	大將軍	大將軍：修方凶。大將軍歲之大將也，統御威武總領戰伐，然是鋤邪凶而扶正直，主殺伐，若國家命將出師攻城戰陣則宜背之，凡興造皆不可犯。所理之地可以命將帥選威勇以伐不義。	協記卷三義例一18；星歷考原卷二年神方位11
30	力士	力士：修方凶。力士者歲之惡神也，天子之護衛羽林軍，武臣也，主刑威掌殺戮，所居之方不宜抵向，犯之令人多瘟疾。所在之方可詔此方之臣以誅有罪。力士其方之軍旅可命以討有罪也。	協記卷三義例一23；星歷考原卷二年神方位8

年神煞

編號	神煞名稱	神煞用事宜忌	備註
31	蠶室	蠶室：修方凶。蠶室者歲之凶神也，後宮之地后妃之屬也，主絲繭綿帛之事，所理之方不可修動，犯之蠶絲不收，蠶室亦不可抵向也，所在之方天子庶民皆可祠祀。	協記卷三義例一23；星歷考原卷二年神方位9
32	蠶官	蠶官：修方凶。蠶官者歲中掌絲之神也，所理之地忌營構宮室，犯之，蠶母多病絲繭不收。	協記卷三義例一25；星歷考原卷二年神方位10
33	蠶命	蠶命：修方凶。蠶命者掌蠶之命神也，所理之地不可舉動，百事犯之者主傷蠶絲繭不收。	協記卷三義例一10；星歷考原卷二年神方位10
34	歲刑	歲刑：修方凶。歲刑，刑戮之神也，歲刑之地攻城戰陣不可犯之，動土興工亦須迴避，犯之多鬥爭。	協記卷三義例一52；星歷考原卷二年神方位12
35	黃旛	黃旛：修方凶。黃旛者旌旗也，歲君安居之位華蓋也，所理之地不可開門取土嫁娶納財市賈及有造作，犯之者主有損亡。飛廉與黃旛豹尾同可有可無者也。	協記卷三義例一36；星歷考原卷二年神方位19
36	豹尾	豹尾：修方凶。豹尾者亦旌旗之象，虎賁之象先鋒之將也，所在之方不可嫁娶納奴婢進六畜及興造，犯之者破財物損小口。飛廉與黃旛豹尾同可有可無者也。	協記卷三義例一37；星歷考原卷二年神方位20
37	飛廉	飛廉：修方凶。飛廉者歲之廉察使君之象，亦名大煞，所理之方不可興工動土移徙嫁娶，犯之，主官府口舌疾病遺亡。飛廉與黃旛豹尾同可有可無者也。	協記卷三義例一57；星歷考原卷二年神方位20
38	喪門	喪門：修方凶。喪門者歲之凶神也，喪門之位又為朱雀，主死喪哭泣之事，所理之地不可興舉，犯之者主盜賊遺亡死喪之事。	協記卷三義例一28；星歷考原卷二年神方位21
39	太陰【弔客】	太陰【弔客】：修方凶。太陰者歲后也，所理之地不可興修。弔客與太陰同位。弔客者歲之凶神也，主疾病哀泣之事，所理之地不可興造及問病尋醫弔孝送喪。	協記卷三義例一29；星歷考原卷二年神方位11、21
40	白虎	白虎：修方凶。白虎者歲中凶神也，武職也，主喪服之事，所理之地犯之主有喪服之災，切宜慎之。按官符白虎歲三合，太歲之引從也，引為文曰官符，從為武曰白虎。	協記卷三義例一35；星歷考原卷二年神方位21
41	金神	金神：修方凶。金神者太白之精白獸之神，主兵戈喪亂水旱瘟疫，所理之地忌築城池建宮室豎樓閣廣園林興工上梁出軍征伐移徙嫁娶遠行赴任，若犯干神者其忌尤甚。以年干五虎遁得庚辛之方為天金神，納音屬金者為地金神，天金神一名遊天暗曜犯之患眼疾最準。	協記卷三義例一59；星歷考原卷二年神方位21
42	獨火	獨火：修方凶。獨火一名飛禍，又名六害，即蓋山黃道內朱雀廉貞也，忌修營動土，犯之主災，無凶神併不妨，埋葬不忌。以年干五虎遁至戊己方為戊己煞，庚辛方為天金神，丙丁方為獨火。	協記卷八義例六41
43	五鬼	五鬼：修方凶。五鬼者五行之精氣也，五緯之魄氣也，主虛耗疾病驚怪之事，所理之方不可興舉抵向弔喪問病，犯之主財物耗散家招怪異。五鬼與官符喪門太歲弔客白虎歲破同位之年各隨其所同位之神以類相應。五鬼小煞也，太陽紫白祿馬貴人蓋照皆可用也。	協記卷三義例一61；星歷考原卷二年神方位18；選擇求真卷十16
44	破敗五鬼	破敗五鬼：修方凶。主虛耗之事所理之方不可興舉，犯之主財物耗散。	協記卷三義例一63；星歷考原卷二年神方位21

141

編號	神煞名稱	神煞用事宜忌	備註
1	天道	天道：開山立向修方吉。天道者，天之元陽順理之方，天德所在之方也，能制此方之煞，其地宜興舉眾務，向之上吉。天道天德用日而兼用方，月厭亦兼方論也，世俗春不開東門夏不開南門秋不開西門冬不開北門則以太白經五帝之義也。	協記卷五義例三4；星歷考原卷三月事吉神1
2	天德	天德：開山立向修方吉。天德者，天之福德也，能制此方之煞，所理之方、所值之日，可以興土功營宮室。 天德所在用之無不吉，順天也。天道即天德，專言其方則曰天道，兼日干與方方向言之則天德，其實一也。	協記卷五義例三4；星歷考原卷三月事吉神1
3	天德合	天德合：開山立向修方吉。天德合者，合德之神也，能制此方之煞，所理之方宜營構宮室修築城垣，所值之日宜覃恩肆赦命將出師禱禮山川祈請福願。	協記卷五義例三12；星歷考原卷三月事吉神3
4	月德	月德：開山立向修方吉。月德者，月之德神也，能制此方之煞，取土修營宜向其方，宴樂上官利用其日。	協記卷五義例三10；星歷考原卷三月事吉神3
5	月德合	月德合：開山立向修方吉。月德合者，五行之精，符會爲合也，能制此方之煞，所理之地眾惡皆消，所值之日百福並集，利以出命命將上冊受封祠祀星辰營建宮室。	協記卷五義例三14；星歷考原卷三月事吉神4
6	月空	月空：開山立向修方吉。月空，月中之陽辰也，宜上書陳言，所理之日宜設籌謀計策。故利於上表章也。月中陰德之神也，所理之地宜會親姻安產室，所值之日宜設籌謀定計策陳剝利害獻寺表章。	協記卷五義例三16；星歷考原卷三月事吉神5
7	月祿馬貴人	月祿馬貴人：開山立向修方吉。馬到山頭人富貴，祿到山頭旺子孫，若逢祿馬一同到，千祥百福自駢臻。 按祿馬爲月方吉神同到尤吉。 祿馬貴人山方皆吉，修造皆吉。	參見協記卷八義例六歲祿3
8	月紫白【三元九星】	月紫白【三元九星】：開山立向修方吉。以一白、六白、八白、九紫爲吉。祿馬要合三元白貴人與白同旺相貴人入廟堂。六白屬金秋月旺、紫白春夏強、一八水土旺三冬立見福祿崇。紫白宜與祿馬同到，紫白喜旺相而愈有力所到之處造葬修作動土	參見協記卷八義例六三元九星24
9	八節三奇	八節三奇【乙丙丁】：開山立向修方吉。天上三奇乙丙丁者，能制煞發祥，中宮坐向得之上官嫁娶入宅移居修造營葬並吉，修作到山到方主進田產生貴子旺丁財。丙丁二奇又取照蓋山向制剋金神。	參見協記卷八義例六八節三奇31
10	月建	月建：開山凶。月建者，陽建之神也，所理之方戰鬥攻伐宜背之不可抵向【可坐不可向】，所值之日宜封建視事，不宜興造土功結親禮。	協記卷四義例二43；星歷考原卷四月事凶神1
11	月破【大耗】	月破【大耗】：開山凶。月破者，月建所衝之日也，造葬皆不可犯【可向不可坐】。大耗者，月中虛耗之神也，其日忌營庫藏出財物遠索求取債負。	協記卷四義例二見破【大耗】26；星歷考原卷四月事凶
12	月剋山家	月剋山家：開山凶。月剋山家某山運爲年月納音所剋即爲年月剋某山，惟新建宅舍、新立墳塋論之。其拆修豎造不動地基及舊塋附葬者皆不論。	協記卷二本原二24
13	陰府太歲	陰府太歲：開山凶。陰府太歲惟忌開山，營造修方不忌。陰府太歲不論年而論山。	協記卷八義例六見陰府太歲45
14	天官符	天官符：修方凶。月家飛宮天官符即本年天官符逐月飛弔之位，天官符主官訟，忌修方。有吉星可用。	協記卷八義例六見飛天官符50
15	地官符	地官符：修方凶。月家飛宮地官符即本年地官符逐月飛弔之位，地官符主官府詞訟之事，忌修方。有吉星可用。	協記卷八義例六見飛地官符52
16	小月建	小月建：修方凶。小月建即小兒煞，忌修方。小月建忌占方，然占山占向亦忌。修造最重太歲，次之則月建故忌之。	協記卷八義例六58
17	大月建	大月建：修方凶。大月建忌修方動土。大月建係月家土煞，占山占向占方占中宮皆不宜動土。大月建爲土府，故動土忌之。	協記卷八義例六60
18	飛大煞【舊名打頭火】	飛大煞：修方凶。飛大煞俗名打頭火。打頭火忌修方。打頭火即三合旺方，又爲金匱將星，主火燭，以其旺極爲災，若疊太歲尤凶。忌修方。以月家一白或壬癸水德制之可也。	協記卷八義例六56
19	丙丁獨火	丙丁獨火：修方凶。丙丁獨火忌修方，修作動土犯之凶。丙丁獨火乃諸火星之總要，然必與年獨火、飛大煞併方忌。丙丁獨火本不爲凶第忌廉貞打頭月遊諸火星逢之而火發。用一白壬癸制之。	協記卷八義例六64
20	月遊火	月遊火：修方凶。月遊火忌修方，其煞與打頭火或年獨火位，飛得丙丁二字同到方其災方發，無凶神併不妨。故月遊火必與打頭火年獨火併又得丙丁同到而後爲忌也。月遊火不足忌。	協記卷八義例六66

編號	神煞名稱	神煞用事宜忌	備註
21	劫煞	劫煞：修方凶。劫煞者，劫害之辰也，其日忌臨官視事納禮成親戰伐行軍出入興販，主有殺害，所理之方忌有興造，犯之者主有劫盜傷殺之事。三煞最凶，三煞可向不可坐。	協記卷三義例一43、卷六義例四11；星歷考原卷四
22	災煞【天獄、天火】	災煞：修方凶。災煞主災病疾厄之事，所理之方不可抵向營造，犯之者當有疾患。三煞最凶，三煞可向不可坐。天獄者，月中禁神也，其日忌獻封章興詞訟赴任征討。天火者，月中凶神也，其日忌苫蓋築壘垣牆振旅興師會親娶婦。	協記卷三義例一44、卷六義例四12；星歷考原卷四
23	月煞【月虛】	月煞：修方凶。月煞之地不可穿鑿修營移徙，犯之者傷子孫六畜。三煞最凶，三煞可向不可坐。月殺者月內之殺神也，其日忌停賓客興穿掘營種植納群畜。月虛：月內虛耗之神，忌開倉庫出財物結婚出行運動征行成親禮。	協記卷三45義例一、卷六義例四16；星歷考原卷四
24	月刑	月刑：修方凶。月刑：月刑之地攻城戰陣不可犯之，動土興工亦須迴避，犯之，多鬥爭。月建所刑之辰，其日忌出軍攻戰養育生財結婚營建屋舍。	協記卷三義例一52、卷六義例四17；星歷考原卷四
25	月害	月害：修方凶。月害者陽建所害之辰也，所值之日忌攻城野戰牧養群畜結會親姻請醫巫納奴婢。	協記卷六義例四18；星歷考原卷四月事凶神4
26	月厭【地火】	月厭【地火】：修方凶。月厭，陰建之辰也，所理之方可以禳災祈福避病，所值之日忌遠行歸家移徙婚嫁。地火：其日忌修築園圃栽植種蒔。月厭者厭魅之神也，其性暗昧私邪不正，故名忌之。月厭亦兼方論也。	協記卷四義例二45；星歷考原卷四月事凶神15、19
27	月金匱	月金匱方吉，即三合月分之旺方也，修之發丁。修年金匱不如修月金匱。年金匱不空則修，月金匱尤穩，月金匱又不必剋，但諸吉同則吉。	協記卷八57義例六
28	月天赦	月天赦：修方吉。月天赦方吉，春戊寅夏甲午秋戊申冬甲子此天赦也，天赦者，赦過宥罪之辰也，其日可以緩刑獄雪冤枉施恩惠，若與德神會合尤宜興造，此方宜修造可制官符等煞。	協記卷五義例三20；星歷考原卷三月事吉神6

編號	用事	用事註解	所宜方所忌方	所宜吉神所忌凶煞【協記】
1	祭祀	祭祀：歷例曰凡時享禘祫告成郊丘封禪嶽鎮禮享祈禱等事；通書謂祭祀家廟墳墓祈神作福設齋謝土等事。現今用為祭拜天地神佛仙聖祖先或陽宅之修造動土陰宅之破土等事完工後所舉行的請求神靈降福免禍的祈禱等事。	祭祀：宜奏書所理之地宜祭祀，蠶室所在之方天子庶民皆可祠祀，天德合所值之日宜禱禮山川，月德合所值之日宜祠祀星辰。 祭祀：忌	祭祀：宜天德、月德、天德合、月德合、天赦、天願、月恩、四相、時德、天巫、開日、普護、福生、聖心、益後、續世。 祭祀：忌天狗【滿日】、寅日。
2	祈福	祈福：歷例曰凡建立道場開設齋醮禳除災咎請求福願等事；通書謂建立道場開設齋醮拔除災咎請求福願等事。現今用為建立道場開設齋醮祈求神明降福消除災禍請求福氣願望等事。	祈福：宜奏書所理之地宜祈福，天德合所值之日宜祈請福願，月厭所理之方可以禳災祈福。 祈福：忌	祈福：宜天德、月德、天德合、月德合、天赦、天願、月恩、四相、時德、天巫、開日、普護、福生、聖心、益後、續世。 祈福：忌月建、月破、平日、收日、劫煞、災煞、月煞、月刑、月害、月厭、大時、遊禍、天吏、四廢。又忌祿空、上朔等日。
3	求嗣	求嗣：歷例曰凡祈禱子息等事；通書謂祈求子息等事。現今用為祈求得到子女等事。	求嗣：宜 求嗣：忌	求嗣：宜天德、月德、天德合、月德合、天赦、天願、月恩、四相、時德、開日、益後、續世。 求嗣：忌月建、月破、平日、收日、劫煞、災煞、月煞、月刑、月害、大時、遊禍、天吏、四廢。
4	上冊受封	上冊受封：歷例曰凡登壇受冊追封諡號等事；通書謂立壇禪受冊封諡等事。現今用為人死後受到加封追加諡號或獲得平反者設壇祭拜等事。	上冊受封：宜月德合所值之日宜上冊受封。 上冊受封：忌	上冊受封：宜天德、月德、天德合、月德合、天赦、天願、臨日、福德、開日。 上冊受封：忌月建、月破、平日、收日、閉日、劫煞、災煞、月煞、月刑、月害、月厭、大時、天吏、四廢、往亡。
5	上表章	上表章或稱納表上章：歷例曰凡進納封章披陳利害伸理詞訟等事；通書謂進納表章披陳利害伸理詞訟等事。現今用為推薦引進或接納收受計謀策略陳述利弊得失伸張公理爭辯是非的推薦書建議書陳情書等，更可引申為溝通對談互訪等事。	上表章：宜歲德、歲德合所理之方宜參謁，月空所理之日宜設籌謀定計策陳剝利害獻封表章。 上表章：忌災煞【天獄】其日忌獻封章興詞訟。	上表章：宜天德、月德、天德合、月德合、月空、天赦、天願、臨日、福德、開日、解神。 上表章：忌月建、月破、平日、收日、閉日、劫煞、災煞、月煞、月刑、月害、月厭、大時、天吏、四廢、往亡。
6	頒詔	頒詔：為古時皇帝頒布詔告臣民的文書。現今用為政府或企業之領導人對其人民員工所公開發表之宣言或談話等事。	頒詔：宜力士所在之方可詔此方之臣以誅有罪。 頒詔：忌	頒詔：宜天德、月德、天德合、月德合、天赦、天願、王日、開日。又天恩與驛馬、天馬、建日併者。 頒詔：忌月破、平日、收日、閉日、劫煞、災煞、月煞、月刑、月厭、四廢、往亡。
7	覃恩肆赦	覃恩肆赦：歷例曰凡晉遷官秩恤孤惇施恩惠謂之覃恩、凡赦過宥罪釋獄緩刑蠲除賦役起拔幽錮撫納流亡復還遷黜等事謂之肆赦。現今用為政府或企業對其員工升遷恤孤惇施恩惠或赦過宥罪釋獄緩刑蠲除賦役起拔幽錮撫納流亡復還遷黜等事。	覃恩肆赦：宜天德合所值之日宜覃恩肆赦，月天赦其日可以緩刑獄雪冤枉施恩惠。 覃恩肆赦：忌	覃恩肆赦：宜天德、月德、天德合、月德合、天恩、天赦、天願、王日、開日。 覃恩肆赦：忌

編號	用事	用事註解	所宜方所忌方	所宜吉神所忌凶煞【協記】
8	施恩封拜	施恩封拜：通書謂賜恩命封贈頒宜入朝等事。現今用為政府或企業派任員工擔任各種重要職務等事。	施恩封拜：天恩之日乃可施恩，天赦之日乃可施恩赦罪。 施恩封拜：忌	施恩封拜：宜天德、月德、天德合、月德合、天赦、天願、月恩、四相、時德、王日、建日、吉期、天喜、開日。 施恩封拜：忌月破、平日、收日、滿日、閉日、劫煞、災煞、月煞、月刑、月厭、大時、天吏、四廢。
9	襲爵受封	襲爵受封或稱拜官：歷例曰凡襲封官爵等事；通書謂承恩命受官爵等事。現今用為政府或企業派任員工擔任各種職務等事。	襲爵受封：宜月天赦其日可以緩刑獄雪冤枉施恩惠。 襲爵受封：忌	襲爵受封：宜時德、天喜、驛馬、王日、官日、相日、民日、守日、建日。【見星歷考原】 襲爵受封：忌官符、徒隸、死別、伏罪、不舉、罪刑、四廢、牢日、獄日、破日、平日、收日、滿日、閉日。【見星歷考原】
10	招賢	招賢或稱詔命公卿招賢：歷例曰凡擇選寮寀委用謀猷舉隱逸賢能等事謂之招賢舉正直。通書謂招進賢良、招賢納士往京會試等事。現今用為政府或企業公開招募人才等事。	招賢：宜奏書所理之方宜招賢，博士所理之方宜招賢。 招賢：忌	招賢：宜天德、月德、天德合、月德合、天赦、天願、王日、建日、開日。又月恩、四相、時德、吉期、天喜與驛馬、天馬併者。 招賢：忌月破、平日、收日、滿日、閉日、劫煞、災煞、月煞、月刑、月厭、大時、天吏、四廢、往亡。
11	舉正直	舉正直：歷例曰凡擇選寮寀委用謀猷舉隱逸賢能等事謂之招賢舉正直。現今用為部屬向長官推舉有賢能之人才等事。	舉正直：宜奏書所理之方宜舉正直，博士所理之方宜舉正直。 舉正直：忌	舉正直：宜天德、月德、天德合、月德合、天赦、天願、月恩、四相、時德、王日、建日、吉期、天喜、開日。 舉正直：忌月破、平日、收日、滿日、閉日、劫煞、災煞、月煞、月刑、月厭、大時、天吏、四廢。
12	施恩惠恤孤惸	施恩惠恤孤惸：凡拿財物發散於人謂之施恩惠、凡救濟無父母兄弟孤單貧苦之人謂之恤孤惸。現今用為救助遭受災難困苦之人的總稱，政府企業或個人均可適用。	施恩惠恤孤惸：宜博士所理之方宜施恩惠恤孤惸，月天赦其日可以緩刑獄雪冤枉施恩惠。 施恩惠恤孤惸：忌	施恩惠恤孤惸：宜天德、月德、天德合、月德合、天恩、天赦、天願、陽德、陰德、王日、開日。 施恩惠恤孤惸：忌
13	宣政事	宣政事：凡公開宣布統治國家的一切行為之總稱、也就是國家的權力活動；重點在執行的部分。現今用為政府施政或企業推展業務等事。	宣政事：宜 宣政事：忌	宣政事：宜天德、月德、天德合、月德合、天赦、天願、王日、開日。又天恩與驛馬、天馬、建日併者。 宣政事：忌月破、平日、收日、閉日、劫煞、災煞、月煞、月刑、月厭、四廢、往亡。
14	布政事	布政事：歷例曰凡頒布制令敷揚風化等事。現今用為政府或企業為推展政令發展業務而制定發佈各種法令規章和宣導等事。	布政事：宜 布政事：忌	布政事：宜天恩。 布政事：忌月破、平日、收日、閉日、劫煞、災煞、月煞、月刑、月厭、四廢。

編號	用事	用事註解	所宜方所忌方	所宜吉神所忌凶煞【協記】
15	行惠愛雪冤枉緩刑獄	行惠愛雪冤枉緩刑獄：謂展現愛人民的行為等事。現今用為政府或企業展現愛護人民或員工的各種措施等事。	行惠愛雪冤枉緩刑獄：宜博士所理之方宜行惠愛雪冤枉緩刑獄，月天赦其日可以緩刑獄雪冤枉施恩惠。 行惠愛雪冤枉緩刑獄：忌	行惠愛雪冤枉緩刑獄：宜天德、月德、天德合、月德合、天恩、天赦、天願、陽德、陰德、王日、開日。 行惠愛雪冤枉緩刑獄：忌
16	慶賜賞賀	慶賜賞賀或稱行賞：歷例曰凡給賜親戚賞賚勳德錫命藩屏等事。現今用為政府或企業對有功員工獎賞鼓勵等事。	慶賜賞賀：宜月德之日宜宴樂。 慶賜賞賀：忌	慶賜賞賀：宜天德、月德、天德合、月德合、天恩、天赦、天願、月恩、四相、時德、王日、三合、福德、天喜、開日。 慶賜賞賀：忌月破、平日、收日、閉日、劫煞、災煞、月煞、月刑、月害、月厭、四廢、五離。
17	會親友	會親友或稱張設宴樂：紀歲歷曰凡張設宴樂集會賓朋不在結親一例或有不值結親亦可用者；通書謂開筵會親友等事。現今用為設筵席款待親戚和朋友等事。	會親友：宜月德之日宜宴樂、月空所理之地宜會親姻。 會親友：忌六害、月害所值之日忌結會親姻，災煞【天火】其日忌會親，月煞其日忌停賓客。	會親友：宜天德、月德、天德合、月德合、天恩、天赦、天願、月恩、四相、時德、王日、民日、三合、福德、天喜、開日。 會親友：忌月破、平日、收日、閉日、劫煞、災煞、月煞、月刑、月害、月厭、四廢、五離、酉日。
18	入學	入學：歷例曰凡尊師傳經等事；通書謂尊師授傳經業等事。現今用為凡立志求學上進或拜師傳授經業學習技藝等事。	入學：宜 入學：忌	入學：宜成日、開日。 入學：忌
19	冠帶	冠帶：歷例曰凡冠帶加服等事；曹震圭曰內則云男子二十而冠，女子十五而笄，冠帶之事成人之禮也；通書謂冠帶巾服等事。現今用為舉行男女成年的儀式等事。	冠帶：宜 冠帶：忌	冠帶：宜定日。 冠帶：忌月破、平日、收日、劫煞、災煞、月煞、月刑、月厭、大時、天吏、四廢、五墓、丑日。
20	出行	出行【遠回乘船登高附】：歷例曰凡巡狩省方遠遊謀運經營轉輸等事；遠行：紀歲歷云凡遠旅求謀出外興販等事；出行求財：通書謂商賈經營乘船渡水遠行出外陸經營等事。現今用為巡視地方業務出外旅遊出行求財或出外求謀事業發展等事。	出行：宜歲德、歲德合所理之方宜遠行，天道方宜出行。【按天道即是天德，專言其方則曰天道，兼日干與方向則曰天德，其實一也。】 出行：忌太歲不可向之，歲破之地、坐煞向煞所理之方忌出兵行師，死符所理之方不宜運動出入興販經營，黃旛所理之地不可開門，金神所理之地忌遠行，劫煞其日忌出入興販，月煞【月虛】其日忌出行，月厭所值之日忌遠行。	出行：宜天德、月德、天德合、月德合、天赦、天願、月恩、四相、時德、王日、驛馬、天馬、建日、吉期、天喜、開日。 出行：忌月破、平日、收日、閉日、劫煞、災煞、月煞、月刑、月厭、大時、天吏、天賊、四廢、五墓、往亡、巳日。
21	安撫邊境	安撫邊境：謂安頓撫慰邊界的地方等事。現今用為政府或企業對所屬單位提供支持援助，使能完成交付任務或促進業務發展等事。	安撫邊境：宜 安撫邊境：忌開拓封疆太歲不可向之。	安撫邊境：宜天德、月德、天德合、月德合、天赦、天願、王日、守日、兵福、兵寶、兵吉、危日、成日。 安撫邊境：忌月破、平日、死神、收日、劫煞、災煞、月煞、月刑、月害、月厭、大時、天吏、死氣、四擊、四耗四廢四忌四窮五墓兵禁、大煞、往亡、八專、專日、伐日。

編號	用事	用事註解	所宜方所忌方	所宜吉神所忌凶煞【協記】
22	選將訓兵	選將訓兵或稱偃武教兵：通書謂督教軍伍偃習武藝附祭旗纛等事【謂選拔軍官將領訓練軍隊等事】。現今用為政府或企業對所屬單位人員進行選拔及訓練，以期能完成交付任務或促進業務發展等事。	選將訓兵：宜大將軍所理之地可以命將帥選威勇以伐不義、若國家命將出師攻城戰陣則宜背之。 選將訓兵：忌	選將訓兵：宜天德、月德、天德合、月德合、天赦、天願、王日、兵福、兵寶、兵吉、危日。 選將訓兵：忌月破、平日、死神、收日、劫煞、災煞、月煞、月刑、月害、月厭、大時、天吏、死氣、四擊、四耗、四廢、四忌、四窮、五墓、兵禁、大煞、往亡、八專、專日、伐日。
23	出師	出師或稱出兵收捕：歷例曰凡選將出師征討等事；通書謂征討盜賊收捕逃亡等事。現今用為政府或企業對所屬單位及人員交付任務，以期施政順利或促進事務發展等事。	出師：宜坐太歲、向歲破之地大吉，大將軍所理之地可以命將帥選威勇以伐不義，力士所在之方可詔此方之臣以誅有罪其方之軍旅可命以討有罪也、力士所居之方不宜抵向，天德合、月德合所值之日宜命將出師。 出師：忌太歲、月建不可向之，坐煞向煞所理之方忌出兵行師，六害、月害所值之日忌攻城野戰，大煞所理之地出軍不可向之，歲刑、月刑之地攻城戰陣不可犯之，金神所理之地忌出軍征伐，劫煞所其日忌戰伐行軍，災煞【天獄、天火】其日忌征討、振旅興師，月煞其日忌征行，月建其日忌出軍攻戰。	出師：宜天德、月德、天德合、月德合、兵福、兵寶、兵吉。 出師：忌月破、平日、死神、收日、閉日、劫煞、災煞、月煞、月刑、月害、月厭、大時、天吏、死氣、四擊、四耗、四廢、四忌、四窮、五墓、兵禁、大煞、往亡、八專、專日、伐日。
24	上官赴任	上官赴任：歷例曰凡奉承恩命臨赴治任等事；通書謂奉承恩命赴任治政等事。現今用為凡奉派令到工作的地方就任主管職務等事。	上官赴任：宜歲德、歲德合所理之方宜上官赴任，月德之日宜上官，八節三奇中宮坐向得之上官吉。 上官赴任：忌金神所理之地忌赴任，災煞【天獄】其日忌赴任。	上官赴任：宜天德、月德、天德合、月德合、天赦、天願、月恩、四相、時德、王日、官日、守日、相日、臨日、建日、吉期、天喜。 上官赴任：忌月破、平日、收日、滿日、閉日、劫煞、災煞、月煞、月刑、月厭、大時、天吏、四廢、五墓、往亡。
25	臨政親民	臨政親民：歷例曰凡禮上參賀頒布條令受覽圖籍聽決獄訟等事；通書謂禮上參賀頒布條令受覽囚藉聽決獄訟等事。現今用為凡向人道喜祝賀喜事或宣布規定事項處理訴訟爭論等事。	臨政親民：宜月建所值之日宜封建視事。 臨政親民：忌劫煞其日忌臨官視事。	臨政親民：宜天德、月德、天德合、月德合、天赦、天願、月恩、四相、時德、王日、官日、守日、相日、臨日、建日、吉期、天喜、開日、六儀。 臨政親民：忌月破、平日、收日、滿日、閉日、劫煞、災煞、月煞、月刑、月厭、大時、天吏、四廢、五墓、往亡。
26	結婚姻	結婚姻：歷例曰凡結會親姻燕集賓友婚禮等事；男女結婚通書謂結婚會親聘禮納吉請期等事又謂結婚會親送禮納采等事。現今用為男女婚姻宴請賓客的結婚儀式等事。	結婚姻：宜月德之日宜宴樂。 結婚姻：忌六害、月害所值之日忌結會親姻，月建所值之日不宜結親禮結婚姻，劫煞其日忌成親，月煞【月虛】其日忌結婚成親禮，月厭所值之日忌婚嫁。	結婚姻：宜天德、月德、天德合、月德合、天赦、天願、月恩、四相、時德、民日、三合、天喜、六合、五合。 結婚姻：忌月建、月破、平日、收日、滿日、閉日、劫煞、災煞、月煞、月刑、月害、月厭、大時、天吏、四廢、四忌、四窮、五墓、五離、八專。
27	納采問名	納采問名：歷例曰凡婚姻之禮納采問名納吉納徵請期等事；送禮納吉通書謂送儀物請期納采等事。現今用為提親議婚相親受授聘金聘禮約定婚期等事。	納采問名：宜 納采問名：忌劫煞，其日忌納禮。	納采問名：宜天德、月德、天德合、月德合、天赦、天願、月恩、四相、時德、民日、三合、天喜。 納采問名：忌月建、月破、平日、收日、滿日、閉日、劫煞、災煞、月煞、月刑、月害、月厭、大時、天吏、四廢、四忌、四窮、五墓、五離、八專。
28	嫁娶	嫁娶：歷例曰凡出嫁迎娶等事；通書謂出嫁迎婚等事。現今用為出嫁迎娶等事。	嫁娶：宜歲德、歲德合所理之方宜嫁娶，八節三奇中宮坐向得之嫁娶吉。 嫁娶：忌歲破之地忌嫁娶，黃旛所理之地、豹尾所在之方、飛廉所理之方、金神所理之地忌嫁娶，災煞【天火】其日忌娶婦，月厭所值之日忌婚嫁。	嫁娶：宜天德、月德、天德合、月德合、天赦、天願、三合、天喜、六合、不將。 嫁娶：忌月破、平日、收日、閉日、劫煞、災煞、月煞、月刑、月害、月厭、厭對、大時、天吏、四廢、四忌、四窮、五墓、往亡、八專、亥日。

編號	用事	用事註解	所宜方所忌方	所宜吉神所忌凶煞【協記】
29	進人口	進人口：凡為收養子女或家族添進用人口等事；買納奴婢通書謂買小廝納工僱添進人口等事。現今用為收養子女或家族添進用人口等事。	進人口：宜 進人口：忌六害、月害所值之日忌納奴婢，豹尾所在之方忌納奴婢。	進人口：宜天願、民日、三合、滿日、收日、六合、天倉。 進人口：忌月破、平日、死神、閉日、劫煞、災煞、月煞、月刑、月害、月厭、大時、天吏、四廢、四窮、五墓、往亡。
30	移徙	移徙：歷例曰凡移徙居處等事；另有入宅歸火通書謂入宅安奉祖先福神香火等事、避宅出火謂請祖先福神香火暫居空界等事。現今用為移徙居處等事。	移徙：宜八節三奇中宮坐向得之入宅移居吉。 移徙：忌歲破之地、歲煞之地、飛廉所理之方、金神所理之地、月厭所值之日忌移徙。	移徙：宜天德、月德、天德合、月德合、天赦、天願、月恩、四相、時德、民日、驛馬、天馬、成日、開日。 移徙：忌月破、平日、收日、閉日、劫煞、災煞、月煞、月刑、月厭、大時、天吏、四廢、五墓、歸忌、往亡。
31	遠迴	遠迴：凡因故長年出門在外的人啟程返回家鄉故居等事。	遠迴：宜 遠迴：忌月厭所值之日忌歸家。	遠迴：宜 遠迴：忌月厭、歸忌。
32	安床	安床【安置產室附】：歷例曰凡安置產室暨立屏帳張懸帷幄等事；通書謂安置產室暨立幃床張掛幃幔等事或謂造床安置床室等事。現今用為新婚安床或移徙安床或因人事不順或因久年不受孕重新安床或搬移舊床等事。	安床：宜月空所理之地宜安產室。 安床：忌	安床：宜危日。 安床：忌月破、平日、收日、閉日、劫煞、災煞、月煞、月刑、月厭、大時、天吏、四廢、五墓、申日。
33	解除	解除：歷例曰凡解安安舍被災眚等事。現今用為和解安定宅舍清除不祥的禍害災難等事。	解除：宜 解除：忌	解除：宜天德、月德、天德合、月德合、天赦、月恩、四相、時德、除日、開日、解神、除神。 解除：忌月建、平日、死神、收日、劫煞、災煞、月煞、月刑、月厭、大時、遊禍、天吏、死氣、四廢、五墓。
34	沐浴	沐浴：凡於重大用事前為表示誠心而清潔身體等事；通書謂去垢梳淪洗澡等事。現今用為凡於重大用事前為表示誠心而清潔身體等事。	沐浴：宜 沐浴：忌	沐浴：宜除日、解神、除神、亥日、子日。 沐浴：忌伏社日。
35	剃頭	剃頭：謂初生嬰兒第一次剃胎頭或新郎新娘婚前之修飾容貌理髮等事或出家削髮為僧尼等事【謂蓄髮修理髭鬢女子開眉面穿耳斷乳釋氏披剃等】。	剃頭：宜 剃頭：忌	剃頭：宜除日、解神、除神。 剃頭：忌月建、月破、劫煞、災煞、月煞、月刑、月厭、丁日、每月十二日、十五日。

編號	用事	用事註解	所宜方所忌方	所宜吉神所忌凶煞【協記】
36	整手足甲	整手足甲：歷例曰除手足甲。現今用為初生嬰兒第一次剃胎頭整修手足甲或新郎新娘之整容修手足甲等事。	整手足甲：宜 整手足甲：忌	整手足甲：宜除日、解神、除神。 整手足甲：忌月建、月破、劫煞、災煞、月煞、月刑、月厭、每月一日、六日、十五日、十九日、二十一日、二十三日。
37	求醫療病	求醫療病：歷例曰凡針灸服藥求醫等事；通書謂用鍼灸服藥餌施禁咒治諸病等事。【急病自然立即送醫不必擇日，但先賢必用擇日是欲人不輕忽求醫服藥之事也】。	求醫療病：宜月厭所理之方可以避病。 求醫療病：忌病符所理之方不可安病人求醫藥，六害、月害所值之日忌請醫巫，弔客所理之地不可問病尋醫，五鬼所理之方不可抵向問病。	求醫療病：宜天德、月德、天德合、月德合、天赦、月恩、四相、時德、天后、除日、破日、天醫、開日、解神、除神。 求醫療病：忌月建、平日死神、收日、滿日閉日、劫煞、災煞、月煞、月刑月害月厭、大時、遊禍天吏死氣四廢、五墓往亡、未日每月十五日、朔、弦、望日。
38	療目	療目：謂治療眼睛病痛等事。	療目：宜 療目：忌	療目：宜天德、月德、天德合、月德合、天赦、月恩、四相、時德、天后、除日、破日、天醫、開日、解神、除神。 療目：忌閉日。
39	針刺	針刺：凡用針刺治療身體病痛等事。	針刺：宜 針刺：忌	針刺：宜天德、月德、天德合、月德合、天赦、月恩、四相、時德、天后、除日、破日、天醫、開日、解神、除神。 針刺：忌血支、血忌。
40	裁衣	裁衣：歷例曰凡製造冠帶衣裳等事；裁衣合帳通書謂製造冠冕佩帶衣衾等事。現今用為製造冠帶衣裳裁製新郎新娘的新衣或製作壽衣等事。	裁衣：宜 裁衣：忌	裁衣：宜天德、月德、天德合、月德合、天赦、天願、月恩、四相、時德、王日、三合、滿日、開日、復日。 裁衣：忌月破、平日、收日、劫煞、災煞、月煞、月刑、月厭、四廢。
41	營建宮室	營建宮室：謂營造辦公廳舍住所等事。現今用為政府或企業營造中央辦公廳舍住所等事。	營建宮室：宜奏書所理之地、天德所理之方、天德合所理之方、月德合所值之日宜營建宮室，八節三奇中宮坐向得之營葬吉。天赦日若與德神會合尤宜興造。 營建宮室：忌歲枝德所理之方忌營建宮室，營建宮室太歲不可向之，蠶官所理之地忌營構宮室，金神所理之地忌建宮室暨樓閣廣園林，病符所理之方忌興造，月建其日忌營建屋舍，月厭【地火】其日忌修築園圍。	營建宮室：宜天德、月德、天德合、月德合、天赦、天願。 營建宮室：忌月建、土府、月破、平日、收日、閉日、劫煞、災煞、月煞、月刑、月厭、大時、天吏、四廢、五墓、土符、地囊、土王用事後。
42	修宮室	修宮室：謂整修辦公廳舍住所等事。現今用為政府或企業整修辦公廳舍住所等事。	修宮室：宜 修宮室：忌	修宮室：宜月恩、四相、時德、三合、福德、開日。 修宮室：忌月建、土府、月破、平日、收日、閉日、劫煞、災煞、月煞、月刑、月厭、大時、天吏、四廢、五墓、土符、地囊、土王用事後。

編號	用事	用事註解	所宜方所忌方	所宜吉神所忌凶煞【協記】
43	繕城郭	繕城郭：謂修築城池等事；立寨置煙墩通書謂修築城池等事同。現今用為政府或企業整修地方辦公廳舍住所等事。	繕城郭：宜天德合所理之方宜繕城郭。 繕城郭：忌金神所理之地忌築城池，災煞【天火】其日忌築疊垣牆。	繕城郭：宜天德、月德、天德合、月德合、天赦、天願、月恩、四相、時德、三合、福德、開日。 繕城郭：忌月建、土府、月破、平日、收日、劫煞、災煞、月煞、月刑、月厭、大時、天吏、四廢、五墓、土符、地囊、土王用事後。
44	築隄防	築隄防：凡修築防水的建築物遏水防止氾濫等事。現今用為修築隄防港口等水利建築設施等事。	築隄防：宜歲枝德所理之方宜築隄防。 築隄防：忌	築隄防：宜成日、閉日。 築隄防：忌土府、月破、平日、收日、劫煞、災煞、月煞、月刑、月厭、大時、天吏、四廢、土符、地囊、土王用事後。
45	修造動土	修造動土：歷例曰凡營建宮室修飾垣牆坡池臺榭園囿橋樑戶牖欄櫨等事謂之修造動土豎柱上樑。修造動土現今用為修理建造人類居住的房子住宅等事。	修造動土：宜歲德、歲德合所理之方可以起土，歲枝德所理之方利以興造舉動眾務【治橋樑等】，天道其地宜興舉眾務向之上吉，天月德合、月空方宜修造取土。天赦日若與德神會合尤宜興造。 修造動土：忌病符所理之方忌興造，五鬼、破敗五鬼所理之方不可興舉抵向，黃旛所理之地不可起土，廉所理之方不可動土，燭火忌動土，月破造葬皆不可犯【可向不可坐】，大月建占山向方中宮皆不宜動土，刑之地動土興工亦須迴避，月建月破月厭月刑月害劫煞災煞月煞方忌修造取土。	修造動土：宜天德、月德、天德合、月德合、天赦、天願、月恩、四相、時德、三合、開日。 修造動土：忌月建、土府、月破、平日、收日、閉日、劫煞、災煞、月煞、月刑、月厭、大時、天吏、四廢、五墓、土符、地囊、土王用事後。
46	豎柱上樑	豎柱上樑：歷例曰凡營建宮室修飾垣牆坡池臺榭園囿橋樑戶牖欄櫨等事謂之修造動土豎柱上樑；豎造宅舍通書謂起造廳堂豎柱上梁等事。豎柱上樑現今用為起造廳堂宅舍安放主要梁柱等事。	豎柱上樑：宜 豎柱上樑：忌金神所理之地不可上梁。	豎柱上樑：宜天德、月德、天德合、月德合、天赦、天願、月恩、四相、時德、三合、開日。 豎柱上樑：忌月建、月破、平日、收日、閉日、劫煞、災煞、月煞、月刑、月厭、大時、天吏、四廢、五墓。
47	修倉庫	修倉庫：凡有可穿寶窖修囷謹蓋藏務出納等事；謂修理建造儲藏米穀的場所儲藏貨物的房屋等事。現今用為修造倉庫等事。	修倉庫：宜 修倉庫：忌歲破之地不可營造倉庫納財物。	修倉庫：宜天德、月德、天德合、月德合、天赦、天願、三合、滿日。又收日、母倉、六合、五富、天倉與月德、四相、時德、開日併者。　修倉庫：忌月建土府月破大耗平日劫煞、災煞月煞月虛月刑月害月厭大時、天吏小耗天賊四耗四廢五虛九空土符、地囊、土王用事後。
48	鼓鑄	鼓鑄：凡置爐冶、鎔鑄器物等事；謂冶金鑄造器具器物等事。現今用為鋼鐵工業從事生產等事。	鼓鑄：宜 鼓鑄：忌	鼓鑄：宜天德、月德、天德合、月德合、天赦、天願、月恩、四相、時德、三合、開日。 鼓鑄：忌月破、平日、收日、劫煞、災煞、月煞、月刑、月厭、四廢、九焦。
49	苫蓋	苫蓋：專指村舍之以茅草稻草或鐵皮等物覆蓋為屋頂之簡便居所等事。	苫蓋：宜 苫蓋：忌災煞【天火】其日忌苫蓋。	苫蓋：宜天德、月德、天德合、月德合、天赦、天願、月恩、四相、時德、三合、開日。 苫蓋：忌天火、午日。

編號	用事	用事註解	所宜方所忌方	所宜吉神所忌凶煞【協記】
50	經絡	經絡或稱安機經絡：歷例曰凡經緯紡績絲麻織造布帛等事；通書謂經緯紡織絲麻織造布帛綢緞等事。現今用為紡織業或相關工業從事生產等事。	經絡：宜 經絡：忌	經絡：宜天願、三合、滿日、六合、五富。 經絡：忌月破、平日、收日、劫煞、災煞、月煞、月刑、月害、月厭、四廢、庚日。
51	醞釀	醞釀或稱造酒醋醬：歷例曰凡釀酒醴和醯醢等事；通書謂藏醃脯胙等事。現今用為造酒或食品加工等業從事生產等事。	醞釀：宜 醞釀：忌	醞釀：宜天願、三合、六合、五富。 醞釀：忌月破、平日、收日、劫煞、災煞、月煞、月刑、月害、月厭、四廢、辛日。
52	開市	開市或稱開張店肆：歷例曰凡開張店坊等事；通書謂開市舖場邸店等事。現今用為商場店家企業公司行號開張開幕開始做生意或工廠開工開始生產或神佛像開光等事。	開市：宜 開市：忌歲枝德所理之方、黃旛所理之地忌開市。	開市：宜天願、民日、滿日、成日、開日、五富。 開市：忌月破、大耗、平日、收日、閉日、劫煞、災煞、月煞、月刑、月害、月厭、大時、天吏、小耗、四耗、四廢、四窮、五墓、九空。
53	立券交易	立券交易：歷例曰凡立契券交貿易等事；通書謂書立契券買田屋交易等事。現今用為訂立契約合同交易買賣等事。	立券交易：宜 立券交易：忌歲枝德所理之方、黃旛所理之地忌立券交易。	立券交易：宜天願、民日、三合、滿日、六合、五富、五合。 立券交易：忌月破、大耗、平日、收日、劫煞、災煞、月煞、月刑、月害、月厭、大時、天吏、小耗、四耗、四廢、四窮、五墓、九空、五離。
54	納財	納財或稱納財取債：歷例曰凡受田宅納貨財等事；通書謂五穀入倉開張坊等事或謂五穀入倉財帛貯庫等事。現今用為收受田宅產業錢財等事。	納財：宜 納財：忌歲破之地不可營造倉庫納財物，黃旛所理之地忌納財，月破其日忌營庫藏遠經求取債負，月建其日忌養育生財，營建屋舍。	納財：宜母倉、天願、月恩、四相、時德、民日、三合、滿日、收日、六合、五富、天倉。 納財：忌月破、大耗、平日、劫煞、災煞、月煞、月刑、月害、月厭、大時、天吏、小耗、四耗、四廢、四窮、九空。
55	開倉庫出貨財	開倉庫出貨財或稱出財放債：謂將錢財物品等財物運送出去等事；通書謂放生金銀穀粟等事。現今用為由裡到外將錢財物品等財物運送出去等事。	開倉庫出貨財：宜 開倉庫出貨財：忌月破其日忌出財物，月煞【月虛】忌開倉庫出財物。	開倉庫出貨財：宜月恩、四相、時德、滿日、五富。 開倉庫出貨財：忌月建、月破、大耗、平日、收日、閉日、劫煞、災煞、月煞、月虛、月刑、月害、月厭、大時、天吏、小耗、天賊、四耗、四廢、四窮、五虛、九空、甲日。
56	修置產室	修置產室：謂整修修理建造供婦人產兒的房間等事。現今用為醫院修造產房等事。	修置產室：宜月空所理之地宜安產室。 修置產室：忌	修置產室：宜開日。 修置產室：忌月建、土府、月破、平日、死神、收日、閉日、劫煞、災煞、月煞、月刑、月害、月厭、大時、天吏、死氣、四廢、五墓、土符、地囊、土王用事後。

編號	用事	用事註解	所宜方所忌方	所宜吉神所忌凶煞【協記】
57	開渠	開渠或稱開渠放水：歷例曰凡穿浚溝渠池沼泉源等事；通書謂理暗溝水者通渠等事。現今用為開通溝渠池沼泉源以利引水灌溉使用或排水防洪等事。	開渠：宜 開渠：忌	開渠：宜開日。 開渠：忌土府、月破、平日、收日、閉日、劫煞、災煞、月煞、月刑、月厭、四廢、土符、地囊、土王用事後。
58	穿井	穿井或稱穿井導泉：謂為開鑿水井以利飲用灌溉等事；通書謂格龍定方鑿井尺寸附淘修符法等事。現今用為開鑿水井以利飲用灌溉等事。	穿井：宜 穿井：忌歲煞之地不可穿鑿，死符所理之方不可有穿鑿，月煞其日忌興穿鑿。	穿井：宜開日。 穿井：忌土府、月破、平日、收日、閉日、劫煞、災煞、月煞、月刑、月厭、四廢、土符、地囊、土王用事後。
59	安碓磑	安碓磑：謂為安裝磨具等簡易的加工機具油榨機具等事。現今用為小型加工業安裝磨具等簡易加工機具油榨機具生產機具等事。	安碓磑：宜 安碓磑：忌	安碓磑：宜三合、開日。 安碓磑：忌土府、月破、劫煞、災煞、月煞、月刑、月厭、四廢、土符、地囊、土王用事後。
60	補垣塞穴	補垣塞穴：謂填覆坑洞補葺垣墉基址等事。現今用為修補牆垣空隙堵塞洞穴防止蟲蟻鼠類等事。	補垣塞穴：宜 補垣塞穴：忌	補垣塞穴：宜滿日、閉日。 補垣塞穴：忌月破、劫煞、災煞、月煞、月刑、月厭、四廢、九坎。土府、土符、地囊、土王用事後止忌補垣。
61	掃舍宇	掃舍宇：謂掃除宮室宅舍等事。現今用為清潔宮室宅舍等事。	掃舍宇：宜 掃舍宇：忌	掃舍宇：宜除日、除神。 掃舍宇：忌
62	修飾垣牆	修飾垣牆：謂裝飾修理房屋四壁圍牆等事；通書修築牆垣謂填覆坑穿泥飾牆垣等事。現今用為裝飾修理房屋四壁圍牆等事。	修飾垣牆：宜奏書所理之地宜修飾垣牆。 修飾垣牆：忌	修飾垣牆：宜平日。 修飾垣牆：忌土府、月破、劫煞、災煞、月煞、月刑、月厭、四廢、土符、地囊、土王用事後。
63	平治道塗	平治道塗：謂平理地勢道路途徑等事；通書謂修路。現今用為整治舖平道路等事。	平治道塗：宜 平治道塗：忌	平治道塗：宜平日。 平治道塗：忌土府、月厭、土符、地囊、土王用事後。

編號	用事	用事註解	所宜方所忌方	所宜吉神所忌凶煞【協記】
64	破屋壞垣	破屋壞垣：歷例曰凡毀拆屋舍平覆垣墻等事。現今用為毀拆屋舍及圍牆等事。	破屋壞垣：宜 破屋壞垣：忌	破屋壞垣：宜月破。 破屋壞垣：忌月建、土府、劫煞、災煞、月煞、月刑、月厭、土符、地囊、土王用事後。
65	伐木	伐木或稱入山伐木：歷例曰凡採取材木等事；通書謂砍伐木料等事。	伐木：宜 伐木：忌	伐木：宜立冬後立春前危日、午日、申日。 伐木：忌月建、月破、月厭、生氣。
66	捕捉	漁獵【捕捉附】：歷例曰凡狩獵取魚擒捕盜賊等事。現今用為擒捕捉拿盜賊或捕滅危害動植物的害蟲等事。	捕捉：宜 捕捉：忌	捕捉：宜執日、收日。 捕捉：忌往亡。
67	畋獵	畋獵或稱畋獵網魚：歷例曰凡狩獵取魚擒捕盜賊等事；通書謂畋獵捕獲禽獸附結網罟等事。現今用為打獵或捕捉禽獸等事。	畋獵：宜 畋獵：忌	畋獵：宜霜降後立春前執日、危日、收日。 畋獵：忌天德、月德、天德合、月德合、天赦、生氣、往亡。
68	取魚	取魚：謂撈捕魚類等事。	取魚：宜 取魚：忌	取魚：宜雨水後立夏前執日、危日、收日。 取魚：忌天德、月德、天德合、月德合、天赦、生氣、招搖、咸池、八風、九坎、往亡、觸水龍。
69	乘船渡水	乘船渡水：謂遠行出外水陸經營等事。	乘船渡水：宜 乘船渡水：忌	乘船渡水：宜 乘船渡水：忌招搖、咸池、八風、九坎、觸水龍。
70	栽種	栽種或稱種蒔栽植：歷例曰凡種植百穀及栽接花木等事；通書謂播種百穀菜蔬栽接花木竹等事。現今用為種植百穀及栽接花木等事。	栽種：宜 栽種：忌月煞其日忌營種植，月厭【地火】其日忌栽植種蒔。	栽種：宜天德、月德、天德合、月德合、天赦、母倉、天願、月恩、四相、時德、民日、開日、五富。 栽種：忌月建、土府、月破、平日、死神、劫煞、災煞、月煞、月刑、月厭、地火、大時、天吏、死氣、四廢、五墓、九焦、土符地囊、乙日、土王用事後。

編號	用事	用事註解	所宜方所忌方	所宜吉神所忌凶煞【協記】
71	牧養	牧養【納畜附】：歷例曰凡孳育繁殖生產禽魚豢養獸類等事。現今用為孳育繁殖生產禽魚豢養獸類等事。	牧養：宜 牧養：忌六害所值之日忌牧養群畜，地官符所理之方忌造牛欄馬壓及放牧，月害所值之日忌牧養群畜，月建其日忌養育生財。	牧養：宜天德、月德、天德合、月德合、天赦、母倉、天願、月恩、四相、時德、民日、開日、五富。 牧養：忌月破、平日、死神、劫煞、災煞、月煞、月刑、月害、月厭、大時、天吏、四廢、五墓。
72	納畜	納畜：謂收買或畜養繁殖禽魚牲畜等事。現今用為收買或畜養繁殖禽魚牲畜等事。	納畜：宜 納畜：忌豹尾所在之方忌進六畜，月煞其日忌納群畜，月建其日忌養育生財。	納畜：宜天德、月德、天德合、月德合、天赦、母倉、天願、民日、三合、收日、六合、五富、天倉。 納畜：忌月破、平日、死神、劫煞、災煞、月煞、月刑、月害、月厭、大時、天吏、四廢、五墓。
73	破土	破土：歷例曰凡破地開穴發故啟攢權厝殯殮等事。現今用為修理建造墳墓陰宅等事。	破土：宜 破土：忌歲枝德所理之方。	破土：宜鳴吠、鳴吠對。 破土：忌月建、土府、月破、平日、收日、劫煞、災煞、月煞、月刑、月害、月厭、四廢、五墓、土符、地囊、復日、重日、土王用事後。
74	安葬	安葬：歷例曰安葬建塋權厝遷葬破土斬草等事。現今用為將棺木埋葬入土等事。	安葬：宜八節三奇中宮坐向得之營葬吉。 安葬：忌歲枝德所理之方忌安葬，死符所理之方不可營塚墓置死喪，弔客所理之地不可弔孝送喪，白虎所理之地犯之主有喪服之災，五鬼所理之方不可抵向弔喪，月破造葬皆不可犯【可向不可坐】。	安葬：宜天德、月德、天德合、月德合、天赦、天願、六合、鳴吠。 安葬：忌月建、月破、平日、收日、劫煞、災煞、月煞、月刑、月害、月厭、四廢、四忌、四窮、五墓、復日、重日。
75	啟攢	啟攢：謂打開墳墓陰宅開啟棺蓋收聚屍骨拾罐或重新埋葬等事。現今用為打開墳墓陰宅開啟棺蓋收聚屍骨拾罐或重新埋葬等事。	啟攢：宜 啟攢：忌	啟攢：宜鳴吠對。 啟攢：忌月建、月破、平日、收日、劫煞、災煞、月煞、月刑、月害、月厭、四廢、五墓、復日、重日。
76	附註	用事與宜忌相為經緯，療目針刺無宜日與療病同，鼓鑄苫蓋無宜日與修造同，遠迴乘船渡水無宜日除所忌外無日不宜。	四立前十八天屬土，土王用事後忌修造動土；歲枝德、天道所理之方利以興造舉動眾務【治橋樑等】向之上吉；年表年神煞月神煞開山立向修方吉凶各有不同，大抵其方疊吉神則吉，可參考年圖擇吉取用；營建宮室、修宮室、繕城郭、築堤防、修造動土、監柱上梁、修倉庫、修置產室、開渠、穿井、安碓磑、補垣塞穴、修飾垣墻、平治道塗、破屋壞垣、栽種、破土、安葬、啟攢等用事，應先通過擇日，宜用事後，再就所宜吉神方取用，吉上加吉也。	用事與宜忌相為經緯。療目、針刺無宜日與療病同也。鼓鑄、苫蓋無宜日與修造同也。遠迴、乘船渡水無宜日除所忌之外無日不宜。

編號	神煞名稱	用事宜忌	備註
1	天德	天德宜：祭祀、祈福、求嗣、上冊進表章【上冊受封上表章同】、頒詔、覃恩肆赦、施恩封拜【襲爵受封同】、詔命公卿招賢、舉正直、施恩惠恤孤惸、宣政事、行惠愛雪冤枉緩刑獄、慶賜賞賀、宴會、行幸遣使、安撫邊境、選將訓兵、出師、上官赴任、臨政親民、結婚姻、納采問名、嫁娶、般移、解除、求醫療病、裁製、營建宮室、繕城郭、興造動土、豎柱上梁、修倉庫、栽種、牧養、納畜、安葬。 忌：畋獵、取魚。	協記辨方書卷五義例三4，卷十宜忌8
2	月德	月德宜：祭祀、祈福、求嗣、上冊進表章【上冊受封上表章同】、頒詔、覃恩肆赦、施恩封拜【襲爵受封同】、詔命公卿招賢、舉正直、施恩惠恤孤惸、宣政事、行惠愛雪冤枉緩刑獄、慶賜賞賀、宴會、行幸遣使、安撫邊境、選將訓兵、出師、上官赴任、臨政親民、結婚姻、納采問名、嫁娶、般移、解除、求醫療病、裁製、營建宮室、繕城郭、興造動土、豎柱上梁、修倉庫、栽種、牧養、納畜、安葬。 忌：畋獵、取魚。	協記辨方書卷五義例三10，卷十宜忌8
3	天德合	天德合宜：祭祀、祈福、求嗣、上冊進表章【上冊受封上表章同】、頒詔、覃恩肆赦、施恩封拜【襲爵受封同】、詔命公卿招賢、舉正直、施恩惠恤孤惸、宣政事、行惠愛雪冤枉緩刑獄、慶賜賞賀、宴會、行幸遣使、安撫邊境、選將訓兵、出師、上官赴任、臨政親民、結婚姻、納采問名、嫁娶、般移、解除、求醫療病、裁製、營建宮室、繕城郭、興造動土、豎柱上梁、修倉庫、栽種、牧養、納畜、安葬。 忌：畋獵、取魚。	協記辨方書卷五義例三12，卷十宜忌8
4	月德合	月德合宜：祭祀、祈福、求嗣、上冊進表章【上冊受封上表章同】、頒詔、覃恩肆赦、施恩封拜【襲爵受封同】、詔命公卿招賢、舉正直、施恩惠恤孤惸、宣政事、行惠愛雪冤枉緩刑獄、慶賜賞賀、宴會、行幸遣使、安撫邊境、選將訓兵、出師、上官赴任、臨政親民、結婚姻、納采問名、嫁娶、般移、解除、求醫療病、裁製、營建宮室、繕城郭、興造動土、豎柱上梁、修倉庫、栽種、牧養、納畜、安葬。 忌：畋獵、取魚。	協記辨方書卷五義例三14，卷十宜忌8
5	月空	月空宜：上表章。	協記辨方書卷五義例三16，卷十宜忌9
6	天恩	天恩宜：覃恩肆赦、施恩惠恤孤惸、布政事、行惠愛雪冤枉緩刑獄、慶賜賞賀、宴會。與驛馬、天馬、建日併宜頒詔、宣政事，與修造吉神併宜尤宜興作。	協記辨方書卷五義例三18，卷十宜忌9
7	天赦	天赦宜：祭祀、祈福、求嗣、上冊進表章【上冊受封上表章同】、頒詔、覃恩肆赦、施恩封拜【襲爵受封同】、詔命公卿招賢、舉正直、施恩惠恤孤惸、宣政事、行惠愛雪冤枉緩刑獄、慶賜賞賀、宴會、行幸遣使、安撫邊境、選將訓兵、上官赴任、臨政親民、結婚姻、納采問名、嫁娶、般移、解除、求醫療病、裁製、營建宮室、繕城郭、興造動土、豎柱上梁、修倉庫、栽種、牧養、納畜、安葬。 忌：畋獵、取魚。	協記辨方書卷五義例三20，卷十宜忌10
8	母倉	母倉宜：納財、栽種、牧養、納畜。與月恩、四相、開日併宜修倉庫。	協記辨方書卷五義例三26，卷十宜忌10
9	天願	天願宜：祭祀、祈福、求嗣、上冊進表章【上冊受封上表章同】、頒詔、覃恩肆赦、施恩封拜【襲爵受封同】、詔命公卿招賢、舉正直、施恩惠恤孤惸、宣政事、行惠愛雪冤枉緩刑獄、慶賜賞賀、宴會、行幸遣使、安撫邊境、選將訓兵、上官赴任、臨政親民、結婚姻、納采問名、嫁娶、進人口、般移、裁製、營建宮室、繕城郭、興造動土、豎柱上梁、修倉庫、經絡、醞釀、開市、立券交易、納財、栽種、牧養、納畜、安葬。	協記辨方書卷五義例三23，卷十宜忌11
10	月恩	月恩宜：祭祀、祈福、求嗣、施恩封拜【襲爵受封同】、舉正直、慶賜賞賀、宴會、行幸遣使、上官赴任、臨政親民、結婚姻、納采問名、般移、解除、求醫療病、裁製、修宮室、繕城郭、興造動土、豎柱上梁、納財、開倉庫出貨財、栽種、牧養。與驛馬、天馬併宜詔命公卿招賢。	協記辨方書卷五義例三28，卷十宜忌12

編號	神煞名稱	用事宜忌	備註
11	四相	四相宜：祭祀、祈福、求嗣、施恩封拜【襲爵受封同】、舉正直、慶賜賞賀、宴會、行幸遣使、上官赴任、臨政親民、結婚姻、納采問名、般移、解除、求醫療病、裁製、修宮室、繕城郭、興造動土、豎柱上梁、納財、開倉庫出貨財、栽種、牧養。與驛馬、天馬併宜詔命公卿招賢。	協記辨方書卷五義例三30，卷十宜忌12
12	時德	時德宜：祭祀、祈福、求嗣、施恩封拜【襲爵受封同】、舉正直、慶賜賞賀、宴會、行幸遣使、上官赴任、臨政親民、結婚姻、納采問名、般移、解除、求醫療病、裁製、修宮室、繕城郭、興造動土、豎柱上梁、納財、開倉庫出貨財、栽種、牧養。與驛馬、天馬併宜詔命公卿招賢。	協記辨方書卷五義例三32，卷十宜忌12
13	王日	王日宜：頒詔、覃恩肆赦、施恩封拜【襲爵受封同】、詔命公卿招賢、舉正直、施恩惠恤孤惸、宣政事、行惠愛雪冤枉緩刑獄、慶賜賞賀、宴會、行幸遣使、安撫邊境、選將訓兵、上官赴任、臨政親民、裁製。	協記辨方書卷五義例三34，卷十宜忌13
14	官日	官日宜：襲爵受封、上官赴任、臨政親民。	協記辨方書卷五義例三34，卷十宜忌14
15	守日	守日宜：襲爵受封、上官赴任、臨政親民。守日又宜安撫邊境。	協記辨方書卷五義例三34，卷十宜忌14
16	相日	相日宜：襲爵受封、上官赴任、臨政親民。	協記辨方書卷五義例三34，卷十宜忌14
17	民日	民日宜：宴會、結婚姻、納采問名、進人口、般移、開市、立券交易、納財、栽種、牧養、納畜。	協記辨方書卷五義例三34，卷十宜忌14
18	獄日隸日牢日死別伏罪不舉刑獄		協記卷五義例三35
19	四擊	四擊忌：安撫邊境、選將訓兵、出師。 與德合天願併猶忌【天赦不得與四擊併】。	協記辨方書卷五義例三38，卷十宜忌56
20	九空	九空忌：進人口、修倉庫、開市、立券交易、納財、開倉庫出貨財。	協記辨方書卷五義例三39，卷十宜忌61

編號	神煞名稱	用事宜忌	備註
21	五墓	五墓忌：冠帶、行幸遣使、安撫邊境、選將訓兵、出師、上官赴任、臨政親民、結婚姻、納采問名、嫁娶、進人口、般移、安床、解除、求醫療病、營建宮室、修宮室、繕城郭、興造動土、豎柱上梁、開市、立券交易、修置產室、栽種、牧養、納畜、破土、安葬、啓攢。 五月十一月與月德併則不忌。	協記辨方書卷五義例三40，卷十宜忌60
22	四耗	四耗忌：安撫邊境、選將訓兵、出師、修倉庫、開市、立券交易、納財、開倉庫出貨財。	協記辨方書卷五義例三41，卷十宜忌57
23	四廢	四廢忌：祈福、求嗣、上冊進表章【上冊受封上表章同】、頒詔、施恩封拜【襲爵受封同】、詔命公卿招賢、舉正直、宣布政事、慶賜賞賀、宴會、冠帶、行幸遣使、安撫邊境、選將訓兵、出師、上官赴任、臨政親民、結婚姻、納采問名、嫁娶、進人口、般移、安床、解除、求醫療病、裁製、營建宮室、修宮室、繕城郭、築堤防、興造動土、豎柱上梁、修倉庫、鼓鑄、經絡、醞釀、開市、立券交易、納財、開倉庫出貨財、修置產室、	協記辨方書卷五義例三41，卷十宜忌57
24	四廢續	開渠穿井、安碓磑、補垣塞穴、修飾垣牆、栽種、牧養、納畜、破土、安葬、啓攢。 止不忌祭祀、覃恩肆赦、施恩惠恤孤惸、行惠愛雪冤枉緩刑獄、入學、沐浴、整容、剃頭、整手足甲、掃舍宇、平治道塗、破屋壞垣、伐木、捕捉、畋獵、取魚。 與德合併猶忌，與月破併諸事皆忌。	協記辨方書卷五義例三41，卷十宜忌57
25	四忌四窮【八龍七鳥九虎六蛇】	四忌四窮【八龍七鳥九虎六蛇】忌：安撫邊境、選將訓兵、出師、結婚姻、納采問名、嫁娶、安葬。 四窮又忌進人口、修倉庫、開市、立券交易、納財、開倉庫出貨財。 與天德月德天德合月德合併猶忌，惟正月乙亥與天願併止忌安撫邊境、選將訓兵、出師、餘皆不忌。	協記辨方書卷五義例三41，卷十宜忌58
26	九坎【九焦】	九坎【九焦】忌：補垣塞穴、取魚、乘船渡水。 又為九焦忌鼓鑄、栽種、修築園圃。 與德合併猶忌【鼓鑄不得與九坎併】。	協記辨方書卷五義例三45，卷十宜忌61
27	五虛	五虛忌：修倉庫、開倉庫出貨財。 與天德月德天德合月德合六合併則不忌【天赦不得與五虛併，天願必是六合故不言而已在其中】。	協記辨方書卷五義例三47，卷十宜忌59
28	八風觸水龍	八風忌：取魚、乘船渡水。 與天德月德天德合月德合六合併則不忌【天赦不得與八風併】。 觸水龍忌：取魚、乘船渡水。 與德合天願併猶忌【觸水龍無天赦日】。	協記辨方書卷五義例三48，卷十宜忌60
29	寶義制專伐日	寶日義日制日宜：行軍。 伐日忌：攻討征伐出軍掠地。 專日忌：出軍。 寶日義日制日與吉神併宜安撫邊境、選將訓兵、出師。 專日伐日忌：安撫邊境、選將訓兵、出師。與德合赦願併猶忌。	協記辨方書卷五義例三51，卷十宜忌25
30	八專	八專忌：安撫邊境、選將訓兵、出師、結婚姻、納采問名、嫁娶。 與德合併猶忌。 與天願併止忌安撫邊境、選將訓兵、出師、餘不忌。	協記辨方書卷五義例三53，卷十宜忌65

編號	神煞名稱	用事宜忌	備註
31	專日伐日	專日伐日忌：安撫邊境、選將訓兵、出師。　與德合赦願併猶忌。	協記辨方書卷五義例三51，卷十宜忌66
32	觸水龍	觸水龍忌：取魚、乘船渡水。　與德合天願併猶忌【觸水龍無天赦日】。	協記辨方書卷五義例三48，卷十宜忌66
33	無祿日	無祿日：止註祭祀、解除、沐浴、整容、剃頭、整手足甲、掃舍宇、修飾垣牆、平治道塗、破屋壞垣、伐木、餘事不註。	協記辨方書卷五義例三54，卷十宜忌67
34	復日重日	復日重日忌：破土、安葬、啓攢。　與天德月德天德合月德合天赦六合併則不忌亦不註宜【天願必是六合故不言而已在其中】。　復日又宜裁製。	協記辨方書卷五義例三61，卷十宜忌64
35	五合	五合宜：宴會、結婚姻、立券交易。見義例。	協記辨方書卷五義例三56，卷十宜忌25
36	五離【除神】	五離【除神】忌：慶賜賞賀、宴會、結婚姻、納采問名、立券交易。　與天德月德天德合月德合天赦三合六合併則不忌。	協記辨方書卷五義例三56，卷十宜忌65
37	解神	解神宜：上表章、陳詞訟、解除、沐浴、整容、剃頭、整手足甲、求醫療病。	協記辨方書卷五義例三59，卷十宜忌24
38	鳴吠	鳴吠宜破土、安葬。	協記辨方書卷五義例三63，卷十宜忌26
39	鳴吠對	鳴吠對宜：破土、啓攢。見義例。	協記辨方書卷五義例三64，卷十宜忌26
40	三合	三合宜：慶賜賞賀、宴會、結婚姻、納采問名、嫁娶、進人口、裁製、修宮室、繕城郭、興造動土、豎柱上梁、修倉庫、經絡、醞釀、立券交易、納財、安碓磑、納畜。	協記辨方書卷六義例四44，卷十宜忌14

編號	神煞名稱	用事宜忌	備註
41	臨日	臨日宜：上冊進表章【上冊受封上表章同】、上官赴任、臨政親民、陳詞訟。	協記辨方書卷六義例四6，卷十宜忌15
42	驛馬【天后】	驛馬宜：行幸遣使、般移。與天恩併宜頒詔、宣政事，與月恩、四相、時德併宜詔命公卿招賢，又爲天后宜求醫療病。	協記辨方書卷六義例四8，卷十宜忌16
43	劫煞	劫煞忌：祈福、求嗣、上冊進表章【上冊受封上表章同】、頒詔、施恩封拜【襲爵受封同】、詔命公卿招賢、舉正直、宣布政事、慶賜賞賀、宴會、冠帶、行幸遣使、安撫邊境、選將訓兵、出師、上官赴任、臨政親民、結婚姻、納采問名、嫁娶、進人口、般移、安床、解除、整容、剃頭、整手足甲、求醫療病、裁製、營建宮室、修宮室、繕城郭、築堤防、興造動土、豎柱上梁、修倉庫、鼓鑄、經絡、醞釀、開市、立券交易、納財、	協記辨方書卷六義例四11，卷十宜忌38
44	劫煞	開倉庫出貨財、修置產室、開渠穿井、安碓磑、補垣塞穴、修飾垣牆、破屋壞垣、栽種、牧養、納畜、破土、安葬、啓攢。　止不忌祭祀、覃恩肆赦、施恩惠恤孤惸、行惠愛雪冤枉緩刑獄、入學、沐浴、掃舍宇、平治道塗、伐木、捕捉、畋獵、取魚。	協記辨方書卷六義例四11，卷十宜忌38
45	災煞【天火天獄】	災煞忌：祈福、求嗣、上冊進表章【上冊受封上表章同】、頒詔、施恩封拜【襲爵受封同】、詔命公卿招賢、舉正直、宣布政事、慶賜賞賀、宴會、冠帶、行幸遣使、安撫邊境、選將訓兵、出師、上官赴任、臨政親民、結婚姻、納采問名、嫁娶、進人口、般移、安床、解除、整容、剃頭、整手足甲、求醫療病、裁製、營建宮室、修宮室、繕城郭、築堤防、興造動土、豎柱上梁、修倉庫、鼓鑄、經絡、醞釀、開市、立券交易、納財、	協記辨方書卷六義例四12，卷十宜忌40，忌同劫煞
46	災煞【天火天獄】	開倉庫出貨財、修置產室、開渠穿井、安碓磑、補垣塞穴、修飾垣牆、破屋壞垣、栽種、牧養、納畜、破土、安葬、啓攢。　止不忌祭祀、覃恩肆赦、施恩惠恤孤惸、行惠愛雪冤枉緩刑獄、入學、沐浴、掃舍宇、平治道塗、伐木、捕捉、畋獵、取魚。　天獄忌：獻封章興詞訟赴任征討。　天火忌：苫蓋築壘垣牆振旅興師會親娶婦。	協記辨方書卷六義例四12，卷十宜忌40，忌同劫煞
47	月煞【月虛】	月煞忌：祈福、求嗣、上冊進表章【上冊受封上表章同】、頒詔、施恩封拜【襲爵受封同】、詔命公卿招賢、舉正直、宣布政事、慶賜賞賀、宴會、冠帶、行幸遣使、安撫邊境、選將訓兵、出師、上官赴任、臨政親民、結婚姻、納采問名、嫁娶、進人口、般移、安床、解除、整容、剃頭、整手足甲、求醫療病、裁製、營建宮室、修宮室、繕城郭、築堤防、興造動土、豎柱上梁、修倉庫、鼓鑄、經絡、醞釀、開市、立券交易、納財、	協記辨方書卷六義例四16，卷十宜忌41，忌同劫煞
48	月煞【月虛】	開倉庫出貨財、修置產室、開渠穿井、安碓磑、補垣塞穴、修飾垣牆、破屋壞垣、栽種、牧養、納畜、破土、安葬、啓攢。　止不忌祭祀、覃恩肆赦、施恩惠恤孤惸、行惠愛雪冤枉緩刑獄、入學、沐浴、掃舍宇、平治道塗、伐木、捕捉、畋獵、取魚。　月虛忌：開倉庫出財物結婚出行。	協記辨方書卷六義例四16，卷十宜忌41，忌同劫煞
49	月刑	月刑忌：祈福、求嗣、上冊進表章【上冊受封上表章同】、頒詔施恩封拜【襲爵受封同】、詔命公卿招賢、舉正直、宣布政事、慶賜賞賀、宴會、冠帶、行幸遣使、安撫邊境、選將訓兵、出師、上官赴任、臨政親民、結婚姻、納采問名、嫁娶、進人口、般移、安床、解除、整容、剃頭、整手足甲、求醫療病、裁製、營建宮室、修宮室、繕城郭、築堤防、興造動土、豎柱上梁、修倉庫、鼓鑄、經絡、醞釀、開市、立券交易、納財、	協記辨方書卷六義例四17，卷十宜忌43，忌同劫煞
50	月刑	開倉庫出貨財、修置產室、開渠穿井、安碓磑、補垣塞穴、修飾垣牆、破屋壞垣、栽種、牧養、納畜、破土、安葬、啓攢。　止不忌祭祀、覃恩肆赦、施恩惠恤孤惸、行惠愛雪冤枉緩刑獄、入學、沐浴、掃舍宇、平治道塗、伐木、捕捉、畋獵、取魚。	協記辨方書卷六義例四17，卷十宜忌43，忌同劫煞

編號	神煞名稱	用事宜忌	備註
51	月害	月害忌：祈福、求嗣、上冊進表章【上冊受封上表章同】、慶賜賞賀、宴會、安撫邊境、選將訓兵、出師、結婚姻、納采問名、嫁娶、進人口、求醫療病、修倉庫、經絡、醞釀、開市、立券交易、納財、開倉庫出貨財、修置產室、牧養、納畜、破土、安葬、啓攢。	協記辨方書卷六義例四18，卷十宜忌45，忌同劫煞
52	大時【大敗咸池】	大時忌：祈福、求嗣、上冊進表章【上冊受封上表章同】、施恩封拜【襲爵受封同】、詔命公卿招賢、舉正直、冠帶、行幸遣使、安撫邊境、選將訓兵、出師、上官赴任、臨政親民、結婚姻、納采問名、嫁娶、進人口、般移、安床、解除、求醫療病、營建宮室、修宮室、繕城郭、築堤防、興造動土、豎柱上梁、修倉庫、開市、立券交易、納財、開倉庫出貨財、修置產室、栽種、牧養、納畜。　又爲咸池忌取魚、。乘船渡水	協記辨方書卷六義例四20，卷十宜忌52
53	遊禍	遊禍忌：祈福、求嗣、解除、求醫療病。　與德合天赦併猶忌【天願不得與遊禍併】。	協記辨方書卷六義例四22，卷十宜忌53
54	天吏【致死】	天吏【致死】忌：祈福、求嗣、上冊進表章【上冊受封上表章同】、施恩封拜【襲爵受封同】、詔命公卿招賢、舉正直、冠帶、行幸遣使、安撫邊境、選將訓兵、出師、上官赴任、臨政親民、結婚姻、納采問名、嫁娶、進人口、般移、安床、解除、求醫療病、營建宮室、修宮室、繕城郭、築堤防、興造動土、豎柱上梁、修倉庫、開市、立券交易、納財、開倉庫出貨財、修置產室、栽種、牧養、納畜。	協記辨方書卷六義例四24，卷十宜忌54
55	六合【無翹】	六合宜：宴會、結婚姻、嫁娶、進人口、經絡、醞釀、立券交易、納財、納畜、安葬。與月恩、四相、時德併宜修倉庫。	協記辨方書卷六義例四26，卷十宜忌22
56	兵吉	兵吉宜：安撫邊境、選將訓兵、出師。見義例。	協記辨方書卷六義例四28，卷十宜忌22
57	五富	五富宜：經絡、醞釀、開市、立券交易、納財、開倉庫出貨財、栽種、牧養、納畜。與月恩、四相、時德併宜修倉庫。	協記辨方書卷六義例四30，卷十宜忌23
58	天倉	天倉宜：進人口、納財、納畜。與月恩、四相、開日併宜修倉庫【時德不得與天倉併】。	協記辨方書卷六義例四32，卷十宜忌23
59	天賊	天賊忌：行幸遣使、修倉庫、開倉庫出貨財。　與德合併猶忌【天赦天願不得與天賊併】。	協記辨方書卷六義例四36，卷十宜忌56
60	要安敬安	要安宜：安神。九神所宜見義例。　要安宜：安撫邊境修葺城隍。　敬安宜：睦親族叙尊卑納禮儀行慶賜。　要安言徼福於鬼神也，敬安安神位之日也。	協記辨方書卷六義例四35，卷十宜忌24

編號	神煞名稱	用事宜忌	備註
61	玉宇金堂	玉宇金堂宜：修祠宇。九神所宜見義例。　玉宇宜：修宮闕繕亭臺結婚姻會賓客。　金堂宜：營建宮室興造修築。　金堂玉宇神所居也，修祠立廟之類用之，內神以金堂，外神以玉宇。	協記辨方書卷六義例四436，卷十宜忌24
62	普護福生聖心	普護福生聖心宜：祭祀、祈福。九神所宜見義例。　普護宜：祭祀禱祠尋醫避病。　福生宜：祈福求恩祀神致祭。　聖心宜：上表章行恩澤營百事。　普護福生聖心泛禱之日也。	協記辨方書卷六義例四439，卷十宜忌24
63	益後續世【血忌】	益後續世【血忌】宜：祭祀、祈福、求嗣。九神所宜見義例。　益後宜：造宅舍築垣墻行嫁娶安產室。　續世宜：結婚姻睦親族祀神祇求嗣續。　益後續世世祠高禖之日也。	協記辨方書卷六義例四443，卷十宜忌24
64	血忌	血忌忌：針刺。　與德合赦願併猶忌。	協記辨方書卷六義例四444，卷十宜忌63
65	陽德	陽德宜：施恩惠恤孤惸、行惠愛雪冤枉緩刑獄。	協記辨方書卷六義例四448，卷十宜忌13
66	陰德	陰德宜：施恩惠恤孤惸、行惠愛雪冤枉緩刑獄。	協記辨方書卷六義例四449，卷十宜忌13
67	天馬	天馬宜：行幸遣使般移，與天恩併宜頒詔、宣政事，與月恩、四相、時德併宜詔命公卿招賢。	協記辨方書卷六義例四451，卷十宜忌16
68	兵禁	兵禁忌：安撫邊境、選將訓兵、出師。　與德合赦願併猶忌。	協記辨方書卷六義例四452，卷十宜忌62
69	土符地囊	土符地囊忌：營建宮室、修宮室、繕城郭、築堤防、興造動土、修倉庫、修置產室、開渠穿井、安碓磑、補垣、修飾垣墻、平治道塗、破屋壞垣、栽種、破土。　與德合赦願併猶忌。	協記辨方書卷六義例四454，卷十宜忌62
70	大煞	大煞忌：安撫邊境、選將訓兵、出師。　與德合併猶忌【赦願不得與大煞併】。	協記辨方書卷六義例四461，卷十宜忌62

編號	神煞名稱	用事宜忌	備註
71	歸忌	歸忌忌：般移、遠迴。 與德合赦願併猶忌。	協記辨方書卷六義例四63，卷十宜忌63
72	往亡氣往亡	往亡氣往亡忌：上冊進表章【上冊受封上表章同】、頒詔、詔命公卿招賢、宣政事、行幸遣使、安撫邊境、選將訓兵、出師、上官赴任、臨政親民、嫁娶、進人口、般移、求醫療病、捕捉、畋獵、取魚。 與德合赦願併猶忌。	協記辨方書卷六義例四65，卷十宜忌63
73	上朔四離四絕晦日	上朔四離四絕晦日：止不忌祭祀、解除、沐浴、整容、剃頭、整手足甲、補垣塞穴、掃舍宇、修飾垣牆、平治道塗、破屋壞垣、伐木、餘事皆忌。 與德合赦願併猶忌。 四離忌：出行征伐。 四絕忌：出軍遠行。	協記辨方書卷六義例四70，卷十宜忌69
74	反支	反支忌：上冊進表章【上冊受封上表章同】、陳詞訟。 與德合赦願併猶忌。	協記辨方書卷六義例四72，卷十宜忌68
75	建日【兵福小時土府】	建日【兵福小時土府】宜：施恩封拜【襲爵受封同】、詔命公卿招賢、舉正直、行幸遣使、上官赴任、臨政親民。與天恩併宜頒詔、宣政事。又為兵福宜安撫邊境、選將訓兵、出師。	協記辨方書卷四義例二9，卷十宜忌17
76	除日【吉期兵寶】	除日【吉期兵寶】宜解除、沐浴、整容、剃頭、整手足甲、求醫療病、掃舍宇。又為吉期宜施恩封拜【襲爵受封同】、舉正直、行幸遣使、上官赴任、臨政親民。十月與天馬併宜詔命公卿招賢【驛馬不得與吉期併】。又為兵寶宜安撫邊境、選將訓兵、出師。	協記辨方書卷四義例二12，卷十宜忌17
77	滿日【天巫福德】	滿日【天巫福德】宜進人口、裁製、修倉庫、經絡、開市、立券交易、納財、開倉庫出貨財、補垣塞穴。又為天巫宜祭祀、祈福。又為福德宜上冊進表章【上冊受封上表章同】、慶賜賞賀、宴會、修宮室、繕城郭。	協記辨方書卷四義例二13，卷十宜忌18
78	平日【陽月天罡陰月河魁死神】	平日【陽月天罡陰月河魁死神】宜修飾垣牆、平治道塗。義取諸平。	協記辨方書卷四義例二17，卷十宜忌18
79	定日【時陰官符死氣】	定日【時陰官符死氣】宜冠帶，又為時陰宜運謀算畫計策。	協記辨方書卷四義例二21，卷十宜忌19
80	執日【枝德小耗】	執日【枝德小耗】宜：捕捉。霜降後立春前宜畋獵，雨水後立夏前宜取魚。義取諸執且順時也。	協記辨方書卷四義例二24，卷十宜忌19

編號	神煞名稱	用事宜忌	備註
81	破日【大耗】	破日【大耗】宜求醫療病、破屋壞垣。義取諸破。	協記辨方書卷四義例二26，卷十宜忌19
82	危日	危日宜安撫邊境、選將訓兵、安床。立冬後立春前宜伐木，霜降後立春前宜畋獵，雨水後立夏前宜取魚。	協記辨方書卷四義例二27，卷十宜忌19
83	成日【天醫天喜】	成日【天醫天喜】宜入學、安撫邊境、般移、築堤防、開市。又爲天喜宜施恩封拜【襲爵受封同】、舉正直、慶賜賞賀、宴會、行幸遣使、上官赴任、臨政親民、結婚姻、納采問名、嫁娶。五月與天馬併宜詔命公卿招賢【驛馬不得與天喜併】。又爲天醫宜求醫療病。	協記辨方書卷四義例二28，卷十宜忌20
84	收日	收日宜：進人口、納財、捕捉、納畜。霜降後立春前宜畋獵。雨水後立夏前宜取魚。與月恩、四相、時德併宜修倉庫。	協記辨方書卷四義例二30，卷十宜忌21
85	開日【時陽生氣】	開日【時陽生氣】宜：祭祀、祈福、求嗣、上冊進表章【上冊受封上表章同】、頒詔、覃恩肆赦、施恩封拜【襲爵受封同】、詔命公卿招賢、舉正直、施恩惠恤孤惸、宣政事、行惠愛雪冤枉緩刑獄、慶賜賞賀、宴會、入學、行幸遣使、上官赴任、臨政親民、般移、解除、求醫療病、裁製、修宮室、繕城郭、興造動土、豎柱上梁、開市、修置產室、開渠穿井、安碓磑、栽種、牧養。 忌：伐木、畋獵、取魚、破土、安葬、啓攢。	協記辨方書卷四義例二31，卷十宜忌21
86	閉日【血支】	閉日【血支】宜築堤防、補垣塞穴。義取諸閉。	協記辨方書卷四義例二34，卷十宜忌22
87	月建【小時土府】	月建【小時土府】忌：祈福、求嗣、上冊進表章【上冊受封上表章同】、結婚姻、納采問名、解除、整容、剃頭、整手足甲、求醫療病、營建宮室、修宮室、繕城郭、興造動土、豎柱上梁、修倉庫、開倉庫出貨財、修置產室、破屋壞垣、伐木、栽種、破土、安葬、啓攢。正月建日又忌出師。又爲土府專忌營建宮室、修宮室、繕城郭、築隄防、興造動土、修倉庫、修置產室、開渠穿井、安碓磑、補垣、修飾垣牆、平治道塗、破屋壞垣栽種、破土。	協記辨方書卷四義例二43，卷十宜忌26
88	月建【小時土府】	與天德、月德、天德合、月德合、天赦、月恩、四相併止忌營建宮室、修宮室、繕城郭、築隄防、興造動土、修倉庫、修置產室、開渠穿井、安碓磑、補垣、修飾垣牆、平治道塗、破屋壞垣、伐木、栽種、破土。未月己未日爲陽錯不作德合論。子午月值月厭、辰午酉亥月值月刑從刑論。二月己卯、三月戊辰、四月己巳、五月戊午、八月己酉、九月戊戌、十月己亥、十一月戊子爲陰陽小會。三月庚辰、九月甲戌爲陰位諸事皆忌。	協記辨方書卷四義例二43，卷十宜忌26
89	月厭【地火】	月厭【地火】忌：祈福、求嗣、上冊進表章【上冊受封上表章同】、頒詔、施恩封拜【襲爵受封同】、詔命公卿招賢、舉正直、宣布政事、慶賜賞賀、宴會、冠帶、行幸遣使、安撫邊境、選將訓兵、出師、上官赴任、臨政親民、結婚姻、納采問名、嫁娶、進人口、般移、安床、解除、整容、剃頭、整手足甲、求醫療病、裁製、營建宮室、修宮室、繕城郭、築堤防、興造動土、豎柱上梁、修倉庫、鼓鑄、經絡、醞釀、開市、立券交易、納財、	協記辨方書卷四義例二45，卷十宜忌46，忌比劫煞還多
90	月厭【地火】	開倉庫出貨財、修置產室、開渠穿井、安碓磑、補垣塞穴、修飾垣牆、平治道塗、破屋壞垣、伐木、栽種、牧養、納畜、破土、安葬、啓攢。　止不忌祭祀、覃恩肆赦、施恩惠恤孤惸、行惠愛雪冤枉緩刑獄、入學、沐浴、掃舍宇、捕捉、畋獵、取魚。　又爲地火忌栽種、修築園圃。	協記辨方書卷四義例二45，卷十宜忌46，忌比劫煞還多

編號	神煞名稱	用事宜忌	備註
91	厭對【招搖】	厭對忌：嫁娶。 又為招搖忌取魚、乘船渡水。 與天德月德天德合月德合天赦併則不忌【天願不得與對併】、子午月與月破併則尤忌。	協記辨方書卷四義例二50，卷十宜忌51
92	六儀厭對招搖	六儀宜：臨政親民【視事臨官】見義例。 厭對忌：嫁娶。 招搖即六儀，六儀即天罡陰建之衝也，咸池五行沐浴之地也【見八風觸水龍條下】。	協記辨方書卷四義例二50，卷十宜忌23
93	不將	不將宜：嫁娶。見義例。	協記辨方書卷四義例二52，卷十宜忌23
94	陰陽大會陰陽小會	曹震圭曰：以上諸日雖遇天德月德玉堂生氣黃道吉星亦不可用，集正所謂陰陽不足之辰是也，忌興造嫁娶上官赴任入宅遷移出行交易合藥問病百事不宜。	協記卷六義例四54
95	行狠了戾孤辰	曹震圭曰：以上諸日雖遇天德月德玉堂生氣黃道吉星亦不可用，集正所謂陰陽不足之辰是也，忌興造嫁娶上官赴任入宅遷移出行交易合藥問病百事不宜。	協記卷六義例四58
96	單陰純陰孤陽純陽	曹震圭曰：以上諸日雖遇天德月德玉堂生氣黃道吉星亦不可用，集正所謂陰陽不足之辰是也，忌興造嫁娶上官赴任入宅遷移出行交易合藥問病百事不宜。	協記卷六義例四59
97	歲薄逐陣	曹震圭曰：以上諸日雖遇天德月德玉堂生氣黃道吉星亦不可用，集正所謂陰陽不足之辰是也，忌興造嫁娶上官赴任入宅遷移出行交易合藥問病百事不宜。	協記卷六義例四60
98	陰陽交破陰陽擊衝	曹震圭曰：以上諸日雖遇天德月德玉堂生氣黃道吉星亦不可用，集正所謂陰陽不足之辰是也，忌興造嫁娶上官赴任入宅遷移出行交易合藥問病百事不宜。	協記卷六義例四61
99	陽破陰衝陰道衝陽陰位三陰	曹震圭曰：以上諸日雖遇天德月德玉堂生氣黃道吉星亦不可用，集正所謂陰陽不足之辰是也，忌興造嫁娶上官赴任入宅遷移出行交易合藥問病百事不宜。	協記卷六義例四62
100	陽錯陰錯	曹震圭曰：以上諸日雖遇天德月德玉堂生氣黃道吉星亦不可用，集正所謂陰陽不足之辰是也，忌興造嫁娶上官赴任入宅遷移出行交易合藥問病百事不宜。	協記卷六義例四63

編號	神煞名稱	用事宜忌	備註
101	陰陽俱錯	曹震圭曰：以上諸日雖遇天德月德玉堂生氣黃道吉星亦不可用，集正所謂陰陽不足之辰是也，忌興造嫁娶上官赴任入宅遷移出行交易合藥問病百事不宜。	協記卷六義例四64
102	青龍明堂金匱寶光玉堂司命	青龍明堂金匱寶光玉堂司命，與吉神併則從所宜與凶神併則從所忌。	協記辨方書卷七義例五3，卷十宜忌25
103	天刑朱雀白虎天牢元武勾陳	天刑朱雀白虎天牢元武勾陳，與凶神併則從所忌與吉神併則從所宜。	協記辨方書卷七義例五3，卷十宜忌67
104	除神	除神宜：解除、沐浴、整容、剃頭、整手足甲、求醫療病、掃舍宇。義名除日。	協記辨方書卷五義例三56，卷十宜忌25
105	月破【大耗】	月破【大耗】忌：祈福、求嗣、上冊進表章【上冊受封上表章同】、頒詔、施恩封拜【襲爵受封同】、詔命公卿招賢、舉正直、宣布政事、慶賜賞賀、宴會、冠帶、行幸遣使、安撫邊境、選將訓兵、出師、上官赴任、臨政親民、結婚姻、納采問名、嫁娶、進人口、般移、安床、整容、剃頭、整手足甲、裁製、營建宮室、修宮室、繕城郭、築堤防、興造動土、豎柱上梁、修倉庫、鼓鑄、經絡、醞釀、開市、立券交易、納財、開倉庫出貨財、修置產	協記辨方書卷四義例二26，卷十宜忌28
106	月破【大耗】	室、開渠穿井、安碓磑、補垣塞穴、修飾垣牆、伐木、栽種、牧養、納畜、破土、安葬、啓攢。 又爲大耗忌修倉庫、開市、立券交易、納財、開倉庫出貨財。 與天德、月德、天德合、月德合合併【天赦天願不得與月破併】猶忌之。止不忌覃恩肆赦、施恩惠恤孤惸、行惠愛雪冤枉緩刑獄、入學、解除、沐浴、求醫療病、掃舍宇、平治道塗、破屋壞垣、捕捉、畋獵、取魚。	協記辨方書卷四義例二26，卷十宜忌28
107	平日【死神】	平日【死神】忌：祈福、求嗣、上冊進表章【上冊受封上表章同】、頒詔、施恩封拜【襲爵受封同】、詔命公卿招賢、舉正直、宣布政事、慶賜賞賀、宴會、冠帶、行幸遣使、安撫邊境、選將訓兵、出師、上官赴任、臨政親民、結婚姻、納采問名、嫁娶、進人口、般移、安床、解除、求醫療病、裁製、營建宮室、修宮室、繕城郭、築堤防、興造動土、豎柱上梁、修倉庫、鼓鑄、經絡、醞釀、開市、立券交易、納財、開倉庫出貨財、修置產室、開渠穿井、	協記辨方書卷四義例二17，卷十宜忌31
108	平日【死神】	栽種、牧養、納畜、破土、安葬、啓攢。 止不忌祭祀、覃恩肆赦、施恩惠恤孤惸、行惠愛雪冤枉緩刑獄、入學、沐浴、整容、剃頭、整手足甲、安碓磑、補垣塞穴、掃舍宇、修飾垣牆、平治道塗、破屋壞垣、伐木、捕捉、畋獵、取魚。 又爲死神忌安撫邊境、選將訓兵、出師、進人口、解除、求醫療病、修置產室、栽種、牧養、納畜。	協記辨方書卷四義例二17，卷十宜忌31
109	收日	收日忌：祈福、求嗣、上冊進表章【上冊受封上表章同】、頒詔、施恩封拜【襲爵受封同】、詔命公卿招賢、舉正直、宣布政事、慶賜賞賀、宴會、冠帶、行幸、遣使、安撫邊境、選將訓兵、出師、上官赴任、臨政親民、結婚姻、納采問名、嫁娶、般移、安床、解除、求醫療病、裁製、營建宮室、修宮室、繕城郭、築堤防、興造動土、豎柱上梁、鼓鑄、經絡、醞釀、開市、立券交易、納財、開倉庫出貨財、修置產室、開渠穿井、破土	協記辨方書卷四義例二30，卷十宜忌34
110	收日	、安葬、啓攢。 止不忌祭祀、覃恩肆赦、施恩惠恤孤惸、行惠愛雪冤枉緩刑獄、入學、進人口、沐浴、整容、剃頭、整手足甲、修倉庫、納財、安碓磑、補垣塞穴、掃舍宇、修飾垣牆、平治道塗、破屋壞垣、伐木、捕捉、畋獵、取魚、栽種、牧養、納畜。	協記辨方書卷四義例二30，卷十宜忌34

編號	神煞名稱	用事宜忌	備註
111	滿日【天狗】	滿日【天狗】忌：施恩封拜【襲爵受封同】、詔命公卿招賢、舉正直、上官赴任、臨政親民、結婚姻、納采問名、求醫療病。寅申月值守日、子午卯酉月值相日與月德天德合月德合月恩四相併則不忌。辰戌丑未月值災煞從災煞論。巳亥月值月厭從月厭論。 申月又為天狗忌祭祀與德合併猶忌。	協記辨方書卷四義例二15，卷十宜忌36
112	閉日【血支】	閉日【血支】忌：上冊進表章【上冊受封上表章同】、頒詔、施恩封拜【襲爵受封同】、詔命公卿招賢、舉正直、宣布政事、慶賜賞賀、宴會、行幸遣使、出師、上官赴任、臨政親民、結婚姻、納采問名、嫁娶、進人口、般移、安床、求醫療目、營建宮室、修宮室、興造動土、豎柱上梁、開市、開倉庫出貨財、修置產室、開渠穿井。 又為血支專忌針刺。	協記辨方書卷四義例二34，卷十宜忌37
113	死氣	死氣忌：安撫邊境、選將訓兵、出師、解除、求醫療病、修置產室、栽種。 與天德月德天德合月德合併【天赦天願不得與死氣併】止忌安撫邊境、選將訓兵、出師、解除、求醫療病餘不忌。辰戌月值月厭雖與德合併猶忌。	協記辨方書卷四義例二21，卷十宜忌55
114	小耗	小耗忌：修倉庫、開市、立券交易、納財、開倉庫出貨財。 與天德月德天德合月德合併則不忌。 子午卯酉月值劫煞雖與德合併猶忌。	協記辨方書卷四義例二24，卷十宜忌56
115	亥子日	亥子日宜：沐浴。取水旺也。	協記辨方書卷十宜忌二十六
116	午申日	午申日：立冬後立夏前宜伐木。午木死、申木絕也。以上所宜。	協記辨方書卷十宜忌二十六
117	冬至夏至春分秋分	冬至夏至春分秋分：不註上冊進表章【上冊受封上表章同】、慶賜賞賀、宴會、行幸遣使、安撫邊境、選將訓兵、出師、上官赴任、臨政親民、結婚姻、納采問名、嫁娶、進人口、般移、開市、立券交易、捕捉、畋獵、取魚。 冬至日又不註伐木。	協記辨方書卷十宜忌六十九
118	土王用事	土王用事忌：營建宮室、修宮室、繕城郭、築堤防、興造動土、修倉庫、修置產室、開渠穿井、安碓磑、補垣、修飾垣牆、平治道塗、破屋壞垣、栽種、破土。	協記辨方書卷一本原一31，卷十宜忌70
119	伏社	伏社忌：沐浴。	協記辨方書卷十宜忌七十
120	朔弦望	朔弦望忌：求醫療病。	協記辨方書卷十宜忌七十

編號	神煞名稱	用事宜忌	備註
121	月忌日	月忌日止註祭祀、宴會、沐浴、整容、剃頭、整手足甲、求醫療病、補垣、掃舍宇、修飾垣牆、平治道塗、破屋壞垣，餘事不註。	協記辨方書卷六義例四74，卷十宜忌71
122	十五日	十五日忌：求醫療病。	協記辨方書卷十宜忌七十一
123	人神所在日	人神所在日：十二日在髮際，十五日在偏身忌剃頭，一日在足大指，六日在手，十九日在足，二十一日在手小指，二十三日在肝及足忌整手足甲。	協記辨方書卷三十五附錄11，卷十宜忌71
124	長星短星	長星短星忌：進人口、裁製、經絡、開市、立券交易、納財、納畜。	協記辨方書卷三十五附錄13，卷十宜忌71
125	百忌日	百忌日：甲日忌開倉庫出貨財，乙日忌栽種，丁日忌剃頭，庚日忌經絡，辛日忌醞釀，壬日忌開渠，丑日忌冠帶，寅日忌祭祀，卯日忌穿井，巳日忌出行，午日忌苫蓋，未日忌求醫療病，申日忌安床，酉日忌宴會，亥日忌嫁娶。	協記辨方書卷三十五附錄17，卷十宜忌72
126	鋪註條例一	凡鋪註萬年書通書依用事次第察其所宜忌之日，於某日下註宜某事，某日下註忌某事，次按宜忌較量其吉凶之輕重，以定去取。　　　　　凡宜宣政事布政事之日止註宜宣政事。凡宜營建宮室修宮室之日止註宜營建宮室。凡吉足勝凶從宜不忌者如遇德猶忌之事則仍註忌。凡吉凶相抵不註宜亦不註忌者如遇德猶忌之事則仍註忌。凡德合赦願月恩四相時德等日不註忌進人口安床經絡醞釀開市立卷交易納財開倉庫出貨財如遇德猶忌及從宜不從吉之日則仍註忌。凡天狗寅日祭祀不註宜求福祈嗣。凡卯日忌穿井不註宜開渠壬日忌開渠不註宜穿井。	協記辨方書卷十宜忌七十三
127	鋪註條例二	凡巳日忌出行不註宜出師遣使。凡酉日忌宴會不註宜慶賜賞慶。凡丁日忌剃頭不註宜整容。凡吉凶相抵不註忌祈福亦不註記求嗣。凡忌詔命公卿招賢不註宜施恩封拜舉正直襲爵受封。凡忌施恩封拜舉正直襲爵受封亦不註宜詔命公卿招賢。　凡宜宣政事之日遇往亡則改宜為布。凡月厭忌行幸上官不註宜頒詔施恩封拜詔命公卿招賢舉正直遇宜宣政事之日則改宜為布。凡吉凶相抵不註忌結婚姻亦不註忌冠帶納采問名嫁娶進人口如遇德猶忌之日則仍註忌。	
128	鋪註條例三	凡吉凶相抵不註忌般移亦不註忌安床不註忌安床不註忌般移如遇德猶忌之日則仍註忌。凡吉凶相抵不註忌修造動土豎柱上梁亦不註忌修宮室繕城郭築隄防修倉庫鼓鑄苫蓋修置產室開渠穿井安碓磑補垣塞穴修飾垣牆平治道塗破屋壞垣如遇德猶忌之日則仍註忌。凡吉凶相抵不註忌開市亦不註忌立券交易納財不註忌納財亦不註忌開市立券交易不註忌立券交易亦不註忌開市立券交易亦不註忌開倉庫出貨財如遇專忌之日則仍註忌。	
129	鋪註條例四	凡吉凶相抵不註忌牧養亦不註忌納畜不註忌納畜亦不註忌牧養。凡吉凶相抵有宜安葬不註忌啟攢有宜啟攢不註忌安葬。凡土府土符土囊止註忌補垣亦不註宜塞穴。凡開日不註宜破土安葬啟攢亦不註忌遇忌則註。凡四忌四窮止忌安葬如遇鳴吠鳴吠對亦不註宜破土啟攢。凡天吏大時不以死論者遇四廢歲薄逐陣仍以死敗論。凡歲薄逐陣日所宜事服月厭所忌則仍從本日。　　　　　　二月甲戌四月丙申六月甲子七月戊申八月庚辰九月辛卯十月甲子十二月甲子德合與赦願所會之辰諸事不忌。	

月	建寅	宜修造吉方	宜取土吉方	忌修造取土方	增補神煞	土王用事	日躔	月紫白九星
正月	甲己年建丙寅 乙庚年建戊寅 丙辛年建庚寅 丁壬年建壬寅 戊癸年建甲寅	立春正月節 天道南行， 宜向南行宜 修造南方。	天德在丁，天德 合在壬，月德在 丙，月德合在 辛，月空在壬， 宜修造取土。	月建在寅，月破在申， 月厭在戌，月刑在巳， 月害在巳，劫煞在亥， 災煞在子，月煞在丑， 忌修造取土。	立春前一日四 絕，後七日往 亡。初七日長 星，二十一日 短星。		雨水正月中， 日躔在亥宮為 正月將，宜用 甲丙庚壬時。	孟年二黑入中宮， 仲年八白入中宮， 季年五黃入中宮。
二月	甲己年建丁卯 乙庚年建己卯 丙辛年建辛卯 丁壬年建癸卯 戊癸年建乙卯	驚蟄二月節 天道西南 行，宜向西 南行宜修造 西南維。	天德在坤，月德 在甲，月德合在 己，月空在庚， 宜修造取土。	月建在卯，月破在酉， 月厭在酉，月刑在子， 月害在辰，劫煞在申， 災煞在酉，月煞在戌， 忌修造取土。	驚蟄後十四日 往亡，春分前 一日四離。初 四日長星，十 九日短星。		春分二月中， 日躔在戌宮為 二月將，宜用 艮巽坤乾時。	孟年一白入中宮， 仲年七赤入中宮， 季年四綠入中宮。
三月	甲己年建戊辰 乙庚年建庚辰 丙辛年建壬辰 丁壬年建甲辰 戊癸年建丙辰	清明三月節 天道北行， 宜向北行宜 修造北方。	天德在壬，天德 合在丁，月德在 壬，月德合在 丁，月空在丙， 宜修造取土。	月建在辰，月破在戌， 月厭在申，月刑在辰， 月害在卯，劫煞在巳， 災煞在午，月煞在未， 忌修造取土。	清明後二十一 日往亡。初一 日長星，十六 日短星。	立夏前十八日 土王用事，土 王用事後忌修 造動土，巳午 日添母倉。	穀雨三月中， 日躔在酉宮為 三月將，宜用 癸乙丁辛。	孟年九紫入中宮， 仲年六白入中宮， 季年三碧入中宮。
四月	甲己年建己巳 乙庚年建辛巳 丙辛年建癸巳 丁壬年建乙巳 戊癸年建丁巳	立夏四月節 天道西行， 宜向西行宜 修造西方。	天德在辛，天德 合在丙，月德在 庚，月德合在 乙，月空在甲， 宜修造取土。	月建在巳，月破在亥， 月厭在未，月刑在申， 月害在寅，劫煞在寅， 災煞在卯，月煞在辰， 忌修造取土。	立夏前一日四 絕，後八日往 亡。初九日長 星，二十五日 短星。		小滿四月中， 日躔在申宮為 四月將，宜用 甲丙庚壬時。	孟年八白入中宮， 仲年五黃入中宮， 季年二黑入中宮。
五月	甲己年建庚午 乙庚年建壬午 丙辛年建甲午 丁壬年建丙午 戊癸年建戊午	芒種五月節 天道西北 行，宜向西 北行宜修造 西北維。	天德在乾，月德 在丙，月德合在 辛，月空在壬， 宜修造取土。	月建在午，月破在子， 月厭在午，月刑在午， 月害在丑，劫煞在亥， 災煞在子，月煞在丑， 忌修造取土。	芒種後十六日 往亡，夏至前 一日四離。十 五日長星，二 十五日短星。		夏至五月中， 日躔在未宮為 五月將，宜用 艮巽坤乾時。	孟年七赤入中宮， 仲年四綠入中宮， 季年一白入中宮。
六月	甲己年建辛未 乙庚年建癸未 丙辛年建乙未 丁壬年建丁未 戊癸年建己未	小暑六月節 天道東行， 宜向東行宜 修造東方。	天德在甲，天德 合在己，月德在 甲，月德合在 己，月空在庚， 宜修造取土。	月建在未，月破在丑， 月厭在巳，月刑在丑， 月害在子，劫煞在申， 災煞在酉，月煞在戌， 忌修造取土。	小暑後二十四 日往亡。初十 日長星，二十 日短星。	立秋前十八日 土王用事，土 王用事後忌修 造動土，巳午 日添母倉。	大暑六月中， 日躔在午宮為 六月將，宜用 癸乙丁辛時。	孟年六白入中宮， 仲年三碧入中宮， 季年九紫入中宮。
七月	甲己年建壬申 乙庚年建甲申 丙辛年建丙申 丁壬年建戊申 戊癸年建庚申	立秋七月節 天道北行， 宜向北行宜 修造北方。	天德在癸，天德 合在戊，月德在 壬，月德合在 丁，月空在丙， 宜修造取土。	月建在申，月破在寅， 月厭在辰，月刑在寅， 月害在亥，劫煞在巳， 災煞在午，月煞在未， 忌修造取土。	立秋前一日四 絕，後九日往 亡。初八日長 星，二十二日 短星。		處暑七月中， 日躔在巳宮為 七月將，宜用 甲丙庚壬時。	孟年五黃入中宮， 仲年二黑入中宮， 季年八白入中宮。
八月	甲己年建癸酉 乙庚年建乙酉 丙辛年建丁酉 丁壬年建己酉 戊癸年建辛酉	白露八月節 天道東北 行，宜向東 北行宜修造 東北維。	天德在艮，月德 在庚，月德合在 乙，月空在甲， 宜修造取土。	月建在酉，月破在卯， 月厭在卯，月刑在酉， 月害在戌，劫煞在寅， 災煞在卯，月煞在辰， 忌修造取土。	白露後十八日 往亡，秋分前 一日四離。二 日五日長星， 十八日十九日		秋分八月中， 日躔在辰宮為 八月將，宜用 艮巽坤乾時。	孟年四綠入中宮， 仲年一白入中宮， 季年七赤入中宮。
九月	甲己年建甲戌 乙庚年建丙戌 丙辛年建戊戌 丁壬年建庚戌 戊癸年建壬戌	寒露九月節 天道南行， 宜向南行宜 修造南方。	天德在丙，天德 合在辛，月德在 丙，月德合在 辛，月空在壬， 宜修造取土。	月建在戌，月破在辰， 月厭在寅，月刑在未， 月害在酉，劫煞在亥， 災煞在子，月煞在丑， 忌修造取土。	寒露後二十七 日往亡。三日 四日長星，十 六日十七日短 星。	立冬前十八日 土王用事，土 王用事後忌修 造動土，巳午 日添母倉。	霜降九月中， 日躔在卯宮為 九月將，宜用 癸乙丁辛時。	孟年三碧入中宮， 仲年九紫入中宮， 季年六白入中宮。
十月	甲己年建乙亥 乙庚年建丁亥 丙辛年建己亥 丁壬年建辛亥 戊癸年建癸亥	立冬十月節 天道東行， 宜向東行宜 修造東方。	天德在乙，天德 合在庚，月德在 甲，月德合在 己，月空在庚， 宜修造取土。	月建在亥，月破在巳， 月厭在丑，月刑在亥， 月害在申，劫煞在申， 災煞在酉，月煞在戌， 忌修造取土。	立冬前一日四 絕，後十日往 亡。初一日長 星，十四日短 星。		小雪十月中， 日躔在寅宮為 十月將，宜用 甲丙庚壬時。	孟年二黑入中宮， 仲年八白入中宮， 季年五黃入中宮。
十一月	甲己年建丙子 乙庚年建戊子 丙辛年建庚子 丁壬年建壬子 戊癸年建甲子	大雪十一月 節天道東南 行，宜向東 南行宜修造 東南維。	天德在巽，月德 在壬，月德合在 丁，月空在丙， 宜修造取土。	月建在子，月破在午， 月厭在子，月刑在卯， 月害在未，劫煞在巳， 災煞在午，月煞在未， 忌修造取土。	大雪後二十日 往亡，冬至前 一日四離。十 二日長星，二 十二日短星。		冬至十一月 中，日躔在丑 宮為十一月 將，宜用艮巽 坤乾時	孟年一白入中宮， 仲年七赤入中宮， 季年四綠入中宮。
十二月	甲己年建丁丑 乙庚年建己丑 丙辛年建辛丑 丁壬年建癸丑 戊癸年建乙丑	小寒十二月 節天道西 行，宜向西 行宜修造西 方。	天德在庚，天德 合在乙，月德在 庚，月德合在 乙，月空在甲， 宜修造取土。	月建在丑，月破在未， 月厭在亥，月刑在戌， 月害在午，劫煞在寅， 災煞在卯，月煞在辰， 忌修造取土。	小寒後三十日 往亡。初九日 長星，二十五 日短星。	立春前十八日 土王用事，土 王用事後忌修 造動土，巳午 日添母倉。	大寒十二月 中，日躔在子 宮為十二月 將，宜用癸乙 丁辛時。	孟年九紫入中宮， 仲年六白入中宮， 季年三碧入中宮。

編號	日干支	協記每日時辰		附記
1	甲子	●甲子時【金匱日建】　　　　　●乙丑時【天德天乙日合】 ○丙寅時【日祿喜神福星日馬白虎】○丁卯時【玉堂日刑】 ※戊辰時【天牢】　　　　　　　※己巳時【元武】 ◎庚午時【司命日破不遇】　　　※辛未時【天乙勾陳日害】 ◎壬申時【青龍路空】　　　　　◎癸酉時【明堂天官路空】 ※甲戌時【天刑旬空】　　　　　※乙亥時【朱雀旬空】		甲子日　支生干義日大吉 甲不開倉子不問卜 戊癸年二八月凶 天恩吉日神在吉日 青帝生 喜神正南貴神西南鶴神巳方神煞東遊
2	乙丑	○丙子時【天乙日合天刑】　　　○丁丑時【福星日建朱雀】 ●戊寅時【金匱】　　　　　　　●己卯時【天德日祿】 ※庚辰時【白虎】　　　　　　　◎辛巳時【玉堂不遇】 ※壬午時【天牢路空日害】　　　※癸未時【元武路空日破】 ●甲申時【司命天乙天官】　　　※乙酉時【勾陳】 ◎丙戌時【青龍喜神日刑旬空】　◎丁亥時【明堂福星日馬旬空】		乙丑日　干剋支制日平 乙不栽種丑不冠帶 辰戌丑未月玉皇值日 天恩吉日神在吉日 地啞日 喜神西北貴神西南鶴神巳方神煞東遊
3	丙寅	●戊子時【青龍天官福星】　　　●己丑時【明堂】 ※庚寅時【日建天刑】　　　　　※辛卯時【朱雀】 ◎壬辰時【金匱不遇路空】　　　◎癸巳時【天德日祿路空日害日刑】 ※甲午時【白虎】　　　　　　　●乙未時【玉堂】 ※丙申時【喜神日馬天牢日破】　※丁酉時【天乙元武】 ◎戊戌時【司命福星旬空】　　　※己亥時【天乙日合勾陳旬空】		丙寅日　支生干義日吉 丙不作灶寅不祭祀 子午卯酉月玉皇值日辰戌丑未月天皇 值日年月凶　天恩吉日 陰陽合天聾日 喜神西南貴神西南鶴神丙方神煞東遊
4	丁卯	◎庚子時【司命日刑】　　　　　※辛丑時【勾陳】 ◎壬寅時【青龍路空】　　　　　◎癸卯時【明堂日建不遇路空】 ※甲辰時【天刑日害】　　　　　※乙巳時【日馬朱雀】 ●丙午時【金匱日祿喜神】　　　●丁未時【天德】 ※戊申時【白虎】　　　　　　　◎己酉時【玉堂天乙福星日破】 ※庚戌時【日合天牢旬空】　　　※辛亥時【天乙天官元武旬空】		丁卯日　支生干義日吉 丁不剃頭卯不穿井 寅申巳亥月玉皇值日子午卯酉月天皇 值日甲己年五三月凶天恩吉日神在吉 日　陰陽合地啞日 喜神正南貴神西北鶴神丙午神煞東遊
5	戊辰	※壬子時【天牢路空】　　　　　※癸丑時【天乙元武路空】 ◎甲寅時【司命日馬不遇】　　　※乙卯時【天官勾陳日害】 ◎丙辰時【青龍喜神日建日刑】　●丁巳時【明堂日祿】 ※戊午時【天刑】　　　　　　　※己未時【天乙朱雀】 ●庚申時【金匱福星】　　　　　●辛酉時【天德日合】 ※壬戌時【白虎路空日破旬空】　◎癸亥時【玉堂路空旬空】		戊辰日　干支同專日吉 戊不受田辰不哭泣 寅申巳亥月天皇值日吉 甲己年丑未月凶　天恩吉日神在吉日 天聾日 喜神東南貴神正南鶴神正南神煞東遊
6	己巳	※甲子時【天乙白虎】　　　　　◎乙丑時【玉堂不遇】 ※丙寅時【喜神天官天牢日害】　※丁卯時【元武】 ●戊辰時【司命】　　　　　　　※己巳時【日建勾陳】 ●庚午時【青龍日祿】　　　　　●辛未時【明堂福星】 ※壬申時【天乙日合天刑路空日刑】※癸酉時【朱雀路空】 ◎甲戌時【金匱旬空】　　　　　◎乙亥時【天德日馬不遇日破旬空】		己巳日　支生干義日吉 己不破卷巳不出行 辰戌丑未月紫微值日吉 甲己年正七月凶 喜神東北　貴神西南　鶴神午丁
7	庚午	◎丙子時【金匱不遇日破】　　　◎丁丑時【天德天乙日害】 ※戊寅時【日馬白虎】　　　　　●己卯時【玉堂】 ※庚辰時【天牢】　　　　　　　※辛巳時【元武】 ※壬午時【司命天官福星日建路空日刑】※癸未時【天乙日合勾陳路空】 ●甲申時【青龍祿馬】　　　　　●乙酉時【明堂】 ※丙戌時【喜神天刑不遇旬空】　※丁亥時【朱雀旬空】		庚午日　支剋干伐日凶 庚不經絡午不苫蓋 子午卯酉月紫微值日吉　甲己年二八 月凶 喜神西北　貴神西南　鶴神丁方
8	辛未	※戊子時【天刑日害】　　　　　※己丑時【朱雀日破日刑】 ●庚寅時【金匱天乙】　　　　　●辛卯時【天德】 ※壬辰時【白虎路空】　　　　　◎癸巳時【玉堂天官福星日馬路空】 ○甲午時【天乙日合天牢】　　　※乙未時【日建元武】 ●丙申時【司命喜神】　　　　　※丁酉時【日祿勾陳不遇】 ◎戊戌時【青龍旬空】　　　　　◎己亥時【明堂旬空】		辛未日　支生干義日吉 辛不醞釀未不求醫療病 寅申巳亥月紫微值日吉　甲己年三九 月凶 大明神在吉日 喜神西南　貴神西北　鶴神未方
9	壬申	●庚子時【青龍】　　　　　　　●辛丑時【明堂天官】 ※壬寅時【日馬天刑路空日破日刑】※癸卯時【天乙朱雀路空】 ●甲辰時【金匱福星】　　　　　●乙巳時【天德天乙日合】 ※丙午時【喜神白虎】　　　　　●丁未時【玉堂天官】 ※戊申時【日建天牢不遇】　　　※己酉時【元武】 ◎庚戌時【司命旬空】　　　　　※辛亥時【日祿勾陳日害旬空】		壬申日　支生干義日大吉 壬不開渠申不安床 甲己年四十月凶 大明神在吉日　地虎不食日 喜神正南　貴神東南　鶴神未方
10	癸酉	◎壬子時【司命日祿路空】　　　※癸丑時【勾陳路空】 ●甲寅時【青龍】　　　　　　　◎乙卯時【明堂天乙福星日破】 ○丙辰時【喜神天官日合天刑】　※丁巳時【天乙朱雀】 ●戊午時【金匱】　　　　　　　◎己未時【天德日馬不遇】 ※庚申時【白虎】　　　　　　　◎辛酉時【玉堂日建日刑】 ※壬戌時【天官天牢路空日害旬空】※癸亥時【日馬元武路空旬空】		癸酉日　支生干義日大吉 癸不詞訟酉不宴會 甲己年五十一月凶 大明神在吉日　地虎不食日 喜神東南　貴神正北　鶴神西南

六十日時辰定局

編號	日干支	協記每日時辰		附記
11	甲戌	※甲子時【天牢】	※乙丑時【天乙元武】	甲戌日　干剋支制日中平
		●丙寅時【司命日祿喜神福星】	※丁卯時【日合勾陳】	甲不開倉戌不食犬
		◎戊辰時【青龍日破】	●己巳時【明堂】	辰戌丑未月玉皇值日吉　甲己年未丑
		※庚午時【天刑不遇】	※辛未時【天乙朱雀日刑】	月凶
		◎壬申時【金匱日馬路空旬空】	◎癸酉時【天德天官路空日害旬空】	神在吉日
		※甲戌時【日建白虎】	●乙亥時【玉堂】	喜神東北　貴神西北　鶴神坤方
12	乙亥	※丙子時【天乙白虎】	●丁丑時【玉堂福星】	乙亥日　支生干義大吉
		※戊寅時【日合天牢】	※己卯時【日祿元武】	乙不栽種亥不嫁娶
		●庚辰時【司命】	※辛巳時【日馬勾陳不遇日破】	子午卯酉月玉皇值日
		◎壬午時【青龍路空】	◎癸未時【明堂路空】	辰戌丑未月天皇值日
		※甲申時【天乙天官天刑日害旬空】	※乙酉時【朱雀旬空】	甲己年寅申巳月凶
		●丙戌時【金匱喜神】	◎丁亥時【天德福星日建日刑】	喜神西北　貴神西北　鶴神申方
13	丙子	●戊子時【金匱天官福星日建】	●己丑時【天德日合】	丙子日　支剋干伐日凶
		※庚寅時【日馬白虎】	◎辛卯時【玉堂日刑】	丙不作灶子不問卜
		※壬辰時【天牢不遇路空】	※癸巳時【日祿元武路空】	寅申巳亥月玉皇值日
		◎甲午時【司命日破】	※乙未時【勾陳日害】	子午卯酉月天皇值日　甲年卯酉月凶
		◎丙申時【青龍喜神旬空】	◎丁酉時【明堂天乙旬空】	天聾日
		※戊戌時【福星天刑】	※己亥時【天乙朱雀】	喜神西南貴神西方鶴神申方神煞南遊
14	丁丑	※庚子時【日合天刑】	※辛丑時【日建朱雀】	丁丑日　干生支寶日上吉
		◎壬寅時【金匱路空】	◎癸卯時【天德不遇路空】	丁不剃頭丑不冠帶
		※甲辰時【白虎】	●乙巳時【玉堂】	寅申巳亥月天皇值日
		※丙午時【日祿喜神天牢日害】	※丁未時【元武日破】	甲己年辰戌月凶
		※戊申時【司命旬空】	※己酉時【天乙福星勾陳旬空】	喜神西南貴神西北鶴神庚方神煞南遊
		◎庚戌時【青龍日刑】	●辛亥時【明堂天乙天官日馬】	
15	戊寅	◎壬子時【青龍路空】	◎癸丑時【明堂天乙路空】	戊寅日　支剋干伐日凶
		※甲寅時【日建天刑不遇】	※乙卯時【天官朱雀】	戊不受田寅不祭祀
		●丙辰時【金匱喜神】	◎丁巳時【天德日祿日害日刑】	辰戌丑未月紫微值日
		※戊午時【白虎】	●己未時【玉堂天乙】	乙庚年己亥月凶
		※庚申時【福星日馬天牢日破旬空】	※辛酉時【元武旬空】	人民合
		◎壬戌時【司命路空】	※癸亥時【日合勾陳路空】	喜神東南貴神正北鶴神庚酉神煞南遊
16	己卯	※甲子時【司命天乙日刑】	※乙丑時【勾陳不遇】	己卯日　支剋干伐日凶
		●丙寅時【青龍喜神天官】	●丁卯時【明堂日建】	己不破卷卯不穿井
		※戊辰時【天刑日害】	※己巳時【日馬朱雀】	子午卯酉月紫微值日
		●庚午時【金匱日祿】	●辛未時【天德福星】	乙庚年午未月凶
		※壬申時【天乙白虎路空旬空】	◎癸酉時【玉堂路空日破旬空】	天恩吉日大明神在吉日人民合地啞日
		※甲戌時【日合天牢】	※乙亥時【元武不遇】	喜神東北貴神正南鶴神正北神煞南遊
17	庚辰	※丙子時【天牢不遇】	※丁丑時【天乙元武】	庚辰日　支生干義上吉
		●戊寅時【司命日馬】	※己卯時【勾陳日害】	庚不經絡辰不哭泣
		◎庚辰時【青龍日建日刑】	●辛巳時【明堂】	寅申巳亥月紫微值日
		※壬午時【天官福星天刑路空】	※癸未時【天乙朱雀路空】	乙庚年丑未月凶
		◎甲申時【金匱日祿旬空】	◎乙酉時【天德日合旬空】	天恩吉日神在吉日
		※丙戌時【喜神白虎不遇日破】	●丁亥時【玉堂】	喜神西北貴神正北鶴神酉辛神煞南遊
18	辛巳	※戊子時【白虎】	●己丑時【玉堂】	辛巳日　支剋干伐日凶
		※庚寅時【天乙天牢日害】	※辛卯時【元武】	辛不醞釀巳不出行
		◎壬辰時【司命路空】	○癸巳時【天官福星日建勾陳路空】	乙庚年寅申月凶
		●甲午時【青龍天乙】	●乙未時【明堂】	天恩吉日
		※丙申時【喜神日合天刑日刑旬空】	※丁酉時【日祿朱雀不遇旬空】	地啞日
		●戊戌時【金匱】	◎己亥時【天德日馬日破】	喜神西南　貴神西北　鶴神辛方
19	壬午	◎庚子時【金匱日破】	◎辛丑時【天德天官日害】	壬午日　干剋支制日平
		※壬寅時【白虎路空】	◎癸卯時【玉堂天乙路空】	壬不開渠午不苫蓋
		※甲辰時【福星天牢】	※乙巳時【天乙元武】	乙庚年卯酉月凶
		◎丙午時【司命喜神日建日刑】	○丁未時【天官日合勾陳】	天恩吉日大明神在吉日　地虎不食日
		◎戊申時【青龍日馬不遇旬空】	◎己酉時【明堂旬空】	喜神正南　貴神正南　鶴神戌方
		※庚戌時【天刑】	※辛亥時【日祿朱雀】	
20	癸未	※壬子時【日祿天刑路空日害】	※癸丑時【朱雀路空日破日刑】	癸未日　支剋干伐日凶
		●甲寅時【金匱】	●乙卯時【天德日合福星】	癸不詞訟未不求醫療病
		○丙辰時【喜神天官白虎】	●丁巳時【玉堂天乙日馬】	辰戌丑未月玉皇值日
		※戊午時【日合天牢】	※己未時【日建元武不遇】	乙庚年辰戌月凶
		◎庚申時【司命旬空】	※辛酉時【勾陳旬空】	天恩吉日
		◎壬戌時【青龍天官路空】	◎癸亥時【明堂路空】	喜神東南　貴神正東　鶴神戌方

編號	日干支	協記每日時辰		附記
21	甲申	●甲子時【青龍】	●乙丑時【明堂天乙】	甲申日　支剋干伐日凶
		○丙寅時【日祿喜神福星日馬天刑日破日刑】	※丁卯時【朱雀】	甲不開倉申不安床
		●戊辰時【金匱】	●己巳時【天德日合】	子午卯酉月玉皇值日
		※庚午時【白虎不遇旬空】	◎辛未時【玉堂天乙旬空】	辰戌丑未月天皇值日乙庚年己亥月凶
		※壬申時【日建天牢路空】	※癸酉時【天官元武路空】	大明神在吉日地虎不食日喜神東北
		●甲戌時【司命】	※乙亥時【勾陳日害】	貴神東北　鶴神乾方
22	乙酉	●丙子時【司命天乙】	※丁丑時【福星勾陳】	乙酉日　支剋干伐日凶
		●戊寅時【青龍】	◎己卯時【明堂日祿日破】	乙不栽種酉不宴會
		※庚辰時【日合日刑】	※辛巳時【天乙朱雀不遇】	寅申巳亥月玉皇值日
		◎壬午時【金匱路空旬空】	◎癸未時【天德路空旬空】	子午卯酉月天皇值日乙庚年子午月凶
		○甲申時【天乙天官白虎】	○乙酉時【玉堂日建日刑】	神在吉日　地虎不食日
		※丙戌時【喜神天牢日害】	○丁亥時【福星日馬元武】	喜神西北　貴神西南　鶴神乾方
23	丙戌	※戊子時【天官福星天牢】	※己丑時【元武】	丙戌日　干生支寶日上吉
		●庚寅時【司命】	※辛卯時【日合勾陳】	丙不作灶戌不食犬
		※壬辰時【青龍不遇路空日破】	◎癸巳時【明堂日祿路空】	寅申巳亥月天皇值日
		※甲午時【天刑旬空】	※乙未時【朱雀日刑旬空】	乙庚年丑未月凶
		●丙申時【金匱喜神日馬】	◎丁酉時【天德天乙日害】	神在吉日
		○戊戌時【福星日建白虎】	●己亥時【玉堂天乙】	喜神西南　貴神西北　鶴神亥方
24	丁亥	※庚子時【白虎】	●辛丑時【玉堂】	丁亥日　支剋干伐日凶
		※壬寅時【日合天牢路空】	※癸卯時【元武不遇路空】	丁不剃頭亥不嫁娶
		●甲辰時【司命】	※乙巳時【日馬勾陳日破】	辰戌丑未月紫微值日
		◎丙午時【青龍日祿喜神旬空】	◎丁未時【明堂旬空】	乙庚年寅申月凶
		※戊申時【天刑日害】	○己酉時【天乙福星朱雀】	大明神在吉日
		●庚戌時【金匱】	◎辛亥時【天德天乙天官日建日刑】	喜神正南　貴神東南　鶴神亥方
25	戊子	◎壬子時【金匱日建路空】	◎癸丑時【天德天乙日合路空】	戊子日　干剋支制日中平
		※甲寅時【日馬白虎不遇】	◎乙卯時【玉堂天官日刑】	戊不受田子不問卜
		※丙辰時【喜神天牢】	※丁巳時【日祿元武】	子午卯酉月紫微值日
		※戊午時【司命日破旬空】	※己未時【天乙勾陳日害旬空】	乙庚年卯酉月凶
		●庚申時【青龍福星】	●辛酉時【明堂】	神在吉日　黃帝生　　喜神東南
		※壬戌時【天刑路空】	※癸亥時【朱雀路空】	貴神東北　鶴神壬方　神煞遊中宮
26	己丑	○甲子時【天乙日合天刑】	※乙丑時【日建朱雀不遇】	己丑日　干支同專日大吉
		●丙寅時【金匱喜神天官】	●丁卯時【天德】	己已破卷丑不冠帶
		※戊辰時【白虎】	●己巳時【玉堂】	寅申巳亥月紫微值日
		※庚午時【日祿天牢日害旬空】	※辛未時【福星元武日破旬空】	乙庚年辰戌月凶
		※壬申時【司命天乙路空】	※癸酉時【勾陳路空】	神在吉日　　　　喜神東北
		○甲戌時【青龍日刑】	◎乙亥時【明堂日馬不遇】	貴神西南　鶴神壬子　神煞遊中宮
27	庚寅	◎丙子時【青龍不遇】	●丁丑時【明堂天乙】	庚寅日　干剋支制日中平
		※戊寅時【日建天刑】	※己卯時【朱雀】	庚不經絡寅不祭祀
		●庚辰時【金匱】	◎辛巳時【天德日害日刑】	丙辛年己亥月凶
		※壬午時【天官福星白虎路空旬空】	◎癸未時【玉堂天乙路空旬空】	金石合
		※甲申時【祿馬天牢日破】	※乙酉時【元武】	喜神西北　貴神正東　鶴神正北
		◎丙戌時【司命喜神不遇】	※丁亥時【日合勾陳】	神煞遊中宮
28	辛卯	◎戊子時【司命日刑】	※己丑時【勾陳】	辛卯日　干剋支制日中平
		●庚寅時【青龍天乙】	●辛卯時【明堂日建】	辛不醞釀卯不穿井
		※壬辰時【天刑路空日害】	○癸巳時【天官福星日馬朱雀路空】	丙辛年午月中凶
		◎甲午時【金匱天乙旬空】	◎乙未時【天德旬空】	神在吉日　金石合
		※丙申時【喜神白虎】	○丁酉時【玉堂日祿不遇日破】	喜神西南　貴神西北　鶴神子癸
		※戊戌時【日合天牢】	※己亥時【元武】	神煞遊中宮
29	壬辰	※庚子時【天牢】	※辛丑時【天官元武】	壬辰日　支剋干伐日凶
		◎壬寅時【司命日馬路空】	※癸卯時【天乙勾陳路空日害】	壬不開渠辰不哭泣
		◎甲辰時【青龍福星日建日刑】	●乙巳時【明堂天乙】	辰戌丑未月玉皇值日丙辛年丑未月凶
		※丙午時【喜神天刑旬空】	※丁未時【天官朱雀旬空】	大明吉日　白帝生　地虎不食日
		◎戊申時【金匱不遇】	●己酉時【天德日合】	喜神正南　貴神正南　鶴神癸方
		※庚戌時【白虎日破】	●辛亥時【玉堂日祿】	神煞遊中宮
30	癸巳	※壬子時【日祿白虎路空】	◎癸丑時【玉堂路空】	癸巳日　干剋支制日中平
		※甲寅時【天牢日害】	○乙卯時【天官福星元武】	癸不詞訟巳不出行
		●丙辰時【司命喜神天官】	○丁巳時【天乙日建勾陳】	子午卯酉月玉皇值日
		◎戊午時【青龍旬空】	◎己未時【明堂不遇旬空】	辰戌丑未月天皇值日
		※庚申時【日合天刑日刑】	※辛酉時【朱雀】	丙辛年寅申月凶
		◎壬戌時【金匱天官路空】	◎癸亥時【天德日馬路空日破】	喜神東南　貴神正南　鶴神上天

編號	日干支	協記每日時辰		附記
31	甲午	◎甲子時【金匱日破】 ○丙寅時【日祿喜神福星白虎】 ※戊辰時【天牢旬空】 ◎庚午時【司命日建不遇日刑】 ◎壬申時【青龍日馬路空】 ※甲戌時【天刑】	◎乙丑時【天德天乙日害】 ●丁卯時【玉堂】 ※己巳時【元武旬空】 ○辛未時【天乙日合勾陳】 ◎癸酉時【明堂天官路空】 ※乙亥時【朱雀】	甲午日　干生支寶日上吉 甲不開倉午不苫蓋 寅申巳亥月玉皇值日 子午卯酉月天皇值日丙辛年卯酉月凶 神在吉日 喜神東北　貴神東北　鶴神上天
32	乙未	※丙子時【天乙天刑日害】 ●戊寅時【金匱】 ※庚辰時【白虎旬空】 ※壬午時【日合天牢路空】 ●甲申時【司命天乙天官】 ●丙戌時【青龍喜神】	※丁丑時【福星朱雀日破日刑】 ●己巳時【天德日祿】 ◎辛巳時【玉堂日馬不遇旬空】 ※癸未時【日建元武路空】 ※乙酉時【勾陳】 ●丁亥時【明堂福星】	乙未日　干剋支制日平 乙不栽種未不求醫療病 寅申巳亥月天皇值日 丙辛年辰戌月凶 大明吉日　地啞日 喜神西北　貴神西北　鶴神上天
33	丙申	●戊子時【青龍天官福星】 ※庚寅時【日馬天刑日破日刑】 ◎壬辰時【金匱不遇路空旬空】 ※甲午時【白虎】 ○丙申時【喜神日建天牢】 ●戊戌時【司命福星】	●己丑時【明堂】 ※辛卯時【朱雀】 ◎癸巳時【天德日祿日合路空旬空】 ●乙未時【玉堂】 ※丁酉時【天乙元武】 ※己亥時【天乙勾陳日害】	丙申日　干剋支制日中平 丙不作灶申不安床 辰戌丑未月紫微值日 丙辛年巳酉月凶 神在吉日　天聾日 喜神西南　貴神西北　鶴神上天
34	丁酉	●庚子時【司命】 ◎壬寅時【青龍路空】 ※甲辰時【日合天刑旬空】 ●丙午時【金匱日祿喜神】 ※戊申時【白虎】 ※庚戌時【天牢日害】	※辛丑時【勾陳】 ◎癸卯時【明堂不遇路空日破】 ※乙巳時【朱雀旬空】 ●丁未時【天德】 ◎己酉時【玉堂天乙福星日建日刑】 ○辛亥時【天乙天官日馬元武】	丁酉日　干剋支制日中平 丁不剃頭酉不宴會 子午卯酉月紫微值日 丙辛年子午月凶 神在吉日　地虎不食日　地啞日 喜神正南　貴神西北　鶴神上天
35	戊戌	※壬子時【天牢路空】 ◎甲寅時【司命不遇】 ◎丙辰時【青龍喜神日破旬空】 ※戊午時【天刑】 ●庚申時【金匱福星日馬】 ※壬戌時【日建白虎路土空】	※癸丑時【天乙元武路空】 ○乙卯時【天官日合勾陳】 ○丁巳時【明堂日祿旬空】 ※己未時【天乙朱雀日刑】 ○辛酉時【天德日害】 ◎癸亥時【玉堂路空】	戊戌日　干支同專日大吉 戊不受田戌不食犬 寅申巳亥月紫微值日 丙辛年丑未月凶 喜神東南　貴神正北　鶴神上天
36	己亥	※甲子時【天乙白虎】 ○丙寅時【喜神天官日合天牢】 ◎戊辰時【司命旬空】 ●庚午時【青龍日祿】 ※壬申時【天乙天刑路空日害】 ●甲戌時【金匱】	◎乙丑時【玉堂不遇】 ※丁卯時【元武】 ※己巳時【日馬勾陳日破旬空】 ●辛未時【明堂福星】 ※癸酉時【朱雀路空】 ◎乙亥時【天德日建不遇日刑】	己亥日　干剋支制日中平 己不破卷亥不嫁娶 丙辛年寅申月凶 地啞日 喜神東北　貴神西北　鶴神上天
37	庚子	◎丙子時【金匱日建不遇】 ※戊寅時【日馬白虎】 ※庚辰時【天牢旬空】 ◎壬午時【司命天官福星路空日破】 ●甲申時【青龍日祿】 ※丙戌時【喜神天刑不遇】	●丁丑時【天德天乙日合】 ◎己卯時【玉堂日刑】 ※辛巳時【元武旬空】 ※癸未時【天乙勾陳路空日害】 ※乙酉時【明堂】 ※丁亥時【朱雀】	庚子日　干生支寶日上吉 庚不經絡子不問卜 丙辛年卯酉月凶 天聾日 喜神西北　貴神正北　鶴神上天 神煞西遊
38	辛丑	※戊子時【日合天刑】 ●庚寅時【金匱天乙】 ※壬辰時【白虎路空旬空】 ※甲午時【天乙天牢日害】 ●丙申時【司命喜神】 ●戊戌時【青龍日刑】	※己丑時【日建朱雀】 ●辛卯時【天德】 ◎癸巳時【玉堂天官福星路空旬空】 ※乙未時【元武日破】 ※丁酉時【日祿勾陳不遇】 ●己亥時【明堂日馬】	辛丑日　支生干義日上吉 辛不醯釀丑不冠帶 辰戌丑未月玉皇值日 丙辛年辰戌月凶 地啞日 喜神西南貴神東北鶴神上天神煞西遊
39	壬寅	●庚子時【青龍】 ※壬寅時【日建天刑路空】 ◎甲辰時【金匱福星旬空】 ※丙午時【喜神白虎】 ※戊申時【日馬天牢不遇日破】 ●庚戌時【司命】	●辛丑時【明堂天官】 ※癸卯時【天乙朱雀路空】 ◎乙巳時【天德天乙日害日刑旬空】 ●丁未時【玉堂天官】 ※己酉時【元武】 ○辛亥時【日祿日合勾陳】	壬寅日　干生支寶日上吉 壬不開渠寅不祭祀 子午卯酉月玉皇值日 辰戌丑未月玉皇值日丁壬年巳亥月凶 大明吉日　江河合 喜神正南貴神東北鶴神上天神煞西遊
40	癸卯	◎壬子時【司命日祿路空日刑】 ●甲寅時【青龍】 ※丙辰時【喜神天官天刑日害旬空】 ●戊午時【金匱】 ※庚申時【白虎】 ※壬戌時【天官日合天牢路空】	※癸丑時【勾陳路空】 ●乙卯時【明堂天乙福星日建】 ※丁巳時【天乙日馬朱雀旬空】 ◎己未時【天德不遇】 ◎辛酉時【玉堂日破】 ※癸亥時【元武路空】	癸卯日　干生支寶日上吉 癸不詞訟卯不穿井 寅申巳亥月玉皇值日 辰戌丑未月天皇值日　丁年子午月凶 江河合 喜神東南貴神東南鶴神上天神煞西遊

編號	日干支	協記每日時辰		附記
41	甲辰	※甲子時【天牢】	※乙丑時【天乙元武】	甲辰日　干剋支制日中平
		◎丙寅時【司命日祿喜神福星日馬旬空】	※丁卯時【勾陳日害旬空】	甲不開倉辰不哭泣
		◎戊辰時【青龍日建日刑】	●己巳時【明堂】	寅申巳亥月玉皇值日
		※庚午時【天刑不遇】	※辛未時【天乙朱雀】	丁壬年未丑月凶
		◎壬申時【金匱路空】	◎癸酉時【天德天官日合路空】	大明吉日　赤帝生　地虎不食日
		※甲戌時【白虎日破】	●乙亥時【玉堂】	喜神東北貴神正北鶴神上天神煞西遊
42	乙巳	※丙子時【天乙白虎】	●丁丑時【玉堂福星】	乙巳日　干生支寶日上吉
		※戊寅時【天牢日害旬空】	※己卯時【日祿元武旬空】	乙不栽種巳不出行
		●庚辰時【司命】	※辛巳時【日建勾陳不遇】	辰戌丑未月紫微值日
		◎壬午時【青龍路空】	◎癸未時【明堂路空】	丁壬年寅申月凶
		○甲申時【天乙天官日合天刑日刑】	※乙酉時【朱雀】	大明吉日
		●丙戌時【金匱喜神】	◎丁亥時【天德福星日馬日破】	喜神西北　貴神正北　鶴神上天
43	丙午	◎戊子時【金匱天官福星日破】	◎己丑時【天德日害】	丙午日　干支同專日吉
		※庚寅時【白虎旬空】	辛卯時【玉堂旬空】	丙不作灶午不苫蓋
		※壬辰時【天牢不遇路空】	※癸巳時【日祿元武路空】	子午卯酉月紫微值日
		甲午時【司命日建日刑】	※乙未時【日合勾陳】	丁壬年卯酉月凶
		●丙申時【青龍喜神日馬】	●丁酉時【明堂天乙】	大明神在吉日　地虎不食日
		※戊戌時【福星天刑】	※己亥時【天乙朱雀】	喜神西南　貴神西北　鶴神上天
44	丁未	※庚子時【天刑日害】	※辛丑時【朱雀日破日刑】	丁未日　干生支寶日吉
		◎壬寅時【金匱路空旬空】	◎癸卯時【天德不遇路空旬空】	丁不剃頭未不求醫療病
		※甲辰時【白虎】	●乙巳時【玉堂日馬】	寅申巳亥月紫微值日
		○丙午時【日祿喜神日合天牢】	※丁未時【日建元武】	神在吉日
		●戊申時【司命】	○己酉時【天乙福星勾陳】	喜神正南　貴神正北　鶴神上天
		●庚戌時【青龍】	●辛亥時【明堂天乙天官】	
45	戊申	◎壬子時【青龍路空】	◎癸丑時【明堂天乙路空】	戊申日　干生支寶日上吉
		※甲寅時【日馬天刑不遇日破日刑旬空】	※乙卯時【天官朱雀旬空】	戊不受田申不安床
		●丙辰時【金匱喜神】	●丁巳時【天德日祿日合】	丁壬年巳亥月凶
		※戊午時【白虎】	●己未時【玉堂天乙】	神在吉日
		○庚申時【福星日建天牢】	※辛酉時【元武】	喜神東南　貴神正東　鶴神上天
		◎壬戌時【司命路空】	※癸亥時【勾陳路空日害】	
46	己酉	●甲子時【司命天乙】	※乙丑時【勾陳不遇】	己酉日　干生支寶日上吉
		◎丙寅時【青龍喜神天官旬空】	◎丁卯時【明堂日破旬空】	己不破卷酉不宴會
		※戊辰時【日合天刑】	※己巳時【朱雀】	丁壬年子午月凶
		●庚午時【金匱日祿】	●辛未時【天德福星】	天恩吉日大明神在吉日　地虎不食日
		※壬申時【天乙白虎路空】	◎癸酉時【玉堂日建路空日刑】	喜神東北　貴神正北　鶴神丑方
		※甲戌時【天牢日害】	※乙亥時【日馬元武不遇】	
47	庚戌	※丙子時【天牢不遇】	※丁丑時【天乙元武】	庚戌日　支生干義日吉
		◎戊寅時【司命旬空】	※己卯時【日合勾陳旬空】	庚不經絡戌不食犬
		◎庚辰時【青龍日破】	●辛巳時【明堂】	辰戌丑未月玉皇值日
		※壬午時【天官福星天刑路空】	※癸未時【天乙朱雀路空日刑】	丁壬年丑未月凶
		●甲申時【金匱日祿日馬】	◎乙酉時【天德日害】	天恩吉日大明神在吉日
		※丙戌時【喜神日建白虎不遇】	●丁亥時【玉堂】	喜神西北　貴神正南　鶴神丑方
48	辛亥	※戊子時【白虎】	●己丑時【玉堂】	辛亥日　干生支寶日上吉
		※庚寅時【天乙日合天牢旬空】	※辛卯時【元武旬空】	辛不醖釀亥不嫁娶
		◎壬辰時【司命路空】	※癸巳時【天官福星日馬勾陳日破路空】	辰戌丑未月天皇值日
		●甲午時【青龍天乙】	●乙未時【明堂】	子午卯酉月玉皇值日丁壬年寅申月凶
		※丙申時【喜神天刑日害】	※丁酉時【日祿朱雀不遇】	天恩吉日大明吉日地啞日
		●戊戌時【金匱】	●己亥時【天德日建】	喜神西南　貴神西北　鶴神艮方
49	壬子	●庚子時【金匱日建】	●辛丑時【天德天官日合】	壬子日　干支同專日大吉
		※壬寅時【日馬白虎路空旬空】	◎癸卯時【玉堂天乙路空日刑旬空】	壬不開渠子不問卜
		※甲辰時【福星天牢】	※乙巳時【天乙元武】	寅申巳亥月玉皇值日
		◎丙午時【司命喜神日破】	※丁未時【天官勾陳日害】	子午卯酉月玉皇值日丁壬年二八月凶
		◎戊申時【青龍不遇】	●己酉時【明堂】	天恩吉日　黑帝生天聾日
		※庚戌時【天刑】	※辛亥時【日祿朱雀】	喜神正南貴神東北鶴神艮方神煞北遊
50	癸丑	※壬子時【日祿日合天刑路空】	※癸丑時【日建朱雀路空】	癸丑日　支剋干伐日凶
		甲寅時【金匱旬空】	◎乙卯時【天德天乙福星旬空】	癸不詞訟丑不冠帶
		○丙辰時【喜神天官白虎】	●丁巳時【玉堂天乙】	寅申巳亥月天皇值日
		※戊午時【天牢日害】	※己未時【元武不遇日破】	丁壬年辰戌月凶
		●庚申時【司命】	※辛酉時【勾陳】	天恩吉日　地啞日
		◎壬戌時【青龍天官路空日刑】	◎癸亥時【明堂日馬路空】	喜神東南貴神東南鶴神寅方神煞北遊

編號	日干支	協記每日時辰		附記
51	甲寅	◎甲子時【青龍旬空】	◎乙丑時【明堂天乙旬空】	甲寅日　干支同專日大吉
		○丙寅時【日祿喜神福星日建天刑】	※丁卯時【朱雀】	甲不開倉寅不祭祀
		●戊辰時【金匱】	◎己巳時【天德日刑日害】	辰戌丑未月紫微值日
		※庚午時【白虎不遇】	●辛未時【玉堂天乙】	戊癸年己亥月凶
		※壬申時【日馬天牢路空日破】	※癸酉時【天乙元武路空】	日月合
		●甲戌時【司命】	※乙亥時【日合勾陳】	喜神東北貴神正南鶴神寅方神煞北遊
52	乙卯	◎丙子時【司命天乙日刑旬空】	※丁丑時【福星勾陳旬空】	乙卯日　干支同專日大吉
		●戊寅時【青龍】	●己卯時【明堂日祿日建】	乙不栽種卯不穿井
		※庚辰時【天刑日害】	※辛巳時【日馬朱雀不遇】	子午卯酉月紫微值日
		◎壬午時【金匱路空】	◎癸未時【天德路空】	戊癸年午子月凶
		甲申時【天乙天官白虎】	◎乙酉時【玉堂日破】	神在吉日　日月合
		○丙戌時【喜神日合天牢】	※丁亥時【福星元武】	喜神西北貴神正北鶴神甲方神煞北遊
53	丙辰	※戊子時【天官福星天牢旬空】	※己丑時【元武旬空】	丙辰日　干生支寶日上吉
		●庚寅時【司命日馬】	※辛卯時【勾陳日害】	丙不作灶辰不哭泣
		◎壬辰時【青龍日建不遇路空日刑】	◎癸巳時【明堂日祿路空】	寅申巳亥月紫微值日
		※甲午時【天刑】	※乙未時【朱雀】	戊癸年丑未月凶
		●丙申時【金匱喜神】	●丁酉時【天德天乙日合】	大明神在吉日　天聾日　地虎不食日
		※戊戌時【福星白虎日破】	●己亥時【玉堂天乙】	喜神西南貴神正北鶴神甲方神煞北遊
54	丁巳	※庚子時【白虎旬空】	◎辛丑時【玉堂旬空】	丁巳日　干支同專日大吉
		※壬寅時【天牢路空日害】	※癸卯時【元武不遇路空】	丁不剃頭巳不出行
		●甲辰時【司命】	※乙巳時【日建勾陳】	戊癸年寅申月凶
		●丙午時【青龍日祿喜神】	●丁未時【明堂】	神在吉日
		※戊申時【日合天刑日刑】	○己酉時【天乙福星朱雀】	喜神正南　貴神正東　鶴神正東
		●庚戌時【金匱】	◎辛亥時【天德天乙天官日馬日破】	
55	戊午	◎壬子時【金匱路空日破旬空】	◎癸丑時【天德天乙路空日害旬空】	戊午日　支生干義日吉
		※甲寅時【白虎不遇】	●乙卯時【玉堂天官】	戊不受田午不苫蓋
		※丙辰時【喜神天牢】	※丁巳時【日祿元武】	戊癸年卯酉月凶
		○戊午時【司命日建日刑】	○己未時【天乙日合勾陳】	喜神東南　貴神正北　鶴神乙卯
		●庚申時【青龍福星日馬】	●辛酉時【明堂】	
		※壬戌時【天刑路空】	※癸亥時【朱雀路空】	
56	己未	◎甲子時【天乙天刑日害旬空】	※乙丑時【朱雀不遇日破日刑旬空】	己未日　干支同專日吉
		●丙寅時【金匱喜神天官】	●丁卯時【天德】	己不破卷未不求醫療病
		※戊辰時【白虎】	●己巳時【玉堂日馬】	辰戌丑未月天皇值日
		○庚午時【日祿日合天牢】	○辛未時【福星日建元武】	戊癸年辰戌月凶
		◎壬申時【司命天乙路空】	※癸酉時【勾陳路空】	大明神在吉日　地虎不食日
		●甲戌時【青龍】	◎乙亥時【明堂不遇】	喜神東北　貴神西北　鶴神乙方
57	庚申	◎丙子時【青龍不遇旬空】	◎丁丑時【明堂天乙旬空】	庚申日　干支同專日吉
		※戊寅時【日馬天刑日破日刑】	※己卯時【朱雀】	庚不經絡申不安床
		●庚辰時【金匱】	●辛巳時【天德日合】	子午卯酉月玉皇值日
		※壬午時【天官福星白虎路空】	◎癸未時【玉堂天乙路空】	辰戌丑未月天皇值日戊癸年己亥月凶
		○甲申時【日祿日建天牢】	※乙酉時【元武】	大明吉日　地虎不食日
		○丙戌時【司命喜神不遇】	※丁亥時【勾陳日害】	喜神西北　貴神西北　鶴神辰方
58	辛酉	◎戊子時【司命旬空】	※己丑時【勾陳旬空】	辛酉日　干支同專日吉
		●庚寅時【青龍天乙】	◎辛卯時【明堂日破】	辛不醴釀酉不宴會
		※壬辰時【日合天刑路空】	※癸巳時【天官福星朱雀路空】	子午卯酉月天皇值日
		●甲午時【金匱天乙】	●乙未時【天德】	戊癸年子午月凶
		※丙申時【喜神白虎】	○丁酉時【玉堂日祿日建不遇日刑】	大明神在吉日　地虎不食日　地啞日
		※戊戌時【天牢日害】	※己亥時【日馬元武】	喜神西南　貴神西北　鶴神辰方
59	壬戌	※庚子時【天牢旬空】	※辛丑時【天官元武旬空】	壬戌日　支剋干伐日凶
		◎壬寅時【司命路空】	※癸卯時【天乙日合勾陳路空】	壬不開渠戌不食犬
		●甲辰時【青龍福星日破】	●乙巳時【明堂天乙】	寅申巳亥月天皇值日
		※丙午時【喜神天刑】	※丁未時【天官朱雀日刑】	戊癸年子午月凶
		○戊申時【金匱日馬不遇】	○己酉時【天德日害】	喜神正南　貴神西北　鶴神東南
		○庚戌時【日建白虎】	●辛亥時【玉堂日祿】	
60	癸亥	※壬子時【日祿白虎路空旬空】	◎癸丑時【玉堂路空旬空】	癸亥日　干支同專日大吉
		○甲寅時【日合天牢】	○乙卯時【天乙福星元武】	癸不詞訟亥不嫁娶
		●丙辰時【司命喜神天官】	※丁巳時【天乙日馬勾陳日害】	辰戌丑未月紫微值日
		●戊午時【青龍】	◎己未時【明堂不遇】	戊癸年寅申月凶
		※庚申時【天刑日害】	※辛酉時【朱雀】	神在吉日
		◎壬戌時【金匱天官路空】	◎癸亥時【天德日建路空日刑】	喜神東南　貴神東南　鶴神東南

編號	日	早子00-01	丑01-03	寅03-05	卯05-07	辰07-09	巳09-11	午11-13	未13-15	申15-17	酉17-19	戌19-21	亥21-23	夜子23-24
1	甲子	●甲子時	●乙丑時	○丙寅時	◎丁卯時	※戊辰時	◎己巳時	庚午時	※辛未時	◎壬申時	◎癸酉時	※甲戌時	※乙亥時	○丙子時
2	乙丑	○丙子時	○丁丑時	●戊寅時	●己卯時	※庚辰時	◎辛巳時	※壬午時	◎癸未時	●甲申時	※乙酉時	◎丙戌時	◎丁亥時	●戊子時
3	丙寅	●戊子時	●己丑時	※庚寅時	※辛卯時	◎壬辰時	◎癸巳時	※甲午時	●乙未時	※丙申時	※丁酉時	◎戊戌時	※己亥時	◎庚子時
4	丁卯	◎庚子時	※辛丑時	◎壬寅時	◎癸卯時	●甲辰時	※乙巳時	●丙午時	●丁未時	※戊申時	※己酉時	※庚戌時	※辛亥時	※壬子時
5	戊辰	※壬子時	※癸丑時	◎甲寅時	◎乙卯時	◎丙辰時	●丁巳時	◎戊午時	※己未時	◎庚申時	●辛酉時	※壬戌時	◎癸亥時	※甲子時
6	己巳	※甲子時	◎乙丑時	※丙寅時	※丁卯時	●戊辰時	◎己巳時	●庚午時	●辛未時	※壬申時	◎癸酉時	◎甲戌時	◎乙亥時	○丙子時
7	庚午	◎丙子時	◎丁丑時	※戊寅時	●己卯時	※庚辰時	※辛巳時	◎壬午時	※癸未時	●甲申時	●乙酉時	※丙戌時	◎丁亥時	●戊子時
8	辛未	※戊子時	※己丑時	●庚寅時	●辛卯時	※壬辰時	※癸巳時	○甲午時	●乙未時	●丙申時	※丁酉時	◎戊戌時	◎己亥時	●庚子時
9	壬申	●庚子時	●辛丑時	※壬寅時	※癸卯時	●甲辰時	●乙巳時	※丙午時	●丁未時	※戊申時	◎己酉時	●庚戌時	※辛亥時	●壬子時
10	癸酉	◎壬子時	※癸丑時	●甲寅時	◎乙卯時	○丙辰時	◎丁巳時	●戊午時	◎己未時	※庚申時	◎辛酉時	※壬戌時	◎癸亥時	※甲子時
11	甲戌	※甲子時	※乙丑時	●丙寅時	◎丁卯時	●戊辰時	◎己巳時	◎庚午時	※辛未時	◎壬申時	◎癸酉時	※甲戌時	●乙亥時	○丙子時
12	乙亥	※丙子時	●丁丑時	※戊寅時	◎己卯時	●庚辰時	※辛巳時	◎壬午時	○癸未時	●甲申時	◎乙酉時	●丙戌時	◎丁亥時	●戊子時
13	丙子	●戊子時	●己丑時	※庚寅時	◎辛卯時	※壬辰時	※癸巳時	◎甲午時	※乙未時	◎丙申時	◎丁酉時	※戊戌時	※己亥時	※庚子時
14	丁丑	◎庚子時	※辛丑時	◎壬寅時	◎癸卯時	※甲辰時	●乙巳時	◎丙午時	●丁未時	◎戊申時	※己酉時	◎庚戌時	●辛亥時	◎壬子時
15	戊寅	●壬子時	◎癸丑時	●甲寅時	※乙卯時	●丙辰時	◎丁巳時	●戊午時	◎己未時	※庚申時	※辛酉時	◎壬戌時	※癸亥時	●甲子時
16	己卯	◎甲子時	※乙丑時	●丙寅時	●丁卯時	◎戊辰時	●己巳時	◎庚午時	※辛未時	◎壬申時	◎癸酉時	※甲戌時	●乙亥時	◎丙子時
17	庚辰	※丙子時	※丁丑時	●戊寅時	※己卯時	◎庚辰時	※辛巳時	◎壬午時	※癸未時	◎甲申時	◎乙酉時	※丙戌時	●丁亥時	◎戊子時
18	辛巳	●戊子時	●己丑時	※庚寅時	※辛卯時	◎壬辰時	※癸巳時	●甲午時	※乙未時	※丙申時	◎丁酉時	●戊戌時	◎己亥時	◎庚子時
19	壬午	◎庚子時	※辛丑時	●壬寅時	※癸卯時	※甲辰時	◎乙巳時	※丙午時	○丁未時	●戊申時	◎己酉時	※庚戌時	※辛亥時	◎壬子時
20	癸未	●壬子時	◎癸丑時	●甲寅時	◎乙卯時	◎丙辰時	●丁巳時	●戊午時	※己未時	●庚申時	※辛酉時	◎壬戌時	◎癸亥時	●甲子時
21	甲申	●甲子時	◎乙丑時	○丙寅時	◎丁卯時	◎戊辰時	●己巳時	◎庚午時	※辛未時	◎壬申時	※癸酉時	●甲戌時	●乙亥時	◎丙子時
22	乙酉	●丙子時	※丁丑時	●戊寅時	◎己卯時	●庚辰時	※辛巳時	◎壬午時	※癸未時	◎甲申時	※乙酉時	●丙戌時	○丁亥時	◎戊子時
23	丙戌	○戊子時	※己丑時	●庚寅時	※辛卯時	◎壬辰時	※癸巳時	※甲午時	※乙未時	●丙申時	◎丁酉時	○戊戌時	●己亥時	◎庚子時
24	丁亥	※庚子時	●辛丑時	※壬寅時	※癸卯時	◎甲辰時	※乙巳時	◎丙午時	※丁未時	※戊申時	◎己酉時	●庚戌時	※辛亥時	◎壬子時
25	戊子	◎壬子時	◎癸丑時	※甲寅時	●乙卯時	※丙辰時	◎丁巳時	●戊午時	※己未時	●庚申時	●辛酉時	※壬戌時	※癸亥時	◎甲子時
26	己丑	○甲子時	※乙丑時	●丙寅時	●丁卯時	※戊辰時	●己巳時	※庚午時	※辛未時	◎壬申時	●癸酉時	◎甲戌時	◎乙亥時	○丙子時
27	庚寅	◎丙子時	●丁丑時	※戊寅時	※己卯時	●庚辰時	※辛巳時	●壬午時	※癸未時	※甲申時	◎乙酉時	◎丙戌時	●丁亥時	◎戊子時
28	辛卯	◎戊子時	※己丑時	●庚寅時	※辛卯時	◎壬辰時	※癸巳時	●甲午時	◎乙未時	※丙申時	◎丁酉時	※戊戌時	※己亥時	◎庚子時
29	壬辰	※庚子時	※辛丑時	◎壬寅時	※癸卯時	◎甲辰時	●乙巳時	◎丙午時	※丁未時	◎戊申時	●己酉時	※庚戌時	●辛亥時	※壬子時
30	癸巳	※壬子時	◎癸丑時	※甲寅時	○乙卯時	●丙辰時	○丁巳時	◎戊午時	●己未時	※庚申時	※辛酉時	◎壬戌時	※癸亥時	◎甲子時
31	甲午	◎甲子時	◎乙丑時	○丙寅時	●丁卯時	※戊辰時	◎己巳時	庚午時	○辛未時	◎壬申時	◎癸酉時	※甲戌時	※乙亥時	※丙子時
32	乙未	※丙子時	※丁丑時	●戊寅時	●己卯時	※庚辰時	◎辛巳時	◎壬午時	※癸未時	●甲申時	※乙酉時	●丙戌時	○丁亥時	●戊子時
33	丙申	●戊子時	◎己丑時	※庚寅時	※辛卯時	◎壬辰時	※癸巳時	◎甲午時	●乙未時	○丙申時	※丁酉時	◎戊戌時	※己亥時	●庚子時
34	丁酉	◎庚子時	※辛丑時	◎壬寅時	◎癸卯時	※甲辰時	◎乙巳時	◎丙午時	◎丁未時	※戊申時	◎己酉時	※庚戌時	○辛亥時	※壬子時
35	戊戌	※壬子時	※癸丑時	◎甲寅時	○乙卯時	◎丙辰時	※丁巳時	●戊午時	※己未時	●庚申時	◎辛酉時	※壬戌時	◎癸亥時	※甲子時
36	己亥	※甲子時	◎乙丑時	○丙寅時	※丁卯時	●戊辰時	※己巳時	●庚午時	●辛未時	※壬申時	※癸酉時	●甲戌時	●乙亥時	※丙子時
37	庚子	◎丙子時	●丁丑時	※戊寅時	※己卯時	◎庚辰時	※辛巳時	◎壬午時	※癸未時	●甲申時	◎乙酉時	※丙戌時	●丁亥時	◎戊子時
38	辛丑	●戊子時	●己丑時	◎庚寅時	●辛卯時	※壬辰時	◎癸巳時	●甲午時	※乙未時	◎丙申時	※丁酉時	●戊戌時	◎己亥時	●庚子時
39	壬寅	◎庚子時	●辛丑時	●壬寅時	※癸卯時	◎甲辰時	●乙巳時	※丙午時	●丁未時	※戊申時	◎己酉時	●庚戌時	○辛亥時	●壬子時
40	癸卯	◎壬子時	※癸丑時	●甲寅時	●乙卯時	◎丙辰時	※丁巳時	●戊午時	◎己未時	※庚申時	◎辛酉時	※壬戌時	◎癸亥時	※甲子時
41	甲辰	※甲子時	※乙丑時	◎丙寅時	※丁卯時	◎戊辰時	●己巳時	◎庚午時	※辛未時	◎壬申時	◎癸酉時	※甲戌時	●乙亥時	※丙子時
42	乙巳	※丙子時	●丁丑時	※戊寅時	※己卯時	●庚辰時	※辛巳時	◎壬午時	※癸未時	○甲申時	※乙酉時	●丙戌時	○丁亥時	◎戊子時
43	丙午	◎戊子時	◎己丑時	●庚寅時	※辛卯時	◎壬辰時	※癸巳時	◎甲午時	※乙未時	●丙申時	◎丁酉時	※戊戌時	※己亥時	◎庚子時
44	丁未	※庚子時	※辛丑時	◎壬寅時	※癸卯時	◎甲辰時	※乙巳時	◎丙午時	※丁未時	●戊申時	◎己酉時	●庚戌時	※辛亥時	◎壬子時
45	戊申	◎壬子時	◎癸丑時	※甲寅時	※乙卯時	●丙辰時	◎丁巳時	◎戊午時	●己未時	○庚申時	※辛酉時	◎壬戌時	※癸亥時	●甲子時
46	己酉	●甲子時	※乙丑時	※丙寅時	※丁卯時	◎戊辰時	●己巳時	◎庚午時	●辛未時	※壬申時	◎癸酉時	※甲戌時	●乙亥時	※丙子時
47	庚戌	※丙子時	※丁丑時	◎戊寅時	※己卯時	◎庚辰時	●辛巳時	◎壬午時	※癸未時	●甲申時	◎乙酉時	※丙戌時	●丁亥時	※戊子時
48	辛亥	※戊子時	●己丑時	※庚寅時	※辛卯時	◎壬辰時	※癸巳時	●甲午時	※乙未時	※丙申時	◎丁酉時	●戊戌時	◎己亥時	●庚子時
49	壬子	●庚子時	●辛丑時	◎壬寅時	◎癸卯時	※甲辰時	◎乙巳時	●丙午時	◎丁未時	※戊申時	●己酉時	※庚戌時	※辛亥時	※壬子時
50	癸丑	※壬子時	※癸丑時	◎甲寅時	◎乙卯時	○丙辰時	●丁巳時	◎戊午時	◎己未時	●庚申時	※辛酉時	◎壬戌時	※癸亥時	◎甲子時
51	甲寅	◎甲子時	◎乙丑時	○丙寅時	※丁卯時	●戊辰時	◎己巳時	◎庚午時	※辛未時	●壬申時	※癸酉時	●甲戌時	●乙亥時	◎丙子時
52	乙卯	※丙子時	●丁丑時	●戊寅時	●己卯時	※庚辰時	※辛巳時	◎壬午時	◎癸未時	○甲申時	※乙酉時	○丙戌時	※丁亥時	※戊子時
53	丙辰	※戊子時	◎己丑時	●庚寅時	※辛卯時	●壬辰時	※癸巳時	◎甲午時	※乙未時	●丙申時	◎丁酉時	※戊戌時	◎己亥時	◎庚子時
54	丁巳	◎庚子時	※辛丑時	※壬寅時	●癸卯時	◎甲辰時	●乙巳時	◎丙午時	※丁未時	●戊申時	○己酉時	●庚戌時	◎辛亥時	◎壬子時
55	戊午	◎壬子時	※癸丑時	●甲寅時	○乙卯時	◎丙辰時	●丁巳時	◎戊午時	◎己未時	●庚申時	●辛酉時	※壬戌時	※癸亥時	◎甲子時
56	己未	※甲子時	●乙丑時	※丙寅時	※丁卯時	●戊辰時	◎己巳時	●庚午時	※辛未時	◎壬申時	●癸酉時	◎甲戌時	◎乙亥時	○丙子時
57	庚申	◎丙子時	●丁丑時	※戊寅時	※己卯時	●庚辰時	●辛巳時	※壬午時	●癸未時	○甲申時	※乙酉時	◎丙戌時	●丁亥時	◎戊子時
58	辛酉	◎戊子時	※己丑時	●庚寅時	※辛卯時	◎壬辰時	※癸巳時	◎甲午時	●乙未時	※丙申時	◎丁酉時	※戊戌時	◎己亥時	◎庚子時
59	壬戌	※庚子時	※辛丑時	◎壬寅時	※癸卯時	◎甲辰時	●乙巳時	◎丙午時	※丁未時	◎戊申時	●己酉時	※庚戌時	●辛亥時	※壬子時
60	癸亥	※壬子時	◎癸丑時	※甲寅時	○乙卯時	●丙辰時	◎丁巳時	●戊午時	◎己未時	※庚申時	※辛酉時	◎壬戌時	◎癸亥時	●甲子時
61	吉凶	●為吉時 無凶煞。		◎黃道時 帶凶煞。		○黑道時 多吉神。		※黑道時 帶凶煞。						

編號	時吉凶神煞	吉凶	簡稱	別名	時神宜忌
1	時吉神				時吉神
2	天官貴人	吉	天官		天官貴人：宜祭祀、祈福、襲爵受封、入學、出行、上官赴任、修造動土、破土、安葬
3	福星貴人	吉	福星		福星貴人：宜祭祀、祈福、求嗣、出行、臨政親民、嫁娶、移徙、修造動土、開市、破土、安葬
4	天乙貴人	吉	天乙	陽貴人	天乙貴人【陽貴】：宜祈福、求嗣、襲爵受封、入學、出行、上官赴任、嫁娶、移徙、修造動土、破土、安葬【冬至後用陽貴，子時至巳時用陽貴】
5	天乙貴人	吉	天乙	陰貴人	天乙貴人【陰貴】：宜祈福、求嗣、襲爵受封、入學、出行、上官赴任、嫁娶、移徙、修造動土、破土、安葬【夏至後用陰貴，午時至亥時用陰貴】
6	日祿	吉		五符，八祿	日祿：宜祈福、出行、上官赴任、嫁娶、移徙、修造動土、開市、破土、安葬
7	喜神	吉			喜神：宜祭祀、祈福、求嗣、會親友、出行、臨政親民、嫁娶、移徙、修造動土、開市、立券交易、破土、安葬
8	明堂黃道	吉	明堂	貴人星 明輔星	明堂黃道：宜上表章、出行、移徙、安床、修造動土、開市
9	金匱黃道	吉	金匱	福德星 月仙星	金匱黃道：宜祈福、嫁娶、移徙、安床、修造動土、破土、安葬
10	天德黃道	吉	天德	寶光星 天德星	天德黃道：宜祭祀、祈福、修造動土
11	玉堂黃道	吉	玉堂	少微星 天開星	玉堂黃道：宜出行、移徙、安床、修造動土、開市
12	司命黃道	吉	司命	鳳輦星 日仙星	司命黃道：宜祭祀、祈福、修造動土【日間用事吉，寅時至申時】
13	青龍黃道	吉	青龍	太乙星 天貴星	青龍黃道：宜祭祀、祈福、嫁娶、移徙、安床、修造動土、開市、破土、安葬
14	日合	吉		六合時	日合：宜祭祀、祈福、出行、嫁娶、移徙、修造動土、開市、立券交易、破土、安葬
15	日馬	吉		驛馬時	日馬：宜祈福、出行、上官赴任、嫁娶、移徙、修造動土、開市、破土、安葬
16	貴登天門時	吉			貴登天門時：宜祭祀、祈福、求嗣、出行、上官赴任、嫁娶、移徙、修造動土、開市、立券交易、破土、安葬【用陰陽貴人登天門時不忌旬中空截路空孤辰寡宿大敗等時】
17	四大吉時	吉			四大吉時：用之極吉不忌旬中空截路空孤辰寡宿大敗等時
18	時凶神				時凶神：
19	日建	凶		時建	日建：忌出行，餘吉用
20	日破	凶		時破	日破：忌嫁娶、修造動土、破土、安葬
21	日刑	凶		時刑	日刑：忌出行、上官赴任、嫁娶，諸眾務須黃道合德祿貴化
22	日害	凶		時害	日害：忌出行、上官赴任，諸眾務須黃道合德祿貴化
23	天刑黑道	凶	天刑	天刑星	天刑黑道：忌出行、上官赴任、移徙、修造動土、破土、安葬，眾務吉多可用
24	朱雀黑道	凶	朱雀	天訟星	朱雀黑道：忌修造動土、破土、安葬
25	白虎黑道	凶	白虎	天殺星	白虎黑道：忌修造動土、破土、安葬　只宜：祭祀、畋獵
26	天牢黑道	凶	天牢	鎮神星	天牢黑道：忌出行、上官赴任、移徙、修造動土、破土、安葬，眾務吉多可用
27	元武黑道	凶	元武	天獄星	元武黑道：忌出行、上官赴任、移徙、修造動土、破土、安葬，眾務吉多可用
28	勾陳黑道	凶	勾陳	地獄星	勾陳黑道：忌出行、上官赴任、移徙、修造動土、破土、安葬，眾務吉多可用
29	截路空亡	凶	路空	路空	截路空亡：忌祭祀、祈福、上表章、出行、上官赴任、嫁娶、移徙、開市、納財、開倉庫出貨財【有動態的現象】，修造埋葬則不忌　宜：合壽木
30	旬中空亡	凶	旬空	旬空	旬中空亡：忌出行、上官赴任、嫁娶、移徙、修造動土、開市　宜開生墳合壽木大吉葬埋不忌餘事並忌
31	五不遇	凶	不遇		五不遇：忌出行、上官赴任、修造動土，其餘須合德祿貴解化

二十八宿用事宜忌

編號	二十八宿	星期	七曜	二十八宿名	吉凶	二十八宿用事宜忌	備註
1	角宿	四	木	角木蛟	○	角宿：宜訂盟、嫁娶、入宅、開市、交易、納財、上官赴任、出行、求醫療病；忌行喪、安葬、修墳、破土、啓攢。	●代表全吉
2	亢宿	五	金	亢金龍	※	亢宿：忌修造動土、安葬、嫁娶、上官赴任。	○代表吉凶參半
3	氐宿	六	土	氐土貉	※	氐宿：忌修造動土、行喪、安葬、嫁娶、出行。	※代表凶
4	房宿	日	日	房日兔	●	房宿：宜修造動土、開市、交易、嫁娶、行喪、安葬、出行、赴任。	
5	心宿	一	月	心月狐	※	心宿：忌婚嫁、行喪、安葬、入宅、出行、訴訟、置產。	
6	尾宿	二	火	尾火虎	●	尾宿：宜開市、交易、嫁娶、納采、行喪、安喪、出行、放水、上官赴任。	
7	箕宿	三	水	箕水豹	●	箕宿：宜埋葬、行喪、修造動土、開市、交易、納財、納畜、入宅、牧養、栽種、醞釀。	
8	斗宿	四	木	斗木獬	●	斗宿：宜行喪、安葬、修墳、破土、開市、納財、納畜、牧養、栽種、置產。	
9	牛宿	五	金	牛金牛	※	牛宿：忌行喪、安葬、嫁娶、納采、開市、交易、納畜、牧養、栽種、出行、入宅、修造。	
10	女宿	六	土	女土蝠	※	女宿：忌行喪、安葬、納采、嫁娶、開市、交易、出行、放水、上官赴任。	
11	虛宿	日	日	虛日鼠	※	虛宿：忌修造動土、破土、安葬、嫁娶、入宅、分家、置產、出行、開市、納財。	
12	危宿	一	月	危月燕	※	危宿：忌行喪、安葬、破土、修造動土、啓攢、出行、放水、訴訟。	
13	室宿	二	火	室火豬	●	室宿：宜修造動土、開市、交易、嫁娶、納采、行喪、安葬、修墳、啓攢、牧養、納畜。	
14	壁宿	三	水	壁水㺄	●	壁宿：宜行喪、安葬、入宅、修造動土、嫁娶、訂盟、開市、交易、上官赴任、牧養、納畜、栽種、出行。	
15	奎宿	四	木	奎木狼	○	奎宿：宜修造動土、上梁、平治道塗、破屋壞垣、入宅、安機；忌行喪、安葬、修墳、啓攢、出行、訴訟、上官赴任。	
16	婁宿	五	金	婁金狗	●	婁宿：宜監造、修造動土、入宅、婚姻、嫁娶、開市、交易、出行、上官赴任。	
17	胃宿	六	土	胃土雉	●	胃宿：宜訂盟、嫁娶、納采、行喪、安葬、啓攢、上官赴任。	
18	昴宿	日	日	昴日雞	※	昴宿：宜納畜、牧養、教牛馬；忌安葬、行喪、修墳、啓攢、嫁娶、婚姻、開市、交易、出行、入宅、訴訟。	
19	畢宿	一	月	畢月烏	●	畢宿：宜喪、安葬、啓攢、婚姻、嫁娶、納采、開市、交易、納財、納畜、牧養、栽種、置產、出行。	
20	觜宿	二	火	觜火猴	※	觜宿：忌行喪、安葬、修墳、啓攢、破土、入宅、修造、上梁、安機。	
21	參宿	三	水	參水猿	○	參宿：宜修造、入宅、栽種、牧養、上官赴任；忌行喪、安葬、破土、啓攢、訂盟、嫁娶。	
22	井宿	四	木	井木犴	○	井宿：宜市、交易、納財、納畜、牧養、栽種、上官赴任、出行；忌行喪、安葬、破土、啓攢。	
23	鬼宿	五	金	鬼金羊	○	鬼宿：宜行喪、安葬、破土、啓攢、修墳；忌訂盟、嫁娶、平治道塗、破屋壞垣、出行、修造動土。	
24	柳宿	六	土	柳土獐	※	柳宿：忌行喪、安葬、破土、啓攢、開市、交易、修造動土、入宅、出行、訴訟。	
25	星宿	日	日	星日馬	○	星宿：宜修造動土、入宅、安香、上梁、安機、上官赴任；忌行喪、安葬、破土、修墳、啓攢、栽種、牧養、納畜、放水。	
26	張宿	一	月	張月鹿	●	張宿：宜修造動土、入宅、行喪、安葬、破土、修墳、啓攢、開市、交易、嫁娶、栽種、牧養、納畜。	
27	翼宿	二	火	翼火蛇	※	翼宿：忌修造動土、入宅、行喪、安葬、破土、修墳、嫁娶、納采、出行、上官赴任。	
28	軫宿	三	水	軫水蚓	●	軫宿：宜行喪、安葬、破土、啓攢、修造動土、入宅、嫁娶、納采、上官赴任、開市、交易、納畜、牧養、栽種。	

編號	陰曆神煞	陰曆神煞宜忌
1	龍禁	龍禁：忌乘船、行船。
2	赤口	赤口：忌納表上章、舖筵設席會親、求師入學、應試、上官赴任、納采問名、嫁娶、進人口、安床、裁衣、造紡車、開市、立券交易、納財取債、出財放債、入倉開庫、開池、塞穴、畋獵、取魚、起工架馬、造廁、拆屋、伐木、分居各爨、偃武教兵、檢舉刑獄、給由考滿、募緣隨化、煉丹點黃。
3	長星短星	長星：忌裁衣、開市、立券交易、納財取債、出財放債。短星：忌裁衣、開市、立券交易、納財取債、出財放債。
4	楊公忌日	楊公忌日：忌起造、豎柱上梁、修廚、入宅、修造欄坊、造府縣衙門、建立橋樑。
5	四不祥	四不祥：忌上官赴任。
6	天休廢	天休廢：忌襲爵受封、求師入學、應試、造試卷、上官赴任、臨政親民、進人口、安床、經絡、開池、割蜂、分居各爨、求賢、立寨置煙墩、分居各爨、偃武教兵、給由考滿、習掌技藝、修造欄坊、打灶、抱雞鴨卵、雕刻印版。
7	天乙絕炁	天乙絕氣：宜冠笄、作廁【造作廁道】；忌開神光畫佛像行樂圖。
8	瘟星入瘟星出	瘟星入瘟星出：忌修造欄坊【修牛欄、造牛屋、造羊棧、造作豬欄、造雞鵝鴨栖】。
9	月忌	月忌：忌出行、遠迴、納采問名、檢舉刑獄。
10	天地凶敗	天地凶敗：忌祈福、上冊受封、上表章、襲爵受封、習掌技藝、上官赴任、臨政親民、納采問名、進人口、入宅、分居各爨、修倉庫、入倉開庫、修築牆垣、立寨置煙墩、偃武教兵、檢舉刑獄、起造、起工架馬、豎柱上梁、修廚、造門、打灶、割蜂、畋獵、取魚、修造欄坊【修牛欄、造牛屋、造羊棧、造作豬欄、造雞鵝鴨栖】、造府縣衙門、煉丹點黃。
11	四方耗	四方耗：忌開市、立券交易、納財取債、出財放債、入倉開庫、堆垛、割蜂、砌天井放水、募緣隨化。
12	大空亡	大空亡：忌納表上章、求師入學、應試、出行求財、上官赴任、臨政親民、納采問名、安床、經絡、修倉庫、開市、立券交易、納財取債、出財放債、入倉開庫、開池、塞穴、畋獵、取魚、起工架馬、祀灶、分居各爨、合伴、遠迴、乘船、給由考滿、修造欄坊、募緣隨化、抱雞鴨卵。
13	小空亡	小空亡：忌納表上章、求師入學、應試、出行求財、上官赴任、臨政親民、納采問名、安床、經絡、修倉庫、開市、立券交易、納財取債、出財放債、入倉開庫、開池、塞穴、畋獵、取魚、起工架馬、祀灶、分居各爨、合伴、遠迴、乘船、給由考滿、修造欄坊、募緣隨化、抱雞鴨卵。
14	六壬空	六壬空：忌納表上章、求師入學、造試卷、應試、出行求財、上官赴任、臨政親民、安床、修倉庫、開市、立券交易、納財取債、出財放債、入倉開庫、開池、塞穴、畋獵、取魚、祀灶、分居各爨、合伴、遠迴、乘船、給由考滿、募緣隨化、塑繪神像雕刻、抱雞鴨卵。

陽宅〔八宅〕篇

紫白九星飛佈圖

九紫	五黃	七赤
八白	一白	三碧
四綠	六白	二黑

一白入中宮

一白	六白	八白
九紫	二黑	四綠
五黃	七赤	三碧

二黑入中宮

二黑	七赤	九紫
一白	三碧	五黃
六白	八白	四綠

三碧入中宮

三碧	八白	一白
二黑	四綠	六白
七赤	九紫	五黃

四綠入中宮

四綠	九紫	二黑
三碧	五黃	七赤
八白	一白	六白

五黃入中宮

五黃	一白	三碧
四綠	六白	八白
九紫	二黑	七赤

六白入中宮

六白	二黑	四綠
五黃	七赤	九紫
一白	三碧	八白

七赤入中宮

七赤	三碧	五黃
六白	八白	一白
二黑	四綠	九紫

八白入中宮

八白	四綠	六白
七赤	九紫	二黑
三碧	五黃	一白

九紫入中宮

東南	南	西南
東	中宮	西
東北	北	西北

基本方位圖

例：一白入中宮圖，七赤在西南方，四綠在東北方。
　　九紫入中宮圖，一白在西北方，八白在東南方。

八宅 — 認識宅屋

圖一：由宅屋平面圖，找出中心位置

圖二：由宅屋平面圖，找出中心位置

圖三：由宅屋平面圖，找出中心位置

圖四：宅屋的九分法，以圖二為例

圖六：將圖四中心點與指南針中心點重疊，圖北方與針北方對齊，可知此宅為坐南朝北為離宅，對照八宅資料，即可瞭解宅屋的適當配置

圖五：指南針示意圖

182

編號	西元	中國	立春日期	立春時辰	立春陰曆月日	三元甲子	年紫白	男命	男命卦數	女命	女命卦數	歲數
1	1911	宣統三年	1911/2/5	卯時	正月初七	上元辛亥	八白	艮命人	八	兌命人	七	一百歲
2	1912	民國元年	1912/2/5	午時	十二月十八	上元壬子	七赤	兌命人	七	艮命人	八	九十九歲
3	1913	民國二年	1913/2/4	酉時	十二月二十九	上元癸丑	六白	乾命人	六	離命人	九	九十八歲
4	1914	民國三年	1914/2/5	夜子時	正月初十	上元甲寅	五黃	中宮命人	五	坎命人	一	九十七歲
5	1915	民國四年	1915/2/5	卯時	十二月二十二	上元乙卯	四綠	巽命人	四	坤命人	二	九十六歲
6	1916	民國五年	1916/2/5	午時	正月初三	上元丙辰	三碧	震命人	三	震命人	三	九十五歲
7	1917	民國六年	1917/2/4	申時	正月十三	上元丁巳	二黑	坤命人	二	巽命人	四	九十四歲
8	1918	民國七年	1918/2/4	亥時	十二月二十三	上元戊午	一白	坎命人	一	中宮命人	五	九十三歲
9	1919	民國八年	1919/2/5	寅時	正月初五	上元己未	九紫	離命人	九	乾命人	六	九十二歲
10	1920	民國九年	1920/2/5	巳時	十二月十六	上元庚申	八白	艮命人	八	兌命人	七	九十一歲
11	1921	民國十年	1921/2/4	申時	十二月二十七	上元辛酉	七赤	兌命人	七	艮命人	八	九十歲
12	1922	民國十一年	1922/2/4	亥時	正月初八	上元壬戌	六白	乾命人	六	離命人	九	八十九歲
13	1923	民國十二年	1923/2/5	寅時	十二月二十	上元癸亥	五黃	中宮命人	五	坎命人	一	八十八歲
14	1924	民國十三年	1924/2/5	巳時	正月初一	中元甲子	四綠	巽命人	四	坤命人	二	八十七歲
15	1925	民國十四年	1925/2/4	申時	正月十二	中元乙丑	三碧	震命人	三	震命人	三	八十六歲
16	1926	民國十五年	1926/2/4	亥時	十二月二十二	中元丙寅	二黑	坤命人	二	巽命人	四	八十五歲
17	1927	民國十六年	1927/2/5	寅時	正月初四	中元丁卯	一白	坎命人	一	中宮命人	五	八十四歲
18	1928	民國十七年	1928/2/5	巳時	正月十四	中元戊辰	九紫	離命人	九	乾命人	六	八十三歲
19	1929	民國十八年	1929/2/4	申時	十二月二十五	中元己巳	八白	艮命人	八	兌命人	七	八十二歲
20	1930	民國十九年	1930/2/4	戌時	正月初六	中元庚午	七赤	兌命人	七	艮命人	八	八十一歲
21	1931	民國二十年	1931/2/5	丑時	十二月十八	中元辛未	六白	乾命人	六	離命人	九	八十歲
22	1932	民國二十一年	1932/2/5	辰時	十二月二十九	中元壬申	五黃	中宮命人	五	坎命人	一	七十九歲
23	1933	民國二十二年	1933/2/4	未時	正月初十	中元癸酉	四綠	巽命人	四	坤命人	二	七十八歲
24	1934	民國二十三年	1934/2/5	戌時	十二月二十一	中元甲戌	三碧	震命人	三	震命人	三	七十七歲
25	1935	民國二十四年	1935/2/5	丑時	正月初二	中元乙亥	二黑	坤命人	二	巽命人	四	七十六歲
26	1936	民國二十五年	1936/2/5	辰時	正月十三	中元丙子	一白	坎命人	一	中宮命人	五	七十五歲
27	1937	民國二十六年	1937/2/4	未時	十二月二十三	中元丁丑	九紫	離命人	九	乾命人	六	七十四歲
28	1938	民國二十七年	1938/2/4	戌時	正月初五	中元戊寅	八白	艮命人	八	兌命人	七	七十三歲
29	1939	民國二十八年	1939/2/5	丑時	十二月十七	中元己卯	七赤	兌命人	七	艮命人	八	七十二歲
30	1940	民國二十九年	1940/2/5	辰時	十二月二十八	中元庚辰	六白	乾命人	六	離命人	九	七十一歲
31	1941	民國三十年	1941/2/4	午時	正月初九	中元辛巳	五黃	中宮命人	五	坎命人	一	七十歲
32	1942	民國三十一年	1942/2/4	酉時	十二月十九	中元壬午	四綠	巽命人	四	坤命人	二	六十九歲
33	1943	民國三十二年	1943/2/5	早子時	正月初一	中元癸未	三碧	震命人	三	震命人	三	六十八歲
34	1944	民國三十三年	1944/2/5	卯時	正月十二	中元甲申	二黑	坤命人	二	巽命人	四	六十七歲
35	1945	民國三十四年	1945/2/4	亥時	十二月二十二	中元乙酉	一白	坎命人	一	中宮命人	五	六十六歲
36	1946	民國三十五年	1946/2/4	酉時	正月初三	中元丙戌	九紫	離命人	九	乾命人	六	六十五歲
37	1947	民國三十六年	1947/2/4	夜子時	正月十四	中元丁亥	八白	艮命人	八	兌命人	七	六十四歲
38	1948	民國三十七年	1948/2/5	卯時	十二月二十六	中元戊子	七赤	兌命人	七	艮命人	八	六十三歲
39	1949	民國三十八年	1949/2/4	午時	正月初七	中元己丑	六白	乾命人	六	離命人	九	六十二歲
40	1950	民國三十九年	1950/2/4	酉時	十二月十八	中元庚寅	五黃	中宮命人	五	坎命人	一	六十一歲
41	1951	民國四十年	1951/2/4	夜子時	十二月二十八	中元辛卯	四綠	巽命人	四	坤命人	二	六十歲
42	1952	民國四十一年	1952/2/5	寅時	正春初十	中元壬辰	三碧	震命人	三	震命人	三	五十九歲
43	1953	民國四十二年	1953/2/4	巳時	十二月二十一	中元癸巳	二黑	坤命人	二	巽命人	四	五十八歲
44	1954	民國四十三年	1954/2/4	申時	正月初二	中元甲午	一白	坎命人	一	中宮命人	五	五十七歲
45	1955	民國四十四年	1955/2/5	亥時	正月十二	中元乙未	九紫	離命人	九	乾命人	六	五十六歲
46	1956	民國四十五年	1956/2/5	寅時	十二月二十四	中元丙申	八白	艮命人	八	兌命人	七	五十五歲
47	1957	民國四十六年	1957/2/4	巳時	正月初五	中元丁酉	七赤	兌命人	七	艮命人	八	五十四歲
48	1958	民國四十七年	1958/2/4	申時	十二月十六	中元戊戌	六白	乾命人	六	離命人	九	五十三歲
49	1959	民國四十八年	1959/2/4	亥時	十二月二十七	中元己亥	五黃	中宮命人	五	坎命人	一	五十二歲
50	1960	民國四十九年	1960/2/5	寅時	正月初九	中元庚子	四綠	巽命人	四	坤命人	二	五十一歲
51	1961	民國五十年	1961/2/4	巳時	十二月十九	中元辛丑	三碧	震命人	三	震命人	三	五十歲
52	1962	民國五十一年	1962/2/4	申時	十二月三十	中元壬寅	二黑	坤命人	二	巽命人	四	四十九歲
53	1963	民國五十二年	1963/2/4	亥時	正月十一	中元癸卯	一白	坎命人	一	中宮命人	五	四十八歲
54	1964	民國五十三年	1964/2/5	寅時	十二月二十二	中元甲辰	九紫	離命人	九	乾命人	六	四十七歲
55	1965	民國五十四年	1965/2/4	辰時	正月初三	中元乙巳	八白	艮命人	八	兌命人	七	四十六歲
56	1966	民國五十五年	1966/2/4	未時	正月十五	中元丙午	七赤	兌命人	七	艮命人	八	四十五歲
57	1967	民國五十六年	1967/2/4	酉時	十二月二十五	中元丁未	六白	乾命人	六	離命人	九	四十四歲

編號	西元	中國	立春日期	立春時辰	立春陰曆月日	三元甲子	年紫白	男命	男命卦數	女命	女命卦數	歲數
58	1968	民國五十七年	1968/2/5	丑時	正月初七	中元戊申	五黃	中宮命人	五	坎命人	一	四十三歲
59	1969	民國五十八年	1969/2/4	辰時	十二月十八	中元己酉	四綠	巽命人	四	坤命人	二	四十二歲
60	1970	民國五十九年	1970/2/4	未時	十二月二十八	中元庚戌	三碧	震命人	三	震命人	三	四十一歲
61	1971	民國六十年	1971/2/4	戌時	正月初九	中元辛亥	二黑	坤命人	二	巽命人	四	四十歲
62	1972	民國六十一年	1972/2/5	丑時	十二月二十一	中元壬子	一白	坎命人	一	中宮命人	五	三十九歲
63	1973	民國六十二年	1973/2/4	辰時	正月初二	中元癸丑	九紫	離命人	九	乾命人	六	三十八歲
64	1974	民國六十三年	1974/2/4	未時	正月十三	中元甲寅	八白	艮命人	八	兌命人	七	三十七歲
65	1975	民國六十四年	1975/2/4	酉時	十二月二十四	中元乙卯	七赤	兌命人	七	艮命人	八	三十六歲
66	1976	民國六十五年	1976/2/5	早子時	正月初六	中元丙辰	六白	乾命人	六	離命人	九	三十五歲
67	1977	民國六十六年	1977/2/4	卯時	十二月十七	中元丁巳	五黃	中宮命人	五	坎命人	一	三十四歲
68	1978	民國六十七年	1978/2/4	午時	十二月二十七	中元戊午	四綠	巽命人	四	坤命人	二	三十三歲
69	1979	民國六十八年	1979/2/4	酉時	正月初八	中元己未	三碧	震命人	三	震命人	三	三十二歲
70	1980	民國六十九年	1980/2/5	早子時	十二月十九	中元庚申	二黑	坤命人	二	巽命人	四	三十一歲
71	1981	民國七十年	1981/2/4	卯時	十二月三十	中元辛酉	一白	坎命人	一	中宮命人	五	三十歲
72	1982	民國七十一年	1982/2/4	午時	正月十一	中元壬戌	九紫	離命人	九	乾命人	六	二十九歲
73	1983	民國七十二年	1983/2/4	丑時	十二月二十二	中元癸亥	八白	艮命人	八	兌命人	七	二十八歲
74	1984	民國七十三年	1984/2/4	夜子時	正月初三	下元甲子	七赤	兌命人	七	艮命人	八	二十七歲
75	1985	民國七十四年	1985/2/4	卯時	十二月十五	下元乙丑	六白	乾命人	六	離命人	九	二十六歲
76	1986	民國七十五年	1986/2/4	午時	十二月二十六	下元丙寅	五黃	中宮命人	五	坎命人	一	二十五歲
77	1987	民國七十六年	1987/2/4	申時	正月初七	下元丁卯	四綠	巽命人	四	坤命人	二	二十四歲
78	1988	民國七十七年	1988/2/4	亥時	十二月十七	下元戊辰	三碧	震命人	三	震命人	三	二十三歲
79	1989	民國七十八年	1989/2/4	寅時	十二月二十八	下元己巳	二黑	坤命人	二	巽命人	四	二十二歲
80	1990	民國七十九年	1990/2/4	巳時	正月初九	下元庚午	一白	坎命人	一	中宮命人	五	二十一歲
81	1991	民國八十年	1991/2/4	申時	十二月二十	下元辛未	九紫	離命人	九	乾命人	六	二十歲
82	1992	民國八十一年	1992/2/4	亥時	正月初一	下元壬申	八白	艮命人	八	兌命人	七	十九歲
83	1993	民國八十二年	1993/2/4	寅時	正月十三	下元癸酉	七赤	兌命人	七	艮命人	八	十八歲
84	1994	民國八十三年	1994/2/4	巳時	十二月二十四	下元甲戌	六白	乾命人	六	離命人	九	十七歲
85	1995	民國八十四年	1995/2/4	申時	正月初五	下元乙亥	五黃	中宮命人	五	坎命人	一	十六歲
86	1996	民國八十五年	1996/2/4	亥時	十二月十六	下元丙子	四綠	巽命人	四	坤命人	二	十五歲
87	1997	民國八十六年	1997/2/4	寅時	十二月二十七	下元丁丑	三碧	震命人	三	震命人	三	十四歲
88	1998	民國八十七年	1998/2/4	辰時	正月初八	下元戊寅	二黑	坤命人	二	巽命人	四	十三歲
89	1999	民國八十八年	1999/2/4	未時	十二月十九	下元己卯	一白	坎命人	一	中宮命人	五	十二歲
90	2000	民國八十九年	2000/2/4	戌時	十二月二十九	下元庚辰	九紫	離命人	九	乾命人	六	十一歲
91	2001	民國九十年	2001/2/4	丑時	正月十二	下元辛巳	八白	艮命人	八	兌命人	七	十歲
92	2002	民國九十一年	2002/2/4	辰時	十二月二十三	下元壬午	七赤	兌命人	七	艮命人	八	九歲
93	2003	民國九十二年	2003/2/4	未時	正月初四	下元癸未	六白	乾命人	六	離命人	九	八歲
94	2004	民國九十三年	2004/2/4	戌時	正月十四	下元甲申	五黃	中宮命人	五	坎命人	一	七歲
95	2005	民國九十四年	2005/2/4	丑時	十二月二十六	下元乙酉	四綠	巽命人	四	坤命人	二	六歲
96	2006	民國九十五年	2006/2/4	辰時	正月初七	下元丙戌	三碧	震命人	三	震命人	三	五歲
97	2007	民國九十六年	2007/2/4	未時	十二月十七	下元丁亥	二黑	坤命人	二	巽命人	四	四歲
98	2008	民國九十七年	2008/2/4	戌時	十二月二十八	下元戊子	一白	坎命人	一	中宮命人	五	三歲
99	2009	民國九十八年	2009/2/4	早子時	正月初十	下元己丑	九紫	離命人	九	乾命人	六	二歲
100	2010	民國九十九年	2010/2/4	卯時	十二月二十一	下元庚寅	八白	艮命人	八	兌命人	七	一歲

編號	人命	命宅	八宅	八宅坐向	本命宅命文昌方	流年文昌方	流年官星方	修養方	修行時間
1	坎命人	東四命東四宅	坎宅	坎宅：坐北向南的房子	東北方	2017年東北方	2011年東北方	北方	子時
2	坤命人	西四命西四宅	坤宅	坤宅：坐西南向東北的房子	西方	2016年西方	2010年西方	西南方	未申時
3	震命人	東四命東四宅	震宅	震宅：坐東向西的房子	西北方	2015年西北方	2009年西北方	東方	卯時
4	巽命人	東四命東四宅	巽宅	巽宅：坐東南向西北的房子	中宮	2014年中宮	2017年中宮	東南方	辰巳時
5	中宮命人	西四命西四宅	坤宅艮宅	男坤宅：坐西南向東北的房子 女艮宅：坐東北向西南的房子	東南方 北方	2013年東南方 2010年北方	2016年東南方 2013年北方	中宮	隨緣
6	乾命人	西四命西四宅	乾宅	乾宅：坐西北向東南的房子	東方	2012年東方	2015年東方	西北方	戌亥時
7	兌命人	西四命西四宅	兌宅	兌宅：坐西向東的房子	西南方	2011年西南方	2014年西南方	西方	酉時
8	艮命人	西四命西四宅	艮宅	艮宅：坐東北向西南的房子	北方	2010年北方	2013年北方	東北方	丑寅時
9	離命人	東四命東四宅	離宅	離宅：坐南向北的房子	南方	2009年南方	2012年南方	南方	午時

編號	人命	祝禱方向	性向	人際磁場智慧開啟法	讀經日	適合服飾顏色	備註
1	坎命人	向東南方	適合旅遊	一坎與六乾的組合為最佳的師生或道友之組合	子日	白色	一白官星與四綠文昌同宮時主發科甲
2	坤命人	向東方	適合婚姻愛情學	二坤與七兌的組合為最佳的師生或道友之組合	未申日	赤色	
3	震命人	向西南方	適合行銷學	三震與八艮的組合為最佳的師生或道友之組合	卯日	白色	
4	巽命人	向北方	適合創意或設計學	四巽與九離的組合為最佳的師生或道友之組合	辰巳日	紫色	
5	中宮命人	向南方	適合管理學	中宮命人，男命與七兌、女命與三震為最佳	隨緣	黃色【白色】	
6	乾命人	向東北方	適合領袖學	六乾與一坎的組合為最佳的師生或道友之組合	戌亥日	藍色【黑色】	
7	兌命人	向西方	適合財經學	七兌與二坤的組合為最佳的師生或道友之組合	酉日	黑色【碧色】	
8	艮命人	向西北方	適合仙道學	八艮與三震的組合為最佳的師生或道友之組合	丑寅日	碧色【綠色】	
9	離命人	向中宮方	適合宗教學	九離與四巽的組合為最佳的師生或道友之組合	午日	綠色【黃色】	

人命八宅九宮表之二

編號	八宅	名稱	坐向	北方	東北方	東方	東南方	南方	西南方	西方	西北方	中宮	備註
1	坎宅	東四命東四宅	坎宅：坐北向南的房子	伏位吉 六白金	五鬼凶 四綠木 文昌方	天醫吉 八白土	生氣吉 九紫火	延年吉 五黃土	絕命凶 七赤金	禍害凶 三碧木	六煞凶 二黑土	一白水 官星方	
2	離宅	東四命東四宅	離宅：坐南向北的房子	延年吉 五黃土	禍害凶 三碧木	生氣吉 七赤金	天醫吉 八白土	伏位吉 四綠木 文昌方	六煞凶 六白金	五鬼凶 二黑土	絕命凶 一白水 官星方	九紫火	
3	震宅	東四命東四宅	震宅：坐東向西的房子	天醫吉 八白土	六煞凶 六白金	伏位吉 一白水 官星方	延年吉 二黑土	生氣吉 七赤金	禍害凶 九紫火	絕命凶 五黃土	五鬼凶 四綠木 文昌方	三碧木	
4	巽宅	東四命東四宅	巽宅：坐東南向西北的房子	生氣吉 九紫火	絕命凶 七赤金	延年吉 二黑土	伏位吉 三碧木	天醫吉 八白土	五鬼凶 一白水 官星方	六煞凶 六白金	禍害凶 五黃土	四綠木 文昌方	
5	乾宅	西四命西四宅	乾宅：坐西北向東南的房子	六煞凶 二黑土	天醫吉 九紫火	五鬼凶 四綠木 文昌方	禍害凶 五黃土	絕命凶 一白水 官星方	延年吉 三碧木	生氣吉 八白土	伏位吉 七赤金	六白金	
6	坤宅	西四命西四宅	坤宅：坐西南向東北的房子	絕命凶 七赤金	生氣吉 五黃土	禍害凶 九紫火	五鬼凶 一白水 官星方	六煞凶 六白金	伏位吉 八白土	天醫吉 四綠木 文昌方	延年吉 三碧木	二黑土	
7	艮宅	西四命西四宅	艮宅：坐東北向西南的房子	五鬼凶 四綠木 文昌方	伏位吉 二黑土	六煞凶 六白金	絕命凶 七赤金	禍害凶 三碧木	生氣吉 五黃土	延年吉 一白水 官星方	天醫吉 九紫火	八白土	
8	兌宅	西四命西四宅	兌宅：坐西向東的房子	禍害凶 三碧木	延年吉 一白水 官星方	絕命凶 五黃土	六煞凶 六白金	五鬼凶 二黑土	天醫吉 四綠木 文昌方	伏位吉 九紫火	生氣吉 八白土	七赤金	

編號	八宅	名稱	坐向	山向	坐山方位	宅屬性	宅運	宜求財方
1	乾宅	西四宅	乾宅：坐西北向東南的房子	戌山辰向 乾山巽向 亥山巳向	292.5→307.5；307.5→322.5；322.5→337.5。	金宅	●1984→2043大運下元七赤金運，乾宅金金比和，旺氣也。2004→2023小運八白土運，乾宅得土生金，生氣；乾宅生氣。	戌○乾○亥● 丑○艮○寅● 戌○乾○亥●
2	坎宅	東四宅	坎宅：坐北向南的房子	壬山丙向 子山午向 癸山丁向	337.5→352.5；352.5→007.5；007.5→022.5。	水宅	○1984→2043大運下元七赤金運，坎宅得金生水，生氣也。2004→2023小運八白土運，坎宅受剋；坎宅無妨。	甲○卯●乙○ 壬○子●癸○ 辰○巽○巳●
3	艮宅	西四宅	艮宅：坐東北向西南的房子	丑山未向 艮山坤向 寅山申向	022.5→037.5；037.5→052.5；052.5→067.5。	土宅	○1984→2043大運下元七赤金運，艮宅土生金洩氣也；2004→2023小運八白土運，土土比和，艮宅旺氣；艮宅無妨。	甲○卯●乙○ 辰●巽○巳○ 戌○乾○亥●
4	震宅	東四宅	震宅：坐東向西的房子	甲山庚向 卯山酉向 乙山辛向	067.5→082.5；082.5→097.5；097.5→112.5。	木宅	※1984→2043大運下元七赤金運，震宅受剋；2004→2023小運八白土運，震宅木剋土；震宅不利。	未●坤○申● 丑○艮○寅● 辰○巽○巳●
5	巽宅	東四宅	巽宅：坐東南向西北的房子	辰山戌向 巽山乾向 巳山亥向	112.5→127.5；127.5→142.5；142.5→157.5。	木宅	※1984→2043大運下元七赤金運，巽宅受剋；2004→2023小運八白土運，巽宅木剋土；巽宅不利。	未○坤○申● 壬○子●癸○ 丑○艮●寅○
6	離宅	東四宅	離宅：坐南向北的房子	丙山壬向 午山子向 丁山癸向	157.5→172.5；172.5→187.5；187.5→202.5。	火宅	※1984→2043大運下元七赤金運，離宅火剋金；2004→2023小運八白土運，離宅火生土洩氣也；離宅不利。	丙○午○丁● 辰○巽○巳● 未○坤○申●
7	坤宅	西四宅	坤宅：坐西南向東北的房子	未山丑向 坤山艮向 申山寅向	202.5→217.5；217.5→232.5；232.5→247.5。	土宅	○1984→2043大運下元七赤金運，坤宅土生金洩氣也；2004→2023小運八白土運，土土比和，坤宅旺氣；坤宅無妨也。	壬○子●癸○ 戌●乾○亥○ 甲○卯●乙○
8	兌宅	西四宅	兌宅：坐西向東的房子	庚山甲向 酉山卯向 辛山乙向	247.5→262.5；262.5→277.5；277.5→292.5。	金宅，陰金	●1984→2043大運下元七赤金運，金金比和，兌宅旺氣也。2004→2023小運八白土運土生金，兌宅生氣；兌宅生氣旺矣。	壬○子●癸○ 庚○酉○辛○ 戌○乾○亥●

編號	八宅	宜求福方	二十四山放水法	明堂	備註
1	乾宅	丙○午○丁● 戌○乾○亥● 未○坤○申●	水宜放甲乙方，煞巽巳。 水宜放巽甲方，煞辰丙。 水宜放甲乙方，煞巽坤。	金宜明而忌暗；明則出聰明人，多主秀氣。暗則出人愚笨，而損陽人。凡金宜生不宜剋，剋則金輕，田土敗退，且出盲者。	●代表吉； ○代表次吉； ※代表凶。
2	坎宅	戌○乾○亥● 庚○酉●辛○ 甲○卯●乙○	水宜放甲丁方，煞辰巽。 水宜放丁甲辛，煞在坤。 水宜放丙丁甲，煞在艮。	水宜沉而忌露，露則田土敗退，人亦不旺，沉則財旺太盛，主人口不多。水宜洩不宜生旺，生旺犯水厄，且又主遊蕩他鄉。	
3	艮宅	庚○酉○辛● 未○坤○申● 辰○巽○巳●	水宜放庚丙方，煞在艮。 水宜放坤丙方，煞庚丁。 水宜放乾丁方，煞坤酉。	窄則無害，初年人財兩旺，但不久也。土宜旺不宜剋，剋則土崩，主退財，男婦浮黃。	
4	震宅	壬○子●癸○ 戌○乾○亥● 丑●艮○寅○	水宜放庚方，煞坤申。 水宜放辛丙方，煞乾坤。 水宜放庚辛方，煞戌乾。	木宜深而忌淺，深則發財旺人；淺則田土敗，人多殘疾且多病。木宜生不宜剋，剋則木折，退田土，而男人多疾少亡。	
5	巽宅	丙○午○丁● 未○坤○申● 壬○子●癸○	水宜放辛丁方，煞乾方。 水宜放癸庚方，煞壬乾。 水宜放庚辛方，煞乾壬。	宜以淺為度，此論明堂然也。木宜生不宜剋，剋則木折，退田土，而男人多疾少亡。	
6	離宅	丑○艮○寅● 辰○巽○巳● 丙●午○丁○	水宜放壬辛癸，煞乾方。 水宜放癸方，煞乾方。 水宜放辛壬癸，煞乾艮。	火宜實而忌虛，實則人財兩旺，虛則犯火官非。火宜洩不宜生旺，生旺則犯火，主傷人官非，寅午戌年應驗災禍。	
7	坤宅	甲○卯●乙○ 庚○酉●辛○ 戌○乾○亥●	水宜放甲方，煞艮丑。 水宜放艮丙方，煞甲癸。 水宜放甲方，煞艮方。	土宜厚而忌窄，厚則人財兩旺；窄則人財雖有，不甚興旺。土宜旺不宜剋，剋則土崩，主退財，男婦浮黃。	
8	兌宅	未○坤○申● 辰●巽○巳○ 庚●酉○辛○	水宜放甲壬方，煞艮巽。 水宜放乙方，煞巽巳。 水宜放甲乙方，煞巽巳。	不宜太明，太明則女掌男權，恐有傷夫之危。凡金宜生不宜剋，剋則金輕，田土敗退，且出盲者。	

乾宅震宮：東方，甲卯乙三方， 方位067.5→112.5度。 ※遊年九星【五鬼】。 ※紫白九星飛四綠到震，四綠木中宮六白金剋之為【死氣方】※紫白九星【四綠】 ●2008→2019戊子木運安床十二年旺財。 ●大門、書房、灶位，吉。 ※廁所，不宜。 ※死氣方，由此方出行，失財；房門在此方，生女不生男。 ●四綠文昌星，應出文秀。 ○開門宜，女人少利。 ●池井，小利。 ●作灶，木生火，旺丁，但不可久居。 ※旁邊有高屋，應防火災。 ※碾磨、廁所，主口舌是非。 ●有書房，有外六事高聳，形異尋常者，2015年見一白、2012年見四綠，表示升官發科甲。 ●流年2015年見一白生四綠木，主發丁。	乾宅巽宮：東南方，辰巽巳三方， 方位112.5→157.5度。 ※遊年九星【禍害】。 ●紫白九星飛五黃到巽，關方，屬土生中宮金為【生氣方】。※紫白九星【五黃】 ※2008→2019戊子木運安床十二年不利。 ○香火、廁所可。 ※五黃關方，犯動則遭瘟火，在巽方，木制五黃土，禍稍輕；但不可造屋，立錐子也。 ●若大門在關方，洩地下之殺氣大吉，但外屏牆不可高逼，恐反樸天上殺氣入內。 ○上元、下元平平，中元不利。 ●安香火，吉。 ※池井，不宜。 ※巽上峰尖高起，其家常遭火災。 ※流年2015年見二黑2012年見五黃，主生病【宅母孕婦應災】。 ●流年2017年見九紫生五黃土，主生丁。 ●流年2009年見八白，旺星來，主發財。	乾宅離宮：南方，丙午丁三方， 方位157.5→202.5度。 ※遊年九星【絕命】。 ※紫白九星飛一白到離，一白水中宮六白金生之為【洩氣方】●紫白九星【一白】 ※2008→2019戊子木運，安床十二年有丁無財。●大門、灶位吉。○臥房，可。 ●退氣方，犯之退田莊、損六畜、人口遭災，房門在此方，漏胎小產。 ●有水來朝，利。○安床，平吉。 2012年見一白為凶中藏吉，為善曜，逢生旺運，主生貴子，科地連中。 ○神廟無妨。※廁所不宜。※樹木財散。 ●有書房，有外六事高聳，形異尋常者，2009年見四綠、2012年見一白，表示升官發科甲。●有大門、房間、房門，在三白方，2014年見八白2016年見六白2012年見一白，必受胎生男。 ●流年2014八白，生神加紫白，主發丁。 ●流年2012年見一白，旺星來，主發財。
乾宅艮宮：東北方，丑艮寅三方， 方位022.5→067.5度。 ●遊年九星【天醫】。 ※紫白九星飛九紫到艮，九紫屬火剋中宮六白金為【殺氣方】○紫白九星【九紫】 ●2008→2019戊子木運安床十二年旺財。 ●香火，大吉。●臥房、書房、財位，吉【財位可放財神、金庫、魚缸、珠寶等】 ※殺氣方宜靜不宜動，不宜高聳；宅外六事如橋、屋樑、宮殿、高塔、涼亭、高台 等，均不利，人財不旺。　○有樹木可。 ※開門，主火盜，損少了，犯血症。 ※作灶，絕丁。※路沖不利。※池井，水剋本方九紫火，主丁空財乏。※有高屋、高山、水來，主丙子戊午年更加不利。 ※其它外六事有異常之物，2014年見七赤2016年見五黃2010年見二黑2012年見九紫主發火，月建星同到斷在此月發火●有大門，2012年見九紫又會合吉曜星主家有喜慶之事●2012年見九紫旺星來主發財。	乾宅中宮：宅中央，六白六宮，武曲地尊星入中宮，管宅長，商音，天心開門值事天門之位，正陽山也，其吉凶，六旬六月六年應驗，喜乾坎兌三方為吉，忌艮巽二方為凶。 乾山，六白入中宮，為金山也。 ●1984→2043大運下元七赤金運，乾宅金金比和，旺氣也。2004→2023小運八白土運，乾宅得土生金，生氣。乾宅生氣。 ●乾宅，此星戌亥年入中宮利，巳午未申酉年月日時為有氣逢丑墓寅絕入墓凶也。 ●2008→2019戊子木運，安床十二年有災殃破財損丁。●臥房、財位【財位可放財神、金庫、魚缸、珠寶等】。 ●2010年八白生氣一到方，修造之，主異常喜慶。　●香火、書房，大吉。 ●有房間、房門，在三白方，流年2017年見一白2010年見八白2012年見六白，必受胎生男。 ●流年2010年見八白生神加紫白主發丁。 ●流年2012年見六白，旺星來，主發財。	乾宅坤宮：西南方，未坤申三方， 方位202.5→247.5度。 ●遊年九星【延年】。 ※紫白九星飛三碧到坤，三碧木，中宮六白金剋之為【死氣方】※紫白九星三碧， ●2008→2019戊子木運安床十二年旺財。 ●香火，大吉。 ●臥房、書房、財位吉【財位可放財神、金庫、魚缸、珠寶等】。 ○灶位，可。 ※死氣方，由此方出行，失財；房門在此方，生女不生男。 ○安床，主小災，有丁。 ○作灶、池井，普通。 ※開門、屋脊、高峰、神廟、水路沖，俱不宜。 ※流年2008年見七赤2012年見三碧，主被盜官訟。 ●流年2005年見一白，生三碧木，主發丁。
乾宅坎宮：北方，壬子癸三山， 方位337.5→022.5度。 ※遊年九星【六煞】。 ●紫白九星飛二黑到坎，二黑屬土生中宮六白金為【生氣方】※紫白九星【二黑】 ※2008→2019戊子木運安床十二年不利。 ●灶位，吉。 ○臥房，可。 ●得生氣門路，主旺丁，孝義良善，科甲傳芳，壽命延長。 ○安床，普通。 ●開門、安香火、有高峰，吉。 ○路沖不妨。 ※井、碾磨、廁所、神廟在旁，不利。 ※有樹木，不利小孩。 ※流年2009年見五黃2012年見二黑，主生病【宅母孕婦應災】。 ●流年2014年見九紫生五黃土，主發丁。 ●流年2015年見八白，旺星來，主發財。	乾宅乾宮：西北方，戌乾亥三山， 方位292.5→337.5度。 ●遊年九星【伏位】。 ●紫白九星飛七赤到乾，為天門屬金，金金比和為【旺氣方】※紫白九星【七赤】 ※2008→2019戊子木運，安床十二年有災殃破財損丁。●香火、書房、財位，大吉【財位可放財神、金庫魚缸、珠寶等】。 ○可開後門，廁所，可。 ●有水流來朝，利。　●臥房，吉。 ●旺氣方，宜建作，主富貴文章，子孫繁盛家和意協兄友弟恭。●開門，利。 ●有高峰，土金形體，大旺。 ※有大樹，主火災。 ※作灶、神廟，均不宜。 ○井，戌亥兩方可用，乾方不宜 ●廁所、碾磨、水池，普通※流年2016年見三碧2012年見七赤，主被盜官訟。 ●流年2011年見八白，生七赤金主發丁。 ●流年2013年見六白，旺星來，主發財。	乾宅兌宮：西方，庚酉辛三方， 方位247.5→292.5度。 ●遊年九星【生氣】。 ●紫白九星飛八白到兌，八白屬土，土生中宮金為【生氣方】※紫白九星【八白】 ※2008→2019戊子木運安床十二年不利。 ●香火、臥房、書房、財位，大吉【財位可放財神、金庫、魚缸、珠寶等】。 ○可開後門，灶位、廁所，可。 ●有碾磨、廁所、灶、開門，均利。 ●得生氣門路，主旺丁，孝義良善，科甲傳芳，壽命延長。 ●有碾磨、廁所、灶、開門，均利。 ○有大樹、池井、安床，普通。 ●有高峰土體形吉。●有鼓聲，主大利。 ●有水來朝，旺財。●有大門、房間、房門，在三白方，流年2014年見六白2010年見一白2012年見八白，必受胎生男。 ●流年2011年見九紫，生八白土主發丁。 ●流年2012年見八白，旺星來，主發財。

坎宅【東四宅、坐北向南的房子】

東南	南	西南
東	↑	西
東北	北	西北

坎宅巽宮：東南方，辰巽巳三方，方位112．5→157．5度。 ●遊年九星【生氣】。 ※飛九紫到巽，九紫屬火，中宮一白水剋火為【死氣方】。○紫白九星【九紫】 ●2008→2019戊子木運安床十二年旺丁。 ●大門、臥房，大吉。○香火、書房、財位，吉【財位可放財神、金庫、魚缸、珠寶等】。※死氣方，由此方出行，失財；房門，生女不生男。 2017年見九紫為魁星，逢生旺運，財旺生官，功名顯耀。 ※有大樹、神廟，必招刑法。 ※巽方高起，出寡婦，少人丁；高橋，主血症；作灶，不利。※其方外六事有異常之物，2015年見二黑2017年見九紫2010年見七赤2012年見五黃，主發火，月建星同到，斷在此月發火。 ●有大門，2017年見九紫，又會合吉曜星主家有喜慶之事；旺星來，主發財。	坎宅離宮：南方，丙午丁三方，方位157．5→202．5度。 ●遊年九星【延年】。※紫白九星飛五黃到離關方土剋中宮水殺氣方【關殺方】。 ※紫白九星【五黃】。※2008→2019戊子木運，安床十二年不利。●大門、香火、臥房、書房，吉　※殺氣方，不宜動及高聳，有宅外六事，人財不旺，犯動則遭瘟火，離方禍不小，建塔，逢歲殺加臨，常會毀五數或殺五數人，有水剋制無恙。 ●大門，洩地下殺氣大吉，外門高於內門名朱雀開口，多口舌※子午、壬丙不宜作灶及廁，否則生疾病※南方有屋五間或六間住宅，其宅土剋水敗絕○池水，普通，有井名破軍不利，主腫瘤※多進之古宅，其第一進高過正堂，稱爲大頭屋不利，主人丁少生產危險不順●有樓房高高來冲，爲朱雀門口多口舌是非；神廟，不利2017年見五黃2011年見二黑主生病●2013年見九紫主發丁●2014年見八白主發財。	坎宅坤宮：西南方，未坤申三方，方位202．5→247．5度。 ※遊年九星【絕命】。 ●紫白九星飛七赤到坤，七赤屬金生中宮一白水為【生氣方】※紫白九星【七赤】 ●2008→2019戊子木運，十二年有災殃破財損丁。　●灶位、廁所，大吉【灶口宜向東南、東、南、北方】　●大門，吉。●得生氣門路，主旺丁，孝義良善，科甲傳芳，壽命延長。 ●開門、作灶大利，唯未上不宜。 ●有水來朝大利，河流來主發富貴；有更鼓聲及神廟利。　　※大樹，不宜；有尖峰屬火，西方之屋必火災。 ●有高山高屋，如平土形，或高高低低水形，大利。　○安床女多男少。 ●碓磨井廁，不冲本屋則大利。 ※流年2017年見七赤2012年見三碧，主被盜官訟。　●流年2016年見八白，主發丁。 ●流年2009年見六白，主發財。
坎宅震宮：東方，甲卯乙三方，方位067．5→112．5度。 ●遊年九星【天醫】。 ※紫白九星飛八白到震，八白屬土剋中宮一白水為【殺氣方】●紫白九星【八白】 ※2008→2019戊子木運安床十二年不利。 ●香火、書房、財位，吉【財位可放財神、金庫、魚缸、珠寶等】。 ●臥房，大吉。 ※開門，凶；井，不吉。 ※殺氣方宜靜不宜動，不宜高聳；宅外六事如橋、屋樑、宮殿、高塔、涼亭、高台等，均不利，人財不旺。 ※有山峰、碓磨、神廟、大樹、廁所、屋宇、水來沖，均不利。 ●有大門、房間、房門，在三白方，流年2015年見一白2017年見八白2010年見六白必受胎生男。 ●流年2016年見九紫，生八白，主發丁。 ●流年2017年見八白，旺星來，主發財。	坎宅中宮：宅中央，一白一宮，貪狼天尊星入中宮，管中男，羽音【水】天蓬休門值事，半陰半陽山也，其吉凶，一旬一月一年應驗，喜坎坤二方爲吉，忌乾離震三方爲凶。坎山，一白入中宮，爲水山也。○1984→2043大運下元七赤金運，坎宅得金生本，生氣也。2004→2023小運八白土運，坎宅受剋；坎宅無妨。●坎宅遇子年月日時大利營造，主百日內君子進賢庶人進財，中男先發，遇太歲諸殺不妨礙也，申酉戌亥子年月日時均有氣，丑寅卯辰巳年月日時多無氣則凶也。○2008→2019戊子木運，安床十二年有丁無財。 ●書房、財位，吉【財位可放財神、金庫、魚缸、珠寶等】。●香火、臥房，大吉。 ●有書房，流年2014年見四綠、2017見一白，表示升官發科甲。●有大門、房間、房門，在三白方，2008年一白2010年八白2012年見六白必受胎生男。 ●2008年見一白旺星來主發財。	坎宅兌宮：西方，庚酉辛三方，方位247．5→292．5度。 ※遊年九星【禍害】。 ※紫白九星飛三碧到兌，三碧屬木，中宮水生木爲【退氣方】※紫白九星【三碧】 ●2008→2019戊子木運安床十二年旺財。 ●廁所，吉。 ※洩氣方，犯之退田莊、損六畜、人口遭災，房門在此方，漏胎小產。 ○作灶，表其家女多男少○有神廟普通。 ●有大樹名爲退財木；有井方名爲退曜；●高峰爲破軍名退田筆；有獸頭【石獅、瓦上獸、廟角獸】名白虎入明堂，表有口舌是非之爭。 ※有水直沖【或路沖】，名射腰水，其家常生病毒而死。 ※流年2013年見七赤2017年見三碧，主被盜官訟。 ●流年2010年見一白生三碧木，主發丁。
坎宅艮宮：東北方，丑艮寅三方，方位022．5→067．5度。 ※遊年九星【五鬼】。 ※紫白九星飛四綠到艮，四綠屬木，中宮水生木爲【洩氣方】※紫白九星【四綠】 ●2008→2019戊子木運安床十二年旺財。 ●灶位，大吉。　●臥房、書房，吉。 ※廁所，不宜。※退氣方，犯之退田莊，損六畜人口遭災，房門在此方漏胎小產。 ●當書房主登科中舉應驗在四綠臨官年。 ※作廁所，名爲污穢文昌，永不科甲；神廟不宜。 ○寅方作灶，普通。 ●有池水來生木，主文秀；有井，普通。 ●安香火，則上元最佳；安床，上元水運普通，中元木運大利 ●安書房，有外六事高聳，形異尋常者，2017年見四綠、2011年見一白，表示升官發科甲。 ●流年2011年見一白，生四綠木主發丁。	坎宅坎宮：北方，壬子癸三山，方位337．5→022．5度。 ●遊年九星【伏位】。 ●飛六白到坎，六白屬金，金生中宮水，爲【生氣方】。　●紫白九星【六白】 ※2008→2019戊子木運安床十二年不利。 ●香火、臥房、財位，大吉【財位可放財神金庫魚缸珠寶等】；書房吉。●得生氣門路，主旺丁，孝義良善科甲傳芳壽命延長。●開門吉；作灶水火既濟旺丁旺財。 ※有火星沖射必犯血症，不可開門，流年2009年五黃到不利。●井在壬癸方，爲水火既濟但井不可對灶，如子午相沖，出寡婦●神廟庵佛，不宜太近；遠方有更鼓聲及油車磨坊響動大利※有大樹夫婦受災多病※池山不宜，有水來則不妨。●高山土阜大發丁財※北方低，則無靠而退敗●有大門房間房門在三白方，2015年見一白2017年見八白2010年見六白必受胎生男●2015見一白主發丁●2017年見八白發財。	坎宅乾宮：西北方，戌乾亥三山，方位292．5→337．5度。 ※遊年九星【六煞】。※紫白九星飛二黑到乾，二黑土剋中宮一白水爲【殺氣方】※紫白九星【二黑】●2008→2019戊子木運，十二年有災不利。●灶口宜向東南、東、南、北方●臥房吉。○廁所，可。※殺氣方宜靜不宜動，不宜高聳；有宅外六事不利人財不旺●有高牆高樓庵廟站主不利；初住吉，久則丁財兩敗，終主火災；不可開門。流年2005年五黃到主宅長倒閣而亡，先敗長房後絕子。※有大樹，主外來之禍。有池井為破軍，主產厄失盜不利小孩；流年2014五黃或2012七赤到則應驗。●西邊有路，則成震局，絕處逢生，旺財，不可久居●安床大吉，發丁財●開門，名爲走破天門凶；安步梯，對小孩不利。※2014年見五黃2017年見二黑，主生病【宅母孕婦應災】●2010年九紫，主發丁●2011年見八白，主發財。

南	西南	西
東南	↑	西北
東	東北	北

艮宅【西四宅、坐東北向西南的房子】

艮宅離宮：南方，丙午丁三方， 方位157・5→202・5度。 ※遊年九星【禍害】。 ※紫白九星飛三碧到離，三碧屬木，木剋宅之土爲【殺氣方】※紫白九星【三碧】 ●2008→2019戊子木運安床十二年旺財。 ○廁所，可。 ※殺氣方宜靜不宜動，不宜高聳；宅外六事如橋、屋樑、宮殿、高塔、涼亭、高台等，均不利，人財不旺。 ○開門，先富後貧，二十年後，少年血症而亡。 ○作灶，一發之後即敗。 ○井，不妨。 ●神廟，吉。 ※流年2015年見七赤2010年見三碧，主被盜官訟。 ●流年2012年見一白生三碧木，主發丁。	艮宅坤宮：西南方，未坤申三方， 方位202・5→247・5度。 ●遊年九星【生氣】。 ※紫白九星飛五黃到坤，關方屬土，與本山土比和爲【旺氣方】※紫白九星五黃， ※2008→2019戊子木運安床十二年不利。 ●大門大吉。　●香火、臥房、書房，吉。 ●財位可【財位可放財神、金庫、魚缸、珠寶等】。　●旺氣方，宜造作，主富貴文章，子孫繁盛家和意協兄友弟弟恭。 ※五黃關方犯動則遭瘟火，此坤方造屋，必發流行性疾病有木制則無恙●大門在關方洩地下之殺氣大吉，外牆高逼，則不利。※有樹，主火災※池井當關爲破軍，不利。●廁所，主目疾○有青煙進門，財進但眼疾●高峰如火形，大發※關方，水朝名澂面水，合宅皆凶○住宅當關爲天門，天門宜開，地戶宜開※2013年見二黑2010年見五黃主生病【宅母孕婦應災】●2015年主九紫主發丁●流年2016年見八白主發財。	艮宅兑宮：西方，庚酉辛三方， 方位247・5→292・5度。 ※遊年九星【延年】。 ※紫白九星飛一白到兑，一白屬水，中宮土剋水爲【死氣方】※紫白九星【一白】 ○2008→2019戊子木運十二年有丁無財。 ●大門，大吉。　●香火、臥房、書房，吉。○財位，可【財位可放財神、金庫、魚缸、珠寶等】。 ※死氣方，由此方出行，失財；房門在此方生女不生男。 2010年見一白爲魁星，逢生旺運，財旺生官，功名顯耀。●開門，上元水見水吉。 ※路沖不利。※作灶，受水剋凶※碾磨、廁所，不宜。※流年五黃到，不利。●有外六事高聳形異尋常者，2016年見四綠、2010年見一白表示升官發科甲。　●有大門、房間、房門在三白方，流年2014年見六白2010年見一白2012年見八白，必受胎生男●流年2014年見六白生一白水，主發丁●流年2010年見一白旺星來，主發財。
艮宅巽宮：東南方，辰巽巳三方，方位112・5→157・5度。　※遊年九星【絕命】。 ※紫白九星飛七赤到巽，七赤屬金，中宮土生金爲【洩氣方】※紫白九星七赤。 ※2008→2019戊子木運，安床十二年有災殃破財損丁。　○灶位、廁所，可【艮命人灶口不宜向西南】 ※退氣方，犯之退田莊、損六畜、人口遭災，房門在此方，漏胎小產。 ○開門，有丁，但無財。 ○安床、井，平平　○路沖，無妨。 ※神廟、高峰，不利。　※作灶，火剋金，女人血症。 ※流年2014年見三碧2010年見七赤，主被盜官訟。 ●流年2009年見八白，生神加紫白，主發丁。 ●流年2011年見六白，旺星來，主發財。	艮宅中宮：宅中央。八白八宮，左輔明龍星入中宮管少男，宮音，天任生門值事，正陽山也，其吉凶，八旬八月八年應驗，喜乾艮方二爲吉，忌離坤兑坎四方爲凶。八白入中宮，爲土山宅也。 ○1984→2043大運下元七赤金運，艮宅土生金爲也；2004→2023小運八白土運，土土比和，爲土旺氣；艮宅無妨也。 ●艮宅，此宅丑寅年利，寅卯辰巳午年有氣，戌亥年犯墓絕。 ※2008→2019戊子木運安床十二年不利。 ●香火，大吉。 ●臥房、書房，吉。 ○財位可【財位可放財神、金庫、魚缸、珠寶等】。 ●有房間、房門，在三白方，流年2017年見一白2010年見八白2012年見六白，必受胎生男。 ●流年2009年見九紫生八白土，主發丁。 ●流年2010年見八白，旺星來，主發財。	艮宅乾宮：西北方，戌乾亥三山，方位292・5→337・5度。 ●遊年九星【天醫】。 ●紫白九星飛九紫到乾，九紫屬火，生中宮八白土爲【生氣方】○紫白九星九紫。 ●2008→2019戊子木運安床十二年旺財。 ●香火、臥房，大吉【財位可放財神、金庫、魚缸、珠寶等】。 ●得生氣門路，主旺丁，孝義良善，科甲傳芳，壽命延長。 ●臥房、書房，吉。 ●富貴多丁。 ※此宅屬土，周圍不宜種滿樹木。 ※其方外六事有異常之物，流年2014年見九紫2016年見七赤2009年見五黃2012年見二黑，主發火，月建星同到，斷在此月發火。 ●有大門，2014年見九紫，又會合吉曜，主家有喜慶之事。 ●2014年見九紫，旺星來，主發財。
艮宅震宮：東方，甲卯乙三方，方位067・5→112・5度。 ※遊年九星【六煞】。 ※紫白九星飛六白到震，六白屬金，本山土生金爲【洩氣方】●紫白九星【六白】 ※2008→2019戊子木運，安床十二年有災殃破財損丁。　※退氣方，犯之退田莊、損六畜、人口遭災，房門在此方，漏胎小產；2010年見六白爲凶中藏吉，爲善曜，逢生旺運，主生貴子，科地連中。 ○廁所，可。 ※作灶，火剋金，女人血症。 ※神廟、高峰，不利。○開門有丁無財。 ○安床、井，平平。　○路沖，無妨。 ●有大門、房間、房門，在三白方，流年2015年見一白2017年見八白2010年見六白必受胎生男。 ●流年2017年見八白，生神加紫白，主發丁。 ●流年2010年見六白旺星來，主發財。	艮宅艮宮：東北方，丑艮寅三方，方位022・5→067・5度。 ●遊年九星【伏位】。 ※紫白九星飛二黑到艮，二黑屬土，山方土土比和爲【旺氣方】 ※紫白九星二黑。 ※2008→2019戊子木運安床十二年不利。 ●香火、財位，大吉【財位可放財神、金庫、魚缸、珠寶等】 ●臥房、書房，吉。 ○寅方可開後門。 ※旺氣方宜造作，主富貴文章，子孫繁盛家和意協兄友弟弟恭。 ●作灶，火土相生，吉。 ○開門，在寅方，可。 ※有樹木，不宜。 ※流年2016年見五黃2010年見二黑，主生病【宅母孕婦應災】 ●流年2012年見九紫生神加紫白主發丁。 ●流年2013年見八白，旺星來，主發財。	艮宅坎宮：北方，壬子癸三山，方位337・5→022・5度。 ※遊年九星【五鬼】。 ※紫白九星飛四綠到坎，四綠屬木，木剋中宮土爲【殺氣方】※紫白九星【四綠】 ※2008→2019戊子木運安床十二年旺財。 ●臥房、書房、灶位，吉【艮命人灶口不宜向西南】。　※殺氣方宜靜不宜動，不宜高聳；宅外六事如橋、屋樑、宮殿、高塔、涼亭、高台等，均不利，人財不旺。 ○可開後門。　○作灶，有丁無財。 ※廁所，不宜。●井，屬壬癸水，則可。 ※廁所，汙及文昌，不能中科第。 ●坎方，作書房，發貴。 ●安床，旺丁，出文秀。 ●開門，宜在乾艮生旺方，住久發貴。 ●有書房，有外六事高聳，形異尋常者，2013年見一白、2010年見四綠，表示升官發科甲。 ●流年2013年見一白生四綠木，主發丁。

西南	西	西北
南	↑	北
東南	東	東北

震宅【東四宅、坐東向西的房子】

震宅坤宮：西南方，未坤申三方， 方位202・5→247・5度。 ※遊年九星【禍害】。 ※紫白九星飛九紫到坤，九紫屬火，本山木生火為【洩氣方】○紫白九星【九紫】 ●2008→2019戊子木運安床十二年旺丁。 ○灶位，可【灶口應朝向南、北、東、東南方】。　●大門、臥房，吉。 ※退氣方，犯之退田莊、損六畜、人口遭災，房門在此方，漏胎小產。 2015年見九紫為凶中藏吉，為善曜，逢生旺運，主生貴子科地連中。※開門，流年2010年五黃到，主犯官訟口舌之災。※神廟高，犯火災。●有池井水剋火，凶也。 ●安床，宜子孫。※其方外六事有異常之物，流年2013年見二黑2015年見九紫2017年見七赤2010年見五黃主發火，月建星同到斷在此月發火●有大門，流年2015年見九紫，又會合吉曜星，主家有喜慶之事。 ●流年2015年見九紫旺星來，主發財。	**震宅兌宮**：西方，庚酉辛三方， 方位247・5→292・5度。 ※遊年九星【絕命】。 ※紫白九星飛五黃到兌，關方，屬土中宮木剋土為【死氣方】※紫白九星【五黃】 ●2008→2019戊子木運安床十二年不利。 ※五黃關方，犯動則遭瘟火，在兌金方造圓廁，洩五黃之氣其禍稍輕，坑不宜大，若尖形更犯大火焚燒。　※由死氣方出行，失財；房門在此方，生女不生男。 ※不宜開門放水；有山如金星，不宜，九紫到，犯火災。 ●有樹木、井、神廟、石碑、石碾、或碓磨、廁所，均不宜。 ※流年2015年見五黃2009年見二黑，主生病【宅母孕婦應災】。 ●流年2011年見九紫生五黃土，主發丁。 ●流年2012年見八白，旺星來，主發財。	**震宅乾宮**：西北方，戌乾亥三山， 方位292・5→337・5度。 ※遊年九星【五鬼】。 ●紫白九星飛四綠到乾，四綠屬木與中宮木比和為【旺氣方】※紫白九星【四綠】 ●2008→2019戊子木運安床十二年旺財。 ●大門、灶位，大吉【灶口應朝向南、北、東、東南方】。 ●臥房、書房，吉。　※廁所，不宜。 ●開門，出秀。●有高峰，主科第。 ※旺氣方，宜造作，主富貴文章，子孫繁盛家和意協兄友弟恭。 ●有井，利。 ●作灶財丁大旺，出文士。 ●安床，生聰明女。　○有樹，無妨。 ●上元開門，水木相生，利也。 ●書房，有外六事高聳，形異尋常者，流年2015年見四綠，2009年見一白，表示升官發科甲。 ●流年2009年見一白生四綠木，主發丁。
震宅離宮：南方，丙午丁三方， 方位157・5→202・5度。 ●遊年九星【生氣】。 ※紫白九星飛七赤到離，七赤屬金，剋山之木為【殺氣方】。※紫白九星【七赤】 ※2008→2019戊子木運，安床十二年有災殃破財損丁。 ●香火、臥房、書房、財位，吉【財位可放財神、金庫、魚缸、珠寶等】。 ※作灶，少財丁；開門，出寡。 ○可開後門，如車庫。 ※殺氣方宜靜不宜動，不宜高聳；宅外六事如橋、屋樑、宮殿、高塔、涼亭、高台等，均不利，人財不旺。 ※有池，洩氣又剋火，小孩不利；有廁所，高山，高屋，不利。 ※流年2015年見七赤2010年見三碧，主被盜官訟。 ●流年2014年見八白生七赤金，主發丁。 ●流年2015年見六白，旺星來，主發財。	**震宅中宮**：宅中央，三碧三宮，祿存天罡星入中宮，管長男，角音，天衝傷門值事，半陰半陽山也，其吉凶，三旬三月三年應驗，喜乾震二方為吉，忌艮離兌三方為凶。 震山，三碧入中宮，為木山也。 ※1984→2043大運下元七赤金運，震宅受剋；2004→2023小運八白土運，震宅木剋土；震宅不利。 ●震宅，此星卯年入中宮年，亥子丑並寅 卯年月日時為有氣，未年月日時入墓，修造犯之，凶也，五黃六白七赤即兌宮艮宮離宮，凶也。 ●2008→2019戊子木運安床十二年旺財。 ●香火、書房，吉。 ※流年2015年見三碧2011年見七赤，主被盜官訟。 ●流年2017年見一白，生三碧木主發丁。 ●流年2016年見六白，旺星來，主發財。	**震宅坎宮**：北方，壬子癸三山， 方位337・5→022・5度。 ●遊年九星【天醫】。 ●紫白九星飛八白到坎，八白屬土，本山木剋土為【死氣方】●紫白九星【八白】 ●2008→2019戊子木運安床十二年不利。 ●臥房、財位，大吉【財位可放財神、金庫、魚缸、珠寶等】●香火、書房，吉。 ※死氣方，由此方出行，失財；房門，生女不生男； 2015年見八白為魁星，逢生旺運，財旺生官，功名顯耀。 ●安床，利。 ※有樹，凶；安步梯及廁所，不利。 ※有高峰，少財丁；有廟，不利。 ●有大門、房間、房門，在三白方，流年2013年見一白2015年見八白2017年見六白必受胎生男。 ●流年2014年見九紫為生神，加紫白主發丁。●2015年見八白，旺星來，主發財。
震宅巽宮：東南方，辰巽巳三方， 方位112・5→157・5度。 ●遊年九星【延年】。 ※紫白九星飛二黑到巽，二黑屬土，本山木剋土為【死氣方】紫白九星【二黑】 ※2008→2019戊子木運安床十二年不利。 ●臥房，大吉。　○可開後門，如車庫。 ●香火、書房、灶位、財位，吉【財位可放財神、金庫、魚缸、珠寶；灶口應朝向南、北、東、東南方】。 ※死氣方，由此方出行，失財；房門在此方，生女不生男。 ●安床、作灶，吉。 ○開門，普通。 ○有高峰財旺而少丁。 ※安步梯，損小孩。 ※流年2015年見二黑、2012年見五黃，主生病【宅母孕婦應災】。 ●流年2017年見九紫生二黑土，主發丁。 ●流年2009年見八白，旺星來，主發財。	**震宅震宮**：東方，甲卯乙三方， 方位067・5→112・5度。 ●遊年九星【伏位】。 ※紫白九星飛一白到震，一白屬水，水生中宮木為【生氣方】※紫白九星【一白】 ●2008→2019戊子木運安床十二年不利。 ●香火、財位，大吉【財位可放財神金庫魚缸珠寶等】。●臥房、書房、灶位，吉【灶口應朝向南、北、東、東南方】。 ●得生氣門路主旺丁，孝義良善，科甲傳 芳壽命延長。○可開後門如車庫。 ●開門安香火井廁碾米，利也●有峰如水形則大利，如峰為金形金剋木則不利●遠方有水來朝吉利 ○安床多生但少健全。※未年2011年五黃到，土剋一白水主產亡※書房有外六事高聳形異尋常者，2015年見一白、2012年見四綠，表示升官發科甲●有大門房間房門，在三白方，2015年見一白2017年見八白2010年見六白，必受胎生男。●2015年見一白旺星來主發財。	**震宅艮宮**：東北方，丑艮寅三方， 方位022・5→067・5度。 ※遊年九星【六煞】。 ※紫白九星飛六白到艮，六白屬金，剋山之木為【殺氣方】。●紫白九星【六白】 ※2008→2019戊子木運，十二年有災殃破財損丁。 ※殺氣方宜靜不宜動，不宜高聳；宅外六事如橋、屋樑、宮殿、高塔、涼亭、高台等，均不利，人財不旺。 ○廁所，可。 ※作灶、開門，俱主女人月經不調；有樹木，不宜。 ※有池為破軍，不宜；有碓與高峰不宜；有神廟，主有火災。 ●有大門、房間、房門，在三白方，流年2013年見八白2015年見六白2011年見六白必受胎生男。 ●流年2013年見八，生六白土，主發丁。 ●流年2015年見六白，旺星來，主發財。

190

巽宅【東四宅、坐東南向西北的房子】

巽宅兌宮：西方，庚酉辛三方，
方位247．5→292．5度。
※遊年九星【六煞】。
※紫白九星飛六白到兌，六白屬金，剋中宮木爲【殺氣方】。●紫白九星【六白】
※2008→2019戊子木運，安床十二年有災殃破財損丁。　○大門、灶位，可。
※殺氣方宜靜不宜動，不宜高聳；宅外六事如橋、屋樑、宮殿、高塔、涼亭、高台等，均不利，人財不旺。

○安床，有丁無財，惟上元水運則兌金生水，而反有利於木山，以爲化殺作恩。
●安床，利。
○有廟、井，平平。
※廁所、橋，不宜。
●有大門、房間、房門，在三白方，2014年見六白2010年見一白2012年見八白，必受胎生男。
●流年2012年見八白，主發丁。
●流年2014年見六白，旺星來，主發財。

巽宅乾宮：西北方，戌乾亥三山，
方位292．5→337．5度。
※遊年九星【禍害】。
※紫白九星飛五黃到乾，關方屬土，中宮木剋土爲【死氣方】※紫白九星【五黃】
※2008→2019戊子木運安床十二年不利。
※死氣方，由此方出行，失財；房門在此方，生女不生男。　※五黃關方動則遭瘟火，在乾方造圓廁，洩五黃之氣，其禍稍輕，坑不宜大，若尖形更犯大火焚燒。

●大門，吉。●大門在關方，洩地下之殺氣，吉，有財但少丁，但外牆不可高逼，恐反撲天上殺氣入內※有高樹，主口舌火盜；有高峰金星形則受制，不可居。
※有井爲破軍，不利※明堂斜側不正，主婦女不良※如聞鐘鼓聲，名朱雀鳴，主官符口舌※斜飛屋射亦不吉※碾磨，不宜。
※流年2014年見五黃2017年見二黑，主生病【宅母孕婦應災】。●流年2010年見九紫，主發丁。●流年2011年見八白主發財。

巽宅坎宮：北方，壬子癸三山，
方位337．5→022．5度。
※遊年九星【生氣】。
※紫白九星飛九紫到坎，九紫屬火，中宮木生火爲【洩氣方】○紫白九星【九紫】
●2008→2019戊子木運安床十二年旺丁。
●書房、財位吉【財位可放財神、金庫、魚缸、珠寶等】。●大門，大吉。
※廁所，不宜。※退氣方犯之退田莊損六畜、人口遭災，房門在此方，漏胎小產。

○臥房可。2014年見九紫爲凶中藏吉，爲善曜，逢生旺運，主生貴子，科地連中。
○有樹，無妨。※廁所碾磨，不宜。
※開門、作灶、安香火、安床、池井、水俱不利。　　其寺內外六事有異常之物，2014年見九紫2016年見七赤2009年見五黃2012年見二黑，主發火，月建星同到，斷在此月發火。●有大門，2014年見九紫，又會合吉曜星，主家有喜慶之事。
●流年2014年見九紫，旺星來，主發財。

巽宅坤宮：西南方，未坤申三方，
方位202．5→247．5度。
※遊年九星【五鬼】。
※紫白九星飛一白到坤，一白屬水，水生中宮木爲【生氣方】※紫白九星【一白】
○2008→2019戊子木運十二年有丁無財。
○臥房、書房、財位好【財位可放財神、金庫、魚缸、珠寶等】。●灶位吉。
●得生氣門路，主旺丁，孝義良善，科甲傳芳，壽命延長。

●開門，吉。○有樹，不妨。
○有廁所可。　●有高峰，旺。
●安床，一白屬天喜，發丁旺財。●有碾磨，利。●有書房，有外六事高聳，形異尋常者，流年2014年見四綠、2017年見一白，表示升官發科甲。
●有大門、房間、房門，在三白方，流年2014年見一白2016年見八白2009年見六白必受胎生男。
●流年2014年見一白，旺星來，主發財。

巽宅中宮：宅中央，四綠四宮，文曲地計星入中宮管長女，角音，天輔杜門值事，正陰山也，其官凶，忌異乾兌三方爲凶驗。巽山，四綠入中宮，爲木宅也，中宮如安香火，主出科第，前有水，要南方有橫界之水，此爲坎向之水，遇戊子運屬木，與坎水相生，發科甲。　※1984→2043大運下元七赤金運，巽宅受剋；2004→2023小運八白土運，巽宅木剋土；巽宅不利。

●巽宅，此星辰巳年入中宮利，亥子丑寅卯年月日時爲有氣，未年入墓，修造犯之凶也，五黃六白七赤方即乾兌艮方，切忌修造，否則大凶。
●2008→2019戊子木運安床十二年旺財。
●香火、臥房、書房、財位，吉【財位可放財神、金庫、魚缸、珠寶等】。
※廁所，不宜。●書房，流年2014年見四綠、2017年見一白，表示升官發科甲。
●流年2017年見一白生四綠木，主發丁。

巽宅艮宮：東北方，丑艮寅三方，
方位022．5→067．5度。
※遊年九星【絕命】。
※紫白九星飛七赤到艮，七赤屬金，剋坐山木爲【殺氣方】。※紫白九星【七赤】
※2008→2019戊子木運，安床十二年有災殃破財損丁。
※殺氣方宜靜不宜動，不宜高聳；宅外六事如橋、屋樑、宮殿、高塔、涼亭、高台等，均不利，人財不旺。

●灶位，可。
●交土運，財丁兩旺。
●逢丙子水運，發丁。
●金運，比和。
※逢水運，人財兩敗。
※流年2014年見七赤2009年見三碧，主被盜官訟。
●流年2013年見八白，生七赤金主發丁。
●流年2015年見六白，旺星來，主發財。

巽宅離宮：南方，丙午丁三方，
方位157．5→202．5度。
●遊年九星【天醫】。
※紫白九星飛八白到離，八白屬土，中宮木剋土爲【死氣方】●紫白九星【八白】
※2008→2019戊子木運安床十二年不利。
●臥房、財位，大吉【財位可放財神、金庫、魚缸、珠寶等】●香火、書房，吉。
※死氣方，由此方出行，失財；房門在此方，生女不生男。

●2014年見八白爲魁星，逢生旺運，財旺生官，功名顯耀。
※高峰、路，不利。
●安床，財丁兩盛。
○灶、廁所、開門普通。○灶位，可。
●有大門、房間、房門，在三白方，流年2014年見八白2016年見六白2012年見一白必受胎生男。
●流年2013年見九紫生八白土，主發丁。
●流年2014年見八白，旺星來，主發財。

巽宅巽宮：東南方，辰巽巳三方，
方位112．5→157．5度。
●遊年九星【伏位】。
※紫白九星飛三碧到巽，三碧屬木，與中宮木比和爲【旺氣方】※紫白九星【三碧】
●2008→2019戊子木運安床十二年旺財。
●香火、臥房、書房、灶位、財位吉【財位可放財神、金庫、魚缸、珠寶等】。
●旺氣方，宜造作，主富貴文章，子孫繁盛家和意協兄友弟恭。

○可開後門。
●作灶，大利，發秀。
●開門，利。
※池、井，不宜。
※流年2014年見三碧2010年見七赤，主被盜官訟。
●流年2016年見一白，生三碧木主發丁。

巽宅震宮：東方，甲卯乙三方，
方位067．5→112．5度。
●遊年九星【延年】。
※紫白九星飛二黑到震，二黑屬土，中宮木剋土爲【死氣方】※紫白九星【二黑】
※2008→2019戊子木運安床十二年不利。
●香火、書房、財位吉【財位可放財神、金庫魚缸、珠寶等】。
※死氣方，由此方出行，失財；房門在此方，生女不生男。

●臥房，大吉。
●安床，財丁兩盛。
※有高峰、高屋來沖，應防火盜之災。
※開門、碾磨、池井，均不宜。
※流年2014年見二黑2011年見五黃，主生病【宅母孕婦應災】。
●流年2016年見九紫生二黑土，主發丁。
●流年2017年見八白，旺星來，主發財。

191

離宅【東四宅、坐南向北的房子】

西北	北	東北
西	↑	東
西南	南	東南

離宅乾宮：西北方，戌乾亥三山， 方位292．5→337．5度。 ※遊年九星【絕命】。 ※紫白九星飛一白到乾，一白屬水，水剋中宮火爲【殺氣方】※紫白九星【一白】 ○2008→2019戊子木運，安床十二年有丁無財。○大門【流年三白可開】。 ○臥房、書房、灶位、廁所，可【灶口宜向北、東、東南、南方】。 ※殺氣方宜靜不宜動不宜高聳；有宅外六事人財不旺。 ※大樹，不宜※開門，財丁兩敗，蓋外氣剋內宮主外來剋剝，又名走破天門※作灶財丁兩敗。※池井不可，破害到天門。 ●如西邊有路或水，以震局論，爲絕處逢生，無妨●安床，以一白天喜之星主發丁。 ●書房，有外六事高聳形異尋常者，2015年見四綠、2009年見一白表示升官發科甲。 ●有大門、房間、房門，在三白方，2013年見六白2009年見一白2011年見八白，必受胎生男。●2013年見六白主發丁。 ●2009年見一白主發財。	離宅坎宮：北方，壬子癸三山， 方位337．5→022．5度。 ●遊年九星【延年】。 ※紫白九星飛五黃到坎，爲關方屬土，中宮火生土【洩氣方】※紫白九星【五黃】 ●2008→2019戊子木運安床十二年不利。 ※退氣方，犯之退田莊、損六畜、人口遭災，房門在此方漏胎小產。 ※五黃關方，犯動則遭瘟火，在坎方，受五黃制，瘟火任其所施，無不酷烈，若有木制則禍減。 ●大門大吉。 ●香火書房吉。○臥房可。 ●若大門在關方，洩地下之殺氣，大吉，但外屏牆不可高逼恐反樸天上殺氣入內。 ●開門，有丁但財少。 ※樹、井、廟、安床、廁所、碓磨，均不宜。 ※流年2009年見五黃2012年見二黑，主生病【宅母孕婦應災】。 ●流年2014年見九紫生五黃土，主發丁。 ●流年2015年見八白，旺星來，主發財。	離宅艮宮：東北方，丑艮寅三方， 方位022．5→067．5度。 ※遊年九星【禍害】。 ※紫白九星飛三碧到艮，三碧屬木，木生中宮火爲【生氣方】※紫白九星【三碧】 ●2008→2019戊子木運安床十二年旺財。 ●灶位，上吉【灶口宜向北、東、東南、南方】。 ○大門【流年三白到可開2013見八白2015見六白2011見一白】。 ○廁所，可。 ●得生氣門路，主旺丁，孝義良善，科甲傳芳，壽命延長。　●開門上元利。 ●池井如果在屋旁，主發秀。 ●有樹在旁吉。 ●有敲鐘聲，主大發財源。 ●有高山、神廟，利。 ●作灶，財丁並茂。○安床，女多男少。 ○作廁、碓磨，均可。 ※流年2014年見七赤2009年見三碧主被盜官訟。 ●流年2011年見一白生三碧木，主發丁。
離宅兌宮：西方，庚酉辛三方， 方位247．5→292．5度。 ※遊年九星【五鬼】。 ※紫白九星飛二黑到兌，二黑屬土，中宮火生土爲【洩氣方】※紫白九星【二黑】 ※2008→2019戊子木運安床十二年不利。 ●灶位，吉【灶口宜向北、東、東南、南方】。 ○臥房、廁所，可。 ※退氣方，犯之退田莊、損六畜、人口遭災，房門在此方，漏胎小產。 ○作灶普通。 ●安床有丁。 ●有高樹，吉也。 ※開門，洩氣，不利。●池井名爲腰穿，不宜。※神廟不利。 ※路沖腰，主女人難產，宜用大石碑鎮此路以化解。 ※流年2015年見五黃2009年見二黑，主生病【宅母孕婦應災】。 ●流年2011年見九紫，二黑土，主發丁。 ●流年2012年見八白，旺星來，主發財。	離宅中宮：宅中央，九紫九宮，右弼應龍星入中宮，管中女，徵音，天英景門值事，半陰半陽山也，其吉凶，九旬九月九年應驗，喜艮離二方爲吉，忌坎坤二方爲凶。 離山，九紫入中宮，爲火山也。 ※香火，大吉。 ※1984→2043大運下元七赤金運，離宅火剋金；2004→2023小運八白土運，離宅火生土洩氣也；離宅不利。 ※離宅，此星午年入中宮利，寅卯辰巳午年月日時爲有氣，逢戌年月爲入墓，忌修造，犯之主禍禍，逢九紫到坤宮中宮大利，遇天月德黃道相並臨則更吉。 ○2008→2019戊子木運安床十二年旺丁。 ※流年2015年見二黑2017年見九紫、2010年見七赤2012年見五黃，主發火，月建星同到，斷在此月發火。 ●流年2017年見九紫，又會合吉曜星，主家有喜慶之事。 ●流年2017年見九紫，旺星來，主發財。	離宅震宮：東方，甲卯乙三方， 方位067．5→112．5度。 ●遊年九星【生氣】。 ※紫白九星飛七赤到震，七赤屬金，中宮火剋金爲【死氣方】※紫白九星【七赤】 ※2008→2019戊子木運，安床十二年有災殃破財損丁。 ●香火、書房，吉。 ※由死氣方出行，失財；房門在此方，生女不生男。 ●開門大吉。 ○安床，可。 ○臥房，可。 ※作灶，主女人經痛。 ※池、井、廁所，均不利。 ※流年2013年見三碧2009年見七赤，主被盜官訟。 ●流年2015年見一白生七赤金，主發丁。 ●流年2010年見六白，旺星來，主發財。
離宅坤宮：西南方，未坤申三方， 方位202．5→247．5度。 ※遊年九星【六煞】。 ※紫白九星飛六白到坤，六白屬金，中宮火剋金爲【死氣方】●紫白九星【六白】 ※2008→2019戊子木運，安床十二年有災殃破財損丁。 ○臥房書房灶位，可【灶口宜向北、東、東南、南方】。 ※死氣方，由此方出行失財；房門在此方生女不生男。 2009年見六白爲魁星，逢生旺運財旺生官功名顯耀。 ●開門大吉。　　　○安床可。 ※作灶，主女人經病。 ※池、井、廁所，均不利。 ※流年九紫入中宮，主其年此方盜賊。 ●有大門、房間、房門，在三白方，流年2014年見一白2016年見八白2009年見六白必受胎生男。 ●流年2016年見八白生六白金，主發丁。 ●流年2009年見六白，旺星來，主發財。	離宅離宮：南方，丙午丁三方， 方位157．5→202．5度。 ●遊年九星【伏位】。 ※紫白九星飛四綠到離，四綠屬木，木生中宮火爲【生氣方】※紫白九星【四綠】 ●香火、臥房、書房、財位，大吉【財位可放財神、金庫、魚缸、珠寶等】。 ●灶位，吉【灶口宜向北、東、東南、南方】。 ●後門，吉。　※廁所，不宜。 ●得生氣門路，主旺丁，孝義良善，科甲傳芳，壽命延長。 ●開門利。 ●作灶，出文秀之人 ●樹，吉 ●安床利。※廁所，主眼疾。 ●書房，有外六事高聳，形異尋常者，流年2009年見四綠、2012年見一白，表示升官發科甲。 ●流年2012年見一白生四綠木，主發丁。	離宅巽宮：東南方，辰巽巳三方， 方位112．5→157．5度。 ●遊年九星【天醫】。 ※紫白九星飛八白到巽，八白屬土，火山生土爲【洩氣方】。●紫白九星【八白】 ●2008→2019戊子木運安床十二年不利。 ●財位，大吉【財位可放財神、金庫、魚缸、珠寶等】。 ●香火、臥房、書房。※退氣方，犯之退田莊、損六畜、人口遭災，房門在此方，漏胎小產。 2009年見八白爲凶中藏吉，爲善曜，逢生旺運，主生貴子，科地連中。 ●灶、碓磨、廁所，利。 ○床略可。 ※門、井、池、屋、樹、廟、橋俱不宜。 ●有大門、房間、房門，在三白方，流年2016年見一白2009年見八白2011年見六白，必受胎生男。 ●流年2017年見九紫生八白土，主發丁。 ●流年2009年見八白，旺星來，主發財。

坤宅【西四宅、坐西南向東北的房子】

坤宅坎宮：北方，壬子癸三山，方位337・5→022・5度。 ※遊年九星【絕命】。 ※紫白九星飛七赤到坎，七赤屬金，中宮土生金爲【洩氣方】※紫白九星【七赤】 ※2008→2019戊子木運，安床十二年有災殃破財損丁。 ●灶位，吉【坤命人灶口不宜向東北】。 ※退氣方，犯之退田莊、損六畜、人口遭災，房門在此方，漏胎小產。 ○開門有丁，但退財。 ○安床，略可。 ○碾磨、廁所，可。 ※作灶不利，作灶主產亡，又犯血症。 ※有高屋、高山，財丁兩敗。 ※池井，不宜，初住略可進財。 ※流年2016年見七赤2011年見三碧，主被盜官訟。 ●流年2013年見一白生七赤金，主發丁。 ●流年2017年見六白，旺星來，主發財。	坤宅艮宮：東北方，丑艮寅三方，方位022・5→067・5度。 ●遊年九星【生氣】。 ※紫白九星飛五黃到艮，關方屬土與中宮土比和爲【旺氣方】※紫白九星【五黃】 ※2008→2019戊子木運安床十二年不利。 ●大門，大吉。●香火、臥房、灶位、財位，吉【財位可放財神、金庫、魚缸、珠寶；坤命人灶口不宜向東北】。 ●旺氣方，宜造作，主富貴文章，子孫繁盛家和意協兄弟恭。 ○廁所可。 ※五黃關方犯動則遭瘟火，此艮方造屋，必發流行性疾病，若有木制則無恙。 ※若大門在關方，洩地下之殺氣大吉，但外屏牆不可高逼，恐反樓天上殺氣入內。 ●當關方有水來朝，其家發財。 ●有尖峰，財丁兩旺※餘事不宜。 ※流年2016年見五黃2010年見二黑，主生病【宅母孕婦應災】。 ●流年2012年見九紫生五黃土，主發丁。 ●流年2013年見八白，旺星來，主發財。	坤宅震宮：東方，甲卯乙三方，方位067・5→112・5度。 ※遊年九星【禍害】。 ●紫白九星飛九紫到震，九紫屬火，火生中宮土爲【生氣方】○紫白九星【九紫】 ●2008→2019戊子木運，安床十二年旺財丁。 ●灶位大吉【坤命人灶口不宜向東北】。 ●香火，吉。　○大門、書房，可。 ●得生氣門路，主旺丁、孝義良善，科甲傳芳，壽命延長。 ○開門，普通，逢丙子火運比和，而生中宮之土，利。　○安床，主生紅髮之人。 ○有神廟、高山、橋、路，不忌。 ●有樹木，利。　●作灶、安香火、有鐘鼓聲，大利。※有水來朝、池井，不宜。 ※其方外六事有異常之物，2014年見二黑2016年見九紫2009年見七赤2011年見五黃主發火，月建星同到，斷在此月發火。 ●2012年見九紫，旺星來，主發財。 ●有大門，2012年見九紫，又會合吉曜星主家有喜慶之事。
坤宅乾宮：西北方，戌乾亥三山，方位292・5→337・5度。 ●遊年九星【延年】。 ※紫白九星飛三碧白到乾，三碧屬木，剋山之土爲【殺氣方】※紫白九星【三碧】 ●2008→2019戊子木運安床十二年旺財。 ●臥房，大吉。 ●香火、書房、財位吉【財位可放財神、金庫、魚缸、珠寶等】。 ※廁所，不宜。 ○作灶，木火通明，但發福不久。 ※殺氣方宜靜不宜動，不宜高聳；宅外六事如橋、屋樑、宮殿、高塔、涼亭、高台等，均不利，人財不旺。 ●安床，有丁。 ※有廁所、路、池井、碾磨，不利。 ※有鐘鼓聲，其家大凶。 ※開門，不可。 ※流年2016年見三碧2012年見七赤，主被盜官訟。 ●流年2009年見一白生三碧木，主發丁。	坤宅中宮：宅中央，二黑二宮，巨門地福星入中宮，管宅母，宮音，天芮死門值事，純陰山也，其吉凶，於二旬二月二年應驗，喜震坤二方爲吉，忌艮兌乾三方爲凶。 坤宅，二黑入中宮，爲土山也。 ●香火，大吉。 ●臥房，書房，吉。 ○1984→2043大運下元七赤金運，坤宅土生金洩氣也；2004→2023小運八白土運，土土比和，坤宅旺氣；坤宅無妨也。 ●坤宅，此未申年入中宮利，申酉戌亥子年月日時爲有氣，辰巳年月犯墓絕，修造犯之，主瘟疫、官訟、橫禍，辰戌丑未年應。 ※2008→2019戊子木運安床十二年不利。 ※流年2013年見五黃2016年見二黑，主生病【宅母孕婦應災】。 ●流年2009年見九紫生二黑土，主發丁。 ●流年2010年見八白，旺星來，主發財。	坤宅巽宮：東南方，辰巽巳三方，方位112・5→157・5度。 ※遊年九星【五鬼】。 ※紫白九星飛一白到巽，一白屬水，中宮土剋水爲【死氣方】※紫白九星【一白】 ○2008→2019戊子木運，安床十二年有丁無財。 ●臥房、灶位、財位，吉【財位可放財神、金庫、魚缸、珠寶等】；坤命人灶口不宜向東北】。　○書房，可。 ※死氣方，由此方出行，失財；房門在此方，生女不生男。 2016年見一白爲魁星，逢生旺運，財旺生官，功名顯耀。 ●安床，財丁兩旺，逢上元水運更妙。 ※井橋路樹高聳、作灶、開門，俱不利。 ●有外六事高聳，形異尋常者，2013年見四綠、2016年見一白，表示升官發科甲。 ●有大門、房間、房門，在三白方，流年2016年見一白2009年見八白2011年見六白必受胎生男。 ●流年2011年見六白，主發丁。 ●流年2016年見一白，旺星來，主發財。
坤宅兌宮：西方，庚酉辛三方，方位247・5→292・5度。 ●遊年九星【天醫】。 ※紫白九星飛四綠到兌，四綠屬木，木剋本山土爲【殺氣方】※紫白九星【四綠】 ●2008→2019戊子木運安床十二年旺財。 ●臥房、書房，大吉。●香火，吉。 ○財位可【財位可放財神、金庫、魚缸、珠寶等】。 ※廁所，不宜。 ○安床，出文秀，生聰明女。 ※殺氣方宜靜不宜動，不宜高聳；宅外六事如橋、屋樑、宮殿、高塔、涼亭、高台等，均不利，人財不旺。 ※宅內外六事，靠近三碧位，均不甚宜。 ●有書房，有外六事高聳，形異尋常者，2016年見四綠、2010年見一白，表示升官發科甲。 ●流年2010年見一白，四綠木，主發丁。	坤宅坤宮：西南方，未坤申三方，方位202・5→247・5度。 ●遊年九星【伏位】。 ※紫白九星飛八白到坤，八白屬土與中宮土比和爲【旺氣方】●紫白九星【八白】 ●2008→2019戊子木運安床十二年不利。 ●香火、財位，大吉【財位可放財神、金庫、魚缸、珠寶等】。 ●臥房、書房，吉。○可開後門，灶位，可【坤命人灶口不宜向東北】。 ※廁所，不宜。 ●旺氣方，宜造作，主富貴文章，子孫繁盛家和意協兄弟恭。 ●作灶、開門、安香火，利。 ※如樓房上下此位均安床位，主女多男少※樹，凶，主生腫毒○池、井，不利，主老母殘疾，2010年五黃到，更主肺疾。 ●有大門、房間、房門，在三白方，流年2014年見一白2016年見八白2009年見六白必受胎生男。 ●流年2015年見九紫，主發丁。 ●流年2016年見八白，旺星來，主發財。	坤宅離宮：南方，丙午丁三方，方位157・5→202・5度。 ※遊年九星【六煞】。 ※紫白九星飛六白到離，六白屬金，中宮土生金爲【洩氣方】●紫白九星【六白】 ※1996→2007丙子火運安床十二年不利。 ●臥房，吉。　○書房，可。 ○可開後門，書房、財位，可【財位可放財神、金庫、魚缸、珠寶等】。 ※退氣方，犯之退田莊、損六畜、人口遭災，房門在此方，漏胎小產。見六白爲凶中藏吉，爲善曜，逢生旺運，主生貴子，科甲連中。※逢土水金運，財丁兩旺，丙子火戊子木兩運不好●開門有丁財平平。 ○安床，略可。○碾磨、廁所，可。 ※作灶不利，主產亡，又犯血症。 ※有高屋、高山，財丁兩敗。※池井，不宜，初住略可進財。●有大門、房間、房門，在三白方，流年2014年見八白2016年見六白2012年見一白，必受胎生男。 ●流年2012年見一白，主發丁。 ●流年2007年見六白，主發財。

兌宅【西四宅、坐西向東的房子】

兌宅艮宮：東北方，丑艮寅三方， 方位022・5→067・5度。 ●遊年九星【延年】。 ※紫白九星飛一白到艮，一白屬水，中宮 金生水爲【洩氣方】※紫白九星【一白】 ○2008→2019貴子木運，安床十二年有丁 無財。●大門、香火，大吉。 ●臥房、書房、財位吉【財位可放財神、 金庫、魚缸、珠寶等】。 ※廁所不宜※退氣方，犯之退田莊、損六 畜、人口遭災，房門在此方，漏胎小產。 2011年見一白爲凶中藏吉，爲善曜，逢生 旺運，主生貴子，科地連中○開門，可， 流年2011一白2017四綠星到，發秀而貴也 ○安床，生女。○安香火、井，普通。 ※作灶，主冷退。※神廟、路沖，不利。 ●有外六事高聳，形異尋常者，2017年見 四綠、2011年見一白，表示升官發科甲。 ●有大門、房間、房門，在三白方，流年 2013年見六白2015年見六白2011年見一白 必受胎生男。●流年2015年見六白，主發 丁。●流年2011年見一白，主發財。	兌宅震宮：東方，甲卯乙三方， 方位067・5→112・5度。 ※遊年九星【絕命】。 ●紫白九星飛五黃到震，關方屬土，生中 宮金爲【生氣方】。※紫白九星【五黃】 ※2008→2019戊子木運安床十二年不利。 ●得生氣門路，主旺丁，孝義良善，科甲 傳芳，壽命延長。 ●大門，吉。 ●五黃關方，犯動則遭瘟火，在震方木制 五黃土禍稍輕，但不可造屋，立錐子也。 ●若大門在關方，洩地下之殺氣大吉，但 外屏牆不可高逼，恐反樸天上殺氣入內。 ●如五間，可開中門，可不可開中 門，中屬火，反生關方土，火間又剋中宮 金，故不宜。※有神廟、樹，不利。 ※鐘鼓聲，有口舌※有尖峰，火星，生關 方之土，剋中宮之金，先富後貧。 ※流年2014年見二黑2011年見五黃，主生 病【宅母孕婦應災】。 ●2016年見九紫，生五黃土，主發丁。 ●2017年見八白，旺星來，主發財。	兌宅巽宮：東南方，辰巽巳三方， 方位112・5→157・5度。 ※遊年九星【六煞】。 ●紫白九星飛六白到巽，六白屬金與中宮 金比和爲【旺氣方】●紫白九星【六白】 ※2008→2019戊子木運，安床十二年有災 殃破財損丁。●大門、香火，吉。 ●書房、財位可【財位可放財神、金庫、 魚缸、珠寶等】。●灶位，大吉。 ●旺氣方宜造作主富貴文章子孫繁盛家和 意協兄友弟恭。 ●宜作灶，以制二金之剛，爲絕處逢生， 用之發丁旺財。※如九紫到，應防盜賊。 ※池井，洩氣，不宜。※有樹不宜。 ●安香火，大利。 ●高屋如平土形，大發丁財出武職之人。 ●六白到，有鐘鼓聲，主發富，後旺丁。 ●有大門、房間、房門，在三白方，流年 2016年見一白2009年見八白2011年見六白 必受胎生男。 ●流年2016年見一白生六白土，主發丁。 ●流年2011年見六白，旺星來，主發財。
兌宅坎宮：北方，壬子癸三山， 方位337・5→022・5度。 ※遊年九星【禍害】。 ※紫白九星飛三碧到坎，三碧屬木，金山 剋木爲【死氣方】。※紫白九星【三碧】 ○2008→2019戊子木運安床十二年旺財。 ●臥房、灶位，吉。 ○財位、香火可【財位可放財神、金庫、 魚缸、珠寶等】。 ※死氣方，由此方出行，失財；房門在此 方，生女不生男。 ○作灶，上元可用。 ○池井，東北可。 ○樹木在旁，不妨。 ●安香火、安床，發丁財。 ※神廟、尖峰、路沖，不利。 ※流年2016年見七赤2011年見三碧，主被 盜官訟。 ●流年2013年見一白生三碧木，主發丁。	兌宅中宮：宅中央，七赤七宮，破軍天計 星入中宮，管少女，商音，天柱驚門值 事，正陰山也，其吉凶，七旬七月七日七應 驗，喜乾巽離三方爲吉，忌震兌二方爲 凶。 兌山，七赤入中宮，爲金山也。 ●1984→2043大運下元七赤金運，金金比 和，兌宅旺氣也。2004→2023小運八白土 運土生金，兌宅生氣；兌宅生氣旺矣。 ●兌宅，此星酉年入中宮利，巳午未申酉 年月日時爲有氣，逢丑墓寅絕年月入墓。 犯之凶也，如在八方亦忌，犯之殺人，刀 兵火盜。 ※2008→2019戊子木運，安床十二年有災 殃破財損丁。 ●香火、臥房、書房，吉。 ●財位可【財位可放財神、金庫、魚缸、 珠寶等】。 ※流年2015年見三碧2011年見七赤，主被 盜官訟。 ●流年2017年見一白生七赤金，主發丁。 ●流年2012年見六白，旺星來，主發財。	兌宅離宮：南方，丙午丁三方， 方位157・5→202・5度。 ※遊年九星【五鬼】。 ●紫白九星飛二黑到離，二黑屬土，生中 宮金爲【生氣方】。※紫白九星【二黑】 ※2008→2019戊子木運安床十二年不利。 ●灶位，大吉。 ●得生氣門路，主旺丁，孝義良善，科甲 傳芳，壽命延長。 ※開門，子午相沖，不利。 ●作灶、安香火，利。 ○香火，可。 ○池井、神廟，普通。 ※流年2017年見五黃2011年見二黑，主生 病【宅母孕婦應災】。 ●流年2013年見九紫生二黑土，主發丁。 ●流年2014年見八白，旺星來，主發財。
兌宅乾宮：西北方，戌乾亥三山， 方位292・5→337・5度。 ●遊年九星【生氣】。 ●紫白九星飛八白到乾，八白屬土，生中 宮金爲【生氣方】。※紫白九星【八白】 ※2008→2019戊子木運安床十二年不利。 ●香火、臥房、書房、財位，大吉【財位 可放財神、金庫、魚缸、珠寶等】。 ●灶位，吉　※廁所，不宜。 ●得生氣門路，主旺丁，孝義良善，科甲 傳芳，壽命延長。 ●作灶，大利，但不可在戌上。有高峰在 乾方，生氣永遠發福○如乾方開門，要朝 北，總宜亥，不宜戌方。○高樓，無妨。 ●如聞鐘鼓聲富貴可許。●安香火大利。 ※有樹木，不利○安床，多生女。 ○神廟、井，平平。　※廁所，不可。 ●有大門、房間、房門，在三白方，流年 2013年見六白2009年見一白2011年見八白 必受胎生男。 ●流年2010年見九紫生八白土，主發丁。 ●流年2011年見八白，旺星來，主發財。	兌宅兌宮：西方，庚酉辛三方， 方位247・5→292・5度。 ●遊年九星【伏位】。 ※紫白九星飛九紫到兌，九紫屬火，火剋 中宮金爲【殺氣方】○紫白九星【九紫】 ●2008→2019戊子木運安床十二年旺丁。 ●香火、臥房、書房，吉。 ○財位可【財位可放財神、金庫、魚缸、 珠寶等】。 ※殺氣方宜靜不宜動，不宜高聳；宅外六 事，不利人財不旺。 ※作灶，不利。※開門，人財兩敗。 ※五黃到此，殺氣方，殺兩人。※有井， 主損小孩，久住想絕※有高峰，火星形， 財丁兩敗。※有大樹，主火災。　○安香 火，在樓上略可。※上元甲子水運，如開 門，其害尤甚。　※其方外六事有異常之 物，2013年見七赤2015年見五黃2009年見 二黑2011年見九紫主發火，月建星同到， 斷在此月發火。●有大門，2011年見九紫 又會合吉曜星，主家有喜慶之事。 ●2011年見九紫，旺星來，主發財。	兌宅坤宮：西南方，未坤申三方， 方位202，5→247・5度。 ●遊年九星【天醫】。 ※紫白九星飛四綠到坤，四綠屬木，中宮 金剋木爲【死氣方】※紫白九星【四綠】 ○2008→2019戊子木運安床十二年旺財。 ●臥房、書房，大吉。 ○財位可【財位可放財神、金庫、魚缸、 珠寶等】。 ※死氣方，由此方出行，失財；房門在此 方，生女不生男。 ※廁所，不宜。 ●安床出秀。 ○池井，水來，生木可用。 ●安香火，不可。 ●四綠，名催官星，上元水運水木相生， 大利。 ●有書房，有外六事高聳，形異尋常者， 2014年見一白、2011年見四綠，表示升官 發科甲。 ●流年2014年見一白生四綠木，主發丁。

奇門遁甲篇

日家八門宜忌

編號	日家八門	日家八門屬性	日家八門宜忌	日家八門尅應
1	休門	休門貪狼水星	休門見貴最為良。休門宜面君謁貴、上官赴任、嫁娶、移徙、商賈、營建諸事皆吉；不宜行刑、斷獄。	出休門宜出行謁貴求財宜取和集法演兵習陣求財萬事吉，休門出入貴人留。
2	生門	生門左輔土星	欲求財利往生方。生門宜征討、謀望、入官、見貴、嫁娶、移徙諸事皆吉；不宜埋葬、治喪。	出生門者宜求財見貴營謀百事大吉，出生門二十里必見飛鳥來迎之大吉。
3	傷門	傷門祿存木星	索債須往傷上去。傷門漁獵、討捕、索債、博戲、收歛貨財；餘皆不宜。	出傷門者百事不如意惟宜索債大吉，出傷門必見驚怪嚇喧事扭泆血傷，六十里內見血光兵陣相傷。
4	杜門	杜門文曲木星	杜門無事好逃藏。杜門宜躲災避難、捕捉逃亡、斷絕奸謀、誅凶除暴、判獄、填坑塞穴、截路避邪；餘皆不宜。	出杜門者諸事閉塞只宜隱伏逃躲避難大吉，出杜門必求素謀不遂出軍大敗不利。
5	景門	景門右弼火星	思量飲酒景門高。景門宜上書獻策、招賢、謁貴、拜職、遣使、行誅、突圍破陣等事；餘皆不宜。	出景門者遠行有阻或遭逢盜賊若謁故尋親大吉，出景門四十里喜樂聲求財多獲利，八十里外逢盜賊求謀不遂出軍大敗。
6	死門	死門巨門土星	葬獵須知死路強。死門宜決斷刑獄、弔死送喪、埋葬等事；忌遠行遇疾病、失財物、出師行兵大敗。	出死門者遠行必有重厄道路閉塞百事不通只宜採獵捕魚葬埋大吉，出死門行二十里路旁必見死傷應之，百里外遇疾病失財物出師行兵大敗。
7	驚門	驚門破軍金星	捉賊驚門無不獲。驚門宜捕捉盜賊、恐嚇亂眾等事；忌出行、上官赴任、競賽。	出驚門者遠行有恐懼之災官事連綿只宜捕盜捉賊大吉，出驚門行六十里必見驚怪犬物驗方，求財不遂有血光之災，見驚恐大凶。
8	開門	開門武曲金星	征戰遠行開門吉。開門宜征討、謀望、入官、見貴、應舉、遠行、嫁娶、移徙、商賈、營建；不宜治政有私人窺伺。	出開門者遠行利見貴人接引大吉，出開門行三十里必見婦人或穿顏色衣人以應之。

日家九星宜忌

編號	日家九星	日家九星屬性	日家九星宜忌	日家九星尅應
1	太乙	一太乙水吉	太乙：宜出行求財、嫁娶、移徙、博戲、競賽、開市、立券交易、謁見賢良。	出太乙星者行數里見著皂衣人來求請邀用婚姻謁見賢良大吉。
2	攝提	二攝提土凶	攝提：宜隱遁，忌出行、嫁娶、納財、競賽、開市、立券交易。	出攝提星者不吉主逢耕地損牛犁遇死門大凶逢老婦悲啼鬥打鬧重重不堪親。
3	軒轅	三軒轅木平	軒轅：忌出行、求財、博戲、競賽。	出軒轅星者行三五里路逢一官員，出入多驚恐逢鬥毆血光宜安靜。
4	招搖	四招搖木平	招搖：忌出行、博戲、競賽。	出招搖星者行三五里逢陰人口舌行數十必見二親人見血光不堪親怪夢驚恐鄰家釜鳴屋響不吉。
5	天符	五天符土凶	天符：宜畋獵，忌詞訟、人財走失難尋、陰人謀害。	出天符星者路逢一尼姑行七八里可見一親故，見婦人謀害行人阻滯官非口舌不利。
6	青龍	六青龍金吉	青龍：宜謁貴、求財、上官、嫁娶、移徙、修造動土、開市、立券交易、博戲、競賽、會親友、推薦求謀建議。	出青龍星者行五六里路上逢醫人。
7	咸池	七咸池金凶	咸池：宜穿井，忌出行、求財、博戲、競賽。	出咸池星者求財賭博空手回多官事遭口舌。
8	太陰	八太陰土吉	太陰：宜謁貴、求財、嫁娶、開市、立券交易、會親友、納財。	出太陰星者行七八里逢小兒牽牛求財成就吉。
9	天乙	九天乙火吉	天乙：宜謁貴、出行、求財、嫁娶、開市、立券交易、推薦求謀建議、會親友。	出天乙星者行三五里見一婦人著五色衣抱小兒百事大吉。

編號	日家八門九星	日家八門九星斷例	備註
1	休門青龍	休門若獲遇青龍，凡事謀爲盡亨通，覓利求財興百倍，出軍排陣定摧鋒。	奇門遁甲全書金函丁甲大全卷一2反八門遇九星斷例
2	休門太乙	休門太乙百事興，相爭戰鬥旺雄兵，起營立寨終須勝，見貴參官喜相逢。	
3	休門天乙	休門若遇天乙興，出入求財大快亨，多遇貴人憐憂喜，邀迎酒食得人欽。	
4	生門青龍	生門最喜見青龍，謁貴謀爲百事通，經商定獲千倍利，出入無憂展笑容。	
5	生門太乙	生門太乙福德多，所求稱意任張羅，覓利求財期百倍，出入行軍無滯過。	
6	生門天乙	生門若遇天乙星，出入定無鬥爭迎，佈陣排兵皆得勝，萬事從心大亨貞。	
7	開門青龍	開門若得遇青龍，覓利重逢得裕豐，謁貴參官多見愛，求謀出入定無空。	
8	開門太乙	開門若合太乙星，雖時劫寨好偷營，出戰行兵無不勝，只有開門用安寧。	
9	開門天乙	開門如遇天乙星，出軍行陣莫懷猜，求聖經營多得利，參官偏得貴人財。	

日家十二神宜忌

編號	日家十二神	日家十二神屬性	日家十二神宜忌	備註
1	五符	五符星吉、五符吉神屬火謁貴。	五符：宜謁貴、上官赴任、出行、求財、行兵、捕盜、祈福、婚娶、移徙、開市、修造、安葬、入宅百事吉。	【1】古今圖書集成博物彙編藝術典七百十三卷術數部彙考二十七日家奇門推十二神吉凶訣164。
2	天曹	天曹星吉、天曹屬金主詞訟。	天曹：宜詞訟。	【2】奇門遁甲全書卷六14之五符法。 【3】鰲頭通書卷七20時家吉神凶神定局。 【4】鰲頭通書卷七30時家吉神註。
3	地府	地府星吉、地府半吉半凶屬土迫避。	地府：宜躲災避難吉。	【5】象吉通書卷十一10上。 【6】象吉通書卷十五22反時家吉神凶神定局。 【7】古今第四七七冊07葉定時吉凶。
4	風伯	風伯精凶、風伯屬木主驚恐。	風伯：忌，主驚恐。	
5	雨師	雨師精凶、雨師陽水出行主陰雨。	雨師：出行主陰雨。	
6	雷公	雷公精凶、雷公屬木主驚恐。	雷公：忌，主驚恐。	
7	風雲	風雲吉、風雲陰木主半陰。	風雲：主半陰。	
8	唐符	唐符吉、唐符屬金求財吉。	唐符：宜求財、出行、見官、上官赴任、收捕、行兵、捕盜、見貴、婚娶、進人口、移徙、造葬。	
9	國印	國印吉、國印屬金主陞遷。	國印：宜主陞遷、上官赴任、出行、求財、見貴、行兵、捕盜、收捕、婚娶、進人口、移徙、造葬。	
10	天關	天關神凶、天關屬木主阻隔。	天關：忌，主阻隔。	
11	地鎖	地鎖神凶、地鎖陰土主反覆。	地鎖：忌，主反覆。	
12	天賊	天賊神凶、天賊陰水主失盜。	天賊：忌，主失盜。	

編號	日家奇遁	方位	八門	九星	日家十二神		編號	日家奇遁	方位	八門	九星	日家十二神
1	陽遁甲子	乾	開門	太陰	國印【戌】	天關【亥】	7	陽遁庚午	乾	死門	攝提	地府【戌】風伯【亥】
		坎	休門	軒轅	地鎮【子】				坎	驚門	青龍	雨師【子】
		艮	生門	太乙	天賊【丑】	五符【寅】			艮	開門	招搖	雷公【丑】風雲【寅】
		震	傷門	天符	天曹【卯】				震	休門	太陰	唐符【卯】
		巽	杜門	青龍	地府【辰】	風伯【巳】			巽	生門	天乙	國印【辰】天關【巳】
		離	景門	攝提	雨師【午】				離	傷門	天符	地鎮【午】
		坤	死門	招搖	雷公【未】	風雲【申】			坤	杜門	咸池	天賊【未】五符【申】
		兌	驚門	天乙	唐符【酉】				兌	景門	軒轅	天曹【酉】
		中宮		咸池					中宮		太乙	
2	陽遁乙丑	乾	開門	咸池	唐符【戌】	國印【亥】	8	陽遁辛未	乾	死門	太乙	天曹【戌】地府【亥】
		坎	休門	攝提	天關【子】				坎	驚門	天符	風伯【子】
		艮	生門	天乙	地鎮【丑】	天賊【寅】			艮	開門	軒轅	雨師【丑】雷公【寅】
		震	傷門	招搖	五符【卯】				震	休門	咸池	風雲【卯】
		巽	杜門	天符	天曹【辰】	地府【巳】			巽	生門	太陰	唐符【辰】國印【巳】
		離	景門	太乙	風伯【午】				離	傷門	招搖	天關【午】
		坤	死門	軒轅	雨師【未】	雷公【申】			坤	杜門	青龍	地鎮【未】天賊【申】
		兌	驚門	太陰	風雲【酉】				兌	景門	攝提	五符【酉】
		中宮		青龍					中宮		天乙	
3	陽遁丙寅	乾	開門	青龍	雷公【戌】	風雲【亥】	9	陽遁壬申	乾	死門	天乙	天賊【戌】五符【亥】
		坎	休門	太乙	唐符【子】				坎	驚門	招搖	天曹【子】
		艮	生門	太陰	國印【丑】	天關【寅】			艮	開門	攝提	地府【丑】風伯【寅】
		震	傷門	軒轅	地鎮【卯】				震	休門	青龍	雨師【卯】
		巽	杜門	招搖	天賊【辰】	五符【巳】			巽	生門	咸池	雷公【辰】風雲【巳】
		離	景門	天乙	天曹【午】				離	傷門	軒轅	唐符【午】
		坤	死門	攝提	地府【未】	風伯【申】			坤	杜門	天符	國印【未】天關【申】
		兌	驚門	咸池	雨師【酉】				兌	景門	太乙	地鎮【酉】
		中宮		天符					中宮		太陰	
4	陽遁丁卯	乾	傷門	天符	雨師【戌】	雷公【亥】	10	陽遁癸酉	乾	景門	太陰	地鎮【戌】天賊【亥】
		坎	杜門	天乙	風雲【子】				坎	死門	軒轅	五符【子】
		艮	景門	咸池	唐符【丑】	國印【寅】			艮	驚門	太乙	天曹【丑】地府【寅】
		震	死門	攝提	天關【卯】				震	開門	天符	風伯【卯】
		巽	驚門	軒轅	地鎮【辰】	天賊【巳】			巽	休門	青龍	雨師【辰】雷公【巳】
		離	開門	太陰	五符【午】				離	生門	攝提	風雲【午】
		坤	休門	太乙	天曹【未】	地府【申】			坤	傷門	招搖	唐符【未】國印【申】
		兌	生門	青龍	風伯【酉】				兌	杜門	天乙	天關【酉】
		中宮		招搖					中宮		咸池	
5	陽遁戊辰	乾	傷門	招搖	雷公【戌】	風雲【亥】	11	陽遁甲戌	乾	景門	咸池	國印【戌】天關【亥】
		坎	杜門	太陰	唐符【子】				坎	死門	攝提	地鎮【子】
		艮	景門	青龍	國印【丑】	天關【寅】			艮	驚門	天乙	天賊【丑】五符【寅】
		震	死門	太乙	地鎮【卯】				震	開門	招搖	天曹【卯】
		巽	驚門	攝提	天賊【辰】	五符【巳】			巽	休門	天符	地府【辰】風伯【巳】
		離	開門	咸池	天曹【午】				離	生門	太乙	雨師【午】
		坤	休門	天乙	地府【未】	風伯【申】			坤	傷門	軒轅	雷公【未】風雲【申】
		兌	生門	天符	雨師【酉】				兌	杜門	太陰	唐符【酉】
		中宮		軒轅					中宮		青龍	
6	陽遁己巳	乾	傷門	軒轅	雨師【戌】	雷公【亥】	12	陽遁乙亥	乾	景門	青龍	唐符【戌】國印【亥】
		坎	杜門	咸池	風雲【子】				坎	死門	太乙	天關【子】
		艮	景門	天符	唐符【丑】	國印【寅】			艮	驚門	太陰	地鎮【丑】天賊【寅】
		震	死門	天乙	天關【卯】				震	開門	軒轅	五符【卯】
		巽	驚門	太乙	地鎮【辰】	天賊【巳】			巽	休門	招搖	天曹【辰】地府【巳】
		離	開門	青龍	五符【午】				離	生門	天乙	風伯【午】
		坤	休門	太陰	天曹【未】	地府【申】			坤	傷門	攝提	雨師【未】雷公【申】
		兌	生門	招搖	風伯【酉】				兌	杜門	咸池	風雲【酉】
		中宮		攝提					中宮		天符	

編號	日家奇遁	方位	八門	九星	日家十二神	編號	日家奇遁	方位	八門	九星	日家十二神
13	陽遁丙子	乾	休門	天符	雷公【戌】風雲【亥】	19	陽遁壬午	乾	驚門	太陰	天賊【戌】五符【亥】
		坎	生門	天乙	唐符【子】			坎	開門	軒轅	天曹【子】
		艮	傷門	咸池	國印【丑】天關【寅】			艮	休門	太乙	地府【丑】風伯【寅】
		震	杜門	攝提	地鎖【卯】			震	生門	天符	雨師【卯】
		巽	景門	軒轅	天賊【辰】五符【巳】			巽	傷門	青龍	雷公【辰】風雲【巳】
		離	死門	太陰	天曹【午】			離	杜門	攝提	唐符【午】
		坤	驚門	太乙	地府【未】風伯【申】			坤	景門	招搖	國印【未】天關【申】
		兌	開門	青龍	雨師【酉】			兌	死門	天乙	地鎖【酉】
		中宮		招搖				中宮		咸池	
14	陽遁丁丑	乾	休門	招搖	雨師【戌】雷公【亥】	20	陽遁癸未	乾	驚門	咸池	地鎖【戌】天賊【亥】
		坎	生門	太陰	風雲【子】			坎	開門	攝提	五符【子】
		艮	傷門	青龍	唐符【丑】國印【寅】			艮	休門	天乙	天曹【丑】地府【寅】
		震	杜門	太乙	天關【卯】			震	生門	招搖	風伯【卯】
		巽	景門	攝提	地鎖【辰】天賊【巳】			巽	傷門	天符	雨師【辰】雷公【巳】
		離	死門	咸池	五符【午】			離	杜門	太乙	風雲【午】
		坤	驚門	天乙	天曹【未】地府【申】			坤	景門	軒轅	唐符【未】國印【申】
		兌	開門	天符	風伯【酉】			兌	死門	太陰	天關【酉】
		中宮		軒轅				中宮		青龍	
15	陽遁戊寅	乾	休門	軒轅	雷公【戌】風雲【亥】	21	陽遁甲申	乾	驚門	青龍	國印【戌】天關【亥】
		坎	生門	咸池	唐符【子】			坎	開門	太乙	地鎖【子】
		艮	傷門	天符	國印【丑】天關【寅】			艮	休門	太陰	天賊【丑】五符【寅】
		震	杜門	天乙	地鎖【卯】			震	生門	軒轅	天曹【卯】
		巽	景門	太乙	天賊【辰】五符【巳】			巽	傷門	招搖	地府【辰】風伯【巳】
		離	死門	青龍	天曹【午】			離	杜門	天乙	雨師【午】
		坤	驚門	太陰	地府【未】風伯【申】			坤	景門	攝提	雷公【未】風雲【申】
		兌	開門	招搖	雨師【酉】			兌	死門	咸池	唐符【酉】
		中宮		攝提				中宮		天符	
16	陽遁己卯	乾	生門	攝提	雨師【戌】雷公【亥】	22	陽遁乙酉	乾	杜門	天符	唐符【戌】國印【亥】
		坎	傷門	青龍	風雲【子】			坎	景門	天乙	天關【子】
		艮	杜門	招搖	唐符【丑】國印【寅】			艮	死門	咸池	地鎖【丑】天賊【寅】
		震	景門	太陰	天關【卯】			震	驚門	攝提	五符【卯】
		巽	死門	天乙	地鎖【辰】天賊【巳】			巽	開門	軒轅	天曹【辰】地府【巳】
		離	驚門	天符	五符【午】			離	休門	太陰	風伯【午】
		坤	開門	咸池	天曹【未】地府【申】			坤	生門	太乙	雨師【未】雷公【申】
		兌	休門	軒轅	風伯【酉】			兌	傷門	青龍	風雲【酉】
		中宮		太乙				中宮		招搖	
17	陽遁庚辰	乾	生門	太乙	地府【戌】風伯【亥】	23	陽遁丙戌	乾	杜門	招搖	雷公【戌】風雲【亥】
		坎	傷門	天符	雨師【子】			坎	景門	太陰	唐符【子】
		艮	杜門	軒轅	雷公【丑】風雲【寅】			艮	死門	青龍	國印【丑】天關【寅】
		震	景門	咸池	唐符【卯】			震	驚門	太乙	地鎖【卯】
		巽	死門	太陰	國印【辰】天關【巳】			巽	開門	攝提	天賊【辰】五符【巳】
		離	驚門	招搖	地鎖【午】			離	休門	咸池	天曹【午】
		坤	開門	青龍	天賊【未】五符【申】			坤	生門	天乙	地府【未】風伯【申】
		兌	休門	攝提	天曹【酉】			兌	傷門	天符	雨師【酉】
		中宮		天乙				中宮		軒轅	
18	陽遁辛巳	乾	生門	天乙	天曹【戌】地府【亥】	24	陽遁丁亥	乾	杜門	軒轅	雨師【戌】雷公【亥】
		坎	傷門	招搖	風伯【子】			坎	景門	咸池	風雲【子】
		艮	杜門	攝提	雨師【丑】雷公【寅】			艮	死門	天符	唐符【丑】國印【寅】
		震	景門	青龍	風雲【卯】			震	驚門	天乙	天關【卯】
		巽	死門	咸池	唐符【辰】國印【巳】			巽	開門	太乙	地鎖【辰】天賊【巳】
		離	驚門	軒轅	天關【午】			離	休門	青龍	五符【午】
		坤	開門	天符	地鎖【未】天賊【申】			坤	生門	太陰	天曹【未】地府【申】
		兌	休門	太乙	五符【酉】			兌	傷門	招搖	風伯【酉】
		中宮		太陰				中宮		攝提	

日家奇門局

編號	日家奇遁	方位	八門	九星	日家十二神	編號	日家奇遁	方位	八門	九星	日家十二神
25	陽遁戊子	乾	開門	攝提	雷公【戌】風雲【亥】	31	陽遁甲午	乾	死門	天符	國印【戌】天關【亥】
		坎	休門	青龍	唐符【子】			坎	驚門	天乙	地鎮【子】
		艮	生門	招搖	國印【丑】天關【寅】			艮	開門	咸池	天賊【丑】五符【寅】
		震	傷門	太陰	地鎮【卯】			震	休門	攝提	天曹【卯】
		巽	杜門	天乙	天賊【辰】五符【巳】			巽	生門	軒轅	地府【辰】風伯【巳】
		離	景門	天符	天曹【午】			離	傷門	太陰	雨師【午】
		坤	死門	咸池	地府【未】風伯【申】			坤	杜門	太乙	雷公【未】風雲【申】
		兌	驚門	軒轅	雨師【酉】			兌	景門	青龍	唐符【酉】
		中宮		太乙				中宮		招搖	
26	陽遁己丑	乾	開門	太乙	雨師【戌】雷公【亥】	32	陽遁乙未	乾	死門	招搖	唐符【戌】國印【亥】
		坎	休門	天符	風雲【子】			坎	驚門	太陰	天關【子】
		艮	生門	軒轅	唐符【丑】國印【寅】			艮	開門	青龍	地鎮【丑】天賊【寅】
		震	傷門	咸池	天關【卯】			震	休門	太乙	五符【卯】
		巽	杜門	太陰	地鎮【辰】天賊【巳】			巽	生門	攝提	天曹【辰】地府【巳】
		離	景門	招搖	五符【午】			離	傷門	咸池	風伯【午】
		坤	死門	青龍	天曹【未】地府【申】			坤	杜門	天乙	雨師【未】雷公【申】
		兌	驚門	攝提	風伯【酉】			兌	景門	天符	風雲【酉】
		中宮		天乙				中宮		軒轅	
27	陽遁庚寅	乾	開門	天乙	地府【戌】風伯【亥】	33	陽遁丙申	乾	死門	軒轅	雷公【戌】風雲【亥】
		坎	休門	招搖	雨師【子】			坎	驚門	咸池	唐符【子】
		艮	生門	攝提	雷公【丑】風雲【寅】			艮	開門	天符	國印【丑】天關【寅】
		震	傷門	青龍	唐符【卯】			震	休門	天乙	地鎮【卯】
		巽	杜門	咸池	國印【辰】天關【巳】			巽	生門	太乙	天賊【辰】五符【巳】
		離	景門	軒轅	地鎮【午】			離	傷門	青龍	天曹【午】
		坤	死門	天符	天賊【未】五符【申】			坤	杜門	太陰	地府【未】風伯【申】
		兌	驚門	太乙	天曹【酉】			兌	景門	招搖	雨師【酉】
		中宮		太陰				中宮		攝提	
28	陽遁辛卯	乾	傷門	太陰	天曹【戌】地府【亥】	34	陽遁丁酉	乾	景門	攝提	天曹【戌】地府【亥】
		坎	杜門	軒轅	風伯【子】			坎	死門	青龍	風伯【子】
		艮	景門	太乙	雨師【丑】雷公【寅】			艮	驚門	招搖	雨師【丑】雷公【寅】
		震	死門	天符	風雲【卯】			震	開門	太陰	風雲【卯】
		巽	驚門	青龍	唐符【辰】國印【巳】			巽	休門	天乙	唐符【辰】國印【巳】
		離	開門	攝提	天關【午】			離	生門	天符	天關【午】
		坤	休門	招搖	地鎮【未】天賊【申】			坤	傷門	咸池	地鎮【未】天賊【申】
		兌	生門	天乙	五符【酉】			兌	杜門	軒轅	五符【酉】
		中宮		咸池				中宮		太乙	
29	陽遁壬辰	乾	傷門	咸池	天賊【戌】五符【亥】	35	陽遁戊戌	乾	景門	太乙	雷公【戌】風雲【亥】
		坎	杜門	攝提	天曹【子】			坎	死門	天符	唐符【子】
		艮	景門	天乙	地府【丑】風伯【寅】			艮	驚門	軒轅	國印【丑】天關【寅】
		震	死門	招搖	雨師【卯】			震	開門	咸池	地鎮【卯】
		巽	驚門	天符	雷公【辰】風雲【巳】			巽	休門	太陰	天賊【辰】五符【巳】
		離	開門	太乙	唐符【午】			離	生門	招搖	天曹【午】
		坤	休門	軒轅	國印【未】天關【申】			坤	傷門	青龍	地府【未】風伯【申】
		兌	生門	太陰	地鎮【酉】			兌	杜門	攝提	雨師【酉】
		中宮		青龍				中宮		天乙	
30	陽遁癸巳	乾	傷門	青龍	地鎮【戌】天賊【亥】	36	陽遁己亥	乾	景門	天乙	雨師【戌】雷公【亥】
		坎	杜門	太乙	五符【子】			坎	死門	招搖	風雲【子】
		艮	景門	太陰	天曹【丑】地府【寅】			艮	驚門	攝提	唐符【丑】國印【寅】
		震	死門	軒轅	風伯【卯】			震	開門	青龍	天關【卯】
		巽	驚門	招搖	雨師【辰】雷公【巳】			巽	休門	咸池	地鎮【辰】天賊【巳】
		離	開門	天乙	風雲【午】			離	生門	軒轅	五符【午】
		坤	休門	攝提	唐符【未】國印【申】			坤	傷門	天符	天曹【未】地府【申】
		兌	生門	咸池	天關【酉】			兌	杜門	太乙	風伯【酉】
		中宮		天符				中宮		太陰	

編號	日家奇遁	方位	八門	九星	日家十二神	編號	日家奇遁	方位	八門	九星	日家十二神
37	陽遁庚子	乾	休門	太陰	地府【戌】風伯【亥】	43	陽遁丙午	乾	驚門	攝提	雷公【戌】風雲【亥】
		坎	生門	軒轅	雨師【子】			坎	開門	青龍	唐符【子】
		艮	傷門	太乙	雷公【丑】風雲【寅】			艮	休門	招搖	國印【丑】天關【寅】
		震	杜門	天符	唐符【卯】			震	生門	太陰	地鎮【卯】
		巽	景門	青龍	國印【辰】天關【巳】			巽	傷門	天乙	天賊【辰】五符【巳】
		離	死門	攝提	地鎮【午】			離	杜門	天符	天曹【午】
		坤	驚門	招搖	天賊【未】五符【申】			坤	景門	咸池	地府【未】風伯【申】
		兌	開門	天乙	天曹【酉】			兌	死門	軒轅	雨師【酉】
		中宮		咸池				中宮		太乙	
38	陽遁辛丑	乾	休門	咸池	天曹【戌】地府【亥】	44	陽遁丁未	乾	驚門	太乙	雨師【戌】雷公【亥】
		坎	生門	攝提	風伯【子】			坎	開門	天符	風雲【子】
		艮	傷門	天乙	雨師【丑】雷公【寅】			艮	休門	軒轅	唐符【丑】國印【寅】
		震	杜門	招搖	風雲【卯】			震	生門	咸池	天關【卯】
		巽	景門	天符	唐符【辰】國印【巳】			巽	傷門	太陰	地鎮【辰】天賊【巳】
		離	死門	太乙	天關【午】			離	杜門	招搖	五符【午】
		坤	驚門	軒轅	地鎮【未】天賊【申】			坤	景門	青龍	天曹【未】地府【申】
		兌	開門	太陰	五符【酉】			兌	死門	攝提	風伯【酉】
		中宮		青龍				中宮		天乙	
39	陽遁壬寅	乾	休門	青龍	天賊【戌】五符【亥】	45	陽遁戊申	乾	驚門	天乙	雷公【戌】風雲【亥】
		坎	生門	太乙	天曹【子】			坎	開門	招搖	唐符【子】
		艮	傷門	太陰	地府【丑】風伯【寅】			艮	休門	攝提	國印【丑】天關【寅】
		震	杜門	軒轅	雨師【卯】			震	生門	青龍	地鎮【卯】
		巽	景門	招搖	雷公【辰】風雲【巳】			巽	傷門	咸池	天賊【辰】五符【巳】
		離	死門	天乙	唐符【午】			離	杜門	軒轅	天曹【午】
		坤	驚門	攝提	國印【未】天關【申】			坤	景門	天符	地府【未】風伯【申】
		兌	開門	咸池	地鎮【酉】			兌	死門	太乙	雨師【酉】
		中宮		天符				中宮		太陰	
40	陽遁癸卯	乾	生門	天符	地鎮【戌】天賊【亥】	46	陽遁己酉	乾	杜門	太陰	雨師【戌】雷公【亥】
		坎	傷門	天乙	五符【子】			坎	景門	軒轅	風雲【子】
		艮	杜門	咸池	天曹【丑】地府【寅】			艮	死門	太乙	唐符【丑】國印【寅】
		震	景門	攝提	風伯【卯】			震	驚門	天符	天關【卯】
		巽	死門	軒轅	雨師【辰】雷公【巳】			巽	開門	青龍	地鎮【辰】天賊【巳】
		離	驚門	太陰	風雲【午】			離	休門	攝提	五符【午】
		坤	開門	太乙	唐符【未】國印【申】			坤	生門	招搖	天曹【未】地府【申】
		兌	休門	青龍	天關【酉】			兌	傷門	天乙	風伯【酉】
		中宮		招搖				中宮		咸池	
41	陽遁甲辰	乾	生門	招搖	國印【戌】天關【亥】	47	陽遁庚戌	乾	杜門	咸池	地府【戌】風伯【亥】
		坎	傷門	太陰	地鎮【子】			坎	景門	攝提	雨師【子】
		艮	杜門	青龍	天賊【丑】五符【寅】			艮	死門	天乙	雷公【丑】風雲【寅】
		震	景門	太乙	天曹【卯】			震	驚門	招搖	唐符【卯】
		巽	死門	攝提	地府【辰】風伯【巳】			巽	開門	天符	國印【辰】天關【巳】
		離	驚門	咸池	雨師【午】			離	休門	太乙	地鎮【午】
		坤	開門	天乙	雷公【未】風雲【申】			坤	生門	軒轅	天賊【未】五符【申】
		兌	休門	天符	唐符【酉】			兌	傷門	太陰	天曹【酉】
		中宮		軒轅				中宮		青龍	
42	陽遁乙巳	乾	生門	軒轅	唐符【戌】國印【亥】	48	陽遁辛亥	乾	杜門	青龍	天曹【戌】地府【亥】
		坎	傷門	咸池	天關【子】			坎	景門	太乙	風伯【子】
		艮	杜門	天符	地鎮【丑】天賊【寅】			艮	死門	太陰	雨師【丑】雷公【寅】
		震	景門	天乙	五符【卯】			震	驚門	軒轅	風雲【卯】
		巽	死門	太乙	天曹【辰】地府【巳】			巽	開門	招搖	唐符【辰】國印【巳】
		離	驚門	青龍	風伯【午】			離	休門	天乙	天關【午】
		坤	開門	太陰	雨師【未】雷公【申】			坤	生門	攝提	地鎮【未】天賊【申】
		兌	休門	招搖	風雲【酉】			兌	傷門	咸池	五符【酉】
		中宮		攝提				中宮		天符	

編號	日家奇遁	方位	八門	九星	日家十二神			編號	日家奇遁	方位	八門	九星	日家十二神		
49	陽遁壬子	乾	開門	天符	天賊【戌】	五符【亥】		55	陽遁戊午	乾	死門	太陰	雷公【戌】	風雲【亥】	
		坎	休門	天乙	天曹【子】					坎	驚門	軒轅	唐符【子】		
		艮	生門	咸池	地府【丑】	風伯【寅】				艮	開門	太乙	國印【丑】	天關【寅】	
		震	傷門	攝提	雨師【卯】					震	休門	天符	地鎮【卯】		
		巽	杜門	軒轅	雷公【辰】	風雲【巳】				巽	生門	青龍	天賊【辰】	五符【巳】	
		離	景門	太陰	唐符【午】					離	傷門	攝提	天曹【午】		
		坤	死門	太乙	國印【未】	天關【申】				坤	杜門	招搖	地府【未】	風伯【申】	
		兌	驚門	青龍	地鎮【酉】					兌	景門	天乙	雨師【酉】		
		中宮		招搖						中宮		咸池			
50	陽遁癸丑	乾	開門	招搖	地鎮【戌】	天賊【亥】		56	陽遁己未	乾	死門	咸池	雨師【戌】	雷公【亥】	
		坎	休門	太陰	五符【子】					坎	驚門	攝提	風雲【子】		
		艮	生門	青龍	天曹【丑】	地府【寅】				艮	開門	天乙	唐符【丑】	國印【寅】	
		震	傷門	太乙	風伯【卯】					震	休門	招搖	天關【卯】		
		巽	杜門	攝提	雨師【辰】	雷公【巳】				巽	生門	天符	地鎮【辰】	天賊【巳】	
		離	景門	咸池	風雲【午】					離	傷門	太乙	五符【午】		
		坤	死門	天乙	唐符【未】	國印【申】				坤	杜門	軒轅	天曹【未】	地府【申】	
		兌	驚門	天符	天關【酉】					兌	景門	太陰	風伯【酉】		
		中宮		軒轅						中宮		青龍			
51	陽遁甲寅	乾	開門	軒轅	國印【戌】	天關【亥】		57	陽遁庚申	乾	死門	青龍	地府【戌】	風伯【亥】	
		坎	休門	咸池	地鎮【子】					坎	驚門	太乙	雨師【子】		
		艮	生門	天符	天賊【丑】	五符【寅】				艮	開門	太陰	雷公【丑】	風雲【寅】	
		震	傷門	天乙	天曹【卯】					震	休門	軒轅	唐符【卯】		
		巽	杜門	太乙	地府【辰】	風伯【巳】				巽	生門	招搖	國印【辰】	天關【巳】	
		離	景門	青龍	雨師【午】					離	傷門	天乙	地鎮【午】		
		坤	死門	太陰	雷公【未】	風雲【申】				坤	杜門	攝提	天賊【未】	五符【申】	
		兌	驚門	招搖	唐符【酉】					兌	景門	咸池	天曹【酉】		
		中宮		攝提						中宮		天符			
52	陽遁乙卯	乾	傷門	攝提	唐符【戌】	國印【亥】		58	陽遁辛酉	乾	景門	天符	天曹【戌】	地府【亥】	
		坎	杜門	青龍	天關【子】					坎	死門	天乙	風伯【子】		
		艮	景門	招搖	地鎮【丑】	天賊【寅】				艮	驚門	咸池	雨師【丑】	雷公【寅】	
		震	死門	太陰	五符【卯】					震	開門	攝提	風雲【卯】		
		巽	驚門	天乙	天曹【辰】	地府【巳】				巽	休門	軒轅	唐符【辰】	國印【巳】	
		離	開門	天符	風伯【午】					離	生門	太陰	天關【午】		
		坤	休門	咸池	雨師【未】	雷公【申】				坤	傷門	太乙	地鎮【未】	天賊【申】	
		兌	生門	軒轅	風雲【酉】					兌	杜門	青龍	五符【酉】		
		中宮		太乙						中宮		招搖			
53	陽遁丙辰	乾	傷門	太乙	雷公【戌】	風雲【亥】		59	陽遁壬戌	乾	景門	招搖	天賊【戌】	五符【亥】	
		坎	杜門	天符	唐符【子】					坎	死門	太陰	天曹【子】		
		艮	景門	軒轅	國印【丑】	天關【寅】				艮	驚門	青龍	地府【丑】	風伯【寅】	
		震	死門	咸池	地鎮【卯】					震	開門	太乙	雨師【卯】		
		巽	驚門	太陰	天賊【辰】	五符【巳】				巽	休門	攝提	雷公【辰】	風雲【巳】	
		離	開門	招搖	天曹【午】					離	生門	咸池	唐符【午】		
		坤	休門	青龍	地府【未】	風伯【申】				坤	傷門	天乙	國印【未】	天關【申】	
		兌	生門	攝提	雨師【酉】					兌	杜門	天符	地鎮【酉】		
		中宮		天乙						中宮		軒轅			
54	陽遁丁巳	乾	傷門	天乙	雨師【戌】	雷公【亥】		60	陽遁癸亥	乾	景門	軒轅	地鎮【戌】	天賊【亥】	
		坎	杜門	招搖	風雲【子】					坎	死門	咸池	五符【子】		
		艮	景門	攝提	唐符【丑】	國印【寅】				艮	驚門	天符	天曹【丑】	地府【寅】	
		震	死門	青龍	天關【卯】					震	開門	天乙	風伯【卯】		
		巽	驚門	咸池	地鎮【辰】	天賊【巳】				巽	休門	太乙	雨師【辰】	雷公【巳】	
		離	開門	軒轅	五符【午】					離	生門	青龍	風雲【午】		
		坤	休門	天符	天曹【未】	地府【申】				坤	傷門	太陰	唐符【未】	國印【申】	
		兌	生門	太乙	風伯【酉】					兌	杜門	招搖	天關【酉】		
		中宮		太陰						中宮		攝提			

編號	日家奇遁	方位	八門	九星	日家十二神		編號	日家奇遁	方位	八門	九星	日家十二神	
61	陰遁甲子	乾	杜門	青龍	國印【戌】	天關【亥】	67	陰遁庚午	乾	生門	天乙	地府【戌】	風伯【亥】
		坎	景門	攝提	地鎖【子】				坎	傷門	天符	雨師【子】	
		艮	死門	招搖	天賊【丑】	五符【寅】			艮	杜門	咸池	雷公【丑】	風雲【寅】
		震	驚門	天乙	天曹【卯】				震	景門	軒轅	唐符【卯】	
		巽	開門	太陰	地府【辰】	風伯【巳】			巽	死門	攝提	國印【辰】	天關【巳】
		離	休門	軒轅	雨師【午】				離	驚門	青龍	地鎖【午】	
		坤	生門	太乙	雷公【未】	風雲【申】			坤	開門	招搖	天賊【未】	五符【申】
		兌	傷門	天符	唐符【酉】				兌	休門	太陰	天曹【酉】	
		中宮		咸池					中宮		太乙		
62	陰遁乙丑	乾	杜門	天符	唐符【戌】	國印【亥】	68	陰遁辛未	乾	生門	太陰	天曹【戌】	地府【亥】
		坎	景門	太乙	天關【子】				坎	傷門	招搖	風伯【子】	
		艮	死門	軒轅	地鎖【丑】	天賊【寅】			艮	杜門	青龍	雨師【丑】	雷公【寅】
		震	驚門	太陰	五符【卯】				震	景門	攝提	風雲【卯】	
		巽	開門	咸池	天曹【辰】	地府【巳】			巽	死門	太乙	唐符【辰】	國印【巳】
		離	休門	攝提	風伯【午】				離	驚門	天符	天關【午】	
		坤	生門	天乙	雨師【未】	雷公【申】			坤	開門	軒轅	地鎖【未】	天賊【申】
		兌	傷門	招搖	風雲【酉】				兌	休門	咸池	五符【酉】	
		中宮		青龍					中宮		天乙		
63	陰遁丙寅	乾	杜門	招搖	雷公【戌】	風雲【亥】	69	陰遁壬申	乾	生門	咸池	天賊【戌】	五符【亥】
		坎	景門	天乙	唐符【子】				坎	傷門	軒轅	天曹【子】	
		艮	死門	攝提	國印【丑】	天關【寅】			艮	杜門	天符	地府【丑】	風伯【寅】
		震	驚門	咸池	地鎖【卯】				震	景門	太乙	雨師【卯】	
		巽	開門	青龍	天賊【辰】	五符【巳】			巽	死門	天乙	雷公【辰】	風雲【巳】
		離	休門	太乙	天曹【午】				離	驚門	招搖	唐符【午】	
		坤	生門	太陰	地府【未】	風伯【申】			坤	開門	攝提	國印【未】	天關【申】
		兌	傷門	軒轅	雨師【酉】				兌	休門	青龍	地鎖【酉】	
		中宮		天符					中宮		太陰		
64	陰遁丁卯	乾	驚門	軒轅	雨師【戌】	雷公【亥】	70	陰遁癸酉	乾	休門	青龍	地鎖【戌】	天賊【亥】
		坎	開門	太陰	風雲【子】				坎	生門	攝提	五符【子】	
		艮	休門	太乙	唐符【丑】	國印【寅】			艮	傷門	招搖	天曹【丑】	地府【寅】
		震	生門	青龍	天關【卯】				震	杜門	天乙	風伯【卯】	
		巽	傷門	天符	地鎖【辰】	天賊【巳】			巽	景門	太陰	雨師【辰】	雷公【巳】
		離	杜門	天乙	五符【午】				離	死門	軒轅	風雲【午】	
		坤	景門	咸池	天曹【未】	地府【申】			坤	驚門	太乙	唐符【未】	國印【申】
		兌	死門	攝提	風伯【酉】				兌	開門	天符	天關【酉】	
		中宮		招搖					中宮		咸池		
65	陰遁戊辰	乾	驚門	攝提	雷公【戌】	風雲【亥】	71	陰遁甲戌	乾	休門	天符	國印【戌】	天關【亥】
		坎	開門	咸池	唐符【子】				坎	生門	太乙	地鎖【子】	
		艮	休門	天乙	國印【丑】	天關【寅】			艮	傷門	軒轅	天賊【丑】	五符【寅】
		震	生門	天符	地鎖【卯】				震	杜門	太陰	天曹【卯】	
		巽	傷門	招搖	天賊【辰】	五符【巳】			巽	景門	咸池	地府【辰】	風伯【巳】
		離	杜門	太陰	天曹【午】				離	死門	攝提	雨師【午】	
		坤	景門	青龍	地府【未】	風伯【申】			坤	驚門	天乙	雷公【未】	風雲【申】
		兌	死門	太乙	雨師【酉】				兌	開門	招搖	唐符【酉】	
		中宮		軒轅					中宮		青龍		
66	陰遁己巳	乾	驚門	太乙	雨師【戌】	雷公【亥】	72	陰遁乙亥	乾	休門	招搖	唐符【戌】	國印【亥】
		坎	開門	青龍	風雲【子】				坎	生門	天乙	天關【子】	
		艮	休門	太陰	唐符【丑】	國印【寅】			艮	傷門	攝提	地鎖【丑】	天賊【寅】
		震	生門	招搖	天關【卯】				震	杜門	咸池	五符【卯】	
		巽	傷門	軒轅	地鎖【辰】	天賊【巳】			巽	景門	青龍	天曹【辰】	地府【巳】
		離	杜門	咸池	五符【午】				離	死門	太乙	風伯【午】	
		坤	景門	天符	天曹【未】	地府【申】			坤	驚門	太陰	雨師【未】	雷公【申】
		兌	死門	天乙	風伯【酉】				兌	開門	軒轅	風雲【酉】	
		中宮		攝提					中宮		天符		

編號	日家奇遁	方位	八門	九星	日家十二神	編號	日家奇遁	方位	八門	九星	日家十二神
73	陰遁丙子	乾	景門	軒轅	雷公【戌】風雲【亥】	79	陰遁壬午	乾	傷門	青龍	天賊【戌】五符【亥】
		坎	死門	太陰	唐符【子】			坎	杜門	攝提	天曹【子】
		艮	驚門	太乙	國印【丑】天關【寅】			艮	景門	招搖	地府【丑】風伯【寅】
		震	開門	青龍	地鎖【卯】			震	死門	天乙	雨師【卯】
		巽	休門	天符	天賊【辰】五符【巳】			巽	驚門	太陰	雷公【辰】風雲【巳】
		離	生門	天乙	天曹【午】			離	開門	軒轅	唐符【午】
		坤	傷門	咸池	地府【未】風伯【申】			坤	休門	太乙	國印【未】天關【申】
		兌	杜門	攝提	雨師【酉】			兌	生門	天符	地鎖【酉】
		中宮		招搖				中宮		咸池	
74	陰遁丁丑	乾	景門	攝提	雨師【戌】雷公【亥】	80	陰遁癸未	乾	傷門	天符	地鎖【戌】天賊【亥】
		坎	死門	咸池	風雲【子】			坎	杜門	太乙	五符【子】
		艮	驚門	天乙	唐符【丑】國印【寅】			艮	景門	軒轅	天曹【丑】地府【寅】
		震	開門	天符	天關【卯】			震	死門	太陰	風伯【卯】
		巽	休門	招搖	地鎖【辰】天賊【巳】			巽	驚門	咸池	雨師【辰】雷公【巳】
		離	生門	太陰	五符【午】			離	開門	攝提	風雲【午】
		坤	傷門	青龍	天曹【未】地府【申】			坤	休門	天乙	唐符【未】國印【申】
		兌	杜門	太乙	風伯【酉】			兌	生門	招搖	天關【酉】
		中宮		軒轅				中宮		青龍	
75	陰遁戊寅	乾	景門	太乙	雷公【戌】風雲【亥】	81	陰遁甲申	乾	傷門	招搖	國印【戌】天關【亥】
		坎	死門	青龍	唐符【子】			坎	杜門	天乙	地鎖【子】
		艮	驚門	太陰	國印【丑】天關【寅】			艮	景門	攝提	天賊【丑】五符【寅】
		震	開門	招搖	地鎖【卯】			震	死門	咸池	天曹【卯】
		巽	休門	軒轅	天賊【辰】五符【巳】			巽	驚門	青龍	地府【辰】風伯【巳】
		離	生門	咸池	天曹【午】			離	開門	太乙	雨師【午】
		坤	傷門	天符	地府【未】風伯【申】			坤	休門	太陰	雷公【未】風雲【申】
		兌	杜門	天乙	雨師【酉】			兌	生門	軒轅	唐符【酉】
		中宮		攝提				中宮		天符	
76	陰遁己卯	乾	死門	天乙	雨師【戌】雷公【亥】	82	陰遁乙酉	乾	開門	軒轅	唐符【戌】國印【亥】
		坎	驚門	天符	風雲【子】			坎	休門	太陰	天關【子】
		艮	開門	咸池	唐符【丑】國印【寅】			艮	生門	太乙	地鎖【丑】天賊【寅】
		震	休門	軒轅	天關【卯】			震	傷門	青龍	五符【卯】
		巽	生門	攝提	地鎖【辰】天賊【巳】			巽	杜門	天符	天曹【辰】地府【巳】
		離	傷門	青龍	五符【午】			離	景門	天乙	風伯【午】
		坤	杜門	招搖	天曹【未】地府【申】			坤	死門	咸池	雨師【未】雷公【申】
		兌	景門	太陰	風伯【酉】			兌	驚門	攝提	風雲【酉】
		中宮		太乙				中宮		招搖	
77	陰遁庚辰	乾	死門	太陰	地府【戌】風伯【亥】	83	陰遁丙戌	乾	開門	攝提	雷公【戌】風雲【亥】
		坎	驚門	招搖	雨師【子】			坎	休門	咸池	唐符【子】
		艮	開門	青龍	雷公【丑】風雲【寅】			艮	生門	天乙	國印【丑】天關【寅】
		震	休門	攝提	唐符【卯】			震	傷門	天符	地鎖【卯】
		巽	生門	太乙	國印【辰】天關【巳】			巽	杜門	招搖	天賊【辰】五符【巳】
		離	傷門	天符	地鎖【午】			離	景門	太陰	天曹【午】
		坤	杜門	軒轅	天賊【未】五符【申】			坤	死門	青龍	地府【未】風伯【申】
		兌	景門	咸池	天曹【酉】			兌	驚門	太乙	雨師【酉】
		中宮		天乙				中宮		軒轅	
78	陰遁辛巳	乾	死門	咸池	天曹【戌】地府【亥】	84	陰遁丁亥	乾	開門	太乙	雨師【戌】雷公【亥】
		坎	驚門	軒轅	風伯【子】			坎	休門	青龍	風雲【子】
		艮	開門	天符	雨師【丑】雷公【寅】			艮	生門	太陰	唐符【丑】國印【寅】
		震	休門	太乙	風雲【卯】			震	傷門	招搖	天關【卯】
		巽	生門	天乙	唐符【辰】國印【巳】			巽	杜門	軒轅	地鎖【辰】天賊【巳】
		離	傷門	招搖	天關【午】			離	景門	咸池	五符【午】
		坤	杜門	攝提	地鎖【未】天賊【申】			坤	死門	天符	天曹【未】地府【申】
		兌	景門	青龍	五符【酉】			兌	驚門	天乙	風伯【酉】
		中宮		太陰				中宮		攝提	

編號	日家奇遁	方位	八門	九星	日家十二神		編號	日家奇遁	方位	八門	九星	日家十二神	
85	陰遁戊子	乾	杜門	天乙	雷公【戌】	風雲【亥】	91	陰遁甲午	乾	生門	軒轅	國印【戌】	天關【亥】
		坎	景門	天符	唐符【子】				坎	傷門	太陰	地鎖【子】	
		艮	死門	咸池	國印【丑】	天關【寅】			艮	杜門	太乙	天賊【丑】	五符【寅】
		震	驚門	軒轅	地鎖【卯】				震	景門	青龍	天曹【卯】	
		巽	開門	攝提	天賊【辰】	五符【巳】			巽	死門	天符	地府【辰】	風伯【巳】
		離	休門	青龍	天曹【午】				離	驚門	天乙	雨師【午】	
		坤	生門	招搖	地府【未】	風伯【申】			坤	開門	咸池	雷公【未】	風雲【申】
		兌	傷門	太陰	雨師【酉】				兌	休門	攝提	唐符【酉】	
		中宮		太乙					中宮		招搖		
86	陰遁己丑	乾	杜門	太陰	雨師【戌】	雷公【亥】	92	陰遁乙未	乾	生門	攝提	唐符【戌】	國印【亥】
		坎	景門	招搖	風雲【子】				坎	傷門	咸池	天關【子】	
		艮	死門	青龍	唐符【丑】	國印【寅】			艮	杜門	天乙	地鎖【丑】	天賊【寅】
		震	驚門	攝提	天關【卯】				震	景門	天符	五符【卯】	
		巽	開門	太乙	地鎖【辰】	天賊【巳】			巽	死門	招搖	天曹【辰】	地府【巳】
		離	休門	天符	五符【午】				離	驚門	太陰	風伯【午】	
		坤	生門	軒轅	天曹【未】	地府【申】			坤	開門	青龍	雨師【未】	雷公【申】
		兌	傷門	咸池	風伯【酉】				兌	休門	太乙	風雲【酉】	
		中宮		天乙					中宮		軒轅		
87	陰遁庚寅	乾	杜門	咸池	地府【戌】	風伯【亥】	93	陰遁丙申	乾	生門	太乙	雷公【戌】	風雲【亥】
		坎	景門	軒轅	雨師【子】				坎	傷門	青龍	唐符【子】	
		艮	死門	天符	雷公【丑】	風雲【寅】			艮	杜門	太陰	國印【丑】	天關【寅】
		震	驚門	太乙	唐符【卯】				震	景門	招搖	地鎖【卯】	
		巽	開門	天乙	國印【辰】	天關【巳】			巽	死門	軒轅	天賊【辰】	五符【巳】
		離	休門	招搖	地鎖【午】				離	驚門	咸池	天曹【午】	
		坤	生門	攝提	天賊【未】	五符【申】			坤	開門	天符	地府【未】	風伯【申】
		兌	傷門	青龍	天曹【酉】				兌	休門	天乙	雨師【酉】	
		中宮		太陰					中宮		攝提		
88	陰遁辛卯	乾	驚門	青龍	天曹【戌】	地府【亥】	94	陰遁丁酉	乾	休門	天乙	雨師【戌】	雷公【亥】
		坎	開門	攝提	風伯【子】				坎	生門	天符	風雲【子】	
		艮	休門	招搖	雨師【丑】	雷公【寅】			艮	傷門	咸池	唐符【丑】	國印【寅】
		震	生門	天乙	風雲【卯】				震	杜門	軒轅	天關【卯】	
		巽	傷門	太陰	唐符【辰】	國印【巳】			巽	景門	攝提	地鎖【辰】	天賊【巳】
		離	杜門	軒轅	天關【午】				離	死門	青龍	五符【午】	
		坤	景門	太乙	地鎖【未】	天賊【申】			坤	驚門	招搖	天曹【未】	地府【申】
		兌	死門	天符	五符【酉】				兌	開門	太陰	風伯【酉】	
		中宮		咸池					中宮		太乙		
89	陰遁壬辰	乾	驚門	天符	天賊【戌】	五符【亥】	95	陰遁戊戌	乾	休門	太陰	雷公【戌】	風雲【亥】
		坎	開門	太乙	天曹【子】				坎	生門	招搖	唐符【子】	
		艮	休門	軒轅	地府【丑】	風伯【寅】			艮	傷門	青龍	國印【丑】	天關【寅】
		震	生門	太陰	雨師【卯】				震	杜門	攝提	地鎖【卯】	
		巽	傷門	咸池	雷公【辰】	風雲【巳】			巽	景門	太乙	天賊【辰】	五符【巳】
		離	杜門	攝提	唐符【午】				離	死門	天符	天曹【午】	
		坤	景門	天乙	國印【未】	天關【申】			坤	驚門	軒轅	地府【未】	風伯【申】
		兌	死門	招搖	地鎖【酉】				兌	開門	咸池	雨師【酉】	
		中宮		青龍					中宮		天乙		
90	陰遁癸巳	乾	驚門	招搖	地鎖【戌】	天賊【亥】	96	陰遁己亥	乾	休門	咸池	雨師【戌】	雷公【亥】
		坎	開門	天乙	五符【子】				坎	生門	軒轅	風雲【子】	
		艮	休門	攝提	天曹【丑】	地府【寅】			艮	傷門	天符	唐符【丑】	國印【寅】
		震	生門	咸池	風伯【卯】				震	杜門	太乙	天關【卯】	
		巽	傷門	青龍	雨師【辰】	雷公【巳】			巽	景門	天乙	地鎖【辰】	天賊【巳】
		離	杜門	太乙	風雲【午】				離	死門	招搖	五符【午】	
		坤	景門	太陰	唐符【未】	國印【申】			坤	驚門	攝提	天曹【未】	地府【申】
		兌	死門	軒轅	天關【酉】				兌	開門	青龍	風伯【酉】	
		中宮		天符					中宮		太陰		

編號	日家奇遁	方位	八門	九星	日家十二神		編號	日家奇遁	方位	八門	九星	日家十二神	
97	陰遁庚子	乾	景門	青龍	地府【戌】	風伯【亥】	103	陰遁丙午	乾	傷門	天乙	雷公【戌】	風雲【亥】
		坎	死門	攝提	雨師【子】				坎	杜門	天符	唐符【子】	
		艮	驚門	招搖	雷公【丑】	風雲【寅】			艮	景門	咸池	國印【丑】	天關【寅】
		震	開門	天乙	唐符【卯】				震	死門	軒轅	地鎖【卯】	
		巽	休門	太陰	國印【辰】	天關【巳】			巽	驚門	攝提	天賊【辰】	五符【巳】
		離	生門	軒轅	地鎖【午】				離	開門	青龍	天曹【午】	
		坤	傷門	太乙	天賊【未】	五符【申】			坤	休門	招搖	地府【未】	風伯【申】
		兌	杜門	天符	天曹【酉】				兌	生門	太陰	雨師【酉】	
		中宮		咸池					中宮		太乙		
98	陰遁辛丑	乾	景門	天符	天曹【戌】	地府【亥】	104	陰遁丁未	乾	傷門	太陰	雨師【戌】	雷公【亥】
		坎	死門	太乙	風伯【子】				坎	杜門	招搖	風雲【子】	
		艮	驚門	軒轅	雨師【丑】	雷公【寅】			艮	景門	青龍	唐符【丑】	國印【寅】
		震	開門	太陰	風雲【卯】				震	死門	攝提	天關【卯】	
		巽	休門	咸池	唐符【辰】	國印【巳】			巽	驚門	太乙	地鎖【辰】	天賊【巳】
		離	生門	攝提	天關【午】				離	開門	天符	五符【午】	
		坤	傷門	天乙	地鎖【未】	天賊【申】			坤	休門	軒轅	天曹【未】	地府【申】
		兌	杜門	招搖	五符【酉】				兌	生門	咸池	風伯【酉】	
		中宮		青龍					中宮		天乙		
99	陰遁壬寅	乾	景門	招搖	天賊【戌】	五符【亥】	105	陰遁戊申	乾	傷門	咸池	雷公【戌】	風雲【亥】
		坎	死門	天乙	天曹【子】				坎	杜門	軒轅	唐符【子】	
		艮	驚門	攝提	地府【丑】	風伯【寅】			艮	景門	天符	國印【丑】	天關【寅】
		震	開門	咸池	雨師【卯】				震	死門	太乙	地鎖【卯】	
		巽	休門	青龍	雷公【辰】	風雲【巳】			巽	驚門	天乙	天賊【辰】	五符【巳】
		離	生門	太乙	唐符【午】				離	開門	招搖	天曹【午】	
		坤	傷門	太陰	國印【未】	天關【申】			坤	休門	攝提	地府【未】	風伯【申】
		兌	杜門	軒轅	地鎖【酉】				兌	生門	青龍	雨師【酉】	
		中宮		天符					中宮		太陰		
100	陰遁癸卯	乾	死門	軒轅	地鎖【戌】	天賊【亥】	106	陰遁己酉	乾	開門	青龍	雨師【戌】	雷公【亥】
		坎	驚門	太陰	五符【子】				坎	休門	攝提	風雲【子】	
		艮	開門	太乙	天曹【丑】	地府【寅】			艮	生門	招搖	唐符【丑】	國印【寅】
		震	休門	青龍	風伯【卯】				震	傷門	天乙	天關【卯】	
		巽	生門	天符	雨師【辰】	雷公【巳】			巽	杜門	太陰	地鎖【辰】	天賊【巳】
		離	傷門	天乙	風雲【午】				離	景門	軒轅	五符【午】	
		坤	杜門	咸池	唐符【未】	國印【申】			坤	死門	太乙	天曹【未】	地府【申】
		兌	景門	攝提	天關【酉】				兌	驚門	天符	風伯【酉】	
		中宮		招搖					中宮		咸池		
101	陰遁甲辰	乾	死門	攝提	國印【戌】	天關【亥】	107	陰遁庚戌	乾	開門	天符	地府【戌】	風伯【亥】
		坎	驚門	咸池	地鎖【子】				坎	休門	太乙	雨師【子】	
		艮	開門	天乙	天賊【丑】	五符【寅】			艮	生門	軒轅	雷公【丑】	風雲【寅】
		震	休門	天符	天曹【卯】				震	傷門	太陰	唐符【卯】	
		巽	生門	招搖	地府【辰】	風伯【巳】			巽	杜門	咸池	國印【辰】	天關【巳】
		離	傷門	太陰	雨師【午】				離	景門	攝提	地鎖【午】	
		坤	杜門	青龍	雷公【未】	風雲【申】			坤	死門	天乙	天賊【未】	五符【申】
		兌	景門	太乙	唐符【酉】				兌	驚門	招搖	天曹【酉】	
		中宮		軒轅					中宮		青龍		
102	陰遁乙巳	乾	死門	太乙	唐符【戌】	國印【亥】	108	陰遁辛亥	乾	開門	招搖	天曹【戌】	地府【亥】
		坎	驚門	青龍	天關【子】				坎	休門	天乙	風伯【子】	
		艮	開門	太陰	地鎖【丑】	天賊【寅】			艮	生門	攝提	雨師【丑】	雷公【寅】
		震	休門	招搖	五符【卯】				震	傷門	咸池	風雲【卯】	
		巽	生門	軒轅	天曹【辰】	地府【巳】			巽	杜門	青龍	唐符【辰】	國印【巳】
		離	傷門	咸池	風伯【午】				離	景門	太乙	天關【午】	
		坤	杜門	天符	雨師【未】	雷公【申】			坤	死門	太陰	地鎖【未】	天賊【申】
		兌	景門	天乙	風雲【酉】				兌	驚門	軒轅	五符【酉】	
		中宮		攝提					中宮		天符		

日家奇門局

編號	日家奇遁	方位	八門	九星	日家十二神	編號	日家奇遁	方位	八門	九星	日家十二神
109	陰遁壬子	乾	杜門	軒轅	天賊【戌】五符【亥】	115	陰遁戊午	乾	生門	青龍	雷公【戌】風雲【亥】
		坎	景門	太陰	天曹【子】			坎	傷門	攝提	唐符【子】
		艮	死門	太乙	地府【丑】風伯【寅】			艮	杜門	招搖	國印【丑】天關【寅】
		震	驚門	青龍	雨師【卯】			震	景門	天乙	地鎮【卯】
		巽	開門	天符	雷公【辰】風雲【巳】			巽	死門	太陰	天賊【辰】五符【巳】
		離	休門	天乙	唐符【午】			離	驚門	軒轅	天曹【午】
		坤	生門	咸池	國印【未】天關【申】			坤	開門	太乙	地府【未】風伯【申】
		兌	傷門	攝提	地鎮【酉】			兌	休門	天符	雨師【酉】
		中宮		招搖				中宮		咸池	
110	陰遁癸丑	乾	杜門	攝提	地鎮【戌】天賊【亥】	116	陰遁己未	乾	生門	天符	雨師【戌】雷公【亥】
		坎	景門	咸池	五符【子】			坎	傷門	太乙	風雲【子】
		艮	死門	天乙	天曹【丑】地府【寅】			艮	杜門	軒轅	唐符【丑】國印【寅】
		震	驚門	天符	風伯【卯】			震	景門	太陰	天關【卯】
		巽	開門	招搖	雨師【辰】雷公【巳】			巽	死門	咸池	地鎮【辰】天賊【巳】
		離	休門	太陰	風雲【午】			離	驚門	攝提	五符【午】
		坤	生門	青龍	唐符【未】國印【申】			坤	開門	天乙	天曹【未】地府【申】
		兌	傷門	太乙	天關【酉】			兌	休門	招搖	風伯【酉】
		中宮		軒轅				中宮		青龍	
111	陰遁甲寅	乾	杜門	太乙	國印【戌】天關【亥】	117	陰遁庚申	乾	生門	招搖	地府【戌】風伯【亥】
		坎	景門	青龍	地鎮【子】			坎	傷門	天乙	雨師【子】
		艮	死門	太陰	天賊【丑】五符【寅】			艮	杜門	攝提	雷公【丑】風雲【寅】
		震	驚門	招搖	天曹【卯】			震	景門	咸池	唐符【卯】
		巽	開門	軒轅	地府【辰】風伯【巳】			巽	死門	青龍	國印【辰】天關【巳】
		離	休門	咸池	雨師【午】			離	驚門	太乙	地鎮【午】
		坤	生門	天符	雷公【未】風雲【申】			坤	開門	太陰	天賊【未】五符【申】
		兌	傷門	天乙	唐符【酉】			兌	休門	軒轅	天曹【酉】
		中宮		攝提				中宮		天符	
112	陰遁乙卯	乾	驚門	天乙	唐符【戌】國印【亥】	118	陰遁辛酉	乾	休門	軒轅	天曹【戌】地府【亥】
		坎	開門	天符	天關【子】			坎	生門	太陰	風伯【子】
		艮	休門	咸池	地鎮【丑】天賊【寅】			艮	傷門	太乙	雨師【丑】雷公【寅】
		震	生門	軒轅	五符【卯】			震	杜門	青龍	風雲【卯】
		巽	傷門	攝提	天曹【辰】地府【巳】			巽	景門	天符	唐符【辰】國印【巳】
		離	杜門	青龍	風伯【午】			離	死門	天乙	天關【午】
		坤	景門	招搖	雨師【未】雷公【申】			坤	驚門	咸池	地鎮【未】天賊【申】
		兌	死門	太陰	風雲【酉】			兌	開門	攝提	五符【酉】
		中宮		太乙				中宮		招搖	
113	陰遁丙辰	乾	驚門	太陰	雷公【戌】風雲【亥】	119	陰遁壬戌	乾	休門	攝提	天賊【戌】五符【亥】
		坎	開門	招搖	唐符【子】			坎	生門	咸池	天曹【子】
		艮	休門	青龍	國印【丑】天關【寅】			艮	傷門	天乙	地府【丑】風伯【寅】
		震	生門	攝提	地鎮【卯】			震	杜門	天符	雨師【卯】
		巽	傷門	太乙	天賊【辰】五符【巳】			巽	景門	招搖	雷公【辰】風雲【巳】
		離	杜門	天符	天曹【午】			離	死門	太陰	唐符【午】
		坤	景門	軒轅	地府【未】風伯【申】			坤	驚門	青龍	國印【未】天關【申】
		兌	死門	咸池	雨師【酉】			兌	開門	太乙	地鎮【酉】
		中宮		天乙				中宮		軒轅	
114	陰遁丁巳	乾	驚門	咸池	雨師【戌】雷公【亥】	120	陰遁癸亥	乾	休門	太乙	地鎮【戌】天賊【亥】
		坎	開門	軒轅	風雲【子】			坎	生門	青龍	五符【子】
		艮	休門	天符	唐符【丑】國印【寅】			艮	傷門	太陰	天曹【丑】地府【寅】
		震	生門	太乙	天關【卯】			震	杜門	招搖	風伯【卯】
		巽	傷門	天乙	地鎮【辰】天賊【巳】			巽	景門	軒轅	雨師【辰】雷公【巳】
		離	杜門	招搖	五符【午】			離	死門	咸池	風雲【午】
		坤	景門	攝提	天曹【未】地府【申】			坤	驚門	天符	唐符【未】國印【申】
		兌	死門	青龍	風伯【酉】			兌	開門	天乙	天關【酉】
		中宮		太陰				中宮		攝提	

編號	格局名稱	方	八門	上盤干	下盤干	九星	九神	時遁吉格用事宜忌整理
1	天遁1		休生開	丙	丁		九地太陰	宜藏形遁跡。宜行兵獻策攝王侯之權百事生旺。宜祭禱天神。倘鍊祭丁甲呼風喚雨等項之事用天遁可以全吉。
2	天遁2		休生開	丙	丁			宜藏形遁跡。用事興兵施為出入修營造作宮室出行商賈埋葬嫁娶萬事所為吉利。其方可以稱王侯之權利朝君王謝穹蒼禮求福並利征戰使敵自伏上書獻策求官進職修身隱跡剪惡除凶市賈出行百事皆吉婚姻入宅來往此方大吉。其方可以發號施令出兵行營。能聽而修者升天，倘鍊祭丁甲呼風喚雨等項之事用天遁可以全吉也。
3	天遁3		生	丙	戊			宜藏形遁跡。宜用兵。
4	天遁4		開	丙	戊			宜藏形遁跡。宜用兵。宜祭禱天神。
5	地遁1		休生開	乙	己		六合九地太陰	宜藏形遁跡。宜設伏謀為百事皆吉，宜修築起造埋葬藏匿之事俱皆大吉。
6	地遁2		休生開	乙			六合九地太陰	宜藏形遁跡。宜設伏謀為百事皆吉，宜修築起造埋葬藏匿之事俱皆大吉。
7	地遁3		開	乙	己			宜藏形遁跡。可安墳。用事興兵施為出入修營造作宮室出行商賈埋葬嫁娶萬事所為吉利。能修之者南宮列仙，其方可以藏兵伏將紮寨安營建府造倉築垣修牆開壙修道求仙逃亡絕跡出陣攻城全師捷勝百事皆吉。其方可以設伏安營埋藏兵馬萬舉萬全。宜求財。
8	人遁1		休生開	乙丙丁			六合	宜藏形遁跡。乘日祿喜神及貴神者主財喜和合之事，乘朱雀者主詞訟得理，乘螣蛇者主惡夢邪魅之事，乘白虎者忌行船，乘玄武者主盜賊，若天輔天柱之星主雨天衝主雷天英主電，占疾病危急。
9	人遁2		生	乙丙丁			太陰	宜藏形遁跡。乘日祿喜神及貴神者主財喜和合之事，乘朱雀者主詞訟得理，乘螣蛇者主惡夢邪魅之事，乘白虎者忌行船，乘玄武者主盜賊，若天輔天柱之星主雨天衝主雷天英主電，占疾病危急。
10	人遁3		生	乙			九地	宜藏形遁跡。乘日祿喜神及貴神者主財喜和合之事，乘朱雀者主詞訟得理，乘螣蛇者主惡夢邪魅之事，乘白虎者忌行船，乘玄武者主盜賊，若天輔天柱之星主雨天衝主雷天英主電，占疾病危急。
11	人遁4		休	丁			太陰	宜藏形遁跡。宜置營造宅造葬。用事興兵施為出入修營造作宮室出行商賈埋葬嫁娶萬事所為吉利。修之者駐世長年，其方可以擇賢人求猛將說敵和仇三年竝吉，又宜謀結婚姻添進人口和合交易利市十倍，若藏伏獻策上書俱為大吉。其方可以藏形隱跡若陰神更逢六合臨之可以擇勇將選賢士說敵人和仇讐舉兵買馬設伏埋藏大利。宜求財。
12	風遁1	巽	休生開	乙	辛			乘天衝天輔二星者此方可以祭風但不利行舟，信息至行兵利火攻大勝。

編號	格局名稱	方	八門	上盤干	下盤干	九星	九神	時遁吉格用事宜忌整理
13	風遁2	巽	休生開	乙				其方可以默吸風雲噴嚏旍旗令眾士沉吟聽音又丙奇開門相合下臨坤宮更宜禱祭風伯雨師敵壘戰立旍旗以候風應。宜祭風伯以火攻敵戰立旍旗以候風應。
14	風遁3	巽	開	丙				其方可以默吸風雲噴嚏旍旗音遙普遍或托異遁令眾軍士沉吟聽音，又丙奇與開門臨坤宮更宜禱祭風伯雨師同敵壘立旍旗以候風應。其方可以默吸風雲噴嚏旍旗令眾士沉吟聽音又丙奇開門相合下臨坤宮更宜禱祭風伯雨師敵壘戰立旍旗以候風應。參籌秘書云開門乙奇臨巽宜祭風伯以火攻敵戰立旍旗以候風應。
15	風遁4	艮	生	乙				
16	風遁5	坤	開	丙				其方可以默吸風雲噴嚏旍旗音遙普遍或托異遁令眾軍士沉吟聽音，又丙奇與開門臨坤宮更宜禱祭風伯雨師同敵壘立旍旗以候風應。其方可以默吸風雲噴嚏旍旗令眾士沉吟聽音又丙奇開門相合下臨坤宮更宜禱祭風伯雨師敵壘戰立旍旗以候風應。
17	風遁6		休生開	丁	己			其方可以默吸風雲噴嚏旍旗令眾士沉吟聽音又丙奇開門相合下臨坤宮更宜禱祭風伯雨師敵壘戰立旍旗以候風應。
18	風遁7		休生開	辛	乙			其方可以默吸風雲噴嚏旍旗音遙普遍或托異遁令眾軍士沉吟聽音，又丙奇與開門臨坤宮更宜禱祭風伯雨師同敵壘立旍旗以候風應。
19	雲遁1		休生開	乙	辛			其方可以默吸風雲噴嚏甲冑青雲普遍或托射鵰為名令士卒仰望更宜求雨澤利農稼建營造軍器以候風雲。冬月宜祈雲，夏月求雨，若乘白虎主有冰雹，乘螣蛇朱雀者主旱強求招禍災，行兵宜劫營彼不能知也。
20	雲遁2		休生開	辛	乙			冬月宜祈雲，夏月宜求雨，若乘白虎主有冰雹，乘螣蛇朱雀者主旱強求招禍災，行兵宜劫營彼不能知也。
21	雲遁3	坤	生	壬		天芮		冬月宜祈雲，夏月宜求雨，若乘白虎主有冰雹，乘螣蛇朱雀者主旱強求招禍災，行兵宜劫營彼不能知也。
22	雲遁4	坤	生			天芮	九地	冬月宜祈雲，夏月宜求雨，若乘白虎主有冰雹，乘螣蛇朱雀者主旱強求招禍災，行兵宜劫營彼不能知也。
23	雲遁5	坤	開	乙				其方可以默吸風雲噴嚏甲冑青雲普遍或托射鵰為名令士卒仰望更宜求雨澤利農稼建營寨造軍器以候風雲。
24	雲遁6	巽	開	乙				

編號	格局名稱	方	八門	上盤干	下盤干	九星	九神	時遁吉格用事宜忌整理
25	雲遁7	坤	休	乙				宜藏形蔽敵，如雲氣形如婦人雙手雙足主三日有喜所臨處吉，白雲在外中有黑雲主有伏兵，似如雁行主有大將出所臨處吉，形如坐狗有奇兵埋伏，雲震片片被風吹斷主大敗，一云乙休臨坤利求雨澤建立雲寨製造軍器以候雲應。
26	龍遁1	坎	休生開	戊		天心		
27	龍遁2	坤	休	乙				此方祈雨必應水戰必勝再得青龍玄武神后之神主霆雨仍防奸細盜賊。
28	龍遁3		開	戊			九地	此方祈雨必應水戰必勝再得青龍玄武神后之神主霆雨仍防奸細盜賊。
29	龍遁4	坎	休	丁			九地	此方祈雨必應水戰必勝再得青龍玄武神后之神主霆雨仍防奸細盜賊。
30	龍遁5	坎	休	乙	戊			龍遁祈雨水戰有功。是蛟龍得雲雨。其方可以祭龍神祈雨澤水戰演敵計量江面把守渡河教習水戰密運機謀移舟轉向下船開江造置水櫃祭禱鬼神填隄塞河修橋穿井以候風應。此時宜祭龍神祈求雨澤掩捕賊人密計渡河把守水口設機伏謀攻敵料量水面得龍助又利水戰。
31	龍遁6	坎	休	乙	癸			即是蛟龍得雲雨。其方可以祭龍神祈雨澤水戰演敵計量江面把守河渡教習水戰密運機謀移舟轉向下船開江造置水櫃祭禱鬼神填隄塞河修橋穿井以候龍應。此時宜祭龍神祈求雨澤掩捕賊人密計渡河把守水口設機伏謀攻敵料量水面得龍神助又利水戰。
32	虎遁1	兌	開	庚				此方宜祭風鎮邪驅鬼安宅並吉行船宜招安攻險剿巢利為客若安營伏兵賊不敢正視也。
33	虎遁2	艮	休	乙	辛			虎遁招安據險為勝。其方可以招安設伏邀擊計度要害據險守禦建立山寨措置關隘防險修鑿以候虎應。此時宜招安亡命及戰用急攻賊必勝，設伏遊擊藏兵計渡要害道路量險用謀得虎之威，一云生門丙可合辛亦是，利守禦宜建立山寨以應虎候。此方宜祭風鎮邪驅鬼安宅並吉行船宜招安攻險剿巢利為客若安營伏兵賊不敢正視也。
34	虎遁3	坎	休	癸	戊			
35	虎遁4	艮	生	辛	乙			此方宜祭風鎮邪驅鬼安宅並吉行船宜招安攻險剿巢利為客若安營伏兵賊不敢正視也。
36	虎遁5	艮	生	辛				招安討險為勝。其方可以招安逆黨設伏邀擊計度要害據險守禦建立山寨措置關隘防險修鑿以候風應。其方可以招安設伏邀擊計度要害據險守禦建立山寨措置關隘防險修鑿以候虎應。

編號	格局名稱	方	八門	上盤干	下盤干	九星	九神	時遁吉格用事宜忌整理
37	虎遁6		生	丙	辛			此時宜招安亡命及戰用急攻賊必勝，設伏遊擊藏兵計渡要害道路量險用謀得虎之威，一云生門丙可合辛亦是，利守禦宜建立山寨以應虎候。
38	虎遁7		生	乙	戊			猛虎神威淨八蠻。其方可以招安逆黨設伏邀擊計度要據險守禦建立山寨措置關隘防險修鑿以候風應。
39	神遁1	乾	開	乙		天心天禽	九天	此方宜驅神遣將施計神必暗助行兵宜作神將塗抹三軍神即至矣，更宜祭祀神必來享，若有白虎雷煞劫煞主雷傷。
40	神遁2		生	丙		天心天禽	九天	此方宜驅神遣將施計神必暗助行兵宜作神將塗抹三軍神即至矣，更宜祭祀神必來享，若有白虎雷煞劫煞主雷傷。
41	神遁3		生	丙			九天	神遁利於設壇行法。其方可以祭神明用聖術畫地立籌步罡造壇場刻鬼神攝魔魅自有威伏更利攻虛遁門陰謀密計最為元妙開路塞河修塑神像裱褙神畫以候神臨。此時宜禱神靈行神術畫地布籌萬罡造壇驅邪命將呼風招雨及制伏鬼神魔魅得天靈百神之蔽，一云修塑神像神靈佑之。
42	鬼遁1	艮	休	辛	丁	天輔		宜探賊偵賊處實行間謀布謠言彼不能察而疑惑軍心宅中有鬼宜書符鎮之則吉餘事不利。
43	鬼遁2		生	丁			太陰	宜探路偵賊處實行間謀布謠言彼不能察而疑惑軍心宅中有鬼宜書符鎮之則吉餘事不利。
44	鬼遁3		休生開	丁			九地	得鬼神隱匿之蔽其方可以探機偷營劫寨設伏攻虛密伺動靜詭詐文書超亡薦孤拔寡以候鬼應。此時宜哨探賊機偷營劫寨設為伏虛驅神役鬼得鬼神之蔽，一云開門丁奇合地亦是鬼遁。
45	鬼遁4	艮	生	丁			九地	鬼遁可以探敵偷營。此時宜哨探賊機偷營劫寨設為伏虛驅神役鬼得鬼神之蔽，一云開門丁奇合地亦是鬼遁。宜探路偵賊處實行間謀布謠言彼不能察而疑惑軍心宅中有鬼宜書符鎮之則吉餘事不利。
46	鬼遁5		開	乙			九地	得鬼神隱伏之蔽，其方可以探機偷營劫寨設伏攻虛密伺動靜詭詐文書超亡薦孤拔寡以候鬼應。
47	鬼遁6		杜	乙			九地	得鬼神隱伏之蔽，其方可以探機偷營劫寨設伏攻虛密伺動靜詭詐文書超亡薦孤拔寡以候鬼應。此時宜哨探賊機偷營劫寨設為伏虛驅神役鬼得鬼神之蔽，一云開門丁奇合地亦是鬼遁。
48	天假		景	乙丙丁			九天	宜陳利便進謁。更得直符直使利兵家用事最為貴常從此地擊其衝百戰百勝君須記。宜陳利便進謁干求。

編號	格局名稱	方	八門	上盤干	下盤干	九星	九神	時遁吉格用事宜忌整理
49	地假1	杜		丁己癸			九地	臨九地宜潛伏可以藏形隱神，臨太陰利遣人探事，臨六合利逃亡。宜潛伏，此三時加杜門者可以藏形。可以藏形隱神。宜潛藏埋伏此三時宜遁跡藏修。
50	地假2	杜		丁己癸			六合	臨九地宜潛伏可以藏形隱神，臨太陰利遣人探事，臨六合利逃亡。利逃亡。利逃亡。宜遣人行間謀探私事又如六合宮者亦名地假宜逃亡躲災避難。
51	神假	傷		丁己癸			九地	傷門合丁己癸下臨六合名曰物假，利求財買賣酒食之類。神假利埋葬。神假利埋伏藏人不能知也。
52	人假1	驚		壬			九天	驚門合六壬下臨九天名曰人假利捕捉逃亡。若太白熒惑已其下必獲。人假利捕捉逃亡。人假利捕捉逃亡若太白入熒惑已其下必獲。
53	人假2	杜		丁己癸			太陰	利遣人間諜探事。
54	鬼假	死		丁己癸			九地	鬼假利埋葬。利超亡薦度。
55	真詐	休生開		乙丙丁			太陰	三詐之格征戰必勝營謀皆美。遇詐宮出兵百戰百勝午時甲吉利咸臻有十分之利，合詐門宜嫁娶遠行求財商賈拜官受爵設齋薄事大吉利也。真詐宜施恩便隱遁求仙。詐門凡事遠行商賈嫁娶百事大吉。
56	休詐	休生開		乙丙丁			六合	三詐之格征戰必勝營謀皆美。遇詐宮出兵百戰百勝午時甲吉利咸臻有十分之利，合詐門宜嫁娶遠行求財商賈拜官受爵設齋薄事大吉利也。休詐宜合藥治疫祛邪祈禳之事。詐門凡事遠行商賈嫁娶百事大吉。
57	重詐	休生開		乙丙丁			九地	三詐之格征戰必勝營謀皆美。遇詐宮出兵百戰百勝午時甲吉利咸臻有十分之利，合詐門宜嫁娶遠行求財商賈拜官受爵設齋薄事大吉利也。重詐宜進人口取財拜官授爵。詐門凡事遠行商賈嫁娶百事大吉。
58	飛鳥跌穴			丙	戊			鳥跌穴則顯灼易成此時百事利出兵行營興造吉。運用有成。文書到家。進飛得地雲龍聚會君臣燕喜舉動皆利。此時為百事利出兵行營舉造埋葬大吉。若得奇門行兵出戰大勝求名遂意中求財利益修造嫁娶百事大吉。與吉門同宮遠行出兵百事大吉從征擊賊一敵萬人。
59	青龍返首			戊	丙			龍返首則悅懌易遂此時出兵行營百事皆吉。動作無阻。錢財進益。利見大人求名舉兵利客揚威萬里出入利此時從生擊死一敵萬人。豎造安葬修方用龍回首貴格當有龍甲伏藏金魚落穴雷轟光照金銀旛花繒彩來應其時相助其吉。利見大人舉兵利客揚威萬里一敵萬人。，雖無門亦可用事若從生擊死一敵萬人。宜舉百事雖無吉門封局亦可用事。

綜合利用篇

編號	標題	利用、選擇要論、楊筠松造命歌
1	利用	利用一：選擇之道有體有用，龍山方向之一定者體也，年月日時之無定者用也。補龍扶山制凶助吉，以無定而合有定者之體也。弔替飛宮合局相主，以無定而合無定者之用也。錯綜參伍精義入神，庶足前民而利用矣，作利用。
2	選擇要論	選擇要論：選擇宗鏡曰：楊筠松曰：年月要妙少人知，年月無如造命法。吳景鸞曰：選擇之法莫如造命，體用之妙可奪神工。郭景純曰：天光下臨地德上載藏神合朔神迎鬼避，此十六字至精至微，即造命體用之謂也。蓋藏神者收藏地中元神也，其法造成四柱八字支干純粹成格成局，於以扶補龍氣，則地脉旺盛而上騰於墳宅之中。
3		所謂藏神、所謂地德上載，造命之體也。合朔者取初一日太陽太陰合照之義，舉一以該百也，其法取三奇三德金水紫白貴人祿馬到山到向自然吉慶。所謂合朔、所謂天光下臨，造命之用也。然使犯動凶煞則禍且隨之亦屬無益。又必先於年月之內推求山向吉神相迎，一切歲破三煞陰府等項盡行退避不相干犯乃為全吉，則神迎鬼避之說也。此亦體中之最緊者，體用兼全上也，不然寧舍用而取體。
4		每年之中有吉神凶神焉、有吉星凶星焉，二者不同不可不辨。神隸於地或吉或凶隨太歲之所指揮而已，蓋太歲君也，其分最尊其力最大。共此二十四山，其與太歲相喜相合及為太歲之所生扶者即為吉神，故凡歲德歲德合歲貴歲祿歲馬，以及開字成字平字危字俱吉，除字定字次吉，總之與歲君相得故吉也。其與太歲相衝相鬥及為太歲之所尅制者則為凶神，故歲破者太歲所對衝而破也。
5		三煞者太歲所殺之三方也，陰府者太歲之化氣尅山化氣也，年尅者太歲納音尅坐山本墓納音也，此皆受尅於太歲而不可犯之者也。臨官方為天官符主官訟，帝旺方為打頭火主火災，此太歲有餘之氣也；故宜三合局尅之。
6		死方為六害為灸退主災敗，此太歲不足之氣也，故宜三合局補之。又以歲干起五虎遁至戊己方為戊己煞，庚辛方為天金神，丙丁方為獨火，以上神煞總之隨歲君而轉移，其餘紛紛神煞不從太歲而起者，皆後人之所添設者也。內惟歲破最凶，例無制法，三煞亦大凶不可輕犯，其餘凶煞俟其休囚之月而以四柱制化之可也。若不知制化之法則寧避之，此神迎鬼避之大略也。
7		星運於天，七政中之日月金水、四餘中之紫氣月孛及八節之三奇紫白祿馬皆吉星也，內中日最尊，月與三奇祿馬紫白次之，至於玉皇鑾駕等星皆捏造而無據者也。月令為權要之官，其所沖者為月破、所尅者為月陰府為月尅山家，與年家之歲破陰府年尅同也，月家之土煞為大月建，小兒煞與年家之戊己煞同也，惟大月建更凶，此月家真凶神也。本月之旺方為金匱星，臨官帝旺之間為月德相合之方為月德合，正丁二坤之類為天德，相合之方為天德合，此月家真吉神也。
8		天星可以降地曜，然天星氣清地力猛，若犯三煞陰府及月家之大月建小兒煞，則太陽到亦不能制，況他乎，大煞避之、中煞制之、小煞不必論也。但得八字停當，吉星照臨自然貞吉。若捏造之假煞則削之而已。修凶福猛不如修吉之穩然，修吉如修太歲方、三德方、本命貴祿方食祿方，必取吉方旺相之月而以四柱扶補之則吉者愈吉矣。修凶如修三煞方、官符方、金神方，必俟凶方休囚之月而以八字尅制之則凶者亦吉矣。
9		修吉要扶得旺，制凶要制得伏，如本命祿馬貴人飛到山向最吉，亦可降中下等煞。二十四山方無吉凶，聽太歲以吉凶而已，不從太歲起者皆偽造也，如偽吉神則曰玉皇曰紫微曰鑾駕之類，偽凶神則曰天命煞飛天火星及各樣火星官符血刃之類不可勝紀，一考其起例，再考其所以然則乖謬了然矣。六十日亦無吉凶，聽月令以吉凶而已。日統於月，為月之所合所生者及與月令同旺者乃真吉日，如旺日相日
10		月德日之類是也。日支干為月之所尅所衝及休囚而不當月令者乃真凶日，如破日四廢日之類是也。其不從月令起者皆偽造也，如偽吉日則曰滿德吉慶之類，偽凶日則曰死別滅門之類，細考起例真假了然矣。楊筠松疑龍經已及造命體用之概，而千金歌言言名理愈覩愈佳，真千古日家之指南車也。嗣是曾文辿陳希夷吳景鸞廖金精以及後來名術一切葬課皆以扶龍相主為宗。其修吉方則曲盡扶吉之法，其修凶方則曲盡制凶之
11		法，取中玩之無不鑿鑿有理，通書未有及此者也。造命之法：一看來龍宜何局以補之。二看山向何煞宜避何煞可制，以何法制之，取何吉星照之。三看主人本命宜何以扶之，三者俱得而後舉事吉無不利矣。至於修吉方則擇吉方旺相之月而扶持之，如培植善類也。修凶方則擇凶方休囚之月而尅制之，如收降盜賊必我強而彼弱乃為我用也。彼選定八字不問龍山主命而概施
12		之乃假造命也，於古法天淵矣。學者當辨別其是非以定從違，庶無差誤。按自此以下十二篇並註皆出選擇宗鏡，其於龍山歲命之理獨為精細，故並錄之。其中有錯誤駁雜者則取其意而刪易其辭，別本有與為發明者亦取而附于其後。惟戊己除危成開等方及尊帝等星皆今通書所不用，以其自成一家之言，故存其舊辨論詳後各條並見附錄辨偽卷。
13	楊筠松造命歌	楊筠松造命歌又名千金歌：天機妙訣值千金，不用行年與姓音，但看山頭併命位，五行生旺好推尋。【此造命之綱領也，行年如幾十幾歲之類，姓音即五姓修宅也，世俗以此二者分吉凶最甚故不用也。山頭乃來龍入首一節及坐山也，命位者即本山命五虎遁納音是也。山命所屬五行合年月日時皆要生旺。如子山命擇申子辰年月日時有氣，用之併取天干合格合局大吉。】
14		一要陰陽不溷雜，二要坐向逢三合，三要明星入向來，四要帝星當六甲。四中失一還無妨，若是平分便非法。【一論龍之淨陰淨陽，此龍單指入首結穴一節之脈非坐山也。乾甲坤乙坎癸申辰離壬寅戌十二來龍屬陽宜立陽向用申子辰寅午戌陽日期也。艮丙巽辛震庚亥未兌丁巳丑十二來龍屬陰宜立陰向用巳酉丑亥卯未陰日期也。反此則為溷雜不吉，然古人不盡拘此。如艮亥龍用申子辰者三合補龍法也。】
15		【二論三合，以三合補龍則補之有力。不言龍而言坐向者借坐向以補龍也。如巽龍作巳山亥向用卯未局以補巽木龍非真補亥向也。發福全在龍上，即坐山亦次之，況向有何益乎。俱以正五行論，有四柱與向三合者則不可衝山必減一字。如亥龍則亥山巳向止用丑酉金局以生亥龍可也，如巳字則衝破亥山矣，餘倣此推。】 【三要七政中之日月到向，明星即日月也，蓋到向則照山。陳希夷云太陽到山惟國家修宮殿宜之，士庶人不

編號	標題	利用、選擇要論、楊筠松造命歌
16		能當也。故楊公屢言三合對宮福祿堅。若太陰金水則山向皆可或日在向月在山前後夾照尤妙。】 【四要尊星帝星到山到向。六甲者六個甲子，蓋尊帝從甲子起乾次坎故也。此四者乃造命之樞，得全爲上，失一猶可，若失二得二則非法矣，況全不合者乎。】
17		煞在山頭更若何，貴人祿馬喜相過，三奇諸德能降煞吉制凶神發福多。【山頭坐山也，煞謂年月諸惡曜犯占也，必求年命真祿馬貴人同到山方及山家祿馬貴人同到爲美。如丁卯年煞在酉、丁貴人亦在酉，多用酉日時修之乃貴人制煞。又如丙午生人用丁亥年辛亥月乙亥日丁亥時作亥向乃一氣貴人壓制太歲三奇奇門乙丙丁也，或取八節三奇亦驗，諸德歲德幷天月二德。如其年方位有年月諸凶煞，若用德奇制之化之則化煞爲權反能召福。】
18		二位尊星宜值日一氣堆干爲第一，拱祿拱貴喜到山飛馬臨方爲愈吉，三元合格最爲上，四柱喜見財官旺，用支不可有損傷，取干最宜逢健旺，生旺得合喜相逢，須避剋破與刑衝，吉星有氣小成大，惡曜休囚不作凶。 【尊帝二星喜於年月到矣，而日時亦宜取之更能助吉。一氣堆干謂四干一樣也，然必與山向及命主之干支相合而無刑剋爲美。】
19		拱祿者如甲命祿在寅四柱用二丑二卯則拱出寅祿矣，怕衝所拱及填實亦要與山頭相關爲吉，拱貴倣此。喜到山則指四柱之祿馬貴人到山也，修方者宜到方也、修向者宜到向，曰山而包方與向也。】【飛馬又包祿貴在內，即活祿活馬活貴人之謂也。本命者以太歲入中宮遁之，本年者又以月建入中宮遁之，或飛到山或飛到向或飛到方皆吉。
20		八字以干爲天元、支爲地元、納音爲人元，如堆干堆支兩干兩支三合局及四納音皆以純粹而不雜而又補龍相主方爲合格也。財官論主命不論山，如甲生人用三四點己字爲合財，己命人用三四點甲字爲合官，以合爲妙不合不佳。 查楊曾日課，凡用財官者皆十干合氣也，四柱地支或互相衝刑則彼此互傷而大凶，故曰不可有傷損。四柱中
21		日干甚重最宜旺相令，日干休囚非貧即夭。】【或三干四干一氣，不則正當月令，如比肩既少又不當月令則必年月上有印以生之，再用祿時亦健旺而有力矣。然支干有力固好，又必與山命相合，補龍補山補命是得衆力之扶持也，何吉如之。若剋龍剋山剋主刑龍刑山刑主衝龍衝山衝主是受衆力之搏擊也，凶可知矣。故曰生旺得合喜相逢，須避剋破與刑衝，至此而造命之法無遺蘊矣。
22		若八字自相刑衝，則用支損傷之謂也，古八字亦有自相衝者即破也。如用辰戌丑未局以補土山之類四墓之山不衝則不開也。若衝主命則斷斷不可，至於制煞修方以吉降凶，則全看月令必凶方休囚之月制，神旺相之月則吉。】　【如以一白水制南方打頭火，必申子辰水旺火衰之月可也，故曰吉星有氣惡曜休囚也。此指方而言，若坐山休囚則不吉矣。】
23		山家造命既合局更有金水來相逐，太陽照處自光輝，周天度數看躔伏六個太陽三個緊，中間歷數第一親，前後照臨扶山脈，不可坐下支干缺，更得玉兔照坐處，能使生人沾福澤。既解天機字字金精徵選擇可追尋，不然背理庸士術執著浮丈枉用心字字如金真可誇，會使天機錦上花，不得真龍造年月也能富貴旺人家。 【此申結上文造命之法，全以補龍爲主也，因龍山屬何五行則以四柱補之則可以奪神功改天命，此之謂山家
24		造命法也。蓋從山脈而造貴非四柱之能自造也，如上所云則造命八字已合格局矣，此造命之體也，有體而後言用。】 【求諸吉星皆照山向乃用。如金水二星亦喜到山到向，蓋天以五星爲經，日月而外莫尊於此。然火星凶烈，土星木星又能掩日月之光而蔽山向之明故不可用。金清水秀二星獨吉，若與日月同到山向謂之金水扶日月大
25		吉之兆也。此惟臺歷可查外，此有昇元金水、周仙金水皆終年守住一方而不運行不足信也。太陽照臨諸吉之首，必以臺歷日躔宮度爲真外，此有昇元太陽都纂太陽烏兔太陽四利太陽皆不足信。天無二日且一太陽在東一太陽在西終年不動有是理乎，得真太陽矣又得真太陰同臨山向福澤尤厚。然此日月金水奇德祿馬貴人皆助福之星，非發福之根本也。】
26		【福之根本全在坐下山脈，山脈旺相則發、休囚則不發，此全在吉課以生扶之，天干地支純全不缺乃可，若支干既缺，補脈不起，雖諸吉併臨亦無大福，如無爲無用之人，縱得貴人扶持終不能大有福也。故再丁寧曰不可坐下支干缺，蓋明體之重而用之輕也，人悟得此義，古人之選擇亦可追蹤比美，不然庸術之士背造命之正理，不論年月之生龍剋龍，只曰某山宜、某年又云某日大造某日大葬，龍山受剋主命休囚何益之有，末四
27		句復深自贊美此歌，以啟人之留意也。】 又歌：方方位位煞神臨，避得山過向又侵，只有山家自旺處，天機妙訣好留心，支如不合干中取，迎福消凶旺處尋，任是羅睺陰府煞，也須藏伏九霄陰。【二十四方位神煞占犯最多，避得年煞又有月煞避得月煞又有日煞，且山利向又不利、向利山又不利，難得全吉，只取本山來脈自旺處得令有氣，更四柱干支乘時旺相，
28		如坐山得干取天干一氣或堆祿堆干，坐山得支取地支一氣或三合年月日時，無非於山家自旺處，斟酌調和使之更旺耳，此旺則彼衰，凶煞自伏，是天機妙訣。】

編號	山龍	山屬性	來龍屬性	節氣	太陽過宮	月將	十二神	長生●	帝旺●	墓庫	臨官●	三合旺局●	印局●
1	艮	屬陰	艮龍屬土	立春	子	子將	神后	申	子	辰	亥	申子辰	寅午戌
2	寅	屬陽	寅龍屬木	雨水	壬	亥將	登明	亥	卯	未	寅	亥卯未	申子辰
3	甲	屬陽	甲龍屬木	驚蟄	亥	亥將	登明	亥	卯	未	寅	亥卯未	申子辰
4	卯	屬陰	卯龍屬木	春分	乾	戌將	河魁	亥	卯	未	寅	亥卯未	申子辰
5	乙	屬陽	乙龍屬木	清明	戌	戌將	河魁	亥	卯	未	寅	亥卯未	申子辰
6	辰	屬陽	辰龍屬土	穀雨	辛	酉將	從魁	申	子	辰	亥	申子辰	寅午戌
7	巽	屬陰	巽龍屬木	立夏	酉	酉將	從魁	亥	卯	未	寅	亥卯未	申子辰
8	巳	屬陰	巳龍屬火	小滿	庚	申將	傳送	寅	午	戌	巳	寅午戌	亥卯未
9	丙	屬陰	丙龍屬火	芒種	申	申將	傳送	寅	午	戌	巳	寅午戌	亥卯未
10	午	屬陽	午龍屬火	夏至	坤	未將	小吉	寅	午	戌	巳	寅午戌	亥卯未
11	丁	屬陰	丁龍屬火	小暑	未	未將	小吉	寅	午	戌	巳	寅午戌	亥卯未
12	未	屬陰	未龍屬土	大暑	丁	午將	勝光	申	子	辰	亥	申子辰	寅午戌
13	坤	屬陽	坤龍屬土	立秋	午	午將	勝光	申	子	辰	亥	申子辰	寅午戌
14	申	屬陽	申龍屬金	處暑	丙	巳將	太乙	巳	酉	丑	申	巳酉丑	辰戌丑未
15	庚	屬陰	庚龍屬金	白露	巳	巳將	太乙	巳	酉	丑	申	巳酉丑	辰戌丑未
16	酉	屬陰	酉龍屬金	秋分	巽	辰將	天罡	巳	酉	丑	申	巳酉丑	辰戌丑未
17	辛	屬陰	辛龍屬金	寒露	辰	辰將	天罡	巳	酉	丑	申	巳酉丑	辰戌丑未
18	戌	屬陽	戌龍屬土	霜降	乙	卯將	太衝	申	子	辰	亥	申子辰	寅午戌
19	乾	屬陽	乾龍屬金	立冬	卯	卯將	太衝	巳	酉	丑	申	巳酉丑	辰戌丑未
20	亥	屬陰	亥龍屬水	小雪	甲	寅將	功曹	申	子	辰	亥	申子辰	巳酉丑
21	壬	屬陽	壬龍屬水	大雪	寅	寅將	功曹	申	子	辰	亥	申子辰	巳酉丑
22	子	屬陽	子龍屬水	冬至	艮	丑將	大吉	申	子	辰	亥	申子辰	巳酉丑
23	癸	屬陽	癸龍屬水	小寒	丑	丑將	大吉	申	子	辰	亥	申子辰	巳酉丑
24	丑	屬陰	丑龍屬土	大寒	癸	子將	神后	申	子	辰	亥	申子辰	寅午戌

補龍

編號	山龍	財局●	洩局※	鬼煞局※	所官天干	正氣官星	備註
1	艮	申子辰	巳酉丑	亥卯未	丙丁戊己	癸	協記卷三十三利用一
2	寅		寅午戌	巳酉丑	壬癸	己	補龍古課
3	甲		寅午戌	巳酉丑	壬癸	辛	山屬陽宜立陽向用陽日
4	卯		寅午戌	巳酉丑	壬癸	丁	申子辰寅午戌年日時
5	乙		寅午戌	巳酉丑	壬癸	庚	山屬陰宜立陰向用陰日
6	辰	申子辰	巳酉丑	亥卯未	丙丁戊己	戊	巳酉丑亥卯未年日時
7	巽		寅午戌	巳酉丑	壬癸	丙	
8	巳	巳酉丑	辰戌丑未	申子辰	丙丁甲乙	壬	
9	丙	巳酉丑	辰戌丑未	申子辰	丙丁甲乙	癸	
10	午	巳酉丑	辰戌丑未	申子辰	丙丁甲乙	己	
11	丁	巳酉丑	辰戌丑未	申子辰	丙丁甲乙	壬	
12	未	申子辰	巳酉丑	亥卯未	丙丁戊己	丁	
13	坤	申子辰	巳酉丑	亥卯未	丙丁戊己	庚	
14	申	亥卯未	申子辰	寅午戌	庚辛戊己	戊	印局然相衝不吉
15	庚	亥卯未	申子辰	寅午戌	庚辛戊己	丁	印局然相衝不吉
16	酉	亥卯未	申子辰	寅午戌	庚辛戊己	壬	印局然相衝不吉
17	辛	亥卯未	申子辰	寅午戌	庚辛戊己	丙	印局然相衝不吉
18	戌	申子辰	巳酉丑	亥卯未	丙丁戊己	己	
19	乾	亥卯未	申子辰	寅午戌	庚辛戊己	辛	印局然相衝不吉
20	亥	寅午戌	亥卯未	辰戌丑未	壬癸庚辛	丁	
21	壬	寅午戌	亥卯未	辰戌丑未	壬癸庚辛	己	
22	子	寅午戌	亥卯未	辰戌丑未	壬癸庚辛	戊	
23	癸	寅午戌	亥卯未	辰戌丑未	壬癸庚辛	戊	
24	丑	申子辰	巳酉丑	亥卯未	丙丁戊己	壬	

編號	生年	相主最佳格局					備註
1	甲	己【合財】、甲【比肩】、癸【正印】、寅　【祿】、丑未【貴人】、亥【長生】					
2	乙	庚【合官】、乙【比肩】、壬【正印】、卯　【祿】、子申【貴人】、午【長生】					
3	丙	辛【合財】、丙【比肩】、乙【正印】、巳　【祿】、亥酉【貴人】、寅【長生】					
4	丁	壬【合官】、丁【比肩】、甲【正印】、午　【祿】、亥酉【貴人】、酉【長生】					
5	戊	癸【合財】、戊【比肩】、丁【正印】、巳　【祿】、丑未【貴人】、寅【長生】					
6	己	甲【合官】、己【比肩】、丙【正印】、午　【祿】、子申【貴人】、酉【長生】					
7	庚	乙【合財】、庚【比肩】、己【正印】、申　【祿】、丑未【貴人】、巳【長生】					
8	辛	丙【合官】、辛【比肩】、戊【正印】、酉　【祿】、午寅【貴人】、子【長生】					
9	壬	丁【合財】、壬【比肩】、辛【正印】、亥　【祿】、卯巳【貴人】、申【長生】					
10	癸	戊【合官】、癸【比肩】、庚【正印】、子　【祿】、卯巳【貴人】、卯【長生】					
11	子	乙己　【貴人】、癸　【祿】　　　　　、辛　【長生】					
12	丑	甲戊庚【貴人】					
13	寅	辛　　【貴人】、甲　【祿】、申子辰【馬】、丙戊【長生】					
14	卯	壬癸　【貴人】、乙　【祿】　　　　　、癸　【長生】					
15	辰						
16	巳	壬癸　【貴人】、丙戊【祿】、亥卯未【馬】、庚　【長生】					
17	午	辛　　【貴人】、丁己【祿】　　　　　、乙　【長生】					
18	未	甲戊庚【貴人】					
19	申	乙己　【貴人】、庚　【祿】、寅午戌【馬】、壬　【長生】					
20	酉	丙丁　【貴人】、辛　【祿】　　　　　、丁己【長生】					
21	戌						
22	亥	丙丁　【貴人】、壬　【祿】、巳酉丑【馬】、甲　【長生】					

編號	修應法	說明	宜用神煞	備註
1	各種修應	修應之法，先賢用之而屢驗。蓋修一方，如用獨味之藥，功力尤勝以致效。故書云：若要發，修三殺。若要財，修流財。若要官，修官符。蓋仕宦以官符為文書故也。又云：吉莫吉於修太歲。何也，有病方為貴，無病不是奇，因其病以治之，故取效也。愚閱修應之法亦有在理，但其中載有許多偽吉神凶殺應行刪除。然姑存者，正見取效之妙，皆本五行正理，與真喜神之力也。		選擇求真卷四9反
2	修天嗣求子法	凡人家人丁不旺，必因本命天嗣男女星方失陷，又值龍氣剋泄之故也。宜擇本年天嗣方金匱方紅鸞天喜方，併取青龍生氣火星勝光神后功曹傳送及太陽太陰，而帶本命天嗣男女主祿馬貴人，再合丁奇生門貴人同到其方，修之大有應驗。別有移床改灶求子法載後床灶篇。以月將加太歲看所修之方得何星，宜神后功曹傳送勝光四星最吉。假如子年三月修卯方，即以三月從魁將加子太歲順行，河魁在丑、登明在寅、神后在卯，是卯方上得神后將到，修之吉也，餘仿此。	金匱方【帝旺方】，生氣方【弔客、開】，天嗣方、紅鸞方、天喜方、月金匱、月生氣方。歌曰：功曹傳送家千口、勝光神后百餘丁；又曰：功曹傳送敵國富、勝光神后百年陳；是修倉庫，亦宜此四吉星也；然要按時憲曆查中氣，太陽過宮的確方准。	選擇求真卷四9反
3	修科甲貴人法一	凡人家功名不利者，必官祿星失陷。宜修官祿方，本命貴人食祿方，而帶本命官祿，主祿馬貴元同到，并年月科名科甲文昌文魁催官薦元火星臨於其方，而課又宜扶起，官祿成堆拱等格。今取丙奇為上乙奇次之丁奇又次之，仍用休門到奇上局，取飛鳥跌穴格青龍回首格吉，依法修之極驗。	年干吉神：科甲星、科名星、文魁星【傷官與其六合】、魁星、催官星【正官六合】、文昌星【食神祿】、天官星【正官】、天祿星【祿與本宮卦】、天嗣星。	選擇求真卷四12
4	修科甲貴人法二	又曰：宜修甲方，蓋甲屬木，掌圖書文章，又為科甲之義也。凡未貴而求科甲，以貴人為先。已貴而求出仕併久仕不陞遷者，以祿馬為先，而帶天祿天貴天嗣土曲官國催官金匱生氣火星同太陽照臨，必准無疑矣。	年支吉神：年魁星【官符、定】、催官使、天貴星【福德、收】、天官星、活催官、官國星【病符、閉】、土曲星【太陰、平】。	選擇求真卷四12
5	修科甲貴人法三	閑居起復，宜修丙方，用太歲五虎遁遁至丙字位，是如甲己年丙在寅艮，乙庚年丙在戌辛之類是也，或用丙年月日時亦可，但不宜再用金匱火星，如用火星即不宜用丙年月日時矣，宜更合土曲官國催官太陽太陰貴人祿馬同到其方，必主復，在榮遷。	文昌文曲天貴星到方向扦作主發科催官貴、天喜催丁喜、天財星【執、天福】催富極驗；天貴星【收、天倉星田宅星】到處功名定顯榮；造葬天嗣求財得功曹傳送勝光神后四星照臨最吉，作福地到山向極吉，主有驗；【須看天月將過宮方可用之有驗】。	選擇求真卷四12反，象吉卷十三16反
6	修財祿法	凡人家財祿不旺者，多由財帛田宅二星失陷，又或因修造有犯大耗故也，宜修流財方而帶月財金匱火星極富穀將青龍天富等星，併合本命祿馬田財二星及太陽乙丙丁休生開門共到其方，修之必主驟發。按傳送功曹勝光神后四吉將亦宜到方，例載上修天嗣內。流財者財星流行之義與月財相似非退財也，用之得法反主進財，所謂捉著流財便發是也，又曰要大來修流財，從太歲起建取危定二字到其方修之，或月家之危定二字亦可，併合青龍月財金匱等吉同到修之必大發也。	干神：天財星；支神：金匱星【帝旺方】、天富星【喪門、滿】、生氣星【弔客、開】、極富星【官符、定】、天財星【死符、執】、穀將星【龍德、危】、田宅星【福德、收】、流財星、獨火方、大耗方、月財方、月流財。	選擇求真卷四14
7	修報拾寶物	其法以冬至夏至分順逆，用年月日時，以元辰加用支上，係冬至順行，夏至逆行，數至所作之山方止，得魁罡帝座福惠三星到山方，并合三奇月財火星同到，必主得寶物也。訣曰：定位魁罡拾得寶，二十四山辨方討，三奇無異用開門，順逆月財隨奇到。	二十四山拾寶地；詩曰：拾寶須知仔細詳，子山獲寶在池塘，壬山配卦離中取，救火搬財寄與藏，庚癸有物理可下，仍尋小路在邊旁，丑未個中鋤得窖，艮在山中銀器囊，寅主坑溝連瀆得，甲主獲寶在船倉，卯巳廟壇公廨內，乙丙罃冶更兼墙，辰居田裏珍銀寶，巽從糞壤放豪光，丁市鎮中宮觀內，坤珍珠翠路田岡，申在天井中拾得，酉亥僧舍泊橋梁，辛戌江邊沙填土，乾有紗羅古器房，二十四山真有應，神仙留記驗非常。	選擇求真卷四14反

編號	修應法	說明	宜用神煞	備註
8	修倉庫法	其法宜取人倉方爲主，更合穀將金匱天地倉青龍極富日財三奇二德等吉同到，修之可致千倉萬庫粟陳貫朽，又宜勝光神后傳送功曹四將到吉，訣曰：功曹傳送敵國富、勝光神后百年陳是也，例載上天嗣篇。又有用太歲五虎遁，遁至其方，如遇歲干剋所遁之方干爲上，所遁之方干剋歲干次之。	人倉【衰】、天倉【福德、收】、地倉、大耗方【歲破、破】、小耗方【死符、執】；【功曹傳送敵國富、勝光神后百年陳】。	選擇求真卷四15
9	修散官訟	凡人家訟事牽連不休者，或因造葬有犯天地官符，縱或無犯，亦宜於官符方修報，宜取天赦解神三奇休門併太歲及本命祿馬貴人同到，又二德到流年官符宮，或到其人本命，修之即止。	天官符【臨官方】、地官符【官符、定】、月天官符、月地官符、年解神、月解神【破日】、飛天赦、年飛解神。	選擇求真卷四15反
10	修方愈病法	凡人家連年多病人口不安，或因修造有犯病符方，則仍取病符方修之，宜取天赦天醫解神青龍生氣太陽太陰三奇三門到方及本命貴人祿馬同到，若一人久病則取本命男用生氣女用天醫方，併前諸吉同到修之自愈。撞命殺其法以太歲五虎遁，取正月入中宮，順氣尋本命所泊之宮，修造不宜犯之。	病符方、人道方、生氣方【弔客、開】、青龍方【弔客、開】、天赦日、天醫方、天醫日、日解神、飛天赦、飛天解。	選擇求真卷四16反
11	修愈目疾	凡人患目疾不愈者，或因誤犯金神暗曜方，宜急修金神暗曜方，取合丙丁奇開門天解天赦天德月德真太陽太陰，男用太陽女用太陰，到其方修之，其明自復，忌用五不遇時。釣叟賦曰：五不遇分龍不精，號爲日月損光明。乃時干剋日干，陽剋陽、陰剋陰也。	天金神、地金神、暗曜方、五不遇時。	選擇求真卷四17
12	修救冷退法	凡人家丁財消乏者，宜取浮天空亡方修之。其法用年月日時四柱衝刑其方，如壬山方衝則用午字，壬屬坎坎即子，刑則用卯字。有用天干衝者，甲衝庚乙衝辛之類，然止宜年月日時衝空亡方，不宜四柱自相刑衝也，反致不吉。或作本命衝空亡方亦可，要取丙丁奇開生門及火星月財生氣極富太陽勝光傳送功曹神后四吉等同到空亡方，修之立見功效。浮天空亡一年止占一字，位書載甲年占丙壬乙年占丁癸，是一年兩占也，豈知浮天空亡乃翻卦中之破軍位也，只占本卦所納之甲，安得對面兩占，至於白頭空亡入山空亡全不足信，無根據也。	浮天空亡、天干相衝、地支相衝、地支相剋；【一年不如一年者可用之法】。	選擇求真卷四15
13	修救喪禍法	凡人家連年遭喪禍不止，宜修動白虎方，其法從本年太歲起建數至第九數字位是也，又用五虎遁遁至其方，看何干支納音所屬，如甲子年白虎在申，遁得申是壬申，納音屬金，用火年月日時剋之，宜合取金匱諸火星解神人道天赦太陽貴人月德丙丁奇休生門太陽日月到其方，大興工匠，修報即止，大修三十六年，小修二十四年，永無喪禍，但用火星不宜再用丙丁干。	白虎方；附制白虎，訣曰：肆強白虎犯修方，犯了何能免得殃，合用太陽帝星到，自然制壓過他方，其法以五行相剋制之；如戊辰日係白虎大殺入中宮，其白虎日戊辰納音木，而用囚廢之，囚者木衰辰病巳午死，皆無氣也，再用申酉庚辛併金者時剋之，反凶而不吉；白虎大殺入中宮日【戊辰木、丁丑水、丙戌土、乙未金、甲辰火、癸丑木、壬戌水七日】忌起工架馬嫁娶鼓樂凶，其法以甲子日起坎順行九宮遇日辰在中宮者爲白虎入中也，不可犯之。	選擇求真卷四18
14	修旺六畜法	凡人家血財不旺，六畜多災者，皆因方道不吉，或當年誤犯諸血刃及流財大小耗等凶星，然欲救之，又宜修動其方，取月財流財太陽生氣三奇生門福德火星同到其方，修之大旺，十一年一年一修尤妙。【按是條爲吉凶神煞甚多，應概刪除，然姑存之，無致爲術者之蠱惑也。】	千斤血刃、順血刃、逆血刃、隱伏血刃、大耗方【歲破、破】、小耗方【死符、執】、坐山定局、一德、虎豹、狐狸、貪狼、太陽、豺狼、三台、奇羅、刀兵、刀砧、紫炁；【歌曰：一德宮中宜養馬，三台位上定豬枋，牛屋奇羅爲上吉，羊逢紫炁最高強，貪狼地好安雞鴨，太陽六畜喜爲良，虎豹豺狼狸不吉，更兼血忌亦須防，刀兵血刃刀砧殺，六畜臨之見血光】。	選擇求真卷四18反

編號	修應法	說明	宜用神煞	備註
15	修遠回法	凡人久客他鄉不思歸者，或因出行日有犯四離五離死別天魂不返五不歸截路空亡，宜修本人驛馬方，俱要年月日時扶起併衝動，不宜合住，修之必應。	驛馬【歲馬】。	選擇求真卷四19
16	修不睦法	凡人家五倫不和睦者，皆因當時修造犯刑衝及不正星辰，更值仇難交爭五氣不順，宜取四柱純正三合六合之期，及帶貴人祿馬天月二德到於有用之方，修之自和。	天德、月德、祿馬貴人。	選擇求真卷四20
17	修壽元法	凡人家多出少亡者，皆因當時壽元星落陷，太陽祿馬不到，併犯剋洩本氣也，急宜擇本氣生旺之年月，扶起祿馬壽元星仁元星天嗣福德，而合太陽青龍生氣到方向修之，必主眉壽。	壽元星、仁元星、大壽星。	選擇求真卷四20
18	修止盜賊法	凡人家常犯盜賊侵害，皆由當年芒劫在庚方，併帶風吹水劫故也，宜修庚方，蓋庚爲賊門，要擇本山生旺之月，併取太陽照之，或火星照之，貴人天帝三奇休門同到其方，修之自止，又宜蓋庚爲賊門，如乙庚年五虎遁庚酉同宮，遁至庚酉方是乙酉納音屬水，須取土年月日時剋制，併用前貴神同到修報斷絕。	亡神、劫殺、天狗日、天盜方、天牢方。	選擇求真卷四20
19	修止鬼妖法	凡人家有鬼妖爲祟者，因艮方有犯風吹水劫故也，宜修艮方，蓋艮爲鬼戶，要擇山龍年旺之候，取太陽帝星貴人照臨其方，及斗柄所指之時取之，即止。	斗柄指方【月建方】；太陽、貴人；宜修艮方。	選擇求真卷四20反
20	修祛瘟疫法	訣曰：瘟疫生災不泛常，只因修造不寧方，若得三奇二德到，一家管取永安康。其法要取三奇二德二德合，併天解天赦太陽到，修之能使瘟疫消除人口安泰，如丁壬年六月【丁未月】用五虎遁以月建入中宮，遁得壬子到坎【六月天瘟在坎】是瘟方屬木【壬子納音木】，須取年月日時金剋制之，仍須用人道天醫月日時四德到，修之即安。	天德、月德、日德、時德、天赦日、天醫日、天解神、地解神、年解神、日解神、人道方、天瘟方、地瘟方。	選擇求真卷四20反
21	修治白蟻法	凡人家白蟻爲害其故不一端，有因水界不清而生，有因風吹劫而生，有因當日犯大羅喉而生，有種類帶來而生者，治法宜取火死絕之候，水星得令之時，用暗金伏斷受死月殺閉除等日，或酉亥日亦可，白蟻屬火，此二日乃本氣死絕之日，再合暗金伏斷日時，百發百中，陽宅用木匠曲尺在白蟻處量至四尺九寸即止，將斧頭在尺止處打四十九下，大發喝聲，眾皆齊應，如起屋床，若陰宅在寅位上，取土修埋，遂及他處，用日之法如前。	受死、死氣、月殺、除日、閉日、暗金伏斷。	選擇求真卷四21及22
	塞鼠穴法	與治白蟻法同，仍用月殺死氣受死閉除暗金伏斷天狗日時，及甲申壬申兩日治之，最驗。	受死日、死氣日、月殺日、夫徇日、伏斷日。	

編號	修應法	說明	宜用神煞	備註
22	修報禍福	凡修報禍福，應驗甚速，不出旬月，半載之內必應，不比造正屋，必待久遠而始應也，蓋造正屋，所趨所避神煞繁多，猶服十全大補湯，藥味處處須到，故其效遲。若各修報，如用單方治病，藥對其症，即旦夕奏效矣，修報多用凶星方，蓋凶星即病也，靈藥治病手到功成，故曰：有病方爲貴，無病不是奇是也。		選擇求真卷四22反
23	修報取驗	修報取驗，皆不離諸火以爲發用，蓋火星氣旺而有力，大能催官貴財丁，救人冷退，但要制伏得宜，太陰水星一白星最吉，又宜火星衰弱之候，水星得令之時，不宜再用丙丁日時，若丙丁奇則又不忌，此天星不比地煞也，故火星眾人所長，古人專以之召吉，善用者詳之。		選擇求真卷四22反
24	修方求嗣法	照宅玉鏡云：無丁者宜用天喜天嗣金匱太陽金烏麒麟母倉續世益後諸星所會之方，擇日於此方修動可以添丁。 滾盤珠云：如欲求子當從金匱方修之，以太陽爲應，年月日時俱從太陽。 青江子云：太陽即歲君之太子，修方遇貴定生貴命男兒。修方安床重在太陽更得流年月建三白天喜曆數太陽天月二德，此方受胎者斷必生男屢驗有准。又當查明此方不犯五黃戊己都天大月建太歲歲破重遊五鬼飛刃白虎金神陽刃等殺方可修理，若犯主傷人口有官非火盜之禍。	天喜、天嗣、金匱、太陽、金烏、麒麟、母倉、續世、益後、年月三白、天月二德。	陽宅集成卷八12
25	修方求富法	滾盤珠云：如欲求財，當從天財方修之，以月財爲應，年月日時俱重財星。 安宅定論云：要在金匱帑星方培土，擇金匱日。照宅玉鏡云：貧人可於天財月財金匱天月德青龍招財方修動可以救貧。 青江子云：凡修方催財取天富月財三倉三德及運財星同本命財星祿馬恩曜併臨其方關照命度興工動作自得橫財，若救冷退兼最熒惑九紫制化修之，至欲旺畜避執破刀砧湯火尾箕畢井四煞，按六畜所屬卦氣安之則孳生繁茂矣。	天財、月財、金匱、帑星、年財、天德、月德、青龍、招財、天富、天倉、地倉、母倉、歲德及運財星、本命財星祿馬恩曜併臨、九紫、。	陽宅集成卷八14反
26	修方求貴法	滾盤珠云：如欲求拜第，當從文昌天官貴人方修之，以催官史爲應，年月日時俱重科第星。 王思山云：宜用文星科甲星日，又要科甲方培土，可以發貴。 照宅玉鏡云：求官者宜於文昌魁星天月德太陽科名黃甲催官等星會聚此方，春用乙夏用丁秋用辛冬用癸日修之有準。 餐霞道人曰：凡應試，修本年一白四綠方，大則可以發科甲小則可以游泮宮。即在本年一白四綠方安床房，門開在一白四綠方上必得功名，屢試屢驗，年白與月白兼用更應。	文昌、天官貴人、催官史、魁星、天德、月德、太陽、科名、黃甲、催官、年月一白四綠方。	陽宅集成卷八15
27	修方祛病法	照宅玉鏡云：如欲治病，可於天醫月德解星所會之方修動可以祛病。 吳叟云：修方息病，必以人道方爲主，男用生氣、女用天醫，並天月德解神太陽奇門祿馬貴人諸吉到方，先以命主日主命宮主九曜恩福星躔照命度，及方位歲月日時各入中順遁用神到方，以方位卦配命卦，遁子父財官到方病即除。	天醫、月德、人道方、男用生氣方、女用天醫方、天德、解神、太陽、奇門、祿馬貴人、命主日主命宮主九曜恩福星。	陽宅集成卷八15反
28	年命修方法一	王肯堂云：凡拆卸修葺、添補、換椽、蓋瓦、換門壁牆窗及墻沿墻頭、水溝等事，皆謂之修方，吉凶立應。如合本命之吉凶，必旬日見驗。而合宅門坐山坐卦者亦不必百日。如乾命修兌生氣，半載有大財，久後出貴。修艮天醫坤延年乾伏位皆吉。忌修離巽坎震方，必有禍。如疾病是非災殃之類。坤命修艮生氣主富貴，旺田產，修兌乾坤皆吉，如修震巽坎離則凶。坎命修巽生氣必致富貴，修離震坎皆吉，修乾兌坤艮則凶。餘可類推。　餐霞道人曰：修主命四吉方果可獲吉，如又值本命太陽三白諸星宿到則應驗愈速。若五黃都天大月建諸殺臨方動亦有禍不可不知。	修主命四吉方、太陽、三白。	陽宅集成卷八15反

編號	神煞名稱	同名或同位神煞	占方												修應
1	年干神煞		甲年	乙年	丙年	丁年	戊年	己年	庚年	辛年	壬年	癸年			
2	官星	正官	辛酉	庚申	癸子	壬亥	乙卯	甲寅	丁午	丙巳	己丑己未	戊辰戊戌			修科甲貴人法
3	催官	正官六合	辰	巳	丑	寅	戌	亥	未	申	子午	卯酉			修科甲貴人法
4	天祿星	干祿與本宮卦、歲祿	艮寅	震卯	巽巳	離午	巽巳	離午	坤申	兌酉	乾亥	坎子			修科甲貴人法
5	文昌星	食神祿	巳	午	巳	午	申	酉	亥	子	寅	卯			修科甲貴人法
6	魁名星	比劫	寅卯	寅卯	巳午	巳午	辰戌丑未	辰戌丑未	申酉	申酉	亥子	亥子			修科甲貴人法
7	天財星	印綬	亥子	亥子	寅卯	寅卯	巳午	巳午	辰戌丑未	辰戌丑未	申酉	申酉			修財祿法
8	文魁星	傷官與其六合	午未	巳申	辰酉	戌卯	申巳	酉辰	子丑	亥寅	寅亥	卯戌			修科甲貴人法
9	天金神	金神	午未	辰巳	寅卯	戌亥	申酉	午未	辰巳	寅卯	戌亥	申酉			修愈目疾
10	地金神	金神	申酉	辰巳	午未	寅卯	子丑	申酉	辰巳	午未	寅卯	子丑			修愈目疾
11	暗曜方		丁	巽	甲	乾	庚	丁	巽	甲	乾	庚			修愈目疾
12	浮天空亡		壬	癸	辛	庚	坤	乾	丁	丙	甲	乙			修救冷退法
13	天干相衝		庚	辛	壬	癸			甲	乙	丙	丁			修救冷退法
14															
15	年支神煞		子年	丑年	寅年	卯年	辰年	巳年	午年	未年	申年	酉年	戌年	亥年	
16	金匱方	長生十二神煞帝旺方	子	酉	午	卯	子	酉	午	卯	子	酉	午	卯	修天嗣求子法、修財祿法
17	天嗣方		甲卯	巽巳	丁未	庚酉	乾亥	庚酉	辛戌	壬子	艮寅	辛戌	壬子	癸丑	修天嗣求子法
18	紅鸞方		卯	寅	丑	子	亥	戌	酉	申	未	午	巳	辰	修天嗣求子法
19	天喜方		酉	申	未	午	巳	辰	卯	寅	丑	子	亥	戌	修天嗣求子法
20	天富星	滿、【喪門】	寅	卯	辰	巳	午	未	申	酉	戌	亥	子	丑	修財祿法
21	土曲	平、【太陰】	卯	辰	巳	午	未	申	酉	戌	亥	子	丑	寅	修科甲貴人法
22	極富星	定、年魁星、畜官、【官符】	辰	巳	午	未	申	酉	戌	亥	子	丑	寅	卯	修財祿法、修散官訟
23	天福星	執、天財星、小耗方、【死符】	巳	午	未	申	酉	戌	亥	子	丑	寅	卯	辰	修財祿法、忌修倉庫法、忌修旺六畜
24	大耗方	破、地支相衝、【歲破】	午	未	申	酉	戌	亥	子	丑	寅	卯	辰	巳	忌修財祿法、忌修倉庫、忌修旺六畜
25	穀將星	危、【龍德】	未	申	酉	戌	亥	子	丑	寅	卯	辰	巳	午	修財祿法
26	天壽星	成、【白虎】	申	酉	戌	亥	子	丑	寅	卯	辰	巳	午	未	修科甲貴人法、修財祿法、修救喪禍
27	天貴星	收、天倉星、田宅星、【福德】	酉	戌	亥	子	丑	寅	卯	辰	巳	午	未	申	修財祿法、修天嗣求子法、修倉庫法
28	生氣方	開、青龍星、【弔客】	戌	亥	子	丑	寅	卯	辰	巳	午	未	申	酉	修科甲貴人法、修方愈病法
29	官國星	閉、【病符】	亥	子	丑	寅	卯	辰	巳	午	未	申	酉	戌	修科甲貴人法、修方愈病法
30	獨火方		艮	震	震	坎	巽	巽	兌	離	離	坤	乾	乾	忌修財祿法

編號	神煞名稱	同名或同位神煞	占方												修應
31	年支神煞		子年	丑年	寅年	卯年	辰年	巳年	午年	未年	申年	酉年	戌年	亥年	
32	流財	支神退	巳	辰	卯	寅	丑	子	亥	戌	酉	申	未	午	修財祿法
33	人倉	三合衰方	丑	戌	未	辰	丑	戌	未	辰	丑	戌	未	辰	修倉庫法
34	地倉		辰戌	寅申	子午	巳亥	卯酉	申寅	卯酉	丑未	子午	辰戌	卯酉	寅申	修倉庫法
35	天官符	長生十二神煞臨官、【天官符】	亥	申	巳	寅	亥	申	巳	寅	亥	申	巳	寅	修散官訟
36	人道方	榮官星	巽乾	丙壬	丁癸	坤艮	庚甲	辛乙	巽乾	丙壬	丁癸	坤艮	庚甲	辛乙	修方愈病法
37	地支相剋		卯	戌	巳	子	辰	申	午	丑	寅	酉	未	亥	修救冷退法
38	驛馬	【歲馬】	寅	亥	申	巳	寅	亥	申	巳	寅	亥	申	巳	修遠回法
39	大壽星		庚酉	乾亥	癸庚	甲卯	巽巳	甲卯	乙辰	丙午	坤申	乙辰	丙午	未坤	修壽元法
40															
41	月神煞		正月	二月	三月	四月	五月	六月	七月	八月	九月	十月	十一月	十二月	
42	月金匱一	申子辰年	乾	中	巽	震	坤	坎	離	艮	兌	乾	中	兌	修天嗣求子法
43	月金匱二	亥卯未年	乾	中	兌	乾	中	巽	震	坤	坎	離	艮	兌	修天嗣求子法
44	月金匱三	寅午戌年	離	艮	兌	乾	中	兌	乾	中	巽	震	坤	坎	修天嗣求子法
45	月金匱四	巳酉丑年	震	坤	坎	離	艮	兌	乾	中	兌	乾	中	巽	修天嗣求子法
46	生氣方	從月建取開位	子	丑	寅	卯	辰	巳	午	未	申	酉	戌	亥	修天嗣求子法
47	月流財		甲庚	丁癸	甲庚	丁癸	乙辛	丙	乙	丁	丙	甲	乙	丙	修財祿法
48	月財方		午	乙	巳	未	戌	亥	午	乙	巳	未	戌	亥	修財祿法
49	飛天官符一	寅午戌年	艮	兌	乾	中	兌	乾	中	巽	震	坤	坎	離	修散官訟
50	飛天官符二	申子辰年	中	巽	震	坤	坎	離	艮	兌	乾	中	兌	乾	修散官訟
51	飛天官符三	巳酉丑年	坤	坎	離	艮	兌	乾	中	兌	乾	中	巽	震	修散官訟
52	飛天官符四	亥卯未年	中	兌	乾	中	巽	震	坤	坎	離	艮	兌	乾	修散官訟
53	飛地官符子年	子年	兌	乾	中	兌	乾	中	巽	震	坤	坎	離	艮	修散官訟
54	飛地官符丑年	丑年	艮	兌	乾	中	兌	乾	中	巽	震	坤	坎	離	修散官訟
55	飛地官符寅年	寅年	離	艮	兌	乾	中	兌	乾	中	巽	震	坤	坎	修散官訟
56	飛地官符卯年	卯年	坎	離	艮	兌	乾	中	兌	乾	中	巽	震	坤	修散官訟
57	飛地官符辰年	辰年	坤	坎	離	艮	兌	乾	中	兌	乾	中	巽	震	修散官訟
58	飛地官符巳年	巳年	震	坤	坎	離	艮	兌	乾	中	兌	乾	中	巽	修散官訟
59	飛地官符午年	午年	巽	震	坤	坎	離	艮	兌	乾	中	兌	乾	中	修散官訟
60	飛地官符未年	未年	中	巽	震	坤	坎	離	艮	兌	乾	中	兌	乾	修散官訟

編號	神煞名稱	同名或同位神煞	占方												修應
			正月	二月	三月	四月	五月	六月	七月	八月	九月	十月	十一月	十二月	
61	月神煞														
62	飛地官符申年	申年	乾	中	巽	震	坤	坎	離	艮	兌	乾	中	兌	修散官訟
63	飛地官符酉年	酉年	兌	乾	中	巽	震	坤	坎	離	艮	兌	乾	中	修散官訟
64	飛地官符戌年	戌年	中	兌	乾	中	巽	震	坤	坎	離	艮	兌	乾	修散官訟
65	飛地官符亥年	亥年	乾	中	兌	乾	中	巽	震	坤	坎	離	艮	兌	修散官訟
66	月解神	即破日	申	酉	戌	亥	子	丑	寅	卯	辰	巳	午	未	修散官訟
67	飛天赦一	甲己年	艮	兌	乾	震	坤	坎	中	巽	震	離	艮	兌	修散官訟
68	飛天赦二	乙庚年	中	坎	離	離	艮	兌	坤	坎	離	乾	中	巽	修散官訟
69	飛天赦三	丙辛年	艮	兌	乾	乾	中	坎	艮	兌	乾	震	坤	坎	修散官訟
70	飛天赦四	丁壬年	中	巽	震	離	艮	兌	中	坎	離	離	艮	兌	修散官訟
71	飛天赦五	戊癸年	坤	坎	離	乾	中	巽	艮	兌	乾	乾	中	坎	修散官訟
72	飛解神子年		巽	中	乾	兌	中	乾	兌	艮	離	坎	坤	震	修散官訟
73	飛解神丑年		震	巽	中	乾	兌	中	乾	兌	艮	離	坎	坤	修散官訟
74	飛解神寅年		坤	震	巽	中	乾	兌	中	乾	兌	艮	離	坎	修散官訟
75	飛解神卯年		坎	坤	震	巽	中	乾	兌	中	乾	兌	艮	離	修散官訟
76	飛解神辰年		離	坎	坤	震	巽	中	乾	兌	中	乾	兌	艮	修散官訟
77	飛解神巳年		艮	離	坎	坤	震	巽	中	乾	兌	中	乾	兌	修散官訟
78	飛解神午年		兌	艮	離	坎	坤	震	巽	中	乾	兌	中	乾	修散官訟
79	飛解神未年		乾	兌	艮	離	坎	坤	震	巽	中	乾	兌	中	修散官訟
80	飛解神申年		中	乾	兌	艮	離	坎	坤	震	巽	中	乾	兌	修散官訟
81	飛解神酉年		兌	中	乾	兌	艮	離	坎	坤	震	巽	中	乾	修散官訟
82	飛解神戌年		乾	兌	中	乾	兌	艮	離	坎	坤	震	巽	中	修散官訟
83	飛解神亥年		中	乾	兌	中	乾	兌	艮	離	坎	坤	震	巽	修散官訟
84	天赦日		戊寅日	戊寅日	戊寅日	甲午日	甲午日	甲午日	戊申日	戊申日	戊申日	甲子日	甲子日	甲子日	修散官訟、修祛瘟疫法
85	天醫方		卯	亥	丑	未	巳	卯	亥	丑	未	巳	卯	亥	修方愈病法、修祛瘟疫法
86	天醫日		丑	寅	卯	辰	巳	午	未	申	酉	戌	亥	子	修方愈病法、修祛瘟疫法
87	日解神		申	申	戌	戌	子	子	寅	寅	辰	辰	午	午	修方愈病法、修祛瘟疫法
88	天狗日	滿日	辰	巳	午	未	申	酉	戌	亥	子	丑	寅	卯	修止盜賊法、塞鼠穴法
89	天牢方		艮	艮	震	巽	離	離	坤	兌	兌	乾	坎	坎	修止盜賊法
90	天盜方		亥	寅	巳	申	亥	寅	巳	申	亥	寅	巳	申	修止盜賊法

227

編號	神煞名稱	同名或同位神煞	占方												修應
			正月	二月	三月	四月	五月	六月	七月	八月	九月	十月	十一月	十二月	
91	月神煞														
92	斗柄指方		寅	卯	辰	巳	午	未	申	酉	戌	亥	子	丑	修止鬼妖法
93	日德		亥	戌	酉	申	未	午	巳	辰	卯	寅	丑	子	修祛瘟疫法
94	時德		辰	亥	子	丑	申	酉	戌	巳	午	未	寅	卯	修祛瘟疫法
95	天解神		申	戌	子	寅	辰	午	申	戌	子	寅	辰	午	修祛瘟疫法
96	地解神		申	申	酉	酉	戌	戌	亥	亥	午	午	未	未	修祛瘟疫法
97	天瘟方		坎	震	艮	坤	艮	坎	乾	兌	震	坤	乾	兌	修祛瘟疫法
98	地瘟方		未	戌	辰	寅	午	子	酉	申	巳	亥	丑	卯	修祛瘟疫法
99	受死		戌	辰	亥	巳	子	午	丑	未	寅	申	卯	酉	修治白蟻法、塞鼠穴法
100	月殺		丑	戌	未	辰	丑	戌	未	辰	丑	戌	未	辰	修治白蟻法、塞鼠穴法
101	閉日		丑	寅	卯	辰	巳	午	未	申	酉	戌	亥	子	修治白蟻法、塞鼠穴法
102	氣死		午	未	申	酉	戌	亥	子	丑	寅	卯	辰	巳	修治白蟻法、塞鼠穴法
103	除日		卯	辰	巳	午	未	申	酉	戌	亥	子	丑	寅	修治白蟻法、塞鼠穴法

編號	生命/日	納音	陽貴人	陽貴方	陰貴人	陰貴方	真祿	真祿方	真馬	真馬方	三合	六合	進貴
1	甲子	海中金	辛未	震	丁丑	離	丙寅	兌	丙寅	兌	辰申	丑	乙己
2	乙丑	海中金	甲申	乾	戊子	坎	己卯	坎	丁亥	離	巳酉	子	甲戊庚
3	丙寅	爐中火	丁酉	離	己亥	坤	癸巳	中	丙申	艮	午戌	亥	辛
4	丁卯	爐中火	辛亥	巽	乙酉	中	丙午	艮	乙巳	兌	未亥	戌	壬癸
5	戊辰	大林木	乙丑	艮	己未	坤	丁巳	離	甲寅	乾	子申	酉	
6	己巳	大林木	丙子	震	壬申	乾	庚午	乾	乙亥	坤	丑酉	申	壬癸
7	庚午	路傍土	己丑	乾	癸未	離	甲申	坎	甲申	坎	寅戌	未	辛
8	辛未	路傍土	庚寅	乾	甲午	坎	丁酉	巽	癸巳	離	卯亥	午	甲戊庚
9	壬申	劍鋒金	癸卯	離	乙巳	坤	辛亥	艮	壬寅	艮	子辰	巳	乙己
10	癸酉	劍鋒金	丁巳	巽	乙卯	坤	甲子	坤	癸亥	坎	丑巳	辰	丙丁
11	甲戌	山頭火	辛未	艮	丁丑	艮	丙寅	震	壬申	離	寅午	卯	
12	乙亥	山頭火	甲申	中	戊子	離	己卯	離	辛巳	坤	卯未	寅	丙丁
13	丙子	澗下水	丁酉	艮	己亥	坎	癸巳	巽	庚寅	坎	辰申	丑	乙己
14	丁丑	澗下水	辛亥	震	乙酉	巽	丙午	兌	辛亥	震	巳酉	子	甲戊庚
15	戊寅	城頭土	乙丑	兌	己未	坎	丁巳	艮	庚申	坤	午戌	亥	辛
16	己卯	城頭土	丙子	艮	壬申	巽	庚午	坤	己巳	坎	未亥	戌	壬癸
17	庚辰	白蠟金	己丑	中	癸未	艮	甲申	離	戊寅	離	子申	酉	
18	辛巳	白蠟金	庚寅	中	甲午	離	丁酉	震	己亥	中	丑酉	申	壬癸
19	壬午	楊柳木	癸卯	艮	乙巳	坎	辛亥	兌	戊申	巽	寅戌	未	辛
20	癸未	楊柳木	丁巳	震	乙卯	坎	甲子	坎	丁巳	震	卯亥	午	甲戊庚
21	甲申	泉中水	辛未	兌	丁丑	巽	丙寅	坤	丙寅	坤	子辰	巳	乙己
22	乙酉	泉中水	甲申	坎	戊子	艮	己卯	中	丁亥	兌	丑巳	辰	丙丁
23	丙戌	屋上土	丁酉	兌	己亥	離	癸巳	震	丙申	乾	寅午	卯	
24	丁亥	屋上土	辛亥	坤	乙酉	離	丙午	乾	乙巳	中	卯未	寅	丙丁
25	戊子	霹靂火	乙丑	乾	己未	離	丁巳	兌	甲寅	巽	辰申	丑	乙己
26	己丑	霹靂火	丙子	兌	壬申	震	庚午	坎	乙亥	乾	巳酉	子	甲戊庚
27	庚寅	松柏木	己丑	坎	癸未	巽	甲申	中	甲申	中	午戌	亥	辛
28	辛卯	松柏木	庚寅	坎	甲午	艮	丁酉	坤	癸巳	兌	未亥	戌	壬癸
29	壬辰	長流水	癸卯	兌	乙巳	離	辛亥	乾	壬寅	乾	子申	酉	
30	癸巳	長流水	丁巳	坤	乙卯	離	甲子	離	癸亥	艮	丑酉	申	壬癸
31	甲午	沙中金	辛未	乾	丁丑	震	丙寅	坎	壬申	兌	寅戌	未	辛
32	乙未	沙中金	甲申	離	戊子	巽	己卯	巽	辛巳	乾	卯亥	午	甲戊庚
33	丙申	山下火	丁酉	乾	己亥	艮	癸巳	艮	庚寅	坤	子辰	巳	乙己
34	丁酉	山下火	辛亥	坎	乙酉	艮	丙午	中	辛亥	坎	丑巳	辰	丙丁
35	戊戌	平地木	乙丑	中	己未	艮	丁巳	乾	庚申	離	寅午	卯	
36	己亥	平地木	丙子	乾	壬申	坤	庚午	離	己巳	艮	卯未	寅	丙丁
37	庚子	壁上土	己丑	離	癸未	震	甲申	巽	戊寅	兌	辰申	丑	乙己
38	辛丑	壁上土	庚寅	離	甲午	巽	丁酉	兌	己亥	離	巳酉	子	甲戊庚
39	壬寅	金箔金	癸卯	乾	乙巳	艮	辛亥	中	戊申	坤	午戌	亥	辛
40	癸卯	金箔金	丁巳	坎	乙卯	艮	甲子	艮	丁巳	坎	未亥	戌	壬癸
41	甲辰	覆燈火	辛未	中	丁丑	坤	丙寅	離	丙寅	離	子申	酉	
42	乙巳	覆燈火	甲申	艮	戊子	震	己卯	震	丁亥	坤	丑酉	申	壬癸
43	丙午	天河水	丁酉	坤	己亥	巽	癸巳	兌	丙申	坎	寅戌	未	辛
44	丁未	天河水	辛亥	離	乙酉	兌	丙午	坎	乙巳	離	卯亥	午	甲戊庚
45	戊申	大驛土	乙丑	巽	己未	兌	丁巳	中	甲寅	坤	子辰	巳	乙己
46	己酉	大驛土	丙子	中	壬申	坎	庚午	艮	乙亥	巽	丑巳	辰	丙丁
47	庚戌	釵釧金	己丑	艮	癸未	坤	甲申	震	甲申	震	寅午	卯	
48	辛亥	釵釧金	庚寅	艮	甲午	震	丁酉	乾	癸巳	坤	卯未	寅	丙丁
49	壬子	桑柘木	癸卯	坤	乙巳	巽	辛亥	坎	壬寅	坎	辰申	丑	乙己
50	癸丑	桑柘木	丁巳	離	乙卯	兌	甲子	兌	癸亥	乾	巳酉	子	甲戊庚
51	甲寅	大溪水	辛未	巽	丁丑	坎	丙寅	艮	壬申	中	午戌	亥	辛
52	乙卯	大溪水	甲申	兌	戊子	坤	己卯	坤	辛巳	巽	未亥	戌	壬癸
53	丙辰	沙中土	丁酉	坎	己亥	震	癸巳	乾	庚寅	震	子申	酉	
54	丁巳	沙中土	辛亥	中	乙酉	乾	丙午	離	辛亥	中	丑酉	申	壬癸
55	戊午	天上火	乙丑	震	己未	乾	丁巳	坎	庚申	兌	寅戌	未	辛
56	己未	天上火	丙子	巽	壬申	離	庚午	兌	己巳	乾	卯亥	午	甲戊庚
57	庚申	石榴木	己丑	兌	癸未	坎	甲申	坤	戊寅	中	子辰	巳	乙己
58	辛酉	石榴木	庚寅	兌	甲午	兌	丁酉	坤	己亥	坎	丑巳	辰	丙丁
59	壬戌	大海水	癸卯	坎	乙巳	震	辛亥	離	戊申	乾	寅午	卯	
60	癸亥	大海水	丁巳	中	乙卯	震	甲子	乾	丁巳	中	卯未	寅	丙丁

編號	生命/日	進長生	堆長生	旺	進祿	進馬	比肩	食神	正財	正官	正印	本命食祿	劫財	傷官	偏財
1	甲子	辛	亥	卯	癸		甲	丙	己	辛	癸	巳	乙	丁	戊
2	乙丑		午	寅			乙	丁	戊	庚	壬	午	甲	丙	庚
3	丙寅	丙戊	寅	午	甲	申子辰	丙	戊	辛	癸	乙	巳	丁	己	庚
4	丁卯	癸	酉	巳	乙		丁	己	庚	壬	甲	午	丙	戊	辛
5	戊辰		寅	午			戊	庚	癸	乙	丁	申	己	辛	壬
6	己巳	庚	酉	巳	丙戊	亥卯未	己	辛	壬	甲	丙	酉	戊	庚	癸
7	庚午	乙	巳	酉	丁己		庚	壬	乙	丁	己	寅	辛	癸	甲
8	辛未		子	申			辛	癸	甲	丙	戊	卯	庚	壬	乙
9	壬申	壬	申	子	庚	寅午戌	壬	甲	丁	己	辛	寅	癸	乙	丙
10	癸酉	丁己	卯	亥	辛		癸	乙	丙	戊	庚	卯	壬	甲	丁
11	甲戌		亥	卯			甲	丙	己	辛	癸	巳	乙	丁	戊
12	乙亥	甲	午	寅	壬	巳酉丑	乙	丁	戊	庚	壬	午	甲	丙	己
13	丙子	辛	寅	午	癸		丙	戊	辛	癸	乙	巳	丁	己	庚
14	丁丑		酉	巳			丁	己	庚	壬	甲	午	丙	戊	辛
15	戊寅	丙戊	寅	午	甲	申子辰	戊	庚	癸	乙	丁	申	己	辛	壬
16	己卯	癸	酉	巳	乙		己	辛	壬	甲	丙	酉	戊	庚	癸
17	庚辰		巳	酉			庚	壬	乙	丁	己	寅	辛	癸	甲
18	辛巳	庚	子	申	丙戊	亥卯未	辛	癸	甲	丙	戊	卯	庚	壬	乙
19	壬午	乙	申	子	丁己		壬	甲	丁	己	辛	寅	癸	乙	丙
20	癸未		卯	亥			癸	乙	丙	戊	庚	卯	壬	甲	丁
21	甲申	壬	亥	卯	庚	寅午戌	甲	丙	己	辛	癸	巳	乙	丁	戊
22	乙酉	丁己	午	寅	辛		乙	丁	戊	庚	壬	午	甲	丙	己
23	丙戌		寅	午			丙	戊	辛	癸	乙	巳	丁	己	庚
24	丁亥	甲	酉	巳	壬	巳酉丑	丁	己	庚	壬	甲	午	丙	戊	辛
25	戊子	辛	寅	午	癸		戊	庚	癸	乙	丁	申	己	辛	壬
26	己丑		酉	巳			己	辛	壬	甲	丙	酉	戊	庚	癸
27	庚寅	丙戊	巳	酉	甲	申子辰	庚	壬	乙	丁	己	寅	辛	癸	甲
28	辛卯	癸	子	申	乙		辛	癸	甲	丙	戊	卯	庚	壬	乙
29	壬辰		申	子			壬	甲	丁	己	辛	寅	癸	乙	丙
30	癸巳	庚	卯	亥	丙戊	亥卯未	癸	乙	丙	戊	庚	卯	壬	甲	丁
31	甲午	乙	亥	卯	丁己		甲	丙	己	辛	癸	巳	乙	丁	戊
32	乙未		午	寅			乙	丁	戊	庚	壬	午	甲	丙	己
33	丙申	壬	寅	午	庚	寅午戌	丙	戊	辛	癸	乙	巳	丁	己	庚
34	丁酉	丁己	酉	巳	辛		丁	己	庚	壬	甲	午	丙	戊	辛
35	戊戌		寅	午			戊	庚	癸	乙	丁	申	己	辛	壬
36	己亥	甲	酉	巳	壬	巳酉丑	己	辛	壬	甲	丙	酉	戊	庚	癸
37	庚子	辛	巳	酉	癸		庚	壬	乙	丁	己	寅	辛	癸	甲
38	辛丑		子	申			辛	癸	甲	丙	戊	卯	庚	壬	乙
39	壬寅	丙戊	申	子	甲	申子辰	壬	甲	丁	己	辛	寅	癸	乙	丙
40	癸卯	癸	卯	亥	乙		癸	乙	丙	戊	庚	卯	壬	甲	丁
41	甲辰		亥	卯			甲	丙	己	辛	癸	巳	乙	丁	戊
42	乙巳	庚	午	寅	丙戊	亥卯未	乙	丁	戊	庚	壬	午	甲	丙	己
43	丙午	乙	寅	午	丁己		丙	戊	辛	癸	乙	巳	丁	己	庚
44	丁未		酉	巳			丁	己	庚	壬	甲	午	丙	戊	辛
45	戊申	壬	寅	午	庚	寅午戌	戊	庚	癸	乙	丁	申	己	辛	壬
46	己酉	丁己	酉	巳	辛		己	辛	壬	甲	丙	酉	戊	庚	癸
47	庚戌		巳	酉			庚	壬	乙	丁	己	寅	辛	癸	甲
48	辛亥	甲	子	申	壬	巳酉丑	辛	癸	甲	丙	戊	卯	庚	壬	乙
49	壬子	辛	申	子	癸		壬	甲	丁	己	辛	寅	癸	乙	丙
50	癸丑		卯	亥			癸	乙	丙	戊	庚	卯	壬	甲	丁
51	甲寅	丙戊	亥	卯	甲	申子辰	甲	丙	己	辛	癸	巳	乙	丁	戊
52	乙卯	癸	午	寅	乙		乙	丁	戊	庚	壬	午	甲	丙	己
53	丙辰		寅	午			丙	戊	辛	癸	乙	巳	丁	己	庚
54	丁巳	庚	酉	巳	丙戊	亥卯未	丁	己	庚	壬	甲	午	丙	戊	辛
55	戊午	乙	寅	午	丁己		戊	庚	癸	乙	丁	申	己	辛	壬
56	己未		酉	巳			己	辛	壬	甲	丙	酉	戊	庚	癸
57	庚申	壬	巳	酉	庚	寅午戌	庚	壬	乙	丁	己	寅	辛	癸	甲
58	辛酉	丁己	子	申	辛		辛	癸	甲	丙	戊	卯	庚	壬	乙
59	壬戌		申	子			壬	甲	丁	己	辛	寅	癸	乙	丙
60	癸亥	甲	卯	亥	壬	巳酉丑	癸	乙	丙	戊	庚	卯	壬	甲	丁

編號	生命/日	七殺	偏印	地支相沖	納音相剋	天地雙沖	天剋地沖	天比地沖	相沖	歲煞	回頭貢殺	三刑
1	甲子	庚	壬	忌戊午	天上火	忌庚午	忌戊午	忌甲午	午	未		卯
2	乙丑	辛	癸	忌己未	天上火	忌辛未	忌己未	忌乙未	未	辰	寅午戌全	戌
3	丙寅	壬	甲	忌甲申	泉中水	忌壬申	忌庚申	忌丙申	申	丑		巳
4	丁卯	癸	乙	忌乙酉	泉中水	忌癸酉	忌辛酉	忌丁酉	酉	戌		子
5	戊辰	甲	丙	忌庚戌	釵釧金		忌壬戌	忌戊戌	戌	未	巳酉丑全	辰
6	己巳	乙	丁	忌辛亥	釵釧金		忌癸亥	忌己亥	亥	辰		寅申
7	庚午	丙	戊	忌壬子	桑柘木	忌甲子	忌甲子	忌庚子	子	丑		午
8	辛未	丁	己	忌癸丑	桑柘木	忌乙丑	忌乙丑	忌辛丑	丑	戌	申子辰全	戌
9	壬申	戊	庚	忌丙寅	爐中火	忌丙寅	忌丙寅	忌壬寅	寅	未		巳
10	癸酉	己	辛	忌丁卯	爐中火	忌丁卯	忌丁卯	忌癸卯	卯	辰		酉
11	甲戌	庚	壬	忌壬辰	長流水	忌庚辰	忌戊辰	忌甲辰	辰	丑	亥卯未全	丑未
12	乙亥	辛	癸	忌癸巳	長流水	忌辛巳	忌己巳	忌乙巳	巳	戌		亥
13	丙子	壬	甲	忌庚午	路傍土	忌壬午	忌庚午	忌丙午	午	未		卯
14	丁丑	癸	乙	忌辛未	路傍土	忌癸未	忌辛未	忌丁未	未	辰	寅午戌全	戌
15	戊寅	甲	丙	忌庚申	石榴木		忌壬申	忌戊申	申	丑		巳
16	己卯	乙	丁	忌辛酉	石榴木		忌癸酉	忌己酉	酉	戌		子
17	庚辰	丙	戊	忌甲戌	山頭火	忌甲戌	忌甲戌	忌庚戌	戌	未	巳酉丑全	辰
18	辛巳	丁	己	忌乙亥	山頭火	忌乙亥	忌乙亥	忌辛亥	亥	辰		寅申
19	壬午	戊	庚	忌甲子	海中金	忌丙子	忌丙子	忌壬子	子	丑		午
20	癸未	己	辛	忌乙丑	海中金	忌丁丑	忌丁丑	忌癸丑	丑	戌	申子辰全	戌
21	甲申	庚	壬	忌戊寅	城頭土	忌庚寅	忌戊寅	忌甲寅	寅	未		巳
22	乙酉	辛	癸	忌己卯	城頭土	忌辛卯	忌己卯	忌乙卯	卯	辰		酉
23	丙戌	壬	甲	忌戊辰	大林木	忌壬辰	忌庚辰	忌丙辰	辰	丑	亥卯未全	丑未
24	丁亥	癸	乙	忌己巳	大林木	忌癸巳	忌辛巳	忌丁巳	巳	戌		亥
25	戊子	甲	丙	忌丙午	天河水		忌壬午	忌戊午	午	未		卯
26	己丑	乙	丁	忌丁未	天河水		忌癸未	忌己未	未	辰	寅午戌全	戌
27	庚寅	丙	戊	忌壬申	劍鋒金	忌甲申	忌甲申	忌庚申	申	丑		巳
28	辛卯	丁	己	忌癸酉	劍鋒金	忌乙酉	忌乙酉	忌辛酉	酉	戌		子
29	壬辰	戊	庚	忌丙戌	屋上土	忌丙戌	忌丙戌	忌壬戌	戌	未	巳酉丑全	辰
30	癸巳	己	辛	忌丁亥	屋上土	忌丁亥	忌丁亥	忌癸亥	亥	辰		寅申
31	甲午	庚	壬	忌戊子	霹靂火	忌庚子	忌甲子	忌甲子	子	丑		午
32	乙未	辛	癸	忌己丑	霹靂火	忌辛丑	忌乙丑	忌乙丑	丑	戌	申子辰全	戌
33	丙申	壬	甲	忌甲寅	大溪水	忌壬寅	忌庚寅	忌丙寅	寅	未		巳
34	丁酉	癸	乙	忌乙卯	大溪水	忌癸卯	忌辛卯	忌丁卯	卯	辰		酉
35	戊戌	甲	丙	忌庚辰	白蠟金		忌壬辰	忌戊辰	辰	丑	亥卯未全	丑未
36	己亥	乙	丁	忌辛巳	白蠟金		忌癸巳	忌己巳	巳	戌		亥
37	庚子	丙	戊	忌壬午	楊柳木	忌甲午	忌甲午	忌庚午	午	未		卯
38	辛丑	丁	己	忌癸未	楊柳木	忌乙未	忌乙未	忌辛未	未	辰	寅午戌全	戌
39	壬寅	戊	庚	忌丙申	山下火	忌丙申	忌丙申	忌壬申	申	丑		巳
40	癸卯	己	辛	忌丁酉	山下火	忌丁酉	忌丁酉	忌癸酉	酉	戌		子
41	甲辰	庚	壬	忌壬戌	大海水	忌庚戌	忌戊戌	忌甲戌	戌	未	巳酉丑全	辰
42	乙巳	辛	癸	忌癸亥	大海水	忌辛亥	忌己亥	忌乙亥	亥	辰		寅申
43	丙午	壬	甲	忌庚子	壁上土	忌壬子	忌庚子	忌丙子	子	丑		午
44	丁未	癸	乙	忌辛丑	壁上土	忌癸丑	忌辛丑	忌丁丑	丑	戌	申子辰全	戌
45	戊申	甲	丙	忌庚寅	松柏木		忌壬寅	忌戊寅	寅	未		巳
46	己酉	乙	丁	忌辛卯	松柏木		忌癸卯	忌己卯	卯	辰		酉
47	庚戌	丙	戊	忌甲辰	覆燈火	忌甲辰	忌甲辰	忌庚辰	辰	丑	亥卯未全	丑未
48	辛亥	丁	己	忌乙巳	覆燈火	忌乙巳	忌乙巳	忌辛巳	巳	戌		亥
49	壬子	戊	庚	忌甲午	沙中金	忌丙午	忌丙午	忌壬午	午	未		卯
50	癸丑	己	辛	忌乙未	沙中金	忌丁未	忌丁未	忌癸未	未	辰	寅午戌全	戌
51	甲寅	庚	壬	忌戊申	大驛土	忌庚申	忌戊申	忌甲申	申	丑		巳
52	乙卯	辛	癸	忌己酉	大驛土	忌辛酉	忌己酉	忌乙酉	酉	戌		子
53	丙辰	壬	甲	忌戊戌	平地木	忌壬戌	忌庚戌	忌丙戌	戌	未	巳酉丑全	辰
54	丁巳	癸	乙	忌己亥	平地木	忌癸亥	忌辛亥	忌丁亥	亥	辰		寅申
55	戊午	甲	丙	忌丙子	潤下木		忌壬子	忌戊子	子	丑		午
56	己未	乙	丁	忌丁丑	潤下水		忌癸丑	忌己丑	丑	戌	申子辰全	戌
57	庚申	丙	戊	忌壬寅	金箔金	忌甲寅	忌甲寅	忌庚寅	寅	未		巳
58	辛酉	丁	己	忌癸卯	金箔金	忌乙卯	忌乙卯	忌辛卯	卯	戌		酉
59	壬戌	戊	庚	忌丙辰	沙中土	忌丙辰	忌丙辰	忌壬辰	辰	丑	亥卯未全	丑未
60	癸亥	己	辛	忌丁巳	沙中土	忌丁巳	忌丁巳	忌癸巳	巳	戌		亥

編號	生命/日	箭刃	官符	六害	的呼日	的呼	喜神方	貴神方	鶴神方	神煞
1	甲子	卯酉	乙亥	辛未	丙戌日	辛丑生人	正南	西南	巳方	東遊
2	乙丑	辰戌	甲申	壬午	丙申日	辛巳生人	西北	西南	巳方	東遊
3	丙寅	子午	癸巳	癸巳	癸亥日	丙午生人	西南	西南	丙方	東遊
4	丁卯	丑未	壬寅	甲辰		甲午甲戌生人	正南	西南	丙午	東遊
5	戊辰	子午	癸亥	乙卯	庚辰日	癸卯癸酉生人	東南	正南	正南	東遊
6	己巳	丑未	壬申	丙寅		甲辰己未生人	東北	西南	午丁	
7	庚午	卯酉	辛巳	己丑		壬戌生人	西北	西南	丁方	
8	辛未	辰戌	庚寅	庚子	辛卯日己亥日戊午日	己亥生人	西南	西北	未方	
9	壬申	子午	辛亥	辛亥	壬辰日	丁巳生人	正南	東南	未方	
10	癸酉	丑未	庚申	壬戌	戊辰日	辛丑生人	東南	正北	西南	
11	甲戌	卯酉	己巳	癸酉	丁卯日	戊子生人	東北	西北	坤方	
12	乙亥	辰戌	戊寅	甲申	壬子日	乙未生人	西北	西北	申方	
13	丙子	子午	己亥	乙未	乙酉日乙未日乙巳日	丁丑生人	西南	西北	申方	南遊
14	丁丑	丑未	戊申	丙午	丙子日	癸未生人	西南	西北	庚方	南遊
15	戊寅	子午	丁巳	丁巳		甲辰丙午生人	東南	正北	庚酉	南遊
16	己卯	丑未	丙寅	戊辰	戊子日	丁亥己未生人	東北	正南	正北	南遊
17	庚辰	卯酉	丁亥	己卯	甲辰日辛酉日	戊辰戊戌生人	西北	正北	酉辛	南遊
18	辛巳	辰戌	丙申	庚寅	乙丑日庚申日	己未生人	西南	西北	辛方	
19	壬午	子午	乙巳	癸丑		壬寅生人	正南	正南	戊方	
20	癸未	丑未	甲寅	甲子	戊辰日丁丑日甲寅日	甲申生人	東南	正東	戊方	
21	甲申	卯酉	乙亥	乙亥	癸未日丙辰日	壬辰生人	東北	東北	乾方	
22	乙酉	辰戌	甲申	丙戌		丙子生人	西北	西南	乾方	
23	丙戌	子午	癸巳	丁酉	己未日	甲子生人	西南	西北	亥方	
24	丁亥	丑未	壬寅	戊申	己卯日丁亥日癸丑日	丁亥丁巳生人	正南	東南	亥方	
25	戊子	子午	癸亥	己未	甲戌日乙卯日	己卯生人	東南	東北	壬方	中宮
26	己丑	丑未	壬申	庚午		丁未生人	東北	西南	壬子	中宮
27	庚寅	卯酉	辛巳	辛巳		丙申生人	西北	正東	正北	中宮
28	辛卯	辰戌	庚寅	壬辰		辛未生人	西南	西北	子癸	中宮
29	壬辰	子午	辛亥	癸卯	甲申日	壬申生人	正南	正南	癸方	中宮
30	癸巳	丑未	庚申	甲寅	甲寅日	甲午生人	東南	正南	上天	
31	甲午	卯酉	己巳	丁丑	丁卯日癸巳日	丁酉庚子生人	東北	東北	上天	
32	乙未	辰戌	戊寅	戊子	乙亥日庚子日	丙子丙申生人	西北	西北	上天	
33	丙申	子午	己亥	己亥	庚寅日乙未日	乙丑生人	西南	西北	上天	
34	丁酉	丑未	戊申	庚戌	甲午日丁酉日	丁酉生人	正南	西北	上天	
35	戊戌	子午	丁巳	辛酉	庚辰日	癸亥生人	東南	正北	上天	
36	己亥	丑未	丙寅	壬申	辛未日	辛未生人	東北	西北	上天	
37	庚子	卯酉	丁亥	癸未	甲午日丁巳日	乙未生人	西北	正北	上天	西遊
38	辛丑	辰戌	丙申	甲午	甲子日癸酉日庚戌日壬戌日	壬子生人	西南	東北	上天	西遊
39	壬寅	子午	乙巳	乙巳	壬午日	甲辰生人	正南	東北	上天	西遊
40	癸卯	丑未	甲寅	丙辰		丁巳丙辰生人	東南	東南	上天	西遊
41	甲辰	卯酉	乙亥	丁卯	己巳日戊寅日壬寅日丙辰日	庚辰生人	東北	正北	上天	西遊
42	乙巳	辰戌	甲申	戊寅		丙子生人	西北	正北	上天	
43	丙午	子午	癸巳	辛丑	丙寅日戊寅日	丁巳丁未生人	西南	西北	上天	
44	丁未	丑未	壬寅	壬子	己丑日丙午日	己未生人	正南	正北	上天	
45	戊申	子午	癸亥	癸亥		庚戌生人	東南	正東	上天	
46	己酉	丑未	壬申	甲戌		庚申生人	東北	正北	丑方	
47	庚戌	卯酉	辛巳	乙酉	戊申日	辛丑生人	西北	正南	丑方	
48	辛亥	辰戌	庚寅	丙申	辛亥日	辛亥生人	西南	西北	艮方	
49	壬子	子午	辛亥	丁未	辛丑日	乙亥生人	正南	東北	艮方	北遊
50	癸丑	丑未	庚申	戊午		丁亥甲寅生人	東南	東南	寅方	北遊
51	甲寅	卯酉	己巳	己巳	癸丑日	癸巳癸未生人	東北	正南	寅方	北遊
52	乙卯	辰戌	戊寅	庚辰		戊子丙辰生人	西北	正北	甲方	北遊
53	丙辰	子午	己亥	辛卯	癸卯日乙卯日	甲辰甲申生人	西南	正北	甲方	北遊
54	丁巳	丑未	戊申	壬寅	壬申日丁亥日癸卯日丙午日	庚子生人	正南	正東	正東	
55	戊午	子午	丁巳	乙丑		辛未生人	東南	正北	卯乙	
56	己未	丑未	丙寅	丙子	己巳日己卯日辛巳日丁未日	丙戌生人	東北	西北	乙方	
57	庚申	卯酉	丁亥	丁亥	己酉日	辛巳辛酉生人	西北	西北	辰方	
58	辛酉	辰戌	丙申	戊戌	庚申日壬戌日	庚辰生人	西南	西北	辰方	
59	壬戌	子午	乙巳	己酉	庚午日	辛酉辛丑生人	正南	西北	東南	
60	癸亥	丑未	甲寅	庚申	戊戌日	丙寅生人	東南	東南	東南	

編號	年	西元	陽曆月	三德方	八節三奇	年太歲方	年天喜方	宜修方	百二分金	所宜人命	備註
1	甲子	2044	六月【辛未】	甲1，甲2	離、離、艮	壬2，子1，子2，癸1	庚2，酉1，酉2，辛1				
2	乙丑	2045	十二月【己丑】	庚1，庚2	離、坎、坤	癸2，丑1，丑2，艮1	坤2，申1，申2，庚1	庚1【252】	丙申火分金	宜火、土命人	修三德天喜方
3	丙寅	2046	九月【戊戌】	丙1，丙2	離、艮、兌	艮2，寅1，寅2，甲1	丁2，未1，未2，坤1	丙1【162】丙2【168】	丁巳土分金辛巳金分金	宜土、金命人宜金、水命人	修三德乙奇方修三德乙奇方
4	丁卯	2047	三月【甲辰】	壬1，壬2	離、坎、坤	甲2，卯1，卯2，乙1	丙2，午1，午2，丁1	壬1【342】壬2【348】	丁亥土分金辛亥金分金	宜土、金命人宜金、水命人	修三德丙奇方修三德丙奇方
5	戊辰	2048				乙2，辰1，辰2，巽1	巽2，巳1，巳2，丙1				
6	己巳	2049	六月【辛未】	甲1，甲2	巽、巽、震	巽2，巳1，巳2，丙1	乙2，辰1，辰2，巽1	甲1【072】甲2【078】	丙寅火分金庚寅木分金	宜火、土命人宜木、火命人	修三德丁奇方修三德丁奇方
7	庚午	2050	十二月【己丑】	庚1，庚2	中、乾、兌	丙2，午1，午2，丁1	甲2，卯1，卯2，乙1	庚1【252】庚2【258】	丙申火分金庚申木分金	宜火、土命人宜木、火命人	修三德丁奇方修三德丁奇方
8	辛未	2051	九月【戊戌】	丙1，丙2	巽、震、坤	丁2，未1，未2，坤1	艮2，寅1，寅2，甲1				
9	壬申	2052	三月【甲辰】	壬1，壬2	中、乾、兌	坤2，申1，申2，庚1	癸2，丑1，丑2，艮1				
10	癸酉	2053				庚2，酉1，酉2，辛1	壬2，子1，子2，癸1				
11	甲戌	2054	六月【辛未】	甲1，甲2	艮、艮、兌	辛2，戌1，戌2，乾1	乾2，亥1，亥2，壬1				
12	乙亥	2055	十二月【己丑】	庚1，庚2	坎、坤、震	乾2，亥1，亥2，壬1	辛2，戌1，戌2，乾1				
13	丙子	2056	九月【戊戌】	丙1，丙2	艮、兌、乾	壬2，子1，子2，癸1	庚2，酉1，酉2，辛1				
14	丁丑	2057	三月【甲辰】	壬1，壬2	坎、坤、震	癸2，丑1，丑2，艮1	坤2，申1，申2，庚1	壬1【342】壬2【348】	丁亥土分金辛亥金分金	宜土、金命人宜金、水命人	修三德乙奇方修三德乙奇方
15	戊寅	2058				艮2，寅1，寅2，甲1	丁2，未1，未2，坤1				
16	己卯	2059	六月【辛未】	甲1，甲2	震、震、坤	甲2，卯1，卯2，乙1	丙2，午1，午2，丁1				
17	庚辰	2060	十二月【己丑】	庚1，庚2	乾、兌、艮	乙2，辰1，辰2，巽1	巽2，巳1，巳2，丙1				
18	辛巳	2001	九月【戊戌】	丙1，丙2	震、坤、坎	巽2，巳1，巳2，丙1	乙2，辰1，辰2，巽1	丙1【162】	丁巳土分金	宜土、金命人	修太歲三德方
19	壬午	2002	三月【甲辰】	壬1，壬2	乾、兌、艮	丙2，午1，午2，丁1	甲2，卯1，卯2，乙1				
20	癸未	2003				丁2，未1，未2，坤1	艮2，寅1，寅2，甲1				
21	甲申	2004	六月【辛未】	甲1，甲2	兌、兌、乾	坤2，申1，申2，庚1	癸2，丑1，丑2，艮1				
22	乙酉	2005	十二月【己丑】	庚1，庚2	坤、震、巽	庚2，酉1，酉2，辛1	壬2，子1，子2，癸1	庚2【258】	庚申木分金	宜木、火命人	修太歲三德方
23	丙戌	2006	九月【戊戌】	丙1，丙2	兌、乾、中	辛2，戌1，戌2，乾1	乾2，亥1，亥2，壬1				
24	丁亥	2007	三月【甲辰】	壬1，壬2	坤、震、巽	乾2，亥1，亥2，壬1	辛2，戌1，戌2，乾1	壬1【342】	丁亥土分金	宜土、金命人	修太歲三德方
25	戊子	2008				壬2，子1，子2，癸1	庚2，酉1，酉2，辛1				
26	己丑	2009	六月【辛未】	甲1，甲2	坤、坤、坎	癸2，丑1，丑2，艮1	坤2，申1，申2，庚1				
27	庚寅	2010	十二月【己丑】	庚1，庚2	兌、艮、離	艮2，寅1，寅2，甲1	丁2，未1，未2，坤1	庚1【252】庚2【258】	丙申火分金庚申木分金	宜火、土命人宜木、火命人	修三德乙奇方修三德乙奇方
28	辛卯	2011	九月【戊戌】	丙1，丙2	坤、坎、離	甲2，卯1，卯2，乙1	丙2，午1，午2，丁1	丙1【162】丙2【168】	丁巳土分金辛巳金分金	宜土、金命人宜金、水命人	修三德丁奇方修三德天喜丁奇方
29	壬辰	2012	三月【甲辰】	壬1，壬2	兌、艮、離	乙2，辰1，辰2，巽1	巽2，巳1，巳2，丙1				
30	癸巳	2013				巽2，巳1，巳2，丙1	乙2，辰1，辰2，巽1				

233

編號	年	西元	陽曆月	三德方	八節三奇	年太歲方	年天喜方	宜修方	百二分金	所宜人命	備註
31	甲午（辛未）	2014	六月【辛未】	甲1 甲2	乾、乾、中	丙2，午1，午2，丁1	甲2，卯1，卯2，乙1	甲2【078】	庚寅木分金	宜木、火命人	修三德天喜方
32	乙未（己丑）	2015	十二月【己丑】	庚1 庚2	震、巽、中	丁2，未1，未2，坤1	艮2，寅1，寅2，甲1				
33	丙申（戊戌）	2016	九月【戊戌】	丙1 丙2	乾、中、巽	坤2，申1，申2，庚1	癸2，丑1，丑2，艮1				
34	丁酉（甲辰）	2017	三月【甲辰】	壬1 壬2	震、巽、中	庚2，酉1，酉2，辛1	壬2，子1，子2，癸1	壬2【348】	辛亥金分金	宜金、水命人	修三德天喜方
35	戊戌	2018				辛2，戌1，戌2，乾1	乾2，亥1，亥2，壬1				
36	己亥（辛未）	2019	六月【辛未】	甲1 甲2	坎、坎、離	乾2，亥1，亥2，壬1	辛2，戌1，戌2，乾1				
37	庚子（己丑）	2020	十二月【己丑】	庚1 庚2	艮、離、坎	壬2，子1，子2，癸1	庚2，酉1，酉2，辛1	庚2【258】	庚申木分金	宜木、火命人	修三德天喜方
38	辛丑（戊戌）	2021	九月【戊戌】	丙1 丙2	坎、離、艮	癸2，丑1，丑2，艮1	坤2，申1，申2，庚1	丙1【162】 丙2【168】	丁巳土分金 辛巳金分金	宜土、金命人 宜金、水命人	修三德丙奇方 修三德丙奇方
39	壬寅（甲辰）	2022	三月【甲辰】	壬1 壬2	艮、離、坎	艮2，寅1，寅2，甲1	丁2，未1，未2，坤1	壬1【342】 壬2【348】	丁亥土分金 辛亥金分金	宜土、金命人 宜金、水命人	修三德丁奇方 修三德丁奇方
40	癸卯	2023				甲2，卯1，卯2，乙1	丙2，午1，午2，丁1				
41	甲辰（辛未）	2024	六月【辛未】	甲1 甲2	中、中、巽	乙2，辰1，辰2，巽1	巽2，巳1，巳2，丙1				
42	乙巳（己丑）	2025	十二月【己丑】	庚1 庚2	巽、中、乾	巽2，巳1，巳2，丙1	乙2，辰1，辰2，巽1				
43	丙午（戊戌）	2026	九月【戊戌】	丙1 丙2	中、巽、震	丙2，午1，午2，丁1	甲2，卯1，卯2，乙1	丙2【168】	辛巳金分金	宜金、水命人	修太歲三德方
44	丁未（甲辰）	2027	三月【甲辰】	壬1 壬2	巽、中、乾	丁2，未1，未2，坤1	艮2，寅1，寅2，坤1				
45	戊申	2028				坤2，申1，申2，庚1	癸2，丑1，丑2，艮1				
46	己酉（辛未）	2029	六月【辛未】	甲1 甲2	離、離、艮	庚2，酉1，酉2，辛1	壬2，子1，子2，癸1				
47	庚戌（己丑）	2030	十二月【己丑】	庚1 庚2	離、坎、坤	辛2，戌1，戌2，乾1	乾2，亥1，亥2，壬1				
48	辛亥（戊戌）	2031	九月【戊戌】	丙1 丙2	離、艮、兌	乾2，亥1，亥2，壬1	辛2，戌1，戌2，乾1				
49	壬子（甲辰）	2032	三月【甲辰】	壬1 壬2	離、坎、坤	壬2，子1，子2，癸1	庚2，酉1，酉2，辛1	壬1【342】 壬2【348】	丁亥土分金 辛亥金分金	宜土、金命人 宜金、水命人	修三德丙奇方 修太歲三德丙奇方
50	癸丑	2033				癸2，丑1，丑2，艮1	坤2，申1，申2，庚1				
51	甲寅（辛未）	2034	六月【辛未】	甲1 甲2	巽、巽、震	艮2，寅1，寅2，甲1	丁2，未1，未2，坤1	甲1【072】 甲2【078】	丙寅火分金 庚寅木分金	宜火、土命人 宜木、火命人	修太歲三德丁奇方 修三德丁奇方
52	乙卯（己丑）	2035	十二月【己丑】	庚1 庚2	中、乾、兌	甲2，卯1，卯2，乙1	丙2，午1，午2，丁1	庚1【252】 庚2【258】	丙申火分金 庚申木分金	宜火、土命人 宜木、火命人	修三德丁奇方 修三德丁奇方
53	丙辰（戊戌）	2036	九月【戊戌】	丙1 丙2	巽、震、坤	乙2，辰1，辰2，巽1	巽2，巳1，巳2，丙1	丙1【162】	丁巳土分金	宜土、金命人	修三德天喜方
54	丁巳（甲辰）	2037	三月【甲辰】	壬1 壬2	中、乾、兌	巽2，巳1，巳2，丙1	乙2，辰1，辰2，巽1				
55	戊午	2038				丙2，午1，午2，丁1	甲2，卯1，卯2，乙1				
56	己未（辛未）	2039	六月【辛未】	甲1 甲2	艮、艮、兌	丁2，未1，未2，坤1	艮2，寅1，寅2，甲1	甲1【072】	丙寅火分金	宜火、土命人	修三德天喜方
57	庚申（己丑）	2040	十二月【己丑】	庚1 庚2	坎、坤、震	坤2，申1，申2，庚1	癸2，丑1，丑2，艮1	庚1【252】	丙申火分金	宜火、土命人	修太歲三德方
58	辛酉（戊戌）	2041	九月【戊戌】	丙1 丙2	艮、兌、乾	庚2，酉1，酉2，辛1	壬2，子1，子2，癸1				
59	壬戌（甲辰）	2042	三月【甲辰】	壬1 壬2	坎、坤、震	辛2，戌1，戌2，乾1	乾2，亥1，亥2，壬1	壬1【342】 壬2【348】	丁亥土分金 辛亥金分金	宜土、金命人 宜金、水命人	修三德天喜乙奇方 修三德乙奇方
60	癸亥	2043				乾2，亥1，亥2，壬1	辛2，戌1，戌2，乾1				

編號	民俗節日	日期	農曆【陰曆】	說明
1	送神	2010/2/6 星期六 或 2010/2/7 星期日	十二月二十三 或 十二月二十四	國人自古以來認為門井堂灶都有神明，到了十二月二十四日灶神和地界諸神都會上天回奏，因此這一天就有了送神的儀式，習俗上送神早接神遲，北方人習慣在二十三日深夜送神，一般為夜子時，南方人習慣二十四日凌晨送神，一般為早子時，年內家中有喪事者忌送神及清黗【打掃神桌】，以免招祟。
2	除殘	2010/2/10 期三	十二月二十七 【寅時、卯時皆為吉時可用】	除殘亦稱除塵，俗稱大掃除，在國人的傳統觀念中，相信天地萬物皆有靈，平時屋內外及一切傢俱都不宜亂動，所以利用送神後除夕前來舉行大掃除除舊佈新是相當合宜的。一般以二十四或二十七日最好，選擇宜掃舍宇的日子為佳，把屋子內外破舊髒亂的東西清掃修補粉刷一新去除霉氣讓全家煥然一新，也可貼上新春聯春福等紅紙並添置有吉祥意味的花如菊花水仙荷包花劍鳳仙花報春花等年節吉祥花，及鳳梨柑橘梨子瓜子花生等增添年節的吉祥喜氣。春聯是一種隱性財神，貼的對可以招財進寶。春福等字不要倒著貼以免財氣和福氣都跑掉了。
3	照虛耗	2010/2/11 期四 至 2010/2/16 期二	十二月二十八 至 正月初三	在過年前三天，一直到大年初三這六天中，屋內屋外盡可能開燈，大放光明，以期來年光明利祿。如有其他因素不能如此，至少客廳及文昌方要有一盞燈是日夜都燈火通明的，也可將燈放在床下照射，不放過屋內任何死角或陰暗處，如此也能增加文昌旺氣及可把一切使財物虛耗之氣、鬼或不吉利的東西，照的無影無蹤，以祈新年之吉祥如意。
4	封印	2010/2/11 期四	十二月二十八 【巳時、申時、酉時或亥時皆吉】	年底的另一件大事就是封印。傳統上認為印信是身份和地位的代表。清朝時由欽天監擇吉封印，待來年正月再擇吉日盟印。封印之日有二十、二十四、二十七或除夕的說法。也有神官民之分。一般也有以年前休息停止上班工作日封印的。另外神廟之印或個人加持神之印以除夕封印為宜。封印之法就是將神、官、民印等放在印盒內，然後在硃紅紙上寫上某年某月某日某時某人封印大吉，放在印盒上，再用紅布包住，就算完成封印儀式了。如印仍要使用，則可將印使用後蓋在紅紙上，也算達到封印的效果，待來年擇吉開印一樣可以大吉大利。
5	除夕	2010/2/13 期六	十二月三十 【卯時吉】	民俗於除夕夜要祭祖，合家團聚吃年夜飯，飯後長輩會分贈小孩壓歲錢，一般會給個吉祥數，如六六大順、一六八一路發等，以求事事如意。除夕也可進行照虛耗的造命法，入夜後屋內屋外儘可能開燈大放光明，可把不吉利的東西照的無影無蹤。民間也有除夕守歲的習俗，整夜燈火通明則父母可以長壽，也可在除夕守歲至夜子時去接一些自來水，此水稱為天地水，用此水煮飯食後可以整年獲福。除夕也可祭祀床神，即床公床母，祭祀時準備清水淡酒糕餅水果於寢室，謂之男茶女酒，可祈求終歲安寧。
6				又據稱灶神於送神上天奏報後於除夕夜子時就回來了，因此除夕夜要接灶君，焚香祝禱後，換貼一張新的灶神像即可。除夕夜也可燒一盆火讓全家大小跨過，如此可趨除邪氣喜慶迎新。也可選夜子時將九枚銀元【可用五十元新硬幣代替】放在屋宅的財位方或放在床腳枕邊飯鍋爐底下以酬家中小神，使新的一年家宅平安順利。如果今年事不順很倒楣，或家宅不乾淨，有穢氣陰氣邪氣，可以在入夜後於屋內屋外焚香，直到元旦開門出行為上，如此必能趨吉避凶大吉大利。
7	春節元旦	2010/2/14 期日	正月初一 【宜寅時或卯時焚香開門】	民俗節日開運法中最重要的就是新春開運。元旦焚香開門是過新年第一件大事，除焚香祝禱拜告天地諸神祭拜祖先，擇吉時開門亦具有續納吉氣開財門之效用，一般元旦開門可搶吉氣入宅，另外在焚香開門後可鳴炮三響，除可破除惡鬼的穢氣另有取連陞三級步步高陞之意行大運也。一般來說開門要早關門要晚，以使元旦的吉氣在宅內長長久久。元旦出行為民俗造運的法則，若能選擇好吉時吉方亦可達到出行祈福的目的，元旦時力最強，祈福許願納吉皆可如願。出行目的地可選擇市區郊區或公共建築物，如果選寺廟而且虔誠祭拜祈求更能平安順遂吉祥如意。
8				元旦也叫雞日，這一天是不准殺雞的。在元旦中除了放鞭炮也有貼春聯的習俗，在元旦中除了放鞭炮也有貼春聯的習俗，因為認為雞在元旦是有避邪作用甚至可以祈福，所以貼畫雞也成為很多地方的年節特色。又正月初一是掃帚生日，不要用掃帚掃地，如果動用掃帚怕會掃走運氣趕走財神甚至引來掃帚星帶來厄運。

編號	民俗節日	日期	農曆【陰曆】	說明
9	接神 開市大吉	2010/2/17星期三 2010/2/18星期四	正月初四【申時吉】 正月初五【可擇午時或未時戌時開市可】	新春期間大家都希望能迎財納福，接財神有用祭拜的方式，也有用貼春聯和財神的方法。春聯是一種隱性財神，貼的對可以招財進寶。財神要貼在屋宅的財位方或個人的本命財位方或屋宅進門的最深處。民俗上都以正月初四接神。至於新春開張擇日協記辦方書及通書並沒有記載，一般都以正月初四接神後的第二天即初五至元宵節間擇一宜開市日為之。又正月初三日亦稱小年朝，能夠不掃地不乞火不汲水最為吉祥。此日可進行送窮造命法，即將除夕收集之垃圾用塑膠袋包好，連同壞掃帚一併讓垃圾車帶走。
10	元宵節	2010/2/28星期日	正月十五	元宵節即上元節，是天官賜福日，一般有吃湯圓、燈市、燈迷的活動，還有重要的約會、張燈、跳火、迎月、天官賜福、走三橋【又稱走百病】及摸丁【祈子】等造命功能。約會即善用一年第一個月圓之夜邀約心儀的意中人共訴衷情或全家聚餐歡慶能使家道昌盛；張燈即元宵燈籠高高掛可使家中人丁旺事業更高陞趨除不祥保佑平安使家道興旺；跳火即點燃一盆小火全家由小而大依序跨過男左腳女右腳可解除晦氣渡過災厄；迎月即於黃昏時登到高處面向東方焚香燃燭迎接月亮昇起並許願可使婚姻感情生意更如意；天官賜福可點天罡燈地罡燈掛於高竿上祈求天官賜福。
11	土地公生日、龍抬頭日	2010/3/17星期三	二月初二【子時、丑時或未時吉可用】	二月二日是土地公生日，要祭祀土地公和土地婆。又因為正月不做牙，此日又叫頭牙。商家行號老闆在祭拜土地公和財神時，如果也宴請員工，會使今年財運亨通財源滾滾。另外此日也是俗稱的龍抬頭日，且直接和財富有關。古書記載，農曆二月初二是蟲破土而出抬頭，由於蟲在冬至後就冬眠，直到驚蟄後指雷轟動，才紛紛驚醒抬頭，古人因害怕蟲害，就會將家中的灶灰或石灰遍灑屋內屋外以消滅蟲害，這種習俗就演變為祈富的龍抬頭日了。而當天不可以掃地，以免掃掉財氣福氣，不動針線以免傷了龍目。
12				也可將家中的財神請出，在香火上過一下，這種火財神的舉動，實際上就是活財神。相傳當天又是百花的生日，可以根據當天花果的氣候陰晴來預卜今年花果的豐收歉收。有情人相約到郊外踏青賞花種花必能早結姻緣。女孩要想意中人早出現，可將青紅黃白黑的五色線或布黏結在一起，並在自己最喜歡的花上打結，按自己的年齡一歲打一個結，十八歲打十八個結，此法稱為掛紅，掛紅到端午節前就要拆除，如果想先拆下，也可擇宜解除的日子拆除即可。
13	文昌帝君聖誕	2010/3/18星期四	二月初三【午時、未時吉可用】	相傳農曆二月初三是文昌帝君聖誕，老師學生讀書人可到文昌廟祭祀，祈求官運文運和考運如意。祭祀時最好帶蔥、芹菜、蒜、、桂花、蘿蔔等，並分別用紅繩或紅紙繫住，祈求聰明勤勞會算計有貴的好彩頭。
14	上巳節	2010/4/16星期五	三月初三【子時、丑時、未時、戌時吉】	遠在周代，人們就利用農曆三月的第一個巳日到水邊祭祀，並用浸泡了香草的水沐浴，認為可以被除疾病不祥惡運及污穢，史書稱這種禮儀為祓禊。流傳到魏晉後即固定以三月初三為上巳節。上巳節除了有祓禊的功能外，後來更成為中國的情人節，民俗活動有郊外水邊祈運祈子賞春遊樂等。青年男女可相約踏青增加彼此的喜緣和感情。祈子者可到溪邊撿拾有長條狀的石頭回家，放在住宅的生氣方或天嗣方必有妙應，欲得女者可拾瓦片狀的石頭為應。此日也可在門上插柳枝相傳可用眉目，頭上戴柳枝編的環或插柳於鬢上或在客廳花瓶中插柳，相傳可防小人及避邪。
15				到溪邊祓禊，儘可能涉水踏石，謂之踏龍背，如臥在巨石上稱為臥石，可擺脫霉氣晦氣增進陽氣及吉氣。將家中收藏珠寶玉石古董等，拿出來擦拭也有擺脫霉氣晦氣增進陽氣及吉氣的效果。若能擇吉時迎新水，將家中庭院的水池屋內的魚缸花瓶中的水等，全部換新或增添，可增強財氣財運。
16	寒食節	2009/4/4星期日	二月二十【子時、丑時、辰時、巳時、戌時吉】	在清明節前一天的寒食節，也有著增智慧福氣長壽的功能，但卻常被大家忽略了實在可惜。寒食節又稱為禁煙節熟食節冷節禁火節百五節和百六節等，是以冬至後一百零五日為憑，有云一百零六日，故又稱為百五節或百六節，通常是在清明前一日或前兩日，台灣民俗則以前一日為寒食節。道家修鍊法門中有不食人間煙火一法，相傳可以輕身增慧長壽。你不妨也嘗試在寒食節這一天或提前三日或七日生食蔬果看看，必有妙效。當天可於客家中擺畫卵，即在蛋殼上染畫雕有圖案，如此能增加陽氣並招來吉祥之氣。

編號	民俗節日	日期	農曆【陰曆】	說明
17	清明節	2009/4/5 星期一	二月二十一【卯時、午時、未時、酉時皆可用】	對講求慎終追遠的國人來說，清明節是我們遙祭祖先對祖先表達感念的重要日子。人們相信掃墓可以得到祖先的庇蔭，可以祈求祖先保佑事事順利。古人認為人死後靈魂有三個，一個跑到天上去，一個在神主牌上接受子孫早晚一柱香的膜拜，另一個靈魂就在墳上，祖先的墳墓照顧的好看起來有氣，就能吸收更多的能量也更能庇佑子孫。清明節掃墓上墳時，須準備酒饌，祭後合家飲福酒，象徵祖先賜福保佑。當天可擺設吉祥物的捏麵添吉祥氣，可以去採百草治疑難雜症，載貯井水用來製藥用藥相當有神效，而插柳則可驅毒明眼和祈年平安。
18				清明節這天記得要請新火，家中大小都須吃喝新火煮的食物，可增加陽氣。
19	端午節	2010/6/16星期三	五月初五	端午節來臨，大家最知道的就是這一天要在家門上插松艾草菖蒲柳枝蒜等五物喝雄黃酒避邪，民間會包粽子划龍舟將此節日活動帶到最高潮，這天是避災驅邪最好的日子。可事先備妥青紅白黑黃的五色絲線結成絲縷叫做長命縷，套在小孩手臂或手腕上【男左女右】，可避邪驅病健康長壽。成年人纏在臂上竟稱為合歡結，可以增加婚姻和感情的元力。長命縷如再經由有官氣貴氣富氣才氣之請左鄰右舍或七個不同姓的好朋友在絲線上各打一個結，就稱為七姓結，可壯膽避百邪保身健，使未來命運更好。
20				端午節又叫女兒節，已出嫁的女兒可在當天歸寧回娘家，未出嫁的女兒可打扮的較艷麗妖嬌【舊時是佩靈符簪榴花持彩扇繫香囊】出遊，可帶來好運結喜氣。為促使紅鸞心動，可在頭髮或衣飾上簪榴花或紅色飾物連續五天可能會有感應。在家門上插松艾草菖蒲柳枝蒜等五物可以趨吉避凶，端午節當天將蛇虎蠍閣蜘蛛蜈蚣等五種動物畫在紙扇上稱為五毒扇取義以毒攻毒傳說此扇可以驅邪。在端午節時可以用泥做成張天師像並以艾為頭蒜為拳完成後放在門戶上這種天師像有避邪作用，
21				也可在黃紙上繪張天師像鍾馗像或五毒符咒之形並蓋上硃印粘貼在中門上民間以為能避災驅邪。在端午節當天中午十二點在黃紙上畫一個八卦或天師或鍾馗神像接著寫上敕令兩字，中間再寫五月五日午時書破官非口舌鼠蟻蚊蟲一切盡消除，兩邊再寫上艾旗迎百福蒲劍斬千邪的對聯。或用硃筆在黃紙上書五月五日天中節赤口白舌盡消滅之午時符對聯狩之懸門楣上或置中門及帳屏上可以禳檜驅邪祈福，五月五日被認為是純陽日傳言當天還可用來治虐疾，對這難得的一天實在不要輕易放棄它的造命功能。
22	七夕節	2010/8/16星期一	七月初七	七夕節除了有牛郎織女美麗動人的愛情故事，在民間也有姑娘和少婦乞巧的風俗，七夕是向織女牛郎乞巧。所以又稱為乞巧節巧節會雙七節。也稱為女兒節少女節小兒節香橋會和香日。這個民俗節日的造命功能，以乞巧為主。七月七吃巧食，想沾一些吉氣的人也可以吃一些印有吉祥圖案的糕餅，吃西瓜甜瓜等亦有靈效，名曰吃巧。另有種五生乞巧的方式，在七夕前幾日將紅豆綠豆小麥等五穀用水浸在小碗中，等到長成苗時再以彩線合束置於小盒內，凡到七夕時拿出供在祭桌上往往能有求必應。家有體弱多病脊遭災厄的小孩，則可將絲繩一條均勻勻的打七個結，
23				然後套在小孩頸上稱為掛七結，晚上蒸七層糕和桃色團子，祭拜七仙女祈求吉祥安泰。原則上七結須年年換直到十六歲成人禮後才停止。如果端午節結過長命縷或七姓結，也可在七夕當天剪斷，換上七夕七結，稱為換巧。利用七夕夜吉時可灑掃庭院並備祭品可祈富壽子巧，最好單求，往往三年內有應驗。傳說七夕早上雞鳴時汲井水泉水或用自來水，名天孫水又叫七夕水聖水，除味甘水重經久不壞外，可煎藥治療熱病及慢性病，也可沐浴養顏美容。也可利用此日到高處曝曬秋冬衣物借取靈氣巧氣曬掉霉氣。
24	中元節	2010/8/24星期二	七月十五	每年一進入陰曆七月，在民俗所謂開鬼門關的陰影下，讓許多人誤以為七月是鬼月所以禁忌也特別多，像不安葬、不開店、不搬家、不買車等諸事不宜的忌諱，讓不少行業生意蕭條，叫苦連天。實際上我國並沒有鬼月的說法，在擇日學中，七月的吉日並不少。七月十五為中元節，是地官赦罪的日子，若能妥善應用還是可以發揮造命的功能。傳說地官在七月十五日這天會下凡到民間，拿著功過簿來探視世間人的行為。因此有人就在這天從事普渡的善舉，將功抵過，以討地官的歡喜，赦免自己的罪過。

編號	民俗節日	日期	農曆【陰曆】	說明
25				陰曆七月十五日也可稱為佛歡喜日、佛自恣日或佛臘日,算是僧人除舊佈新的日子,但一般人也可利用佛自恣日的元力,做自我的調整,個人或企業公司行號也可於當天進行總檢討,調整好方向再出發。中元節除了反省外,還有教孝的功能,它的故事起源於目蓮救母,這也是盂蘭盆會的由來。這種盛大的供僧和普渡活動,使中元節不僅是宗教儀式還是民間娛樂的節日。中元節普渡有放焰口、放水燈、焚燒法船等儀式。放水燈是普渡水中的鬼魂,據說鬼魂能分到一盞水燈就可以託生。通常是在十四日夜子時舉行放水燈儀式。
26	中秋節	2010/9/22星期三	八月十五	中國以農立國,早有祭拜日月山川等天地之神,禮記有天子春朝日秋夕月,朝日以朝,夕月以夕之語,夕月即在秋分的晚上祭月,漢以後就由祭月拜月演化出賞月的風俗,據說拜月娘可以祈福的,中秋十五夜是太陰還元,焚香守夜可以長壽,少女望月而拜可請月姑幫忙嫁予佳婿,中秋夜置酒玩月食月餅是向月宮祈嗣也,折桂花供奉拜月則祈求登科,拜月的祭品宜用月餅柚子瓜果龍眼芋頭均為圓形表示全家久久圓圓不分離也。
27				中秋月夜女子持針織小兒持紙筆可向月拜之以乞巧,中秋節向月祭拜祈願活動無論從民俗心理藝術或科學來看都有正面意義只要心願不大又有誠心那麼成功的機率很高的。
28	重陽節	2010/10/16星期六	九月初九	根據續齊諧記記載東漢時汝南的桓景跟著費長房學習道術,一天費長房對桓景說九月九日這天你家會有災難,你快回家讓家人都帶上一隻裝有茱萸的深紅色袋子繫在臂上登高飲菊花酒,就可以消災了,桓景就帶著家人依照費長房的指示登高,傍晚回家一看家中所有牛羊雞狗己全部暴斃,費長房告知是家畜代他們家人受災,因為這個傳說,使重陽節有登高帶茱萸飲菊花酒藉以避凶趨吉的風俗,茱萸氣味香烈過去習俗以為它能祛邪避災。
29				古書記載茱萸果實香氣濃烈有驅蟲除濕逐風邪治寒熱消積食利五臟等功效,宋人認為茱萸是避邪翁菊花是延壽翁,若吃了這兩種東西就可以消除陽九之厄,想利用重陽節當天求好運升官發財的人除了登高外一定要載上茱萸可做茱萸囊帶在身上千萬不要放在屁股要坐的後口袋,這樣你今年的重陽節一定是很不一樣的。在易經中因為定九為陽數兩九相重所以稱重九日月均逢九,兩陽相重,故名之為重陽節。
30	冬至日	2010/12/22星期三	十一月十七	二十四節氣中冬至因為已經接近年節再加上它是北半球一年中,白晝最短夜晚最長的日子,過了這一天白天就要開始轉長夜晚則要縮短,讓人感覺是陽氣漸升萬物都要慢慢甦醒蓄勢待發,古人認為冬至日是大吉大利的日子,會有一些喜慶活動來慶祝,現代命理學家也很喜歡利用冬至來造命,添些吉氣,周朝的曆法是子月,以冬至為過年,由於冬至日時,日短夜長,是混沌初分,因此可以餛飩為食物,且當天因天開於子,可以幫助小孩開竅增長智慧,吃些餃子餛飩有頭角崢嶸的好彩頭。
31				冬至日為四互日之一,可吃魚,叫四正有餘,吃魚時只吃魚身,魚頭魚尾留下來,稱為吃剩有餘,相傳冬至日時吃赤小豆【即紅豆】可避邪及消霉,冬至日也要進補,要祭拜祖先和眾神,也是媳婦回娘家和敬師的好日子,如果去探望師長會有意想不到的效果,在陰陽學說中九是陽數之最,所以有數九,即從冬至開始按九天為一個階段,一九二九依序到九九,前後為八十一天,數九期間是一年中最冷的階段,所以要消寒消霉,由於梅花有九九八十一瓣,因此消霉可插新鮮的梅花,或在冬至日掛梅花圖,也叫九九消寒圖,即久久消寒之意,思可祛除寒冷。
32				冬至日為四互日之一,可吃魚,叫四正有餘,吃魚時只吃魚身,魚頭魚尾留下來,稱為吃剩有餘,相傳冬至日時吃赤小豆【即紅豆】可避邪及消霉,冬至日也要進補,要祭拜祖先和眾神,也是媳婦回娘家和敬師的好日子,如果去探望師長會有意想不到的效果,在陰陽學說中九是陽數之最,所以有數九,即從冬至開始按九天為一個階段,一九二九依序到九九,前後為八十一天,數九期間是一年中最冷的階段,所以要消寒消霉,由於梅花有九九八十一瓣,因此消霉可插新鮮的梅花,或在冬至日掛梅花圖,也叫九九消寒圖,即久久消寒之意,思可祛除寒冷。

編號	目的	方法	附註
1	避凶	第一：依據擇日曆書忌用欄資料，所註明忌用的人或事或方位等，要確實避開。例如忌用欄註明申年生人忌用此日，碓磨爐外正北。則不論這一天有多好，只要你是申年出生的人，就不要在這一天進行重大的事情，當然每日例行的事還是要照常去做的。碓磨爐外正北是胎神占方，提醒有孕在身的人，碓磨爐外正北方不要有任何的修動，以免動到胎氣不利產婦。	所謂擇日用事，並非所有大小事都要擇日，而是對人生影響重大的事，例如結婚開市交易等人生一生中只可能有一次或幾次的事情，這些事往往是人生的轉捩點，對個人有重大影響。所以必須慎重其事，擇吉爲要。
2	避凶	第二：依據擇日曆書用事宜忌欄資料，所註明忌的事就不要使用。例如用事宜忌欄註明忌上官赴任移徙。則不論任何人，最好都不要選擇這一天新官上任或移徙搬家。	協記辨方書用事御用六十七事、通書選擇六十事，除去相同者外，合計共七十餘事。用事要生活化，首先請詳閱用事資料表，俾能正確用事。本書編者曾將近來之重大災害，如地震、颱風、火災、飛機事故或工安事故等略做整理，發現這些天災或人禍大抵與出師用事之所忌神煞同。要避凶一定要參考宜忌資料表。
3	避凶	第三：依據擇日曆書用事宜忌欄資料來擇日用事，如用事有吉凶方位者，就要查看用事資料表的所宜方所忌方欄。例如出行，忌太歲不可向之。則看年神方位圖查出太歲所在方而避忌之。	用事資料表之所宜方所忌方欄資料，係就年月神煞整理而成，爲擇吉方避凶方之重要參考。
4	趨吉	第四：依據擇日曆書用事宜忌欄資料來擇日用事，如註明宜的事即可依實際需要來選用。例如用事宜忌欄註明宜上官赴任移徙。則可選擇這一天新官上任或移徙搬家。	選擇用事，必須要用對用事才行。本書用事項目僅七十餘條，並無法滿足每一個人的需要，用者可就實際用事情形，對照用事註解內容，選擇適當的用事。例如現在的結婚方式，就要考慮嫁娶和結婚姻二條。又如參選公職登記，宜擇臨政親民及覃恩肆赦【晉遷官秩】用事。
5	趨吉	第五：依據擇日曆書用事宜忌欄資料來擇日用事，如用事有吉凶方位者，就要再查看用事資料表的所宜方所忌方欄。例如出行，歲德歲德合所理之方宜遠行、天道方宜出行。則可由天道方出行或向歲德歲德合方出行。如能由吉方出行再由吉方進入，如此出入皆吉，自然吉祥。	
6	趨吉	第六：依據擇日曆書協記吉時、貴登天門等欄及六十日時辰定局資料，配合日子來選擇吉時用事。	
7	趨吉	第七：依據擇日曆書紫白、日家奇門、時家奇門遁甲等欄資料，配合前面所選擇的用事，再來選擇吉方，如此則吉上加吉，使用事更爲有效。	依據日家奇門、時家奇門遁甲等欄資料，選擇吉方用事，會有尅應，如有正應，則自然吉祥。
8	開運造命	第八：利用民俗節日的造命開運法，依據民俗節日造命開運資料表，再配合選擇吉時，及依擇日曆書紫白、日家奇門、時家奇門遁甲等欄資料，選擇吉方用事，如此則吉上加吉矣。	
9	開運造命	第九：依據擇日曆書格局欄資料，對照干支欄及六十日時辰定局資料，可取出日期之大八字，配合人命，再配合補龍、扶山相主等資料，再依據前述第六方式選擇吉時，並依擇日便覽紫白、日家奇門、時家奇門遁甲等欄資料，選擇吉方用事，如此則吉上加吉矣。	
10	開運造命	依據擇吉所列方法，由第一至第九，如能按部就班選擇，自然可以達到造命開運之目的。	人必自助而後人助而後天助。能取天時得地利用人和自然吉祥。楊筠松即以擇日風水人命三者相配合以造命。郭景純曰：天光下臨地德上載藏神合朔神迎鬼避。此十六字至精至微即造命之體用之謂也。

作者簡介

吳光炳

湖北省黃安【紅安】縣人

1948 年出生於南京市

在台北市成長

國立台灣海洋大學漁業系畢業

從事漁業行政工作二十年

現為行政院農委會漁業署退休人員

從事道家學術研究三十餘年

國家圖書館出版品預行編目

2010 庚寅年平安開運通書 / 吳光炳著. -- 一版
. -- 臺北市：秀威資訊科技, 2009.10
　　面；　公分. --(哲學宗教類；PA0030)
BOD 版
ISBN 978-986-221-315-5(平裝)

1. 術數

290　　　　　　　　　　　　　98019047

 哲學宗教類　PA0030

2010 庚寅年平安開運通書

作　　者 / 吳光炳
發 行 人 / 宋政坤
執行編輯 / 詹靚秋
圖文排版 / 張慧雯
封面設計 / 陳佩蓉
數位轉譯 / 徐真玉　沈裕閔
圖書銷售 / 林怡君
法律顧問 / 毛國樑　律師
出版印製 / 秀威資訊科技股份有限公司
　　　　　台北市內湖區瑞光路 583 巷 25 號 1 樓
　　　　　電話：02-2657-9211　　　傳真：02-2657-9106
　　　　　E-mail：service@showwe.com.tw
經 銷 商 / 紅螞蟻圖書有限公司
　　　　　台北市內湖區舊宗路二段 121 巷 28、32 號 4 樓
　　　　　電話：02-2795-3656　　　傳真：02-2795-4100
　　　　　http://www.e-redant.com

2009 年 10 月 18 日　BOD 一版
定價：380 元

讀 者 回 函 卡

感謝您購買本書，為提升服務品質，煩請填寫以下問卷，收到您的寶貴意見後，我們會仔細收藏記錄並回贈紀念品，謝謝！

1.您購買的書名：＿＿＿＿＿＿＿＿＿＿＿＿＿＿＿＿＿＿＿

2.您從何得知本書的消息？

　　□網路書店　　□部落格　　□資料庫搜尋　　□書訊　　□電子報　　□書店

　　□平面媒體　　□ 朋友推薦　　□網站推薦　□其他＿＿＿＿＿＿

3.您對本書的評價：(請填代號　1.非常滿意 2.滿意 3.尚可 4.再改進)

　　封面設計＿＿＿　　版面編排＿＿＿　　內容＿＿＿　　文/譯筆＿＿＿　　價格＿＿＿

4.讀完書後您覺得：

　　□很有收獲　　□有收獲　　□收獲不多　　□沒收獲

5.您會推薦本書給朋友嗎？

　　□會　□不會，為什麼？＿＿＿＿＿＿＿＿＿＿＿＿＿＿＿＿＿＿＿

6.其他寶貴的意見：＿＿＿＿＿＿＿＿＿＿＿＿＿＿＿＿＿＿＿

＿＿＿＿＿＿＿＿＿＿＿＿＿＿＿＿＿＿＿＿＿＿＿＿＿＿＿＿＿

＿＿＿＿＿＿＿＿＿＿＿＿＿＿＿＿＿＿＿＿＿＿＿＿＿＿＿＿＿

＿＿＿＿＿＿＿＿＿＿＿＿＿＿＿＿＿＿＿＿＿＿＿＿＿＿＿＿＿

讀者基本資料

姓名：＿＿＿＿＿＿＿＿＿＿　年齡：＿＿＿＿　性別：□女 □男

聯絡電話：＿＿＿＿＿＿＿＿　E-mail：＿＿＿＿＿＿＿＿＿＿

地址：＿＿＿＿＿＿＿＿＿＿＿＿＿＿＿＿＿＿＿＿＿＿＿＿

學歷：□高中(含)以下　　□高中　　□專科學校　　□大學

　　　□研究所(含)以上 □其他＿＿＿＿＿＿＿＿

職業：□製造業 □金融業 □資訊業 □軍警 □傳播業 □自由業

　　　□服務業 □公務員 □教職　□學生 □其他＿＿＿＿＿

（請沿線對摺寄回,謝謝!）

秀威與 BOD

BOD（Books On Demand）是數位出版的大趨勢，秀威資訊率先運用 POD 數位印刷設備來生產書籍，並提供作者全程數位出版服務，致使書籍產銷零庫存，知識傳承不絕版，目前已開闢以下書系：

一、BOD 學術著作—專業論述的閱讀延伸
二、BOD 個人著作—分享生命的心路歷程
三、BOD 旅遊著作—個人深度旅遊文學創作
四、BOD 大陸學者—大陸專業學者學術出版
五、POD 獨家經銷—數位產製的代發行書籍

BOD 秀威網路書店：www.showwe.com.tw
政府出版品網路書店：www.govbooks.com.tw

永不絕版的故事・自己寫・永不休止的音符・自己唱